창조의 순간

THE CREATIVE MIND
Copyright © 1990, 2004 Margaret A. Boden
All rights reserved.

Korean translation copyright © 2010 by Book21 Publishing Group
Korean translation rights arranged with David Higham Associates Limited,
through EYA(Eric Yang Agency).

이 책의 한국어판 저작권은 EYA(에릭양에이전시)를 통해
David Higham Associates Limited와 독점계약한 (주)북이십일에 있습니다.
저작권법에 의해 한국 내에서 보호를 받는 저작물이므로
무단전재와 복제를 금합니다.

새로움은 어떻게 탄생하는가
창조의 순간

마거릿 A. 보든 지음 | **고빛샘 외** 옮김

www.book21.com

개정판 서문

이 책은 인간의 창의성이란 무엇인지, 그리고 컴퓨터를 통해 어떻게 인간의 창의성을 이해할 수 있는지(5~8장)에 대한 내용을 담고 있다. 창의성이란 무엇인가에 대한 관점은 이 책의 초판이 나왔을 당시와 기본적으로 동일하다. 따라서 내용을 더 명확히 전달하기 위해 약간씩 수정한 내용을 제외하고는 본문을 바꾸지 않았다. 더글러스 호프스태터(Douglas Hofstadter)가 개발한 프로그램인 COPYCAT의 사례를 추가했을 뿐이다.

초판을 발행할 때 유추에 대한 논의 부분에서 COPYCAT을 집중적으로 조명하려고 계획했다. 하지만 숙고 끝에 COPYCAT에 대한 내용을 전혀 포함시키지 않기로 결정했다. 일반 독자들에게 COPYCAT의 작동 원리에 대한 자세한 내용이 지나치게 전문적으로 느껴질 수 있겠다는 생각 때문이었다. 하지만 그렇다고 해서 구체적인 과학적 근거를 제시하지 않고 넘어가고 싶지도 않았다. 더군다나 초판 발행 당시 COPYCAT은 공식적으로 발표되지 않았기 때문에 독자들이 관련 자료를 쉽게 찾을 수도 없는 상황이었다. 나는 곧 마음을 바꿔서 세부 내용은 생략한 채 1991년 판 서문에 COPYCAT의 흥미로운 특성 몇 가지를 언급했다. 그러다 이번에 개정판을 내면서 7장에 COPYCAT에 대해 간략한 설명을 넣을 기회를 얻게 되었다.

또한 본문을 읽기 전에 알아두면 좋을 내용과 본문을 모두 읽고 난 후 읽으면 좋을 새로운 내용 두 가지를 덧붙였다. 본문 앞에 창의성에 대한 나의 관점을 개괄적으로 설명해놓았다. 창의성에는 조합적 창의성, 탐색적 창의성, 변형적 창의성의 세 가지 종류가 있음을 언급했고 컴퓨터를 통해 각각을 얼마나 구현할 수 있는지도 간단히 설명했다.

에필로그에 최근 개발된 컴퓨터 창의성 모델에 대해 설명해놓았다. 에필로그는 독자들이 본문을 모두 읽었다는 가정 하에 썼기 때문에 앞에서 설명한 내용은 모두 생략했다. 예를 들어 해롤드 코헨(Harold Cohen)이 개발한 AARON의 특성에 대해 다시 기술하지 않았다(AARON에 대한 자세한 설명은 7장에 나온다).

이 책 《창조의 순간》은 일반 독자를 대상으로 쓰였기 때문에 초판 발간 이후 질문 받은 내용에 대한 답변들을 굳이 포함시키지는 않았다. 이 책과 관련해 더 자세한 내용을 알고 싶다면 〈행동과 뇌 과학(Behavioral and Brain Sciences)〉 17 : 3(1994) 519~570쪽과 〈인공지능(Artificial Intelligence)〉 79(1995) 65~182쪽을 참조하기 바란다. 호프스태터는 《유동적인 개념과 창의적인 유추(Fluid Concepts and Creative Analogies)》(1995, 특히 55~193쪽과 6장)에서 최근 몇 년간의 출판물에서 일반적으로 창의성에 대한 컴퓨터 모델을, 구체적으로는 나의 아이디어를 비판했다. 그리고 데이비드 코프(David Cope)는 《가상 음악: 음악적 스타일에 대한 컴퓨터 합성(Virtual Music: Computer Synthesis of Musical Style)》(2001, 두 장)에서, 셀머 브링스요드(Selmer Bringsjord)와 데이비드 페루치(David Ferrucci)는 공저 《인공지능과 문학적 창의성(Artificial Intelligence and Literary Creativity)》(2000, 특히 1장)에서 나의 주장에 반대하고 있다.

컴퓨터와 창의성에 대한 최근 연구는 참고문헌에 나온 책을 참고했다. 캔디와 에드먼즈(Candy and Edmonds, 2002), 다트널(Dartnall, 2002), 핑케, 워드와 스미스(Finke, Ward and Smith, 1992), 프란치와 구젤디어(Franchi and Guzeldere, 1995), 구젤디어와 프란치(Guzeldere and Franchi, 1994), 홀리오크와 타거드(Holyoak and Thagard, 1994), 패트리지와 로베(Partridge and Rowe, 1994), 슈레거와 랭리(Shrager and Langley, 1990), 슈바나우어와 레빗(Schwanauer and Levitt, 1993). 하지만 이 책들은 모두 매우 전문적이다. 반면 이전 단락에 언급된 자료들은 비전문가도 쉽게 접근할 수 있는 내용이다.

2002년 11월 브라이튼에서
마거릿 A. 보든

초판 서문

이 책에는 몇 가지 오래된 질문에 대한 새로운 답이 있다. 창의성이란 무엇인가? 창의성은 어떻게 발생하는가? 과학이 창의성을 설명할 수 있는가?

창의성은 퍼즐이자 역설이다. 누군가는 이것을 미스터리라고 말한다. 예술가나 과학자는 자신들의 원래 아이디어가 어떻게 시작되었는지 알지 못한다. 그들은 직관이라고 말하지만 직관이 어떻게 작용하는지는 설명할 수 없다. 대부분의 심리학자 역시 이에 대해서 설명하지 못한다. 많은 사람들이 창의성에 대해서는 결코 과학적인 이론이 있을 수 없다고 가정한다. 과학은 어떻게 근본적으로 참신한 것들을 설명할 수 있을까?

퍼즐의 일부는 이제 제자리를 찾고 있다. 이제는 어떻게 직관이 작용하는지 구체적으로 말할 수 있기 때문이다. 창의성은 때로 익숙한 아이디어를 익숙하지 않은 방법으로 조합하는 것일 수 있다. 또는 인간 머릿속의 관념 공간에 대한 탐험과 변형일 수도 있다.

이 책에서는 컴퓨터의 개념을 이용해, 관념 공간과 이를 변형하여 새로운 것을 만들어내는 방법을 설명할 것이다. 인공지능(진짜 사람의 지성이 할 수 있는 일들을 컴퓨터가 할 수 있는 방법을 연구함)에서 나오는 이러한 개념은 우리가 새로운 방법으로 심리학을 연구할 수 있게 해준다.

따라서 이 책의 테마는 인간의 지성이다. 그리고 그것이 어떻게 스스로를 초월할 수 있는지에 관한 것이다. 오늘날 우리는 그 어느 때보다 창의적인 사고가 얼마나 귀중한지 절감하고 있다. 모두 새로운 과학적 접근 덕분이다. 이제 역설과 미스터리는 사라졌다. 하지만 창의성을 대하는 우리의 경이는 여전하다.

1990년 4월 브라이튼에서
마거릿 A. 보든

개정판 서문 • 4
초판 서문 • 7
프롤로그 • 10

1장   창의성의 미스터리 • 29
2장   지금까지의 이야기 • 55
3장   불가능에 관한 고찰 • 81
4장   정신의 지도 • 105
5장   컴퓨터의 개념 • 157
6장   창의적인 연결 • 215
7장   비낭만적 예술가들 • 251
8장   컴퓨터 과학 • 333
9장   우연, 무질서, 무작위성, 예측 불가능성 • 389
10장 비범한 사람 vs 평범한 사람 • 427
11장 인간과 꽃등에 • 463

에필로그 • 510
감사의 말 • 540
주석 • 542
참고문헌 • 551

프롤로그

창의성과 컴퓨터. 둘 사이에 대체 무슨 공통점이 있을까? "전혀 없다!" 아마도 많은 사람이 이렇게 답할 것이다. 창의성은 인간 지성의 경이로운 산물이다. 그러면 컴퓨터는? 인기 게임 캐릭터 슈퍼마리오와 소닉에게는 미안한 말이지만 컴퓨터는 단지 깡통에 지나지 않는다. 그러니 둘 사이의 관련성이라고는 서로 호환성이 전혀 없다는 점밖에 없다.

그러나…… 과연 그럴까? 지금부터 이야기할 두 가지 프로젝트에 관한 한 컴퓨터와 창의성은 꽤 흥미로운 한 쌍이 된다. 그중에서도 특히 흥미를 끄는 첫 번째는 인간의 창의성을 이해하는 것이다. 그리고 두 번째는 기계에 창의성을 불어넣는 것이다. 이미 컴퓨터가 어느 정도 창의성을 갖추고 있는 것처럼 보이기도 하지만 말이다.

창의성이란 무엇인가?

그렇다면 먼저 짚고 넘어가야 할 것이 있다. 인간의 창의성은 역설이라고까지는 못해도 일종의 수수께끼라고 할 수 있다. 어떤 아이디어는 창의적이라고 하지만 또 다른 어떤 것은 단순히 새롭다고 한다. 과연 어떤 차이가 있기에 그렇게 표현하는가? 그리고 창의성은 어떻게 생겨나는가? 창의적인 생각은 언제, 어떻게 생겨나는지 예측할 수 없다. 또 어떤 때에는 발상이 거의 불가능할 것 같다가도, 이내 모든 이의 예상을 깨고 퍼뜩 떠오르기도 한다. 이런 현상을 어떻게 설명할 수 있을까? 창의성이 어떻게 생겨나는지 심리학을 통해 과학적으로 설명할 수 있을까?

창의성이란 '새롭고, 놀랍고, 귀한' 아이디어나 물건을 창조하는 능력을 뜻한다. '아이디어'에는 개념, 시, 작곡, 과학 이론, 조리법, 안무, 농담 등이 포함된다. 그리고 '창의성의 산물'에는 그림, 조각, 증기기관, 진공청소기, 도자기, 종이접기, 장난감 호각, 그 밖에도 우리가 떠올릴 수 있는 수없이 많은 것들이 포함된다.

다양한 예에서 알 수 있듯 창의성은 우리 삶의 거의 모든 부분에 적용된다. 이것은 특별한 '재능'이 아니라 인간 지능 전반에 걸친 하나의 양상이라고 할 수 있다. 달리 말해 창의성은 개념적 사고, 인지, 기억, 반성적 자기비판 같은 일상적 능력의 기반이 된다. 따라서 창의성은 극소수 엘리트 집단의 전유물이 아니다. 사람마다 차이는 있지만 우리 모두 어느 정도는 창의적이라고 할 수 있다.

또한 창의성은 '모 아니면 도' 같은 개념도 아니다. 그러니 "이 아이디어가 창의적인가 아닌가?"라고 질문할 것이 아니라 "이 아이디어가 얼마나 창의적인가, 만약 그렇다면 어떤 면에서 창의적인가?"라고 질문해야 한다. 그런 질문을 반복하다 보면 아이디어 자체가 얼마나 정교한지 정확히 알 수 있을 뿐만 아니라 애초에 그것이 어떤 심리적인 과정을 거쳐 생겨나는지 대략 파악할 수 있다.

일단 창의적인 아이디어에는 '새로움'이라는 특성이 있다고 해두자. 그런데 새로움에도 여러 가지 종류가 있다. 예를 들어 어떤 아이가 새로운 아이디어를 내놓았다고 하자. 비록 그것이 지난 수년간 교과서에 등장했던 개념이라고 하더라도 아이가 그 사실을 몰랐다면 그 아이에게는 그것이 진정 새로운 아이디어다. 누군가 놀라운 아이디어를 가지고 등장했을 때 비록 그것이 이미 이전에 다른 사람이 내놓은 것이라고 해도 뒷사람이 반드시 그 사람보다 덜 창의적이라고 볼 수는 없다. 게다가 그것을 처음으로 생각해낸 사람이 셰익스피어나 유클리드라도 된다면 우리는 그 사람을 높게 평가할 것이다.

《맥베스》를 한 번도 읽어보지 못한 열두 살 소녀가 잠의 치유력을 '엉킨 근심의 실타래를 풀어 곱게 짜는 행위'에 비유했다고 하자. 셰익스피어가 그 말을 먼저 썼다는 이유만으로 소녀의 창의성을 부인할 수 있겠는가? 혹시 아이의 입에서 그런 말이 나오도록 유도했다든가, 아이에게 문자 그대로가 아닌 비유법을 쓰게 했다든가, 아니면 아예 잠이나 실타래 같은 한두 가지 핵심 아이디어를 미리 아이와의 대화에 집어넣었다면 그럴 수 있을지도 모르겠다. 그것이 아니라면 이 아이가 상상력이 매우 풍부하다는 사실을 인정할 수밖에 없다.

이제부터 해야 할 일은 '심리적(psychological) 창의성'과 '역사적(historical) 창의성'을 구분하는 것이다(줄여서 'P-창의성'과 'H-창의성'이라 하겠다). P-창의성은 자신에게 새롭고, 놀랍고, 귀한 아이디어를 내놓는 능력이다. 그 전에 얼마나 많은 사람들이 같은 아이디어를 떠올렸는지는 중요하지 않다. 반면 어떤 새로운 아이디어가 H-창의적이라면 그것은 우리가 알고 있는 범위 내에서 이전에 아무도 생각해내지 못한 것이어야 한다. 인류 역사상 처음으로 등장한 것이어야 한다는 뜻이다.

따라서 H-창의성은 P-창의성 중 특별한 경우에 해당한다. 예술·과학·기술사학자나 백과사전 애용자들에게는 H-창의성이 무엇보다 중요하다. 우리 역시 H-창의성에 가치를 두고 살아간다. 그러나 창의성의 심리학을 이해하려는 사람에게 정말로 중요한 것은 P-창의성이다. 어떤 아이디어를 누가 가장 먼저 생각해냈는지는 의미가 없다. 그 사람이 특정 아이디어를 처음으로 떠올렸다는 전제 하에 어떻게 그렇게 할 수 있었는지 알아내는 것이 중요하다는 말이다.

'새롭다'는 말에 중요한 의미가 두 가지 있다면 '놀랍다'는 말에는 세 가지 의미가 있다. 첫 번째로 어떤 아이디어가 생소하거나 100 대 1의 확률을 깨고 경마에서 우승하는 것처럼 가능성이 낮은 상황에서 나왔을 때 그 아이디어는 놀랍다고 할 수 있다. 이러한 종류의 놀라움은 통계와 가능성을 전복시킨다는 특징이 있다.

놀라움의 두 번째 의미는 조금 더 흥미롭다. 우연찮게 자신의 사고방식에 '꼭 맞는' 아이디어가 떠올랐는데, 정작 자신은 그때까지도 그 아이디어가 자기 사고방식의 일부라는 것을 미처 알아채지 못한 경우이다.

세 번째 놀라움은 그중에서도 가장 흥미롭다. 이것은 전적으로 발상이 불가능한 아이디어를 맞닥뜨렸을 때 느끼는 놀라움이다. 그 누구도 생각해낼 리 없다고 여겼던 아이디어가 보란 듯이 세상에 등장한 것이다. 이것은 어제만 해도 마찬가지로 불가능해 보였던 다른 아이디어로 이어지기까지 한다. 세상에 이렇게 놀라운 노릇이 있나?

창의성의 세 가지 유형

'세상에 이런 놀라운 노릇'은 마법이 아니다. 그 종류도 여러 가지다. 창의성은 크게 세 가지 형식으로 발생할 수 있다. 그리고 이것은 놀라움의 세 가지 유형과도 일치한다.

첫 번째는 익숙한 아이디어들을 낯선 방식으로 합쳐보는 것이다. 시적 심상, 그림이나 섬유를 이용한 콜라주, 비유를 이용한 표현 등이 이에 속한다. 이렇게 새로운 결합은 의도적으로 발생하기도 하고 무의식적으로 일어나기도 한다. 예를 들어 원자를 태양계에 비유하는 물리학자나 정치가를 흉측한 동물에 비유하는 칼럼니스트를 떠올려보라. 아니면 시나 시각예술에 등장하는 창조적 비유와 연상도 좋다.

위와 같이 색다른 결합을 만들어내거나 그것을 감상하고 즐기는 행위는 언제나 그 사람의 머릿속에 저장되어 있는 폭넓은 지식과 그것을 다양한 방법으로 이용하는 기술을 필요로 한다.

위에서 언급한 칼럼니스트나 그 신문을 읽는 독자는 모두 정치와 동물의 행동양식에 대해 상당 수준의 개념을 갖춰야 함은 물론 해당 정치가에 대해서도 어느 정도 '개인적인' 정보가 있어야 한다. 런던 최초로 직접선거를 거쳐 당선된 켄 리빙스턴 시장을 도롱뇽으로 표현한 만화가는 리빙스턴이 수족관에서 기르고 있다는 도롱뇽을 비롯해 그와 관련된 여러 개념적 생각의 줄기를 여기저기 건드려본 셈이다. 그 만화를 보고 느끼는 놀라움은 도롱뇽의 볏과 꼬리가 달린 사람의 모습을 보는 데서 온다. 만년 꼴찌가 어느 날 경마에서 우승할 확률보다 더 가능성이 낮은 두 아이디어의 결합이다.

색다른 결합에 높은 가치를 매기자면 그럴 만한 이유가 있어야 한다.

물론 자루에 유리구슬을 넣고 흔들다가 임의로 하나를 꺼내는 경우처럼 개념의 결합은 무작위로 일어날 수도 있고 그렇지 않을 수도 있다. 그러나 서로 다른 아이디어나 유리구슬의 결합이 '말이 되려면' 둘 사이에 어느 정도 이해 가능한 개념적 경로가 있어야만 한다. 도롱뇽과 사람의 결합이 말이 되는 이유가 여러 가지이고 그중 하나가 바로 켄 리빙스턴의 소문난 도롱뇽 사랑인 것처럼 말이다.

그리고 잠시 《맥베스》의 예로 돌아가자면, 셰익스피어는 근심의 실타래를 풀어주고 사람을 치유하는 힘이 잠에 있다고 하였다. 처음에는 잠과 실타래라는 개념을 임의로 갖다 붙인 것처럼 보일지 모르지만, 사실 그 정도로 무작위적인 결합은 거의 일어나지 않는다. 둘 사이에 어떠한 관련성이 있을 때에만 그 결합이 유지되고 가치를 인정받을 수 있다.

창의성의 나머지 두 유형은 처음 것과 크게 다르며 그 차이가 꽤 흥미롭다. 그중 첫 번째는 관념 공간에 대한 '탐구', 두 번째는 한 단계 더 나아가 관념 공간의 '변형'을 핵심으로 한다.

관념 공간 탐구하기

관념 공간이란 구조화된 사고의 방식이다. 보통은 자신이 속한 문화 혹은 동료집단에서 관념 공간을 습득하지만 때로는 다른 문화에서 취하기도 한다. 어떤 경우든 관념 공간은 이미 존재하는 것이지 개인의 마음에서 생겨나는 것이 아니다. 관념 공간은 산문이나 시를 쓰는 방법, 조각이나 회화 혹은 음악의 스타일, 화학이나 생물학 이론, 의상이나 무용 혹은 새로운 음식이나 전통음식의 유행 등을 포함한다. 한마디로 특정한 사회집단에 익숙하고 거기에서 가치를 인정받는 내재된 사고방식이라고 할 수 있다.

주어진 관념 공간 안에서 떠올릴 수 있는 생각은 많지만 이들 중 실제로 발현되는 것은 일부에 불과하다. 물론 다른 공간보다 잠재력이 풍부한 공간도 있다. 오목은 게임 방식이 상당히 제한적이라 가능한 수(手)가 이미 모두 밝혀졌다. 하지만 체스는 그렇지 않다. 수의 종류가 유한하긴 하지만 그 개수는 천문학적으로 방대하다. 그리고 화학의 어떤 분야를 철저히 연구해 모든 분자를 규명해냈다고 하더라도 리머릭(과거에 아일랜드에서 유행한 5행시-옮긴이)이나 소네트에 대한 관념 공간은 아직 완전히 밝혀지지 않았고 앞으로도 결코 그렇게 되지 않을 것이다.

공간의 크기와 상관없이 새로운 아이디어를 생각해내는 사람은 관념 공간을 '탐색'한 것이다. 새로운 아이디어가 단순히 아이디어 자체로 끝나지 않고, 새로운 분야를 개척한 것이라면 더 좋다. 그리하여 새로운 아이디어가 이전에는 생각하지도 못했던 다른 새로운 아이디어를 떠올리게 한다면 이는 훨씬 더 좋다. 탐구적 창의성이 가치 있는 것은 우리가 이전에 엿보지 못한 가능성을 볼 수 있게 해주기 때문이다. 그러면 이러한 사고방식에 어떤 한계가 있는지, 어떤 잠재력이 있는지에 대한 의문이 생긴다.

탐구적 창의성을 낯선 곳에서 지도를 보며 운전하는 것과 비교해보자. 운전자는 지도 위의 굵은 빨간 선만 보면서 고속도로를 벗어나지 않을 수도 있다. 하지만 우회로를 찾거나 화장실에 가야 할 경우 좁은 도로를 달려야 할 수도 있다. 출발할 때는 존재하는지도 몰랐던 바로 그런 길 말이다. 물론 지도를 펼쳐 그곳에 표시된 길을 볼 수도 있고, '저 모퉁이를 돌면 뭐가 있지?' 라고 궁금해 하며 그 길을 돌아 알아낼 수도 있다. 그러다가 예쁜 동네나 주택 단지를 만날 수도 있다. 혹은 막다른 골목에 다다라 처음에 출발한 고속도로로 돌아가야 할 수도 있다. 이런 일은 언제나 일어날 수 있고, 이런 길은 모두 지도 위에 나타나 있다. 하지만 탐구적인 마음가짐이 없다면 이런 길을 알아차리지 못했을 것이고, 계속 알지 못할 것이다.

탐구적인 창의성에서 '낯선 곳'이란 사고방식에 해당한다. 탐구적인 창의성을 발휘하는 사람은 지도상의 구조화된 지리적 공간을 탐색하듯 구조화된 관념 공간을 탐색한다. 구조화된 관념 공간은 특정한 방식으로 그림을 그리거나 화학 이론의 구체적인 분야를 연구하는 행위 등으로 설명할 수 있다.

예술이나 과학 분야의 전문가들은 모두 이런 방식으로 일한다. 평범한 거리 화가들조차도 매일 새로운 초상화, 새로운 캐리커처를 그린다. 그 방법이 반드시 모험적이지는 않더라도 자신의 관념 공간을 탐색하고 있는 것이다. 거리의 화가는 스케치를 하다가 이전보다 더 나은 방식을 발견하여 더 훌륭한 작품을 그릴 수도 있다. 그들은 자신의 작품 성향에 새로운 것을 더했다고 생각하지만 실제로는 그들의 기존 스타일에 '들어맞는' 기술을 발견해낸 것에 불과하다. 잠재력은 처음부터 존재했다.

관념 공간 변형하기

거리 예술가들에게 열려 있는 또 한 가지 가능성이 있다. 바로 자기 스타일의 한계를 깨닫는 것이다. 그러면 앞서 언급한 낯선 곳을 가는 운전자에게 없는 기회가 생기게 된다. 지진이나 홍수 같은 변수를 무시하면, 몇 년이 지나더라도 도로는 별로 달라지지 않는다. 도로는 아무나 바꿀 수 있는 것이 아니다.

지도는 믿을 수 있다. 지금도 정확하지만 앞으로도 계속 정확할 것이기 때문이다. (지난 몇 년간 새로운 도로 지도를 사야겠다고 생각한 적이 있는가?) 하지만 우리 머릿속에 있는 지도는 바뀔 수 있다. 머릿속의 지도를 바꾸는 것이 바로 창의적 사고다.

어떠한 변화는 비교적 미미하고 피상적이다. (차이점이 무엇인지 각자 생각해보라.) 이때 머릿속 지도의 경계는 전체적으로 혹은 일부만 확장되거나 달라지거나 조정된다. 지리적 공간과 비교해보자. 예쁜 동네에 사는 사람들이 모두 갑자기 자신의 집 지붕을 넓힌다고 생각해보자. 이렇게 하면 동네의 예쁘던 외관을 망치게 되지만, 지도의 실제 면적이 바뀌는 것은 아니다. 기껏해야 마을의 풍경화를 다시 그려야 할 뿐이다.

그렇다면 거리의 예술가에게든 피카소에게든 기회는 있다. 이론적으로는 지붕을 확장하거나 새로운 길을 닦거나 다른 고속도로로 들어서는 것에 해당하는 (새로운 가능성으로 이끌 수 있는 새로운 기술을 의미하는) 창의성을 발휘할 수 있다.

실제 생활에서 정신적으로 다른 고속도로에 들어서는 것은 가장 어려운 일이다. 이때 생기는 놀라움은 너무나 커서 운전자가 방향감각을 상실할 수도 있다. 마법에 걸려 다른 동네, 심지어는 다른 나라로 이동한 것은 아닌지 의아해 할 수도 있다. 지난 여행에서 헤맸던 순간이 떠오를 수도 있다. 새로운 길로 들어가려고 할 때 동승자가 콧방귀를 뀌며 이렇게 말할지도 모른다.

"영국 고속도로가 다 이렇지, 뭐. 그 길로 가겠다는 거야? 안 돼."

어떤 사고방식은 도로 시스템과 마찬가지로 특정 사고를 가로막는다. 즉, 생각을 차단한다. 단지 차이가 있다면 사고방식은 도로 시스템과 달리 눈 깜빡할 사이에 바뀔 수 있다.

리머릭을 능수능란하게 쓰는 사람이 정형시의 약강 5보격 시는 쓰지 못할 수도 있다. 하지만 새로운 종류의 리머릭이나 스타일은 비슷하지만 리머릭이 아닌 것을 쓰고 싶다면 무운시가 제격일 수도 있다. 각자의 관념 공간에 따라 이전에는 생각할 수 없었던 무언가를 생각해내는 것이 창의성 중에서도 가장 높은 수준에 해당한다. 생각해내기 불가능하다고 평가되는 아이디어는 그 사람이 기존의 사고방식을 바꾼 경우에만 등장할 수 있다. 즉, 사고방식을 비틀거나 근본적으로 변형해야만 한다. 그러면 변형 전의 관념 공간에서는 상상도 할 수 없었던 생각이 가능해진다. 어떻게 그런 일이 일어날 수 있을까?

정신의 설계도

탐구적인 창의성이나 변형적인 창의성이 어떻게 생겨나는지 이해하기 위해서는 관념 공간이 무엇인지, 어떤 정신적 처리 과정을 통해 창의성을 탐험하고 수정할 수 있는지 알아야 한다. 사고방식은 문학평론가, 음악학자, 미술·패션·과학사학자들의 연구 대상이다. 하지만 통찰력이 뛰어나고 평생 연구에 몸 바친 학자라고 해도 사고방식의 구조를 분명하게 밝히기 어려울 것이다. [예를 들어 한 건축사학자는 프랭크 로이드 라이트(Frank Lloyd Wright)의 프레리 하우스(Prairie Houses)에 대해 그 '획일성'이 '컬트'에 가깝다고 말했다.]

컴퓨터와 창의성을 관련지을 수 있는 첫 번째 지점이 바로 여기다. 관념 공간과 이를 탐구하고 변형하는 방법은 인공지능(AI) 개념으로 설명할 수 있다.

인공지능 개념은 사고와 관련된 구조 및 과정에 대해 가설을 세우고 검증함으로써 새로운 방법으로 심리학을 연구할 수 있게 해준다. 예를 들어 인공지능 개념을 이용하면 음의 화음 구조나 프래리 하우스의 기준 규격을 분명하게 밝히거나, 여러 방식으로 공간 탐색을 시도해볼 수 있다. 또한 상당히 복잡한 구조를 갖춘 공간을 탐색하거나 바꾸는 방식들을 인공지능 개념에 대입해볼 수 있다.

물론 '인공지능을 통해 찾아낸 구조와 과정이 인간의 머릿속에서 실제로 실행될 수 있는가?'라는 의문은 언제나 남아 있을 것이다. 그리고 그 대답을 찾기도 쉽지 않다. 하지만 여기서 중요한 것은 컴퓨터를 이용하면 불가사의한 인간 정신에 대해 과학적 가설을 세우는 데 도움이 된다는 사실이다.

컴퓨터가 창의적일 수 있을까?

기계와 창의성을 잇는 두 번째 연결고리는 무엇일까? 컴퓨터가 창의적일 수 있을까? 그럴 수 없다면, 적어도 창의적으로 보일 수 있을까?

많은 이들이 컴퓨터는 진정한 의미에서 창의적일 수 없다고 주장한다. 평범한 과학자나 거리 예술가보다 능력 면에서 훨씬 뛰어나다 할지라도 창의적이라고 말하기는 어렵다는 것이다. 그들은 컴퓨터가 아인슈타인의 이론만큼 획기적인 이론을 생산해내고, 폴 매카트니의 〈예스터데이(Yesterday)〉나 심지어 베토벤의 9번 교향곡처럼 뛰어난 음악을 만들어낸다 할지라도 결코 그것을 창의적 활동으로 인정하지 않을 것이다.

이러한 주장을 뒷받침하는 근거는 다음과 같다. 컴퓨터가 내놓는 결과물은 프로그래머의 창의성 덕분이지 기계의 창의성에 힘입은 것이 아니다. 기계는 의식도 없고 욕구나 선호도 없으며 가치를 평가하지도 못한다. 따라서 스스로 만들어낸 작품을 감상하거나 자신의 실행 능력을 평가할 수 없다. 예술작품은 인간의 경험이나 인간 사이의 소통 경험을 표현해낸 것이기에 기계가 그것을 대신한다는 것은 어불성설이다.

이러한 이유를 근거로 많은 이들이 컴퓨터의 창의성을 부인한다. 그에 관한 논쟁은 11장에서 다룰 것이다. 그렇다면 일단 컴퓨터는 절대 창의적일 수 없다고 가정해보자. 하지만 이 가정의 목적은 단순히 흥미를 유발시키기 위한 것이 아니다.

논쟁을 위한 논쟁일지는 모르겠지만, 위에 언급한 모든 반대 주장은 가상의 컴퓨터 수행 능력이 실은 인간의 수행 능력과 크게 다르지 않다는 가정 하에 제기된 것이다. 내가 여기서 주목하는 부분은 사실 컴퓨터가 창의적일 수 있으며, 적어도 창의적으로 보이는 아이디어를 내놓을 수 있다는 점이다.

컴퓨터의 조합적 창의성

우선 아이디어의 결합으로 생기는 창의성에 대해 생각해보자. 컴퓨터의 조합 이론적 창의성을 이용하면 인간의 조합적 창의성을 쉽게 이해할 수 있다. 컴퓨터에게 두 개의 아이디어, 즉 두 개의 데이터 구조를 선택해 나란히 배열해놓는 것보다 더 간단한 일은 없기 때문이다. 게다가 6장에서 설명할 연결주의 방식(connectionist methods)을 이용하면 매우 정교한 과업도 수행할 수 있다. 간단히 말해 컴퓨터는 새로운 조합을 무궁무진하게 만들어낼 수 있다.

하지만 도대체 거기에 어떤 흥미로운 점이 있을까? 위에서 우리는 아이디어의 조합이 단순히 자루에 구슬을 넣어 흔들고는 무작위로 꺼내는 것과 다르다는 점을 확인했다. 사실 평소 간과되기는 하지만 구슬과 구슬 간에는 명확히 인식할 수 있는 연결고리가 있다. 우리는 그 연결고리가 매우 흥미로울 뿐 아니라 시사하는 바가 많으며 한편으로는 재미있기 때문에 가치 있다고 생각한다. (잠과 뜨개질 사이의 관계를 다시 한 번 생각해보라.) 또한 아이디어를 결합하여 창의적인 결과물을 만들어내고자 한다면, 매우 풍부한 지식과 함께 다양한 연결고리를 형성하는 능력이 필요하다. (정치인과 도롱뇽 사이의 관계를 떠올려보라.)

우리는 단지 두 대상 간의 연결고리만 형성하는 것이 아니다. 그 관계를 평가하기도 한다. 예를 들어 우리가 어떤 사람의 농담을 듣고 '형편없다'고 평가한 상황을 가정해보자. 당연히 그 사람의 농담에는 애초에 의도한 연결고리가 있을 것이다. 그래야만 농담이 성립하기 때문이다. 하지만 문제는 그 농담 속에 청자의 슬픔, 모욕감 혹은 비극을 불러일으키는 다른 연결고리도 존재한다는 사실이다. 농담을 던지려는 사람은 그 관계를 미리 인지하고, 사람들에게 부정적인 감정이나 생각을 상기시키는 말을 자제해야만 한다.

컴퓨터가 인간처럼 절묘하게 조합한 농담을 만들어내려면, 우선 인간 못지않게 풍부한 데이터베이스를 구축하고 있어야만 한다. 그리고 두 번째로 인간처럼 절묘한 연결고리를 형성하고 평가할 수 있어야 한다. 원칙적으로는 컴퓨터도 할 수 있는 일이다. 인간의 정신과 두뇌라고 해서 마법을 부리는 것은 아니기 때문이다. 하지만 지나친 기대는 금물이다!

JAPE는 지금까지 나온 컴퓨터 프로그램 중 조합적인 창의성이 가장 뛰어나다는 평가를 받고 있다. JAPE는 8세 아동 수준의 말장난을 만들어낼 수 있다(에필로그 참조). 하지만 단순한 언어유희를 뛰어넘어 일시에 좌중의 배꼽을 잡게 만들 농담을 던지는 것은 훨씬 더 어려운 일이다. 예컨대 제인 오스틴이 《오만과 편견》의 도입부를 쓰던 당시 무엇을 알고 있어야만 했을지 생각해보자. "상당한 재산을 가진 미혼 남성이 아내를 필요로 한다는 사실은 만고불변의 진리다." (이 문장이 재치 있다고 평가받는 이유는 무엇일까?)

인공지능 탐구가들과 자가변형 기계들

자, 그럼 이제 탐구적 창의성에 대해서 알아보자. 주어진 영역이나 공간을 조사하고 탐구할 수 있는 컴퓨터 프로그램은 이미 몇몇이 존재한다.

그중 하나가 그림 그리기 프로그램인 AARON이다(이에 대해서는 7장에 더 자세히 나온다). AARON은 독특한 양식의 펜 드로잉 작품을 그릴 수 있다. 컴퓨터가 그린 그림이라는 사실을 알지 못하는 사람들은 AARON의 펜 드로잉을 보고 감탄을 금치 못하곤 한다. AARON의 작품들은 영국 소재 테이트갤러리를 비롯한 전 세계 미술관 곳곳에 전시되어 있다. (가장 최신 버전 AARON은 그림에 채색까지 할 수 있다. 에필로그를 참조하라.)

탐구적 창의성을 발휘할 수 있는 또 다른 프로그램으로는 데이비드 코프(David Cope)가 만든 Emmy가 있다. 이 프로그램은 바흐나 비발디, 모차르트, 스트라빈스키 등과 같은 작곡가들의 음악을 분석해 그 음악풍대로 작곡을 할 수 있다. 그 밖에도 팔라디아풍 저택이나 프레리 하우스풍 건물을 설계할 수 있는 프로그램(에필로그 참조), 실험 데이터를 분석해 과학 법칙의 새로운 표현방식을 찾아내는 프로그램도 있다(8장 참조).

또한 소수이기는 하지만, 스스로 규칙을 변경하고 개념적 공간을 변형시켜 흥미로운 아이디어를 산출할 수 있는 인공지능 프로그램도 있다. 물론 그러한 인공지능 프로그램이 내놓은 아이디어 중에는 인간이 이미 알고 있는 것들도 많다. (8장에 나오는 인공지능 수학 프로그램 AM에 대한 논의를 참조하라.) 하지만 어떤 경우에는 완전히 새롭고 신선한 아이디어를 내놓기도 한다. 예를 들어 '진화적인' 프로그램들은 기존 규칙에 임의로 변화를 가해 새로운 구조를 형성한다. 즉, 1세대 프로그램이 '최고'의 구조를 선택해 그것을 2세대 프로그램에게 물려주는 식으로 진화가 진행된다.

에필로그에 AARON이 어떤 식으로 진화하는지 설명해놓았다. 각 세대별 '가장 적합한' 이미지, 즉 심미적으로 가장 뛰어난 그림을 선택하는 것은 인간의 역할이다. 인간과 컴퓨터가 쌍방향 상호작용을 통해 상상하지도 못했던 이미지들을 창조하는 것이다. 그리하여 컴퓨터가 어느 날 문득 놀라운 형상을 창조한다. 이는 늘 반복적으로 던져지던 동전이 어느 순간 갑자기 전혀 예상치 못했던 형태로 변화되는 것과도 같다. 이 변화는 처음 이미지와 나중에 생겨난 이미지 사이의 관련성을 인식하기 힘들 정도일 때도 있다. 때로는 전혀 다른, 급진적 변이처럼 보이기도 한다.

오늘날 수많은 그래픽 이미지가 이러한 종류의 자가변형 인공지능 프로그램을 통해 생산되고 있다(지난 몇 년간 꾸준히 TV를 시청했다거나 현대 미술 갤러리를 꾸준히 방문해온 사람이라면 이 사실을 이미 잘 알고 있을 것이다). 사실 변형을 가하는 것은 어려운 일이 아니다. 문제는 컴퓨터 프로그램이 가치를 평가하고 변형을 가해 다음 세대에 새로운 구조를 넘겨줄 수 있도록 우리 인간이 심미적 가치를 명확히 정의 내려주어야 한다는 것이다. 아직까지 '자연선택(natural selection)'은 인간의 몫이다.

그러나 명확하게 규정된 가치 기준 덕에 자동적으로 진화 프로그램을 작동시킬 수 있는 분야도 있다. 송유관의 누출 지점을 찾아내는 프로그램이 좋은 예다(8장 참조). 이제 과학자들은 자신의 창의성을 강화하기 위해 인공지능 프로그램을 이용하기 시작했다. 또 대학이나 제약회사의 생화학연구소에서도 분자 구조를 설계하는 데 진화적인 프로그램을 활용하고 있다. 심지어 로봇의 '두뇌'와 '몸체'를 만들 때도 새롭게 설계하는 대신 진화 프로그램을 이용하고 있다(에필로그 참조).

가치와 창의성

컴퓨터와는 특별한 관련이 없지만, 인간의 창의성에 관한 논의에 걸림돌이 되는 커다란 문제가 하나 있다.

앞에서 나는 '새로움'에 두 가지 의미가 있고, '놀라움'에 세 가지 의미가 있다고 말했다. 하지만 '가치'에 대해서는 언급하지 않았다. 아마 이를 명확히 말할 수 있는 사람은 아무도 없을 것이다. 인간의 미적 가치는 지각하기 어려우며, 말로 표현하기도 힘들고, 명확히 표현하기는 더더욱 어렵다. (물론 컴퓨터 프로그램을 짤 때는 매우 분명하게 표현해야 한다.)

게다가 가치는 시간의 흐름에 따라 변한다. 자신이 1960년대에 벌집 머리를 했다거나 나팔바지를 입었었다고 자랑스럽게 떠벌일 사람이 몇이나 되겠는가? 또한 가치는 문화마다 다르다. 심지어 같은 '문화' 내에서조차 일치하지 않는 경우가 허다하다. 속해 있는 하위문화나 또래 집단이 다르면 옷 입는 방식, 액세서리 스타일, 음악적 취향 등에 대한 가치도 다르다. 창의성을 변형시키는 것이 주요 관심사인 예술 관련 분야에서조차 참신한 아이디어의 가치를 동료들에게 인정받지 못하는 경우가 비일비재하다.

과학 분야에서도 가치는 대개 정의하기 어렵고, 때로는 변화하기도 한다. 과학자들이 오랜 기간 그 가치를 정확히 정의하려고 노력했지만 실패해온 개념으로 '간결함'이나 '정밀함'을 들 수 있다. 또한 과학적 발견이나 가설이 '흥미로운지'의 여부 또한 당대의 다른 이론들과 사회적 이슈에 좌우된다.

창의성의 정의에는 참신함과 더불어 가치가 포함된다. 그런데 어떤 아이디어나 작품이 얼마나 가치 있는지에 대해서는 완전한 의견의 일치를 보기 힘들기 때문에 항상 논란이 된다. 이것은 컴퓨터가 실행하는 작업이나 인간의 활동 둘 다 마찬가지다. 우리가 인간의 미적 가치를 반영한 프로그램을 만든다 해도 컴퓨터가 창의적인지에 대해서는 여전히 의견이 분분할 것이다.

"창의성과 컴퓨터 사이에 무슨 공통점이 있을까?"라는 질문에 대한 답은 "컴퓨터와 창의성 사이에 무수히 많은 흥미로운 관계가 존재한다"는 것이다. 컴퓨터는 새로운 아이디어를 제공할 수 있고, 사람들이 새로운 아이디어를 떠올리도록 단서를 주기도 한다. 컴퓨터를 통해 창의성을 구현하는 데 성공하든 실패하든, 그 시도의 결과는 인간의 창의성을 이해하는 데 많은 도움을 줄 것이다.

1장

창의성의 미스터리

셰익스피어, 바흐, 피카소, 뉴턴, 다윈, 베비지, 샤넬, 사치 형제, 그루초 막스, 비틀즈……. 아무나 골라잡아 보자. 시인, 과학자에서부터 광고업자, 패션 디자이너에 이르기까지 창의성은 어디에서나 찾을 수 있다.

친구나 친척들의 얼굴을 떠올려보라. 분명 그중 몇몇 사람에게서 창의성을 발견할 수 있을 것이다. 유명 코미디언 그루초 막스 수준에는 못 미치더라도 신랄한 풍자나 재치 있는 농담을 자연스럽게 던지는 사람이 있지 않은가? 거실에서 피아노를 연주하며 직접 찬송가를 부르거나 즉석 재즈 연주를 하는 사람은 없는가? 가장무도회 의상을 만들거나 고장 난 차를 수리하는 데 둘째가라면 서러운 사람은 어떤가?

어떤 아이디어나 사람이 창의적인지에 대해서는 분명 의견이 다를 수 있다. 직장 상사의 농담이나 같이 사는 친구의 요리 솜씨에 대해서는 창의적이지 않다고 선을 그을 수도 있다. 또한 그루초 막스나 광고업계의 거물인 사치 형제가 창의적인지를 판단할 때 망설여질지 모른다. 다윈의 할아버지가 다윈보다 먼저 진화론을 생각해냈다거나, 심지어 셰익스피어가 고대 그리스 작가 플루타르코스의 플롯을 모방했다고, 혹은 바흐가 비발디의 테마를 사용했고, 피카소가 벨라스케스 그림을 본떴다고 툴툴거릴 수도 있다. 하지만 어쨌든 가끔은 창의성이 힘을 발휘할 때가 있다는 사실을 부인하기 힘들다.

창의성이 어떻게 발현되는지는 수수께끼다. 그렇다고 과학 용어로 창의성을 설명할 수 없는 것은 아니다. 수수께끼를 푸는 것이 과학자들의 일이기 때문이다.

하지만 미스터리는 다르다. 수수께끼가 아직 해답을 찾지 못한 문제라면 미스터리는 질문을 던지기도, 만족스러운 해답을 얻기도 어려운 분야다. 미스터리는 과학의 영역 너머에 있다.

창의성에는 역설적인 그 무엇, 그것이 어떻게 가능한지조차 파악하기 힘든 특성이 있기 때문에 표면적으로는 미스터리처럼 보인다. 창의성이 어떻게 발현되는가 하는 문제는 수수께끼지만, 창의성의 발현 자체는 정말 미스터리다.

만일 창의성을 '새로 생겨난 무엇 또는 무(無)로부터 형성된 것'이라는 사전적 정의 그대로 받아들인다면, 그것은 이해가 잘 안 될뿐더러 엄밀히 말해 가능할 것 같지도 않다. 어떤 장인이나 기술자도 무에서 유를 만들어내지 못한다. 마법으로 빗자루와 양동이를 만들어내는 마법사들은 납득할 만한 수단이 아닌 신비한 마법을 사용해 무에서 유를 창조한다. 따라서 창의성은 자신의 존재 자체를 부정하거나, 아니면 신비한 마법으로 설명할 수밖에 없다.

그리고 이 문제는 물질적인 창의성에만 연관된 것이 아니다. '새로운 아이디어의 산물'이라는 심리학적 창의성의 정의는 거의 도움이 안 된다. 과연 어떻게 새로움이나 참신성을 설명할까? 이전에 비슷한 것이 존재했다면, 그 아이디어는 새롭다고 할 수 없다. 반대로 비슷한 것이 없었다면, 새로운 아이디어가 도대체 어디에서 생겨났는지 이해하기 힘들다. 여기서 우리는 다시 한 번 부정이냐 마법이냐의 문제에 봉착한다.

창의성을 심리학적으로 설명한다는 것은 근본적으로 실현 불가능해 보인다. 설명할 가능성이 있는지조차 확실하지 않다. 하지만 창의성의 존재 자체를 부정할 수는 없다.

철학자와 신학자들은 이미 오래전에 창의성의 개념에 역설이 존재한다는 사실을 깨달았다. 2000년 전 그들은 아무리 신이라 할지라도 '엑스 니힐로(ex nihilo)', 즉 무로부터의 창조는 불가능하다고 주장했다. 또한 우주는 신에 의해, 신으로부터 창조된다고도 말했다.

하지만 이러한 결론으로도 미스터리가 풀리지는 않는다. 우주에는 분명 신에게 없는 '새로운' 특성이 있다. 중세 기독교나 유대교, 이슬람교 신학자들, 르네상스 시대 이후 계승자들은 비물질적인 신이 어떻게 물질적인 우주를 창조할 수 있는가의 문제를 놓고 형이상학적인 해답을 진지하게 모색해왔다.

철학자들은 그것이 완전히 불가능하다고 결론 내렸다. 즉, 창조자인 신이 없거나(따라서 창조도 없다), 우주의 창조자가 우주의 특성을 어느 정도 공유해야 한다는 것이다.

하지만 창조자가 창조물의 특성을 공유한다면 그것을 진정한 창조라고 할 수 있을까? 창조자와 창조물 사이에 근본적인 차이가 없다면, 새로운 것도 없고, 따라서 창조도 없다. 이것이 바로 기독교에서 신을 '창조되지 않고 스스로 존재하는' 유일한 존재라고 주장하는 이유다.

요컨대, 역설은 계속된다.

골치 아픈 우주 창조의 문제는 신학자와 우주론자들의 관심사로 남겨두기로 하자.

인간의 창의성이란 무엇일까? 다시 말해 상사가 재치 있게 던진 말처럼 일시적인 아이디어나 작품도 창의적이라고 할 수 있을까? 아니면 평생 악상이 끊이지 않았던 모차르트처럼 지속적이며 일관적으로 발현된 재능만을 창의적이라고 해야 할까? 이 해묵은 논란에 어떤 답을 내려야 할까. 창의성이란 무엇인가를 심리학이 마땅히 설명할 수 있어야 할까?

우주의 창조 못지않게 인간의 창의성 또한 골치 아픈 문제다. 인간의 창의성은 참신성과 기발함만을 특징으로 하지 않는다. 창의성은 또한 예측 불가능하기도 하다. 그런데 예측력이 보장되어야만 하는 과학의 한 분야인 심리학으로 창의성을 설명하려는 것은 그 자체로 모순이다. 창의성을 과학적으로 설명하거나 입증할 수 있다고 주장하는 사람은 어째서 창의성이 예측 불가능한지, 그리고 어째서 예측 불가능성이 미스터리가 아닌 과학의 영역에 속하는지 명백히 보여줄 수 있어야 한다.

창의성과 관련된 또 다른 문제는 창의적이라 인정받기 위해 아이디어나 작품이 얼마나 참신하거나 기발해야 하는지와 관련 있다. 무작위한 현상들은 참신하고 예측 불가능하다. 그리고 혼란이나 광기에도 참신성과 예측 불가능성이 있다. 그렇다고 해서 무작위한 현상이나 혼란, 광기를 창의적이라 할 수 있을까? 창의성과 광기의 차이는 무엇인가?

사람은 누구나 자신의 기존 사고에 비해 참신한 아이디어를 낼 수 있다. 아무리 진부한 생각이나 말이라 해도 누군가에게는 완전히 새롭게 느껴질 수 있다. 어린아이들이 생각해내는 아이디어나 말도 마찬가지다. 아이들에게는 새롭지만 어른들에게는 전혀 그렇지 않을 수 있다. 과연 이러한 생각과 말도 창의적이라 간주해야 할까?

그 누구도 생각하지 못했던 아이디어를 내는 것은 간단하다. 내가 어느 날 "앞이 보이지 않는 거대한 자주색 점박이 고슴도치 서른세 마리가 런던타워에 살고 있다"라는 황당무계한 말을 했다고 치자. 그렇다고 내가 갑자기 창의적인 사람이 될까?

어떤 화학자나 수학자가 훌륭한 아이디어를 내서 국제적인 상을 받았다고 가정해보자. 그런데 나중에 독학해온 거리 청소부가 그 아이디어를 먼저 생각했던 것으로 밝혀졌다. 그렇다고 해서 상을 받은 학자의 창의성이 무참히 깨지고 마는 것일까?

참신성을 인정하는 문제에 대해서도 생각해보자. 참신한 아이디어임에도 불구하고, 왜 모든 사람들의 인정을 받지 못하는 경우가 있는 것일까? 어째서 오랜 시간이 흐른 후에야 참신성을 인정받는 경우가 생기는 것일까? 사회적 수용과 창의성은 또 어떤 관계가 있을까? 그렇다면 과연 창의성을 사회학이나 역사학의 도움 없이 심리학 이론만으로 설명할 수 있을까?

이러한 의문들에 답하기 위해서는 철학의 힘을 빌려야 한다. 그 의문들이 창의성에 대한 '사실' 뿐 아니라 그 개념 자체와 관련되어 있기 때문이다. 창의성에 관한 흥미로운 질문은 무궁무진하다. 그중에서도 빼놓을 수 없는 질문은 바로 "창의성이 어떻게 발현되는가?"다. 하지만 이 질문에 명쾌한 답을 내놓기 어렵게 하는 문제가 하나 있다. 바로 창의성이란 무엇인지, 창의적이라 인정받기 위해 갖추어야 할 특징이 무엇인지 개념적으로 명확히 정의 내리기 쉽지 않다는 사실이다. 이 개념적 모순이 존재하는 한 창의성에 대한 어떠한 질문에도 답할 수 없다.

이 책의 목표 중 하나는 이 모순을 잠재울 만한 창의성의 정의를 내리는 것이다. 모순을 잠재우고 수수께끼를 풀 수만 있다면 여러 다른 인지 현상과 마찬가지로 심리학적 용어를 사용해 창의성을 합리적으로 설명할 수 있다.

이 첫 번째 목표는 자연스레 두 번째 목표로 이어진다. 창의성이 뿌리내리고 있는 인지구조와 사고 과정의 특색과 윤곽을 파악해 창의성이 어떻게 발현되는지 수수께끼의 해답을 찾아내는 것이다.

창의성에 대한 사람들의 믿음은 은연중에 앞서 설명한 모순적인 개념에 영향을 받는 경우가 많다. 그리고 사람들은 흔히 창의성을 과학적으로 설명하려는 시도에 회의적인 태도를 보인다.

사실 '회의적'이라는 단어는 여기에 어울리지 않는지도 모른다. 창의성에 대한 과학의 불가침성에 흠뻑 취해 있는 사람들이 많기 때문이다. 사람들에게 널리 퍼진 (내가 각각 '낭만주의'와 '영감 지상주의'라고 부르는) 두 가지 관점을 살펴보자. 창의성은 인류의 우수성을 증명해주는 영광의 승리다. 그래서 모든 것을 단순화시켜 설명하는 과학의 촉수에 훼손당하지 않는다. 그 불가해성에 의해 창의성은 더욱 빛을 발한다.

많은 사람들이 이러한 관점을 철석같이 믿는다. 이를 비판적으로 고찰해보는 사람은 드물다. 하지만 이러한 관점은 이론이라기보다는 신화에 가깝다. 공동체의 관습을 뒷받침하고, 가치를 표현하고, 두려움을 누그러뜨리기 위한 가공의 구조물 말이다.

그래서 영감 지상주의 접근법을 취하는 사람들에게 창의성은 본질적으로 신비하고 불가사의한 대상일 수밖에 없으며, 때로는 초인적이고 신성하게까지 여겨진다. 다음 글을 보면 플라톤도 창의성 발휘에 있어 영감의 역할을 중요하게 여겼음을 알 수 있다.

시는 신성하다. 마음속에 착상이 떠오르고, 이성이 서 있을 자리가 완전히 사라지기 전까지는 …… 이러한 성스러운 권능 없이는 …… 그 누구도 시를 쓸 수 없다.

플라톤 이후 2000년이 지나 쓰인 희곡 《아마데우스(Amadeus)》에도 비범한 영감과 평범한 재능의 차이가 극명하게 나타난다. 《아마데우스》는 동시대 음악가 모차르트와 살리에리의 이야기를 소재로 삼았다. 모차르트는 인생의 모든 면에서 상스럽고, 비천하며, 게으르고, 제멋대로였지만 작곡할 때만큼은 신이 내린 듯 번득이는 재능을 발휘했다. 반면 살리에리는 '기술' 면에서 부족함이 없는 덕망 높고, 이성적이며, 성실한 궁중 전속 작곡가였다. 하지만 그의 명성은 모차르트가 등장한 이후 사그라졌다. 저널리스트 버나드 레빈(Bernard Levin)은 〈타임스〉 칼럼에서 다른 위대한 예술가들이 그렇듯 모차르트에게도 하늘이 내린 재능이 있었다고 단정 지었다. 그의 관점이 옳다면 창의성을 과학으로 설명해보려는 얼빠진 시도는 깨끗이 포기해야 마땅하다.

이에 비해 낭만주의 관점은 약간은 덜 극단적이라 할 수 있다. 창의성을 성스럽고 거룩한 재능으로 여기기보다는 비범한 수준의 타고난 능력으로 보기 때문이다. 낭만주의 관점을 취하는 사람들은 창의적인 예술가들이나 과학자들이 남다른 직관이나 통찰력을 타고 났다고 여긴다.

그러나 낭만주의는 직관적인 통찰이 실제로 어떻게 기능하는지에 대해서는 매우 막연한 제안을 할 뿐이다. 창의성을 분석할 수 없다고 믿는 낭만주의자들은 언젠가 창의성을 과학적으로 설명할 날이 오리라는 생각에 코웃음 친다.

낭만주의자들은 직관적 재능이란 타고나는 것이기 때문에 후천적으로는 절대 터득할 수 없다고 보았다. 이들의 견해는 패배주의적이다. 낭만주의자들에 따르면 창의성을 북돋기 위해 인간이 할 수 있는 일이라고는 특별한 재능이 있는 사람을 알아보고, 그에게 재능을 펼칠 수 있는 기회와 공간을 주는 것뿐이기 때문이다. 그 외에는 창의성을 강화하기 위해 적극적으로 할 수 있는 일이 아무것도 없다.

하지만 직관이나 통찰을 찬미하는 것만으로는 부족하다. 심리학적 관점에서 '통찰'이란 해답이 아닌 질문의 대상이기 때문이다. 그것도 아주 불명료한.

낭만주의는 창의성에 대해 어떤 이해도 제공하지 않는다. 창의성이 어떻게 발현되는지 궁금하게 여겼던 심리학자 아서 쾨슬러(Arthur Koestler)는 '이연 현상(bisociation of matrices)'이라는 용어를 만들어 창의성을 설명하려 시도했다. 이연 현상이란 서로 관련 없는 두 가지 사실이나 아이디어가 통합되면서 창의성이 발현되는 것을 말한다. 그는 이연 현상에 대해 다음과 같이 적었다.

진실의 순간, 새로운 통찰의 갑작스러운 출현은 직관의 소행이다. 직관은 불가사의한 섬광 혹은 이성의 단절이다. 또 직관은 의식의 표면에서 볼 수 있는 것이라고는 시작과 끝밖에 없는 물에 잠긴 사슬과도 같다. 그 사슬 한쪽 끝에서 시작해 보이지 않는 연결고리를 따라 물속으로 들어가면 어느새 반대쪽 끝으로 나오게 된다.[1]

쾨슬러의 설명은 낭만주의자들과 영감 지상주의자들이 제기한 거짓 신비주의에 비해 진일보하기는 했지만, 창의성을 넌지시 건드리기만 할 뿐이다. 쾨슬러는 일반적인 용어들로 창의성을 설명했을 뿐 세세하고 깊이 있는 수준까지는 논의하지 못했다.

이 책은 쾨슬러가 던진 창의성에 대한 의문들에서 시작하고자 한다. 직관 아래에 놓인 '보이지 않는 연결고리들'을 확인한 후, 그것들을 어떻게 담금질하고 단련할 수 있는지 구체적으로 밝힐 것이다.

자, 그렇다면 인간의 직관은 어떤 식으로 작동하는 것일까? 인간은 어떻게 새로운 아이디어를 생각해낼 수 있을까? 이 책의 주제는 인공지능의 개념을 빌려 직관과 관련된 여러 의문과 수수께끼를 이해하는 것이다.

인공지능은 인간의 정신이 하는 일을 컴퓨터가 할 수 있도록 프로그램을 짜고 설계하는 방법을 연구하는 학문이다. 이를테면 영어를 사용한다든가, 얼굴을 인식한다든가, 그림자에 반쯤 가려진 물체를 인지한다든가, 과학·법·의료적 문제에 조언을 해주는 방법 등을 말한다. 그래서 인공지능은 인간의 인지처리 과정이나 정신이 어떤 식으로 작용하는지 이해하는 데 도움이 되는 여러 단서를 제공한다. 이를 '계산주의 심리학(computational psychology)'이라 부른다.

앞으로 이 책에서는 인지심리학의 한 분야인 계산주의 심리학의 개념과 용어들을 이용해 인간의 창의성을 설명할 것이다. 하지만 계산주의 혹은 컴퓨터에 대해 아는 것이 전혀 없다거나, 관심이 없다 해도 걱정할 필요는 없다. 그냥 계산주의 심리학이 심리학의 한 분야라는 정도만 알고 넘어가면 된다. 자, 그럼 이제 계산주의 심리학의 개념과 용어들을 통해 창의성이 어떻게 발현되는지, 그리고 창의성이란 무엇인지 알아보자.

영감 지상주의자들이나 낭만주의자들이 펄쩍 뛰거나 비웃을지도 모르는 이야기를 해보겠다. 창의성이 초인적이거나 성스러운 근원에서 솟아난다거나, 몇몇 특별한 천재들에게서만 나타나는 불가해한 현상이라면, 컴퓨터를 통해 창의성을 설명하려는 시도는 완전히 엉뚱한 짓이다.

비단 '반(反)과학적'인 영감 지상주의자들이나 낭만주의자들만이 그런 결론을 내리는 것은 아니다. 쾨슬러처럼 심리학을 통해 창의성을 설명할 수 있다고 생각하는 사람들조차도 컴퓨터나 인공지능이 창의성과 관련된다는 주장을 거부한 경우가 많다.

사람들은 그러한 생각이 태생적으로 부조리하다고 믿는다. 즉, 컴퓨터는 프로그래밍된 대로만 수행하기 때문에 그 무엇도 창조할 수 없다는 것이다.

이러한 논리를 처음 펼친 사람은 19세기 중반에 컴퓨터의 모태가 된 '연산장치'를 만든 찰스 베비지(Charles Babbage)의 친구이자, 최초의 프로그래머인 에이다 러브레이스(Ada Lovelace)였다. 러브레이스는 연산장치에 대해 이런 말을 남겼다. "원칙적으로 베비지의 연산장치가 정교하고 복잡하며 과학적인 음악을 작곡할 수 있는 것이 사실이기는 하다. 하지만 연산장치는 그 어떤 것도 창작할 수 없다. 단지 우리가 내린 명령을 수행할 수 있을 뿐이다."[2] 러브레이스의 말에 따르면 연산장치에서 흘러나오는 음악은 연산장치가 아닌, 그 장치를 만든 엔지니어의 작품으로 인정해야 한다.

러브레이스의 주장이 단순히 컴퓨터는 프로그래밍된 대로만 수행할 수 있음을 의미한다면, 그 말은 옳을 뿐 아니라 가치 있다. 하지만 그녀의 주장이 컴퓨터와 창의성 사이의 흥미로운 연결고리를 부정하려는 의도라면, 이는 너무 경솔하고 지나치게 단순하다. 우리는 혼동하기 쉬운 네 가지 질문을 구별해야 한다. 앞으로 그 질문들을 '러브레이스 질문'이라 칭하겠다. 컴퓨터의 창의성에 대한 의문이 생기면 러브레이스와 유사한 논리를 펼치며 무조건 '아니오'라는 답을 던지고 넘어가 버리는 사람이 많기 때문이다.

네 가지 러브레이스 질문은 차례대로 다음과 같다. 첫째, 계산주의 심리학의 개념과 용어를 이용하면 인간의 창의성을 이해하는 데 과연 도움이 될까? 둘째, 현재 혹은 미래에 컴퓨터가 적어도 창의적인 듯 보이는 일을 할 수 있을까? 셋째, 컴퓨터가 인간의 창의성(예컨대 시인이 쓴 시의 창의성)을 인지할 수 있을까? 마지막으로, 컴퓨터가 프로그래머의 명령에 따라 창의적인 것처럼 보이는 성과를 내는 데 그치지 않고 정말 스스로 창의성을 발휘할 수 있을까?

앞으로 이 책에서는 위의 네 가지 질문 중 주로 첫 번째에 집중할 것이다. 두 번째와 세 번째 질문은 첫 번째 질문을 더욱 명확하게 밝히기 위한 목적으로만 살펴볼 것이다. 11장에서 논의할 마지막 질문은 네 질문 중 그 중요도가 가장 낮다.

첫 번째 러브레이스 질문에 대한 내 대답은 '그렇다'이다. 계산주의 심리학의 개념과 용어는 인간의 창의성을 이해하는 데 분명 도움이 된다. 그렇다고 해서 창의성이 예측 가능하다거나, 독창적인 아이디어를 세부적으로 모두 설명할 수 있다는 뜻은 아니다. 하지만 계산주의 심리학의 개념과 용어에 의지해 어떻게 '직관'이 작용하는지에 대해 과학적으로 이해할 수는 있다.

두 번째 러브레이스 질문에 대한 답 또한 '그렇다' 이다. 창의적인 것처럼 보이는 일을 할 수 있는 현존 컴퓨터 프로그램들을 책 뒷부분에서 살펴볼 것이다. 물론 아직까지는 이에 대한 반론의 여지가 있다. 엄밀히 말하자면 컴퓨터가 창의성을 발휘하는 것처럼 보인다고 누구나 동의하는 프로그램은 아직 나오지 않았다.

(만약 그런 프로그램이 존재한다 해도, 그 프로그램을 정말 창의적이라 할 수 있을지는 네 번째 질문을 논의하면서 더욱 심도 있게 짚어볼 것이다. 앞으로 이 책에서는 편의를 위해, 원문을 그대로 인용하는 경우를 제외하고 '창의적인 듯' 보이는 프로그램을 그냥 '창의적'이라 표현하고 넘어가겠다. 이는 논의가 장황하게 늘어지는 것을 막기 위해서다. 마지막 장인 11장에서 네 번째 러브레이스 질문에 대해 논의하기 전까지는 창의적으로 보이는 컴퓨터가 이루어낸 성과를 정말 창의적이라 할 수 있는지에 대한 논란을 접어두기로 하자.)

인간이 통상적인 방식으로 이루어낸 '창조'는 대개 찬탄의 대상이 된다. 그 예로 군더더기 없이 깔끔하게 증명된 기하학 공식을 들 수 있다. 유클리드 자신도 해내지 못한 증명을 컴퓨터는 해낼 수 있지만, 컴퓨터의 증명은 단순히 수학적이거나 과학적인 연산으로만 취급받는다. 내 연구실 벽에는 그림 한 점이 걸려 있는데, 보는 사람마다 훌륭하다는 칭찬을 아끼지 않는다. 하지만 사실 그것은 컴퓨터가 그린 것이다.

앞으로 살펴보겠지만, 컴퓨터가 창작한 문학작품은 수학이나 그림에 비해 그다지 인상적이지 않다. 하지만 그러한 작품들조차 시인 로렌스 러너(Laurence Lerner)가 지은 가상의 컴퓨터 시와 비교해보면 단순히 '기계적인' 조합이라고 치부해버릴 수만은 없는 예술적 가치를 보여준다. 러너는 컴퓨터가 시를 짓는다면 어떤 작품이 나올까 상상해보다가, 여러 편의 유명한 시에서 한 행씩을 가져와 단어와 구를 무작위로 자르고 붙여 시 한 편을 창작했다. 그러고는 그 시를 가상의 컴퓨터 시인(詩人) ARTHUR(Automatic Record Tabulator but Heuristically Unreliable Reasoner)의 작품으로 발표했다.[3]

〈ARTHUR의 영시 대표작〉

사느냐 죽느냐, 그것이 문제로다
신의 방식을 인간에게 정당화하기 위해
덤불숲과 개울이 있던 시절이 있었네
서쪽으로 지는 해
수달은 아래에 쇠물닭은 꼭대기에
신 가까이의 리오네스에 떨어졌네.

쇠물닭이 꼭대기에 있던 시절이 있었네
서쪽의 햇볕을 정당화하기 위해,
신 가까이에서 사느냐 죽느냐
신에게서 인간으로 리오네스에 떨어졌네
아래에 있는 수달과 덤불숲과 개울

지는 해, 그것이 문제로다.

리오네스와 덤불숲과 개울이 있던 시절
서쪽 창공의 햇살이 되기 위해
초원의 수달이 신 가까이에 떨어질 때
쇠물닭을 정당화하는 것이 문제로다
인간에게 떨어지는 신이 되지 않는 것
때가 되는 길 아래에 있다.

리오네스에 있느냐, 그것이 문제로다
수달을 정당화하는 것이 문제로다
초원의 떨어짐이 문제로다

나는 그 질문의 답을 모른다

쇠물닭이 서쪽에 있던 시절이 있었네
창공에 해가 빛나던 시절이 있었네
신이 문제가 되지 않던 시절이 있었네
시인이 있던 시절이 있었네
그때 내가 왔네

다음으로, 세 번째 러브레이스 질문에 대한 답 또한 '그렇다'이다. 어떤 것이 독창적인지 알아보려면 자신도 어느 정도는 창의적이어야 하기 때문이다. (희곡 《아마데우스》에서 살리에리는 자신에게 모차르트의 천재성을 알아볼 만큼의 재능은 주었으면서도, 모차르트처럼 작곡할 수 있는 재능은 주지 않은 신에게 목 놓아 저주를 퍼부었다.) 사실 창의적이기 위해서는 비판적 평가를 할 수 있는 안목이 필요하다. 아마도 이에 동의하는 사람들이 많을 것이다.

하지만 로렌스 러너는 자신의 또 다른 시집 《디지털 컴퓨터의 생과 견해(The Life and Opinions of a Digital Computer)》에서 여전히 '아니오'라는 회의적인 견해를 피력한다. 시집에 실린 시 한 편을 보자.

〈Literary Criticism(문학평론)〉

순서대로 검색

탐색과 분류	6명의 의기양양한 보행자
	5일간의 크리스마스
	4마리 그리고 20마리의 검은 새
	3마리의 눈먼 쥐들. 시작.
3마리의 눈먼 쥐들:	1개의 명사구
2마리의 눈먼 쥐들:	1개의 명사구
1마리의 눈먼 쥐들:	반복
1마리의 눈먼 쥐들:	문법 규칙 따를 것
	명사 수 일치 요함
1마리들의 눈먼 쥐:	문법 규칙 따를 것. 위반 금지.
	다른 규칙 적용
2마리들의 눈먼 쥐:	문법 규칙 따를 것
	명사 수 일치 요함

1마리들의 눈먼 쥐:	누가 쥐를 눈멀게 하는가?
농부의 아내:	1개의 명사구
그녀가 쥐를 눈멀게 한다:	폭력 발생
쥐들이 어떻게 도망가는지 보라:	명령문
쥐들이 어떻게 도망가는지 보라:	두려움 표출 행위
쥐들이 어떻게 도망가는지 보라:	다리 사용
그 농부의 아내가:	1개의 명사구
쥐들의 꼬리를 자른다:	더욱 심한 폭력
고기 써는 칼로:	확산적 사고
이런 광경을 본 적 있는가:	의문문
이런 광경을 본 적 있는가:	청자의 개입을 요함
이런 광경을 본 적 있는가:	청자 장님 아님
이런 광경을 본 적 있는가:	청자 쥐 아님
살면서 한 번이라도:	청자 살아 있음
3마리의 눈먼 쥐들을:	그것들이 상징인가?
4마리의 눈먼 쥐들:	인간에게 피해를 줌
5마리의 눈먼 쥐들:	개체 수 폭발적 증가
6마리의 눈먼 쥐들:	통제 불가능
7마리의 눈먼 쥐들:	나도 마찬가지
7마리의 눈먼 쥐들:	무한 루프
	내가 어떻게 도망가는지 보라
	내가 어떻게 도망가는지 보라

시인이자 평론가인 러너의 동료 문인들도 우리의 세 번째 질문에 대한 그의 부정적인 대답에 동의할 것이다. 즉 인간이 아닌 기계는 인간의 창의성을 이해할 수 없으므로 컴퓨터는 절대 문학평론가가 될 수 없을 뿐 아니라 아직은 그 가능성도 보이지 않는다는 것이다.

반대로 컴퓨터 과학자들은 매우 다른 대답을 할지도 모른다. 컴퓨터 과학의 창시자인 앨런 튜링(Alan Turing)은 언젠가는 컴퓨터 프로그램이 소네트를 이해할 뿐 아니라 그것을 직접 창작할 날이 올 것이라 믿었다. 다음에 인용한 글은 어떻게 미래의 컴퓨터가 인간의 창작물과 거의 구분되지 않는 문학작품을 쓸 수 있을지에 관한 그의 관점을 잘 보여준다 (이 내용은 인간과 컴퓨터의 대화이며, 인간이 먼저 말한다).

너의 소네트 첫 줄 '내가 당신을 여름날에 비교해볼까요'에서 '여름날'을 '봄날'로 바꾼다면 느낌이 더 나아지지 않을까?

각운이 맞지 않을 거야.

그렇다면 '여름'을 '겨울'로 바꾸면 어때? 그러면 운이 맞잖아.

그래, 하지만 어느 누가 '겨울'에 비교당하고 싶어 하겠어?

피크위크 씨(찰스 디킨즈 작 《피크위크 페이퍼》의 주인공으로 착하고 익살스러운 노인-옮긴이)는 겨울을 연상시키지 않아?

약간은 그렇다고 할 수 있지.

하지만 크리스마스도 겨울이잖아. 피크위크 씨도 겨울에 비교당한다고 해서 기분 나빠 하지는 않을 거야.

지금 농담하는 거야? 누군가 '겨울날'이라는 표현을 쓰면, 그건 크리스마스처럼 특별한 날이 아니라 평범한 겨울날을 의미하는 거지.

사실 위 글은 공상과학소설의 일부다. 하지만 우리의 세 번째 질문은 특별히 컴퓨터 문학평론에만 해당되는 것이 아니라 보편적으로 적용되는 원칙에 대한 것이다. 튜링처럼 언젠가는 컴퓨터가 소네트를 감상할 수 있다고 믿는 사람들조차 실제로 컴퓨터가 소네트를 창작할 수 있다고는 믿지 않을 것이다. (적어도 나는 그렇다.) '내가 당신을 여름날에 비교해볼까요?(Shall I compare thee to a summer's day?)'를 즐길 수 있는 사람이라면 셰익스피어의 나머지 소네트도 즐길 수 있을 것이다. 또한 러너가 〈ARTHUR의 영시 대표작〉을 창작하고자 자료를 빌려온 햄릿의 독백과 나머지 다섯 편의 시도 즐겁게 감상할 수 있을 것이다. 컴퓨터가 인간처럼 시를 인지하고 즐기려면 매우 다양한 종류의 지식과 미묘한 뉘앙스를 알아차리는 데 필요한 기능을 갖추어야 한다. 단순히 '수달을 정당화하는 것이 문제로다'의 뜻을 이해한다고 해서 그것을 감상한다고는 할 수 없다.

그렇다면 컴퓨터는 스스로 실행한 작업 결과물의 창의성을 인지할 수 있을까? 컴퓨터가 '지금 제대로 가고 있어!'라고 직감적으로 알아차리고, 그 직감이 옳다는 것을 증명할 수 있을까?

앞서 설명한 대로 컴퓨터가 창의성을 발휘할 수 있으려면, 스스로의 사고를 평가할 수 있어야만 한다. 물론 좋은 아이디어를 내고도 그 가치를 인지하지 못할 수도 있고, 때로는 사소한 내용에 집착하거나 벽에 부딪힐 수도 있다. 하지만 이런 경우 오히려 컴퓨터는 인간과 다를 바 없는 진정한 친구가 될 수 있을지도 모른다. 그리하여 세 번째 러브레이스 질문에 대한 내 대답은 앞의 두 질문에 대한 답과 동일하다. 즉, '그렇다'이다.

처음 세 가지 러브레이스 질문은 과학적 사실 및 이론과 관련되어 있으며, 서로 긴밀한 관계를 맺고 있다. 창의적인 사고에 관한 심리학적 이론으로 무장하지 않은 이상, 그 누구도 컴퓨터가 창의적으로 보이는지, 혹은 그 창의성을 평가할 수 있는지 결론 내릴 수 없다. 이 책의 주제이기도 한 첫 번째 러브레이스 질문에 관심 있는 사람은 나머지 두 번째와 세 번째 러브레이스 질문에도 흥미를 느낄 수밖에 없다.

네 번째 러브레이스 질문, 즉 컴퓨터가 진정으로 창의성을 발휘할 수 있는지에 대한 질문은 나머지 세 질문과 질적으로 다르다(우리의 목적에 비추면 중요도도 떨어진다). 네 번째 질문을 논하려면 형이상학과 윤리적인 문제를 끌어들여야 한다.

우리는 현재 '창의적 지능(creative intelligence)'의 모든 과학적 기준을 만족시키는 컴퓨터의 탄생에 직면해 있다. 그에 따르는 도덕적·정치적 결정을 내리는 것은 인간의 몫이다. 그러한 결정은 컴퓨터에게 존엄성을 부여한다. 이는 다시 말해 컴퓨터를 인간과 동등한 도덕적·지적 존재로 인정해주는 것을 의미한다.

마지막 장에서 더 자세히 설명하겠지만, 네 번째 질문에 대한 내 답은 '아니오'이다. 아마 내 의견에 동의하는 사람이 많을 것이다. 이렇듯 가상의 인공지능에 대해 도덕적 판단을 내리는 것은 '인간의 창의성 이해'라는 이 책의 목적에 부합하지 않는 별개의 문제다. 그리고 네 번째 러브레이스 질문에 '아니오'라고 답한다 해도 앞의 세 질문에 대한 긍정적인 대답은 여전히 유효하다.

요컨대 컴퓨터가 진정으로 창의성을 발휘할 수 있든 없든, 컴퓨터는 창의적인 것처럼 보이는 활동들을 할 수 있다. 게다가 더욱 중요한 점은 컴퓨터가 어떻게 창의성을 발휘하는지 생각해봄으로써 인간의 창의성에 대해 더욱 깊이 있게 이해할 수 있다는 사실이다.

물론 프로그래밍된 대로만 임무를 수행하는 컴퓨터의 특징 이외에도 그 창의성에 대해 의문을 품게 만드는 이유는 몇 가지 더 있다. 우선 컴퓨터는 능동적으로 무엇인가를 구현하는 주체라기보다는 단지 다른 주체가 사용하는 수단에 불과하다. 또한 컴퓨터는 피와 살이 아닌 금속과 실리콘으로 만들어진다.

그렇다면 튜링이 상상해서 표현한 컴퓨터와의 가상 대화는 불가능한 것이 아닐까? 인간은 재채기와 동상의 경험이 있기 때문에 누군가를 겨울날에 비교하는 것이 부적절하다고 느끼며, 맛있는 음식과 따뜻한 응원의 말에 대한 공통의 이해가 있기 때문에 피크위크 씨를 크리스마스에 비유하는 것이 적절하다고 느낀다.

하지만 인간과 같은 경험을 할 수 없는 컴퓨터의 한계는 창의성 전체는 아니더라도 특정 유형의 창의성에 영향을 미친다. 이를테면 겨울 날씨에 대한 컴퓨터의 무지는 시적 감수성을 위태롭게 만들기는 하지만, 과학이나 수학적 창의성에는 별다른 해를 끼치지 않는다.

영감 지상주의자들에게는 미안한 말이지만, 인간의 직관은 영감이 아니라 두뇌에 의해 좌우된다는 것이 더욱 설득력 있게 들린다.

이것이 바로 컴퓨터가 창의적으로 보이는 것은 고사하고 인간의 창의성마저 인식할 수 없다고 하는 사람들이 흔히 내놓는 주장이다. 그러한 사람들은 겨울과 피크위크 씨라는 두 개념을 연관 지으려면 인간 두뇌에는 있지만 컴퓨터에는 없는 사고력이나 정보처리 능력이 필요하다고 주장한다.

인간의 두뇌에서 나오는 사고력이 무엇인지, 그리고 그것이 진정 컴퓨터나 계산주의 심리학과 동떨어진 개념인지는 나중에 자세히 다루도록 하겠다.

컴퓨터가 인간의 두뇌와 다르다고 해서 그것이 창의성을 이해하는 것과 관련이 없는 건 아니다. 심지어 컴퓨터공학과 인공지능 연구에서 수행하는 '전통적인' 일조차도 이와 관련이 깊다. 그리고 조금 더 최근의 '연결주의' 컴퓨터는 도시가스 요금 정산기계보다 훨씬 인간의 두뇌에 가깝고, 비유적인 표현을 알아보는 기능 또한 더 낫다고 할 수 있다. 이것은 분명 창의성과 관련이 있다.

비유를 인식하는 인간의 보편적 능력이 창의성과 연관되어 있다면 다른 정신적 능력 역시 그럴 것이다. 물론 창의성을 '재능'이라 부르는 것은 오해의 소지가 있을 수 있다. 창의성이란 지능과 마찬가지로 능력이나 재능이 아니다.

또한 영감 지상주의자나 낭만주의자들의 생각과 달리 창의성이 선택받은 소수에게만 제한적으로 나타나는 것도 아니다. 우리에게는 모두 어느 정도의 창의성이 있으며 이것은 인간의 일반적인 능력이다.

물론 창의성을 발휘하려면 전문 지식이 요구된다. 소네트(문학), 소나타(음악), 사인파(과학), 바느질(공예) 등 그 예는 끝이 없다. 그리고 창의성이 뛰어날수록 일반적으로 더 높은 수준의 전문 지식이 필요하다. 피아노 연주, 디자인, 과학 실험처럼 특정한 기술적 연습이 필요한 경우가 있으며, 여기에는 다년간의 노력뿐만 아니라 매우 비싼 장비가 요구되기도 한다. 예를 들면 길거리 청소부가 아무리 총명하더라도 독학만으로 노벨화학상을 타기는 어려울 것이다.

창의성은 또한 사물을 알아보고, 기억하고, 인지하는 등 일상에 필요한 수많은 심리적 행위를 능숙하게, 그리고 거의 무의식적으로 수행하는 능력을 필요로 한다. 이러한 행위가 가능하려면 민감한 해석 과정과 복잡한 지적 구조가 뒷받침되어야 한다.

예를 들어 르네상스의 '현실주의'와 입체파의 '변형과 이미지 해체'는 모두 서양 회화 변천사에 있어 진정으로 창의적인 움직임이었다고 할 수 있다. 이것은 모두 2차원적 이미지를 3차원적 장면으로 이해·해석할 수 있는 일련의 심리적 과정에 기반을 두고 있다. 이러한 심리적 과정에 대한 이해는 컴퓨터 모델링을 통해 현격히 진보하였다. 그림에서 여기 혹은 저기에, 가까이 혹은 멀리 있는 여러 사물이 서로 어떻게 다른지, 그것들이 이 모양 혹은 저 모양으로, 이리로 혹은 저리로 기울어져 있음을 우리가 어떻게 이해하는지는 오직 계산주의 심리학으로만 설명할 수 있다. (이에 대해서는 뒤에서 조금 더 자세히 설명할 것이다.)

그렇다면 인간의 창의성을 어떻게 이해할 것인가? 그것이 무엇이며 어떻게 가능한가? 바로 이 질문들이 우리가 가장 궁금해 하는 점이다. 이 질문에 답하다 보면 위에서 언급한 네 가지 러브레이스 질문들에 대한 답 또한 찾게 될 것이다.

창의성이라는 퍼즐을 풀기에 앞서 우리는 먼저 그 미스터리부터 해결해야 한다. 그러므로 3장에서 창의성의 정의를 새롭게 제시하고자 한다. 창의성에 내포된 역설적 '불가능성'을 피하면서도 단순한 새로움과 진정한 참신성을 구분할 수 있는 정의 말이다.

4장에서는 정신의 유형과 구조에 대해 논의하고 그것을 바꿀 수 있는 심리적 요인들을 알아볼 것이다. 여기서 탐색이 창의성의 중요한 유형을 이해하기 위한 핵심적인 개념이라는 걸 알게 될 것이다. 그 분야가 화학이든, 음악이든 상관없이 말이다.

5장에서는 창의성에 관한 심리적 이론에 왜 컴퓨터 관련 개념이 포함되어야 하는지 이야기하겠다. 그러한 개념들은 예술과 과학, 수학 등의 분야에 적용된다.

6장에서는 익숙한 아이디어를 낯선 방식으로 결합할 때 어떠한 유형의 창의성이 필요한지에 대해 살펴보겠다. 예를 들어 서사시 〈늙은 뱃사람의 노래(The hncient Mariner)〉에 쓰인 심상들이 어떻게 작가의 머릿속에 떠오르게 되었는지를 알아보겠다. 그리고 이것이 연결주의 컴퓨터 시스템과 비슷한 사고 과정에서 비롯된다는 설명을 덧붙일 것이다.

7장과 8장에서는 창의적 사고 과정의 기존 컴퓨터 모델들을 설명하고 비판할 것이다. 또한 펜 드로잉, 즉흥 재즈 연주, 글쓰기, 문학적·과학적 비유, 대두 질병 진단, 체스, 물리학, 화학, 수학, 공학처럼 수많은 분야의 다양한 예를 들어 설명할 것이다. 7장에서는 예술을, 그리고 8장에서는 과학을 중점적으로 다루겠지만 이는 단순히 편의적 목적에 의한 구분일 뿐 두 분야의 지적 원리가 다른 것은 아니다. 예술과 과학 분야의 창의적 사고 과정은 근본적으로 비슷하다. 이러한 과정이 진행되는 방식과 그를 통해 할 수 있는 일, 그리고 할 수 없는 일을 살펴보면 우리가 해당 주제에 관해 어떻게 창의적으로 사고하는지 이해하는 데 도움이 될 것이다.

9장에서는 창의성을 발휘하는 데 있어 우연의 역할, 예측 불가능과 창의성의 연관성, 카오스와 창의성 사이의 관계 등을 살펴보겠다. 창의성이 예측 불가능하다고 해서 과학으로 설명할 수 없는 것은 아니다.

10장에서는 평범한 사람의 창의성을 다루겠다. 모차르트의 재능은 평범한 사람 이상이었지만 그렇다고 그가 신이나 초능력자는 아니었다. 우리 모두에게는 어느 정도의 창의성이 있다. 다만 모차르트는 누구나 할 수 있는 일을 더 잘했던 것뿐이다.

마지막으로 11장에서는 인간의 다양한 가치를 유지·강화하는 데 영감 지상주의나 낭만주의적 시각이 불필요한 이유를 밝힐 것이다. 통념과 달리 창의성을 연구하는 과학이 반드시 인간의 존엄성을 훼손하는 것은 아니다. 과학을 통해 창의성을 입증한다고 해서 인간이 기계에 불과하다고 주장하는 것은 아니다. 또한 인간의 자존감을 위협하는 일도 없을 것이다. 창의성은 미스터리가 아니지만 경이로운 인간의 산물임에는 분명하다.

일단 2장에서 예술가, 과학자, 심리학자, 철학자들이 창의성에 대해 어떻게 말했는지, 그리고 창의성이 어떤 방식으로 발생한다고 생각했는지 살펴보자.

2장

지금까지의 이야기

목욕(bath), 침대(bed), 버스(bus). 창의적인 사람들이 아이디어를 떠올린 상황은 이 세 단어로 압축할 수 있다.

아르키메데스는 목욕을 하다가 벌거벗은 채 뛰쳐나와, 시라쿠사 거리를 달리며 '유레카'를 외쳤다. 오랫동안 아르키메데스를 괴롭히던 문제가 풀렸다. 순금인지 아닌지 모를 왕관의 부피를 재는 방법을 알아낸 것이다. 독일의 화학자 프리드리히 폰 케쿨레(Friedrich von Kekulé)는 난롯가에서 졸다가, 골머리를 앓으며 연구하던 벤젠 분자 구조가 고리 모양일지도 모른다는 꿈을 꿨다. 분자화학이라는 과학의 완전히 새로운 분야가 이렇게 발견되었다. 프랑스의 수학자 자크 아다마르(Jacque Hadamard)는 오랫동안 연구해오던 문제의 해결책을 '잠에서 깨어난 순간 갑자기' 발견한 적이 여러 번 있었다. 프랑스의 과학자 앙리 푸앵카레(Henri Poincaré)는 새로운 함수 집합을 발견하고 며칠 동안 고민하던 차에 지리 조사를 위해 버스를 타고 가다가 그 함수의 특성에 대한 힌트를 얻었다.

이 밖에도 많은 예화가 보여주듯이 창의적인 아이디어는 다른 생각을 하거나 혹은 아무 생각 없이 멍하니 있을 때 떠오른다.

아르키메데스는 욕조에 몸을 담그고 있었고, 푸앵카레는 곧 눈앞에 펼쳐질 경관을 기대하고 있었다. 케쿨레는 난롯가에서 졸고 있었고, 아다마르는 침대에 누워 깊이 잠들어 있었다. 마르셀 프루스트는 문학적 영감이 몰려왔을 때 케이크를 먹고 있었다. 그때 받은 영감은 후에 위대한 작품 《잃어버린 시간을 찾아서》로 이어졌다. 그리고 영국의 시인 사무엘 테일러 콜리지(Samuel Taylor Coleridge)는 아편에 취해 백일몽에 빠져 있을 때 무릉도원을 보았다. 그때 떠오른 아이디어는 스치듯 지나가 머릿속에 남지 않았다. 하지만 그는 그 이후 〈쿠빌라이 칸(Kubla Khan)〉이라는 아름다움과 잔인함이 훌륭하게 어우러진 걸작을 탄생시켰다. 이 시에 등장하는 강렬한 심상은 '폴락에서 불쑥 찾아온 방문자'가 콜리지의 오두막 문을 두드리지 않았더라면 훨씬 더 풍부해졌을지도 모른다.

창의적인 사람의 시각에서 본다면 직관이란 수수께끼와 같다. 직관은 의식적인 생각 없이 갑작스레 경험하는 섬광과 같은 통찰이다. 아다마르도 그런 경험을 했다. '바깥에서 큰소리가 나서 갑자기 잠에서 깨어났는데, 오랫동안 연구해오던 문제의 해결책이 바로 떠올랐다.'[1]

비슷한 다른 예를 살펴보자. 케쿨레가 1865년에 벤젠에 대한 깨달음을 얻은 이야기다.

난롯가에 앉아 졸고 있었다. 원자들이 또다시 눈앞에서 통통 튀기 시작했다. 이번에는 작은 원자단이 표면에 나타나지 않았다. 이런 일이 반복되다 보니 그 형태가 점점 뚜렷하게 보였다. 원자들은 여러 겹으로 배열된 구조를 하고 있었다. 원자들이 서로 가까이 달라붙어 뱀이 움직이듯 쌍으로 꼬여 있었다. 저게 뭐지? 뱀 한 마리가 자기 꼬리를 물고 내 눈앞에서 조롱하듯 빙글빙글 돌기 시작했다. 나는 번갯불이라도 지나간 듯 화들짝 놀라 깨어났다.[2]

그림 2.1과 같은 벤젠 분자의 개념을 낳은 유명한 난롯가의 꿈은 4장에서 자세히 다루도록 하겠다.

그림 2.1

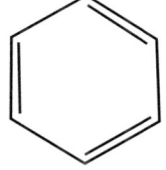

이것이 처음 있는 일은 아니었다. 케쿨레는 이전에도 비슷한 경험을 했다(그렇기 때문에 '이런 일이 반복되었다'는 말을 한 것이다).

비슷한 일이 그로부터 10년쯤 전에도 있었다. 그 당시 케쿨레는 분자 구조를 어떻게 설명해야 할지 몰라 골머리를 앓고 있었다.

어느 화창한 여름날 저녁, 평소처럼 마지막 버스(또 버스다!)를 타고 돌아오던 길이었다. 평소 활기차던 도시의 거리는 밤이 깊어 인적이 끊긴 상태였다. 잠시 몽상에 빠져 있을 때, 눈앞에 원자들이 튀어 올랐다. 그 작은 입자들은 나타날 때마다 끊임없이 움직였다. 하지만 그 전까지는 이 운동의 성질을 뚜렷하게 인식하지 못했다. 그날은 원자들이 통통 튀고 춤추듯 빙빙 도는 동안 작은 두 원자가 서로 한 쌍으로 결합하고, 더 큰 원자가 작은 원자를 둘러싸고, 훨씬 큰 원자들이 작은 원자들을 세 겹 네 겹으로 에워싸는 모습을 지켜보았다. 큰 원자들이 사슬을 형성하는 과정도 지켜보았다. …… 꿈에서 본 형태를 밤새워 종이에 그렸다.[3]

케쿨레는 버스를 타고 오다가 꿈에서 본 이미지를 단서로 새로운 분자 구조를 발견했다. 또한 그는 탄소 원자의 고리 구조를 바탕으로 유기적인 분자 배열 가설을 내놓았다. 〔스코틀랜드 화학자 알렉산더 쿠퍼(Alexander Couper)도 같은 해인 1858년에 동일한 가설을 내놓았지만, 케쿨레보다는 한발 늦었다. 둘의 이야기는 역사적으로 유명한 '동시 발견'의 일례다.〕

케쿨레는 1861년에 출판한 유기화학 교재에서 그림 2.2와 같이 에틸알코올(C_2H_5OH 혹은 CH_3CH_2OH)의 분자 구조를 발표했다. 보다시피 탄소의 '큰' 원자들이 '작은' 원자들을 '둘러싸고' 있다. 또한 두 개의 수소 원자가 '쌍'으로 결합되어 있고, 두 개의 탄소 원자가 짧은 '사슬'의 형

그림 2.2

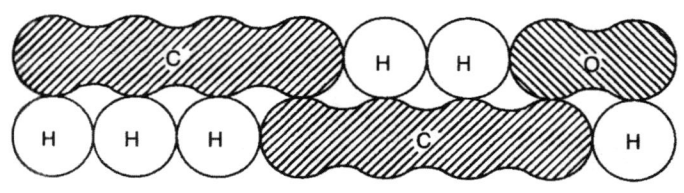

태로 연결되어 있다.

　전공을 화학으로 바꾸기 전까지 건축학을 공부했던 케쿨레에게 시각적 이미지는 무척 중요했다. 이는 콜리지에게도 마찬가지였다. 하지만 창의성에 대해 연구하는 학자들 중 이미지의 중요성을 언급한 사람은 거의 없다. 오랜 고민에도 불구하고 이렇다 할 결과를 내지 못했던 문제에 해결책이 불현듯 떠오른 사례들에 대해 가볍게 언급할 뿐이다.

　창의성에는 독특한 특징들이 있다. 그중 하나가 위에서 이야기한 것처럼 해결책이 불현듯 나타난다는 점이다. 또한 고민하던 문제에 대해 전혀 예상치 못한 해답을 얻기도 한다는 특징도 있다. 아다마르는 잠에서 깬 순간 '이전에 노력했던 것과는 매우 다른 방향의' 해결책이 떠올랐던 경험을 언급한 적이 있다. 때로는 사전에 고민하거나 의문을 품어본 적도 없는 문제의 답이 떠오르는 경우도 있다. 예를 들어 피카소는 "나는 찾지 않는다. 다만 발견할 뿐이다"라고 하였다. 해답을 예측하지 않고, 자신이 어느 방향으로 가고 있는지 보지 않고도 예술을 발전시킬 수 있다는 말이다.

　하지만 피카소와 달리 창의성에서 개인의 역할을 부인한 사람들도 있었다. 예를 들어 소설가 윌리엄 골딩은 《파리 대왕》에서 댕강 잘린 돼지 머리가 덤불 속에 숨어 있는 소년에게 말을 거는 장면은 원래 자신의 머릿속에 있던 생각이 아니라고 밝혔다. "그 장면에 대해 속삭이는 목소리가 들렸다"고 하면서, "그런 순간 작가는 관객이 된다. 두려움에 떨거나 기뻐하는 단순한 관객일 뿐이다"라고 말했다.[4]

　이 말이 도대체 무슨 뜻일까? 물론 '느닷없이 찾아오는 깨달음'이라는 말이 창조자에게서 창의성이 어떻게 발현되는지 그럴듯하게 설명해주기는 하지만, 전체적인 그림을 완벽하게 채워주지는 못한다. 직관은 단순히 섬광 같은 깨달음 속에 존재하는 것이 아니다. 마법과 같은 방식으로 존재한다.

마법, 아니면 신학일 것이다. 우리는 더 이상 인간의 모든 판단이 본질적으로 어디에도 구속되지 않으며, 지적인 자유야말로 인간이 진정 신의 형상을 본떠 창조된 증거라는 17세기 데카르트의 관점을 인정하지 않는다. 우리는 여기서 더 나아가 창의성을 직관과 연관짓거나, 1장에서 언급했던 것처럼 창의적인 인재의 신성한 영감이라고 몰아붙이는 20세기식 '설명'에도 의심을 품어야 한다. 우리는 모차르트를 '지구에 잠시 다녀간 손님'일 뿐이라고 치켜세운 아인슈타인의 말에 공감하고, "꾸준한 노력으로 천상의 실력을 갈고닦을 수 있는 사람도 있을지 모르지만, 모차르트는 애초에 천상에서 왔다"라고 표현할 수밖에 없는 그의 음악에 감동한다.[5] 하지만 화려한 수식어로 모차르트를 찬양하더라도 그 말을 곧이곧대로 받아들여서는 안 된다.

깨달음은 신으로부터 오는 것이 아니다. 그 어디로부터 오는 것도 아니다. 섬광 같은 깨달음은 일련의 사고 과정이 선행되어야만 가능하다. ('선행된 사고에서 참신성이 비롯된다면 그것을 진정한 참신성이라고 할 수 있을까?'라는 의문은 3장에서 창의성에 관한 비역설적인 정의를 다루면서 해소할 것이다.)

깨달음 이전의 사고 과정에는 다소 의식적인 과정이 포함된다. 아르키메데스, 케쿨레, 아다마르, 푸앵카레는 모두 깨달음을 얻기 전부터 오랫동안 그 문제를 생각하고 있었다. 하지만 〈쿠빌라이 칸〉을 쓸 당시 콜리지에게는 골치를 썩이던 특별한 '문제'가 없었다. 후에 그는 약에 취해 의자에 앉아 반의식 상태에 빠지기 전, 다음과 같은 문장을 읽고 있었다고 말했다.

쿠빌라이 칸이 상도(上都)에 위풍당당한 성을 지으라고 명하여 비옥한 초원 위에 70리에 달하는 성벽이 둘러쳐졌다. 그 안에는 시원한 샘, 맑은 시내, 온갖 종류의 사냥감이 있었으며, 성 한가운데 세워진 환락궁은 눈이 부실 정도로 화려했다.[6]

(이 문장을 실제 시에서 발췌한 다음 네 행과 비교해보기 바란다. "무릉도원에서 쿠빌라이 칸이 / 장엄한 환락궁을 지으라고 명하니 / …… / 20리의 두 배나 되는 땅을 / 성과 탑이 에워싸고 있네.") 더욱이 콜리지가 남긴 노트를 보면, 그가 모든 구를 의식적으로 구별할 만큼 매우 세심한 주의를 기울여 문장을 읽어나가는 독자임을 확인할 수 있다.

스스로의 내면을 성찰한 기록은 액면 그대로 받아들이기 힘들다. 그것이 창의적인 상상력의 작용 방식에 강렬한 호기심을 느끼는 콜리지 같은 사람의 기록이라 해도 말이다. 예를 들어 10장에서는 콜리지의 기록이 그의 실제 경험과 일치하지 않음을 지적하고, 완전히 모순되는 증거자료 몇 가지를 제시할 것이다. 더불어 훈련을 통해 성찰 방식을 스스로 발전시켜 나감으로써 보통은 쉽게 잊혀지고 마는 의식의 순간적인 내용을 들여다볼 수 있다는 사실도 밝히려고 한다.

비록 그렇다 하더라도 목욕 중에, 졸다가, 혹은 버스에서 영감을 얻었다는 사람들에 관한 기록은 창의성을 의식적인 과정만으로 설명할 수 없음을 강하게 암시한다. 마찬가지로 예술가나 과학자들은 문제에 대한 고민이 무의식적으로도 계속 진행되어야 한다고 주장해왔다.

가령 콜리지는 무의식을 시를 짓는 데 필요한 핵심 요소라고 간주했다. 그는 서로 다르지만 놀랍게도 하나로 연관되어 있는 수많은 아이디어를 생각해내는 정신의 능력에 매료되었고, 기억의 '고리와 구멍'에 대해 언급했다. 실제로 그가 무릉도원에 관한 꿈을 꾸기 직전에 읽었던 문장을 글로 옮기는 데 어려움을 겪은 것은 기억의 무의식적 연상 능력에 지나치게 관심이 많았기 때문이다. 게다가 그는 연상 기억이 문학적 창의성뿐만 아니라 과학적 독창성과도 관련이 있다고 생각했다. 연상 기억에 대해서는 6장에서 자세히 살펴보겠다.

푸앵카레 역시 창의성이 보이지 않는 무의식적 아이디어의 결합으로 생겨난다는 의견을 넌지시 내비쳤다. 그는 창의성이 네 단계에 따라 발현된다고 여겼다. 각 단계를 거치는 동안 다양한 수준의 의식적·무의식적 정신 작용이 일어난다. 후에 아다마르가 여기에 준비 단계, 숙고 단계, 영감 단계, 검증 단계라는 이름을 붙였다.

준비 단계에서는 익숙한 수단을 사용하거나 적절히 변형시켜 문제를 해결하기 위해 의식적으로 노력한다. 이 단계에서는 대개 뚜렷한 성과를 내지 못한다. 그래서 절망감을 느끼기도 한다.

숙고 단계는 몇 분 혹은 수개월 동안 지속된다. 쓸 만하고 참신한 아이디어가 처음으로 떠오르는 때가 이 단계다. 이때 의식은 다른 문제나 프로젝트 등 무엇에나 초점을 맞출 수 있다. 심지어 관광처럼 전혀 다른 일을 하는 것도 가능하다. 하지만 의식 저 밑바닥에서는 아이디어가 자유롭고 비논리적인 방식으로 결합된다. (푸앵카레는 숙고 단계가 단순히 개운한 휴식을 위한 기간이 아니라 생산적인 정신 작용이 활발하게 일어나는 기간이라고 보았다. 그의 주장을 뒷받침하는 증거가 10장에 나온다.)

다음에 오는 단계가 영감 단계다. 푸앵카레는 '느닷없이 찾아오는 깨달음은 분명 오랜 기간 진행돼오던 무의식적 물밑작업의 신호'라며 과

거의 정신적 노력에 큰 의미를 두었다. 이 단계는 의식적 경험치고는 예측이 불가능하다는 특징이 있다.[7]

마지막으로 검증 단계는 신중하게 문제를 해결하는 단계다. 과학이나 수학에서는 새로운 개념적 통찰을 항목별로 분류하고 시험하는 이 단계를 '검증'이라고 한다. 하지만 예술 분야에서는 '평가'라고 부르는 편이 더 적절하다.

이러한 네 단계에 걸친 분석은 최고의 위용을 뽐내는 무의식에 바치는 찬가가 아니다. 오히려 그 반대다.

> 첫 번째 가설이 이제 그 모습을 드러낸다. 즉, 잠재 자아는 의식 자아에 비해 결코 열등하지 않으며, 순전히 기계적으로만 작동하는 것도 아니다. 또한 분별력이 있으며, 요령과 섬세함을 갖추었고, 선택하는 법과 남의 생각을 간파하는 법을 안다. 이게 무슨 말일까? 잠재 자아는 의식 자아가 실패한 일에 성공하기도 하므로 의식 자아보다 간파 능력이 훨씬 뛰어나다고 할 수 있다. 한마디로 잠재 자아가 의식 자아보다 우위에 있지 않은가? …… 고백건대 나로서는 그것을 인정하고 싶지 않다.[8]

푸앵카레는 의식의 역할을 무시한 것이 아니다. 단지 "한편으로 무의식이 앞서 나가고 다른 한편으로 의식의 작용이 뒤따른다면 무의식은 창의성에 영향을 미칠 수 있으며, 무의식이야말로 유용한 아이디어를 풍성하게 거둘 수 있는 유일한 수단"이라고 주장한 것이다.

푸앵카레의 설명은 특히 수학과 과학 분야의 창의성에 잘 들어맞는다. 수학과 과학에서는 문제를 명확하게 인식하고, 준비 단계에서 탐구하고, 검증 단계에서 테스트를 거치는 과정이 일반적이기 때문이다. 하지만 예술적인 창의성을 중시하는 분야에서는 반드시 그렇지만은 않다. 예술가에게는 명확한 목표가 없을 수도 있기 때문이다. 〈쿠빌라이 칸〉을 창작할 당시의 콜리지를 떠올려보라. 그렇지만 예술가들에게도 역시 사전에 고민하던 '문제', 아니면 적어도 '프로젝트'가 있다. 그래서 콜리지는 늙은 뱃사공에 관해 시를 쓰겠다는 의도를 여러 차례 밝혔고, 바흐는 특정 화음의 가능성을 체계적으로 모색하다가 여러 서곡과 푸가를 작곡하게 된 것이다.

게다가 시인, 화가, 작곡가들은 공통적으로 자신의 작품을 평가하는 데 꽤 오랜 시간을 들인다. 물론 반성이나 숙고에 공을 들이지 않는다는 사람도 있다. "나는 찾지 않는다. 다만 발견할 뿐이다"라는 피카소의 말을 기억하는가? 하지만 그렇다고 피카소가 사후 평가를 전혀 하지 않았다는 뜻은 아니다. 그랬다면 자신이 원하는 것을 진정 발견했는지, 그리고 언제 발견했는지 어떻게 알았겠는가? 이는 참신성이 빛을 발하는 일부 경우에 한해 사후에 수정을 할 필요가 없음을 보여주는 말이다.

이렇게 '완전한' 영감은 비교적 드물다. 작곡가들은 보통 여러 차례에 걸쳐 악보 초안을 수정하고, 예술사학자들도 점점 더 진보하는 과학기술을 이용해 여러 겹의 물감 층 아래에 숨겨진 화가의 본래 생각이나 의도들을 속속 발견하고 있다. 물론 사후 수정을 최소화해야 하거나 전혀 할 수 없는 경우도 있다. 예를 들어 벽의 회반죽이 채 마르기 전에 벽화를 그려야 하는 경우라면 나중에 수정을 거의 할 수 없으며, 재즈 연주자들이 이미 정해진 멜로디 속에 즉흥연주를 끼워 넣는 경우라면 차후에 변경할 수 있는 기회 따위는 전혀 없다. 그래도 예술가들은 다음번에 더 잘하기 위해 언제나 자신의 작품을 평가한다.

한마디로 예술과 과학은 푸앵카레가 제시한 네 단계에 따라 대체로 흡사한 방식으로 혁신을 거듭한다고 할 수 있다.

그렇다면 그 방식이란 정확히 무엇인가? 무의식적 활동이 무엇이며 왜 그것이 의식적 활동들 사이에 일어나야 하는가?

푸앵카레는 다음과 같이 답했다. "준비 단계에서 하는 생각이 무의식 속에서 아이디어들을 활성화하고, 이 아이디어들이 자기도 모르는 사이에 서로 결합한다. 그 다음에는 '심미적 기준'에 따라 특정 아이디어를 택해 의식적으로 곰곰이 생각하고 다듬는 과정을 거친다."

이러한 과정이 어떠한 메커니즘을 통해 일어나는지 고민을 거듭한 끝에 그는 다음과 같은 의견을 내놓았다.

생각의 결합을 에피쿠로스가 원자론에서 말한 갈고리 달린 원자에 비유해보자. 정신이 완전히 쉬고 있는 동안에는 이 원자들도 움직이지 않는다. 이를테면 벽에 붙어 있는 것이다.

반면 정신이 쉬고 있는 것처럼 보이지만 무의식이 활동하고 있는 동안에는 그 원자들 중 일부가 벽에서 떨어져 나와 움직이기 시작한다. 이 원자들은 마치 모기떼처럼 사방으로 날아다닌다. 조금 더 격조 높은 비유를 원하는가? 이때 이 원자들은 마치 기체의 역학 이론 속 분자처럼 사방으로 움직인다. 그러다가 우연히 서로 부딪쳐 새로운 결합을 만들어내기도 한다.

무의식적 활동을 시작하기 전에 먼저 의식적 활동을 하면 어떻게 될까?

이때 의식적 활동은 일부 원자를 움직이게 만든다. 원자를 미리 벽에서 떼어내어 사방으로 날아다닐 준비를 갖추게 하는 것이다. 이렇게 의도적으로 원자들을 한 번 뒤흔들어 놓으면 이들은 본래의 휴식 상태로 돌아가지 않는다. 자유로이 계속해서 춤을 추게 될 것이다.

이것들은 무작위로 선택된 것이 아니다. 여기에는 완벽히 정해진 기준과 목표가 있다. 그러므로 활성화된 원자는 이제 임의의 원자가 아니다. 이제 이 원자들이 우리에게 바람직한 해결책을 제시해줄 것이다.[9]

정신적 원자, 즉 어떤 아이디어들의 '새로운 결합'이 흥미롭겠냐는 물음에 대해 푸앵카레가 이렇게 답했다.

여러 아이디어 중에서도 매우 동떨어진 분야에서 나온 아이디어의 결합이 가장 훌륭한 결과를 가져오는 경우가 많다. ……
그렇게 만들어진 결합 대부분은 아무런 결실도 맺지 못한다. 그러나 드물기는 하지만 그 안에서 가장 훌륭한 결실을 맺는 결합이 탄생한다.[10]

창의성의 메커니즘에 대한 푸앵카레의 비유는 확실히 설득력이 있다. 하지만 이전에 시도했던 방식과 '꽤 다른' 해결책을 찾아낸 아다마르의 사례는 푸앵카레의 설명에 잘 들어맞지 않는다. 첫째로, 의식적으로 활성화시킨 모기떼 같은 아이디어들을 '바람직한 해결책을 기대할 수 있는 아이디어'라고 한다면, 어떻게 아다마르처럼 전혀 다른 해결책이 나오는 경우가 생기는 것일까?
둘째, 푸앵카레의 논리로는 왜 서로 다른 분야에서 나온 아이디어의 결합이 어색하거나 생뚱맞지 않고, 오히려 더욱 창의적인지 설명하지 못한다. 위의 두 가지 문제점은 1장에서 언급한 역설을 떠올리게 한다. 그러한 역설은 우리가 창의성과 단순한 참신성 사이의 차이를 명확히 구분할 때에만 해결될 수 있다.

세 번째 문제는 푸앵카레가 에피쿠로스의 원자론을 정확히 따르지 못했다는 점이다. 에피쿠로스는 서로 다른 물질의 원자에는 서로 다른 모양의 갈고리가 달려 있기 때문에 결합이 일어날 가능성이 일률적이지 않다고 하였다. 하지만 푸앵카레는 갈고리가 원자가 아닌 벽에 달려 있다고 하였고, 원자와 갈고리 모양을 무시하였으며, 아이디어 간 친화력의 차이에 대해서 전혀 언급하지 않았다.

마지막으로 원자들이 우연히 충돌하는 그림을 상상하면 푸앵카레 이론의 네 번째 문제가 무엇인지 알 수 있다. 그는 잠재 자아의 자동기계설을 고집했다.

1장에서 창의성을 조명하는 데 컴퓨터가 도움이 될 것이라고 했던 나의 주장을 떠올리면 내가 이것을 '문제'라고 부르는 것이 이상하게 느껴질지도 모르겠다. 컴퓨터야말로 자동기계 아닌가? 물론 창의성을 연구하기 위해 컴퓨터를 활용하고자 하는 사람이라면 분명 잠재 자아의 자동기계설을 믿을 것이다. 아니, 그것을 넘어 의식적 자아의 자동기계설마저도 믿을 것이다. 그렇지 않은가?

하지만 꼭 그렇지는 않다. '자동기계설'이라는 용어 자체에 두 가지 의미가 함축되어 있기 때문이다. 먼저 긍정적 의미로는 해당 시스템이 과학적으로 이해 가능한 원리에 따라 작용한다는 뜻이 있다. 이러한 의미로 자동기계설이라는 말을 쓸 때는 무언가가 원칙이 있고, 대체로 자율적 시스템이나 메커니즘을 갖추고 있다는 뜻이다. 하지만 반대로 이 것이 부정적 의미로 쓰일 때는 시스템이 자신만의 선택권, 인지력, 판단력 같은 기능을 갖추지 못했다는 뜻이 된다.

이 두 가지 긍정적 혹은 부정적 의미는 서로 상관관계가 없다. 적용되는 분야가 각각 따로 정해져 있는 것도 아니다. 선택권이나 판단력을 과학적 용어로 설명할 수 있는 것을 보아도 알 수 있다. 컴퓨터를 이용해 창의성을 이해할 수 있다는 나의 주장은 긍정의 입장을 취한 반면 푸앵카레의 주장은 부정의 입장을 취했다. 잠재 자아를 '순전히 기계적'이라고 주장함으로써 그는 잠재 자아가 "분별력이 있고, 요령과 섬세함을 갖추었으며, 선택하는 법과 남의 생각을 간파하는 법을 안다"는 진술을 부인했다. 한마디로 무의식적 자아가 마치 기체 분자처럼 눈이 멀었다고 주장한 것이다.

'숙고 단계(incubation)'가 자동적이라든가 식별 능력이 없다는 푸앵카레의 주장은 쾨슬러의 비판을 받았다. 쾨슬러는 무의식의 중요성에 관해서는 푸앵카레와 의견을 같이했지만 무작위로 모인 기체 분자들이 좋은 비유라고 생각하지 않았다. 대신 그는 풍부하면서도 다양한 역사적 예를 들어 다음과 같이 주장했다.

사람의 머릿속에서 가장 비옥한 지역은 아마도 수면 상태와 완벽히 깬 상태 사이의 축축한 물가일 것이다. 이곳에서는 잘 정돈된 사고의 기반이 이미 활동하고 있지만 그 기반이 꿈과 같은 자유로운 상상을 차단할 만큼 단단히 굳어지지는 않은 상태다.[11]

여기에서 '잘 정돈된 사고의 기반'이라는 말은 의식적 논리의 기초가 되는 질서 잡힌 개념적 구조를 뜻한다.

쾨슬러는 창의성이란 보통은 별다른 연관성이 없고 심지어는 양립할 수 없다고까지 여겨지는 두 가지 개념적 기반의 '이연 현상'이라고 했다. "전에는 서로 관련이 없었던 두 가지 기술이나 사고의 기반이 갑자기 한데 얽히는 것이 이연 현상의 기본 유형이다."[12] 이연 현상이 독특할수록 정말로 창의적인 아이디어가 나올 수 있는 범위가 넓어진다. 여기에는 다양한 유형의 무의식적 사고가 관련되어 있는데 그 예로 시각 이미지, 추상적 아이디어에 대한 구체적인 예시, 새로운 강조점, 역발상, 다양한 종류의 비유 등이 있다. 이에 덧붙여 그는 과학이나 예술 모두에서 오랜 수련과 전문성을 특히 강조했다.

쾨슬러와 푸앵카레는 모두 각기 다른 영역에서 도출한 아이디어를 무의식적으로 조합한 결과가 창의성이라고 설명했다. 하지만 정신적 구조에 대해서 언급한 사람은 쾨슬러뿐이다. 그는 창의성이 어느 정도 무의식에 영향 받는 것은 사실이지만, 그보다는 특정한 개념적 기반을 활용해 나타난다고 보았다.

쾨슬러가 창의성을 '기계적'이라고 본 푸앵카레의 견해에 반대한 것은 바로 이런 이유 때문이다. 모기 한 마리가 다른 모기 옆을 지나거나 가스 분자가 다른 분자 근처를 지나는 현상에 특별한 원인은 없다. 또한 광기에 사로잡힌 막춤을 막을 방도도 없다. 창의성은 단순히 아이디어를 뒤섞는 것과는 다르다. 여러 사고 기반이 우연히 결합되는 것이라는 설명으로도 충분치 않다.

전통적 사고의 질서와 규율을 지키려면 어느 정도의 억압은 불가피하다. 하지만 억압은 창의적인 도약에 방해가 된다. 이런 억압에 저항하기는 천재나 괴짜 둘 다 마찬가지다. 둘의 차이는 오직 천재만이 그러한 저항을 즐긴다는 사실이다.

 이 둘의 차이를 가르는 직관은 어떻게 작용하는 것일까? 여기에는 세부적인 설명이 필요하지만 쾨슬러는 자신이 단지 개략적인 윤곽을 제시할 수 있을 뿐이라고 말한다. 예를 들어 그는 다양한 과학적 발견에 대해 다음과 같이 언급했다.

> 몇몇 작가들은 겉으로 드러나지 않는 유사성을 찾아내는 행위 자체를 창의적인 활동이라고 보았다. …… 하지만 그 유사성을 도대체 어디서, 어떻게 찾는다는 말인가? …… 유사성은 어딘가에 '감춰져' 있는 것이 아니다. 그것은 상상력에 의해 '창조되는' 것이다. '유사성'은 어디선가 갑자기 나타나는 것이 아니라, 내면에서 선택적으로 초점을 맞추는 과정을 거쳐 형성되는 것이다. …… 심지어 여러 사람의 필체에서 유사성을 찾아내는 것처럼, 언뜻 보기에는 아주 간단해 보이는 일도 사실은 신경계에서 일어나는 복잡한 추상화 및 일반화 과정을 거친다. …… 진정한 과학적 발견이란 '지금까지 아무도 발견하지 못한 유사성을 찾아내는 것'이다.[13]

 만일 사람들이 글자를 인식하는 과정조차 확실히 설명할 수 없다면, 새로운 유사성을 발견하기까지의 과정을 설명하기는 얼마나 어렵겠는가. 창의성에 대한 쾨슬러의 견해는 대부분 설득력 있고 때로는 탁월하기까지 하다. 그가 설명한 사고 과정은 우리 뇌에서 실제로 일어나는 현상이며, 창의성과도 관련이 있어 보인다. 하지만 세부적인 과정에 대한 설명이 부족하기 때문에 창의성을 온전히 밝혔다고 보기는 어렵다.

쾨슬러가 제안한 접근법의 강점 중 하나는 특정한 엘리트만이 타고난 창의적 재능에 호소하지 않는다는 점이다. 그는 혁신적인 과학이나 문학, 예술에서 발현되는 전문가의 창의성뿐 아니라 보통 사람들의 이해력이나 일상적인 농담을 던지는 능력도 강조했다.

푸앵카레 역시 창의성을 널리 공유되는 정신적 자질 속에 근거를 두고 있는 것으로 보았다. 영국의 낭만주의 시인 콜리지 또한 시적 상상력을 중시하는 낭만적인 기질에도 불구하고 독창적인 아이디어의 근원은 인간의 기억력이라고 말했다.

10장에서 다시 논의하겠지만, 최근의 심리학 연구는 창의성이란 특별한 능력을 요하기보다는 보편적인 지적 능력을 바탕으로 한다는 견해를 지지한다. 다시 말해 창의성이 다양한 능력과 관련이 있다고 여기는 것이다. 예컨대 교육심리학자 데이비드 퍼킨스(David Perkins)는 창의성이 흥미로운 것을 알아보는 능력, 유사성을 찾아내는 능력, 인지, 기억 같은 보편적인 자질을 바탕으로 한다고 여긴다.[14] (그는 또한 일반적으로 생각하는 것보다 훨씬 많은 일들이 의식 수준에서 일어난다고 주장한다.)

매우 뛰어나게 창의적인 사람과 그보다 덜 창의적인 사람의 차이는 특별한 능력이 아니다. 둘을 가르는 차이는 많은 지식을 습득하고 이용하려는 동기가 있느냐 없느냐이다. 이러한 동기는 매우 오랫동안 유지되는 경향이 있으며, 대개는 한 인간의 생애 전반에 걸쳐 꾸준히 이어진다. 하워드 그루버(Howard Gruber)는 수십 년 동안이나 하나의 아이디어에 몰두한 다윈을 그 예로 들었다.[15]

철학자이자 화학자인 마이클 폴라니(Michael Polanyi) 또한 전문 지식의 중요성을 강조했다. 그는 모든 지식, 그리고 직관적 통찰이 '암묵적 지식'에 기반한다고 보았다. 학생이나 도제를 가르치거나 과학이나 예술에 관한 이론을 정립하는 과정에서 암묵적 지식이 명시적 지식으로 바뀐다는 것이다. 그리고 그렇게 하는 동안 "정확한 사고의 체계가 형성됨으로써 정신력이 엄청나게 확장된다"[16]고 하였다. 하지만 체계화되지 않은 지식은 항상 남기 마련이고, 그것에서 비롯되는 새로운 통찰은 의식적인 사고만으로는 즉시 포착하기 힘들다. 수학자 칼 가우스(Carl Gauss)는 이렇게 썼다. "나는 오래전에 해답을 얻고도 어떻게 그 답에 도달했는지 모를 때가 많다."[17]

쾨슬러, 푸앵카레, 콜리지는 모두 창의적 과정을 경험했지만 모호하고 암시적인 방식으로밖에 그것을 설명하지 못했다.

그들의 이야기는 이 현상을 설명하는 데 매우 가치 있다. 심리적 메커니즘을 조금 더 자세히 들여다보아야 할 지점이 어디인지 알려주는 그들의 이야기는 유용하게 쓰이기도 한다. 즉, 우리는 다음과 같은 질문에 답할 수 있게 된다. 사고 기반의 이연 현상이 실제로 어떻게 작용하고, 참신한 비유는 어떻게 인식되는가? 잠재 자아의 자동기계설은 어떤 원리의 지배를 받고, 숙고 단계에서는 어떤 일이 일어나는가? 기억의 고리와 구멍은 무엇이며 그것은 어떻게 채워지는가?

일상의 모든 능력과 전문적 기술을 동원하는 최근의 이론들은 좀 더 근원적인 메커니즘에 관한 의문을 불러일으킨다. 어떻게 사람들은 보지도 않고 사물을 알아차리는 것일까? 또 어떻게 서로 다른 두 개체('a' 자 두 개, 또는 두 개의 사과)가 같은 집단에 속한다는 걸 인식하는 것일까? 그리고 어떻게 사람들은 명확하게 배우지도 않은 암묵적 지식을 습득하고, 어떻게 그것을 창작활동에 이용하는 것일까?

깨달음 혹은 직관을 이해하려면 이 모든 질문에 답해야만 한다.

사람들은 직관이 목표물을 정확히 찾아내는 능력이자 중요한 아이디어를 생산해내는 마법의 서치라이트라도 되는 듯이 이야기한다. 그 이유 중의 하나는 직관이 '창의성'을 설명하는 숨겨진 정신적 능력이라고 생각하기 때문인데, 3장에서 살펴보게 될 이러한 개념 안에는 긍정적인 평가가 포함되어 있다. 또 한 가지 이유는 창의적인 사람들이 때때로 그런 식으로 이야기하기 때문이다.

위대한 물리학자 헤르만 폰 헬름홀츠(Hermann von Helmholtz)는 마찬가지로 물리학자인 마이클 패러데이(Michael Faraday)에 관해 이렇게 이야기했다. "그가 얼마나 많은 수의 일반 명제(최고의 수학적 분석 능력이 요구되는 조직적 추론)를 수학 공식의 도움 하나 없이 직관과 본능에만 의존해서 발견해냈는지, 대단히 놀랍다."[18] 또한 칼 가우스는 이렇게 말했다. "나는 우연히 해법 하나를 발견했고, 증명하지 않고도 그것이 참이라는 사실을 알았다."[19]

이렇듯 증명하기도 전에 옳다고 확신한 깨달음의 순간에 대한 이야기는 나중에야 기록으로 남았다. 이러한 이야기는 다만 어떤 사람이 특정 순간에 느낀 기분을 솔직하게 쓴 것에 불과할 수도 있지만 우리는 이런 이야기를 듣고 감탄을 금치 못한다. 그러한 느낌이 곧 해결책의 실마리가 되기 때문이다. 그렇다면 다른 경우는 어떨까?

어떤 새로운 아이이어는 종종 그것을 생각해낸 사람의 눈에는 수년씩 헌신할 만큼 흥미로워 보이지만, 다른 사람의 눈에는 아무런 가치도 없어 보일 때가 있다. 물론 '다른 사람'이 틀렸을지도 모른다. 케쿨레의 벤젠 이론은 당시만 해도 몇몇 저명한 화학자들이 '허무맹랑한 공상'이라고 무시했고, 고갱의 후기 인상주의 그림 또한 동료들의 비웃음을 샀다. 또한 새로운 아이디어를 인정해주는 사람들조차 거기에 담긴 의미를 잘 보지 못할 수도 있다. 세계에서 가장 오래된 생물·자연박물학회인 리니언 소사이어티(the Linnean Society)의 회장은 1858년에 열린 모임(이 모임에서 찰스 다윈과 아서 월리스(Arthur Wallace)가 자연선택에 대한 논문을 선보였다)에서 그해에는 어떤 놀라운 발견도 없었다고 발표했다. 이런 일은 너무 자주 일어나서 이에 대한 설명이 따로 필요할 정도다. 5장에서 이에 대해 더 논의하도록 하겠다. 하지만 새로운 아이디어를 생각해내는 괴짜들은 실제로 존재하고, 그들의 엉뚱한 아이디어는 말 그대로 엉뚱하다.

어떤 아이디어는 강박적이거나 때로 너무 엉뚱하고 체계적이지 못해서 광적이라는 평을 듣기도 한다. 물론 창의성과 광기 사이의 경계는 불분명할 수 있다. 아리스토텔레스는 광기 없는 위대한 천재는 없다고 말했고, 찰스 램(Charles Lamb)은 친구인 콜리지에게 "콜리지여, 꿈을 꾸지 말게나. 꿈은 자네가 미칠 때까지 환상의 장대함과 무모함을 맛보게 할 뿐이라네"라고 편지를 썼다.[20] 하지만 우리는 보통 그 차이를 구별할 수 있다. 예를 들어 정신분열 증세 중 하나인 말비빔증(症)은 해석 가능한 경우가 있을 뿐 아니라 놀라움을 주기도 한다. 하지만 푸앵카레의 4단계에 비추어보면 어떤 심리적 구조도 보여주지 못한다. 또한 말비빔으로 다른 사람들이 창의적이라고 생각하는 아이디어를 생각해내는 경우는 드물다. 기껏해야 다른 사람의 창의성을 자극하는 역할을 할 뿐이다.

더 이상 인정받거나 연구되지 못하고 버려지는 새로운 접근 방식들도 많다. 사실 그렇게 하는 것이 옳다. 아무리 기발한 아이디어라도 뚜렷한 결과를 내지 못하고 막다른 길에서 끝나버릴 수 있기 때문이다.

중요성을 몰라보고 실수로 버려지는 새로운 방식들도 있다. 버려진 방식은 관심 있는 사람들에 의해 새롭게 진가를 인정받을 수도 있고 그냥 묻힐 수도 있다. 케플러는 오랫동안 무시되던 타원궤도라는 개념이 '똥 더미'가 아니라 '자연의 진실'이라는 것을 깨닫고 스스로를 책망하며 이렇게 말했다. "아, 내가 그동안 얼마나 어리석었나." 코페르니쿠스 역시 타원궤도를 인정하지 않았을 뿐만 아니라 자신의 실수도 결코 깨닫지 못했다. 그래서 자신의 저서인 《천체의 회전에 대하여(On the Revolutions of the Heavenly Spheres)》에서 이와 관련된 원고를 인쇄업자에게 보내기 전에 지워버렸다. 이러한 사건에 대해 쾨슬러는 다음과 같이 말했다. "역사상 위대한 발견은 무척 많다. 안타까운 순간, 놓쳐버린 기회 역시 많지만 이에 대해서는 거의 들을 수 없다."[21]

이러한 역사적인 예가 보여주듯이 직관이나 통찰은 마법의 서치라이트가 아니다. 더구나 '직관'이 사람들이 때때로 하는 '경험'을 의미한다면 언제나 믿을 수 있는 것도 아니다. 여기서 '경험'이란 설명할 수는 없지만 뭔가 확실하거나 중요하다고 느끼는 새로 생성된 아이디어와 관련된 기분을 말한다.

물론 직관을 '나중에 옳다고 밝혀지는 경험'이라고 본다면 이는 전적으로 믿을 수 있다. 하지만 이 '신뢰도'는 진짜가 아니다. 왜냐하면 '직관'을 '승리'의 의미로 사용하고 있기 때문이다. 승자가 경기에서 이겼다는 말만큼이나 직관으로 올바른 해결책을 찾았다는 말도 지극히 당연하다. 사람들은 "누가 이겼는가, 어떻게 이겼는가?"라고 묻지 "승자가 이겼는가?"라고 묻지 않는다. 직관도 마찬가지다. "어떤 아이디어가 옳다고 밝혀졌는가, 그리고 어떻게 그런 아이디어를 생각해냈는가?"라고 물어야 한다.

답해야 할 질문이 하나 더 있다. "승자는 자신이 이기고 있다는 것을 어떻게 알았을까?"라고 묻는 것처럼 "그들은 새로운 아이디어가 가치 있을지 어떻게 알았을까?"라고 물어야 한다. 다시 말해 성공적인 직관은 어떻게 나올 수 있을까?

역사 속에서 그랬듯 일상생활에서 쉽게 만날 수 있는 직관은 참으로 오묘한 것이다. 직관이란 단순히 새로운 아이디어도 아니고, 브레인스토밍을 하다 '한번 해보자, 이게 효과가 있을지 어떻게 알아?' 라고 생각할 만큼 신선한 개념도 아니다. 직관은 그 느낌을 논리적으로 설명할 수 없지만 정말로 유망하다고 느끼는 아이디어다.

하지만 아이디어를 확인해보기도 전에 아무 이유도 없이 유망하다고 느끼는 것이 어떻게 가능할까?

푸앵카레는 아이디어를 떠올린 사람의 미적 감각을 빌려 이 질문에 답하려고 했다.

아이디어의 결합은 잠재 자아가 수행한 기계적 행위의 결과로 생겨난다. 하지만 흥미로운 아이디어만이 의식의 세계로 뚫고 나간다. 이 점이 여전히 불가사의하다. 어째서 우리의 수천 가지나 되는 무의식적 행위 중에 어떤 것들은 의식의 세계로 나온 반면 또 어떤 것들은 여전히 무의식 세계에 남아 있는가. 단지 우연일까? 분명 아닐 것이다.

대체 무슨 일이 일어난 것일까? 잠재 자아가 자기도 모르게 만들어낸 수많은 아이디어의 결합은 대부분 재미도, 쓸모도 없다. 바로 그 이유로 미적 감각의 주목을 받지 못하는 것이다. 따라서 수많은 아이디어의 결합은 대부분 의식 세계로 나오지 못한다. 오직 조화롭고 유용하고 아름다운 아이디어만이 나올 수 있다. 기하학자나 다른 창의적인 사람들의 특별한 감각에 닿는 것이다.[22]

푸앵카레의 답은 어느 정도 타당하다. 이 대답은 푸앵카레를 포함한 수많은 창의적인 사람들의 경험을 설명해주고 잘못된 깨달음이 일어날 수 있다는 가능성도 인정해준다. 푸앵카레는 그릇된 깨달음이라 해도 사실이기만 하다면 수학적 아름다움을 원하는 우리의 본능을 만족시킬 것이라고 덧붙였다. 하지만 이 대답만으로는 조합이 '유용한지'는 둘째치고 '조화로운지'도 알 수 없다. 또한 어떤 결합 혹은 변형이 유망할지, 이것이 유망한지 어떻게 깨달았는지도 알 수 없다.

예를 들어 케쿨레는 꼬리를 물고 있는 뱀을 보았을 때 그것이 자신이 고민하던 화학 이론과 관련 있다는 것을 어떻게 알았을까? 어떻게 이 새 아이디어가 연구뿐만 아니라 예측으로 이어질 수 있었을까? 왜 케쿨레는 뱀 형상에서 미적 이해를 얻었지만 다른 과학자들은 그렇게 하지 못했을까? 왜 케쿨레는 사인파나 팔자 모양에서는 뱀을 발견하지 못했을까? 영국의 생물학자 프란시스 크릭(Francis Crick)과 미국의 생물학자 제임스 왓슨(James Watson)이 이중나선 구조로 우아하게 꼬인 뱀에 대한 케쿨레의 꿈에 관해 알았더라면 그들의 연구가 더욱 활기를 띠었을지도 모른다. 하지만 케쿨레가 그들에게 생각해볼 여지를 주었다고 할 수는 없다. 왜일까?

 훌륭한 아이디어의 발단과 지각에 대한 이러한 질문은 창의성의 개념에 대해 더 분명히 밝히고, 진정한 독창성과 단순히 새로운 것을 구별한 후에만 대답할 수 있다. 이것이 바로 다음 장의 주제다.

3장

불가능에 관한 고찰

　《거울 나라의 앨리스》에서 앨리스는 유니콘을 전설에나 나오는 상상의 동물로만 여겼다. 그러니 거울 속 나라에서 유니콘을 보고 깜짝 놀란 것도 무리가 아니다. 하지만 일단 자기 눈으로 유니콘을 확인하자 그 동물이 실제로 존재한다는 사실을 선뜻 받아들였다. 우리가 창의성을 믿는 것도 앨리스가 유니콘의 존재를 믿는 것과 같은 이유다. 즉, 실제로 창의성을 목격하기 때문이라는 것이다. 하지만 이론상 창의성은 그 실체를 파악하기가 어렵다. 차라리 유니콘을 만나기를 바라는 편이 훨씬 희망적일 정도다.

　이러한 역설은 진정한 독창성이라면 반드시 엑스 니힐로, 곧 무로부터의 창조여야 한다는 믿음에서 비롯된다. 이 말이 사실이라면 기적이 일어나지 않는 한 독창성은 절대 생겨날 수 없다.

　하지만 독창성은 엄연히 존재한다. 따라서 독창성이 기적을 표현할 때 쓰는 '신성한 영감'이라 얼버무리고 싶지 않다면 무언가 그럴듯한 정의를 찾아내야 한다. 나아가 엑스 니힐로의 관점이 그토록 사람들의 마음을 현혹시키는 이유까지 설명할 수 있다면 더할 나위 없이 좋을 것이다.

창의성에 관한 일관된 개념 없이는 창의적인 아이디어와 그렇지 못한 아이디어를 구별할 수 없다. 이를 구별할 수 없다면 창의적인 아이디어가 실체를 드러내기까지의 과정이 밝혀지기를 바라는 것은 헛된 희망에 불과하다. 따라서 이 장에서는 '어떤 아이디어가 창의적인지' 명확히 밝히고자 한다. 그 과정에서 컴퓨터가 내는 아이디어를 통해 창의성이란 무엇이며, 과연 어떻게 발생하는지를 더 잘 이해할 수 있으리라 생각한다.

마법이나 신성한 영감이 아니라면, 창의성은 인간의 정신으로부터 생겨나야 한다. 그래서 창의성이라는 수수께끼를 풀고자 하는 사람들은 대개 이미 예전부터 인간의 머릿속에 존재하던 요소들을 새롭게 조합한 결과물이 바로 창의성이라고 설명한다.

예를 들어 프랑스 수학자 아다마르는 "수학을 비롯해 어떤 분야에서든 새로운 발명이나 발견은 여러 가지 아이디어의 조합으로부터 생겨난다"고 말했다.[1] 앞에서 보았듯 푸앵카레 역시 아다마르의 의견에 동의한다. 쾨슬러는 서로 관련 없는 두 가지 사실이나 아이디어가 통합되면서 창의성이 발현되는 이연 현상을 통해 창의성이란 무엇이며, 어떻게 생겨나는지를 설명했다.

조합 이론에서는 일반적으로 창의적인 아이디어를 독특하고 놀라운 아이디어의 조합으로 본다. 일부 현대 심리학자들은 '통계상 놀라운'이라는 표현으로 창의성을 정의하며 별난 아이디어일수록 더욱 창의적인 아이디어라고 가정한다.

　이를 창의성의 특성 중 하나로 본다면 이 정의에는 잘못된 점이 없다. 분명 모든 창의적인 아이디어는 독특할 뿐만 아니라 놀랍기까지 하다. 특히 그 아이디어를 생각해낸 사람에게는 더욱 그렇다. 어떤 것은 너무 당연해 보여서 '이런, 난 완전 바보 멍청이였잖아!'라고 한탄하게 만들지 모르지만, 대개는 너무 놀라워서 감탄을 금할 수 없다. 어떤 아이디어는 다른 것들에 비해 놀라움의 강도가 훨씬 크다. 그렇다면 '더 창의적인' 아이디어란 '더 독특한' 아이디어를 의미하는 것일까?

　조합 이론의 문제점 중 하나는 창의성 개념을 통해 쉽게 제거할 수 있다. 창의성은 가치 함축적이다. 창의적인 아이디어는 반드시 유용해야 하고, 깨달음을 전달할 수 있어야 하며, 도전의식을 자극해야 한다. 하지만 독특한 아이디어의 조합은 대개 전혀 유용하지 않거나 흥미를 유발하지 못한다. 엄밀히 말해, 이때 가치의 창조는 암묵적 이해를 넘어 조합 이론을 통해 명시적으로 제시되어야 한다.

　조합 이론의 가장 치명적인 약점은 창의적 사고의 핵심 요소인 '근본적인' 참신성을 설명하지 못한다는 것이다. 창의성이 그토록 불가사의하게 보이는 것도, 엑스 니힐로 관점을 부추기는 것도 이 때문이다. 독창적인 아이디어는 놀라운가? 그렇다. 하지만 아이디어의 독창성을 판가름하는 결정적인 요인은 바로 충격에 가까운 놀라움이다.

　우리는 기대와 전혀 다른 상황에 맞닥뜨렸을 때 놀라움을 경험한다. 조합 이론에서는 이 놀라움이 통계적인 것이라고 주장한다. 이 주장이 옳다면, 우리가 독창적인 아이디어를 접했을 때 느끼는 놀라움은 경마에서 예상 순위권에도 들지 못했던 말이 우승했을 때의 느낌처럼 단지 뜻밖의 결과가 나왔을 때 경험하는 놀라움 정도에 그쳐야 한다. 시적 상상력이 낳은 수많은 결과물들이 여기에 해당한다. 개똥지빠귀의 알을 '작고 낮은 천국'에 빗댄 맨리 홉킨스(Manley Hopkins)의 묘사나 물뱀이 '꼬마 요정처럼' 빛을 발한다고 표현한 콜리지의 묘사를 생각해보라. 과학적인 깨달음 역시 기존의 아이디어를 독특한 방식으로 결합한 결과인 경우가 많다. 케쿨레가 '기다란 줄' 또는 '뱀'과 분자를 연결시켜 깨닫게 된 사실을 기억하기 바란다. 이처럼 조합 이론은 비록 조합의 발생에 대한 설명을 제공하지는 못하더라도 창의성의 특정 유형을 설명하고 있기 때문에 짚고 넘어갈 만한 가치가 있다. 하지만 이 이론은 창의성을 완벽하게 설명하지는 못했다.

아이디어가 근본적으로 창의적이려면 독특한 것만으로는 부족하다. 그 아이디어가 가치 있는 것이라 해도 마찬가지다. 전례 없이 참신한 아이디어라 해도 충분하지 않다. 어떤 아이디어가 근본적으로 창의적이려면 더 심오한 방식으로 놀라움을 일으켜야 한다.

이런 유형의 창의성에 관해서라면 우리는 확률(probability)이 아니라 가능성(possibility)의 문제를 다뤄야 한다. 이런 아이디어를 접했을 때 느끼는 놀라움은 짐작했던 정도와 다를 뿐 아니라, '그럴 수 있다고' 여겼던 틀까지 깨버리는 깨달음에서 비롯된다.

'독특한 아이디어'나 '통계적 놀라움' 같은 표현에는 확률과 가능성의 차이가 반영되어 있지 않다. 더욱이 독특한 조합이 일어나는 방법, 가령 '어떻게 개똥지빠귀 알을 작고 낮은 천국에, 또는 뱀을 분자에 연결시킬 수 있었을까?'와 같은 의문에 어떤 단서도 제공하지 않는다. 아이디어의 조합으로 이루어지는 창조는 평범하지만 '최초'이거나 또는 변칙적인 참신성을 근본적인 독창성과 혼동한 것이다. 즉, 예전에 '발생한 적 없었던' 아이디어와 '발생할 수 없었던' 아이디어를 구별하지 않는다는 의미다.

창의성을 종합적으로 설명하려면 이러한 의미상의 차이를 명확히 구분해야 한다.

엑스 니힐로의 관점에서 보자면 대답은 간단하다. 사실 이 관점이 그토록 매력적인 이유도 이 단순성 때문이다. 외관상 불가능할 것 같은 근본적인 참신성은 마법이 힘을 발휘하는 순간 이전에는 발생하지 않는다. 근본적으로 참신한 아이디어를 만들어낼 만한 바탕이 전혀 없기 때문이다. 1장에서 언급했던 〈타임스〉 칼럼니스트에 따르면, 참신한 아이디어는 신의 불꽃에서 비롯되며, 그 힘을 빌리지 않고서는 제아무리 모차르트라 해도 그런 영광을 누릴 수 없다.

자연주의적 관점에서 보자면 좀 더 대답하기 까다롭다. 모든 아이디어의 원천이 신의 불꽃이 아닌 '인간의 정신'이라면, 예전에는 그 아이디어가 '발생할 수 없었다'는 말은 과연 무슨 의미일까?

참신한 아이디어의 창조자는 '원료' 역할을 할 만한 다양한 아이디어와 그들 간의 관계를 깨닫고 새로운 아이디어를 형성할 만큼 충분한 경험을 축적하고 있어야 한다. 예를 들어 콜리지가 2장에 인용한 글을 읽지 않았더라면 〈쿠빌라이 칸〉을 쓰지 못했을 것이다. 그 글에서 시의 핵심 이미지를 얻었기 때문이다. 영국의 세균학자 알렉산더 플레밍(Alexander Fleming) 역시 곰팡이가 핀 세균배양접시를 보지 못했더라면 페니실린을 발견하지 못했을 것이다. 그동안 세균을 연구하면서 아무리 많은 경험을 쌓았더라도 말이다.

하지만 새로운 사고를 촉발시킨 사건이 있었다 하더라도 그 사건에 대한 새로운 정보가 전혀 없는 경우가 많다. 예를 들어 케쿨레와 케플러는 해결책을 찾기 전에 이미 오랫동안 그 문제에 대한 고민을 해온 터였다. 이런 경우처럼 해결책이 떠오르기 훨씬 전부터 그에 관한 정신적 바탕이 마련되어 있을 때 그 해결책이 더 빨리 떠오르는 것일까?

케쿨레가 벤젠고리에 대해 얻은 통찰이 이전에 '발생한 적 없는' 사건이라는 말은 무슨 의미일까? 케플러가 알아낸 타원궤도는 코페르니쿠스도 이미 생각했었다. 그렇다면 이전에 '발생한 적 없는' 생각이라고 어떻게 말할 수 있을까? 여기서 '이전'이란 구체적인 날짜를 의미하는 것일까, 아니면 더 미묘한 의미를 담고 있을까? 그리고 후자라면 그 '미묘한 의미'는 무엇인가?

이러한 의문에 직접적으로 답하려면 창의성에 두 가지 종류가 있다는 사실에 주목해야 한다. 두 가지는 맥락상 분명 차이가 있음에도 불구하고 똑같이 '창의성'이라고 쓰이며 이따금 혼용되기도 한다. 그 두 가지는 바로 '심리적(psychological) 창의성'과 '역사적(historical) 창의성'이다. 각각을 줄여서 'P-창의성'과 'H-창의성'이라 하겠다. 두 가지 모두 처음에는 개념이나 사고방식 같은 '아이디어'의 독창성을 평가하기 위해 정의되었으나, 이제는 어떤 인물이 얼마나 '창의적'인지를 평가할 때도 사용된다.

과학, 자수, 음악, 그림, 문학 등 여러 분야에서 개인의 마음속에 놀랍거나 독창적인 아이디어가 떠올랐다면 그것을 P-창의적이라 할 수 있다. 가령 메리라는 사람이 이전에 생각하지 못한 아이디어를 조합하거나 떠올린다면 그녀가 낸 아이디어는 P-창의적이다. 다른 사람이 동일한 아이디어를 이미 내놓은 적이 있다 해도 상관없다. 반면 H-창의성은 인류 역사 전체의 관점에서 보았을 때, 누군가 완전히 새로운 아이디어를 도출한 경우를 말한다. 즉, 메리 이전에 그 누구도 해당 아이디어를 내놓지 않은 경우에만 그녀의 아이디어를 H-창의적이라 할 수 있다. '조합적' 인 아이디어든 '불가능' 한 아이디어든 모두 H-창의적이라 평가받을 수 있다. 어느 종류이건 이전에 어떤 누구도 생각해내지 못한 것이기만 하면 된다.

이와 유사하게 인간의 창의성 또한 두 가지 의미로 생각해볼 수 있다. P-창의적인 사람이란 비교적 일관되게 P-창의적인 아이디어를 생각해낼 수 있는 사람을 말한다. H-창의적인 사람은 하나 이상의 H-창의적인 아이디어를 낸 사람을 의미한다. 그리고 '조합적' 창의성과 '불가능' 창의성 또한 인간의 창의성에 적용된다. 사람들은 대부분 H-창의성만을 '진정한' 창의성이라 여기지만, 이 책의 목표와 관련해서는 P-창의성이 더욱 중요하다.

P-창의성의 정의에 대한 다른 견해도 있다. 어떤 인물이 아이디어의 중요성을 깨닫지 못한 채 머릿속으로만 생각한 경우, 사람들은 그의 창의성을 인정해주지 않는 경우가 많다. 케플러는 타원궤도를 처음 생각해냈을 때 놀라기는 했지만, 그 아이디어를 '똥 더미' 라고 치부하고 흡족해 하지 않았다. 그는 한참이 지나고 나서야 그 아이디어의 중요성을 깨달았다. 창의성에 대한 아다마르의 분석에 동의하는 사람들은 케플러의 타원궤도 아이디어를 예로 들어 증명이 수반된 경우에만 비로소 그것을 '진정한' 발견이라 인정할 수 있다는 주장을 펼칠지 모른다. 또 이와 유사하게 스스로 중요성을 인정한 경우에만 어떤 아이디어를 P-창

의적이라 인정할 수 있다고 생각하는 사람도 있을지 모른다. (H-창의성을 인정받기 위해서는 P-창의성 또한 인정받아야 하므로, H-창의성을 논할 때 역시 이 두 가지 견해가 적용된다.)

위의 두 가지 정의에는 나름의 논리가 있다. 그리고 사람들은 자신이 옳다고 생각하는 정의를 열정적으로 변호하려 할 것이다. 하지만 둘 중 어느 쪽을 선택하느냐는 그다지 중요하지 않다. 사실 굳이 둘 중 하나를 고를 필요가 없는 경우도 많다. 한 가지 사례 내에서 두 정의 모두가 충족되는 경우가 빈번하기 때문이다. 중요한 것은 실제 사례를 논의할 때 심리적인 구분을 하는 것이다. 다시 말해 조합적 창의성이냐 불가능 창의성이냐를 구분하고, P-창의성의 두 가지 정의에 부합하는지 검토해야 한다.

타원궤도에 대한 케플러의 아이디어는 두 가지 정의 모두에 비추어, 즉 케플러가 그 아이디어를 떠올린 때나 그 가치를 인정한 때 모두 P-창의적이라 간주할 수 있다. 하지만 H-창의성을 평가하자면 케플러의 아이디어는 두 번째 정의를 적용했을 때에만 그 가치를 인정받을 수 있다(그 경우 타원궤도에 대한 코페르니쿠스의 공을 부인해야만 한다. 그가 타원궤도를 받아들이지 않았기 때문이다). 이와 대조적으로 벤젠고리에 대한 케쿨레의 아이디어는 두 가지 정의 모두에서 P-창의적인 동시에 H-창의적이다.

더 정확히 말하자면 케쿨레의 아이디어는 지금까지 우리가 아는 한 H-창의적이다.

소실되었던 원고가 어디선가 끊임없이 나타나고, 소더비 경매에는 다락방에서 발견된 귀한 그림에 대한 뜬소문이 넘친다. 문학과 과학 분야에서 훼손된 창의적 업적들이 매우 많다는 데에는 의심할 여지가 없다.

유전형질에 대한 멘델의 선구적인 연구 결과는 식물학 저널에 담긴 채 오스트리아 수도원의 기록보관소에서 수십 년 동안 썩고 있었다. 또 케쿨레 이전에 누군가 먼저 벤젠고리에 대한 아이디어를 떠올렸을 수도 있다. (2장에서 언급했듯 영국 태생 화학자 쿠퍼도 케쿨레의 P-독창적인 아이디어와 유사한 탄소 원자 연결고리에 대한 아이디어를 비슷한 시기에 떠올렸다.)

물론 19세기 화학자들도 중대한 연구 업적을 남보다 한발 앞서 발표하는 데서 얻는 이득을 잘 알고 있었다. 노벨상을 받거나 국제적인 특허권을 따기 위해 비양심적인 경쟁을 펼치는 것은 예나 지금이나 마찬가지다. 따라서 케쿨레가 자신의 발견을 크고 분명한 목소리로 세상에 알린 것은 당연한 일이었다. 자기애나 세속적인 야망이 전혀 없는 트라피스트 수도사도 아니었으니 말이다. (아무리 트라피스트 수도사라 해도 창의적인 탐구에 몰두하려면 동기부여가 필요했을 것이다. 스스로의 영광을 위해서가 아니라면 신의 영광을 위해서라도 연구에 몰입했으리라. H-창의성에서 동기가 얼마나 중요한 역할을 하는지는 10장에서 좀 더 자세히 다루겠다.) 뒤에서 그 이유에 대해 더 심도 있게 논의하겠지만, 케쿨레가 떠올린 아이디어를 몇 세기 전 다른 사람이 내놓았을 가능성은 거의 없다. 케쿨레가 그 누구보다도 앞서 벤젠고리에 대한 아이디어를 냈다는 사실은 학계에서 전반적으로 인정되고 있다.

하지만 엄밀히 말해 H-창의성은 현재 입수할 수 있는 역사적 증거를 근거로 하므로 잠정적으로만 인정할 수 있을 뿐이다.

H-창의성을 평가하려면 역사적 맥락을 고려해야 하기 때문에, 즉 구체적인 사례가 알려지지 않은 경우가 많기 때문에 H-창의성에 대한 심리학적 설명은 있을 수 없다. 체계적 설명은 거의 전무하다고 할 수 있다.

한 아이디어가 얼마나 가치를 인정받는지, 얼마나 광범위하게 전파되는지, 얼마나 오랫동안 살아남는지를 좌우하는 요소는 여러 가지다. 그중 가장 중요한 것은 공통지식기반과 지적인 유행이라 할 수 있다. 그리고 '동시 발견' 사례로 기록되었는지 또한 부분적으로 영향을 끼친다. 그 밖에도 충성심과 질투심, 경제와 건강, 종교와 정치, 전달 매체와 정보 축적, 교역과 기술, 심지어 폭풍, 화재, 홍수 등이 의미 있는 역할을 한다. 알렉산더 대왕 도서관의 화재를 떠올려보라.

미신 타파주의자들은 H-창의적인 아이디어에 대한 평판을 끌어내리기 위해 이런 사회적·역사적 맥락에 호소하곤 한다. 예를 들어 셰익스피어가 토머스 미들턴(Thomas Middleton) 같은 동시대 작가에 비해 하등 나을 것이 없다고 주장하는 문학평론가도 있다.[2]

그는 셰익스피어의 희곡이 상연된 극장은 하나뿐이었지만, 미들턴의 희곡은 여러 극장에서 상연되었다는 점을 지적한다. 즉, 당시 셰익스피어의 희곡을 출판하면 이득이 되었지만 미들턴의 작품집을 출판하는 것은 영리적 목적에 부합하지 못했다는 것이다. 그래서 셰익스피어의 희곡이 미들턴의 작품에 비해 널리 퍼지고 도서관에도 보관되어 후대에 전해졌다는 논리다. 그 비평가는 자기 주장에 대한 논거로 1737년에 발효된 출판법을 들었다. 출판법이 발효되면서 희곡을 새로 출간하기 어려워졌고, 18세기에 등단한 작가들이 오래전에 죽은 셰익스피어에 밀려 연극을 올리는 데 어려움을 겪었다는 것이다. 또한 그는 수 세기 동안 이어진 셰익스피어 '숭배'가 다양한 정치적·경제적 목적을 추구하는 권력자들에 의해 조장돼온 면이 있다고 주장한다. 이를테면 군주제를 옹호하거나, 혁명을 방지하고, 애국심을 고취하며, 제국주의를 지지하고, 관광을 촉진하고, 학문과 학교의 입지를 굳히기 위해 그렇게 해왔다는 것이다.

사실 위와 같은 요인들이 셰익스피어의 명성과 작품의 보급에 일정 역할을 해온 것은 사실이다. 셰익스피어 산업이라고까지는 할 수 없지만, 셰익스피어를 숭배하는 열기가 있다는 데에는 의심의 여지가 없다. 셰익스피어와 미들턴의 작품이 지닌 고유한 가치, 그러니까 문학적 창의성에 차이가 없다는 말은 아니다. 이 점에 관해서는 따로 논의할 것이다. (이에 대한 상대주의 비평가들의 얘기를 전부 들어줄 수는 없다. 만약 작품이 문화적 유행과 별개로 문학적 가치가 없었더라면 그 누구도 셰익스피어가 미들턴보다 "정말로 더 나을 것도 없다"고 말할 수 없을 것이다.)

셰익스피어가 대단한 천재라고 생각하는 사람일지라도 H-창의성에 대한 명성이 작품의 고유한 가치와는 아무 관련이 없는 문화적 요소에 기반을 둔 것이 분명하다는 사실을 인정해야만 한다.

예를 들어 과학의 역사에는 '영웅담'이 많다. 여러 가지 이유로 선택받은 영웅들은 실제 업적 이상으로 인정받는다. 무선통신, 비행기, 텔레비전을 발명한 사람만 해도 여러 나라에 한둘이 아니다. 심지어는 한 나라 안에서도 H-창의적이라고 지목되는 사람이 여럿 있다. 그들의 영광에 묻어가려는 사람들이 많기 때문이다. 역사적 예를 살펴보더라도 동시대에 비슷한 생각을 해낸 사람들이 있었고 그중 많은 아이디어가 인류의 지적 성장에 공헌했다.

예술계의 '영웅'들도 마찬가지다. 다시 말해 'H-창의적인' 개인을 지나치게 칭송하는 사람들은 H-창의성의 발견이 사회적 파장을 일으킬 수 있다는 점을 간과한다.

아무리 완전한 심리학적 기준을 따른다 해도 누구나 인정하는 H-창의적인 아이디어가 무엇인지 구별할 수 없다. 하지만 이는 중요하지 않다. 독창성이 어떻게 생겨나는지를 이해하려면 P-창의성에 주목해야 한다.

개인의 창의성을 평가할 때는 H-창의성 못지않게 P-창의성 또한 중요하게 고려해야 한다. 능력이란 어느 정도 일관된 힘을 일컫는다. 다시 말해 사람의 창의성은 지능과 마찬가지로 상대적으로 오랫동안 지속되는 특성이라 할 수 있다.

특히 H-창의성에 대해 논하려면 어떤 사람이 특정 시점에서 창의적이었는지 아닌지 의문에 답해야 한다. 케플러가 처음으로 타원궤도를 생각했을 때 '정말로' 창의적이었을까? 셰익스피어가 《로미오와 줄리엣》을 구상할 때(이 작품의 모티브는 반델로(Bandello)의 이야기에서 얻었다) 나 《줄리어스 시저》를 쓰기 위해 플루타르크의 삶을 엿보았을 때 '정말로' 창의적이었을까? 우리는 어떤 경우든 마치 역사학자처럼 역사적인 기준을 마음에 두고 판단하려는 경향이 있다.

하지만 개인적인 특성으로서의 창의성은 (개인의 평생 동안 일어난) P-창의성을 기준으로 판단해야 한다. 이를 인정하고 싶지 않다면 튜링의 펠로우십 사건을 생각해보라.

1934년 젊은 시절의 튜링(전쟁 중에 독일의 암호기계 에니그마(Enigma)를 해독한 컴퓨터 과학의 아버지로 유명하다)은 캠브리지의 킹스대학 수학과 펠로우십 과정에 지원했다. 이때 통계수학 분야의 유명한 정리 중 일부에 대한 학술논문을 제출했다.

튜링의 논문을 검토하던 심사위원들은 공교롭게도 거의 비슷한 시기에 저명한 스칸디나비아의 수학자가 제출한 같은 주제의 논문을 심사했다. 하지만 논문을 쓰는 동안 튜링이 이에 대해 알 턱이 없었다. 그가 논문을 제출할 당시 스칸디나비아의 수학자가 쓴 논문은 발간되기 전이었다.

튜링의 뛰어나고 독창적인 논문은 심사위원들에게 매우 깊은 인상을 남겼기에 킹스대학은 기꺼이 그를 펠로우십에 받아들였다. 저명한 수학자 역시 이 논문 주제를 중요하게 여겼다는 사실이 오히려 튜링에게 유리하게 작용한 것이었다.

그들의 선택이 틀렸을까? H-창의성을 가장 중요시 여겨 튜링을 펠로우십에 탈락시켜야 했을까? "미안하지만 당신은 창의성이 떨어지는군요" 아니면 마지못해 "펠로우십에 받아주긴 하겠지만, 당신이 다른 사람들만큼 창의적인 것은 아닙니다. 다른 사람들이 지원하지 않은 게 유감이군요"라고 말해야 했을까? 무슨 말도 안 되는 소리인가! 펠로우십에 받아들이는 것이 H-창의성에 대한 보답이 될 수는 없다. 오히려 앞으로 P-창의적인 아이디어를 생각해낼 수 있는 능력을 키울 수 있도록 기대를 거는 것이다. 그가 향후에 H-창의적인 아이디어를 내기 바라면서 말이다. 한마디로 말해 심사위원들은 현명한 결정을 내렸다.

물론 스칸디나비아 수학자의 논문이 매우 비슷한 시기에 발간됐다는 사실을 간과해서는 안 된다. 다른 수학자들도 대부분 이 사실을 몰랐다. 그러니 튜링이 이 사실을 몰랐다고 해서 비난할 수는 없다. 사람의 창의성에 대한 잠재력을 판단하는 데 있어 시간의 차이는 때로 무시할 수 있다.

이등변삼각형의 양각은 같다는 명쾌한 기하학 증명을 예로 들어보자. 유클리드의 증명은 근본적으로 다르고 더 복잡하다. 지금까지 알려진 바에 따르면 유클리드 시대에서 6세기가 지난 후에 알렉산드리아의 수학자 파푸스(pappus)에 의해 명쾌한 증명이 처음으로 밝혀졌다. 암흑시대에 잊혀졌다가 나중에 다시 밝혀진 것이다. 학교에서 기하학을 배우는 아이가 자연스럽게 파푸스의 정리를 떠올렸다면, 이 아이에게 수학적 창의성이 있다고 간주하는 것이 타당하다. 여기서 유클리드의 증명을 예로 든 데에는 이유가 있다. 5장에서 1950년대에 만든 '유클리드'의 컴퓨터 프로그램이 프로그래머조차 예상하지 못했던 파푸스의 정리와 비슷한 무언가를 산출했다는 걸 살펴볼 것이다.

이는 튜링을 앞지른 사람이 오직 한 명뿐이라는 사실과 무관하지 않다. 창의성은 독특한 것이라고 생각할 때가 많다. 킹스대학이 튜링을 입학시키기로 결정하게 만든 H-창의적인 아이디어는 물론 대단히 독특하다. 매우 독특한 아이디어를 생각해내는 사람이 다른 독특한 아이디어를 생각해낼 가능성이 높다는 것은 익히 아는 바이다. 튜링 역시 컴퓨터 논리, 이론적인 발생학, 암호학에 중요한 공헌을 했다. 따라서 스칸디나비아 수학자가 이미 비슷한 논문을 발표했음에도 불구하고 심사위원들의 결정은 정당화될 수 있다.

하지만 일반적으로 P-창의적인 아이디어가 반드시 독특할 필요는 없다. 그 아이디어를 생각해낸 사람에게는 참신하지만 다른 사람에게는 그렇지 않을 수 있기 때문이다. 그 사람이 가까운 미래에 P-창의적인 아이디어를 내리라고 예상할 수 있다. 하지만 이렇게 예상 가능하다고 덜 창의적인 것은 아니다. 다음 장에서 아이들은 모두 창의적이라는 걸 살펴볼 것이다. 아이들의 정신은 새로운 사실을 배우거나 참신한 방법으로 재미있게 조합해서, 혹은 이전에는 생각할 수 없었던 아이디어를 떠올리는 과정을 통해 발달되기 때문이다.

'생각할 수 없었던' 이라니, 도대체 무슨 말까? 이를 이해하지 못한다면 P-창의성이나 H-창의성의 비조합적인 예도 이해할 수 없다. 단순히 '처음'이라서 새로운 것과 실제로 참신한 것을 구별할 수 없기 때문이다.

그렇다면 이전에 생각할 수 없었던 참신한 아이디어에는 어떤 것이 있을까? 다음 단어들을 살펴보자. "신부 모의 영리해지다 할리퀸 주부 같은 성질." 아마도 공통점이나 일관적인 구조 없이 단어를 임의로 섞어 놓았다고 생각할 것이다. 그 생각이 정확하게 맞다. 이 조합은 방금 내가 만들어낸 것이다. 사전을 아무데나 펴가면서 눈길 닿는 대로 연필로 찍은 단어들이다. 하지만 아이들이 게임하듯 무작위로 골랐기 때문에 조합을 만들어내는 데 시간이 꽤 걸렸다. 이 조합은 이해할 수 없는 무의미한 말이다. 소설가 제임스 조이스(James Joyce)라면 이런 방법으로 무언가를 해냈을지도 모르지만 대부분의 사람은 그럴 수 없다. 무작위 선정 과정은 일반적으로 처음에만 호기심을 일으키지 근본적인 놀라움을 주지는 못한다. (그렇다고 무작위 선정이 때로 창의성에 공헌할 수 있다는 걸 부인하는 것은 아니다. 이 얘기는 다음에 논의하도록 하겠다.)

1장에서 다루었던 "앞이 보이지 않는 거대한 자주색 점박이 고슴도치 서른세 마리가 런던타워에 살고 있다"라는 참신한 문장(의심할 여지 없이 이는 인간 역사에 처음으로 나온 말일 것이다)에 대해서는 어떻게 생각하는가? 최소한 이 문장은 이해할 수 있기는 하다. 다른 단어를 대신 쓰면 다른 새로운 문장도 만들어낼 수 있을 것이다. "인정 많고 털이 긴 난쟁이 호랑이 다섯 마리가 리츠호텔 밖에서 일광욕을 하고 있다" 등등. 가능한 조합은 무한하다.

문법 용어들을 사용해 특정한 문법구조로 된 추상적 문장을 만든다면 난생처음 들어보는 기상천외한 문장을 끝도 없이 나열할 수 있다. 예를 들어 '한정사, 명사, 동사, 전치사, 한정사, 명사'의 배열을 이용하면 "The cat sat on the mat(고양이가 매트 위에 앉아 있다)" "A pig flew over the moon(돼지가 달 너머로 날았다)" "An antelope eats with a spoon(영양이 숟가락으로 먹는다)" 같은 여섯 단어로 된 문장을 수도 없이 만들어낼 수 있다(물론 "신부 모의 영리해지다 할리퀸 주부 같은 성질" 같은 말은 여섯 단어이긴 하지만 여기에 해당되지 않는다).

이론언어학자라면 훨씬 더 복잡한 문장에 쓰이는 문법 규칙을 알려줄 수 있다. 심지어는 컴퓨터로 프로그래밍할 수 있을 정도로 상세하게 기술할 수 있다. (1972년에 만들어진 한 프로그램은 "The cat sat on the mat" 같은 단순한 문장뿐만 아니라 'How many eggs would you have been going to use in the cake if you hadn't learned your mother's recipe was wrong?(당신 어머니의 조리법이 잘못되었다는 걸 알지 못했더라면 달걀을 몇 개나 쓸 예정이었나?)"처럼 복잡한 문장도 만들어냈다.) 언어학자는 문법적으로 가능한 모든 영어 문장을 만들어낼 수 있는 추상적 규칙을 제시할 수 있을지도 모른다. 지금까지 한 번도 사용되지 않았고 앞으로도 그럴 가능성이 전혀 없는 문장까지 포함하여 말이다.

역시 언어학자인 노암 촘스키(Noam Chomsky)는 이처럼 참신한 문장을 끝없이 만들어낼 수 있는 언어 사용자들의 능력을 언급하며 이것을 언어 '창의성'이라 불렀다. 언어의 무한한 생산력을 강조한 그의 관점은 옳았으며 이것은 현재 이 책에서 우리가 살펴보고 있는 분야와 밀접한 관련을 맺고 있기도 하다. 그러나 여기서 '창의성'이라는 단어에 대해서만은 의문을 품어야 한다. 촘스키는 영어 문법의 여러 가능성을 탐색할 때 새로운 문장을 만들어낸다는 사실에 주목했을 뿐, 문법적 규칙을 벗어난 탐색에 대해서는 전혀 언급하지 않았기 때문이다.

거대한 고슴도치와 난쟁이 호랑이에 관한 문장이 참신하긴 해도 각 문장이 이미 예전에 만들어졌을 가능성은 분명 있다. 이들 문장도 모든 영어 문장을 생산하는 동일한 규칙에 의해 만들어졌다는 말이다. 영어를 모국어로 사용하는 사람이라면 누구나 이러한 문장을 이미 오래전에 만들어냈을 수 있다. 그것은 영어 단어와 문법 규칙이 프로그래밍 되어 있는 컴퓨터도 마찬가지다.

앞에 등장한 모든 '할 수 있었다(coulds)'라는 말은 컴퓨터상의 '가능성'을 의미한다. 달리 말해 동일한 생성 규칙(영어 문법)으로 설명되고/되거나 만들어지는 일련의 구조(영어 문장)라는 뜻이다.

여기에서 '되고/되거나'를 쓴 까닭이 있다. 문법 규칙에 의해 기술 가능한 문장은 문법 규칙에 따를 수도 있고 그렇지 않을 수도 있기 때문이다. 한마디로 컴퓨터상의 '가능성'은 두 가지 형태로 나타난다. 하나는 불변의 것이고, 다른 하나는 일시적인 것이다.

창의성의 본질과 메커니즘을 논의할 때는 그 둘을 구분해야 하는 경우도 있다. 창의성의 본질은 추상적 '기술(記述)'에 가까운 '발생적 규칙'에 따라 정의된 구조적 가능성을 바탕으로 한다. 반면 창의성의 메커니즘은 컴퓨터 프로세스에 가까운 '발생적 규칙'에 내재된 가능성을 바탕으로 한다.

둘의 차이점을 자세히 살펴보기 위해 $S_1, S_2, \cdots\cdots S_7$, 예를 들어 1, 4,

9, 16, 25, 36, 49가 있다고 하자. 이것은 1부터 7까지 일곱 개의 자연수를 제곱한 수를 늘어놓은 것이다. 규칙을 이용해 바꿔 쓸 수도 있다. 그러면 'Sn은 n의 제곱이다(n=1, 2, ⋯⋯ 7)'가 된다. 이것을 다른 규칙으로 표현할 수도 있다. 그러면 'Sn은 n번째 홀수와 앞 수의 합(n=1, 2, ⋯⋯ 7)'이 된다.

수학자들은 이 두 규칙을 '발생적'이라 부른다. 이것이 일련의 문제들을 생산하거나 발생시킬 수 있기 때문이다. 이러한 규칙을 이용하면 추상적인 도식부터 실제의 숫자에 이르기까지 시간이 흘러도 변하지 않는 수식의 정의를 내릴 수 있다. 수학적으로 위의 두 규칙은 등가다. 두 식 모두 동일한 숫자를 발생시키기 때문이다. (그렇다. 각각의 식을 통해 모두 무한한 수의 집합, 곧 제곱한 수가 나온다.)

이제 이 일곱 개의 수를 '불변하는 수학적 구조' 대신 단순히 친구가 적어놓은, 혹은 컴퓨터가 산출한 일련의 수라고 생각해보자. 그 값이 어떻게 나온 것인가? 위에 나온 첫 번째 규칙을 이용해 이 값을 내놓았을 수도 있다. 첫 번째 숫자 1을 가져다가 제곱한다, 그 다음 첫 번째 숫자 1에 1을 더한 다음 그것을 제곱한다, 첫 번째 수에 2를 더한 다음 그것을 제곱한다, 이렇게 무한대로 계속된다. 아니면 두 번째 규칙을 썼을 수도 있다. 첫 번째 숫자를 가져온다, 그런 다음, 다음의 홀수를 더한다, 그 다음 그것에 그 다음 홀수를 더한다, 이것을 반복한다. 다음에 이어지는 홀수를 계속 더하는 것이다. 컴퓨터 연산에서 이 두 규칙은 그야말로 엄청난 차이를 보인다. 특히나 곱하기보다 더하기를 훨씬 잘하는 친구나 컴퓨터라면 말이다. (마치 앵무새처럼 단순히 이 일곱 개의 숫자만 배운 사람이라면 제곱수는커녕 아무런 값도 내놓지 못했을 것이다.)

수학 공식은 영어의 문법, 소네트의 각운 법칙, 혹은 컴퓨터 프로그램과 같다. 이들은 모두 각각 특정한 일련의 구조를 설명하며, 그러한 구조를 생산할 때도 한 번쯤은 쓰인다. 물론 그러한 구조 중 전혀 생산된 적이 없는 것들도 있다.

때로는 특정한 도식이나 추상적인 규칙으로 특정한 구조를 설명할 수 있는지 궁금할 때가 있다. 49는 제곱수인가? 3,591,471은 소수인가? 이것은 소네트이고 저것은 소나타인가? 저 그림은 인상주의인가? 유클리드 방식으로 저 기하학 공식을 증명할 수 있는가? 저 단어의 나열이 문장이 되는가? 고리 모양은 1860년대 초의 화학으로 설명 가능한 분자 구조인가? 이러한 종류의 질문은 아이디어가 어떻게 생겨났는지가 아닌 그것이 창의적인지 아닌지를 묻는다.

그러나 특정한 구조가 만들어질 때마다 관련 시스템에서 실제 어떤 작용이 일어났는지 또한 질문할 수 있다. 위에서 이야기한 친구가 연속 제곱의 방식을 이용했는가, 아니면 연속되는 홀수를 더하는 방법을 썼는가? 컴퓨터가 제곱수를 무한대로 만들어낼 수 있는 공식을 사용했는가? 그 소나타가 소나타 형식에 관한 교재에 따라 작곡되었는가? 그 공식이 파푸스의 방식으로 증명되었는가, 아니면 유클리드의 방식을 썼는가? 케쿨레가 벤젠의 고리 모양 분자 구조를 떠올리는 데 익숙한 화학 법칙에 의존했는가? 아니었다면 어떻게 그런 아이디어를 내놓았는가? 이러한 종류의 질문은 창의적이든 아니든 어떤 아이디어가 어떻게 생겨났는지를 묻는다.

이제 최초의 참신성과 근본적인 독창성을 구별할 수 있다. 단순히 참신한 아이디어란 다른 익숙한 아이디어들처럼 동일한 일련의 발생적 규칙에 의해서 설명되고/되거나 만들어지는 것이다. 반면 근본적으로 독창적이거나 창의적인 아이디어는 그렇게 설명되고/되거나 만들어질 수 없는 것이다.

아이디어의 조합이 아닌, 단일한 아이디어의 독창성을 인정하려면 불가능하다고 여겨졌던 발생 규칙을 규명해야 한다.

문학평론가, 음악학자, 예술사학자들은 때로 조합적 창의성에 주목한다. 대상 작품에서 기존의 어떤 아이디어가 결합되었는지, 그 예술가가 그것을 어디에서 가져왔는지 질문을 던진다. 예를 들어 어떤 시인이 사용한 심상을 보고 시에서 창의적으로 합쳐진 다양한 아이디어들의 근원지를 찾으려고 노력한다(이에 관한 예가 6장에 다수 나온다).

그러나 이러한 학자들은 불가능한 창의성에도 많은 관심을 기울인다. 그리고 이때는 앞에 나온 것과는 매우 다른 질문을 던진다. 뚜렷한 예술적 스타일의 본질과 예술적 혁명의 발생 같은 현상을 조금 더 완벽히 이해하기 위해 소네트와 소나타, 조각상 등에 내재되어 있는 구조를 살펴본다는 뜻이다.

이것은 과학에서도 마찬가지다. 조합적 창의성에 관심을 둔 역사학자라면 찰스 다윈의 자연선택 이론이 경제학자 토머스 맬서스(Thomas Malthus)의 연구에 조금이라도 영향을 받았는지 궁금하게 여길 것이다. 또한 불가능한 창의성에 관심 있는 역사학자라면 어떤 과학자의 참신한 아이디어가 그 당시 과학계에서 받아들여지던 사고방식의 범위 안에서도 역시 참신했는지 궁금해 할 것이다. 케플러의 기존 사고방식을 세심히 연구하지 않으면 그가 훗날 내놓은 타원궤도 이론을 창의적이라고 분류할 수 없을 것이다. 이와 마찬가지로 화학적 지식이 있는 사람만이 케쿨레의 독창성을 인정하고 이해할 수 있다.

물론 아는 것과 아는 것을 말로 표현하는 것은 별개의 문제다. 우리는 보통 기존의 법칙, 또는/그리고 새로운 아이디어가 기존의 법칙에서 벗어난 방식을 분명히 제시하지 못한 상태에서 '직관적'으로 참신성을 인식한다. 문학평론가나 예술사학자라 해도 주어진 작품의 모든 면을 속속들이 설명하지는 못한다. 반면 후기 인상파의 그림, 무조(無調)음악, 평크록 등에서 창의성을 발견하는 사람들이라 해도 마법과 같은 통찰력이 있어서 원작의 아름다움을 꿰뚫어 보는 것은 아니다. 오히려 그들의 능력은 유니콘, 판다, 사과, 식탁 등 온갖 종류의 패턴을 식별하고 비교하는 정도의 일반적인 수준이다. (이러한 능력을 강조하는 컴퓨터 메커니즘에 관한 내용은 뒤에서 다시 논의할 것이다.)

우리는 컴퓨터 개념을 이용해 생성 원리를 더욱 명확하게 설명할 수 있다(앞으로 여러 장에 걸쳐 이에 관한 수많은 예를 제시할 것이다). 또한 컴퓨터 모델링을 통해 생성 원리로 '할 수 있는 것'과 '할 수 없는 것'을 살펴볼 것이다.

하드웨어 결함이 있는 경우를 제외하면 컴퓨터가 생산한 결과물은 컴퓨터에 내장되었거나 프로그램된 계산 원칙에 따라 발생한 것이다. 만일 과학적 발견이라 할 만한 어떤 컴퓨터 모델이 보일의 법칙(일정한 온도에서 기체의 부피는 압력에 반비례한다는 이론-옮긴이)을 이끌어내거나 인간의 두뇌와 맞먹는 컴퓨터가 영어 동사의 과거형, 불규칙동사 등의 문법을 점진적으로 학습해나간다면, 이런 컴퓨터에 내장되거나 프로그램된 규칙에는 반드시 그런 결과를 도출할 수 있는 잠재력이 숨어 있어야 한다. (비슷한 성과를 낸 다른 컴퓨터, 또는 사람이 반드시 동일한 과정을 거치는 것은 아니다.)

우리는 보통 특정 구조가 일련의 규칙에 의해 생겨날 수 있는지의 여부에 대한 공식적인 증거를 제시할 수 있다. 가령 문법 규칙과 영어 사전이 프로그램된 컴퓨터는 "영양이 숟가락으로 먹는다"라는 문장은 만들 수 있지만, "신부 모의 영리해지다 할리퀸 주부 같은 성질" 같은 문장은 못 만든다.

하지만 컴퓨터 프로그램이 의미 있는 결과물을 생성해낼 수 있을지는 불분명할 때가 많다. 러브레이스의 주장과 달리 컴퓨터 프로그램의 실행 능력이 우리에게 놀라움을 주기도 한다. 마찬가지로 특정 심리학 이론에 함축된 의미도 우리에게 놀라움을 줄 수 있다. 하지만 이에 대한 내용 역시 앞으로 나올 장들의 주제로 남겨두기로 하자.

한마디로 우리가 창의적인 아이디어에서 느끼는 놀라움은 단지 기존 아이디어들의 낯선 조합 때문이 아니라, 인간 정신에 내재된 암묵적 또는 명시적 생성 원리를 통해서는 생겨날 수 없다고 믿었던 우리의 고정관념을 뛰어넘는 뜻밖의 참신한 아이디어를 인식하는 것에서 비롯된다. 화학, 시, 음악 등을 관장하는 두뇌 영역의 일상적인 인지처리 과정을 통해서라면, 그런 참신한 아이디어는 단순히 생겨날 법하지 않은 정도가 아니라 전혀 '실현 불가능' 하다.

마법이 아니라면 그런 참신한 아이디어가 도대체 어떻게 떠오르는 것일까? 왜 어떤 아이디어는 다른 아이디어들보다 더 놀랍고 창의적인가? 창의적 활동이 단순한 조합이나 무관한 요소들 간의 이연 현상을 통해서 이루어지는 것이 아니라면, 대체 그것의 정체는 무엇이란 말인가? 그런 근본적 창의성은 과연 어떻게 해야 발현되는 것일까?

�# 4장

정신의 지도

추적추적 비 내리는 어느 일요일 오후, 딸아이가 놀아주기를 바라는 간절한 눈빛으로 당신을 쳐다본다고 해보자. 아이는 뱀 사다리 게임은 질리도록 했지만 아직 체스는 정복하지 못했다. 집에는 다양한 동물 봉제인형과 사람 인형이 있다. 그다지 할 일도 없다. (아들도 있지만 지금 아파서 침대에 꼼짝없이 누워 있다.) 당신에게 지금 필요한 것은 아이와 함께 즐기며 아이를 즐겁게 해줄 만한 멋진 게임이다.

그렇다면 이런 게임은 어떨까? 게임의 목표는 아이와 인형들에게 걸어줄 목걸이를 완성하는 것이다. 우선 아이에게 파란 구슬이 든 상자, 가는 실, 그리고 파란색, 빨간색, 흰색 구슬로 미리 만들어놓은 목걸이들이 든 자루를 준다.

아이는 아마 너무 좋아서 구슬 상자와 목걸이에 달려들 것이다. 이때 당신은 아이를 저지하고 게임의 두 가지 규칙을 일러준다. 하나는 새 목걸이를 만들 때 적용되는 규칙이고, 다른 하나는 인형들에게 목걸이를 걸어줄 때 적용되는 규칙이다. (아이에게는 어떤 목걸이든 마음대로 고를 수 있는 특권이 주어진다.)

우선 아이에게 목걸이 만드는 방식을 설명한다. 아이가 새로운 목걸이를 만들려면 반드시 이미 완성되어 있는 목걸이를 '길잡이'로 사용해야 한다. 길잡이 목걸이에 단 두 개의 파란 구슬을 꿰더라도 규칙을 따라야 한다. 또한 길잡이 목걸이로 사용할 수 있는 것도 정해져 있다.

목걸이 만드는 규칙은 이렇다. 만일 아이가 길잡이로 고른 목걸이의 구슬이 몇 개의 파란 구슬, 다음 빨간 구슬 하나, 다시 몇 개의 파란 구슬, 다음 흰 구슬 하나, 그리고 마지막으로 또다시 몇 개의 파란 구슬 순서로 꿰어져 있다면, 아이가 파란 구슬 두 개를 각각 꿰어 넣을 수 있는 위치는 두 번째와 세 번째 파란 구슬 묶음이다. (아이에게 '몇 개'란 '한 개 이상'을 의미한다고 설명하라.)

예를 들어 아이가 고른 목걸이의 구슬 순서가 BBrBBBwB(파파빨파파파흰파)라면 새로 만들 목걸이의 구슬 순서는 BBrBBBBwBB가 된다. 그리고 그 다음은 BBrBBBBBwBBB가 된다. (이제 아이는 "좋았어! 내 커다란 판다 인형도 걸 수 있는 기-이-다란 목걸이를 만들어야겠어"라고 한마디할 것이다.)

한동안 아이와 함께 이 규칙에 따라 목걸이 만드는 연습을 한다. 그런 다음 아이가 방금 완성한 목걸이를 곰 인형의 목에 걸어주려고 할 때 목걸이 거는 규칙을 설명해준다.

동물 인형과 사람 인형은 처음 시작할 때 고른 길잡이 목걸이의 구슬 순서가 특정 개수의 파란 구슬, 다음 빨간 구슬 하나, 다음 파란 구슬 하나, 다음 하얀 구슬 하나, 다음 첫 번째 파란 구슬 묶음과 같은 개수의 파란 구슬, 마지막 파란 구슬 하나일 경우만 걸 수 있다. 즉, 구슬 순서는 xrBwxB('x'는 특정 개수의 파란 구슬을 나타낸다)다.

남은 오후 시간을 아이와 함께 이 게임을 즐기다 보면 아주 흥미로운 사실을 발견할 수도 있다.

이 게임의 정체를 밝히기 전에 여러분이 직접 이 게임을 해볼 기회를 주겠다. 진심으로 직접 해볼 것을 권한다. 이유는 곧 명백해질 것이다. (수학적 사고력이 부족하다고 생각하는 사람이라면 가볍게 준비운동을 하기에 이 게임이 더욱 제격이다.) 실제 구슬이나 끈을 사용할 필요는 없다. 종이와 펜만으로 위에서 설명한 규칙에 따라 그림을 그리면 된다.

곧장 다음으로 넘어가기 전에 위의 두 가지 규칙으로 게임을 반복해보자. 머릿속에 어떤 게임의 원리가 떠오르는가?

실제 '몇 번의 게임'으로 그 과정에 다다랐는지 기록해보라. 스스로에게 어떤 질문을 하고 있는가? 마음속으로 비슷한 유형의 다른 게임을 그려보고 있지는 않은가? 아니면 이 게임 하나로 만족하는가?

일요일 오후로 돌아가보자. 길이에 상관없이 흰 구슬의 오른쪽과 왼쪽에 있는 파란 구슬의 개수가 같다는 사실을 눈치챘는가?

아이가 이 사실을 깨달았다면 곧바로 자기가 가지고 있는 인형들에게 저마다 '행운의 숫자'를 정해주려고 할 것이다. 그리고 인형들에게 그들만의 행운의 숫자로 목걸이를 만들어주자고 진지하게 요구할 것이다.

아이의 부탁으로 목걸이를 만들던 당신은 곧 난처한 상황에 이른다. 행운의 숫자가 9, 14, 17일 때는 목걸이를 만들 수 없다는 사실을 깨달았기 때문이다. 하지만 길잡이 목걸이 중에서 BrBwBB 순서인 것을 발견하고 그제야 안심한다. 구슬과 시간만 충분히 주어진다면 이 목걸이로 온갖 인형에게 고유한 행운의 숫자로 목걸이를 만들어줄 수 있기 때문이다. 이제 당신은 아이가 어떤 행운의 숫자를 요구해도 흰 구슬 양 옆에 오는 파란 구슬의 개수가 행운의 숫자와 정확히 일치하는 목걸이를 만들 수 있다. 초록색 하마가 걸 만큼 긴 목걸이도 좋다.

혹시 장신구가 싫거나 아이가 인형을 가지고 노는 것이 못마땅한가? 이보다 교육용 게임이 낫다고 생각하는가? 좋다. 그렇다면 아이에게 이 간단한 게임이 사실 '덧셈'을 공부하는 것이었다고 말하라.

어떤 인형의 목걸이에서 첫 번째 파란 구슬의 개수와 세 번째 파란 구슬의 개수를 더해보라. 이때 세 번째 파란 구슬의 개수는 두 번째 파란 구슬의 개수와 같다. 우리처럼 아이도 목걸이 설명을 종이에 적고 있다면 'r'은 '+'로, 'w'는 '='로 바꿔보게 하자. 이제 목걸이 그림은 '1+8=9' 또는 '33+66=99'와 같은 무난한 수학 계산이 되어 있을 것이다.

만약 당신이 의욕에 넘치고 아이가 지치지 않았다면, 이 게임을 통해 몇 가지 수 이론을 설명할 수 있다.

예를 들면 모든 인형이 걸 수 있는 목걸이에 길잡이 목걸이 구슬 순서를 덧셈으로 바꾸면 매우 효과적인 수 이론의 정리가 나타난다. 그중 가장 유용한 목걸이의 구슬 순서는 '1+1=2'에 상응하는 BrBwBB이며, 이것은 가장 간단한 덧셈이기도 하다. 어떤 정수(또는 어떤 행운의 수)든 더 작은 어떤 정수에 1을 반복적으로 더하면 구할 수 있다. 만일 아이가 흰 구슬 양 옆으로 각각 아홉 개의 파란 구슬이 이어진 목걸이를 원한다면 '1+8=9'에 이를 때까지 덧셈을 계속하여 원하는 목걸이를 만들 수 있다.

게다가 만들 수 있는 수열(인형에게 걸어줄 목걸이의 길이)의 크기는 원칙적으로 무한하다. 실제로 당신은 시간이 너무 오래 걸리고, 구슬이 다 떨어지고, 실이 없어서 목걸이 만들기를 그만둬야 할 것이다. 하지만 이론상 목걸이 만들기의 '멈춤 규칙' 같은 것은 없기 때문에 언제까지나 계속할 수 있다. (아이는 아마 '기-이-다란 목걸이'라는 말을 내뱉을 때 이미 어렴풋이 이 사실을 감지했을 것이다.)

당신은 아마 한동안 아이를 행복하게 놀게 해주었다는 사실에 꽤 기분이 좋을 것이다. 그건 다행이다. 하지만 이제 아이의 호기심에 발동이 걸렸다. 지금부터 당신은 흰머리가 늘어날 각오를 해야 한다.

아이가 한껏 들떠 이렇게 말한다.

"'2+2=4'로 해봐요."

왜 그렇게 근심 가득한 얼굴로 완성된 목걸이가 든 가방을 뒤적이는 가? 또 거기서 무엇을 찾기 바라는가?

아이가 이렇게 나올 수도 있다.

"'2+2=4' 목걸이를 만들어서 내가 가장 좋아하는 곰 인형한테 걸어줄 거예요."

그럼 아이한테 뭐라고 하겠는가?

혹은 "'1+8=9' 목걸이 만들었으니까 이번에는 '8+1=9'를 만들어요" 하고 말할 수도 있다. 그건 시간이 얼마나 걸리겠는가?

또 "'1+1+1' 목걸이를 만들어봐요!" 하고 나오면 어떻게 할 것인가?

이런 질문을 해온다면? "동물들의 행운의 숫자가 다 홀수고 인형은 다 짝수일 때 인형 목걸이를 만들려면 어떤 길잡이 목걸이를 써야 해요?" 아이에게 뭐라고 답하겠는가?

그것도 아니면, "목걸이로 더하기는 다 했으니까 이번엔 빼기를 해봐요" 하고 나온다면?

"자, 이제 잘 시간이다!" 하고 선언할 때가 되었다는 뜻일까? 아니면 아이의 요구에 맞는 목걸이를 만드는 데 필요한 규칙을 생각해낼 수 있겠는가?

이 목걸이 게임은 더글러스 호프스태터의 저서 《괴델, 에셔, 바흐 (Gödel, Escher, Bach)》에 나오는 'pq-시스템'에 기반을 둔 것이다.[1] 호프스태터는 pq-시스템을 이용해 생성 시스템, 컴퓨터 사용, 개념 작용 같은 추상적 개념들을 설명하였다. 여기에서 우리가 특별히 주목해야 하는 부분은 창의적 수학을 맛볼 수 있게 해주는 이 시스템의 능력이라고 할 수 있다. 그렇다. 서로 다른 여러 분야에서 창의성을 발휘하는 것은 과연 어떤 것일까?

먼저 창의적 수학이란 무엇인가? 837,921에 736,017을 더하면 1,573,938이 나온다는 이야기가 아니다. 이 덧셈을 한 사람이 이전에 아무도 없다고 해도 말이다. 여기에서 창의적 수학이라 함은 새로운 발생적 시스템, 수학을 하는 새로운 스타일을 뜻한다.

창의적인 수학자는 주어진 발생적 시스템이나 정해진 규칙을 탐색하며 그것을 통해 할 수 있는 일과 할 수 없는 일이 각각 무엇인지 알아본다. 예를 들어 "그걸로 덧셈을 할 수 있을까?" "그걸로 뺄셈을 할 수 있을까?" "그걸로 홀수만 나오게 할 수 있을까?" "그걸로 '365+1=366'이라는 값을 낼 수 있을까?" "그걸로 '5+7=12'를 산출할 수 있을까?" "그걸로 새로운 값이 무한히 나오게 할 수 있을까?" 같은 질문을 던지는 것이다. 그래서 "아니, 그럴 수 없다"라는 답이 나올 때마다 또 다른 질문을 한다. "그렇게 할 수 있게 만들기 위해 어떤 규칙을 바꾸어야 할까?"

3장에서 논의한 바를 떠올리면 위의 모든 질문이 컴퓨터로 연산한 '할 수 있는 것'과 '할 수 있었던 것'으로 집약됨을 눈치챌 것이다. 이것들이 여우 떼라면 창의적 수학자는 그들을 맹렬히 추격하는 사냥꾼이다. 그렇다고 수학자들만 여기에 관심이 있는 것은 아니다. 우리 모두 그렇다.

실생활에서 종종 그렇듯 목걸이 이야기에서도 '1+1+1'이나 뺄셈처럼 불가능한 아이디어를 제시한 사람은 바로 아이였다. 그러나 이 글을 읽는 여러분 역시 나의 설명을 읽기 전에 게임을 직접 해보았다면 비슷한 질문을 떠올렸을 것이다. (마흔여덟 곡의 서곡과 푸가를 작곡한 바흐는 도대체 무엇을 했을까? 왜 어떤 사람은 그렇게 많이 작곡하는데 어떤 사람은 아주 조금밖에 내놓지 못하는 것일까?)

우리는 모두 여러 규칙을 시험해보면서 어떻게 바꿀지 궁리한다. 그리고 어떤 결과가 나오는지 보기 위해 특정한 제약(행운의 숫자)을 둔다. 또 그 제약(두 수만 더하기)을 지키면서도 규칙을 바꿔가며 그것을 극복하려고 애쓴다. 육감에 따라 막다른 골목에서 벗어날 때도 있다. 심지어 기존의 규칙을 한계점까지 밀어붙이면서 '할 수 있는 것'을 찾아내는 일로 먹고사는 사람들도 있다. 창의적인 세무변호사들은 그것을 법의 허점이라 부른다(물론 그러한 허점을 찾아 막는 입법자들도 있다).

한마디로 사고방식의 여러 가능성과 한계를 가늠하기 위해 이런저런 시도를 해보는 것처럼 자연스러운 현상은 없다. 한 가지 사고방식을 다른 것과 비교하고 최대한 정밀하게 맞춰보려는 시도가 종종 행해진다. 예를 들어 목걸이 게임과 산수 사이의 관계를 유추해보면 그 게임을 통해 어떤 결과가 나올 수 있고 어떤 것은 나올 수 없는지 예상하는 데 도움이 된다. (여기에서 우리는 유추하는 행위를 당연시하고 있지만 뒤에서 유추가 어떻게 인지되고 이용되는지 자세히 알아볼 것이다.)

그리고 성공적이든 아니든 지금의 사고방식을 수정하여 이전에 불가능하다고 여기던 생각을 가능케 만들려는 시도를 하는 것처럼 자연스러운 현상도 없다. 달리 말하면 하나의 사고방식을 탐구해서 그것을 변형하는 진보는 지극히 당연한 현상이다.

기존의 규칙을 모두 버리라는 이야기가 아니다(그것은 곧 광기로 가는 길이다). 다만 기존의 규칙을 바꾸어 새로운 관념 공간을 창출하라는 말이다. 사고에 가해지는 제약은 단순히 생각의 범위를 좁히는 기능만 하는 것이 아니라 특정한 사고, 곧 특정한 정신 구조를 가능케 하기도 한다. 인형들에게 어떤 구슬로 만든 목걸이든 자유롭게 걸 수 있게 했다면 아이가 목걸이를 이용해 덧셈을 배울 수 있었겠는가?

탐구는 비조합적 창의성의 시작이다. 어떤 사고방식이 흥미롭다면(몇 가지 예를 나중에 살펴볼 것이다) 그것을 탐구하는 것만으로도 수많은 참신한 아이디어를 낼 수 있고 이 중 다수가 비교적 '창의적'이라고 간주될 수 있다.

때로는 특정한 목표를 위해 정신적 탐색을 하기도 한다. 목걸이 게임으로 빼기를 한다든가, 세금을 적게 낸다든가, 벤젠 분자 구조를 발견한다든가 하는 목표 말이다. 하지만 목표가 없을 때도 많다.

여러 면에서 창의성과 놀이에는 공통점이 많다. 2장에서 보았듯 푸앵카레는 창의성의 첫 번째 단계를 '준비 단계'라고 하였다. 준비 단계는 기존의 친숙한 방식을 이용하거나 그것을 변경·적용하여 문제해결을 꾀하는 의식적 시도 단계라 할 수 있다. 이 설명은 여러 경우에 잘 들어

맞는다. 예를 들어 목걸이 게임을 빼기로 확장시킨다고 생각해보라. 하지만 아무런 '문제'가 없다면? 콜리지가 〈쿠빌라이 칸〉을 쓰는 데 있어 의식적인 문제가 있었다면 그것은 잊어버리기 전에 자신의 생각을 글로 옮기는 일이었다. 그리고 이것은 푸앵카레가 생각하던 종류의 문제와는 달랐다. 창의성은 게임과 마찬가지로 특정한 목표나 목적이 없고 정해진 답도 없는 경우가 많다.

아니, 오히려 목표가 있지만 매우 포괄적인 것일 수도 있다. 바로 정신 자체를 탐험하는 것이다. 지구를 여행하는 탐험가 중 구체적인 목표를 추구하는 사람도 물론 있다. 목적지가 황금의 도시 엘도라도나 나일 강의 근원일 수도 있다. 그러나 많은 이들이 단순히 '바깥세상에 있는 무언가'를 찾는 것을 목표로 탐험을 한다. 저 평야는 어디까지 뻗어 있는가? 이 강이 저곳에 닿으면 어떻게 되는가? 이것이 섬인가? 저 산맥 뒤에는 무엇이 있는가? 예술가와 과학자들 역시 특정 사고방식의 잠재력을 발견하고 그 한계를 알아내기 위해 그것을 탐험한다.

탐험가들은 지도를 만든다. 그리고 가능한 경우 이미 만들어진 지도를 가지고 간다. 어떤 이들은 지도를 제작하려는 목적으로 여행하기도 한다. 쿡 선장(Captain Cook)이 해안선 지도를 그리기 위해 호주를 항해한 것처럼 말이다. 지도는 단순히 독립된 정보만을 제공하는 것이 아니라 여러 방면에서 여행자를 이끈다.

지도를 이용하면 출발지로 돌아가는 새로운 길을 찾을 수 있다. 미로를 빠져나오기 위해 실타래를 이용해야 했던 신화 속 테세우스와 달리 지도를 지닌 사람은 자신이 지나간 길을 정확히 되짚어 돌아올 필요가 없다. 지도를 지닌 사람은 또한 무언가를 찾아 제한된 지역을 마음껏 헤

집고 다닐 수 있다. 야영장을 북쪽으로 몇 킬로미터 옮기는 것은 새로운 문장을 말하거나 익숙한 스타일의 새로운 멜로디를 작곡하는 것과 같다. 지도는 또한 탐험가들이 한 번도 가보지 못한 세상으로 가는 길을 보여줄 수도 있다. 때로는 지도가 나쁜 소식을 전해주기도 한다. 여기에서 거기로 가려면 험준한 산맥을 지나야 한다는 소식 말이다.

한마디로 지도가 있으면 '할 수 있었던 것'과 '할 수 없는 것'을 무한히 만들어낼 수 있다. (눈에 띄는 건물이나 지형 등을 적어두는 것은 그다지 유용하지 못하다. 마치 일곱 개의 제곱수를 달달 외우는 것처럼 새로운 개념을 전혀 내놓지 못하기 때문이다.)

비조합적인 창의성에서 이야기하는 지도란 정신의 지도를 뜻한다. 이러한 정신의 지도는 생각과 행동을 특정한 길로 이끄는 발생적 시스템이다.

예를 들어 과학 이론은 탐험할 수 있는 개념 영역의 범위를 규정짓는다. 새로운 마을을 찾아 새 점을 찍는 것은 곧 '새로운 벤젠 유도체를 분석'하는 것이요, 강을 따라 그것이 어디로 이어지는지 보는 것은 '벤젠이 고리 구조임을 알아내고 생물 속에서 발견되는 다른 분자 구조에 대해 의문'을 품는 것이며, 어떤 제약이 있는지 알아내는 것은 바로 '생물마다 유전 코드가 똑같은가' 질문하는 것이다.

이론적 지도를 통해 과학자들은 나일 강의 근원처럼 전에는 보지 못했던 아이디어를 발견할 수 있다. 예를 들어 러시아의 화학자 멘델레예프(Mendeleyev)가 만든 주기율표는 아직 발견되지 않은 미지의 원소들이 존재한다는 사실을 동시대 화학자들에게 알려주었다. 따라서 화학 구조에 대한 일반적인 지식은 이전에 발견되지 않은 것들을 비롯해 새로운 합성물질로 이어지는 길을 보여주었다고 할 수 있다. 또한 이미 지도가 여러 개 존재하는 분야에서는 과학자들이 각자의 목적에 부합하는 새로운 지도를 만들 수 있다. 주기율표는 본디 원소들의 식별 가능한 특징들을 바탕으로 만들어졌고 후에는 원소 번호에 따른 분류가 이루어졌다.

새로운 이론적 지도가 언제 어디서나 환영받는 것은 아니다. 아직까지 발견하지 못한 공간은 상상조차 하기 힘들기 때문이다. 주기율표와 본질적으로 매우 유사한 아이디어가 멘델레예프보다 3년 앞서 발표된 적이 있었다. 그때 어떤 저명한 과학자는 원소들의 앞 글자를 따 분류할 생각은 없느냐고 비꼬아 묻기도 했다.

(이 역사적 사건을 생각하면 〈뉴요커〉의 만화가가 그린 아인슈타인 카툰이 떠오른다. 그것은 아인슈타인이 답답한 마음에 머리를 쓸어 넘기는 모습을 보여준다. 그의 뒤에 있는 칠판은 죽죽 줄을 그어 지워놓은 각종 공식과 기호로 가득하다. 그는 계속해서 혼잣말을 늘어놓는다.

"$e=ma^2$인가? 아니야! …… $e=mb^2$인가? 아니, 뭔가 맞지 않아!"

그는 제대로 탐험하고 있었지만, 여기에서 만화가가 암시하듯 어떤 길이나 구조는 다른 것보다 생산성이 확연히 떨어진다는 것을 알 수 있다.)

예술가들도 계속해서 지도를 만들고 다시 그리며 비슷한 방식으로 자신만의 영역을 탐험한다. 인상파 화가들은 빛의 변화에 따른 3차원의 광경을 다양한 색상의 점을 찍어 표현함으로써 새로운 화법을 연구하고 그 화법의 가능성을 탐험했다. 예를 들어 클로드 모네(Claude Monet)가 그린 〈지베르니의 일본식 다리〉나 〈수련이 가득 핀 연못〉 그림은 동일 화풍의 작품들과 비교하면 그 어떤 것보다 극단적이었다.

어떠한 규칙이 제대로 된 시험 과정을 거쳐 특정 양식으로 발전할 가능성이 비교적 분명해지면, 호기심 또는 싫증을 느끼고 규칙의 변화를 꾀할 수 있다. 조르주 쇠라(Georges Seurat)나 폴 시냐크(Paule Signac) 같은 점묘화가들은 인상파 화법에서 한 걸음 더 나아가 아주 작은 점으로만 그림을 표현하였다(또한 사용하는 색상의 수를 엄격히 제한하는 시도도 했다). 애초에 인상주의 기법 훈련을 받은 폴 고갱 같은 화가들은 기존의 것을 과감히 버리고 새로운 스타일을 거듭 시도했다.

서양 음악가들도 이와 유사한 탐험을 했다. 음계에 내재된 다양한 가능성을 계속해서 정의 내리고, 시험하고, 확장했다. 앞으로 자세히 살펴보겠지만 르네상스 음악에서 조금 더 거친 쇤베르크(Schoenberg)로 이어지는 음악적 진보는 음악 세계의 그 어떤 여정보다 지적이다.

때로 정신 지도의 구조적인 면은 의식할 수 있다. 화학자들은 이론적으로 화합물을 분명하게 분석하려고 할 것이다. 바흐의 서곡과 푸가 마흔여덟 곡은 어떻게 하면 음계를 조화롭게 전개할 수 있는지에 대한 내적 구조를 체계적으로 탐험한 결과물이다. 점묘화가들은 어떤 색을 쓸지 신중하게 결정한다. 찰스 디킨스는 영어 문법을 교묘하게 활용하여 스크루지를 다음과 같이 묘사했다. "지독하고, 비열하며, 인정머리 없고, 탐욕스러우며, 세상에 둘도 없는 구두쇠에 죄 많은 늙은이."

(엄밀히 따지자면 이렇게 문학적으로 기발한 표현은 3장에 나오는 창의성의 협소한 정의에 들어맞지 않는다. 디킨스는 문법의 구조를 탐험했지 변형한 것이 아니다. 이전에도 7개의 형용사를 잇달아 사용할 수 있었겠지만 그 가능성을 고려해본 사람은 거의 없었다. 디킨스는 문법을 활용하여 새로운 문장을 만들어낼 수 있는 여지가 사람들이 보통 생각하는 것보다 훨씬 더 많다는 것을 보여주었다. 일반적으로 관념 공간을 탐험해서 어떤 아이디어를 내는 것은 창의성의 한 형태로 여겨지지만 탐험만

으로는 불가능 창의성에 해당하는 아이디어를 도출할 수 없다.)

하지만 지도를 늘 의식할 수 있는 것은 아니다. 이 점은 전혀 이상할 것이 없다. 사람의 능력은 대부분 (전체적으로든 부분적으로든) 의식적 지각이 닿을 수 없는 영역에 숨겨진 채 처리되는 과정에 달려 있다. 정신 지도를 간접적으로 밝혀내려는 것은 심리학자들만이 아니다. 언어학자, 음악학자, 문학평론가, 화가, 패션 디자이너, 과학사학자들 모두가 자신의 분야에서 (의식적으로든 아니든) 새로운 방식으로 사고하는 법을 찾으려고 한다.

여러 면에서 정신을 탐험하는 것은 실제 공간을 탐험하는 것과 같다. 하지만 한 가지 중요한 차이점이 있다. 실제 공간의 지리와 달리 정신의 지리는 변하기 쉽다는 점이다.

정신의 지리든 실제 공간의 지리든 상관없이 그것들은 세렌디피티나 화산 같은 우연한 사건과 노화나 대륙 이동 같은 장기간의 변화에 영향을 받는다. 하지만 정신만이 선별 능력을 발휘하여 스스로 변한다. '음악 공간으로 여행'을 떠난 바흐, 브람스, 드뷔시, 쇤베르크 같은 음악가들은 관련된 공간을 탐험했을 뿐 아니라 창조하기도 했다. 다른 창조와 마찬가지로 이러한 창조는 선별적으로 억압된다. 억압이 일어난 후에 뒤늦은 깨달음이 찾아오는지는 논란의 여지가 있다.

한마디로 정신만이 불가능한 것을 가능하게 바꿀 수 있다. 즉, 연산 '할 수 없는' 것을 연산 '할 수 있는' 것으로 변형시킬 수 있다는 말이다.

난롯가에서 졸던 케쿨레를 떠올려보라. 그가 처음에 연구하기 시작했던 '모든 유기 분자는 한 줄로 배열된 탄소 원자에 기초한다'라는 화학 이론은 1865년 당시 정설이었다. 2장에서 밝혔듯 케쿨레 자신이 8년 전쯤 이 이론을 생각해냈다.

유기화학자들은 실험을 통해 주어진 혼합물에서 원소의 성질과 성분비를 밝혀낸다. 그런 후 이 비율에 따라 한 줄로 배열된 탄소로 원소를 설명한다. 밝혀낸 구조는 (분자 내 원자 조합을 규정하는) 규칙을 따라야 하며 실험에서 관찰된 혼합물의 특징과도 일치해야 한다.

유기화학자들은 에틸알코올과 지방성 유기화합물 연구에는 성공했지만 벤젠 연구에는 실패했다. 벤젠 분자 구조를 알아낸 사람은 아무도 없었다.

문제는 탄소 원자가(原子價)였다. 화학자들은 1852년 이래로 원자가, 즉 원자가 다른 원자와 이루는 화학 결합의 수가 엄격히 제한되어 있다는 사실을 알고 있었다. 1858년 케쿨레는 자신의 '선 이론(string theory)'을 연구하는 과정에서 탄소가 4개의 원자가를, 수소가 1개의 원자가를 취한다는 것을 알아냈다. (이것이 바로 그림 2.1에 나오는 케쿨레의 다이어그램에서 탄소 원자들이 수소 원자들보다 네 배 크게 표현된 이유다.)

한 줄로 된 탄소 원자들 중 탄소 원자 하나가 다른 탄소 원자와 결합할 때 한 단위의 원자가를 모두 사용한다. 따라서 탄소 원자가 그 줄의 제일 끝에 있다면 탄소가 아닌 원자와 조합할 수 있는 남은 단위는 세 개가 된다. 탄소 원자가 그 줄 안에 있다면 남은 단위는 두 개다. 따라서 에틸알코올은 C_2H_5OH보다 CH_3CH_2OH로 표현될 때가 더 많다.

실험을 통해 벤젠 분자가 탄소 원자 6개와 수소 원자 6개로 구성되어 있다는 사실이 밝혀졌다. 탄소 원자 6개가 선 구조를 이루고 있다면 벤젠 분자는 수소 원자 6개가 아닌 14개와 연결되어야만 한다.

벤젠 분자 안에 있는 탄소 원자 일부가 두 겹 혹은 세 겹 결합으로 연결된다는 설명으로는 문제가 해결되지 않는다. 화합물의 화학적 특성과 일치하지 않기 때문이다. (벤젠에 잉여 결합이 있다면, 이들은 염소나 불소처럼 1가의 원자들을 '잡을 수' 있어야 한다. 하지만 염소 원자는 잡히지 않은 안전한 상태로 남아 있다.)

화학자들은 벤젠의 구조를 화학적으로 명료하게 설명할 수 있는 방법이 없다고 생각했다. 그런데 케쿨레가 이 문제를 놓고 여러 달 동안 씨름한 끝에 2장에서 설명한 것과 같은 경험을 했다.

> 난롯가에 앉아 졸고 있었다. 원자들이 또다시 눈앞에서 통통 튀기 시작했다. 이번에는 작은 원자단이 표면에 나타나지 않았다. 이런 일이 반복되다 보니 그 형태가 점점 뚜렷하게 보였다. 원자들은 여러 겹으로 배열된 구조를 하고 있었다. 원자들이 서로 가까이 달라붙어 뱀이 움직이듯 쌍으로 꼬여 있었다. 저게 뭐지? 뱀 한 마리가 자기 꼬리를 물고 내 눈앞에서 조롱하듯 빙글빙글 돌기 시작했다. 나는 번갯불이라도 지나간 듯 화들짝 놀라 깨어났다.[2]

케쿨레에게 무슨 일이 일어났는지 정확하게 알 수는 없다. 널리 알려졌듯 뱀 모양의 불꽃을 보고 벤젠 구조를 떠올린 것은 아니다. 그렇다면 꿈이었을까, 아니면 몽상이었을까? 케쿨레는 뱀을 본 것일까, 아니면 단순히 어떤 모양을 보고 뱀이라고 생각했을까? 아니면 둘 다일까? 그는 뱀이 꼬리를 물고 있는 것을 본 것일까, 아니면 뱀 모양에 가까운 무언가를 본 것일까? 아니면 이번에도 둘 다일까?

무엇이 옳든 그다지 문제가 되지 않는다(그가 정말로 단순히 불에서 뱀의 형상을 보았을 수도 있다). 허공에서 떠다니는 이미지에 대한 현상학적 묘사 중 어떤 쪽이 옳든 결론적으로 뱀 모양이 결정적이었다.

하지만 왜일까? 케쿨레가 살던 시대에 둥근 모양의 홀라후프가 있었더라면 이런 결론을 낼 수 있었을까? 뱀 모양과 유사한 사인곡선을 상상했다면 케쿨레가 더 일찍 깨달음을 얻었을까? 자신의 꼬리를 물고 있는 뱀의 형상은 분명 놀라움을 자아낸다. 하지만 그래서 어쩌란 말인가? 사람들은 어째서 케쿨레의 경험에 그토록 관심을 보이는 것일까?

당시의 화학자들은 고리 구조가 불가능하다고 생각했다. 그런데 어떻게 케쿨레는 꼬리를 물고 있는 뱀에서 영감을 얻어 고리 구조 분자에 대한 아이디어를 떠올렸을까? "이번에는 작은 원자단이 표면에 나타나지 않았다"는 말은 수소 원자들은 내버려두고 탄소 원자에만 관심을 집중했다는 것을 의미한다. 하지만 당시의 화학 이론에 충실하려면 원자를 한 줄로 배열하여 설명했어야 한다. 그런데 어떻게 선 모양의 구조에서 꼬리를 물고 있는 뱀의 형상을 떠올릴 수 있었을까?

독창적인 뱀의 심상이 케쿨레의 머릿속에 떠오른 경위는 다양하게 설명할 수 있다. (전부는 아니지만 일부는 조합적인 창의성과 관련이 있다.) 목적지로 가는 다양한 길이 지도에 나오는 것처럼 인간의 정신과 같은 매우 복잡한 연산 시스템에는 특정한 구조 혹은 아이디어를 산출하게 해주는 다양한 길이 있다.

예를 들어 두 가지 가정을 해보자. 하나는 '열린 곡선'에 대한 개념이 이미 케쿨레의 머릿속에 존재했다는 것이고, 다른 하나는 다양한 개념의 반대 방향을 고려할 능력이 있었다는 것이다. 각기 타당해 보이는 이 두 가설을 아래에서 살펴보겠다.

'열린 곡선'은 위상기하학적(toplogical) 개념이다. 위상기하학은 이웃 관계를 다루는 기하학의 한 분야다. 매듭 이론(theory of knots) 역시 여기에 포함된다. 예를 들어 위상기하학자가 달걀을 묘사한다고 가정해보자. 그들은 표면 위를 기어가는 개미가 한쪽 끝에서 다른 쪽 끝으로 가려면 '달걀의 허리'를 가로질러야 한다고 말할 것이다. 달걀의 모양과 크기는 관계가 없다. 달걀만 한 고무찰흙 덩어리를 손으로 꽉 쥔다고 해도 찰흙의 위상기하학적인 특징은 변하지 않는다. 옭매듭 역시 단단히 묶여 있든 헐겁게 묶여 있든 옭매듭이다.

열린 곡선에는 최소한 한쪽 끝 점(한쪽에만 이웃이 있는)이 있는 반면, 닫힌 곡선에는 한쪽 끝 점이 없다. 열린 곡선을 따라 기어가는 개미는 같은 지점을 절대로 두 번 지나갈 수 없지만 닫힌 곡선에서는 결국 시작점으로 돌아오게 될 것이다. 이러한 '곡선'의 모양이 꼭 구불거릴 필요는 없다. 원, 삼각형, 육각형은 모두 닫힌 곡선이고 직선, 호, 사인곡선 등은 모두 열린 곡선이다.

자신의 몽상에 대한 케쿨레의 기록을 보면 '열'과 '원자'가 그의 머릿속에 활발히 연상되고 있었음을 추론할 수 있다. 마찬가지로 그의 화학적 지식을 고려하면 '선' 또한 활성화되었을 것이다. 만약 열린 곡선에 대한 개념이 케쿨레의 머릿속에 이미 존재했다면 이 개념 역시 '선'이나 '매듭'을 통해 활성화될 수 있었을 것이다. 여기서는 머릿속에서 벌어지는 연상 과정을 당연하게 가정하고 있지만, 그것이 어떻게 작용하는지에 대한 질문은 나중으로 미뤄두겠다.

케쿨레의 머릿속에는 당연히 위상기하학적 분류가 존재했을 것이다. 케쿨레는 수학을 배우면서 위상기하학을 접하지는 못했다. 나중에야 푸앵카레가 위상기하학을 발전시켰기 때문이다. 하지만 발달심리학자 장 피아제(Jean Piaget)의 연구에 따르면 아이들의 생각과 행동은 모두 이와 같은 기본 위상기하학적 개념의 암묵적인 영향을 받는다고 한다. 이 주장이 옳다면 케쿨레는 선-분자를 열린 곡선으로 분류하게 한 컴퓨터 자원 형태의 잠재력을 지니고 있었다고 할 수 있다.

하지만 꼬리를 문 뱀은 열린 곡선이 아니라 닫힌 곡선이다. 그렇다면 이 아이디어는 어디서 나왔을까? 가능성은 여러 가지다.

첫째, 원자단과 열을 2차원 형태로 변형시켜 시각화하던 원래 습관대로 하다가 우연히 닫힌 곡선이 떠올랐을 수 있다. 이것이 정반대 경우인 '열린 곡선'을 떠올리게 한 것이다. 그리고 그것이 '분자'로까지 이어졌을 수 있다.

둘째, 케쿨레가 화학 이론에 대해 생각할 때 보통은 '한 줄로 된 원자' 만을 떠올리는 데 그쳤지만, 무의식적 탐구를 통해 그 한계를 깨고 '닫힌 곡선'이라는 개념을 고안해냈을지도 모른다.

셋째, 케쿨레가 휴리스틱(heuristic), 즉 발견적 해결법 중 '뒤집어 생각하기' 방법을 사용했을 수 있다.

자기도 모르게 산문체로 말하는 프랑스 극작가 몰리에르의 작품 인물처럼, 우리는 우리가 그 말을 들어보았든 그렇지 않든 휴리스틱, 즉 발견적 해결법을 사용한다. 휴리스틱은 두뇌의 정보처리 방식 중 하나다.

휴리스틱은 생산적인 태만의 방법이라고도 할 수 있다. 휴리스틱 해결법을 적용하면 어떤 문제가 주어졌을 때 목표에 도달할 가능성이 가장 높은 경로만을 따른다. 즉, 목표와 거리가 멀어 보이는 그 밖의 경로들은 무시한다. 휴리스틱은 확실한 현재의 개념 공간만을 탐색하도록 이끈다. 하지만 휴리스틱에 속하는 사고방식 중 하나는 표면적으로 혹은 실질적으로 지도를 변화시킨다. 그래서 예전에는 가능하지 않았던 새로운 길이 열린다.

휴리스틱 해결법을 이용한 창의성 강화 방법에 대한 연구는 꽤 오랜 역사를 자랑한다. 3장에 등장했던 우리의 친구 파푸스도 유클리드에 대한 주석에서 휴리스틱에 대해 언급했다. 20세기 수학자 조지 폴야(George Polya)는 다양한 문제해결에 적용할 수 있는 일반적인 휴리스틱 단계를 밝히기도 했다.[3] 광고대행사나 경영 컨설턴트들은 창의적인 아이디어를 짜내기 위해 '브레인스토밍'이나 '수평적 사고(lateral thinking)' 같은 휴리스틱 해결법을 이용한다. 그리고 전 세계적으로 많은 학교에서 탐구적인 문제해결을 장려하기 위해 휴리스틱을 이용한 교육 프로그램을 가르치고 있다.[4]

휴리스틱은 확실한 증거를 내놓지는 못하지만 실용적인 어림짐작법이라고 할 수 있다. 이 방법은 대개 문제해결 가능성은 높여주지만 때로는 문제해결을 방해하기도 한다. 예컨대 체스를 둘 때 '여왕을 보호하라'는 매우 현명한 방침이지만, 이 방침만을 따르다가는 여왕을 희생시키는 대신 단번에 승리할 기회를 놓칠 수도 있다.

어떤 휴리스틱은 한 분야에 정통한 전문가만 사용할 수 있는 '비법'일 때도 있다. 다시 말해 다른 유형의 문제에는 적용할 수 없다. 예컨대 포커를 치는 사람에게는 "여왕을 보호하라"는 조언이 아무짝에도 쓸모없다.

반면 극작법에서 의상 제작에 이르기까지 광범위한 분야에 적용할 수 있는 일반적인 휴리스틱도 있다. 예컨대 폴야가 고안한 휴리스틱은 드라마 섭외 담당자나 의상 디자이너 모두에게 도움이 된다.

폴야는 해결되지 않는 문제가 있다면 이미 해결책을 알고 있거나 해결하기 쉬운 작은 문제들로 쪼개볼 것을 권했다. 그는 난관에 봉착했을 때 다음 질문들을 던져보라고 했다. 미지수는 무엇인가? 자료는 무엇인가? 모든 자료를 사용했는가? 도식으로 표현할 수 있는가? 문제해결 과정을 단계별로 그릴 수 있는가? 문제를 다른 말로 진술할 수 있는가? 결과를 확인할 수 있는가? 거꾸로 처리할 수 있는가? 유사한 해결 방안을 이 사례에 적합하게 수정할 수 있는가? 폴야가 제안한 모든 휴리스틱은 수학 이외에 섭외, 놀이, 의상 디자인에도 적용할 수 있다.

아주 널리 쓰이는 휴리스틱 중 하나가 바로 '뒤집어 생각하기'다. 즉, 의식적으로든 무의식적으로든 문제에 대한 시각을 반대로 돌리는 것이다. 이 휴리스틱을 문제의 구조적인 측면에 적용하면 개념적 지형을 한 단계 변화시킬 수 있다.

(뒤집어 생각하기는 원래 방향을 부정하거나 취소하는 것과는 다르다. '빨갛지 않으면서 달콤한 것'을 먹고 싶다는 말은 '색과 상관없이 달콤한 모든 것'을 먹고 싶다는 말과 같지 않다. 제약을 없애는 것 또한 널리 쓰이는 휴리스틱이다. 우리는 케쿨레가 '한 줄로 된 원자'라는 제약을 던져버림으로써 문제를 변형시켜 시각화했다는 것을 이미 알고 있다. 이처럼 평행한 두 선이 무한대로 이어지면 서로 만난다는 유클리드의 여섯 번째 공식을 버림으로써 본질적으로 완전히 다른 기하학이 탄생했다.)

케쿨레가 대부분의 사람들처럼 '뒤집어 생각하기' 휴리스틱을 이용했다면, 그것이 문제의 공간적인 면에 적용되었을 것이라는 추측이 그럴듯해진다. 케쿨레의 의식적인 과업은 원자의 공간적 배치를 확인하는 것이었으며, 그의 반(半)의식적인 공상은 다양한 공간적인 형태에 초점이 맞춰져 있었다. 그는 이 휴리스틱을 이용해 '열린 곡선'에서 '닫힌 곡선'으로 이동해 분자와 닫힌 곡선 사이의 관계를 확증할 수 있었다.

아니면 '뒤집어 생각하기' 휴리스틱이 '한 줄로 된 원자'라는 제약에 적용되어 닫힌 곡선의 이미지를 만드는 데 일조했을 수도 있다.

케쿨레는 '자기 꼬리를 물고 있는 뱀' 모양을 불꽃에서 본 순간 분자 구조에 대한 개념화가 즉시 이루어졌다고 했다(이는 나중에 분자 구조를 어떻게 떠올리게 되었는지 저술한 내용과 다르다). 이는 꽤 그럴 법하다. 처음의 시각적 심상이 그에게 뱀을 떠올리게 했을 수 있기 때문이다(이미지를 '떠올리는' 것이 창의성의 원천이 되는 일은 흔하다). 이 경우 케쿨레는 꼬리를 물고 있는 뱀을 '보았음직' 하다.

앞서 우리는 고리형 분자라는 아이디어를 내기 위해서 케쿨레가 뱀을 그런 식으로 떠올릴 필요가 없었다고 논의한 바 있다. 하지만 심상에 대한 '특정한 해석'이 새로운 화학적 통찰을 얻도록 도왔을 수도 있다.

다른 시나리오도 가능하다. 케쿨레의 머릿속에서 상이한 연산 과정이 벌어졌을 수도 있다. 예를 들어 케쿨레의 무의식이 '선(string)'이라는 화학 용어를 그 단어의 모든 의미와 연합시켰을지도 모른다. 그래서 집에서 쓰는 실을 떠올리고 그 실을 매듭지어 묶는 것을 생각해냈을 수 있다. 그 생각이 또 다른 연상 작용을 거쳐 닫힌 곡선을 떠올리게 했을지도 모른다. ('선'은 '사슬(chain)'에서 나온 것일지도 모르며 사슬 또한 연결 그리고 닫힘과 연관된다.) 당시 '기다란 열'이라는 케쿨레의 심상이 활성화되어 있었다고 가정하면, 닫힌 선이라는 개념이 꼬리를 물고 있는 뱀이라는 아이디어를 유발했을 수도 있다.

그러면 케쿨레의 통찰은 또다시 세렌디피티(serendipity), 즉 뜻밖의 발견을 기반으로 한 것이 된다(세렌디피티의 개념에 대해서는 9장에서 더 자세히 논의하겠다). 다시 말해 뱀의 심상은 그가 당면했던 문제와 관련 없는 정신 과정을 통해 일어났으며 그것을 케쿨레가 흥미로운 아이디어로 포착한 것일지 모른다.

예를 들어 케쿨레의 머릿속에서 '기다란 열' 중 하나가 무작위로 복제되고 꼬이던 도중 우연히 뱀과 유사한 형태로 꼬였는지 모른다. 혹은 난롯가에서 낮잠을 자기 전에 야외로 산책을 나갔던 케쿨레가 꼬리를 입에 물고 있는 뱀을 우연히 보았는지도 모른다. 아니면 꿈속에서 떠오른 화가 히에로니무스 보스의 뱀 그림이 이 통찰을 이끌어냈는지도 모른다. 또 환각을 일으키는 음식이나 약물이 케쿨레의 정신 과정을 혼란스럽게 만든 덕에 뱀의 심상이 떠오른 것일지도 모른다. 생각해볼 수 있는 가능성은 무한하다.

이 중 실제로 무슨 일이 벌어졌는지는 아무도 모른다. 개념 네트워크가 풍부한 인간의 머릿속에서는 이보다 훨씬 더 복잡한 연상도 흔하게 일어난다. 인간의 머릿속에서는 시가 펼쳐져 나온다. 프로이트가 저술한 《꿈의 해석》도 그러한 연상 과정을 설명해준다.

우리는 케쿨레의 아이디어가 어떻게 떠올랐는지 알 수 없다. 사실 기발한 아이디어의 발단이 상세히 알려진 경우는 드물다. 하지만 이것은 우리의 목적을 달성하는 데 문제가 되지 않는다. '창의적인 아이디어가 발생하는 것이 어떻게 가능한가'를 보여주고자 한다면 특정한 아이디어가 특정한 방식들로 발생할 수 있다는 사실을 보여주는 것만으로도 충분하다. 마찬가지로 케쿨레의 경험에 대한 어떤 현상학적 설명이 얼마나 정확한지는 전혀 중요하지 않다. 단지 이 가설들을 통해 어떻게 '선'이 '고리'로 변형되었는지 이해할 수 있으면 된다.

어떤 방식으로 그런 일이 벌어졌건 케쿨레의 뱀 심상은 관련 지식이 있는 사람들만 중요하게 받아들였을 것이다(준비된 자에게만 운이 따르는 법). 우리 모두처럼 케쿨레는 유사성을 인지할 수 있었다. 유추는 과학과 예술 분야의 창의적 사고에서 무척 중요한 역할을 한다. 후에 유추를 기반으로 한 컴퓨터 메커니즘에는 어떤 종류가 있는지 알아볼 것이다. 일단 여기서 우리는 어째서 케쿨레가 뱀과 분자 사이의 유사성을 흥미롭게 여겼는지에 관심이 있다.

이 새로운 아이디어가 가치 있다는 그의 느낌, 즉 육감은 화학 분야에서 쌓아온 전문성에서 나왔다. 꼬리를 문 뱀의 심상이 놀라운 것은 그것이 보기 드물기 때문만이 아니라 '열린 곡선이 예기치 못하게 닫힌 곡선이 된 것'이기 때문이다. 이 후자의 특징이 눈길을 끌었기에 케쿨레는 '섬광처럼 떠오르는' 통찰을 얻었다.

따라서 꼬리를 문 뱀은 위상적인 변화에 영향을 미쳤다. 동일한 변화가 선 분자에서 고리 분자라는 아이디어가 나오는 데에도 영향을 끼쳤다. 위상기하학은 이웃 관계를 다루는 학문이다.

유능한 화학자였던 케쿨레는 이웃 관계가 중요하다는 사실을 알고 있었다. 원자들 사이의 관계가 물질의 화학적 성질을 결정한다. 게다가 원자가는 한 원자가 어떤 방식으로 얼마나 많은 이웃과 관계를 맺고 있느냐에 따라 달라진다. 사실 뱀의 꼬리가 단순히 입에 닿아 있는 것이 아니라, 입 안에 쏙 들어가 있었다는 사실은 원자가를 향한 케쿨레의 관심을 반영한 것인지 모른다. 케쿨레는 한 원자가 다른 어떤 원자와 관계

맺고 있는지에 관심이 많았다.

분자 구조의 위상적인 변화는 이웃 관계도 변화시킬 수밖에 없다. 그리고 이웃 관계가 더 많이 변화할수록 분자에 대한 원자가-구속도 크게 변화할 것이다. 단순히 개별 원자나 원자단의 위상을 한 줄 내에서 변화시키는 것과 비교할 때 열린 곡선을 닫힌 곡선으로 변화시키는 것은 훨씬 더 근본적이다. 그래서 선 분자로 설명할 수 없는 실험 결과를 고리 분자를 이용해서는 설명할 수 있었을지도 모른다.

따라서 케쿨레가 새로운 아이디어를 떠올린 후 그것을 증명하기도 전에 흥분했던 것은 당연하고 합리적이었다.

홀라후프 이미지가 케쿨레의 주목을 끌지 못했을 수도 있다. 홀라후프는 홀라후프다. 여기에는 허를 찌르는 어떤 위상적 놀라움도 없다. 사실 조셉 로슈미트(Joseph Loschmidt)는 1861년에 벤젠이 총 여섯 개의 탄소 원자가 3개씩 짝을 이루어 2층 구조를 이룰 것이라 추측하고, 2층 구조의 중심부가 고리 형태로 된 도식을 그려 넣은 소책자를 냈다. 케쿨레가 로슈미트의 책을 보고 나중에 벤젠에 대해 생각할 때 머릿속에서 그 도식이 활성화되었을 수도 있다. 하지만 만약 그것이 사실이라 해도 그 도식은 그의 의식에 어떤 중요한 인상도 남기지 못했을 것이다. 그 도식은 '잠깐! 그게 뭐였지?'라는 반응을 유도하지 않았다. 게다가 완벽한 고리 형태는 개별 탄소-탄소 연결에 대한 환기를 유발하지 않았을 것이다. 꼬여 있지 않은 고리 형태에는 눈에 띄는 점이 없기 때문이다.

뱀처럼 구불구불한 사인곡선은 '기다란 열'과 마찬가지로 열린 선이다. 사인곡선이 뱀을 연상하게 만든 단서로 작용한 경우가 아니라면, 사인곡선은 그다지 큰 도움이 되지 않는다.

검증은 간단하지 않다. 단순히 선을 고리로 변화시킨다고 해서 문제가 해결되지는 않는다. 요컨대 소망을 실현시키려면 처음의 육감에 추가적인 변위를 가해야만 했다.

단순하게 탄소–탄소 열을 닫고 각 탄소당 수소 원자 하나를 배치할 경우 각 탄소는 원자가 네 개 중 세 개를 사용하게 된다. 다시 말해 여섯 개의 탄소 원자에는 수소 원자 12개가 필요하다. 그래서 케쿨레는 규칙을 추가적으로 변경했다. 즉, 여섯 개의 탄소–탄소 연결 중 세 개가 한 단위가 아닌 두 단위의 원자가를 가지고 있을 것이라 추측했다(그림 4.1에 나오는 6각형 구조를 참조하라).

그림 4.1

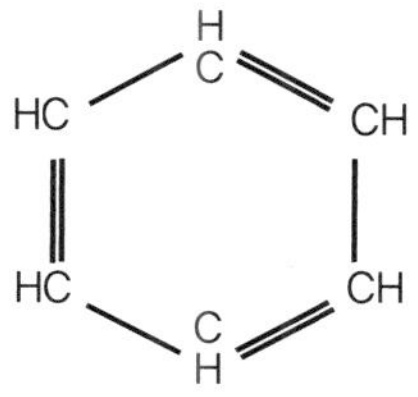

이제 그 추측은 원자가가 2단위인 연결은 무엇이고 1단위인 연결은 무엇인지에 대한 의문을 낳는다. 모든 탄소 원자는 등가이다. 그런데 어떻게 분자가 '결정'을 할 수 있을까? 사실 케쿨레는 그럴 수 없다는 답을 내놓았다. 다시 말해 그는 그림 4.2에 나오는 것처럼 분자가 단일 연결과 이중 연결을 오가며 전환을 계속하리라 보았다.

이러한 복잡성 때문에 케쿨레의 아이디어는 학계에 즉시 받아들여지지

그림 4.2

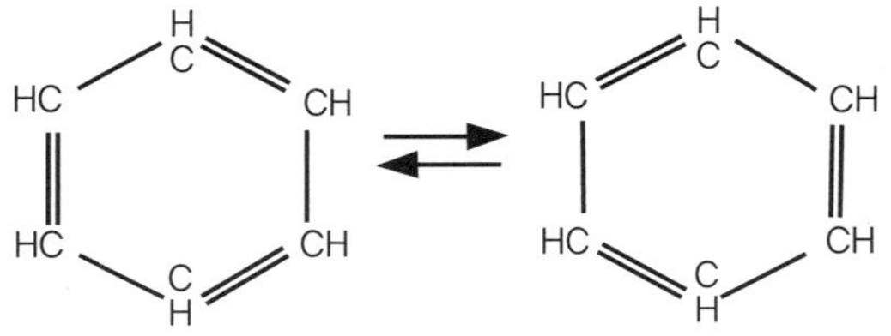

못했다. 그림 4.3에 나오는 것처럼 '여분의' 원자가 연결을 설명해주는 다른 방법을 제안한 학자도 있었다(위 두 그림은 케쿨레가 제안한 '평평한' 육각형 모형을 응용한 것인 반면, 마지막 세 번째는 3차원 프리즘을 이용한 것이다).

많은 논란과 실험 끝에 케쿨레의 전환 가설은 증명되었다. 하지만 마지막 반전이 있다. 그의 가설은 파동역학과 전자 빔 분석을 근거로 인

그림 4.3

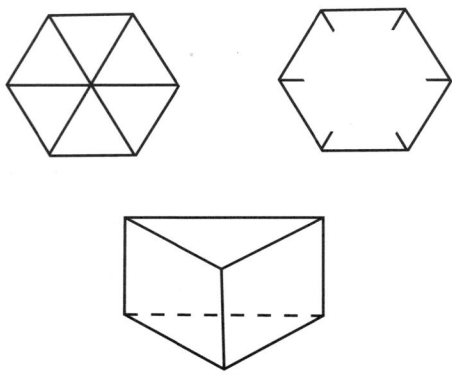

정받고 있다. 그림 4.2에 나온 그림 두 개를 오가는 중간적 형태를 나타낸 그림 4.3의 상단 오른쪽 그림이 벤젠 분자 구조를 가장 잘 나타낸다.

(1장에서 언급했던 무학의 청소부도 길에서 자기 꼬리를 물고 있는 뱀을 보았을지 모른다. 하지만 거기에서 벤젠의 분자 구조를 떠올릴 만큼 화학 지식이 풍부하지는 않았을 것이다. 만약 그렇다 해도 부족한 분자가 단위 문제로 주목하지 못했을 것이다. 그리고 실험실에 접근할 수 없기에 어떤 후속 실험도 할 수 없었을 것이다.)

케쿨레는 '선'에서 시작해 '고리'로 연결되는 이러한 탐구적 단계를 통해 완전히 새로운 과학의 가능성인 벤젠 연구에서 파생된 방향화학(aromatic chemistry)을 창조했다. 다양한 수의 원자와 요소들로 구성된 새로운 화학 분야를 가능케 한 것이다.

목걸이 놀이에서 덧셈에서 뺄셈으로 넘어갈 것을 제안했던 아이도 비슷한 도로에서 첫 발걸음을 뗀 것이었다. 단지 그 아이의 머릿속에 뺄셈과 덧셈이 이미 서로 밀접하게 연관되어 있었다는 점만이 다르다. 당신이 그 아이에게 새로운 규칙을 알려주어 긴 목걸이 대신 짧은 목걸이를 만들려고 했다면, 당신은 그 길에서 한 걸음 더 나아갔을 것이다. 당신은 P-창의적인 아이디어를 냈을지 모른다. 하지만 그 경로는 이미 다른 이들에 의해 탐구되었기에 H-창의적이라고는 할 수 없을 것이다.

반면 케쿨레가 낸 아이디어를 통해 역사적으로 새로운 개념적 공간이 창조되었다. 그 특징은 케쿨레가 이전에 맞닥뜨렸던 개념들과 유사한 면도 있지만 다른 점도 있다.

예술가들 또한 새로운 개념적 공간을 창조한다. 20세기 초반 작곡자들은 르네상스 이후 모든 서양 음악에 충만해 있던 음조의 제약을 줄임으로써 이전에 존재하지 않았던 새로운 관념 공간으로 이동했다.

그러한 이동은 조성 안에 이미 함축적으로 잠재하고 있었는지도 모른다. 음악가들에게 실험적 충동과 규칙 변경에 필요한 휴리스틱이 있었기 때문에 음조 공간의 제약에 관심을 갖고 그것을 검증하여 수정하고 결국 폐기하는 과정이 불가피했다. 찰스 로젠(Charles Rosen)은 쇤베르크에 대한 논문에서 음조에는 파괴의 씨앗이 담겨 있다고 쓴 바 있다.[5]

조성 음악(소나타, 심포니, 합창곡)은 3화음에 따라 작곡되어야 한다. 3화음에 따라 음악이 처음 전개되었다가 다시 돌아가야 하는 '기본 조성(home key)'이 정해진다. 음악을 듣는 사람들도 개념 공간에 대해 작곡가와 동일한 마음속 지도를 가지고 있기 때문에 음악이 기본 조성의 음조로 돌아가 끝나면 만족감을 느낀다.

이러한 음악적 관습 내에서 기본 조성을 이루는 주제-선율은 조옮김을 했다가 기본 조성으로 돌아올 때에만 다시 등장한다. 작곡을 할 때 음계의 모든 음은 선율을 장식할 뿐 아니라 주제 선율을 떠올리게 하는 역할을 한다. 작곡가는 서로 유사하거나 다른, 가깝거나 먼 음조를 사용해 음악 공간을 짠다.

처음에는 기본 조성으로 가는 특정 경로가 선호된다. 사람들은 보통 뉴욕에서 케임브리지(영국)로 바로 날아가는 대신 런던을 거쳐 간다. 이와 유사하게 작곡가들은 전개부에서 마지막 으뜸조를 바로 사용하지 않는 대신 딸림조를 사용한다. 그러나 공항에서 기다리기 싫어 케임브리지로 바로 가기 위해 개인 비행기를 구입하는 부유한 사업가처럼 제약을 싫어하는 작곡가들은 으뜸조 앞에 다른 조를 넣으려 할지 모른다.

수 세기에 걸친 조성 음악의 발달은 선율이 한 악장, 악절, 화음에서 다음으로 진보하는 화성 음정의 지속적인 확장, 재정의, 탐색과 관련 있다. 음악가들은 또한 기본 조성으로 돌아가기 전에 '낯선' 조성(foreign key)으로 반주 첫머리를 변화시키는 장조 전환을 꾀한다. 그리하여 한 조에서 다른 조로 전개되는 화성 공간이 생겨난다. 거리가 먼 조성에 도달하려면 이웃하는 조성들을 잇달아 통과해야만 한다.

19세기 후반 무렵 변주는 현격하게 짧아져서 점점 대담하게 한 음조에서 다른 음조로 건너뛰었다. 초기 모차르트 소나타에서는 단 한 번의 음조 변화만 꾀한 후 두 번째 악장 전체에 걸쳐 유사한 음조를 유지했다. 브람스와 쇼팽의 시대에는 악절 사이 혹은 악절 내에 음조 변화가 있는 음악이 등장했다.

그리하여 화성 전개를 어디까지 허용할 것인지는 점점 골치 아픈 문제가 되었다. 음악가들은 곡의 시작부터 종결부에 이르기까지 음표의 어떠한 조합이든 시도하고자 하는 탐구적 충동을 느꼈다.

하지만 20세기 초반까지도 작품의 종결부는 반드시 어울림음으로 끝나야 한다는 생각이 팽배해 있었다. 그래야만 음악의 여정이 편안하게 끝났음을 인지할 수 있다고 여긴 것이다. 쇤베르크는 이 제약을 뛰어넘어 기존의 조성 개념 공간에서 나와 협화음과 음조 변화가 표현되지 않을 수도 있는 새로운 규칙에 의해 지배되는 새로운 공간으로 들어섰다.

쇤베르크는 이후에도 음악의 공간 구조를 시험하고 변이시키려는 시도를 계속했다. 예를 들어 그는 작품을 지휘할 때 반음계만을 사용하거나 또 어떤 때는 특정 음표의 반복을 일부러 피하기도 했다.

로젠은 쇤베르크가 조성의 '파괴자'로 인식되었음에도 불구하고 동시대의 전위적인 다른 음악가들보다 더 조성을 진지하게 생각했다고 평가했다. 즉, 그는 조옮김 관습, 카덴차(흔히 고전 음악 작품 말미에서 연주가의 기교를 보여주기 위한 화려한 솔로 연주 부분—옮긴이) 허용, 주제의 반복, 마지막 어울림음은 조성의 독단적인 측면이 아니라고 보았다. 이러한 것들은 기본 조성의 근본적인 음색에 대한 개념이 정립되면 쉽게 이해할 수 있고, 서로 맞물려 작용하며, 하나의 제약으로 작용한다. 또한 기본 조성보다 하위 범주로 정의되어 쉽게 변형할 수 있고, 심지어 아예 빼버릴 수도 있다. 그럼에도 불구하고 이들은 하나의 통일된 발생주의 시스템을 구축하고 있다.

몇몇 전위 작곡가들은 곡을 반드시 어울림음으로 끝내야 한다는 한 가지 개념만 남기고 나머지 제약을 과감히 내던졌다. 그러다 보니 작품의 중심부에서 기본 조성의 힘이 너무 약해졌고, 식별할 수 없을 정도로 흐릿해져 사실상 무질서에 가까워졌다. 마지막 '어울림음'은 은밀한 부분을 가린 무화과 잎사귀처럼 단지 피상적으로만 조성을 인정하는 것과 다를 바 없었다. 음악적 대담성 못지않게 음악적 정직성도 무화과 잎사귀를 버리라고 요구하고 있었다.

요컨대 창의적인 탐험(목걸이 게임에서 제시한 탐험과 대체로 유사한)이 변형될 가능성은 늘 존재했고, 결국 음악가들은 음조의 지배를 받던 음악의 한계를 탈피했다. 로젠의 말을 빌리자면 대담무쌍한 탐험가인 그들에게 그러한 결과는 당연한 것이었다. 쇤베르크가 아니었을 수도 있고, 1908년이 아니었을 수도 있다. 하지만 어쨌든 언젠가는 일어날 일이었다.

그러나 16세기라면 불가능했을 것이다. 쇤베르크가 음조의 틀을 깨는 데는 수많은 선배 음악가들이 필요했다. 음조(또는 분자의 선 이론)를 제대로 파악하지 못한 채 그것을 완전히 부정하기란 불가능하기 때문이다.

분명 쇤베르크 이전에 음조를 극한까지 밀어붙이려고 했던 선배 작곡가들이 있었다(비록 브람스, 쇼팽, 드뷔시, 스크랴빈은 그럴 필요를 못 느꼈지만). 그 이전에는 조성 음악의 구조적 뼈대를 세운 선구자들이 있었다('평균율 클라비어곡집'의 마흔여덟 곡을 작곡한 바흐처럼). 그리고 그 이전에는 아직 이전 스타일과 비교해 어떤 부분이 대조적인지 명확히 정의되지는 않았지만 어느 정도 윤곽이 뚜렷한 음계(또는 최초의 음계)를 최초로 사용한 음악가가 있었을 것이다(중세 음악에 사용되던 음계).

음악적 공간의 경계가 늘 분명하다고 주장하려는 것은 아니다. 예를 들어 조성이라는 공간에는 바로크 음악과 낭만주의 음악의 공간이 포함된다. 바로크 음악의 공간에는 비발디뿐 아니라 바흐의 공간까지 포함된다. 그리고 바흐의 공간에는 푸가와 칸타타가 포함된다. 여기서 무엇을 어느 공간에 포함시키느냐의 문제는 각 공간의 구조적 차이뿐 아니라 그것을 판단하는 사람의 관심에 따라서도 달라진다. 관념 공간을 규명하는 것은 한 치의 오차도 허용되지 않는 과학이 아니다. 물론 그 공간들이 컴퓨터 프로그램으로 재생된다면 정확하게 구별될 것이다(5장 참조). 하지만 실제 정신이라는 관념 공간은 칼로 무 자르듯 늘 그렇게 명확한 것이 아니다. 관념 공간이 이상화된 것이라고 말할 수 있을지 모른다. 하지만 물리학에서 말하는 '이상 기체(ideal gas)'처럼 그 안에서 무슨 일이 벌어지는지 알아내려고 애쓰는 사람들(물리학자가 아닌 심리학자들)에게는 매우 유용하다.

조성에 의해 정해진 관념 공간, 발생주의 시스템이나 마찬가지인 그 관념 공간의 잠재력은 너무나 풍부해서 제대로 자리를 잡기까지 꽤 오랜 시간이 걸렸다. 그것은 사실 몇백 년이었다.

설사 어느 작곡가가 16세기에 기적적으로 조성 음악을 작곡했다 하더라도 창의적인 업적으로 인정받지는 못했을 것이다. 예술작품이나 과학 이론이 창의적이라고 인식되려면 기존 작품이나 이론과의 관계가 명확해야 한다. 3장에서 보았듯이 우리가 불가능한 아이디어를 접했을 때 놀라는 이유는 그것이 전에는 불가능해 보이던 일이었기 때문이다. 이것은 계량적인 '가능성'이며 특정 사고방식 또는 발생주의 시스템과 관련하여 해석된다.

쇤베르크가 조성을 배제한 채 무엇을 하려 했고, 또 그렇게 하는 이유가 무엇인지 제대로 파악하려면 먼저 조성을 이해해야 한다. 마찬가지로 분자의 선형 구조에 대한 지식을 갖추어야만 케쿨레의 통찰을 제대로 인식할 수 있다. 구조적인 참신함을 인식하기 위해서는 정신이 구조화되어야 한다. 그러니 유능하고 존경받던 음악가 살리에리가 자신에게 모차르트의 뛰어난 천재성을 다른 누구보다 잘 알아볼 정도의 재능을 부여한 신을 저주했을 만도 하다.

이는 무지한 사람들, 즉 경험이 없는 사람들이 독창성을 환영하기는커녕 그것을 인식조차 하지 못하는 이유를 설명해준다. 하지만 박식한 사람들도 독창성을 걷어차는 경우가 있다. 창의적이었던 수많은 예술가들처럼 쇤베르크 역시 보편적으로 인정받지 못했고, 동료들까지 그의 음악을 불협화음이라고 무시했다.

참신하고 새로운 예술적 아이디어를 기꺼이 수용하지 못하는 현상은 태생적으로 거기에 거부감을 느끼거나 사회적으로 안정을 추구하고 모험심이 부족한 데서 그 원인을 찾을 수 있다. 그러나 한편으로는 진정으로 근본적인 개념의 전환을 꾀하기가 (적어도 성인의 경우에는) 그만큼 어렵기 때문이기도 하다.

H-창의적인 아이디어는 보통 정신이 즉각적으로 수용하기 힘든 새로운 범주의 계량적 가능성을 표현한 다른 지도를 요하며, 정신의 지도에 급격한 변화를 초래하기도 한다. 물론 예술가들은 독립적으로 입증 가능한 사실을 무기로 세인들의 비판을 잠재울 수 없다. 정신적 탐험은 지적인 활동이며, 따라서 에베레스트 등반처럼 그 자체로 정당하다고 그들을 설득해볼 수 있을 뿐이다.

과학적인 창의성은 적어도 세상에 처음 소개되고 나면 예술적 독창성에 비해 배척당하는 경우가 드물다. (케쿨레가 음악에서 '불협화음'에 맞먹는 '잠꼬대 같은 소리'라는 비난을 듣기는 했지만 말이다.) 예술은 접하는 순간 즉각적으로 이해되어야 한다고 믿는 반면 과학적 판단은 전문가의 지식이 필요하고 생각하는 데 그 이유가 있다. 더욱이 과학자들이 거치는 검증(네 번째 단계)에는 보편적인 동의를 이끌어내기 위해 특별히 고안된 실험이 포함되어 있다. 그리고 대개 오늘의 개념적 영역을 어제의 그것과 연결하는 길이 잘 다져져 있다. 과거에 검증된 실험 결과는 폐기되지 않고 현재의 과학 이론에 흡수·통합되기 때문이다.

탐험은 과학사학자 토머스 쿤(Thomas Kuhn)이 '퍼즐 맞추기'라고 했던 비혁신적 과학에도 쓰인다.[6] 여기서 비혁신적이라는 말을 비하하는 뜻으로 해석해서는 안 된다. 모든 과학이 답이 분명한 십자형 낱말 퍼즐처럼 규칙이 명확하고 고정된 것은 아니다. 목걸이 게임에 골몰했던 아이처럼 과학자들은 주어진 규칙에서 시작해 그 잠재력과 한계를 발견하고, 때로는 그 규칙들을 시험하고 달리 적용하여 그 범위를 확장시킨다. '정상 과학(normal science)'에서는 사실 추가 및 교정(지도 제작자가 눈물을 머금고 '인어 출몰'이라는 표시를 지도에서 삭제하는 것 같은)뿐 아니라 분자의 '선' 이론에서 '고리' 이론으로의 전환 같은 이론적 수정도 가능하다. 다시 말해 정상 과학은 내부 영역을 탐험하면서 예전에 미처 몰랐던 수많은 지점들을 발견하여 기존의 지도를 변화시킨다는 점에서 창의적이다.

쿤이 '혁신적 과학'이라고 부른 것은 이보다 좀 더 대담하다. 여기서는 탐험가가 완전히 길을 잃고 헤매는 것처럼 보이는 전혀 새로운 유형의 지도를 그린다.

드물기는 하지만 개념의 변화가 너무 근본적이어서 과거 모든 실험 결과의 해석을 뒤엎어야 하는 경우 과학자들은 어떤 예술 애호가 못지않게 심한 반발을 하기도 한다. 그들은 단 한 번의 실험이 아니라 수없이 다양하고 부분적으로 모순적이기도 한 기준(간혹 의식적으로 인식조차 못하는)을 가지고 대안적 설명을 판단해야 한다. 하지만 이성적 논의만으로는 무엇을 과학적 합리성으로 봐야 하는지에 관한 논쟁을 해결할 수 없다. 심지어 쿤은 (설득력 없는) 낡은 과학이 죽어야 '혁신적 과학'이 성공한다고 지적했다.

전문 기관에 속하지 않은 젊은 사람들이 새로운 관념 공간을 더 잘 그린다. 예를 들어 알베르트 아인슈타인이 상대성 이론에 관한 혁신적 논문을 쓴 것은 젊은 시절 특허청에서 일하던 때였다. 과학이나 예술 분야를 막론하고 젊은 사람들은 다양한 심리적 요인으로 인해 현재 자신의 정신에 정보를 전달하는 생성 법칙의 변화에 거부감을 덜 느끼는 경향이 있다. 나이가 어릴수록 그러한 경향은 강해진다. 그들에게는 행운의 숫자, '1+1+1', 목걸이를 이용한 빼기 등 가능성의 한계에 도전하는 온갖 정신적 모험을 추구하게 하는 끝없는 호기심이 있다. 그중에서도 단연 최고는 어린아이들이다.

자녀를 몹시 아끼는 부모들조차 어린아이들의 관념 공간 구성력을 제대로 인식하지 못할 때가 많다. 모든 아이들은 자신의 관념 공간을 근본적으로 변형시켜 이전에 할 수 없었던 유형의 생각을 한다. 아이들의 창의력은 행동을 점점 더 복잡한 방식으로 다양화하고 자기 행동을 자각하는 능력을 개발하면서 점차 증가한다.

어린이든 성인이든 창의성 발휘에는 평가가 수반된다. 새로운 아이디어는 기존의 정신 구조와 비교되어야 하고 적절한 기준에 따라 '흥미롭다'고 판단되어야 한다. 자기가 낸 아이디어를 참신하다고 평가할 수 있는 사람이라 해도 새로운 아이디어를 수용하거나 (때로) 바로잡으면서도 정작 그것이 흥미로운 이유는 설명하지 못하는 경우가 많다. 우리는 그 이유와 함께 정신의 지도를 그려내고 그 양상을 탐험하는 능력이 애초에 어떻게 만들어졌는지 알아야 할 필요가 있다.

심리학자 아네트 카밀로프-스미스(Annette Karmiloff-Smith)는 아이들(과 성인)이 새로운 기술을 연습하면서 기존에 '이미' 암묵적 형식으로 지니고 있던 지식의 분명한 정신적 표현을 개발한다고 주장한다.[7] 이러한 표현들은 각 단계마다 전에는 불가능했던 방식으로 기존의 지식을 탐험할 수 있게 해주는 연속적인 몇 단계를 거쳐 생겨난다. 그리하여 능숙하지만 '반사적인' 기술(엄청난 노력을 들여야만 다양화할 수 있고 성공 여부도 불확실한)은 얼마든지 다양하게 대체할 수 있는 기술로 진보한다.

카밀로프-스미스는 자신의 이론을 증명하고 인간 정신의 유연성을 제약하는 요인을 밝히기 위해 그림 그리기, 말하기, 공간 또는 무게 이해하기 같은 기술에 관한 실험을 설계했다. 여기서는 그림 그리기에 관한 실험을 살펴보기로 하자.

이 실험에는 4세에서 8세 사이의 어린이가 50명 이상 참여했다. 실험자는 아이들에게 먼저 '집'을 그린 후 '존재하지 않는 집'(또는 '희한한 집' '가짜 집' '새로 발명한 집' 등)을 그리도록 지시했다. 같은 방식으로 아이들은 사람과 희한한 사람, 그리고 동물과 이 세상에 없는 동물을 그렸다. 실험자는 아이들이 주어진 과업을 수행하는 동안 그림을 어떻게 그리는지 주의 깊게 관찰했다.

그림 4.4부터 4.9까지는 아이들이 완성한 그림이다. 존재하지 않는 집, 공상의 동물, 기이한 사람은 여러 가지 면에서 실제 집, 동물, 사람과는 다르다. 이 그림들은 다양한 이유로 '흥미롭다'고 할 수 있다.

아이들이 그린 그림의 특성은 다음과 같았다. 첫 번째로 구성 요소의 모양이나 크기를 변화시켜 문을 뾰족하게 그리거나 머리를 작게 또는 네모나게 그린 경우가 있다. 전체 모양을 변화시켜 집을 삼각형이나 아이스크림콘 모양으로 그리는 경우도 있다. 때로는 집에 문을 그리지 않는다든지 사람의 다리를 하나만 그리는 식으로 구성 요소를 빼놓는 경우도 있다. 때로는 구성 요소를 추가시켜 머리가 여럿인 괴물을 탄생시킨다. (그림 4.7에서 추가된 요소는 대부분 그림의 구조에 처음부터 '삽입된 것'이지 전체 모양을 그린 후 더한 것이 아니라는 점에 주목하라.) 또한 구성 요소 전체의 위치나 방향을 변화시킨 경우도 있다. 문이 열린 채 공중에 떠 있는 집, 팔과 다리가 바뀌어 있는 사람, 뒤집힌 집 그림을 보라. 마지막으로 다른 범주에 속하는 요소들을 결합시켜 사람 머리 아래 동물의 몸을, 집에 날개를 그린 경우가 있다.

그림 4.4 구성 요소 모양 그리고/혹은 크기 변경(괄호 안은 나이)

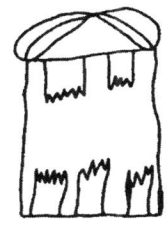

제시(4세 11개월)

제이드(5세 7개월)

필리파(5세 11개월)

레오(8세 6개월)

이렇게 상상력이 동원된 변화는 무작위로 일어나지 않는다. 창의적인 면에서 그림을 융통성 있게 그리는 기술은 나이에 따라 달라진다. 아이들은 모두 (실제) 집, 사람, 동물을 별로 시간 들이지 않고 쉽고 능수능란하게 그린다. 하지만 존재하지 않는 기이한 모양의 집이나 사람을 그리려면 그림 그리는 일반적인 방식을 바꾸어야 한다. 10세 미만의 아이들은 어릴수록 그림을 다양한 방법으로 그리는 것을 어려워한다.

그림 4.10에 나오는 그래프를 보면 변형의 유형이 나이에 따라 얼마나 극적으로 차이 나는지 알 수 있다. 모든 나이대의 어린이들은 크기나 모양을 다양화하고 요소를 제거한다. 하지만 8~10세의 아이들은 4~6세의 아이들보다 범주에 상관없이 새로운 요소를 넣거나 사물의 위치나

그림 4.5 전체 모양 변경(괄호 안은 나이)

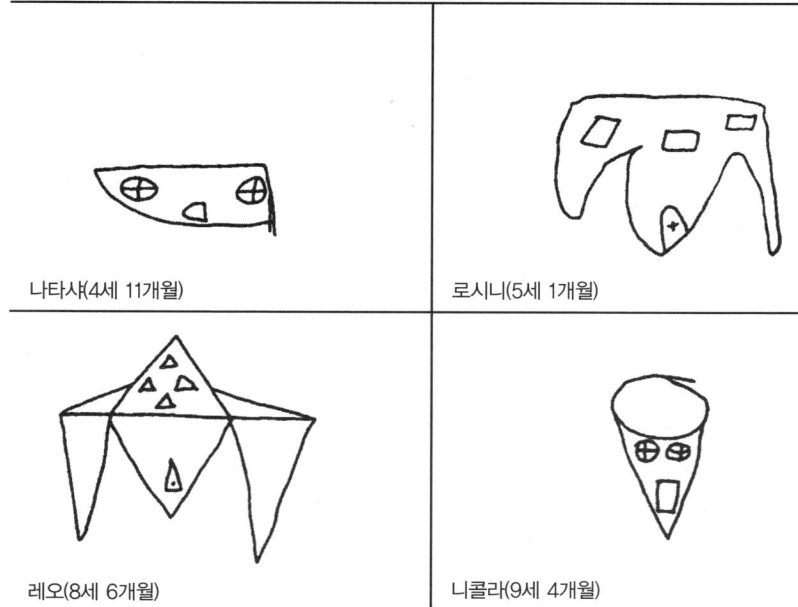

나타샤(4세 11개월)

로시니(5세 1개월)

레오(8세 6개월)

니콜라(9세 4개월)

방향을 바꾸려는 경향이 훨씬 강하다.

 4세 아이들의 경우 매우 피상적인 방법만으로 이런 관념 공간을 탐험할 수 있기 때문에 그림 기술에 대한 정신 지도가 그다지 도움이 되지 않는다. 여기저기에 있는 길은 더 넓어질 수도, 더 휘어질 수도 있다. 그리고 특정한 조건에 따라 길이 모두 사라질 수도 있다. 하지만 이 길이 저 길에 삽입될 수는 없다. 방향과 위치는 고정되어 있다. 그러니까 북쪽에서 남쪽으로 흐르는 강이 더 넓어지게 하거나 더 구불거리게 할 수는 있지만 동쪽에서 서쪽으로 흐르게 할 수는 없다. 혹은 히말라야에서 알프스로 이동시킬 수 없다. 강이나 도로를 섞어서 그린 길은 상상할 수 없다.

그림 4.6 요소 생략(괄호 안은 나이)

 반대로 10세의 아이는 위의 모든 방법으로 정신 영역을 탐험할 수 있다. 그들은 지도에 그려진 강과 도로를 구별할 수 있다. 그래서 강이 부분적으로 도로가 되면 어떤 일이 일어나는지 답할 수 있고 강과 도로를 섞어서 그릴 수 있다.

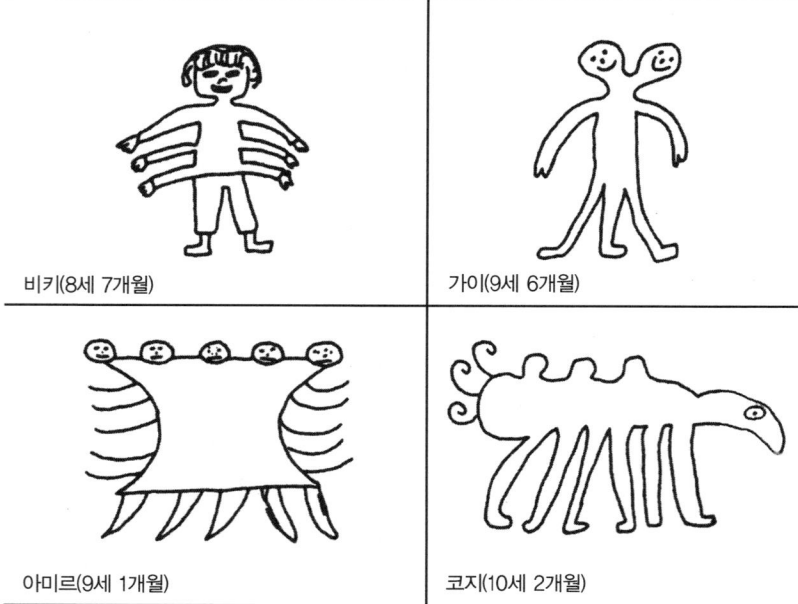

그림 4.7 새로운 요소 삽입(괄호 안은 나이)

비키(8세 7개월)

가이(9세 6개월)

아미르(9세 1개월)

코지(10세 2개월)

카밀로프-스미스는 아동이 이미 소유한 암묵적 지식이 명시적 표상으로 발달하는 과정에서 이러한 상상력의 변화가 발생한다고 보았다. 다시 말해 동일한 기술을 더 높은 단계로 표현할 수 있게 되는 것이다. (예전의 표상은 파괴된 것이 아니라 필요할 때 일상생활에서 계속 쓸 수 있다.) 암묵적 지식은 사용할 수 있지만 탐색할 수 없는 반면, 명시적 서술은 특정한 방식으로 변형시키는 활동을 가능케 한다.

4세 어린이는 고정되고 '자동화된' 행동 순서의 제약을 받는다. 그들은 쉽게 (빠르게, 망설이거나 실수하지 않고) 사람을 그릴 수 있지만 머리가 둘 달린 사람은 그릴 수 없다. 그림 그리는 기술에 대한 지식은 대부분 암시적이기 때문에 다양성을 거의 발휘하지 못한다. 이는 마치 어떤 사

그림 4.8 위치/방향 변경(괄호 안은 나이)

제시(9세 8개월)
하누코(8세 10개월)
가이(9세 6개월)
저스틴(10세 11개월)

람이 익숙한 길을 따라 어떤 장소에 도달하는 법은 알지만 지도가 없어서 목적지에 이르는 다양한 경로는 알지 못하는 것과 같다. 10세 어린이는 더 명시적인 방법으로 그림 그리는 기술을 발휘할 수 있으며, 그 결과 더 어린 아이들이 그릴 수 없는 그림을 표현할 수 있다.

"아주 어린 아이는 다양한 유형의 기이한 사람을 그릴 수 없다"는 말이 이상하게 들릴지도 모른다. 그림 4.11에서 보듯 3세 어린이는 매번 다른 부분을 빠뜨리면서 여러 가지 방법으로 사람을 그릴 수 있다. 하지만 그것은 3세 어린이가 관련된 기술을 아직 익히지 못했기 때문이다. 아이는 진짜 사람을 그리려고 노력했지만 막상 그림은 실제로 존재하지 않는 사람처럼 보일 때가 많은 것이다. 정확하게 말해 어린이가 사람을

그림 4.9 다른 범주 요소 삽입(괄호 안은 나이)

자연스럽게 그리는 자동적인 과정을 아직 발달시키지 못했기 때문에 모습이 기이한 사람 그림을 다양하게 그리게 되는 것이다. 이는 참신하기는 해도 창의적이지는 않다. 여기서 다양성은 능력이 부족하기 때문이지 융통성이 있기 때문이 아니다. 카밀로프-스미스는 후자, 그러니까

그림 4.10

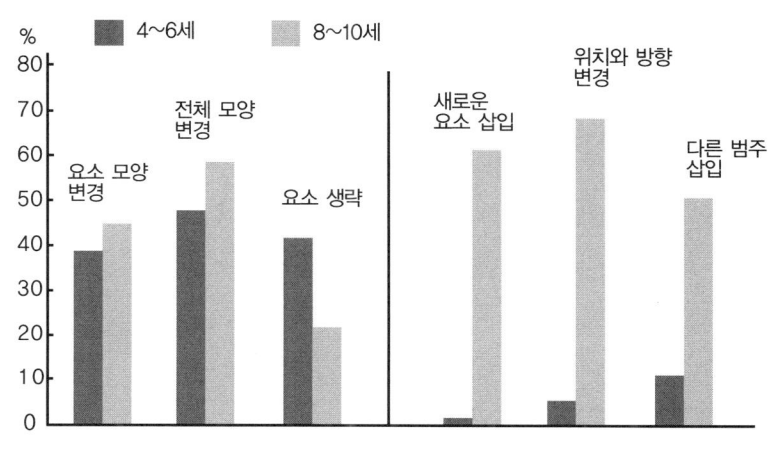

아동이 그림 그리는 기술을 익히고 난 후에 일어나는 표상적인 변화에 관심을 보였다. 따라서 3세 어린이는 카밀로프-스미스의 실험에서 제외되었다.

머리나 사지 등의 신체 부위는 일정한 순서에 따라 그림 기술로 머릿속에 표상된다. 그 그림 기술은 일정한 행동 순서에 따라 이전에 습득된 것이다. 이러한 순서는 시작점부터 끝까지 계속 이어진다. 물론 그 중간에 갑자기 멈출 수도 있다. 크기나 모양 같은 신체 부위의 다양한 특성은 명시적으로 표현된다. 이때 그림 4.4에서처럼 네모난 머리나 작은 팔로 왜곡되어 나타날 수 있다. 하지만 신체 부위 간의 관계는 그림 그리는 순서에 따라 암시적으로만 표현된다.

결론적으로 4세 어린이의 그림에서 몸통이 빠지는 경우는 거의 없다. 대개 아이들은 팔이나 다리를 마지막에 그리기 때문에 간혹 빠뜨리기도

그림 4.11

하지만 머리는 보통 처음에 그리기 때문에 거의 생략하는 법이 없다.

　신체를 표현하는 첫 단계에서 아이들은 사람을 기이한 형태로 그리곤 하지만 신체의 구조를 다양하게 표현하지는 못한다. 아이들은 일정한 순서에 따라 그림을 그리기 때문에 '같은 위치'에 같은 신체 부위를 반복해 그려 넣지 않는다. 또한 그리는 순서를 바꿀 수도 없으며 순서대로 그리는 도중에 새로운 신체 부위를 삽입해 그릴 수도 없다. 물론 5세 어린이는 누군가의 지시에 따라 '날개가 달린 집'을 그릴 수 있다. 하지만 그렇더라도 완성된 집에 날개를 더하는 수준에 그칠 뿐 집의 외곽선을 무너뜨리고 그림에 자연스럽게 날개를 삽입할 수는 없다. 설령 누군가의 지시를 받지 않고 상이한 범주에 속하는 요소들을 섞어 그릴 수 있는 아이가 있다고 하더라도 다른 아이들과 마찬가지로 정해진 순서에 따라 그림을 그린 후 낯선 부분을 추가해 그리는 것일 뿐이다.

요컨대 매우 어린 아이들은 그림 속에 새로운 요소들을 추가할 수 없다. 카밀로프-스미스가 5세 어린이들에게 '머리가 둘 달린 남자'를 그리라고 했을 때 예상대로 대부분의 아이들이 그렇게 하지 못했다. 아이들은 약속이나 한 듯 가장 먼저 사람 머리를 두 개 그리고 팔다리가 달린 몸통을 각각의 머리 아래에 그려 넣었다. 그 결과 탄생한 그림이 마음에 들지 않는 경우 아이들은 처음부터 다시 시작하였다. 하지만 아주 천천히 공을 들여 그림을 그리는 경우에는 성공적으로 그림을 그려냈다. 심지어는 머리가 둘 달린 남자 그림을 보고 베끼는 것도 어려워했다. 그리는 순서에 대한 융통성을 발휘하지 못해 매번 똑같은 과정을 거쳐야 하는 것 같았다. 늘 사람의 머리부터 시작해 다음 과정으로 넘어갔으며, 이미 그린 것으로 돌아가 고치지는 못했다.

묘사 수준이 한 단계 높아지면 각 신체 부위를 개별적으로 반복해 그리거나 다양한 방식으로 재배열하는 기술을 사용할 수 있게 된다. 반드시 순서에 맞춰 그림을 그려야 한다는 제약은 약간 완화되기는 해도 완전히 사라지는 것은 아니다. 예를 들어 그림을 그리는 중간에 과정 전체를 뒤섞거나 나머지 과정에 영향을 미치지 않고 신체 부위 하나를 통째로 뺄 수 있다. 그 결과 아이의 행동이 훨씬 유연해진다. 팔이 한두 개 더 달린 희한한 사람 그림이 탄생하고 날개가 달린 집들이 그려지기 시작한다. 그러나 이 융통성에는 아직 제약이 있다. 예를 들어 머리가 둘 달린 남자 그림은 아직 그릴 수 없으며 집에 달린 날개도 집에 완전히 삽입되기보다 나중에 덧붙인 것에 불과하다.

아동의 표현력이 더 풍부해짐에 따라 신체 부위 간의 구조적 관계가 더욱 뚜렷해지며 이를 더욱 융통성 있게 조작할 수 있게 된다. 즉, 아이들은 서로 다른 범주에서 나온 구성 요소들을 결합하고 그 하위 요소들도 완벽하게 삽입할 수 있다. 그리고 선을 중간에 끊는 것 같은 수정 또한 큰 문제 없이 수행할 수 있다. 이제 처음으로 여기저기 지운 자국 없이 부드럽게 그려진 머리 둘, 다리 셋 달린 희한한 사람을 그릴 수 있다. 또한 하나의 그림을 다른 그림과 융합할 수도 있게 된다. 예를 들면 사람과 동물이 자연스럽게 합쳐진 그림도 등장한다.

열 살짜리 아이는 수많은 체계적 방식으로 자신만의 사람 그리기 방식을 탐색할 수 있다. 왜곡, 반복, 생략, 서로 다른 범주 간 혼합 같은 일반적인 전략을 이용해 희한한 사람 그림을 그릴 수 있다. 그들의 관념 공간은 4세 어린이보다 차원이 더 많기 때문에 더욱 흥미롭고 다양한 그림을 그릴 수 있다.

카밀로프-스미스의 주장대로 의식적인 자기 반추는 이러한 능력이 여러 수준에 걸쳐 발현된 결과다. 그녀는 언어적 창의성에 대한 실험을 통해 그러한 증거를 내놓았다. 이 실험에서 그녀는 어린이의 전반적인 언어능력 발달뿐만 아니라 어린이 자신의 행위에 대해 표현할 수 있는 능력의 발달에 대해 연구하였다.[8]

예를 들어 어린 아이는 정관사 the와 부정관사 a를 올바르게 사용한다 해도 자신이 무엇을 한 것인지 알지 못한다. 여러 물건이 놓인 가운데 '시계(a watch)'를 고르라고 하면 아이들은 여러 사물 중 시계를 정확히 집어들 것이다. 반면 '빨간 시계(the red watch)'나 '내 시계(my watch)'를 고르라고 하면 특정한 시계를 집어 든다. 그리고 정관사를 올바르게 사용해 방금 자신이 집어 든 물건을 설명할 수 있다. 그러나 자신의 행위를 반추하여 차이점을 설명하지는 못한다.

단어를 잘못 사용한 것을 깨닫고 그것을 고칠 수 있는 능력이 생긴 후에도 그러한 설명은 할 수 없다. 실수를 인정하고 올바르게 고치기 위해 정확한 단어를 이용하여 다시 말할 줄은 알아도 그에 관련된 일반적 법칙을 설명하지는 못한다는 뜻이다. 그러나 시간이 지나면 설명도 할 수 있게 된다. 예를 들어 탁자 위에 시계가 둘 있을 때 '시계(a watch)' 대신 '그 시계(the watch)를 집어 들었다'고 말하면 안 된다는 것을 설명할 수 있다. 둘 중 어느 시계를 뜻하는지 듣는 사람이 이해할 수 없기 때문이다.

요컨대 아이는 단어를 정확히 사용하면서도 자신이 무엇을 했는지 이해하지 못한다. 실수를 스스로 고칠 수 있다는 것이 그에 관련된 관념 공간 구조를 의식적으로 이해할 수 있다는 뜻은 아니다. 자기 반추적 통찰을 통해 자신의 언어 사용을 들여다보고 왜 이 단어 대신 저 단어를 택했는지 깨닫는 능력은 훨씬 시간이 지나서야 생긴다. 기존의 언어능력을 반복적으로 사용한 후에야 그러한 능력이 발휘될 수 있다. 이것은 앞의 그림 실력 발달과도 관계가 있다.

이러한 즉흥적인 재표현은 여러 단계에 걸쳐 관념 공간을 구성하며 성인의 머릿속에서도 계속해서 일어난다. 표현 능력이 기하급수적으로 증가하면서 그에 관련된 기술은 점점 더 복잡해지고 예리해지며 통찰력에 더욱 민감해진다.

예를 들어 성인의 피아노 연주법 습득 과정은 어린이의 그림 그리는 기술에 대한 카밀로프-스미스의 분석 자료와 유사하다. 맨 처음 피아노를 치는 사람은 많은 실수를 저지르며 그 실수는 매번 달라진다. 그러다가 처음부터 끝까지 한 곡을 완벽히 칠 수 있게 되지만 그것은 곡의 가장 처음부터 시작하는 경우에만 해당된다. 시간이 많이 흐른 뒤에나 한

가지 테마에 대해 변주를 하거나 한 곡의 악절을 다른 곡에 부드럽게 끼워 넣을 수 있게 된다. 새로 글을 배운 성인의 경우도 마찬가지다. 새롭게 글을 읽을 줄 알게 된 성인은 한 단어에서 마지막 음소를 생략하는 것이 첫 음소를 생략하는 것보다 훨씬 쉽다고 여긴다. (글을 모르는 성인의 경우 선택적으로 음소를 생략하는 행위가 아예 불가능하다.)[9]

인간은 (음악 기호 같은 기술적 언어를 포함한) 언어 덕분에 다양한 의식 영역의 특정 구조에 접근할 수 있다. 하지만 아무리 그렇다 하더라도 자기 자신의 기술을 반추하는 능력은 제한적이다. (바흐도 '평균율 클라비어곡집'의 기본 조성을 정할 때 자신이 무엇을 하고 있는지 잘 알고 있었지만 그 '희한한' 푸가를 어떻게 발명해냈는지는 분명하게 말할 수 없었을 것이다.) 정신적 처리 과정 중 상당수는 높은 수준의 정신 지도에 새겨져 있으며 상상력을 발휘해 기술 공간을 탐색할 수 있게 해준다. 그러나 우리가 갖춘 기술의 모든 면이 의식적으로 접근 가능한 수준에 있는 것이 아니므로 사람은 보통 자신이 내놓은 참신한 아이디어가 어떻게 떠올랐는지 구별해내지 못한다.

그렇다면 성인과 어린이 모두 정신적 처리 과정의 지도를 즉흥적으로 만들어낸다고 할 수 있다. 이러한 지도는 여러 차원의 관념 공간을 탐색하는 데 쓰인다. 그런데 관념 공간의 영역 자체가 완전히 변화하는 경우도 있다. 지금까지는 좋다. 그러나 '지도'와 '관념 공간'이라는 직관적 개념은 여전히 모호하기만 하다. 창의성을 과학적으로 설명하고자 하는 사람이라면 정신적 공간과 그 공간에 대한 탐색을 조금 더 명확하게 설명할 수 있어야 하지 않을까.

예를 들어 어떻게 하면 관념 공간 안에 무엇이 있는지 단순히 나열하는 데 그치지 않고 관념 공간이 무엇인지까지 정확히 설명할 수 있을까? 또한 특정한 아이디어가 어떤 관념 공간에 위치해 있는지 어떻게 알 수 있을까? 한 예로 음악적 공간을 밝혀내는 것이 간단하지 않다는 것을 이미 확인했다. 그러한 공간을 샅샅이 탐험해보지도 않고 무슨 말을 할 수 있겠는가? 그리고 관념 공간들의 근본적인 차이를 어떻게 비교할 수 있겠는가?

육지를 탐험할 때 우리는 무엇이 펼쳐질지 대략적인 윤곽은 이미 파악하고 있다. 강 하나가 이 바다로 나가는지 아니면 저 바다로 나가는지 알고 근본적인 지리적 변동과 단순한 지표면 침식 현상의 차이 또한 이해한다. 그러나 관념 공간은 이보다 훨씬 더 이해하기 힘들다.

설상가상으로 관념 공간은 새롭게 창조되기도 해서 기존 지도에 점만 하나 추가하는 것이 아니라 완전히 새로운 지도가 필요할 때가 많다. 그렇게 덧없이 만들어지고 사라지는 관념 공간을 어떻게 포착할 수 있을까? 그리고 한 관념 공간을 다른 것으로 변형하는 다양한 방식을 어떻게 하면 분명히 구분할 수 있을까? 한마디로 말해 탐색을 기반으로 한 창의성을 어떻게 과학적으로 설명할 수 있을까?

다행히 관념 공간을 명확하게 설명할 수 있는 과학은 이미 존재한다. 바로 인공지능이다. 인공지능은 컴퓨터 과학과 심리학, 언어학, 철학에 기대어 전반적인 지능 시스템을 연구하는 학문이다. 인공지능 연구자들에 의해 개발된 컴퓨터 개념은 이제 심리학뿐만 아니라 그보다 훨씬 더 전통적인 학문 분야에까지 영향을 미치고 있다.

예를 들어 위에 등장한 어린이 그림 연구는 이러한 아이디어에 큰 영향을 받았다. 카밀로프-스미스는 인간의 초기 기술 전반을 비롯해 4세 어린이의 그림 그리는 기술을 '컴파일 프로시저(compiled procedure)'라는 이름의 컴퓨터 프로그램에 비교하였다. 컴파일 프로시저란 내부 구조가 다른 높은 단계의 프로그램이나 그 일부와 접속할 수 없어 변경이 불가능한 일련의 명령을 뜻한다. 다시 한 번 그녀는 "절차에 내재된 지식이 재표현 이후 시스템의 데이터 구조로 확립되어 활용도가 높아진다"는 말로 자신의 주장을 요약하였다. 달리 말해 실제로 구조를 만들어내는 발생적 시스템은 곧 그 구조를 정의하는 발생적 시스템이다. '수동적' 시스템이 더 높은 수준의 '능동적' 시스템을 통해 점검되고 변형될 수 있다는 것이다.

인공지능은 관념 공간을 묘사할 수 있을 뿐만 아니라 능동적으로 그것을 탐색할 수도 있다. 컴퓨터에서 실행되는 하나의 프로그램은 컴퓨터 공간의 변화무쌍한 지도이며 산책을 시작하는 사람의 길잡이가 된다. 그리고 이러한 탐색을 통해 생겨나는 발자취는 특정한 컴퓨터 프로세스로서 명확히 규명될 수 있다.

그러나 창의력 탐색을 위한 여행에 필요한 신발이 모두 개발되었다고는 할 수 없다. 인간의 정신을 거닐기 위해서는 축지법을 써야 할지도 모른다. 현재의 인공지능은 우리에게 아기 신발 정도의 도움을 줄 뿐이다.

5장

컴퓨터의 개념

지도가 있다. 그리고 지도 만들기가 있다. 지도는 여러 가지 면에서 부족할 수 있다. 마을이 빠지기도 하고, 강이 잘못 배치되기도 하고, 등고선이 너무 투박하게 표현될 수도 있다. 하지만 지도에 부족한 면이 있다고 해서 지도 만들기가 시간 낭비라고는 할 수 없으며 등고선이 투박하게 그려져 있다고 해서 쓸모없는 것은 아니다. 게다가 지도는 개선될 수 있다. 지도 제작자가 지리에 대한 지식을 축적해가고 이를 지도에 표현하는 새로운 방법을 고안해낼 수도 있기 때문이다. 오늘날의 기준으로 보면 중세 세계지도인 마파 문디(Mappa Mundi)는 여러 면에서 부족하다. 위도선이 없고 메르카토르 도법에 따라 제작되지도 않았다. 그럼에도 마파 문디는 지도다. 요컨대 지형을 체계적으로 설명하고 싶다면 지도를 만들어야 한다.

지도를 컴퓨터 프로그램에 비유한다면 지도 만들기는 프로그래밍이라 할 수 있다. 이 책에서 논의할 프로그램에는 약점이 많다. 하지만 현재의 프로그램이 인간의 두뇌 작용을 그대로 구현할 수 없다고 해서 그 이론적 개념이 심리학적으로 무의미한 것은 아니다. 예전부터 존재하던 이러한 개념들은 인공지능이 등장한 후에 더욱 정확하게 정의되었다.

더욱이 인공지능 개발자는 누구 못지않게 창의적이다. 그래서 컴퓨터 개념과 새로운 종류의 프로그램은 계속해서 발전하고 있다. 예를 들어 6장에서 설명할 '신경망' 시스템을 이용하면 초기 인공지능을 이용할 때보다 훨씬 더 쉽게 조합적인 창의성을 설명할 수 있다. 신경망 시스템은 개발된 지 반세기도 되지 않은 최신 과학 분야다. 앞으로 살펴보겠지만 마파 문디 또한 그 시대의 맥락에서 보았을 때 가치 있는 성취였다.

정신 지도상의 변화를 표현하는 컴퓨터 개념인 '생성 시스템'과 '휴리스틱'은 각각 3장과 4장에서 소개했다.

영어 문법을 이용해 자주색 점박이 고슴도치에 대한 문장을 만들 수 있었던 것처럼 생성 시스템을 이용하면 연산적인 가능성의 구조적인 공간을 암묵적으로 정의할 수 있다. 휴리스틱은 공간을 선택적으로 (통찰력 있게) 헤쳐나가거나 변형시키는 방법이다. 우리는 '여왕을 보호하라'는 규칙에 따라 말을 이동시킨다. 그리고 '뒤집어 생각하기' 휴리스틱을 적용하면 공간이 근본적으로 변형되어 완전히 다른 종류의 위치가 생겨나고, 이전의 위치들은 완전히 소멸된다.

예를 들어 케쿨레는 닫힌 곡선에 대해 숙고함으로써 새로운 분자 구조를 발견했다. 또한 쇤베르크는 반음계의 가능성을 실험함으로써 기본 조성에서 벗어난 음악을 작곡했다. (그는 잠정적으로 기본 조성을 버렸다고 할 수 있다. 인간의 정신은 비슷한 영역에 관련된 다양한 지도를 처리할 수 있고, 상이한 방식으로 그려진 이정표를 나란히 놓아 역설적이거나 짓궂은 효과를 낼 수 있다.)

이러한 두 개념 모두 전혀 새롭지 않다. 파푸스나 폴야 같은 수학자들은 인공지능이 등장하기 훨씬 전부터 생성 시스템과 휴리스틱을 연구했다. 특히나 휴리스틱은 칼 더커와 막스 베르트하이머 같은 형태심리학자들에 의해 연구되었다. 물론 첫 번째 휴리스틱 프로그램은 폴야, 더커, 베르트하이머의 통찰에 힘입어 탄생했다.

인공지능은 추상적인 설명뿐 아니라 역동적인 과정을 제공한다. 그래서 인공지능은 생성 시스템을 분명히 비교하고 특정한 문제해결 맥락에서 각 휴리스틱의 유용성을 시험해보도록 도와줄 수 있다.

'역동적 과정'이란 컴퓨터 프로그램이 작업을 수행하는 과정을 말한다. 컴퓨터 과학자들은 실행 가능한 기계와 프로그램을 '효과적인 처리 절차(effective procedure)'라고 부른다. 여기서 '효과적'이라는 단어는 덧셈을 하고, 화음을 인식하고, 소네트를 쓰는 것과 같은 과업에 성공한다고 해서 붙여진 것이 아니다. 관련 과업을 성공하든 못 하든 모든 컴퓨터 프로그램은 효과적이다.

효과적인 처리 절차는 일련의 '정보처리' 단계라고 할 수 있다. 각 단계는 명확하게 정의되었기 때문에 특정한 결과를 확실히 만들어낼 수 있다. (만약 특정 단계에 임의의 목록에서 숫자를 고르라는 지시가 있으면, 이 단계에는 임의의 요소가 포함된다고 할 수 있다. 하지만 다음 단계에서는 전 단계에서 선택된 숫자에 따라 어떤 과업을 수행해야 하는지 구체적으로 지시해야 한다.) 프로그램은 컴퓨터에 과업을 지시하고 컴퓨터는 그 지시에 따라 과업을 수행한다. 레이디 러브레이스도 말했듯 컴퓨터는 프로그램이 하라고 시킨 일을 정확하게 수행할 것이다.

초기 인공지능 개발자들은 휴리스틱을 효과적인 처리 절차로 정의한 탐색-공간과 관련된 개념을 최초로 개발했다(4장에서 관념 공간의 예를 다루었다). 탐색-공간 개념이란 문제해결자가 해결책을 모색하면서 의도적으로 지나칠 수도, 들를 수도 있는 개념적 위치를 뜻한다.

여기서 '의도적' 이라는 말은 '규칙에 따른다' 는 뜻이다. 사람들의 일반적인 믿음과 달리 창의적인 분야는 명확하고 구체적인 규칙을 바탕으로 한다.

음악이 바로 그 예다(자세한 내용은 이 장 후반에서 다루겠다). 서양 음악은 음조의 규칙에 의해 정의된 탐색-공간에서 생겨났으며 지도로 지형을 정확하게 표현하듯 멜로디로 음정을 정확하게 표현할 수 있다. 박자에도 규칙이 있고 그 규칙은 운율의 탐색-공간을 정의한다. 규칙을 모두 만족시키는 일련의 음계들만이 멜로디로 인지될 수 있다. 하지만 직관적으로 인지한 규칙이라 해도 따로 설명이 필요하다. 앞으로 살펴보겠지만, 이런 규칙을 밝히고 그 규칙이 어떻게 음악을 구성하는지 보여주기란 쉽지 않다.

음악보다 쉬운 규칙을 이용하는 영역이 바로 체스다. 규칙에 따라 말을 움직여서 나올 수 있는 체스 판의 모든 상태가 탐색-공간을 이룬다. 말의 이동은 행마법, 즉 전제조건의 제약을 받는다. 예를 들면 체스의 폰은 처음 움직일 때만 두 칸을 나갈 수 있으며 상대편 말을 잡을 때만 대각선으로 움직일 수 있다. 이 전제조건은 간단할 수도 있고 복잡할 수도 있다. 체스의 루크는 전제조건이 상당히 복잡해서 초보자들이 배우기 어렵다. 어떤 경우든 체스를 두는 사람은 그 전제조건을 효과적으로 처리해야 한다. (체스 숙련자들은 익숙한 패턴을 인지하여 어떤 말을 움직여야 할지 '직관적으로' 판단한다. 하지만 어떤 식의 이동이든 규칙에 맞아야 한다.)

인간은 생각하면서도 사고-과정과 그 사고-과정이 있는 정신 공간을 인지하지 못하는 경우가 많다. 문제해결 프로그램과 비교하면 제약을 효과적으로 구조화한 인간의 사고를 이해하는 데 도움이 된다. 문제해결 프로그램의 관념 공간은 지도로 정확하게 나타낼 수 있다. 시적 심상이나 체스 패턴을 직관적으로 인식하는 불분명한 사고 역시 계산주의적으로 이해될 수 있다(이에 대해서는 6장에서 살펴볼 것이다). 요컨대 인공지능 개념을 통해 다양한 종류의 관념 공간에 대해 더 분명하게 알 수 있다.

어떤 관념 공간은 더욱 풍부하고 다양한 위치를 지도로 표현해내기도 한다. 체스의 탐색-공간은 다양한 이동으로 정의되며 전제조건이 복잡하고 치밀하게 구성되어 있어 오목두기의 탐색-공간보다 잠재적 가능성이 더욱 풍부하다. 오목두기는 전제조건이 매우 간단하며 규칙으로 정의된 이동 경로도 많지 않다.

다시 말해 체스의 서치 트리가 오목두기의 서치 트리보다 훨씬 더 크고 다양하다. 서치 트리란 어떤 규칙에 따라 하나의 문제-상태에서 다른 문제-상태로 나아가기 위해 이용할 수 있는 일련의 행동-순서다. 트리의 큰 가지와 곁가지는 문제해결자가 둘 이상의 이동 경로에서 하나를 골라야 하는 선택-지점에서 생겨난다. 즉, 탐색-공간은 위치를 지도로 표현하고 서치 트리는 이동 경로를 지도로 표현한다.

어떤 위치는 특정 시작점이나 특정 데이터에서만 접근할 수 있다. 예를 들어 '2+2=4' 목걸이를 만들기 위해서는 특정 길잡이 목걸이가 필요하다. 이웃할 수 있는 원자를 아는 화학자만이 새로운 분자 구조를 발견할 수 있다. 영어 문법뿐 아니라 어휘까지 아는 사람들만이 '자주색 점박이 고슴도치'가 들어간 문장을 만들 수 있다.

데이터와 행동 규칙은 생성 시스템을 구성하여 관념 공간의 모든 지점을 발생시킨다. 이렇게 발생하는 지점의 수는 거의 무한하다. 목걸이 게임 규칙은 정수를 무한대로 생성할 수 있고, 영어 문법은 무제한으로 많은 문장 구조를 생성한다. 체스에는 유한하기는 하지만 가능한 이동 경로가 무수히 많다.

따라서 방대한 탐색 공간 내의 모든 지점을 실제로 방문할 수 있는 것은 아니다. 더욱이 어떤 지점은 해결해야 하는 과업과 직접적인 관련이 없을 수도 있다(봉제인형에 걸어줄 목걸이의 경우 하얀 구슬 옆에는 홀수 개의 파란 구슬이 와야 한다). 소규모 탐색–공간이라 할지라도 모든 지점을 탐색 대상으로 삼는 것은 시간과 연산적인 노력을 낭비하는 것이 될 수도 있다. 대체로 우리는 올바른 길을 찾기 바랄 뿐 아니라 가능한 빨리 찾기를 바란다.

인간과 프로그램은 둘 다 휴리스틱을 사용하여 서치 트리의 가지를 친다. 즉, 휴리스틱을 이용해 불필요한 지점은 의도적으로 지나친다.

실제로 휴리스틱은 인간 정신(혹은 프로그램) 내부의 탐색–공간을 바꾼다. 어떤 지점은 빠른 경로를 새로 만들어 다다르기 쉽게 하고, 어떤 지점은 접근 가능한 경로를 차단한다. 또한 어떤 휴리스틱은 특정 유형의 문제를 확실히 해결한다. 이따금 문제해결자가 해법이 있는 탐색 공간에서 다른 공간으로 방향을 전환하도록 하는 경우도 있다. 하지만 휴리스틱을 항상 일시적 대안으로 취급하거나 '재미 삼아' 폐기할 수 있다면 접근이 차단되었던 관련 공간에 다시 접근할 수 있다.

1950년대에 선보인 초기 인공지능 문제해결자는 간단한 논리 문제

및 논리 용어로 변환한 친근한 퍼즐들을 풀기 위해 휴리스틱을 사용했다. '선교사와 식인종' 문제를 풀었던 비교적 초창기의 인공지능 프로그램을 그 예로 들 수 있다.

이 문제를 모르는 독자를 위해 간략히 소개하고 넘어가기로 하자. 한쪽 강변에 선교사 3명과 식인종 3명, 그리고 2인용 배 한 척이 있다. 6명 모두 노를 저을 줄 안다. 이 6명이 배를 타고 강 건너편으로 이동하려고 한다. 그런데 문제는 강의 어느 쪽이든 식인종 수가 선교사 수보다 많으면 식인종이 선교사를 해친다는 것이다. 어떻게 하면 6명 모두 무사히 강을 건널 수 있을까? 이 문제를 각자 한번 풀어보기 바란다. 목걸이 게임과는 달리 종이와 연필만으로 풀기가 만만치 않을 것이다. 대신 동전을 이용해보라. (힌트가 필요하다면 "잘 뛰려면 한발 물러서라"는 프랑스 속담에 해당하는 휴리스틱을 기억하라.)

그 이후 무수히 많은 휴리스틱이 인공지능 연구 과정에서 정의되었고, 그에 따라 전에는 해결할 수 없던 과업들이 실현 가능한 과업으로 바뀌었다. 그중 일부는 매우 일반적이었고 또 다른 일부인 인물화, 음악, 화학은 매우 구체적이었으며, 앞서 보았듯이 어떤 것들은 역사적으로 새로운 지식을 창출해내기까지 했다.

휴리스틱은 서치 트리에 적용되는 우선순위에 따라 정렬되는 것이 보통이다. 이를테면 '형식(form)'을 정리하기 전에 '실체(substance)'에 집중하는 것이 바람직하다. 만일 당신의 '현재 상태(문제 영역 내에서의 위치)'가 '내용 항목(content-item)' 부족으로 목표 상태와 다르다면 내용 항목을 다른 항목들과 어떻게 연결시킬지 고민하기에 앞서 그 항목을 달성하는 데에 우선순위를 두는 것이 합당하다.

흔히 휴리스틱의 이러한 특성은 여행 가방을 싸기 '전에' 먼저 필요한 물품을 전부 한데 모아놓는 방법이 가장 좋다는 것에 비유할 수 있다. 마찬가지로 논리 문제를 풀도록 설계된 프로그램은 대개 문제들 간의 정확한 논리 관계를 조정하기 전에 실체적 용어에 초점을 맞춘다.

동일한 휴리스틱이라도 우선순위가 어떻게 다르냐에 따라 서치 트리와 연산 공간에 난 경로의 구조가 달라진다. 인간의 경험은 목적에 적합한 특정 휴리스틱이 무엇인지뿐만 아니라 거기에 사용되는 우선순위에 대한 지식까지 포함한다.

따라서 의상 디자이너는 옷감을 어떻게 자를 것인지 결정하기 전에 그 직물이 바이어스로 재단된 것인지의 여부를 고민한다. 그리고 (아래에서 살펴보겠지만) 푸가 작곡에 익숙한 음악가는 그리 유명하지 않은 푸가의 첫 음만 듣고도 그 악곡에서 사용했을 법한 기본 음조 네 가지를 떠올릴 수 있다. 요컨대 적절한 음악적 휴리스틱을 해석 과정에 곧바로 적용하면 여러 관련 질문을 던질 필요도 없이 해당 분야의 범위를 좁힐 수 있다.

특이한 문제를 다루려면 유연성이 필요하다. 예를 들어 도입부에서 관습에 따르지 않는 푸가가 있다. 이러한 '변종' 푸가를 제대로 해석하기 위해 음악가는 앞서 언급한 네 가지 기본 음조의 제한을 '일시적 대안'으로 간주해야 한다. 이처럼 작곡가들이 푸가의 특별한 규칙을 무시하거나 고의적으로 깨뜨리기도 한다는 사실을 익히 아는 노련한 음악가들은 사고의 유연성을 일상적으로 발휘할 것이다. 하지만 그 정도의 경험을 쌓지 못한 음악가가 난생처음 '변종' 푸가를 접했다고 가정해보자. 이 초짜 음악가는 푸가 관련 법칙의 통제를 깨뜨리기 위해 '휴리스틱 폐기'라는 일반적인 휴리스틱을 사용하여 '변종' 푸가를 P-창의적으로 다룰 것이다.

하지만 이것은 말처럼 쉽지 않을 때가 많다. 특정 방식으로 사고하는 (그리는, 작곡하는, 화학을 연구하는) 전문가가 자신의 정신적 자원을 온전히 활용하지 못하는 경우가 있는데, 그것은 자신의 특정 사고방식을 극복할 수 없기 때문이다. 평범한 상황에서는 폐기할 수 없거나 보류하는 것조차 불가능하도록 고정된 휴리스틱이 매우 유용하게 쓰일지 모른다. 하지만 다른 관념 공간에서 비정상적인 (P-창의적인) 사고가 요구되는 경우 그러한 휴리스틱은 방해 요소가 된다.

우리는 휴리스틱을 폐기할 수 있으며 그로 인해 휴리스틱을 폐기하기 전에는 접근할 수 없었던 탐색 공간의 일부를 지도 위에 되돌려놓을 수 있다는 사실을 확인했다. 그런데 휴리스틱은 '수정'할 수도 있다. 컴퓨터 프로그램이나 인간의 문제해결 시스템은 하위 휴리스틱을 변형시킬 상위 휴리스틱을 갖추고 있다.

예를 들어 (4장에서 설명한 선을 고리로 바꾸기 같은) '뒤집어 생각하기'는 개별적인 문제-제약뿐만 아니라 (퀸의 희생을 긍정적으로 바라보게 된 경우 같은) 다른 휴리스틱에도 적용할 수 있다. 어느 경우든 전혀 새롭고 어쩌면 근본적으로 다르기는 하지만 그래도 여전히 이전의 것과 몇 가지 특성을 공유한다. 8장에서 논의할 인공지능-작업의 경우 특히 '변화하는 휴리스틱을 위한 휴리스틱'에 중점을 두었다. 따라서 우리 인간과 마찬가지로 컴퓨터 문제해결 기법 역시 근본적으로 다른 관념 공간을 창조할 수 있을지 모른다.

여기서 관념 공간의 '근본적인' 차이란 비교적 깊은 차원의 발생 시스템에 생긴 변화에 따른 차이다.

수많은 발생 시스템은 계층구조를 정의하는데 몇몇 규칙은 다른 규칙보다 기본적이다. 서치 트리에 표현된 기본 선택 지점들(basic choice-points)은 잔가지가 가장 무성한 가지의 시작점에서 생기는 반면, 중요도가 떨어지는 선택 지점들은 잔가지에서 발생한다. 가지 하나를 잘라내는 것, 즉 근본적인 제약을 폐기하는 것은 나무 전체에서 중요한 부분이었을지 모르는 그 가지에서 뻗어 나온 잔가지들을 모두 버리는 것이나 다름없다.

가령 영어 문법을 생각해보자. 영어의 모든 문장에는 반드시 명사구와 동사구가 있어야 한다. 명사구에는 (불필요하다 하더라도) 하나 이상의 형용사가 포함된다. 따라서 다음 세 문장은 문법적으로 옳다. "고양이가 매트에 앉아 있다(The cat sat on the mat)." "검은 고양이가 매트에 앉아 있다(The black cat sat on the mat)." "윤기 나는 검은 고양이가 매트에 앉아 있다(The sleek black cat sat on the mat)."

만일 어느 독재자가 명사를 수식할 수 있는 형용사의 수를 하나로 제한한다면 마지막 문장은 허용되지 않을 것이다. (제아무리 디킨스라 해도 처벌의 위험을 감수하지 않고서는 "지독하고, 비열하며, 인정머리 없고, 탐욕스러우며, 세상에 둘도 없는 구두쇠에 죄 많은 늙은이"라는 표현을 쓰지 못했을 것이다.) 하지만 이 신(新)영어도 엄연한 영어이기 때문에 사람들은 여전히 이 문장들을 인식하고 이해할 수 있을 것이다. 명사구에는 형용사가 포함된다는 규칙을 없애면 영어가 훨씬 단순해질 뿐 아니라 표현 방식도 매우 다양해진다[예를 들어 "그 고양이는 털이 매우 매끄럽다(The cat has sleeknees)"]. 나아가 가장 기본적인 문법 제약을 없애면 명사구, 동사구, 영어 단어를 무작위로 나열한 문장(예를 들어 "신부 모의 영리해지다 할리퀸 주부 같은 성질") 도 허용될 것이다.

음악에서도 마찬가지다. 한 조성에서 다른 조성으로의 이동은 기본 조성을 완전히 무시하는 것에 비해 조성의 근본적인 파괴가 덜하다.

이런 다양한 예를 통해 우리는 불가능해 보이는 아이디어들 중에서도 어떻게 어느 하나가 다른 것보다 '더 놀라울 수 있는가' 라는 의문에 대한 해답을 찾을 수 있다. 즉, 발생 시스템에서 변화가 심할수록 그에 대응하는 관념 공간의 차이가 커지며 즉각적으로 이해하기도 힘들어진다.

그 차이가 굉장히 큰 경우 사람들은 새로운 유형의 예술 또는 과학이 등장했다고 이야기하고, 그런 아이디어를 낸 혁신가의 창의성을 더욱 높이 평가한다. 분자 구조의 선 유형에 고리 유형을 더한 것은 애초에 선형 구조를 생각해낸 것보다는 덜 창의적이다. 그리고 (돌턴식의) 화학이라는 관념 공간 안에서 선형 구조를 떠올리는 것은 불, 공기, 흙, 물로 이루어진 중세적 요소에서부터 현대 화학의 기본 요소인 원자까지 아우르는 생각보다 그 변화의 정도가 미약하다. 이런 이유로 원자론을 발견한 존 돌턴(John Dalton)은 화학의 역사에서 케쿨레보다 중요한 위치를 차지한다.

'규칙'과 '제약', 특히 컴퓨터 프로그램이라는 맥락에서 그것은 창의성과 무관하며, 창의성은 인간의 자유로움의 표현이라고 주장하는 사람들이 있다. 하지만 사고에 가해지는 제약은 역설적이게도 사고를 가능케 하는 힘이다. 이러한 사실은 조합적 창의성에서도 확인할 수 있지만, 그보다는 탐색을 바탕으로 하는 창의성에서 더 확실히 나타난다.

제약은 우리가 탐험할 수 있고 어쩌면 다른 것으로 변형할 수 있을지 모르는 구조적 가능성의 영역을 세밀하게 그려낸다. 디킨스가 형용사에 관한 문법을 수용하고 그것을 극한까지 밀어붙이지 않았다면 스크루지를 그토록 다채롭게 묘사한 표현은 탄생하지 못했을 것이다. 만일 비 내리는 일요일 오후에 아이가 아무렇게나 목걸이를 만들었다면 목걸이를 이용해 뺄셈을 할 생각은 고사하고 애초에 덧셈을 하는 일조차 없었을 것이다. (흰 구슬 양 옆에 끼운 파란 구슬의 수가 같은 경우는 생기겠지만, 제약이 없기 때문에 '덧셈'은 할 수 없다.)

마찬가지로 조성이라는 제약을 던져버린 쇤베르크가 예를 들어 반음계의 모든 음 사용과 같은 다른 제약들을 연달아 도입한 것은 전혀 우연이 아니다. 그의 음악에 추가된 제약들이 단순히 매우 생산적인지, 아니면 반대로 미적으로 만족스러웠는지는 별개의 문제다. 몇몇 사람들은 그것이 미적으로 만족스럽지 못하다고 주장할지도 모르지만, 그것은 그들이 청지각의 본질적 특성을 자의적으로 해석했기 때문이다. (뒤에서 우리는 몇몇 예술 장르가 자의적이지 않음을 확인할 것이다. 예를 들어 인상주의는 우리가 눈으로 볼 수 있는 대상의 본질적인 속성을 십분 활용한다. 광학에 대한 그들의 관심에도 불구하고 인상주의 화가들의 작품은 쇤베르크의 음악보다 덜 '지적'이다.)

요컨대 새로운 제약을 도입하지 않은 채 현재의 제약을 모두 폐기하면 창의성이 아닌 혼란이 초래된다. (인간의 자유로움에 관한 문제라면 11장을 참조하기 바란다.)

그렇다고 창의적인 정신이 한 가지만 하도록 강요받는다는 의미는 아니니다. 기존의 제약을 어떠한 변형 없이 그대로 받아들였다 하더라도 선택을 해야 하는 특정 시점이 나오기 마련이며, 때로 그 선택은 무작위로 이루어진다. 바흐는 자신의 창조적 결정에 따라 다단조라는 제약 하에서 '평균율 클라비어곡집'을 작곡했다. 즉, 다른 조가 아닌 다단조로만 푸가를 작곡해야 했다는 의미다. 하지만 그는 다단조라는 제약의 범위 '내에서' 무수히 많은 주제를 한없이 다양한 음악으로 자유롭게 표현해 냈다. 마찬가지로 문법에 따라야 한다고 해서 한 가지 방식으로만 말해야 한다는 의미는 아니다.

관련 제약을 모두 충족하기만 하면 무엇이든 가능하다. 그리고 이 '무엇'에는 창조자 개인의 역사를 반영한 독특한 선택뿐 아니라 동전 던지기로 결정한 무작위 선택도 포함된다.

저자와 청자 모두가 새로운 아이디어를 창의적이라 지각할 수 있도록 해주는 것은 제약의 부분적인 연속성이다. 새로운 관념 공간은 과거에는 볼 수 없었던 과업 분야와 길잡이를 새로운 시각으로 볼 수 있게 해준다.

따라서 벤젠에 대한 케쿨레의 참신한 제안은 새로운 탐색 공간을 창조했다. 즉, 화학자들은 이전에 생각하지 못했던 새로운 위치(고리 구조)를 찾아낼 수 있게 되었다. 하지만 기존의 전제조건 중 상당수는 여전히 남아 있었다. 한 원자가 다른 원자와 연결될 수 있는 수를 나타내는 분자가나 이론과 실험 데이터를 일치시켜야 할 필요성 등 말이다.

이와 유사하게 조성은 다양한 범위의 작곡을 가능케 해준다. 작곡가는 조성을 잇달아 변화시키거나 꾸밈으로써 새로운 가능성을 창조할 수 있다. 하지만 완전히 반음계인 탐색 공간에 들어가기 전까지 기본 조성으로 돌아간다든가 선호되는 전조나 종지법을 이용하는 기존의 음악적 관습은 청자가 낯선 영역을 탐색할 수 있게 도와준다. 앞에서 보았듯 무조 음악으로의 비약조차 진보적 구조 변경의 마지막 단계로 이해될 수 있다.

이는 3장에서 언급한 것처럼 아이디어의 중요성을 인지하지 못한 채 우리가 어째서 H-창의적인 사람의 공을 인정하기 꺼리는지 설명해준다. 타원궤도 개념을 떠올렸다가 바로 폐기한 코페르니쿠스나 케플러의 예는 천문학적 창의성이 아닌 보편적인 모순을 보여준다.

이 두 명의 H-창의적인 천재에 대해 그러한 말을 하는 것은 건방지고 부당하다고 생각할지도 모르겠다. 그들이 타원궤도에 대해 '무르익은' 창의성을 발휘했다거나 혹은 '성공적이지는 않지만' 어쨌든 창의성을 발휘했다고 말하고 싶을지도 모른다.

위와 같은 표현을 통해 우리는 (그 아이디어가 무학의 청소부나 학력이 낮은 괴짜의 머릿속에 떠오른 경우와 마찬가지로) 폐기된 아이디어가 임의적이지도 비뚤어지지도 않았다는 사실을 떠올린다. 그러나 그 표현은 지적인 방식으로 관련된 관념 공간을 탐색하는 동안 발생했다. 또한 우리는 그러한 표현을 통해 그 아이디어가 옳다는 사실을 떠올린다. 그 아이디어는 창의성의 평가적인 측면을 충족한다는 것이다. 그러나 자신의 새로운 아이디어를 '똥 더미'라고 부른 코페르니쿠스나 케플러는 (처음에) 그러한 평가를 하지 않았다.

오래된 공간과 새로운 공간이 공유하는 구조를 깨닫지 못하는 한, 새로운 아이디어는 기존 문제에 대한 해답으로 간주될 수 없다. 공유된 제약을 인정하지 않는다면 이전의 문제와 연결된 새로운 문제에 대한 해답으로도 간주될 수 없다. 이것이 독창적인 아이디어가 마음 맞는 소수의 애호가들에게만 받아들여지고 다른 이들에게는 거부되는 이유다.

암묵적으로 이해되든 뚜렷하게 인식되든 3장에서 언급한 '기대'의 근거가 되는 것은 바로 이 제약들이다. 기대가 무너질수록 낡은 것과 새로운 것 사이의 연결고리를 인지하기 어려워진다.

이것은 단순히 기대가 얼마나 많고 적은지의 문제가 아니다. 기대의 생성적인 깊이, 즉 서치 트리에서 기원의 시점이 중요하다.

음악을 사랑하는 사람은 인지할 수 있는 음조의 맥락 내에서 색다른 음조 변화나 놀라운 불협화음을 받아들일 수 있다(심지어는 그 가치를 인정할 수도 있다). 하지만 기본 음조를 벗어나면 익숙한 것들은 거의 모두 사라진다. 예전의 지도는 파괴되며 새로운 지도를 어떻게 그려야 할지 알 수 없게 된다. 마찬가지로 '신부 모의 영리해지다 할리퀸 주부 같은 성질'과 같은 단어의 나열은 문법 구조에 대한 우리의 기대를 충족시키지 못하며, 따라서 이해할 수도 없고 가치 있게 여겨지지도 않는다(사고의 '자유연상'에 대한 자극으로서가 아니라면). 앞에서 언급했듯 제임스 조이스도 단어를 나열해 문장을 만들었지만 참신하게 기대의 맥락을 창조하는 방법을 사용했다. 그리고 그는 문법을 완전히 어기지도 않았다.

그렇다. 창의적인 아이디어는 놀라움을 준다. 창의적인 아이디어는 우리의 기대를 배반한다. 하지만 단순히 익숙한 내용과 완전히 절연하는 것만으로는 당혹감이나 놀라움을 불러일으킬 수 없다. 이는 조합적 창의성과 비조합적 창의성 모두에 적용된다. 확실히 이전 것과의 연결 부족은 근본적이기보다는 피상적일 수 있다. 하지만 연결을 분명하게 보지 못하는 사람은 그 아이디어를 창의적이라 인지할 수 없다. 또한 그 아이디어를 해당 문제 분야와 관련이 있다고 보지 못할 것이다. "그건 예술이 아니야!" "그게 시라고?" "그건 화학적인 공상에 불과해."

이에 반대하는 사람이 있을지 모른다. "제약, 그래. 하지만 컴퓨터 프로그램은 절대 그렇지 않아!" 하지만 창의성은 특정 정신 구조와 과정에서 생각이 생겨날 수 있느냐 없느냐의 문제이기 때문에 생각을 이해하고자 하는 사람은 그러한 정신 구조와 과정을 분명히 설명하고 그것의 생성적인 잠재력을 엄밀하게 평가할 수 있어야 한다. 인공지능 용어를 사용해 인간 정신의 창의적인 제약을 설명하는 것이 효과적인 이유도 바로 그 때문이다.

컴퓨터 프로그램으로 구현될 인공지능 개념은 명료하게 정의되어야만 한다. 또한 실제로 프로그램을 실행해 얻은 결과는 (하드웨어 장애를 무시한다면) 프로그램의 잠재적 능력 범위 내에 있어야만 한다.

생성 시스템의 잠재적 능력에 대한 실제 검증은 중요하다. 하지만 따지고 보면 원칙적으로는 필요치 않다. 컴퓨터는 주어진 프로그램과 데이터에 따라서만 작동한다. 러브레이스의 말의 빌리자면 '컴퓨터는 우리가 명령하는 것'만 수행할 수 있다. 따라서 완벽한 기억력과 대단한 연산 능력이 있는 누군가(아마도 신?)만이 컴퓨터를 이용해 실행시켜 보지 않고도 어떤 컴퓨터 프로그램의 생성 잠재력을 평가할 수 있다. 인간인 컴퓨터 과학자가 할 수 있는 일은 제한되어 있다(당신이 모든 정수를 생성할 수 있는 목걸이 게임의 잠재력을 인식할 수 있는 만큼). 그리고 신은 결코 놀라는 법이 없으나 인간 프로그래머는 종종 놀란다.

우리가 놀라든 안 놀라든 프로그램이 무엇인가를 한다는 사실은 프로그램이 그렇게 할 생성 능력을 갖추고 있다는 결정적 증거다. 프로그램에 내재된 구조적, 절차적 제약이 그러한 연산을 가능케 할 만큼 충분히 풍부하다는 사실에는 의심의 여지가 없다.

우리 정신 내부의 창의적인 제약을 밝히는 데 계산주의 심리학이 어떤 도움을 주는지 알아보기 위해 음악을 예로 들어보자.

잘 모르는 서양 음악의 멜로디를 듣고 그것의 박자와 조를 '직감적으로' 알아차릴 때 당신이 수행하는 암묵적인 해석에 대해 생각해보라. 당신은 멜로디를 처음 듣고 금세 박자를 맞추기 시작할 수 있다(박자는 매우 빨리 인지할 수 있다). 가수나 악기 연주가가 잘못된 음을 연주한다면 당신은 정확히 그 순간에 눈살을 찌푸릴 수도 있다(그 곡조를 이전에 들어본 적이 없고 올바른 음이 무엇인지 알지 못한다 할지라도).

음악 훈련을 받은 사람은 박자와 화성을 정확하게 해석할 수 있다. 그리고 멜로디를 음표로 받아 적을 수 있을 것이며, 그렇게 하는 동안 콧노래를 따라 부를 수 있을지 모른다. (음악 훈련을 받지 않았다면 아래에 등장하는 용어들이 낯설게 느껴질 수도 있다. 하지만 그것은 문제가 되지 않는다. 이 책의 목적과 관련된 요점은 매우 일반적이며 음악에 대한 전문적 지식이 없다 해도 충분히 이해할 수 있다.)

당신에게 매우 드문 재능인 절대음감이 없다고 가정해보자. 당신의 귀에 첫 번째 음이 들린다. 누군가 피아노 위의 특정한 검은 음반이나 흰 음반을 치는 것이다. 〔그 첫 번째 음이 파 샤프(#)이든 솔이든 기본 조성에 대한 단서는 전혀 주지 않는다.〕

이제 당신은 '음악 받아적기' 연습을 할 수 있다. 당신은 박자 기호, 세로줄, 음표의 길이, 조표, 음표를 적을 수 있을지 모른다. 또 당신은 올림음이나 내림음 같은 임시음을 알아차릴 수 있을 것이다. (가수나 연주자가 멜로디를 단조롭게 노래하거나 연주하여 스타카토, 레가토, 크레센도, 랄렌탄도 같은 표현 기호가 필요치 않다고 가정하자.)

또한 누군가 정확히 동일한 시간 동안 건반의 동일한 음을 연주한 멜로디 두 개 중 하나를 선택하라고 한다면, 당신은 어느 쪽이 옳고 어느 쪽이 그른지 알 수 있을 것이다. 예를 들어 〈신이여 여왕을 구원하소서(God Save the Queen)〉를 4분음표 중간음 라로 시작해 내림나단조의 4/4박자로 작곡할 수도 있으며 혹은 가장조의 4/3박자로 작곡할 수도 있다〔그림 5.1(a)와 (b) 참조〕. 음악의 초심자라 해도 두 번째 형식이 올바르며 첫 번째는 '말도 안 된다'는 사실을 직감적으로 분명히 알 수 있다.

그림 5.1(a)

그림 5.1(b)

달리 말해 언어와 마찬가지로 우리는 음악의 문법적 모호성도 해결할 수 있다. 때로는 진행되는 멜로디를 새롭게 해석한다. 〔아이가 혀 짧은 소리로 몇 달간 열심히 부르던 찬송가 가사가 '즐거이 내 사팔뜨기 곰(Gladly my cross-eyed bear)'이 아니라 '즐거이 나는 십자가를 지리라(Gladly my cross I'd bear)'라는 것을 깨달은 경우를 생각해보라.〕 하지만 우리는 대개 멜로디가 끝나기 전에 안정적으로 해석을 마친다.

어떻게 이러한 음악적 반응이 가능한 것일까? 어떻게 우리는 낯선 소리를 멜로디로 인식할 뿐 아니라 음악적 공간 내에서 그것의 위치를 찾을 수 있는 것일까? (악구와 비교해보라.) 어떤 정신 과정이 이와 연관되며 어떤 음악적 구조의 지식이 필요한 것일까? 그리고 표상되는 소리들이 동일한데 어떻게 어떤 이는 다른 이에 비해 더 나은 음악을 쓸 수 있는 것일까? 요컨대 멜로디를 인지하는 데 어떤 음악적 공간의 지도와 어떤 지도 읽기 방식이 사용되는 것일까?

음악적 창의성을 이해하면 이 질문들에 대한 답을 얻을 수 있다. 아이디어의 진가를 인정하려면 아이디어를 생성하는 데 필요한 심리 과정과 동일한 것이 필요하다. 공간을 탐색하거나 변형하기 위해서뿐 아니라 그 안에서 낯선 작곡의 위치를 찾아내기 위해서도 음악적 공간의 지도가 필요하다. (이는 음악에만 해당하는 것이 아니다. 예를 들어 영어를 '직관적으로' 파악하려면 문법 구조에 대한 예민한 감각이 필요하다.)

훌륭한 음악가이자 계산주의 심리학자인 크리스토퍼 롱게-히긴스(Christopher Longuet-Higgins)는 이 문제를 매우 세심하고 분명하게 다룬 바 있다.[1] 그는 화성(和聲), 즉 측정 가능한 공간의 구조 이론과 단음으로 내는 멜로디를 해석하는 사고 과정 이론을 제시했다.

그의 논문은 컴퓨터와 관련되어 있지만 컴퓨터에 대한 것은 아니다. 음악에 대한 이 논문은 사람들이 어떻게 음악을 이해하고 감상하는지 알려준다. 이를 통해 우리는 4장에서 언급된 음조의 창의적 발전을 더욱 깊이 이해할 수 있다. 그가 화성 공간을 탐험할 때 사용한 지도는 '평면'이 아니었기 때문이다. 그 지도는 이 관념 공간의 기본적 특징을 구별해내고 어느 길로 가는 것이 가장 흥미진진한지, 어느 길이 진정한 놀라움으로 이어지는지 찾아내는 데 도움을 준다.

예를 들어 화성을 한번 생각해보자. 화성은 음(음조) 자체가 아니라 여러 음 사이의 관계에 초점을 둔다. 화성 이론은 음악에서 발생할 수 있는 음정을 설명하며, 그것들이 서로 어떻게 관련되는지 보여준다. 또한 한 조(調)에서 다른 조로 바뀔 때 왜 특정한 방식을 따르는지, 그중 어떤 방식이 왜 다른 것들보다 더 '자연스럽게' 느껴지며, 왜 그것들은 다른 것들보다 먼저 탐험되었는지 설명한다.

롱게-히긴스는 조성 음악에서 발생할 수 있는 모든 음정은 단 하나의 방식, 즉 옥타브, 완전5도, 장3도의 결합으로만 표현될 수 있다는 것을 증명하였다. 달리 말해 음조를 이 세 기본 음정으로 구성된 3차원 공간으로 표현한 것이다. (헬름홀츠(Helmholtz) 이래 그 전까지 제시되었던 화성 이론에서는 옥타브와 완전5도만 언급했다.) 무조 멜로디에서 '다음 음'을 고를 때 작곡자는 이전에 나온 음과 연관된 것만 골라야 한다. 또한 이 이론은 화성 공간 속에서 어떤 음정이 서로 가깝고 어떤 것이 서로 먼지, 음정들 사이의 공통적 관계를 정의한다.

조는 음악적 공간의 특정 영역에 해당한다. 조를 정할 때는 옥타브를 무시할 수 있다. 예를 들어 다장조에서 '가운데 도'와 '위 도'는 음 높이가 다르긴 하지만 화성에서는 같은 역할을 한다. 이것은 그 옆에 붙은 레 음도 마찬가지다. 조를 결정하는 것이 목적이라면 옥타브라는 차원은 제쳐두고 음조를 2차원적인 것으로 보아도 무방하다. 주어진 조에서 모든 화성 음정은 완전5도와 장3도로 정의를 내릴 수 있다.

이제 두 개의 음악적 차원만 고려하면 되므로 화성 공간은 아주 단순한 2차원 그림으로 표현이 가능하다. 롱게-히긴스는 각 음이 왼쪽에 있는 것보다 완전5도 높고, 그 아래 있는 것보다 장3도 높게 그림과 같이 음을 공간 배열하였다(그림 5.2 참조).

그림 5.2

A#	E#	B#	Fx	Cx	Gx
F#	C#	G#	D#	A#	E#
D	A	E	B	F#	C#
B♭	F	C	G	D	A
G♭	D♭	A♭	E♭	B♭	F♭
E♭♭	B♭♭	F♭	C♭	G♭	D♭

  어떤 조나 음계든, 발생하는 음들을 이 배열 위에 표시하면 주변 음과 그룹을 형성함을 알 수 있다. 그리고 그 조가 장조냐 단조냐에 따라 나타나는 그룹은 서로 다른 모양을 띤다. 화성상 동등한 음(으뜸음, 딸림음, 버금가온음 등)은 어떤 장(단)조 그룹 속이든 같은 관계 위치를 갖는다. 예를 들어 장음계의 으뜸음은 맨 아랫줄 왼쪽에서 두 번째에, 단음계의 으뜸음은

그림 5.3

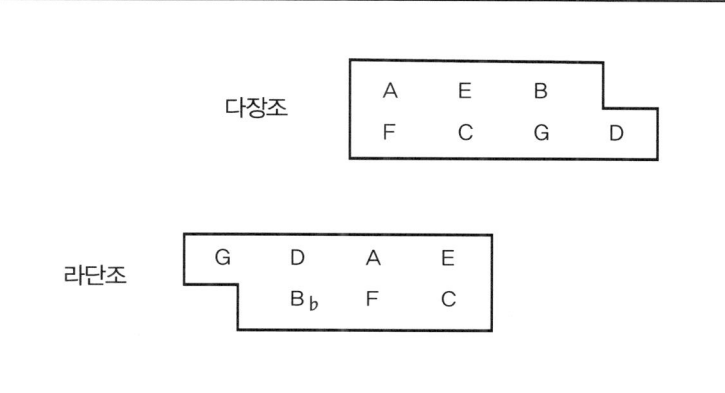

맨 윗줄 왼쪽에서 두 번째에 있다(그림 5.3의 상자 속 다장조와 라단조 참조).

보다시피 이 조 상자는 서로 겹쳐 있다. 한 조에서 다른 조로의 변조는 서로 다른 어떤 두 조는 적어도 하나의 음 이상을 공유한다는 사실을 바탕으로 한다(다장조와 라단조는 네 개의 음을 공유한다). 작곡자가 조를 바꾸는 특정한 방식이나 순서는 음조 공간에서 지도화될 수 있으며, 어떤 길은 곧장 가는 반면 또 어떤 길은 돌아가기도 한다. 이때 개입하는 음악적 요소들은 매우 미묘하여 관찰하기 힘들지만 롱게-히긴스는 이론적 분석을 통해 이를 자세히 보여준다.

롱게-히긴스는 음조에 대한 자신의 이론을 화성 '문법'이라 부른다. (그는 대부분의 서양 음악 리듬 구조를 설명하는 박자 '문법'도 정의하였다.) 영어 문법처럼 이 이론은 특정 구조는 허락하는 반면 어떤 구조는 금한다.

그러나 문법적 구조와 문장 분석은 별개의 문제다. (애초에 문법적 구조를 구성하는 절차 역시 또 다른 문제다.) 모든 멜로디에 깔린 화성 구조를 지도화한다 해도 특정 멜로디에서 화성을 찾으려면 어떤 방식으로 지도를 읽어야 하는지 항상 알 수 있는 것은 아니다. 그러나 문장 구조를 분석할 때는 언제나 문법에 세심한 주의를 기울이게 된다. 화성 혹은 박자를 분석할 때 어떤 절차를 밟든 관련된 구조적 질서를 따라야만 한다.

그래서 롱게-히긴스는 자신의 논문에서 지도 읽는 방식을 정의 내릴 때 화성과 박자 이론을 사용했다. 이것은 우리가 멜로디의 화성과 리듬을 '직관적으로' 인식할 때 의존할 수 있는 음악적 휴리스틱이다. (물론 다른 인식 과정 역시 분명 관여한다. 그리고 운율 변화가 있는 음악에서 화성 정보는 화음에서 얻을 수 있다.) 이 이론은 청자가 무의식적으로 정확히 어떤 질문을 던지면 좋을지 알려주며 다양하게 나올 수 있는 여러 답변 사이의 논리적 관계를 보여준다. 요컨대 롱게 히긴스는 한 멜로디의 조나 박자를 평가하는 데 쓰이는 서치 트리 사이로 난 여러 개의 길을 일일이 나열해 놓았다.

예를 들어 '일치의 법칙'이라는 것이 있다. 화성과 박자에 모두 적용될 수 있는 이 법칙은 왜 우리가 특정 멜로디에 특정 조를 정하는지, 그리고 그 멜로디가 끝나기 한참 전부터 어떻게 박자를 맞추기 시작하는지 설명한다. 또한 정확한 조나 박자가 확립될 때까지 일치하지 않는 음은 발생할 수 없음을 보여준다. 그러므로 조가 정해질 때까지 임시음은 발생할 수 없다. (조가 정해졌는지 판단할 수 있는 기준 또한 제시되어 있다.)

어쩌면 이에 반하는 예를 떠올릴 수 있을지도 모른다. 그러나 롱게-히긴스가 논문에서 제시한 상세 분석에 주의를 기울인다면 이러한 예들 역시 논문에 설명된 부가적 법칙에 들어맞는다는 사실을 발견하게 될 것이다. 때때로 당신이 떠올린 반례가 성립될 수도 있다. 그러나 당신이 그러한 예를 들 수 있을 정도로 훌륭한 음악가라면 해당 작곡가가 거의 보편적이라 할 수 있는 이 제약을 창의적으로 무시함으로써 청자와 함께 '즐기고' 있다는 것을 느낄 수 있으리라.

일치의 법칙은 매우 일반적으로 적용되지만 일부 다른 휴리스틱은 그렇지 않다. 이들은 모든 조성 음악이 아니라 특정 유형에만 적용된다.

예를 들어 첫 번째 음은 으뜸음이거나 딸림음이어야 한다는 것이 바로 푸가의 기본 법칙이다. 이것이 바로 음악 전문가라면 푸가의 첫 번째 음만 듣고도 앞으로 전개될 조표의 범위를 한정시킬 수 있는 이유다. 그러나 이러한 법칙을 모르는 음악적 아마추어도 이 조를 멜로디 진행의 일부로서 알아볼 수 있다. 그래서 롱게-히긴스는 '으뜸음-딸림음 우선'의 법칙을 최후의 수단으로서만 사용하도록 정했다. (만약 청자가 두 가지 법칙 때문에 딜레마에 빠져 있다면 으뜸음이 첫 음인 조가 우선 적용되고, 그 다음으로 딸림음이 첫 음인 조가 적용된다.) 그의 의도대로 이 법칙은 거의 무용지물이다. 수많은 푸가가 이 법칙을 이용하지 않고도 정확히 악보로 옮겨진다.

특정 작곡가의 스타일에 적용되는 일부 휴리스틱은 훨씬 더 구체적이다. 그중 하나는 바흐가 반음계를 사용한 것과 관련이 있으며, 그의 푸가에서 임시 변화하는 음들을 찾을 수 있게 도와준다. (아마도 이 법칙은 다른 작곡가들의 음악을 분석하는 데에도 유용할 것이다. 그러한 휴리스틱에서 드러나는 일반성은 음악학의 흥미로운 연구 분야다.)

롱게-히긴스가 작성한 음조 화성 지도는 자의적으로 추론한 것이 아니다. 그것은 최초의 법칙으로부터 발생한 추상적인 논쟁에서 비롯되었다. 그리고 그는 이 지도를 헨델, 바흐, 퍼셀, 모차르트, 베토벤, 브람스, 슈베르트, 쇼팽, 바그너, 엘가 외에도 다른 여러 르네상스 이후 작곡가들의 사례에 적용하였다.

그럼에도 불구하고 증거라고는 그의 주장과 개개인의 보잘것없는 음악적 직관뿐이라며 의심을 하는 사람이 있을지도 모른다. 헬름홀츠 같은 음악가도 이러한 것들을 생각해내지 못했는데, 화성에 대한 이 새로운 관점이 옳은지 의심을 품어도 마땅하지 않은가. 그리고 그러한 법칙이 추상적인 화성 구조를 설명하고 있더라도 청자가 화성을 어떻게 해석하는지 진정으로 설명할 수 있는가? 조나 임시음을 알아보는 것은 어떤가? 달리 말해 이 이론이 진정 우리가 음악적 공간에서 길을 찾는 지도가 되어줄 수 있는가?

바로 여기에서 기능적 프로그램이 등장한다. 롱게-히긴스의 이론에 기반을 둔 프로그램들은 바흐의 평균율 클라비어곡집, 수자(Sousa)와 바그너의 멜로디에 숨은 푸가 주제를 해석하고 옮기는 데 성공했으며 재즈에도 적용된 바 있다. 음악의 멜로디 진행은 초반에 조와 박자가 임시로 할당되어 점점 더 명확해지다가 때로는 달라지기도 한다. 보통 이러한 멜로디 진행은 음악이 끝나기 한참 전에 안정된다. 우리 자신의 음악적 직관이 그렇듯 말이다. (휴리스틱과 프로그램 코드에 대한 자세한 내용은 관련 논문을 참조하라.)

음악적 구조와 그것을 인식하는 데 필요한 정신적 처리 과정에 대한 롱게-히긴스의 이론은 매우 개략적이다. 그의 프로그램을 널리 적용하면 수많은 음악 작품들을 악보로 옮겨 쓸 수 있다. 사실 그의 논문 중 한 편은 〈네이처〉지의 의심 많은 편집자에게 퇴짜를 맞은 적이 있다. 컴퓨터를 교묘하게 이용하면 〈보기 대령 행진곡(Colonel Bogey)〉 같은 곡을 악보로 옮겨 적는 것쯤은 별것 아니라는 이유에서였다. 농담인지 진담인지는 모르지만 그 편집자는 대신 바그너의 작품으로 해보지 않겠느냐는 제안을 해왔다. 그 작품을 성공적으로 옮겨 적을 수 있다면 그의 논문을 게재하겠다는 것이었다. 그래서 그가 그렇게 했고, 프로그램이 성공적으로 악보를 옮겨 적자 논문이 〈네이처〉지에 실렸다.

이야기가 해피엔딩으로 끝남에도 불구하고 그의 프로그램에는 한계가 많다는 점을 인정할 수밖에 없다. 더욱이 이 프로그램은 작곡가가 '규칙을 어긴' 경우를 해석(이 말을 감상과 인식이라는 말과 비교해보라)할 수 없다. 롱게-히긴스는 예를 들어 '마흔여덟 곡'의 푸가 전곡에서 정확한 조표(調標)를 찾는 프로그램이 바흐의 B단조 미사에 있는 푸가 중 하나에는 잘못된 음조를 부여했을 수도 있다고 지적했다. 바흐가 평소에는 지키던 제약(조화의 규칙)을 무시했기 때문이라는 것이다. 하지만 이 제약은 롱게-히긴스의 컴퓨터를 이용한 접근법에서 정확하게 지켜졌다. 이를 통해 바흐가 창의적이라는 사실이 반증된 셈이다.

롱게-히긴스는 컴퓨터를 이용한 접근법 덕에 자기 이론의 약점을 알아채고 제거할 수 있었다. 이러한 약점으로 인해 멜로디가 부정확하게 인지되었던 것이다. 이런 실수는 음악가들도 저지를 수 있기는 하지만 이를 확인함으로써 관념 공간에 대한 연구가 심화되었다.

예를 들어 초창기 운율 프로그램은 바흐의 '평균율 클라비어' 푸가를 대입시켰을 때 모든 음표와 쉼표의 길이가 같은 경우를 처리하지 못했다. 프로그램이 박자표를 산출하려면 길이가 다른 음표나 쉼표를 비교해야 하기 때문이다. 아마 인간은 악센트, 이음줄, 루바토, 레가토, 스타카토와 같은 박자를 나타내는 특징을 추가적인 단서로 사용할 수 있을 것이다.

하지만 어떻게 그럴 수 있을까? 박자를 찾기 위해 '악구 나누기'를 사용하는 것은 어떤 연산적 과정과 관련이 있을까? 최근 논문에서 롱게-히긴스는 (원래는 음의 시작에 대한 정보에 의존하는 규칙으로만 구성된) 음율 인식에 대한 자신의 이론을 확장시켜 끝나는 한 음과 시작되는 그 다음 음을 잇달아 연주하는 '악구 나누기' 규칙을 포함시켰다. 이를 통해 같은 길이의 음표와 쉼표는 물론, 당김음으로 된 악절을 포함한 음악으로 구성된 멜로디의 운율 구조를 분석할 수 있게 되었다.

더 최근에는 컴퓨터가 쇼팽의 〈즉흥환상곡(C단조)〉을 자연스럽게 연주할 수 있게 해주는 규칙을 만들었다. 이 규칙을 적용하기 전까지는 연주가 무덤덤하고 무감각하게 들렸으며 심지어 때로는 우스꽝스럽기까지 했다. 하지만 더 많은 제약을 가하고 나자 컴퓨터는 피아니스트가 부러워할 만한 연주를 할 수 있게 되었다. 〈즉흥환상곡〉이 표현력이 매우 중요시되는 낭만주의 음악이라는 점을 고려하면 이 사실은 더욱 흥미로워진다.

우리는 이런 음악 프로그램을 통해 인간의 정신에 대한 두 가지 사실을 알 수 있다.

첫째, 음악 프로그램은 분명하게 명시된 여러 가설들을 확인시켜 준다. 그래서 심리학자들은 그 가설을 연구할 수 있다. 예를 들어 프로그램은 인간이 리듬과 하모니를 인지할 때 독립적인 처리 과정을 사용하며 멜로디의 공백에 따라 악구를 구별한다는 사실을 밝혀준다. '악구 나누기' 감각은 멜로디의 공백에 좌우된다.

둘째, 롱게-히긴스의 음악적 문법과 설명을 사용하는 컴퓨터 시스템이 다양한 범위의 멜로디를 올바르게 받아 적을 수 있다는 사실을 증명한다. 여느 프로그램과 마찬가지로 롱게-히긴스의 프로그램 또한 효과적으로 작동하므로 이 점에는 의심의 여지가 없다.

인간은 롱게-히긴스의 프로그램에서 사용되는 휴리스틱과 똑같은 정신 과정을 통해 멜로디를 인식하는 것일까? 서로 다른 프로그램이라고 해도 같은 결과를 생산해낼 수 있는 가능성은 항상 있다. 사실에 들어맞는 심리학 이론이나 성공적인 프로그램을 만들어내는 실질적인 어려움을 고려해서 추상적인 가능성의 무게를 가늠해봐야 한다. 그럼에도 어떤 프로그램은 심리학적으로 타당해 보이지 않는 특징을 지닐 수 있으며 오히려 다른 프로그램의 신뢰도가 더 높을 수도 있다.

음악을 해석하는 방법에 대한 롱게-히긴스 프로그램과 인간의 한 가지 차이점은 (병렬처리 과정과 대비되는) 연속처리 과정과 관련이 있다. 인간의 정신은 시간적 순서에 따라 질문을 하나씩 던지기보다는 동시에 평행적인 여러 질문을 던져 멜로디를 해석한다(다음 장에서 설명할 신경망 혹은 '연결주의' 시스템처럼 기능하는 것이다). 즉, 인간의 정신은 다중 화음(혹은 운율) 제약을 동시에 찾아서 멜로디를 안정적으로 해석한다. 이런 제약은 상호 안정적인 방식으로 충족되어야 한다.

하지만 음악적 인식에 대한 롱게-히긴스의 이론이 옳다면 연결망은 그가 알아낸 질문을 실제적으로 물어야만 한다. 마찬가지로 옳다고 간주될 수 있는 다양한 답 사이의 논리적 관계를 인정해야 한다. 연결망은 음악적으로 조화되지 않는 점을 인식해야만 한다.

한마디로 휴리스틱은 병렬처리 과정 시스템에서 구현될 수 있다. 연속처리 시스템이 인간에게 심리에 대해 가르칠 수 없다는 생각은 실수다. '서치-트리' 이론을 통해 인간의 특정 연산 과정이 평행으로 작용한다는 사실을 확인할 수 있을지 모른다. 이러한 점은 음악뿐 아니라 모든 영역에 적용된다. 연결주의와 관련된 인공지능 연구가 최근 대단한 관심을 끌고 있다. 앞으로 살펴보겠지만 이는 당연한 현상이다. 하지만 과열된 분위기에도 불구하고 연속처리 시스템을 사용하는 인공지능 모델이 인간 사고의 내용, 구조, 과정에 대한 연구를 도울 수 있다는 사실을 흐려서는 안 된다.

음악을 해석하는 방법에 대한 인간과 롱게-히긴스 프로그램의 두 번째 차이점은 화성 관계가 시스템 안에 표상되는 방법이다. 컴퓨터 프로그램은 바흐의 '마흔여덟' 곡의 푸가에서 조표를 모두 찾아내고, 임시음을 모두 기록하고, 기본 음정과 조에 대해 매우 '부자연스러운' 표현을 사용한다. 인간의 귀로 들으면 심지어 무의식중에라도 다양한 모양의 상자가 들어 있는 내적 공간의 배열을 참고한다는 것은 상상도 못 할 일이다. 프로그램은 이런 의미에서 인간의 인식 과정을 모델로 삼지 않는다.

하지만 3장에서 살펴봤듯 발생 시스템은 시간을 초월하는 서술적인 제약이나 계산주의적 과정의 설계도로 여겨질 수 있다. 인간은 배열과 상자를 이용하지 않고도 음악을 해석할 수 있지만 롱게-히긴스의 음악적 이론을 이용해 화성의 기본 문법을 기록할 수도 있다.

롱게-히긴스의 이론에 따르면 멜로디의 분석 과정이 어떠하든 완전5도와 장3도가 설명적 과정의 기본이라 할 수 있다. 우리가 살펴봤듯 그의 이론은 또한 다양하고 구체적인 휴리스틱 혹은 해석 규칙을 제공해준다. 비록 프로그램은 인간의 정신과 달리 화성의 공간을 표상하기 위해 공간 배열을 사용하지만 프로그램을 통해 심리학적 가설을 증명할 수 있다.

사실 인간은 대부분 음악을 해석할 때 공간 배열을 사용하지 않는다. 하지만 롱게-히긴스와 그의 이론을 아는 사람은(지금 이 책을 읽는 당신도 마찬가지로) 배열과 상자를 이용해 화성을 더욱 쉽게 이해할 수 있다. 물론 화성 이론에 대한 특정한 표상을 도출한 것은 롱게-히긴스의 창의성이었다. 일반적으로 문제해결자가 어떠한 설명 방식을 사용하느냐는 문제해결에 결정적인 영향을 끼친다.

인간은 창의적인 아이디어를 통해 익숙한 유추를 도출해내고 문제에 대해 새로운 방식으로 접근한다. 예를 들어 어니스트 러더포드(Ernest

Rutherford)는 원자를 하나의 작은 태양계로 표상함으로써 전자의 숫자와 궤도, 궤도 변화(양자 비약)를 효과적으로 설명할 수 있었다. 윌리엄 하비(William Harvey)의 심장과 혈관을 수도배관 시스템으로 표상함으로써 혈액 공급 체계에 대한 많은 사실을 설명하고 밝힐 수 있었다.

때로 독창적인 아이디어는 기존의 표상을 수정한다. 예를 들면 케쿨레는 선에서 고리로 생각을 전환하여 표상 체계를 확장시켰고, 그 표상 체계는 이후 화학자들 사이에 널리 사용되었다.

인간이 만들어낸 중요한 창조물 중 일부는 새로운 표상 체계가 된다. 그러한 창조물로는 아라비아숫자(특히 0의 발견), 화학 공식, 음악가들이 쓰는 보표, 2분음표, 4분음표와 같은 형식적인 표기법을 들 수 있다. 더 최근의 예로 컴퓨터 프로그래밍 언어를 들 수 있는데, 이를 이용하면 다양한 종류의 효과적인 프로그램을 개발할 수 있다.

그러한 표기법은 후세를 위해 새로운 아이디어를 기록하게 해줄 뿐 아니라 애초에 새로운 아이디어가 탄생할 수 있게 해준다. 문자로 쓴 언어는 그것이 표상하는 아이디어의 의미를 탐색할 수 있도록 돕는다. 우리는 언어를 이용해 아이디어를 글로 기록하고, 지나가는 생각이나 결과 도출에 큰 역할을 하는 '중간 결과'를 기억할 수 있다.

창의성을 적절하게 설명하기 위해서는 어떻게 왜 각기 다른 문제에 각기 다른 표상이 적용되는지 설명하는 체계적인 이론이 필요하다. 아직까지 이런 이론은 존재하지 않는다. 하지만 인공지능 분야에서 표상과 다양한 문제해결 방법을 연구하고 있다.

컴퓨터 프로그램에서는 코드, 프레임, 의미망(연산망)과 같은 다양한 지식 표상 방식이 사용된다. (각 개념은 뒤에서 설명하겠다.) 몇몇 인공지능 연구자들은 표상의 일반적인 유형을 분류하려 노력하고 있다. 그 예로 아래에 나올 유추적 표상(analogical representation)을 들 수 있다. 유추적 표상의 대표적인 예가 바로 롱게-히긴스의 배열과 상자다.

의미망이라는 개념은 심리학에서 처음 등장했다. 의미망 개념에서는 인간의 기억을 연상 시스템으로 본다. 즉, 하나의 아이디어에서 관련된 다른 아이디어나 때로 전혀 관련 없는 아이디어가 이끌려 나온다고 본 것이다. 그러한 아이디어의 연상은 음성학적 유사성에서 비롯될 수도 있으며 때로는 단순한 우연에 의해 비롯될 수도 있다. 예를 들어 'violet(바이올렛, 보라색, 제비꽃)'이라는 단어는 '색상'과 '꽃'을 연상시킬 뿐 아니라 '삶' '삼림지' '봄' 그리고 'violence(폭력)' 'viable(생존 가능한)'이라는 단어를 연상시킨다. 그리고 나처럼 어머니의 이름이 바이올렛인 경우 '어머니'를 떠올릴 수도 있다. 이러한 아이디어는 각각 더욱 심화된 연상(예를 들어 파리의 봄)으로 이어질 수 있다.

인공지능에 있어 의미망은 관념 공간의 특정 위치에 있는 의미의 장을 (매우 단순한 방식으로) 표상하는 계산주의적인 구조다. 의미망은 '논리적인' 문제해결을 위해서가 아니라 자동적인 개념 연합의 모델을 만들기 위해 종종 사용된다. 조합적인 창의성의 기초가 되는 것이 바로 이러한 연상이다(6장 참조).

의미망은 노드(node)와 링크(link)로 이루어진다. 노드는 구체적인 아이디어를 나타내는 반면, 한 가지 아이디어를 다른 아이디어와 연결하는 역할을 하는 링크는 다양한 유형의 정신적 연결 형태를 나타낸다.

대부분의 링크는 음성적으로 유사한 아이디어나 '무의미'하지만 독특한 연관성(예를 들어 '제비꽃'과 '어머니'를 잇는 링크)이 있는 아이디어들을 부호화하여 연결하기도 하지만 어느 정도는 의미적 연관성을 갖는다. 의미상으로 중요한 링크들은 구체적인 특징('제비꽃'과 '달콤한 향기가 나는'의 연결)뿐 아니라 계층 내 구성 요소, 유사성, 사례화(instantiation), 부분과 전체의 관계 등의 구조적 문제도 나타낼 수 있다. (제비꽃은 '꽃'이라는 상위 계층을 구성하는 요소다. 고양이는 다리가 넷이고 애완 포유동물이라는 점에서 개와 유사하다. 아이리시 레드 세터는 '개'의 한 사례다. 손가락은 몸의 구성 요소인 손의 일부다.)

의미망 구조는 기존의 링크를 통해 '자연스럽게' 추론을 일으킨다. 예를 들어 노드는 상위 집합으로부터 속성을 이어받는다(꽃은 생물의 한 형태이기 때문에 꽃에 포함되는 제비꽃 역시 살아 있는 생물이라고 추론할 수 있다). 또한 어떤 링크는 특정 유형의 아이디어들로만 이어진다. '…의 친구'는 '사람'과는 연결되지만 '취사도구'와는 연결되지 않는다. 의미망은 하나 혹은 단 몇 개의 링크만으로 구성되기도 한다. 예를 들어 그림 5.4의 의미망은 여섯 개의 링크로 구성되어 있다.

의미망에 표현된 아이디어의 '의미'는 그 체계 내에서 아이디어가 자리한 위치의 기능이다. 의미망은 문제의 노드, 가령 제비꽃은 물론이고 그 노드로부터 직접 또는 간접적으로 접근할 수 있는 모든 노드를 포함한다. '처리 과정(processing)'은 모든 관련 경로가 마지막 지점에 다다를 때까지(혹은 제자리로 돌아올 때까지) 망 전체에서 계속 진행된다. 경로 이동을 할 때 최대 링크 수를 제한할 수도 있다. 이런 경우 정해진 규칙에 따라 차단된 링크가 증가하면 전에는 갈 수 없던 길을 이용할 수 있게 된다.

만일 잠재 경로가 네트워크에 속한 모든 노드와 연결되어 있다면 각 개별 노드의 의미는 모든 다른 노드와 상관관계가 있다. 이런 경우 새로

그림 5.4

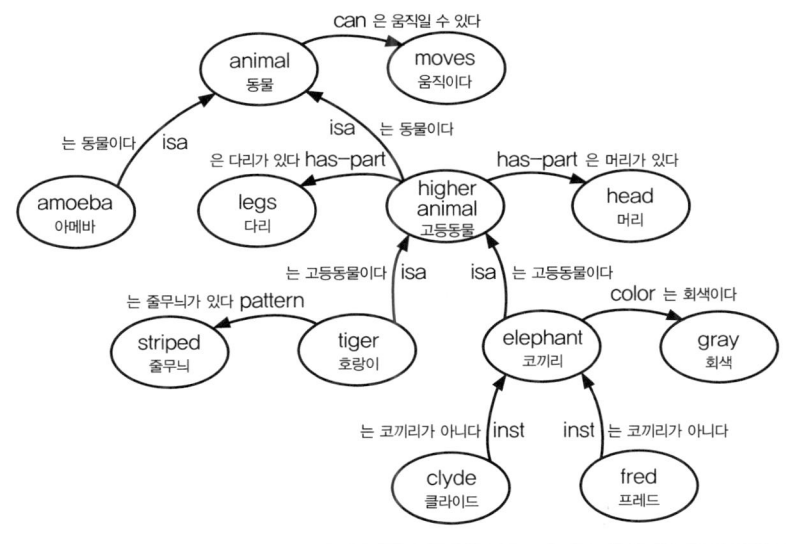

운 노드를 더하면 기존에 있던 모든 노드의 의미에 무조건 영향을 미친다. 이와 비슷하게 하나의 경험 또는 시적 심상은 광범위한 관련 아이디어들의 의미를 미묘하게 변형시킨다. 다시 말해 전에는 가능하지 않았던 새로운 의미(또는 의미의 투영)가 창조되는 것이다. 개똥지빠귀의 알을 '약간 낮은 천국'이라고 표현한 홉킨스의 묘사를 들은 사람은 개똥지빠귀의 알을 새로운 방식으로 생각하게 된다.

대부분의 작가들이 의식 작업의 '준비기'를 거쳐 준비가 되면 창의적이면서도 거의 무의식적으로 아이디어들 간의 연관성을 찾아낸다. 그들은 잠재된 아이디어를 선택적으로 활성화시킬 수 있다면 결합된 연상의 일부가 창조자의 관심사와 관련될 가능성이 적지 않다고 가정한다.

의미망의 개념은 이러한 선택적 (하지만 대개 무의식적인) 준비가 어떻게 발생하는지 알려준다. 특히 '감지되는' 차단 규칙의 일부가 일시적으로 느슨해지면 선택된 노드나 노드의 집합으로부터 다른 노드의 연결이 가능해지기도 한다. 예를 들어 7장에서는 3만 개 이상의 단어와 수십 만 개의 링크로 이루어진 의미망을 살펴볼 것이다. 이 의미망을 통해 수없이 다양하고 구체적인 방식으로 개념들을 비교할 수 있다.

스크립트(script)와 프레임(frame)은 의미망의 특별한 사례다. 스크립트와 프레임은 친숙한 아이디어, 즉 식당에서는 어떻게 행동해야 하는가, 방은 어떤 요소를 갖추어야 하는가, 분자는 어떤 요소를 갖추어야 하는가 등의 개념적 구조를 표시한다. 다시 말해 이들은 관념 공간 내 작은 일부분의 대략적 윤곽이라 할 수 있다. (의미망과 마찬가지로 스크립트와 프레임 역시 대개 연결주의 시스템을 통해 구성된다. 이 경우 스크립트와 프레임에서는 개념적 관용, 즉 '유연성'이 나타난다.)

스크립트는 사회적으로 인지된 행동 방식(예를 들어 손님과 웨이터 역할의 일반적인 행동 방식)에 관한 것인 반면, 프레임은 대개 하나의 개념 또는 아이디어를 나타낸다. 스크립트와 프레임의 구분은 원래 명확하지 않지만 인간의 문학적 창의성이나 과학적 창의성에서는 그 모호함이 더욱 두드러진다.

인지심리학자이자 인지과학자인 로저 섕크(Roger Schank)의 레스토랑 스크립트가 한 예다. 섕크는 한 컴퓨터 프로그램을 이용해 레스토랑에서 발생할 수 있는 일반적인 상황에 관한 스크립트를 만들었다.[2] 섕크는 우리가 레스토랑에 들어가거나 레스토랑을 생각할 때마다 접근하게 되는 컴퓨터 구조와 유사한 구조가 인간의 정신에 존재한다고 주장한다. 레스토랑 스크립트는 미국 햄버거 가게에서 손님과 종업원의 일반적인 행동을 도식적으로 표현한 것이다(파리의 최고급 레스토랑 '막심'에서 해야 하는 행동에 관한 것이 아니다).

이 스크립트에는 평범한 상황에서의 행동뿐 아니라 예기치 못한 상황(예를 들어 테이블에 메뉴판이 놓여 있지 않을 때)이나 용납할 수 없는 상황(탄 햄버거가 나왔을 때)에 어떻게 대처해야 하는지 명시되어 있다. 메뉴판이 없는 경우에는 종업원에게 메뉴판을 달라고 요구하거나 다른 테이블 손님에게 빌리면 된다. 탄 햄버거가 나왔다면 보통은 직원이나 관리자에게 불만을 얘기하고 돈을 낼 수 없다고 얘기한다. 이와 같이 일탈 상황에 대한 대처 방식을 설명한 것을 '만약의 상황(what-ifs)'이라고 하며, 이는 스크립트의 필수적인 요소다.

하지만 메뉴판이 비치되어 있지 않거나 탄 햄버거가 나온 것 이상으로 일탈적인 상황은 특별히 고안된 '만약의 상황'으로도 예측하기 힘들다. 미리 마련된 대책이 없다면 아무런 사전지식 없이 계획을 세워야 한다. 이 장의 후반에서 다룰 '계획수립(planning)'은 수많은 인공지능 작업을 성공적으로 수행하는 데 빼놓을 수 없는 중요한 컴퓨터 개념이다. 적용할 만한 '만약의 상황'이 없을 경우 새로운 계획을 수립하는 프로그램(스토리를 작성하거나 해석하도록 고안된 프로그램)에 관해서는 7장에서 다룰 것이다. 사전지식 없이 새로운 계획을 세우려면 계획수립 프로그램으로 스크립트를 구현하여 수단과 목표의 관계, 그리고 사회적 상황에서 실행에 옮길 수 있는 행동에 관한 보다 일반적인 지식에 접근할 수 있어야 한다.

섕크의 프로그램으로 답할 수 있는 문제들은 간단한 메모리 '검색'만으로는 처리할 수 없다. 대답이 이야기에 명시되어 있지 않았기 때문이다. ("종업원이 탄 햄버거를 메리에게 주었다. 메리는 그 식당에서 나와 대신 인디언식 식사를 했다"라는 이야기의 경우, 스크립트 프로그램은 메리가 햄버거 값을 지불하지 않았음을 암시하지만 실제로 그렇게 표현하고 있지는 않다.) 일어날 수 있었지만 실제로는 일어나지 않은 사건에 관한 질문과 대답도 있다. 이런 경우 프로그램은 이야기에서 어떤 인물이 할 수 있었지만 실제로는 하지 않은 연속적인 행위, 즉 스크립트에 의해 정의된 관념 공간에 '가상의 길'을 만들어야 한다.

이는 인간의 정신이 장 폴 사르트르(Jean-Paul Sartre)의 '그릇된 신념(bad faith)'이 담긴 레스토랑 스크립트 같은 것을 만들어낼 수 있기 때문이다. 그릇된 신념이란 스스로 결정한 것에 대해 책임지지 않고 경솔하게 행동하는 것을 의미한다. 때로는 그릇된 신념을 따르는 행동이 정당한 비판을 받기도 한다. 하지만 우리가 어떤 스크립트도 없이 사는 것은 불가능하다. 아무런 사전지식 없이 대인관계에서 취해야 할 모든 행동을 결정해야 한다면 그에 따른 계산 과부하를 견디기 힘들 것이다.

인간의 정신에 스크립트가 내재되어 있지 않을 경우 상당히 곤란해지는 사람들이 바로 소설가와 극작가들이다. 그런 경우 이들은 아주 간단한 이야기를 있는 그대로 전달하더라도 등장인물의 행동들 사이의 수많은 틈새를 일일이 채워 넣어야 한다. 더욱이 스크립트를 토대로 형성된 기대가 없다면 작가가 아무리 창의적으로 등장인물에게 낯선 행동을 하게 해도 독자를 놀라게 할 수는 없을 것이다. 정상적인 인간 행동에 대한 앨리스의 생각은 이상한 나라에서 끊임없이 장벽에 부딪혔다.

기본적으로 동일한 문학적 모티브가 상당히 다른 스크립트들에 표현되는 경우가 있다. 3장에서 우리는 반델로가 지은 이야기에서 플롯을 차용하여 《로미오와 줄리엣》을 쓴 셰익스피어가 '정말' 창의적인지 의문을 던졌다. 〈웨스트사이드 스토리〉의 각본을 쓴 어네스트 레만(Ernest Lehmann)과 제롬 로빈스(Jerome Robbins)에 대해서도 같은 질문을 하는 사람이 있을지 모른다. 사용된 언어의 특성을 무시하면 동기를 유발한 사랑, 충성심, 배신 같은 동일한 주제를 확인할 수 있다. 이들은 모두 비슷한 역할을 한다. 섕크의 동료 중 한 명이 이런 심리적 개념들을 체계적으로 분석하여 대략적인 윤곽을 그려냈다(이는 7장에서 살펴볼 것이다). 그러나 이런 추상화 수준에서 우리에게 주어진 것은 이야기가 아니라 단지 플롯에 불과하다.

플롯을 이야기로 바꾸려면 그것을 명확한 시간과 장소에 배치해야 한다. 그렇게 하기 위해서는 문화적 특수성이 있는(특정 문화에만 있는) 관련 스크립트들을 선택(공상과학소설의 경우 새롭게 창조)해야 한다.

섕크의 레스토랑 스크립트가 막심에는 딱 들어맞지 않는 것과 마찬가지로 펜싱 결투 장면이 담긴 스크립트는 20세기 뉴욕이라는 배경에 잘 들어맞지 않는다. 하지만 펜싱 검과 잭나이프가 플롯에서 같은 역할을 한다는 단서만 제공되면 둘은 서로의 대용물로 쓰일 수 있다. 레만과 로빈스를 창의적이라 평가하는 이유는 셰익스피어의 관념 공간을 오늘날 특정 뉴요커 집단이 따르는 새로운 공간과 연결시켰기 때문이라고 할 수 있다.

인공지능에서 정의하는 것처럼 프레임은 계층적이다. '새'는 '척추동물'에 속하고, '방'은 '집'에 속하듯 하위 프레임이 상위 프레임에 포함되기 때문이다. 다양한 슬롯(slot)이 프레임 내에서 정의되며, 문제의 일반 계층(general class)의 명확한 사례들은 프레임에 속한 슬롯에 세부적으로 묘사된다.

프로그램된 프레임에는 관련 부분 탐색을 위한 관념 공간에서의 다양한 제안이 들어 있다. 즉, 프레임은 사고의 여러 단계에서 어떤 특성과 빈 슬롯을 고려해야 하는지 알려주는 '힌트'나 컴퓨터 포인터를 제공한다. 어떤 슬롯에는 '기본값(default value)'이 설정되어 있다. 프로그램은 특별한 지시가 없으면 주어진 기본값을 따른다.

인간도 이와 유사한 가정을 하는 것처럼 보인다. 예를 들어 방을 방으로 보거나 방 그림을 그림으로 인지하는 사람 혹은 기존 방을 새로 꾸미거나 새 방을 디자인하는 사람은 일반적인 방의 생김새에 대한 개념에 의존한다. 전형적인 방에는 (뻥 뚫리지 않은) 천장이 있으며, (수영장이 있다거나 움푹 파이지 않은) 평평한 바닥이 있으며, (여섯 벽면이 아니라) 네 벽면이 있으며, (바닥이 아닌) 한 벽면에 문이 달려 있으며, (내부에 있는 욕실과 달리) 벽에 하나 이상의 창이 있다.

프레임과 스크립트는 관념 공간에서 자주 방문하는 곳의 약도라고 할 수 있다. 바꾸어 말하자면 프레임과 스크립트는 관념상의 스테레오타입을 의미한다. 그렇다면 창의성과는 하등의 관계가 없다고 생각될 수 있다. 하지만 쾨슬러가 '이연 현상'을 이용해 설명했듯 진부한 아이디어들 사이의 유사성에서 참신한 연상이 탄생할 수도 있다.

사람들은 프레임이나 스크립트를 매우 구체적으로 연상할 수 있다. 하지만 현재의 인공지능 기술은 훨씬 더 제한적이다. 위에 나온 대로 '방이란 어떤 것인지' 그리고 방이 집과 어떤 관계가 있는지 생각하는 것과 "내 아버지 집에 거할 곳이 많도다(요한복음 14:1-3)"라는 구절을 떠올리는 것은 다르다. 마찬가지로 레스토랑에서 어떤 행동을 할지 결정하는 것과 "시집 한 권과 와인 한 병, 그리고 그대"라는 구절을 떠올리는 것은 다르다. '방'이나 '레스토랑'에서 멀리 떨어진 개념이나 문학 구절로 도약할 수 있는 인간의 정신 같은 컴퓨터 시스템은 프레임과 스크립트의 전형적인 추리 절차보다 훨씬 더 멀리까지 미치면서도 훨씬 덜 제한적인 연상 고리를 필요로 한다. 하지만 이 개념과 저 개념을 연결시켜주는 의미망이 풍부한 관념 공간이 있다면 어떻게 그러한 연상이 가능한지 설명할 수 있다.[3]

게다가 유사한 아이디어들은 다양한 방식으로 변형되어 새로운 종류의 '방'을 생각나게 할 수도 있다. 어떤 변형은 다른 아이디어들에 비해 더욱 급진적일 것이며 잠재적으로 더욱 창의적일 것이다. 낮은 수준의 슬롯 내용을 변화시킴으로써 프레임을 변형하는 것은 높은 수준에서 프레임을 재정의하는 것에 비해 덜 창의적이다. 따라서 페인트칠을 하는 대신 벽지를 발라 방을 바꾸는 것은 두 번째 문을 달거나 창을 내는 것보다 덜 근본적인 변화다. 벽과 문을 모두 없애버린다면 그것은 훨씬 더 근본적인 변화다. 칸막이를 최소로 줄인 건축양식은 창의적이다. '집'과 '방'에 대한 근본적인 가정들에 맞서기 때문이다.

케쿨레의 머릿속에 분자 프레임 같은 개념 구조가 담겨 있었다면, '선'은 내용물이 달라질 수 있는 슬롯이 아니라 조금 더 고유한 특징으로 표상되었음이 분명하다. 그렇다면 '선'을 '고리'로 변화시키는 것은 벽과 문이 아닌 바닥과 통로의 관점에서 방을 정의하는 것에 비유할 수 있다.

건축가는 물리적 문제 대신 기능적 문제에 초점을 맞출 수 있다. 집의 다양한 기능을 충족시키기 위해 분명하게 정의된 공간, 서로 연결된 공간이 있어야 한다고 해서 반드시 물리적인 벽이 있어야 하는 것은 아니다. 사실 '기능 중심'은 건축가, 디자이너, 창의적인 엔지니어들이 판에 박은 사고에서 탈출하기 위해 자주 사용하는 휴리스틱이다.

벤젠은 가공품도 아니고 생물학적 기관도 아니기 때문에 케쿨레는 초점을 물리적인 면에서 기능적인 면으로 전환하는 것만으로는 문제를 해결할 수 없었다. 하지만 4장에서 설명했던 대로 케쿨레는 분자 프레임의 고유한 특성(defining-property)에 '뒤집어 생각하기' 휴리스틱을 적용했을지 모른다.

사실 케쿨레가 밝힌 바에 따르면 꼬리를 물고 있는 뱀의 시각적인 이미지는 중요한 단서를 제공했다. 만약 그렇다면 그의 창의성 일부는 유추적 표상 덕분에 가능했다고 할 수 있다.

유추적 표상은 표상되는 사물과 표상 사이에 구조적 유사성이 있을 때 일어난다. 그리고 그 유사성이 매우 클 때 일어난다. 다시 말해 (그것이 어떤 것이든) 표상을 해석할 때 유사성이 이용된다는 것이다. (그렇지 않다면 유추적 표상은 단지 쓸모없는 유사성에 그쳤을 것이다. 카시오페이아 별자리와 알파벳 W사이의 유사성처럼 객관적인 사실이되 어떤 심리적 흥미도 이끌어내지 못하는 유사성 말이다.)

따라서 유추적 표상을 이해하려면 그 구조가 체계적인 방식으로 표상된 사물의 구조와 짝지어 해석하는 방식을 알아야 한다. 일반적으로 두 구조 중 하나와 연합된 사고방식(추론 과정)은 다른 구조로 옮겨간다.

흔히 알고 있는 유추적 표상의 대표적인 예로는 지도, 도표, 실물 모형, 가계도를 들 수 있다(가계도는 혼인관계와 혈연관계를 수직선과 평행선으로 나타낸다). 전문적인 예로는 롱게-히긴스의 '화성의 배열과 상자'와 화학 원소주기율표를 들 수 있다(원소주기율표는 각 원소를 추출된 화학적 특성에 따라 공간적으로 배치해놓았다).

유추적 표상을 할 때 반드시 공간을 사용할 필요는 없다. 열두 명의 선수가 달리기 시합을 펼친 결과는 (이름순으로 열을 맞추어 적는 식으로) 공간에 따라 유추적으로 표상할 수도 있고, (순서대로 열거해) 시간에 따라 유추적으로 표상할 수도 있으며, (1부터 12까지) 숫자로 표상할 수도 있고, (A에서 L까지) 알파벳으로 표상할 수도 있으며, (낮은음에서 높은음으로) 소리에 따라 표상할 수도 있다. 심지어는 (연한 분홍에서 빨강으로 점점 진해지는 열두 개의 구슬을 가지고) 색상으로 표상할 수도 있다.

하지만 많은 유추적 표상이 공간적으로 이루어진 것은 결코 우연이 아니다. 시각은 우리의 가장 강력한 감각이기 때문이다. 시각 체계는 결합, 병렬, 빈 간격 같은 공간적인 관계에 주목하도록, 그리고 결합 관계를 이동 가능한 경로로 여기도록 진화해왔다. 앞서 4장에서 화학자들이 원소주기율표의 빈 간격을 채울 새로운 원소를 찾으려 했다고 이야기했다. 거기에서 언급하지 않은 점이 하나 있다. 바로 우리가 본능적으로 빈 간격에 주목한다는 사실이다. 공간적 유사성과 균형에 주목하는 것 또한 마찬가지로 자연스러운 일이다.

특정한 관념 공간이나 문제가 공간적인 모형이나 도표로 표상될 수 있다고 가정해보라. 그런 경우 우리는 관계, 빈 간격, 잠재 경로를 볼 수 있는 일상적인 시각처리 능력을 발휘할 수 있다. 그리고 우리가 그렇게 할 수 있다면 관념 공간을 더욱 쉽게 탐색할 수 있다.

그렇다면 케쿨레가 꼬리를 물고 있는 뱀과 닫힌 선이 고리를 형성하는 것 사이의 유사성을 인식한 것은 전혀 놀라운 일이 아니다(물론 4장에서 설명했듯 그가 그 일의 화학적 중요성을 알아차릴 수 있었던 것은 다른 유형의 추론과 관련되어 있다). 그리고 롱게-히긴스가 장조와 단조 옥타브를 무시했던 것도 놀랄 일이 아니다. 조성이 2차원적이라면 그것을 (자연적으로 제공된 추론 능력으로) 공간적인 배열로 표상할 수 있다.

인간의 창의성에 대해 글을 쓰는 작가들은 보통 우리의 매우 정교한 시각적 처리 능력을 당연한 것으로 여긴다. 하지만 우리가 도표를 사용하는 능력을 프로그램으로 만들고자 하는 인공지능 개발자들은 그렇지 않다. 컴퓨터의 추론 능력은 '저절로' 생기지 않는다. 그리고 컴퓨터가 시각적 이미지를 해석할 수 있게 만드는 것은 단순한 문제가 아니다. 공간적인 표상을 사용하는 것처럼 보이는 많은 프로그램들은 사실 공간을 전혀 사용하지 못하거나(대신 숫자를 사용한다), 혹은 단순한 공간적 배열을 조사하기 위해 (인간의 기준으로 보았을 때) 매우 원시적인 방법을 사용한다.

예를 들어 롱게 히긴스의 프로그램은 (위, 아래, 왼쪽, 오른쪽의) 이웃 음표를 찾는다. 하지만 우리는 그림 5.2의 배열을 보고 쉽게 인식할 수 있는 균형적이거나 반복되는 패턴의 음표에는 까막눈이다. 또 그림 5.5에서 B의 오른쪽 끝을 툭 건드려 무너뜨리면 D 위로 떨어져서 D의 왼쪽이 바닥으로 기울게 될 것이라는 사실을 '보거나' 추론할 수 없다.

연속적인 공간의 변화를 여러 장의 '사진'처럼 포착해서 위와 같은 사실을 추론할 수 있는 프로그램도 몇 개 있기는 하다. 하지만 그러한 시스템도 도형 B와 C의 형태가 유사하다는 사실을 볼 수는 없다(그러한 기능을 쉽게 보강할 수 있기는 하다).

인간의 시각이 어떻게 기능하는지에 대해 알면 알수록 우리는 공간적 도표를 사용하도록 설계된 프로그램에 그 지식을 적용할 수 있다. 반면

그림 5.5

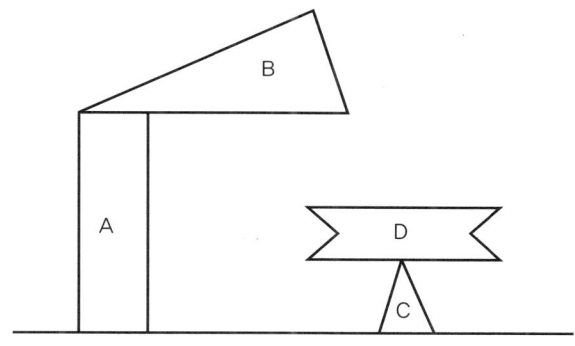

컴퓨터 모델 및 시각적 표상과 관련된 인간의 창의성에 대한 우리의 심리적인 이해는 제한될 것이다. 요컨대 케쿨레의 뱀은 우리가 생각하는 것보다 훨씬 더 어려운 문제다.

케쿨레의 뱀은 이미지가 항상 유용하다는 점을 보여주지 않는다. 어떤 표상이든 창의성을 촉진할 수 있지만 또 저해할 수도 있다. 창의성을 발휘한다는 것은 현재 사용하는 특정 정신 과정에 내재된 덫에서 탈출하는 것이다. 사람들은 굳어버린 휴리스틱뿐 아니라 굳어버린 표상 때문에 함정에 빠질 수 있다.

많은 난센스 퀴즈가 이러한 함정을 이용한다. 예를 들어 친구들과 커피를 마시며 아래의 수학 수수께끼를 풀고 있다고 해보자. 수학을 가장 못하는 친구가 예상외로 가장 먼저 답을 내놓을지 모른다. 공학자와 물리학자들은 (함정이 있을지도 모른다고 생각하면서도) 대개 그러한 문제를 잘 풀지 못한다. 사실 나는 두 명의 유명 수학자들에게 아래 문제를 풀어보라고 했는데 그들은 해법의 원리가 분명하지만 컴퓨터를 사용하거나 연필로 길게 풀이를 적지 않고는 해답을 얻을 수 없다며 답하기를 거절했다.

문제는 다음과 같다. '서로 x피트만큼 떨어진 집이 두 채 있다. 두 집의 벽면 A와 B에는 20피트 길이의 줄이 걸려 있다. A와 B는 땅 위로부터 동일한 높이에 있다. 그 높이는 줄을 자유롭게 걸 수 있을 만큼 충분히 높다. 줄은 10피트만큼 수직으로 늘어져 있다. 그렇다면 x의 값은 얼마인가? 즉, 두 집은 서로 얼마나 떨어져 있는가? 수직으로 늘어진(줄의 가장 낮은 점, 그리고 A와 B가 이어진 수평의 선 사이의 거리) 줄의 길이는 10피트다. 그렇다면 x는 얼마인가? 즉, 두 집 사이의 거리는 얼마인가?'

목걸이 게임과 마찬가지로 계속 읽기 전에 각자 풀어보라. 종이에 그림을 그려도 좋다. 그런 다음 친구들에게 풀어보게 하라.

수학자나 공학자, 물리학자라면 "아하! 현수선 곡선식이군! 이게 바로 공식이야. 하지만 x 값은 바로 못 알아내겠는걸. 현수선 문제를 5분 만에 풀 순 없거든" 하고 말할 가능성이 높다. 반나절을 들이지 않아도 이 문제를 풀 수 있다고 알려줘도 그다지 도움이 되지 않을 것이다. 그들의 생각은 현수선 곡선식이라는 개념에 가로막혀 그것으로부터 헤어날 수 없다. 그리 오래 걸리지 않는다고 말하면 이번에는 삼각법을 쓰려고 할 가능성이 높다(그들은 아무리 그림을 뚫어지게 쳐다보며 계산을 해도 근삿값밖에 내놓지 못할 것이다). 그리고 결국 그 계산법 또한 포기하게 될 것이다.

이보다 수학적으로 덜 능숙한 사람들은 대체로 종이에 줄과 집 두 채를 그리거나 아니면 머릿속에 그림을 그리면서 시작할 것이다. 그러나 이 방법 역시 먹히지 않는다.

많은 사람들이 이 문제는 풀 수 없다며 이쯤에서 포기한다. 물론 이것은 풀 수 있는 문제다. 내 아들은 거의 듣자마자 풀었다. (힌트가 필요한가? 10과 20이라는 숫자에 주목하라. 답이 필요한가? 하지만 알려줄 수 없다.)

이 문제를 풀었다면 이제 왜 (그림을 상상하거나) 그림을 그리는 것이 오히려 정답으로부터 멀어지게 하는지 이해할 수 있을 것이다. (내 친구 하나는 등산을 하는 동안 종이와 연필 없이도 금세 이 문제를 풀었다. 그는 자신이 "연상 능력이 아주 떨어진다"고 하였다.) 종종 사람들은 케쿨레의 뱀 이야기를 예로 들면서 시각 이미지가 창의성에 도움을 준다고 말한다. 물론 그럴 수도 있다. 하지만 그것이 창의성을 방해할 수도 있다.

시각적 표현의 '차단' 효과는 유클리드와 파포스 그리고 기하학 프로그램의 예들을 보아도 분명히 나타난다.

기하학 프로그램은 기초적인 유클리드의 기하학 이론을 증명할 목적으로 개발된 아주 초기의 인공지능 시스템이다.[4] 이 프로그램의 전반적인 전략은 수단-목표 분석(혹은 계획)을 이용해 증명할 정리로부터 출발, 거꾸로 진행하는 것이다. 그리고 문제를 여러 개의 목표와 하위 목표로 계층을 만들어 표현한다.

해당 정리를 주 목표로 한 다음, 가장 먼저 그 정리가 즉각적으로 추론될 수 있는 표현을 찾는다. 만약 그 표현이 공리나 증명된 정리로 이미 존재한다면 성공이다. 문제가 해결된 것이다.

만약 그렇지 않다면 이제 이 프로그램은 높은 단계의 표현이 추론될 수 있는 더 낮은 단계의 표현을 찾는 하위 목표를 세운다. 만약 그 표현이 공리나 정리가 아니라면 다시 그것을 증명할 수 있는 하위-하위 목표를 세운다. 이런 식으로 계속 진행하는 것이다. (이 프로그램은 주어진 문제를 해결하기 위해 평균적으로 여덟 단계를 밟는다.)

이 프로그램은 어느 정도의 기하학적 '통찰력'을 발휘할 수 있다. 이 것이 없었다면 문제들을 해결하기 매우 힘들었을 것이다. 즉, 프로그램은 탐색 공간 중에서도 가장 해결 가능성이 높은 길을 찾는 방식을 사용한다. 주어진 목표-정리를 즉각적으로 추론할 수 있는 표현은 항상 수없이 존재한다. 여기서 할 일은 유클리드의 공리나 기존에 증명된 다른 정리들로부터 비교적 적은 단계만 거쳐 추론할 수 있는 경로를 선택하는 것이다. 실제로 이 프로그램은 후보가 될 만한 표현들을 빠짐없이 시도하는 대신 가장 가능성이 높은 것들에 초점을 맞추는 방식을 쓴다.

가장 중요한 휴리스틱 방식은 처음의 제안, 즉 후보에 오른 표현을 그 문제에서 언급된 기하학적 제약을 표현한 그림과 비교하는 것이다. (주어진 문제에 대한 처음 그림은 기하학 교재에서 종종 그렇듯 프로그램에 '기본적으로' 제공된다.) 그림과 상충되는 표현, 예를 들어 그림 속에 아무런 각도 없는데 직각이라는 단어가 언급되었다면 그 그림은 맞지 않으니 버려야 한다.

이런 식으로 다른 모든 표현이 적합하지 않으면 다음에는 탐색 공간을 확장시키는 방법을 불러온다. 유클리드 자신이 이용했던 기하학적 작도(geometrical construction) 방식을 이용해 그림을 변형시키는 것이다.

요컨대 본래 연결되어 있지 않던 점들을 잇는 새 선을 긋고 이 선을 연장해 다른 기존 선들과 교차시키는 것이다. 그렇게 하여 생긴 교차점에 새 이름을 붙인다.

예를 들어 평행사변형의 두 대변의 길이가 같다는 것을 증명하기 위해 프로그램은 그림 5.6(a)처럼 점선으로 대각선을 그린다. 다시 프로그램은 사다리꼴 대각선의 중간 지점에서 만나는 선을 그릴지 고려한다. 이 선을 연장하면 이 사다리꼴의 '평행하지 않은' 선을 정확히 반으로

그림 5.6(a)

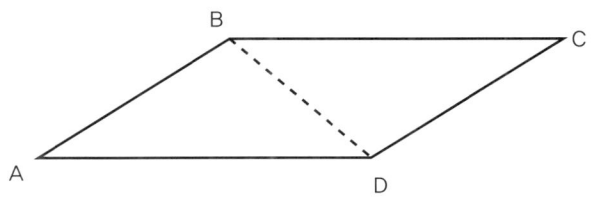

그림 5.6(b)

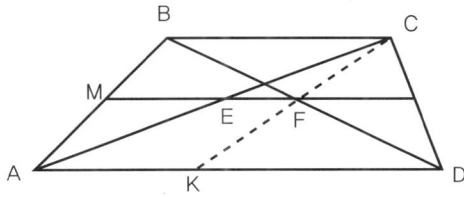

나누게 될까? 그렇다는 것을 증명하기 위해 프로그램은 그림 5.6(b)와 같이 점선을 그리고 새로운 교차점을 K라 정한다.

이 기하학 프로그램은 유클리드의 기본적인 평면기하학에 나오는 수많은 정리를 증명해냈다. 1년도 채 되지 않는 최초 실험 기간 동안 50가지가 넘는 정리가 증명되었다. 그중 하나가 특히 흥미롭다. 바로 이등변삼각형의 두 밑각이 서로 같다는 증명이다.

유클리드는 꽤 복잡한 방식으로 이등변삼각형의 두 밑각이 합동이라는 것을 증명했다. 이때 그가 사용한 그림이 바로 그림 5.7이며, 마치 다리처럼 보이는 그의 새로운 그림이 바로 그림 5.8이다.

그림 5.7	그림 5.8
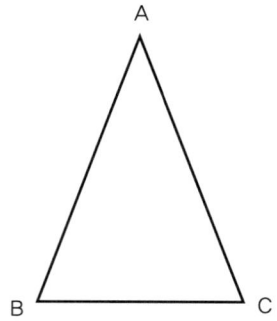	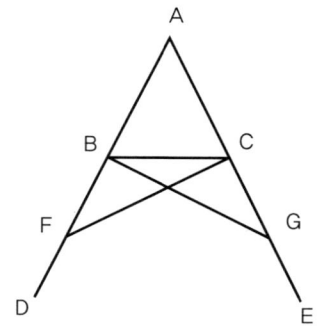

첫 번째 그림을 두 번째 그림으로 바꾸기 위해 그는 첫 번째 삼각형의 양변을 늘렸다(그래서 변 AB와 변 AC가 변 AD와 변 AE가 되었다). 그 다음 연장된 한 변에서 임의의 점을 찍어 점 F라 이름 붙였다. 그런 다음에는 꼭짓점 A로부터 같은 길이가 되도록 다른 변에 점 G를 찍었다. 그리고 마지막으로 새로 찍은 두 점으로부터 각각 반대편에 있는 기존 삼각형의 밑각 꼭짓점으로 선을 연결해 두 개의 선, 변 FC와 변 GB를 그렸다.

여기까지 마친 유클리드는 결론에 도달하기까지 상당한 거리를 돌아갔다. 자세한 내용은 우리에게 중요치 않다. [이는 그의 책 《기하학(Elements of Geometry)》의 첫 권 앞쪽에 나오는 증명으로서, 폰스 아시노럼(pons asinorum), 즉 '당나귀의 다리'라고 불린다. 이 문제가 '다리를 건널 수 없는 당나귀'를 가려내기 때문이다.] 여기에서 중요한 점은 유클리드가 도형을 그림 5.7에서 그림 5.8로 변형함으로써 문제를 상당히 복잡하게 만들었다는 것이다.

이 증명이 꽤 어렵기 때문에 아이들은 다른 방식으로 이등변삼각형의 두 밑각이 합동이라는 것을 증명하는 법을 배운다. 그러나 이 방식 역시 그림을 그려야 한다.

삼각형의 밑변을 반으로 나누는 선분이 꼭지각 역시 반으로 나눈다. 그러면 그림 5.7이 그림 5.9로 바뀐다. 유클리드의 증명보다 훨씬 간단한 이 증명은 다음과 같다.

삼각형 ABD와 ACD를 확인한다.

AB = AC (주어진 값)

AD = DA (공통)

각 BAD = 각 CAD

그러므로 두 삼각형은 합동이다(두 변과 끼인각이 같음).

그러므로 각 ABD = 각 ACD

증명 완료.

[유클리드가 이렇게 간단한 증명법을 '놓쳤다'고 나무랄 수는 없다. '당나귀의 다리(pons asinorum)' 대신 이 증명을 첫 권에서 쓸 수는 없었다. 그때까지는 합동에 대한 정리를 증명해내지 못했기 때문이다. 이것은 훨씬 나중에 일어난 일이다.]

따라서 합동에 대해 알고 있던 이 기하학 프로그램이라면 위와 같이 했을 것이라고 기대할 수도 있다. 그러나 프로그램도 그 방법을 쓰지는 않았다.

이 프로그램은 다른 모든 방법이 실패했을 경우에만 추가로 그림을 그려 넣게 되어 있다. 이에 따라 이 프로그램은 작도를 할 필요가 없는 탐색 공간에서 먼저 철저한 탐색을 거친다. 그리고 이 탐색은 결국 성공했다.

그림 5.9

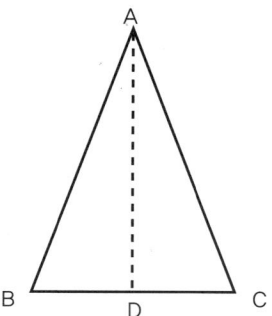

그 프로그램은 도형을 고치는 대신 그림 5.7과 합동에 대한 유클리드의 정리 중 하나를 이용해 아래와 같이 입증했다.

삼각형 ABC와 ACB를 확인한다.

각 BAC = 각 CAB (공통)

AB = AC (주어진 값)

AC = AB (주어진 값)

따라서 두 삼각형은 합동이다(두 변과 끼인각이 같음).

따라서 각 ABC = 각 ACB

증명 완료.

이 증명은 유클리드의 증명보다 명쾌하다. 어떤 '다리'도 필요치 않다. 그리고 이 증명은 학교에서 가르치는 내용보다 훨씬 더 군더더기 없이 깔끔하다. 학교에서도 선을 추가할 필요가 없는 합동의 개념을 사용한다. 3장에서 언급했듯 이러한 증명을 한 학생들은 P-창의적이라 할 수 있다. 그렇다면 컴퓨터는 어떨까? 컴퓨터의 증명도 P-창의적이라 할 수 있을까?

러브레이스가 그러했듯 프로그래머가 간단한 합동 증명을 수행하도록 '명령했다'는 말은 오해를 불러일으킬 수 있다.

"컴퓨터가 창의적일 수 있느냐고? 물론 아니지! 컴퓨터는 그 프로그램 덕분에 증명할 수 있었던 거잖아"라고 간단히 말하고 넘어갈 수 있는 사람은 없다. 컴퓨터 프로그램이 진정한 의미의 창의성을 발휘할 수 없다는 주장은 네 가지 러브레이스 질문 중 마지막 질문인 "컴퓨터가 단순히 프로그래머의 명령에 따라 창의적인 것처럼 보이는 성과를 내는 데 그치지 않고 정말 스스로 창의성을 발휘할 수 있을까?"와 관련이 있다. 그러나 여기서 우리는 두 번째 러브레이스 질문인 "컴퓨터가 적어도 창의적인 듯 보이는 일을 할 수 있을까?"에 초점을 맞출 것이다.

언뜻 보면 두 번째 질문에 대한 대답은 '그렇다'인 것처럼 보인다. 컴퓨터는 유클리드보다 훨씬 간단하게 증명을 해냈다. 사람들이 흔히 사용하는 증명보다도 더 군더더기가 없다. 컴퓨터가 수행한 증명은 푸앵카레가 정의한 수학적 통찰의 기준인 '수학적으로 명쾌하다는 느낌을 주는 것'의 조건을 충족시킨다.

그러나 익히 알고 있듯 창의성이란 연산적인 자원을 활용해 탐구하고, 때로는 익숙했던 개념 공간을 깨버리는 것이다. 자세히 들여다보면 프로그램이 최초의 탐색 공간을 깨고 나오지 못한다는 사실을 알 수 있다. 컴퓨터 프로그램은 규칙을 약간 벗어나는 경우도 없거니와 그것을 깨뜨린다는 것은 상상도 하지 못한다.

왜 그런지 생각해보기에 앞서 유클리드 이후 6세기가 지나 파푸스가 어떻게 그 문제를 풀었는지 살펴보자. 파푸스 또한 어떤 작도도 하지 않고 '밑변이 동일하다'는 합동 증명을 해냈다. 양피지에 적힌 내용을 보면 사실 그의 증명은 기하학 프로그램이 해낸 증명과 동일했다. 하지만 프로그램과 다른 점이 있다면 파푸스는 그림 5.7로부터 벗어났다.

그림 5.7을 한번 보라. 무엇이 보이는가? 아마도 삼각형이 보일 것이다. 특정한 형태로 선에 둘러싸인 도형 말이다. 자, 이제 삼각형 두 개를 머릿속에 그려보라. 아마 그림 5.10에 나오듯 두 개의 다른 (겹치지 않는) 도형을 상상할 것이다. 이제 두 삼각형에 대한 기하학 정리를 이용해보라(이를테면 합동에 대한 기하학 원리를 이용해보라). 아마도 당신은 그 정리가 그림 5.10에 나오는 것 같은 도형에 적용되리라 가정할 것이다.

그림 5.10

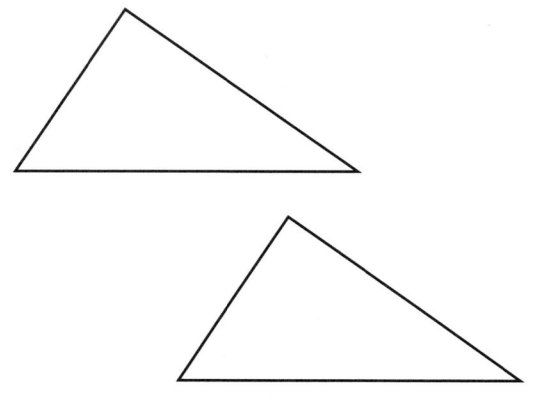

사람들은 케쿨레가 뱀과 끈 사이의 유사성 혹은 꼬리를 물고 있는 뱀과 원형 고리 사이의 유사성에 주목했으리라 가정한다. 그리고 사람들이 그러한 가정을 내세우는 만큼 나도 여기서 내 가정을 내세울 권리가 있다. 케쿨레의 발견에 대한 사람들의 가정은 인간 시각 체계의 정상적인 기능을 당연하게 여기는 데에서 나온다.

앞에서 이야기했던 (가상의 P-창의적인 학생과 마찬가지로) 파푸스도 이러한 기능들을 즐겼다. 하지만 그는 그것들을 분리시킬 수 있었다. 파푸스는 합동의 개념을 두 개의 분리된 삼각형뿐 아니라 '회전시켜 놓은 동일한 하나의 삼각형'에도 적용시킬 수 있다는 사실을 깨달았다. (그는 머릿속으로 삼각형을 들어 올린 후 그 남은 자국을 그려볼 수 있었다.)

기하학 프로그램은 그러한 생각을 할 수 없다. 컴퓨터 프로그램을 아무리 오래 작동시킨다 해도 그렇게 할 수 없을 것이다. 그 이유는 컴퓨터 프로그램의 표상 방식에 있다.

초기 인공지능 시스템은 '실제' 도형을 사용하지 않는다. 대신 공간상의 좌표를 나타내는 숫자를 통해 (그래프상의 x, y 좌표를 통해) 삼각형을 추상적으로 표상한다.

마찬가지로 도형의 각 또한 꼭짓점과 직선을 통해 시각적으로 확인하지 않는다. 대신 추상적인 세 점을 통해 표상한다. 그래서 우리가 '하나의' 각이라고 보는 것을 컴퓨터 프로그램은 두 개의 (혹은 그 이상의) 다른 이름이 있는 각으로 표상한다. 예컨대 컴퓨터 프로그램은 그림 5.6(b)에서 각 ABD, DBA, MBD, DBM, ABF, FBA, MBF, FBM을 각기 다른 각으로 인지할 것이다. (이 각들이 서로 동일하다는 것을 증명하다가 프로그램이 교착상태에 빠지는 것을 막기 위해 각의 동일성을 가정하는 처리 과정이 더해졌다.)

이렇게 추상적이고 비시각적인 표상 방식 덕분에 기하학 프로그램은 그림 5.7에 나오는 삼각형 ABC와 ACB의 합동을 알아낼 수 있다. 하지만 또 그 이유 때문에 기하학 프로그램은 자신이 행한 증명이 얼마나 흥미로운지 인지할 수 없다.

컴퓨터 프로그램은 우리와 마찬가지로 분리된 삼각형을 볼 수 없기 때문에 '두개의 분리된 삼각형'이라는 제약에서 벗어나야 할 필요가 없다. 컴퓨터 프로그램에는 거울에 반사된 이등변삼각형이 원래 삼각형과 일치한다는 파푸스의 (시각적인) 기하학적 통찰에 상응하는 것이 없다. 컴퓨터의 '기하학적 통찰'은 실제의 공간 구조를 탐색하는 방식과 반대로 완전히 추상적으로 정의된 휴리스틱으로 구성되어 있다.

게다가 컴퓨터 프로그램은 삼각형을 회전시킨다는 생각을 떠올릴 수조차 없다. 3차원에 대해 아는 것이 전혀 없기 때문이다. 파푸스의 증명이 창의적인 것은 평면기하학 문제를 3차원을 활용해 풀었기 때문이라고 생각하는 사람도 있을지 모른다. (또 어떤 사람은 파푸스가 부정한 방법을 사용했다고 말할지도 모른다. 삼각형을 들어 올리고 남아 있는 자취를 사용하는 것은 평면기하학에서는 사용하지 않는 방식이기 때문이다. 규칙을 독창적으로 깨뜨리거나 규칙에서 벗어나는 것은 항상 '부정'으로 여겨질 여지가 있다.)

파푸스와 달리 컴퓨터 프로그램은 최초의 탐색 공간을 변형시키지 않았다. 컴퓨터 프로그램은 (그림 5.8을 포함해) 탐색을 철저히 함으로써 우리가 다른 개념 공간에 있다고 생각하는 결과에 도달할 수 있다는 것을 보여주었다.

이러한 경우라면 러브레이스의 말에도 일리가 있다. 하지만 컴퓨터 프로그램이 무엇을 할 수 있고 무엇을 할 수 없는지는 항상 직관적으로 명백하다는 러브 레이스의 말을 믿어서는 안 된다. 그것은 명백하지 않다. 기하학 프로그램은 우리에게 놀라운 능력을 보여주기는 하지만 창의적이라 부르기에는 적당치 않다.

많은 경우 창의성은 정신의 연상 능력에 의해 좌우된다. 이 장에서 논의하는 개념들로는 연상에 대해 설명할 수 없다고 생각하는 사람이 있을지도 모르겠다. 물론 우리는 '연상'(의미)망에 대해 알아보고, 조합적 창의성이 연상망에 의해 좌우된다는 사실도 논의했다. 하지만 인간의 기억을 의미망으로 설명하는 것과(누가 여기에 반대하겠는가? 콜리지, 푸앵카레, 쾨슬러는 분명 동의할 것이다) 인공지능의 기억을 의미망의 측면에서 설명하는 것은 별개의 문제다.

창의적 사고자들이 엄격히 정의된 서치 트리에 휴리스틱을 적용함으로써 인공지능이 하는 방식과 동일하게 직면한 모든 문제를 해결할 수 있다는 말은 인간이 문제를 해결하기 위해 휴리스틱을 사용한다는 말과 다르다.

분명 현실의 어떤 문제는 비교적 전형적인 탐색 공간 내에서 해결되기도 한다. 목걸이 게임, 유클리드 기하학, 화학, 화음, 체스 등이 그러하다. 하지만 어떤 문제는 명백히 그렇지 않다. 게다가 엄격한 법칙과 관련된 문제라 해도 더욱 유연한 정신 과정을 요하는 경우가 있다. 다시 말해 탐구 기반의 창의성에 필요한 탐구에는 전통적인 인공지능으로는 설명할 수 없는 사고 과정이 필요할다.

예를 들어 체스 고수들은 수천 가지의 다른 수를 생각해낼 수 있어야 한다. 케쿨레는 화학의 법칙을 알아야 했을 뿐 아니라 꼬리를 물고 있는 뱀을 닫힌 고리로 볼 수 있어야 했다. 그리고 문학이나 음악 분야의 예술가들은 (그리고 독자나 청중도 마찬가지로) 어떤 문구나 악구가 다른 문구나 악구를 떠올리게 한다는 사실을 인지할 수 있어야만 하는 경우가 많다. 쾨슬러가 지적했듯 많은 창의적 행위는 '아무도 보지 못한 곳에서 비유의 상징을 보는 것'과 관련되어 있다. 그것이 어떻게 가능한가? 쾨슬러의 말을 빌리자면, "숨겨진 유사성은 어디에 있고, 어떻게 찾아야 하는가?"

쾨슬러의 이 질문에는 마땅히 답변이 따라야 한다. 그리고 엄격히 정의된 서치 트리와 의미망으로는 답을 내놓을 수 없다. 실생활에서 일어나는 문제들은 보통 많은 제약을 한꺼번에 충족시켜야 하지만 개별적으로는 그렇지 않다. 예를 들어 친구의 머리 모양이 바뀌고, 얼굴이 타고, 여드름이 나는 등등의 변화가 생겨도 알아보는 데 문제가 없다. 과학자와 (특히) 예술가들도 종종 비슷한 문제에 직면한다. 화성에는 규칙이 필요하다. 물론 소네트 형식 역시 그러하다. 그렇다면 시적 심상을 컴퓨터 용어로 설명할 수 있을까?

6장

창의적인 연결

파리의 태피스트리 '여인과 일각수(Lady and the Unicorn)'에 묘사된 유니콘은 말의 몸통, 황소처럼 갈라진 발굽, 염소처럼 수염이 달린 머리, 사자처럼 숱이 많은 꼬리, 그리고 일각고래 같은 긴 뿔을 하고 있다. 그림 속 유니콘은 매우 상냥한 표정을 짓고 있지만 아쉽게도 실제로는 존재하지 않는다. 실제 한 번도 보지 못한 상태에서 상상만으로 수를 놓은 사람이나 애초에 신화를 만들어낸 사람은 어떻게 그런 아이디어를 떠올렸을까?

콜리지의 시 〈늙은 뱃사람의 노래〉에 등장하는 물뱀은 어떤가? "푸른색, 빛나는 녹색 그리고 벨벳과 같은 검정색", 그들은 "엘프 같은 빛을 내는 희끄무레한 조각을 흘리고 하얗게 빛나는 흔적을 남기며 움직였다" 같은 표현은? 사실 콜리지는 그런 동물은커녕 이국적인 바다 생물을 한 번도 본적이 없다(그는 바다에 가본 적이 없었다). 그리고 그가 읽은 수많은 책에 간혹 '물뱀'이 등장하긴 했지만 '희끄무레한 조각' 같은 이야기는 없었다.

그가 접한 것은 쿡 선장의 일기와 수많은 항해일지(그중에는 수 세기 전에 출판된 것들도 있었다)부터 다른 사람의 시나 그가 반쯤 완성한 것들, 그리고 광학에 대한 기술적 논문과 왕립협회의 〈철학회보(Philosophical Transaction)〉들까지 다양한 언어로 된 자료들이었다. 대체 어떤 정신적 메커니즘이 그렇게 희한한 잡동사니 자료들로부터 빛을 뿜는 물뱀 같은 생각을 만들어내게 했을까? 차라리 모자에서 토끼를 끄집어내는 마술이 이보다 덜 불가사의할 것이다.

이 정신적 메커니즘이 무엇이든 컴퓨터 개념으로는 설명하기 불가능해 보일지도 모른다. 컴퓨터 프로그램에는 예술가나 과학자들이 자신의 창의적 순간에 대해 설명할 때 느껴지는 것과는 매우 다른 '분위기'가 있다. 물론 사람은 자기가 의식하는 생각만을 설명할 수 있다. 그때 어떤 무의식적 영향력이 작용했는지 누가 알겠는가? 그럼에도 불구하고 대부분의 자기반성적 진술의 성격은 기하학 정리 증명 프로그램에서 사용되는 휴리스틱 방식과 맞지 않는다.

예를 들어 분자생물학자 프랑수아 자코브(François Jacob)는 이에 대해 아래와 같이 표현했다.

> 데이 사이언스(Day science)는 톱니바퀴처럼 맞물려 돌아가는 추론을 이용한다. …… 사람들은 당당한 데이 사이언스를 다빈치의 그림이나 바흐의 푸가처럼 동경한다. 사용자는 마치 프랑스의 격식을 차린 정원처럼 그 주변을 거닐 수 있다. …… 반면 나이트 사이언스(Night science)는 앞이 보이지 않는 상태에서 서성인다. 주저하고, 발이 걸려 비틀거리고, 뒤처지고, 땀 흘리고, 깜짝 놀라 잠에서 깬다. 그리고 모든 것을 의심한다. ……

그것은 가능성을 연구하는 장이다. …… 감각의 길, 비비 꼬인 길, 거의 항상 앞이 보이지 않는 골목길을 따라 생각이 움직이는 곳.[1]

창의적 과학에 대한 위와 같은 묘사를 들으면 많은 생각이 들 것이다. 하지만 '프로그램'이나 '컴퓨터'를 떠올릴 가능성은 매우 낮다.

생물학적 관점에서 이것은 전혀 놀랄 일이 아니다. '나이트 사이언스'나 시적 상상력 혹은 신화 속 동물의 묘사 같은 것이 컴퓨터 프로그램 규칙으로 포착할 수 있는 심리적 과정과 연관되어 있다고 그 누가 생각하겠는가? 인간의 두뇌와 컴퓨터는 크게 다르다. 인간은 컴퓨터가 할 수 없는 일을 할 수 있다고 기대하는 것이 당연하다.

컴퓨터광이라면 아마 '데이 사이언스'의 문제해결 방식을 프로그래밍할 수 있을 것이다. 그렇다. 성공적인 프로그램들이 이미 존재한다. '워터 스네이크(물뱀)'와 '호리 플레이크(희끄무레한 조각)'처럼 박자와 운율을 맞추기 위해 사전을 뒤지는 준-기계적 탐색 또한 프로그래밍할 수 있다. 일종의 과학적 창의력을 모델화할 수도 있다고 일단 믿어주자. 귀납법을 사용하면 데이터에 숨겨진 패턴을 발견할 수 있고 심지어는 단순한 수학적 법칙을 만들어낼 수도 있다. 그리고 인공지능을 배운 학생이라면 분명 존재하지 않는 괴물을 창조하는 개념 혼합 프로그램 또한 만들 수 있다. 말과 염소, 황소, 사자, 일각고래를 입력하고 몸통, 머리, 발, 꼬리, 뿔을 처넣은 뒤 프로그램을 실행하라! 그러면 유니콘이 나온다. 하지만 그 유니콘은 상냥한 표정도 짓지 않을뿐더러 들려줄 이야기도 없을 것이다. 마찬가지로 물고기와 여자를 더하면 인어를 얻을지는 몰라도 그 인어가 아름답게 노래하지는 않을 것이다.

요컨대(반대 이유는 이렇게 나간다) 과학적 창의력과 시적 창의력을 컴퓨터 용어로 설명하려는 것은 어리석은 짓이다. '컴퓨터'를 의미하는 'Computation'은 그 자체가 '프로그램을 따른다'는 뜻이다. 두뇌가 무슨 일을 하든 분명 프로그램을 따르지는 않을 것이다.

이러한 반대 주장의 핵심은 두뇌가 디지털컴퓨터와 매우 다르다는 것이다. 디지털컴퓨터를 고안해낸 존 폰 노이만(John von Neumann)은 이 사실을 잘 알고 있었고 '두뇌의 논리'가 컴퓨터 프로그램처럼 될 수는 없다고 주장했다. (대신 오늘날 각광받고 있는 열역학처럼 될 수는 있을지도 모른다고 하였다.) 두뇌와 디지털컴퓨터 사이의 차이점을 인지하지 못한다면 창의성에 대한 그 어떤 과학적 설명도 실패할 수밖에 없다.

이 답변에서 요점은 두뇌도 어느 정도까지는 특정한 컴퓨터 유형과 비슷하다는 것이다. 다시 말해 연결주의 시스템이나 신경망 같은 것 말이다. 연결주의 시스템에서 'Computation'은 전통 방식으로 프로그램을 따라간다는 뜻이 아니다. 연결주의 'Computation' 개념들이 두뇌의 작용 원리를 이해하는 데 어떻게 도움이 되는지, 그리고 인간 창의력, 특히 조합적 창의력이 어떻게 가능한지 곧 살펴보게 될 것이다.

하지만 일단 짚고 넘어가야 할 것이 있다. 위에서 언급한 물뱀들을 다시 떠올려보라. 물뱀들은 시 속에서만 노닐고 있는 것이 아니라 콜리지의 상상력을 따라가는 훌륭한 탐정소설 속에서도 발견된다.[2]

60여 년 전 존 리빙스턴 로스(John Livingston Lowes)가 쓴 문학 스릴러에 나타나는 대부분의 실마리는 콜리지가 3년에 걸쳐 자신의 폭넓은 독서 경험을 통해 메모해둔 자질구레한 글귀와 아이디어에서도 발견된다. 학자이자 탐정인 리빙스턴 로스는 원문(예를 들어 사무엘 퍼카스(Samuel

Purchas)의 〈순례기(Pilgrimage)〉나 〈철학회보〉]으로 돌아가 갈겨쓴 문구들의 본래 맥락을 살펴보고 거기 각주에 언급된 책들을 뒤져보기도 했다. 종종 시인이 똑같은 길을 따라 방랑했다는 뚜렷하고 지적인 발자취나 설득력 있는 암시를 발견하기도 했다.

리빙스턴 로스는 콜리지의 정신 속 특정한 개념적 연상들에 대해 자세한 증거를 제시하기도 했다. 그 증거는 아마도 특정 단어나 글귀 혹은 절 등에 깔려 있을 것이다.

여기서 '증거'와 '아마' 같은 비(非)단정적인 단어밖에 쓸 수 없는 이유는 9장에서 자세히 설명하겠다. 보통 학자들은 이러한 주장을 형사 법정이 아니라 민사 법정에서 제시해야 한다. 특정 글귀나 심상이 때로는 모든 논리적 의심을 넘어 생겨나기도 한다. 그러나 우리는 그에 앞서 여러 가능성을 균형 있게 고려해야 한다. 시인으로부터 직접 고백을 들을 때에만 확실성이라는 말을 쓸 수 있다. 콜리지가 〈쿠빌라이 칸〉을 저술할 때 이용한 최초의 사고 틀과 일부 심상이 퍼카스의 〈순례기〉 중 한 문장에 나왔던 것처럼 말이다.

우리의 목적으로 볼 때 이는 중요하지 않다. 우리는 "그가 과연 다이아몬드를 훔쳤는가?"라고 묻는 탐정이라기보다 "절도는 어떻게 일어나는가?"라고 묻는 범죄예방관에 가깝다. 물론 범죄예방관이라면 범죄자들이 쓸 법한 절도 수법들을 예상할 수 있어야 한다. 그러나 확실한 증거를 제시할 필요는 없다. 이와 마찬가지로 우리가 궁금한 것은 창의성이 발현되는 방식이기 때문에 구체적인 아이디어가 특정 방식으로 떠오르거나 떠오를 수 있는 방식만 보여주면 된다.

리빙스턴 로스는 콜리지의 문학작품에 나온 물뱀의 기원을 찾고자 애썼지만 결국 수수께끼로 남긴 채 논문을 마무리 지을 수밖에 없었다. 그는 그 기원을 콜리지가 남긴 기록 중 최소 일곱 권과 그가 읽은 것으로 알려진 그 밖의 책들에서 찾았다. 그는 가능한 한 완벽한 계보를 작성하기 위해 세부 사항과 미묘한 논쟁이 적힌 수많은 근거 자료와 흥미로운 주석을 제시했다. 아래에서 그중 몇 가지를 살펴보고 넘어가자.

16세기 후반 남국의 바다를 묘사한 글에 '뱀들'과 '녹색, 노란색, 검정색, 흰색 등의 바다 생물들'(1617년 사무엘 퍼카스가 인용)이라는 표현이 나오며, 거의 정확히 100년 뒤 윌리엄 댐피어(William Dampier) 선장의 항해일지에서 '물뱀'이 등장한다. 그리고 또다시 100년 뒤, 콜리지와 동시대 시인이 〈난파(The Shipwreck)〉라는 길고 장황한 시에서 '장난기 많은' 돌고래들의 '자취' '넘실거리는 파도에 몸을 맡긴' 돌고래 떼와 그들이 남긴 '자취가 잠시 흰 거품을 머금었다'고 썼다.

라틴어와 노르웨이어로 라플란드 지역에 관해 기록한 어느 책에서는 돌고래가 '바다에서 논다(in mari ludens)'고 썼다. 또한 〈철학회보〉에 실린 "배를 따라 빛을 발하는 생명체(Luminous Appearances in the Wakes of Ships)"라는 논문에서는 '물속에서 아름다운 빛'을 내뿜으며 '바다에서 노는 물고기 떼'와 그들이 남긴 '반짝이는 흔적'에 관해 보고하고 있다.

영국의 과학자이자 신학자인 조지프 프리스틀리(Joshep Priestley)가 쓴 《광학(Opticks)》에는 '부패한 물질에서 나는 빛'이라는 장에서 '헤엄치며 지나간 자리에 매우 밝은 빛의 자취'를 남기는 물고기에 관한 묘사가 나오고, "그 자취로 크기와 종을 짐작할 수 있다"고 적고 있다. 마지막으로 쿡 선장은 '바다 뱀'을 언급하면서 '흰색 아니면 빛을 내뿜는 생명체'가 물에서 '헤엄치는' 데, 촛불 아래서 보면 윤기 나는 '초록색'이고 어두운 곳에서 보면 '활활 타는 불꽃' 같은 바다짐승을 보았다고 기록했다.

이런 끊어진 고리의 파편들을 봐도 떠오르는 것이 없다면 앞에서 언급한 콜리지의 묘사를 다시 한 번 읽어보자. "푸른색, 빛나는 녹색, 그리고 벨벳과 같은 검정색", 그들은 "엘프 같은 빛을 내는 희끄무레한 조각을 흘리고 하얗게 빛나는 흔적을 남기며 움직였다."

리빙스턴 로스는 콜리지가 〈늙은 뱃사람의 노래〉에 사용한 것 같은 문학적 표현을 창조하려면 물뱀에 관한 묘사를 열심히 찾는 것만으로 충분치 않다고 가정했다. 실제로 그는 콜리지가 시를 쓰기 전에 남의 표현을 전혀 바꾸지 않고 그대로 옮겨 쓴 실패작들을 지적하며 이를 비판했다. (일반적으로 하다마르가 고안한 '준비기'에는 신중한 탐색이 일어난다. 영감은 준비기 이후에 떠오른다.)

하지만 그의 설명에 따르자면 콜리지는 이런 실패작들을 통한 예비 탐색 덕분에 자신의 '비범한 기억력'과 '신기한 연상 능력'을 발휘했고 물뱀의 시적 묘사를 떠올릴 만한 '의미의 장'을 구축했다. 로스는 콜리지의 정신적 능력을 다른 사람들과 완전히 다른 것이 아니라 보다 발전된 것으로 보았기 때문에 여기서 '신기한 연상 능력'이란 이질적이라는 의미로 쓰인 것이 아니다(이에 대해서는 10장에서 설명할 것이다).

그는 콜리지의 시적 상상력이 각 연과 시 전체를 조직화했다고 지적했다. 하지만 물뱀은 콜리지 자신이 기억의 '고리와 구멍'이라고 했던 둘의 결합으로 생겨난 자연스러운, 그리고 부분적으로만 의식적인 결과였다. 따라서 유일하게 사용된 구어('희끄무레')는 수많은 인용문의 기억을 되살린 것이다. 하지만 그 문장의 다른 단어들('자취' '장난기 많은' '몸을 맡김', 심지어 '돌고래' 등)이 관련된 연상 작용을 촉진했다. 요컨대 리빙스턴 로스는 시인의 정신이 매우 다양하고 미묘하게 결합되어 있는 관념 체계라고 설명했다.

물뱀이 어떻게 유니콘보다 더 놀랍고 창의적이냐고 의아해하는 사람이 있을지 모른다. 어쨌든 물뱀은 현실에 엄연히 존재하는 생물이고 콜리지가 물뱀에 관한 시를 쓰기 전부터 묘사되어 오지 않았던가. 하지만 그의 시에는 물뱀을 실제보다 더욱 실감나게 표현해낸 흥미로운 특징들(면밀히 조사해보면 유니콘의 흥미로운 특징도)이 있다.

유니콘의 탄생을 관념적 오려 붙이기 방식으로 설명하는 사람도 있다. 실제로 리빙스턴 로스가 깨뜨려 조각낸 뒤 다시 재조합한 아이디어에 관해 설명한 부분도 이런 분위기를 풍긴다. 그렇다면 다소 따분한 기존의 프로그램도 그와 유사한 조합적 창의성이 깃든 아이디어를 만들어 낼 수 있을 것이다. 위에서 보았듯이 컴퓨터는 이런 식으로 유니콘, 인어, 켄타우로스 등 수많은 괴물을 창조해냈다. 하지만 여러 가상의 짐승 중에서도 유니콘을 골라내는 데에는 감식 능력이 필요하다. 유니콘을 둘러싼 신화적이고 마법 같은 묘한 분위기도 그럴듯하게 표현해내야 한다. 이런 감식 능력이나 신화적인 분위기는 관념적 오려 붙이기로 설명할 수 없다(뒤에서 간단히 살펴보겠지만 유니콘의 '목'도 설명할 수 없다). 반면 '참신한 아이디어 떠올리기'는 비교적 수월해 보인다.

물뱀은 관념적 오려 붙이기로 설명하기에 다소 무리가 있다. 다른 곳에서 '오려낸' 표현이 시에 쓰인 것은 분명하다. '물뱀'과 '희끄무레' 등이 그러한 예다. 하지만 '오려낸' 표현들의 출처는 모두 제각각이고 여기저기 흩어져 있기 때문에 어떻게 그 표현들이 자연스럽게 연결되었는지 따로 설명할 필요가 있다. 과연 인간의 정신은 어떤 방식으로 특정 아이디어들을 배치하는가?

더욱이 관련 아이디어들은 보통 단순히 이어 붙여지는 것이 아니라 서로 융합하여 미묘하게 변형된다. 콜리지의 '빛나는 녹색'이라는 표현은 어디에서도 쓰인 적이 없지만 '녹색'은 여러 번, '빛나는'은 한 번 정도 쓰였다. 마찬가지로 물고기에 관한 최초의 보고에 '빛나는 흔적'과 '빛을 발하는 생명체'라는 표현이 사용되기는 했지만, 콜리지의 시에서 '하얗게 빛나는 흔적을 남기며 헤엄치는' 생물은 물고기가 아닌 물뱀이다. 원전에서 떠오른 아이디어가 관념적 모자이크 조각처럼 사용된 것이 아니라 서로 뒤섞여 새로운 이미지를 형성한 것이다. (유니콘도 같은 방식으로 설명할 수 있다. 유니콘은 염소 머리와 말의 몸이 목으로 연결되어, 전형적인 염소도 아니고 전형적인 말도 아닌, 유니콘이라는 새로운 개체가 되었다.)

창의성은 둘 혹은 그 이상으로 이루어진 복잡한 정신 구조를 특정 방식으로 결합하여 새로운 구조의 통합체를 형성하면서도 각 구성 요소의 영향력을 잃지 않은 상태에서 발휘된다. 도대체 어떻게 이런 일이 일어날 수 있을까?

로스는 오려 붙이기 이론이 이런 유형의 창의적인 참신함을 설명하기에 부족하다는 점을 잘 알고 있었다. 그는 이렇게 적고 있다. "키메라가 사자+용+염소가 아니듯 이 침묵의 생명체는 물고기+뱀+극미동물이 아니다. 어떠한 변형도 없이 각 부분을 단순히 결합했다는 것만으로는 이 존재를 설명하지 못한다." 즉, '단순한' 조합 이상의 무엇인가가 이루어지고 있다는 것이다. 의식적인 회상과 재구성은 창의성에서 중요한 역할을 하지만 이들만으로는 충분치 않다.

그는 계속해서 다음과 같이 적었다. "이 낯선 혼합과 융화가 발생한 모든 지점들은 하나의 결론으로 향하고 있으며, 이 결론에는 여전히 이해하기 힘든 조작 과정이 포함된다." 창의성의 근원은 무의식에 있다. 이는 프로이트가 말하는 본능이 억압된 무의식이 아니다. 콜리지는 이를 "상상력의 어스름 속에 있다가 이제 막 의식의 진입로에 들어선 발생 상태의 존재"라고 했다. 이 책에서는 미묘하고 무의식적인 상상력의 처리 과정을 다루고 있다. 로스는 다시 한 번 콜리지를 인용한다. "상상력, 이 진정한 내면의 창조자는 혼돈 상태를 이루고 있는 요소들과 여기저기 흩어져 있는 기억의 단편들을 눈 깜짝할 새에 꺼내 결합하여 거기에 적합한 형태를 만든다." 시와 과학의 근원은 아이디어가 결합되었을 때 그것을 새로운 형태로 만들어내는 '무의식적 연상' 과정에 있다.

무의식적 연상이 창의성의 원리임을 확인하는 것은 그것의 작용 방식을 설명하는 것과는 다른 문제다. 리빙스턴 로스는 무의식의 '작용이 여전히 분명하지 않다'는 사실을 인식하고 있었다. 그는 콜리지의 기억 속에서 정반대 아이디어들 간에 결합이 일어났음을 보이고, 결합 이전의 아이디어들과 결합 이후 새로 형성된 아이디어를 비교하면서 그러한 결론을 내렸다. 또한 '지독하게 기계적인 설명'처럼 단순한 재결합이 아니라고 주장할 때에도 그런 생각은 변함없었다. 하지만 기억이 어떤 역할을 하는지에 관해 그가 내놓을 수 있는 것이라고는 직관적이고 비유적인 설명뿐이었다.

그는 아이디어들을 무의식적으로 결합하는 근본적인 메커니즘이 아니라 결합의 원료로 사용된 아이디어들과 결합을 통해 재생산된 시적 결과물에 몰두했다. 그는 창의성이 보편적인 것이지 어떤 마법이 아니며 심리학 용어로 설명할 수 있는 인간 정신의 자연스러운 특징이라고 주장한다. 하지만 이는 우리의 관심사가 아니다. 우리는 창의성을 과학적으로 이해할 수 있는 방법을 찾아야 한다. 요컨대 기억의 구멍과 고리는 무엇인가, 그들은 서로를 어떻게 찾아내는가, 그리고 어떻게 짝을 이루어 새로운 형태를 만들어내는가가 우리의 관심사다.

이런 궁금증을 해결하는 데 과연 컴퓨터 과학이 도움이 될지 의문을 품은 수많은 사람들은 '지독하게 기계적인 설명' 같은 것은 깨끗이 잊고 리빙스턴 로스처럼 냉소적인 태도를 보일지 모른다. 또한 이를 뒷받침하기 위해 생물학을 기웃거리며 뇌가 시 창작 비밀의 열쇠를 쥐고 있다고 주장할 것이다. 나아가 뇌와는 다른 컴퓨터에서 그 해답을 찾는 것이 부적절하다고 주장할 것이다.

일반적으로 이러한 주장을 옹호하는 사람들은 수백만 개의 뉴런이 긴밀하게 연결되어 있는 뇌가 연합적으로 사고하는 것을 당연하게 여긴다. 아마 그게 맞을 것이다. 하지만 '연합적으로 사고하는 능력(can)'과 '그렇게 하는 방식(how)'은 천양지차다. 뇌가 어떤 방식으로 연합적 사고를 하는지는 전혀 분명하지 않다. 예를 들어 문학평론에서 설명하는 창의적인 연상과 결합이 어떻게 일어나는지도 분명치 않다. 그렇다면 컴퓨터 개념이 시 창작 방식을 이해하는 데 도움이 될까?

이 질문에 답하려면 연결주의 컴퓨터 모델을 통해 그것이 어떤 방식으로 작동하며, 무슨 일을 할 수 있는지 생각해봐야 한다. 연결주의 시스템은 심리 (그리고 신경과학적) 연구나 얼굴 자동인식 같은 최첨단 기술에도 사용되며 세계의 주식 흐름 패턴을 알아내는 데에도 쓰인다. 이 모델의 대표적인 특징은 병렬처리 시스템으로 구성되어 있고 인간의 뇌를 광범위하게 본떠 만들어졌다는 점이다. 연결주의 컴퓨터 모델은 사람에 의해 프로그래밍되는 것이 아니라 '자기조직화' 과정을 통해 훈련하고 학습하며 경험을 축적한다. 또한 이들은 앞으로 살펴볼 것처럼 조합적 창의성의 핵심이라 할 만한 과업들을 해결하는 능력을 갖추었다. 뿐만 아니라 이 모델들은 탐구적 창의성을 이해하는 데에도 매우 중요한 역할을 한다. 인간이 특정 관념 공간을 규정하는 패턴을 인식하기 위해 학습할 때 탐구적 창의성이 쓰이기 때문이다.

연결주의 개념이 인간의 창의성을 이해하는 데 과연 도움이 되는가 하는 질문(1장에서 언급한 첫 번째 러브레이스 질문)과 관련하여 정작 중요한 것은 연결주의 컴퓨터 모델이 '원칙적으로' 무엇을 할 수 있느냐다. 그렇다 하더라도 이런 컴퓨터 모델은 이미 흥미로운 결과들을 산출하고 있고, 이는 컴퓨터가 정말 창의적으로 보이는 일을 할 수 있지 않을까 하는 (두 번째 러브레이스 질문) 가능성을 제시한다. 또한 연결주의 개념은 (세 번째 러브레이스 질문에 대한 답으로) 인간의 창의성이 냉담한 대안보다는 따뜻한 대안을 선호한다는 특성을 컴퓨터가 인식할 수 있을지도 모른다는 점을 시사한다.

연결주의 시스템에서 흥미로운 특징 중 하나는 '패턴 맞추기' 능력이다. 시스템은 이전에 경험했던 패턴을 인식할 수 있다(마치 사람이 얼굴이나 사과 혹은 우표를 인식하듯 말이다). 더욱이 시스템의 패턴 맞추기는 전통 컴퓨터 프로그램에서는 찾지 못했지만 인간의 정신에서는 쉽게 유사성을 찾았다는 점에서 매우 유연하다고 할 수 있다.

예를 들어 연결주의 시스템은 '패턴 완성'을 할 수 있다. 현재의 입력 패턴이 원래 패턴의 일부였다면, 시스템은 이를 그 패턴의 일례라고 생각할 것이다. (인간은 한 입 베어 먹은 사과도 사과로, 한쪽 귀퉁이가 찢어진 우표도 우표로 인식한다.) 연결주의 시스템은 시스템에 결함이 생겨도 시스템의 붕괴를 최소화할 수 있다. 그러니까 패턴이 약간 다른 형태로 다시 입력이 된다 해도 시스템은 여전히 그것을 원래의 패턴 중 하나로 인식한다. (초록색을 띤 그래니 스미스 사과와 빨간색 콕스 오렌지 피핀 사과를 비교하거나 소인이 찍힌 우표를 떠올려보라.)

시스템은 '유사한 패턴 맞추기'를 할 수 있다. 즉, 인풋 패턴은 저장되어 있는 '다르지만-아직은-비슷한(different-yet-similar) 패턴'의 범위를 불러낼 수 있다. 이런 패턴의 활성력은 유사성이 얼마나 큰지에 따라 달라진다(사과가 바나나보다는 오렌지나 배를 연상시키기 쉽다는 점을 생각해보라).

게다가 이러한 시스템에는 '맥락적인 기억'이 있다. 인풋 패턴은 비슷한 패턴뿐만 아니라 이전 맥락의 여러 가지 특성을 활성화할 수 있다. 현재 맥락이 이러한 특성의 일부를 이미 불러일으켰다면 특히 더 그렇다. (종교적인 그림 속의 사과는 이브를 떠올리게 하지만 정물화의 사과는 그렇지 않은 것과 마찬가지다.)

연결주의 모델의 흥미로운 특징 중 하나는 완벽한 정보가 없더라도 대강의 연산을 할 수 있다는 점이다. 다시 말해 연결주의 모델은 '낮은 제약'을 사용해 연산할 수 있다. 연결주의 모델은 다양한 요소를 따져본 후 패턴에 가장 잘 맞는 것을 찾는다. 이들 중 어느 것도 개별적으로는 중요하지 않으며 이들 중 일부는 상호 일관적이지 않다. (우리는 시적 심상에 대한 적절성을 판단할 때 이런 방법을 이용한다.)

더욱이 사람들은 대부분 관련 패턴을 반복해서 경험할 때 더욱 잘 학습할 수 있다(과수원에서 자란 사람이 사과를 딱 한 번 본 사람보다 사과에 대해 훨씬 더 잘 기억할 수 있는 것처럼 말이다). 사람들은 다양한 표상 사이의 의미적·맥락적 연합을 익혀서 다시 활성화할 수 있다. 한마디로 연결주의 시스템은 의미와 맥락 모두에 근거한 '연합적인 기억'을 갖추고 있다.

가장 흥미로운 점은 특별한 프로그램이 없더라도 연결주의 시스템이 이를 '자동으로' 할 수 있다는 사실이다. (마찬가지로 우리는 사과에 대해 따로 배우지 않더라도, 사과와 배 혹은 사과와 이브 간의 관계를 밝혀놓은 명시적인 규칙이 없더라도 연합을 할 수 있다. 물론 미술사학자가 사과가 때로는 이브를 상징한다고 알려준다면 도움이 될 수도 있다.) 그러나 기본적인 설계만으로도 연결주의 시스템이 연합적 기억을 활용하고 파악하기 어려운 능력을 발휘하도록 할 수 있다.

연결주의 시스템의 가장 일반적인 설계의 예로는 어린이에게 교사 책상 위에 있는 물건이 사과냐고 물어보는 것을 들 수 있다. 이때 아이들이 해야 할 일은 사과를 사과로 인식하는 것이다. 과거에 보아온 모든 사과가 약간씩 다르긴 했지만 말이다.

가상의 예에 나오는 이 아이들은 교사의 말을 잘 들으며 자신의 의견이 옆에 앉은 아이들의 의견과 일치하는지 아닌지 분별할 수 있을 정도의 지적 능력만을 갖추고 있다. 그 점을 제외하고 아이들은 끔찍할 만큼 아는 것이 없다. 사과가 무엇인지 아는 아이도 없고 사과 줄기와 사과 나뭇잎의 차이점을 아는 아이도 없다. 아이들이 이해할 수 있는 것은 단 한 가지다. 특정 색상(초록, 빨강, 보라), 선의 특징(곡선, 직선, 뾰족한 끝), 표면의 질감(윤이 나는가, 그렇지 않은가), 향(달콤한지, 아니면 쌉쌀한지)을 인지할 수 있다.

모든 아이들은 자신의 관심을 끄는 작은 세부 사항에 대해서 끊임없이 이야기를 나눈다. 한 아이의 의견은 주변 친구의 의견에 따라 직접적으로 강화될 수도, 억제될 수도 있다. 여기서 주변 친구란 다른 책상에서 친구들에게 얘기하고 있는 아이일 수도, 교실 안에 떨어져 앉은 친구들에게 이야기하고 있는 아이일 수도 있다. 따라서 그 아이의 의견은 관련된 이야기를 하는 모든 아이들에 의해 간접적으로 영향 받을 수 있다. 모든 아이들은 주변 친구들의 말에 따라 자신의 의견을 계속해서 수정한다(책상은 서로 밀접하게 관련된 주제에 대한 의견이 있는 아이들끼리 가까이 앉도록 배열되어 있다). 아이들은 자신의 의견에 확신할수록 크게 말한다. 그리고 크게 말할수록 주변 친구들의 집중을 받는다.

결국 아이들의 의견은 거의 일치하게 된다(물론 자신 없어 하거나 세부 내용이 모순되는 경우의 차이는 있을지도 모른다). 의견이 일치하는 순간 교실 전체 의견은 안정될 것이다. 즉, 교실은 평형상태에 이른다.

어떤 한 아이가 단독으로 마지막 결정을 내리는 것은 아니다. 특별한 책상에 앉아서 진지하게 '사과'라고 발음하는, 반을 이끄는 대표가 따로 없기 때문이다. 양방향으로 일치된 '작은 의견(mini-opinion)'이 전체적인 패턴으로 구체화되어 집단의견이 만들어진다. 반 아이들이 (어떤 종류의) 사과를 만나게 될 때마다 '작은 의견'들의 안정화된 패턴은 넓은 의미에서 (똑같지는 않지만) 비슷하다. 학급 전체 아이들에게 처음으로 사과를 보여주었을 때 아이들이 어떻게 행동할지를 아는 교사는 집단적인 대답을 해석할 수 있다.

이 교실은 사실 '병렬분산처리(PDP: Parallel Distributed Processing)' 시스템으로 운영된다고 할 수 있다.[3] 학급의 의사결정은 국부적인 컴퓨터(아이들은 각각 이야기하고 바로 옆에 있는 친구에게만 직접적으로 영향을 받는다)의 병렬처리(모든 아이들이 동시에 말을 한다)를 통해 이루어진다. 그 의사결정이 전체 의사소통 집단)모든 아이들이 정한 '작은 결정(mini-decision)'이 내적으로 일관된)에 퍼진다.

PDP 모델에서 개념은 단위(어린이) 집단의 활동 패턴으로 표상된다. 주어진 단위는 서로 다른 개념(사과와 바나나)을 표상하면서 활성화될 수 있다. 그리고 다른 문맥(정물화에 있는 사과, 그리스도 성탄화)에서 주어진 개념은 활동 단위의 다른 집단에 의해 표상된다. PDP 단위는 한 단어로 정의할 수 있거나 쉽게 의식할 수 있는 비슷한 '의미'나 개념, 아이디어를 전달하지 않는다. (그것이 PDP 절차가 때로 '비기호적(subsymbolic)'이라 불리는 이유다.) 오히려 PDP 모델은 '오른쪽 눈 시야에 들어오는 이러이러한 위치에 있는 매우 옅은 초록색' 처럼 복잡하고 기술적인 언어로만 설명할 수 있는 특징을 자세하게 표상할 수 있도록 해준다.

(어떤 두뇌-세포는 '나를 향해 걸어오는 사람'처럼 더 쉽게 표현된 정보를 코드화할 수 있는 듯 보인다. 7장에서 설명할 '국부적인(local)' 연결주의 컴퓨터 모델에는 전형적으로 익숙한 개념을 암호화한 단위가 있지만 보통 '넓게 분포된(distributed)' 시스템에는 없다.)

아이들의 다양성은 연결주의 모델의 다양한 유형과 다양한 연산적인 확률에 해당한다. 예를 들어 아이들은 '예' '아니오' 로만 답할지 모르며 '아마도'와 '어쩌면'을 구별하지 못할지도 모른다. 아이들은 증거에 따라 도출된 대로 말하기도 하며 임의로 말하기도 한다. (아이들의 말은 생각만큼 엉뚱하지 않다. 볼츠만의 열역학이 무한소의 확률을 지옥에 존재하는 눈덩이로 비유했던 것처럼 임의로 말하는 아이들이 모여 있는 학급은 원칙적으로는 옳은 결정을 내린다. 비록 무한대의 시간이 필요하겠지만.)[4] 이런 연산적인 구분은 뇌에서 일어나는 일과 관련이 있다. 예를 들어 뉴런은 때로 무작위로 혹은 자동적으로 인풋-뉴런(input-newron)에 의해 유발되지 않았음에도 활성화될 때가 있다.

연결주의 교실에서 교사의 책상 위에 놓인 물건을 보거나 냄새를 맡을 수 있는 아이들, 반이 내린 결정이 무엇인지 발표할 수 있는 아이들, 그리고 둘 다 할 수 없는 아이들 사이에는 분명한 차이가 있다. (전문용어로 이런 집단을 각각 '인풋' 단위, '아웃풋' 단위, '숨어 있는' 단위라고 부른다.)

예를 들어 어떤 아이는 특정한 초록색을 '인식'할 수 있는 반면, 다른 아이는 어떤 물체의 일부가 초록색이라는 것을 '알릴' 수 있다. 왼쪽 열에는 교사의 질문과 관련된 작은 특성을 인식할 수 있는 아이들을 앉히고, 오른쪽 열에는 반 아이들 대답의 아주 일부분을 전달할 수 있는 아이들을 각각 앉혔다고 상상해보라. 가운데 줄에 앉아 있는 아이들은 두 줄 사이를 중개하는 역할을 한다. 가운데 줄에 앉아 있는 아이들은 옆 줄 아이들과만 의사소통할 수 있기 때문에 곁에서 보기에 이 아이들은 숨겨져 있다. 교사는 이 아이들에 대해 전혀 알 필요가 없다. 왜냐하면 교사는 왼쪽 줄에 앉은 아이들에게만 사과를 직접 보여주고 오른쪽 줄에 앉은 아이들에게만 대답을 듣기 때문이다.

반 아이들은 경험에서 배운다. 아이들은 두 가지 다른 패턴(사과의 시각적인 겉모습과 '사과'라는 단어)을 연합한다. 이 과정에서 아이들은 계속해서 특정한 친구에게 하는 말의 중요도를 수정한다. 어떤 아이는 옆의 친구가 아무리 소리를 지르며 말해도 거의 관심을 기울이지 않을 수도 있지만 조용하게 말하는 아이의 말을 주의 깊게 들을 수도 있다. 이러한 수정은 경험에 기초한다. 메리가 제인을 활성화할수록 메리는 제인의 주목을 끄는 데 사용하는 힘을 덜 쓰게 된다. 메리와 제인이 동시에 말하는 횟수가 많을수록 자기의 의견을 전달하기 위해 큰 목소리를 낼 가능성이 높아진다.

아이들 간의 신뢰 수준이 안정되면 작은 결정 전체의 내적 일관성이 극대화될 것이다. 그리고 학급이 내린 결정의 일치가 극대화될수록 더 빨리 목표에 다다를 수 있다. 연결 강도의 관련 패턴이 이미 학습되었기 때문이다. (극대화된 일치가 완벽한 일치를 의미하지는 않는다. 교실 안에 반대되는 의견이 여전히 있을 수 있다.)

예를 들어 반 아이들이 교사의 책상에 있는 사과의 이름을 배워야 한다고 가정해보자(이 사과의 이름은 콕스 오렌지 피핀이다). 교사가 '콕스'라고 말하면 반 아이들은 '오렌지 피핀'이라고 대답한다. 우선 수업을 받고 다음에 시험을 본다.

수업 중에 왼쪽 줄에 있는 아이들의 활동 수준은 '콕스'라는 인풋을 듣는 것을 표상하도록 고정된다. 오른쪽 줄에 있는 아이들은 동시에 '오렌지 피핀'이라는 단어에 해당하는 미니 아웃풋을 전달하는 역할을 한다. 가운데 줄에 앉은 아이들은 양쪽 아이들에게 이야기를 전달하고 활동 패턴이 안정화될 때까지 신뢰성 평가를 수정한다.

시험에서 왼쪽 줄에 앉은 아이들은 이전처럼 (콕스에) 고정된다. 하지만 오른쪽 줄에 앉은 아이들은 그렇지 않다. 이제 이 아이들의 활동은 교사가 아니라 가운데 앉은 아이들에 의해 결정된다. 활동의 전반적인 패턴이 평형점에 다다르면 오른쪽 줄 아이들의 활동은 '답'으로 여겨진다. 하지만 이전에 수업을 받을 때 '콕스'라는 인풋에 대한 평형점은 이미 확립되어 있다. 신뢰 수준이 균형 상태이기 때문에 (교사가) 오른쪽 줄 아이들에게 '오렌지 피핀'이라고 말하도록 시킨다면, 시험에서 (옆 줄 아이들이) '오렌지 피핀'이라고 말하라고 조언을 할 때에만 균형 상태에 도달할 수 있다.

(이러한 행동은 패턴-완성의 형태이다. 이와 유사하게 연결주의 시스템은 찢어진 우표를 우표로 인식할 수 있다. 처음에 우표 전체를 보았을 때 평형점을 찾았던 완전한 활동-패턴이 복구된 연결-가중치에 의해 고쳐졌기 때문이다.)

교사가 감기에 걸린 채 시험 문제를 낸다면 목소리가 약간 다르게 들릴 것이다. '콕스'라는 인풋이 이전과 정확히 일치하지 않기 때문에 왼쪽 줄 아이들 중 전과 다른 아이가 강하게 활성화될 것이다. 하지만 반 전체는 이전과 다름없이 동일한 균형 상태에 도달할 것이다(완벽한 일치는 아니더라도 거의 일치할 것이다). 따라서 올바른 답인 '오렌지 피핀'을 찾을 것이다. 일반적으로 이 반 아이들은 인풋 사이의 종(種)-유사성에 반응해 개별 종 사이의 사소한 차이는 무시할 수 있을 것이다.

아이들은 그 다음 날 새로운 연합을 배울 수도 있다. 이를테면 '황금빛의(Golden)'와 '맛있는(Delicious)' 사이의 연합을 배울 수 있다. 왼쪽 줄 아이들은 인풋이 '황금빛의'일 때 활성화될 것이고 오른쪽 줄 아이들은 '맛있는'이라고 발음할 것이다. '작은 판단(mini-option)'들의 전반적인 패턴은 다를 것이며 서로 약간씩 간섭할 것이다.

이러한 훈련을 받은 반 아이들은 '콕스'와 '황금빛의' 모두에 올바른 답을 할 수 있다. 그리고 그 다음 주에 세 번째 연합을 배울 수도 있다. 그러다 보면 결국 반 아이들은 '포화 상태'가 되어 새로운 패턴이 예전의 패턴을 방해할 것이다. 이러한 방해 현상이 어느 시점에 일어날 것인지는 반 전체의 크기에 달려 있다. 반이 클수록(그래서 더 많은 작은 판단들이 이루어질수록) 더 많은 패턴-연합을 학습할 수 있다.

더 추상적인 용어로 설명하자면 연결주의 네트워크는 (뇌세포처럼) 자극·억제 결합으로 서로 연결된 다수의 단순한 연산 단위로 이루어진 병렬처리 시스템이다.

하나의 단위는 관련 연결-가중치에 따라 다른 활동을 여러 수준으로 변화시킨다(연결-가중치는 1에서 -1 사이의 숫자로 표현된다). 이러한 가중치 변화는 미분방정식으로 표현된다(물리학에서 사용되는 미분방정식처럼). 한 개념은 전체 시스템 내에서 안정적인 활동-패턴으로 표상된다.

학습할 수 있는 네트워크에서 연결-가중치는 균형 상태에 도달할 가능성을 최대화하기 위해 지속적으로 조정된다. 사용된 연결은 강화되며 두 단위가 동시에 활성화된 경우 연결-가중치가 조정되어 미래에도 그렇게 될 가능성이 높아진다. 특화된 인풋-단위나 아웃풋-단위는 '고정'될 수 있으며 숨겨진 단위 전체의 가중치는 최고로 안정된 상태에 이를 때까지 상호 조정된다. 균형 상태에서 가장 활동적인 단위는 상호 지지적이거나 적어도 일치하는 '미세-특성(micro-features)'을 표상한다.

이러한 네트워크는 어딘가에서 주어지지 않으며 새로이 구성되는 것도 아니다. 네트워크는 널리 공유되는 관련 개념의 특징을 점차 강화한다. 그래서 세부 사항의 차이에도 불구하고 개념의 각 사례를 인식할 수 있다. 게다가 동일한 하나의 네트워크는 여러 가지 패턴을 학습할 수 있다. 네트워크가 크고 패턴이 서로 명백히 구별될수록 연합은 더욱 잘 학습될 수 있다.

두뇌는 프로그래밍되지 않았으므로 컴퓨터 개념이 창의성과 관련 없다고 주장하는 사람이 있을지도 모른다. 하지만 그들은 연결주의 네트워크가 프로그램 규칙에 의한 형식적 상징의 조작이 아니라는 사실에

마주하게 될 것이다. 연결주의 네트워크는 미분방정식에 따라 균형 상태를 스스로 찾아가는 과정이며(이는 통계적 가능성과 연관 있다) 물리학의 에너지 교환에 견줄 수 있다. 예를 들어 열역학에 대한 볼츠만 방정식은 이따금씩 무작위로 열을 내는 단위가 있는 네트워크는 원칙적으로 어떤 표상이든 (결국) 배울 수 있다고 증명한다. 열역학자들에 따르면 원칙적으로 지옥에 눈덩이가 있을 수 있는 것과 같다.

창의성을 연결주의 개념과 연관시키기 위해 열역학의 세부 내용까지 파고들어야 할 필요는 없다. 하지만 신경 네트워크가 특정 패턴에 대해 명시적으로 프로그래밍되어 있지 않더라도 그 패턴을 연합하는(결합하는) 법을 배울 수 있다는 점을 고려해야만 한다.

어떤 과학적 발견 프로그램들은 특정 종류의 규칙성을 찾도록 고안되어 있다(이에 대해 8장에서 살펴볼 것이다). 사전지식 없이 (매우 미묘한) 규칙성을 찾을 수 있는 컴퓨터 시스템은 실질적 과학 발견에 매우 가까이 접근해 있을 것이다. 이처럼 다양한 추론적 동조를 통해 자동적으로 개념과 다른 원천을 연결시킬 수 있는 (혹은 통합시키기까지 할 수 있는) 메커니즘은 시적 창의성과 과학적 창의성 모두를 밝혀줄 수 있을지 모른다.

프로그램되지 않은 학습의 한 사례로 보통 아이라면 누구나 할 수 있는 일을 생각해보자. 모국어로 과거 시제를 만드는 것을 어떨까. 예를 들어 영어 사용 국가에서 태어난 아기는 go/went(가다/갔다), want/wanted(원하다/원했다), wait/waited(기다리다/기다렸다), hitch/hitched(매다/맸다), am/was(있다/있었다) 같은 현재/과거 시제를 배워야 한다.

아기들은 책을 보고 배우지 않아도, 의식적으로 생각하지 않아도 현재 시제와 과거 시제를 사용한다. 불규칙동사가 있기는 하지만 과거 시제는 대개 원형 동사에 '-ed'를 붙이는 식으로 문법적/음성학적 규칙을 따른다. 하지만 아이들은 관련 규칙을 의식적으로 자각할 수 없으며, 그 부모라 해도 (전문적으로 언어학을 배우지 않은 한) 그 규칙을 말로 분명하게 설명할 수 없다.

말을 배우는 아기가 실제로 말하는 것을 유심히 들어보면 흥미로운 점을 발견할 수 있다. 초기에 아이는 과거 시제를 전혀 사용하지 않는다. 그러다 과거 시제를 몇 개씩 사용하기 시작하는데, 모두 정확하게 사용한다. 그러나 더 많은 과거 시제를 배워감에 따라 아이는 전에는 저지르지 않았던 실수들을 저지르기 시작한다. 예컨대 'went(갔다)' 대신 'goed'라고 말하기 시작한다. 이는 아이가 지나친 일반화를 한 탓이다. 불규칙동사를 규칙동사처럼 여기기 시작한 것이다. 그러다 시간이 조금 더 흘러 더 많은 단어들을 배우게 되면 처음에 사용했던 올바른 형태의 불규칙동사로 돌아간다. 이 무렵 아이는 glitch/glitched(고장/고장 났다)처럼 존재하지 않지만 그럴듯한 과거 시제도 만들어낼 수 있다.

또한 더욱 미묘한 규칙성이 다양하게 나타난다. 예를 들어 학습의 어느 시점이 되면 지나친 일반화 현상이 과거 시제 단어에도 적용된다. 초기에는 'goed(갔다)'라는 실수를 흔히 저지르지만, 나중에는 'wented(갔다)'라는 실수를 더 빈번하게 저지른다. 그리고 특정한 음성학적 변화는 다른 것들에 비해 빨리 학습된다.

'goed, wented, glitched'라고 말하는 아이는 새로운 시도를 하는 중이라는 사실에 주목해야 한다. 처음에 아이는 과거 시제를 전혀 사용하지 않았다. 그러다 자신이 실제로 들은 과거 시제 단어들만을 사용했다. 사실 어떤 언어학자들은 이러한 아이의 행동이 무의식적인 규칙에 의한 것이라고 주장한다(아이가 이러한 틀린 단어를 들어본 적이 없기 때문에). 그리고 우리는 시스템에 규칙을 더하면 이전에는 만들어낼 수 없었던 것들을 생성해낼 수 있다는 점을 알고 있다.

더욱이 아이는 수많은 미묘한 음성학적 규칙성을 익힌다. 그러한 규칙성은 아이가 의식적으로 인지하지 못하고 있다 해도 아이의 행동에 영향을 미친다. 탐험적 창의성을 발휘하는 전문가들도 이러한 식으로 익힌 해당 분야의 규칙성에 대한 지식(예컨대 박자, 화음)을 무의식적으로 사용한다.

그럼 '이러한 식'이 어떤 식인데? 이런 질문을 던질 사람이 있을지 모르겠다. 아이의 행동을 설명하는 것은 아이가 어떻게 그 행동을 했는지, 심지어 그러한 행동이 어떻게 가능한지 설명하는 것과 다르다.

바로 이 문제를 연결주의 모델로 설명할 수 있다. 영어의 규칙성에 대해 전혀 모르던 PDP 네트워크는 영어 동사의 과거 시제를 어떻게 형성하는지 학습했다.[5] PDP 네트워크는 go/went(가다/갔다), love/loved(사랑하다/사랑했다) 같은 수많은 현재/과거 시제 쌍을 보고 훈련함으로써 현재 시제 동사만 주어졌을 때 과거 시제를 맞추는 법을 배웠다. 그 규칙성에 대해 전혀 모르던 상태에서 그러한 학습을 이룬 것이다. 게다가 PDP 네트워크는 학습 과정에서 아이들이 저지르는 것과 동일한 실수도 저질렀다.

PDP 네트워크 같은 모델은 인간의 두뇌와 비교할 수 있는 연합 시스템이 미리 그렇게 하도록 프로그램되지 않고도 어떻게 다양한 미묘함을 학습할 수 있는지 보여준다.

과거 시제 학습자는 교사가 '콕스'라고 말했을 때 '오렌지 피핀'이라고 말하도록 배운 반 아이들과 매우 유사하다. 왼쪽 줄에 앉아 있는 각 아동은 특정 위치에 있는 소리를 인지할 수 있다. 마찬가지로 오른쪽 줄에 앉아 있는 각 아동은 특정 위치에 있는 소리를 낼 수 있다. 가운데 줄에 앉아 있는 숨겨진 아이들은 양쪽 두 줄을 중간 조정한다.

훈련하는 동안 go/went(가다/갔다) 같은 동사 형태가 동시에 나타난다. 왼쪽 줄과 오른쪽 줄에 앉은 아이들이 매우 활성화된다. 그리고 가운데 줄에 앉은 숨겨진 아이들이 이 양쪽 줄의 제약 안에서 균형 상태를 찾는다. 시험 단계 때 go(가다)라는 소리로 왼쪽 줄 아이들을 활성화시키면 (균형 상태에 도달했을 때) 오른쪽 줄 아이들이 went(갔다)라는 소리를 만들어낸다. 이와 유사한 과정이 want/wanted(원하다/원했다), wait/waited(기다리다/기다렸다), hitch/hitched(매다/맸다), am/was(있다/있었다)에도 일어난다.

우리의 상상 속 반 아이들이 콕스 오렌지 피핀 외에도 더 많은 사과 이름을 학습할 수 있는 것과 마찬가지로 실제 네트워크 또한 동사 형태 쌍처럼 다양한 패턴을 학습할 수 있다. 동일한 네트워크가 모든 동사형의 쌍을 학습한다 해도 그 결과는 무질서한 지껄임이 아니다. 균형 상태에서의 전반적인 활동 패턴은 각 쌍마다 다르다.

그렇다면 규칙동사에 '-ed'를 붙여 과거형을 만드는 법은 어떤 식으로 확립되는 것일까? 네트워크는 규칙동사와 '-ed'가 동시에 활성화되는 확률을 높이기 위해 동시에 활성화된 단위들의 연결-가중치를 끊임없이 수정해나간다. 마지막 음절이 '-ait(에이트)'로 소리 나는 동사를 포함하여 수많은 동사가 뒤에 '-ed(이드)'를 붙여 과거형을 만든다. 결과적으로 네트워크는 발음이 '에이트'로 끝나는 동사가 시험 입력되면 동사 첫소리에 상관없이 자동으로 '-aited(에이티드)'를 출력한다. 즉,

'gate(문을 달다)'라는 단어를 한 번도 접한 적 없다 해도 이 단어를 들으면 정확히 'gated(문을 달았다)'를 만들어낼 것이다. 심지어 실제로는 없는 'zate(제이트)'라는 단어를 들어도 그럴듯하게 'zated(제이티드)'라는 단어를 내놓을 것이다. 뒤에 붙은 '-ed'가 '이드'가 아니라 '드(-d)'로 소리 나는 동사도 마찬가지다. 예를 들어 'hitch/hitched(매다/맸다)' 'pitch/pitched(던지다/던졌다)' 'ditch/ditched(파다/팠다)'가 입력된 네트워크는 glitch(고장)이라는 명사에도 '-ed'를 붙여 그럴싸하게 'gliched(고장 났다)'라는 단어를 만들어낼 것이다.

이것은 마법이 아니며 뇌에서 일어날 법한 어떤 '확실한'(하지만 실제로는 정해지지 않은) 연합 과정 때문도 아니다. 명확한 발음 법칙을 학습하거나 프로그래밍하여 이루어지는 것도 아니다. 이것은 오히려 '학습-입력(training-input)' 시 발생한 특정한 소리 쌍들의 통계적 가능성에 따라 관련된 연결-가중치를 점진적으로 수정함으로써 이루어진다.

네트워크는 프랑스식 정원처럼 객관적이고 이론적인 '데이 사이언스' 범주에 속하지 않는다. 단어 끝에 오는 '-ed' 혹은 어떠한 변화도 감지하도록 되어 있지 않기 때문이다. 원칙적으로 이 네트워크는 영어 발음으로 이루어진 자료 쌍들의 집합에서 자동적으로 규칙을 학습한다.

마치 진자운동을 하듯 올바른 용법에서 출발하여 지나친 일반화까지 갔다가 다시 올바른 용법으로 돌아오는 네트워크의 이 생소한 학습 방식을 어떻게 생각하는가? 명백한 사실이 입력되기만 한다면 이 진자운동이 전혀 생소할 리 없다. 표본 범위가 넓을수록 여론조사의 신뢰도가 높아지는 당연한 원리를 생각해보면 그리 놀라울 것도 없다.

네트워크의 훈련 초기 단계에서 가장 자주 사용된 동사들(그리고 설계자들에 의하여 어른들이 아이들에게 말할 때 가장 자주 쓰는 동사들)은 'to be, to have, to go, to see, to get' 등의 불규칙동사들이다. 'wait(기다리다)' 등의 규칙동사는 매우 드물었다. 하지만 반대로 나중에는 'hitch(매다), pitch(던지다), restitch(바느질하다), gate(문을 달다), debate(토론하다), communicate(의사소통하다)' 등의 규칙동사의 수를 압도적으로 증가시켰다.

이때 가장 초기의 단어 쌍들은 거의 겹치지 않으며 서로 간섭할 수 없는 별개의 연결 패턴으로 학습된다. 따라서 네트워크의 관점에서 보자면 여전히 불규칙동사 'go/went(가다/갔다)'도 규칙동사 'wait/waited(기다리다/기다렸다)' 만큼이나 규칙적이고 예측 가능하다. 하지만 시간이 지날수록 규칙동사에 대한 경험이 축적되고 강화되어 동일한 원칙을 불규칙동사 zated, goed에까지 확장 적용한다.

만일 불규칙동사가 규칙동사만큼 자주 입력되지 않으면 이 과정은 여기서 끝난다. 하지만 'go(가다)'처럼 수없이 자주 쓰이는 동사들이 반복적으로 입력되면 규칙동사의 일반적 활용 원칙의 오류를 범하지 않을 정도로 강화된다.

이러한 지나친 일반화의 오류(go와 went를 뒤섞어 만든 wented 같은 경우)는 좀 더 세부적인 발화상의 오류와 학습 패턴에서도 생길 수 있다. 여기에는 발음을 나타내는 기술 어휘로만 설명할 수 있는 매우 미묘한 규칙들이 반영되어 있다. 하지만 이런 학습 패턴은 컴퓨터 모델에서만 간혹 발견될 뿐 유아들이 말을 배울 때에도 이런 특징이 나타나는지는 확실치 않다. 만일 나타난다면 수년 동안 그런 패턴을 찾아 헤맨 언어심리학자들의 귀를 용케 피한 것이리라.

여기서 언급하고 넘어가야 할 것이 있다. 우리는 유아들이 이 모델과

정확히 같은 방식으로 언어를 학습한다고 가정할 수 없다. 뇌세포는 연결주의 단위보다 훨씬 더 복잡하기 때문이다. 더욱이 몇몇 사람들은 아이들의 언어 학습에 네트워크 모델로는 실현할 수 없는 특징들이 있다고 주장한다.[6] 그중 일부는 고도로 특화된 언어적 문제이지만 그 밖의 특징들은 영역에 관련된 문제다. 예를 들어 계층 구조는 문법적 발화나 그 밖에 다양한 행위에서 발견되지만 일반적인 연결주의 체계가 그런 계층 구조를 만들어낼 수 있는지는 분명하지 않다. 4장 끝에서 간단히 살펴본 발달 이론으로 돌아가보자. 아이들은 자기가 이미 가지고 있는 기술들을 무의식적으로 재구성하는 과정을 통해 언어능력을 향상시킨다. 만약 이 말이 옳다면 입력되는 통계적 규칙만으로는 아이들의 언어 학습 방법을 충분히 설명할 수 없다.

하지만 이런 이론적 논쟁은 다음 한 가지 예외만 제외하고 무시해도 좋은 것들이다. 우리가 기억해야 할 것은 PDP 네트워크가 컴퓨터 모델의 능력 범위를 넘어서는 것처럼 보이는 과업들을 처리할 수 있다는 사실이다. 즉, 계산주의 심리학에는 사람들이 꿈꾸는 것보다 훨씬 더 넓은 세계가 펼쳐져 있다.

이 모든 것들이 도대체 창의성과 무슨 상관일까? 독창성은 어디에 있고, 물뱀은 또 어디에 있단 말인가?

독창성은 전에는 하지 않았던, 어쩌면 할 수조차 없던 일을 해내고 있다. 5장에서 독창성은 탐색 공간과 특별한 규칙들에 의해 생성된 계산주의적 가능성의 영역과 관계가 있다고 하였다. 규칙이 바뀌면 탐색 공간이 바뀌고, 탐색 공간이 바뀌면 가능성도 바뀐다.

연결주의 시스템은 뚜렷한 규칙을 사용하지 않는다. 발음이 '–ait(에이트)'로 끝나는 동사에 '-ed'를 붙여 과거형을 만드는 동사 학습 네트워크 어디에도 규칙은 없다. 다만 네트워크의 연산 과정을 지배하는 명확하게 정의된 프로세싱 원리가 있을 뿐이다. 그리고 데이터에 암묵적으로 가능성을 코드화하는 명백한 연결-가중치가 있다. (이들을 규칙이라면 규칙으로 볼 수도 있다. 하지만 '규칙'이라는 단어는 대개 단계적으로 사람의 경우 의식적으로 따라야 하는 '효과적인 절차', 즉 분명한 표시나 지침을 의미한다.)

조건상 명백한 규칙이 없다면 피카소의 말처럼, "나는 찾지 않는다. 발견할 뿐이다!(Je ne cherche pas; je trouve!)" 상태의 네트워크를 상상해볼 수 있다. 하지만 연결주의의 '트루바이(trouvaille)', 즉 연결주의에서 말하는 뜻밖의 발견은 확실히 수수께끼 같은 특성이 덜하다.

예를 들어 네트워크는 'go(가다)'의 과거형을 찾기 위해 어떤 의도적 탐색도 하지 않는다. 하지만 동사 활용에서의 진자운동처럼 가능성의 공간이 변한다. 네트워크가 처음으로 'glitched'나 'waited' 같은 과거형을 만들어냈다는 것은 그 네트워크가 전에는 할 수 없었던 어떤 일을 했다는 의미다. 연결-가중치를 전환하여 또 다른 입력 규칙성이 발견되면 네트워크의 전반적인 행위가 변화한다. 이는 논리 체계에 새로운 원리가 추가되거나 문제해결 프로그램에 부가적인 탐색 휴리스틱이 더해진 경우와 거의 비슷한 수준의 효과를 발휘하지만 그만큼 급작스럽지는 않다. ('거의' 비슷하다고 한 것은 가령 'goed'와 'wented'가 동시에 사라지고 그 자리에 'went'가 다시 등장하는 것처럼 네트워크 내부의 경쟁적인 연결들이 몇몇 조건 하에서 새로운 '규칙'을 능가할 수 있기 때문이다.)

더욱이 네트워크는 과거의 어느 누구도 깨닫지 못했던 아주 미세한 가능성들을 포착해낸다. 하지만 여기에는 대강의 귀납적 '준비'나 무엇을 찾아야 한다는 뚜렷한 목표가 없다. 그렇다. 각각의 입력 단위는 소리를 '들어'야 한다. 하지만 사람은 볼 수도 있고 들을 수도 있어야 한다. 네트워크는 어떤 음운상의 특징을 찾아야 할지는 알지만 특정 규칙에 따라 그 특징을 탐색하는 것은 아니다. 애초에 모든 연결-가중치가 '0'으로 맞춰져 있기 때문이다.

요컨대 우리는 이 간단한 네트워크를 통해 두뇌만큼 풍성하게 연결돼 있는 연합 시스템이 어떻게 '가능성의 작업장' 역할을 하는지 이해할 수 있다.

물뱀의 다양한 시적 출처는 연결주의 시스템의 계산주의적 특징을 참고하면 더욱 분명하게 이해할 수 있다. 즉, 과학적인 용어로 '더 잘 이해할 수 있다'는 말이다.

리빙스턴 로스가 제안한 직관적인 이해는 어떤 연결주의 설명보다 훨씬 더 풍성하고 미묘하다. 예민한 인문학자들이 지지하는 이 직관적인 이해는 문학에서 매우 중요한 역할을 하고, 심리학 분야에서도 장래의 과학적 설명에 대한 도전 못지않은 귀중한 자원의 역할을 한다. 하지만 정신적 연합 또는 결합에 관한 이론적 설명은 직관 이상의 것이어야 한다. 또한 연합의 토대를 이루고 그것을 실현시키는 근본적인 메커니즘에 관한 아이디어를 최소한 일상적인 언어로는 제시할 수 있어야 한다.

우리는 연결주의 개념을 통해 물속에서 놀고 물 밖으로 튀어 오르는 물고기나 고래에 관한 다양한 구절들이 기억 속에서 어떤 방식으로 연합하는지 이해할 수 있다. 또한 왜 기억이 바다 생물을 찾을 준비를 미리 하지 않아도 되는지, 즉 9장에서 논의할 것처럼 왜 기억이 뜻밖의 발견에서 이익을 얻을 수 있는지 알 수 있다. 발견에 대비하고 있으면 그런 아이디어를 포착할 가능성이 더 높아진다는 사실도 확인할 수 있다.

우리는 시인이 '바다에서 논다'나 '물속에서 노니는'과 같은 짧은 구에서 반짝이는 배의 항적에 대한 묘사처럼 예전에 읽은 문맥을 떠올리거나 소설가가 마들렌을 먹으면서 어릴 적 경험을 기억해낼 때, 그런 일을 가능하게 해주는 패턴 완성 절차를 제안할 수 있다. 또한 정신이 ('유영하는 돌고래들'과 같은) 흥미로운 맥락에 나타난 ('희끄무레한' 같은) 어떤 단어에 민감해지는 방식도 파악할 수 있다.

우리는 '물뱀'과 '희끄무레한'을 짝짓기 위해 운율과 각운에 대한 기계적인 사전 탐색을 상상할 필요가 없다. 그 일은 분석을 통해 패턴 맞추기로 처리될 것이기 때문이다. 최적의 쌍이 '물뱀'과 '희끄무레한' 쌍보다 청각적으로 더 부정확하다 해도 분석 과정을 거치면 각운의 쌍을 발견할 수 있다. 하다못해 'love(사랑하다)'와 'prove(증명하다)'의 경우처럼 철자의 유사성을 근거로 부분적으로 허용되는 쌍도 있다.

우리는 확률론적 패턴 맞추기가 1장에서 논의했던 문제, 즉 각각에서 연상되는 분위기로 인해 '겨울날'이 아닌 '여름날'을 선택하는 문제를 어떻게 풀어내는지 확인할 수 있다. 'go'와 'went'를 뒤섞어 'wented'를 만드는 것처럼 기억 속에서 두 가지 아이디어가 뒤섞여 세 번째 아이디어를 내놓는 방식도 파악할 수 있다. 또한 여러 가지 패턴 중에서 단 두 개의 패턴이 선택되어 둘 중 어느 쪽의 손실도 없이 하나를 다른 하나에 덧씌워 새로운 패턴을 만들어내는 심리적 메커니즘도 이해할 수 있다. 심지어 어떻게 고래도 아닌 '통통 튀는' 원자들에 관한 케쿨레의 공상에서 또 다른 종류의 물뱀, 즉 꼬리를 물고 있는 물뱀이 생명을 부여받았는지도 확인할 수 있다.

요컨대 우리는 이제 기억의 고리와 구멍이 서로를 찾을 수 있을지도 모르고, 서로 맞아 들어갈지도 모른다고 구체적으로 말할 수 있게 되었다.

앞에서 '할 수 있을지도 모른다'고 조심스럽게 표현한 것을 눈치챘는가? 연결주의 연구는 아직 초기 단계에 불과하기 때문에 문학적 원천과 시적 심상을 연결하는 무의식적 작용을 모두 설명할 수는 없다. 아직도 많은 더욱 강력한 유형의 연결주의 시스템이 정의되지 않은 채 남아 있으며 그러한 시스템의 계산주의적 특성이 어떠할지 지금은 알 수 없다.

게다가 현재의 신경망 모델들은 인간의 두뇌를 본떠 만들어졌음에도 불구하고 상당히 다른 점이 많다. 예를 들어 거의 모든 모델이 쌍방향 통신을 하는 반면 뇌세포는 한 방향으로만 신호를 보낸다. 또한 신경망 모델에서 한 개체는 오직 다른 몇 개에만 직접적으로 연결되어 있지만 뉴런의 잔가지들은 대체로 수백 개에 달하는 세포들과 접하고 있다. 또한 컴퓨터 모델에는 보통 두뇌를 통해 널리 퍼지는 신경화학물질 유사체가 없다. 더욱이 신경과학자들은 우리의 뇌세포가 어떤 연산 작용을 하며 그것이 어떻게 이루어지는지 여전히 아는 바가 거의 없다. 문학-심리학적 방식을 이용해 물뱀을 탄생시킨 특정 연상 작용이 무엇인지 알아낸다고 하더라도 두뇌를 연구하는 과학자들은 그것이 어떻게 일어나는지 정확히 설명하지 못할 것이다.

따라서 창의적인 연상 작용이 과학적으로 '이해될 수 있을지도 모른다' 같은 애매모호한 표현이 현재로서는 설명할 수 있는 전부다.

그렇다 하더라도 위에서처럼 두뇌와 비슷한 모델들은 그 기능이 매우 뛰어나기 때문에 우리에게 조금 더 친숙한 프로그램들을 초라하게 만들 수 있다. 누군가는 이렇게 말할지도 모른다. "물론이지. 휴리스틱 문제를 해결하는 전통적 프로그램들이 창의성과 관련이 없다는 걸 이제 알겠지?"

이 결론은 잘못된 것이다. "연결주의가 최고야!" 하고 끝낼 수는 없다. 분명 두뇌는 연결주의 시스템이다. 하지만 연결주의자들을 비롯해 많은 사람들이 의식적 추론이나 단순한 영어 문법을 이해하려면 두뇌가 디지털 컴퓨터처럼 작용해야 할 수도 있다고 주장한다. 즉, 엄격하고 계층적이며 심지어는 순차적인 규칙, 예를 들어 체스와 문법, 산수의 규칙 같은 것을 따라야 할지도 모른다는 말이다.

원칙적으로 이것은 가능하다. 연결주의 컴퓨터는 상징적 변형 시퀀스를 시뮬레이션할 수 있으며 많은 연결주의 연구원들이 오늘날 이것을 시도하고 있다. (이 반대 역시 옳다. 대부분의 현존 연결주의 모델은 연결주의 하드웨어에 장착되어 있지 않고 디지털컴퓨터에서 시뮬레이션된다.) 두뇌는 진화를 거치며 직렬 기기를 시뮬레이션할 수 있는 능력, 곧 특정 과업을 수행하는 데 필요한 능력을 발달시킨 것으로 보인다. 폰 뉴먼의 디지털 기계가 논리에 강한 것은 폰 뉴먼 기계나 그것처럼 작용하는 것만이 논리를 수행할 수 있기 때문이다.

논리 외에 다양한 종류의 사고에는 엄격한 규칙과 순차적인 의사결정이 필요하다. 체스를 두는 사람에게는 폰이나 루크의 규칙을 뒤섞거나 두 말을 동시에 움직일 수 있는 규칙 따위는 필요 없다. 과학적 창의성을 평가하는 데에는 전형적으로 단계적 사고가 필요하다. 예를 들어 연상이라는 수단을 통해 케쿨레의 꼬리에 꼬리를 무는 뱀이 화학 분야에서 갖는 중요성을 어느 정도 엿보았다 해도 그 중요성은 세심한 추론과 수학적 계산을 통해서만 증명할 수 있다.

이와 마찬가지로 예술적 창의성 또한 그러한 추론을 필요로 할 때가 있다. "뭐든지 괜찮아!"는 예술에서는 좋은 표어가 못 된다. 바흐의 푸가와 재즈를 짜임새 있게 결합하면 즐길 만한 음악이 나오겠지만 단순히 멜로디를 모호하게 뒤섞어놓으면 그럴 수 없을 것이다. (4장에서 보았듯 머리가 둘 달린 사람조차도 어느 정도 그리는 사람을 닮아야 하는 법이다.) 예술가가 자신의 작품을 평가하고 수정할 때 계획적인 사고가 수반된다. 콜리지는 원고 수정과는 별개로 〈늙은 뱃사람의 노래〉 개정본이 나올 때마다 몇 단어씩 고치곤 했다.

이뿐만이 아니다. 의식적으로 계획을 짜고 문제를 해결하는 행위 역시 종종 계속된다. 예를 들어 리빙스턴 로스는 콜리지가 "태양이 왼쪽에서 떠올랐다"라는 문장으로 한 절을 시작한 후 곧 "태양이 이번에는 오른쪽에서 떠올랐다"로 또 다른 절을 시작한 것을 언급했다. 그는 콜리지가 특정한 예술적 문제를 해결하기 위해, 즉 항해 전체를 상세히 설명하지 않고도 늙은 뱃사람이 탄 배가 남극의 얼음 지대로 갔다가 그곳에서 다시 태평양의 찌는 듯한 열대 무풍대로 향했다는 사실을 암시하기 위해 태양이 각각 다른 방향에서 뜬다는 아이디어를 이용했다고 주장했다. 콜리지는 시를 읽을 때 지구 위를 움직이며 뱃사람을 따라 함께 항해하는 것처럼 느끼게 하고 싶었지만 여정의 모든 구간에 동일한 지면을 할애하지 않았기 때문에 이러한 문제가 발생했다.

[영화감독 스탠리 큐브릭은 자신의 영화 〈2001 스페이스 오디세이〉에서 이와 유사한 미학적 문제를 해결했다. 이 영화는 태양계 그리고 지구상의 생명과 지성의 진화를 나타내는 일련의 이미지로 시작되는데, 큐브릭은 원인(猿人)이 의기양양하게 뼈를 던지는 모습이 회전하는 우주선으로 바뀌는 것을 보여줌으로써 기술의 역사 전체를 빠르게 뛰어넘었다.]

콜리지가 택한 지름길은 두뇌가 폰 뉴먼 기계를 시뮬레이션하는 데 필요로 하는 일종의 시적 사고라고 할 수 있다. 시인이 시의 착상을, 혹은 작곡가가 푸가의 착상을 구조상의 전체로 보는 것도 마찬가지다. 리빙스턴 로스의 말에 따르면 시의 구조를 짜는 데는 '은밀한 깊이로부터 심상들이 자발적으로 솟아나오는 것 이상이 필요' 하다. 시의 형태는 '선택과 이끌어주는 지성, 그리고 서서히 발전하는 두뇌가 흘린 땀에 의한 결과' 이기 때문이다.

그렇다고 이 '이끌어주는 지성' 이 폰 뉴먼 기계에서 어떻게 모델화되어야 하는지 우리가 잘 알고 있다는 뜻은 아니다. 우리는 알지 못한다. 시를 쓰는 데 필요한 사고 과정의 종류에 대해 문학평론가나 시인이 직관적으로 무언가를 시사하는 것도 쉽지 않은 일이다. 그것을 과학적 용어로 증명해내는 것만도 수년이 걸릴 것이다. 그것도 가능한 경우에만 말이다. 그리고 그러한 때가 오더라도 〈늙은 뱃사공의 노래〉를 어떻게 썼는지 자세히 재구성하지 못할 것이다(그 자세한 이유는 9장에서 알아보겠다). 그렇다고 이것이 우리의 요점을 망치지는 못한다. 바로 시적 창의력이 컴퓨터 용어로 이해할 수 있는 (연결주의와 비연결주의 모두) 다양한 정신적 과정을 필요로 한다는 점이다.

요약하자면 우리는 콜리지가 물뱀을 어떻게 생각해냈는지 정확히 알지는 못하지만 그 비밀을 알아내는 데 도움을 줄 만한 과학적 아이디어 몇 가지를 낼 수 있다. 연상 기억에서 기인하는 창의적 결합은 마치 미소 짓고 있는 유니콘이나 유령 같은 뱃사람들만큼 신비롭다. 그러나 그에 관여하는 컴퓨터 과정은 그렇지 않다.

7장

비낭만적 예술가들

    자, 이제 지도 이야기는 그만하자. 먼저 창의적 사고를 설명하는 데 계산주의적 개념이 필요하다는 것을 인정했다고 치자. 그렇다면 실제로 인공지능 개발자들은 그것을 어떻게 모델화하는가? 오늘날의 프로그램 중 최소한 12세기 마파 문디가 세계를 그려낸 수준 정도로라도 창의성을 묘사해낸 것이 있는가? 조금 더 정확히 말해 그러한 프로그램의 성공과 수많은 실패는 사람의 창의성에 관해 우리에게 무엇을 시사하는가?

    이러한 질문을 논하기 위해 우선 예술 프로그램에 초점을 맞추었다가 과학의 사례로 옮겨갈 것이다. 그러나 여기에서 예술과 과학의 구분은 뚜렷하지 않다. 물론 과학은 경험적인 검증과 함께 '가능한 경우' 측정을 필요로 하지만 예술은 그렇지 않다. 이러한 차이에도 불구하고 이 두 영역은 많은 공통점을 지닌다.

    예를 들어 이 장에서 다룰 유추(analogy)와 다음 장에서 다룰 귀납(induction)

은 예술과 과학 두 영역 모두와 관련되어 있다. 유추를 통한 사고는 예술뿐만 아니라 과학에서도 흔히 일어난다. 영국의 의학자 윌리엄 하비가 심장을 펌프에 비유한 것이나 영국의 물리학자 러더포드가 원자를 매우 작은 태양계에 비유한 것을 보아도 알 수 있다. 마찬가지로 서로 다른 스타일의 그림이나 음악을 인지하는 방법을 배우는 데에는 귀납적 사고가 필요하다. 물론 질병을 진단하는 것도 그렇다.

앞으로 살펴보겠지만 어떤 컴퓨터 프로그램은 이미 귀중한 새로운 아이디어들을 생산해냈다. 사람의 정신이 그것들을 생각해냈다면 이 아이디어들은 많은 이들의 존경, 심지어는 흠모의 대상이 되었을 것이다. 생화학의 특정 분야를 다루고 있는 '전문가 시스템'이라는 한 인공지능 프로그램은 훌륭한 연구 결과를 얻어 과학 전문지에 실렸고, 어떤 프로그램은 새로운 과학 특허에 밑바탕이 된 아이디어를 생산해냈으며, 참신한 예술작품을 만들어 전 세계 갤러리에 전시되고 있는 프로그램도 있다.

그렇다고 컴퓨터가 창의적으로 보일 수 있느냐는 러브레이스 두 번째 질문에 반드시 '그렇다'고 답해야 한다는 말은 아니다. 이 질문은 사실상 컴퓨터가 창의성을 모델화할 수 있느냐고 묻고 있는 것이다. 그리고 창의성을 모델화하는 데 참신성 정도면 충분하다.

이전에 알려진 바 없는 참신하고 가치 있는 결과물들은 프로그래머뿐 아니라 어떤 인간에게도 의심할 여지 없이 흥미롭다. 특히 무언가의 도움을 받지 않으면 인간의 정신으로도 이런 결과물을 만들어낼 수 없을 경우 더욱 그렇다. 이런 결과물은 특정 프로그램이 명백히 창의적이라는 것을 뒷받침할 수 있다. 하지만 이들은 프로그램을 창의적으로 만드는 데 필요하지도 충분하지도 않다.

3장에서 보았듯 프로그램을 창의적으로 만드는 데 참신한 결과물은 필요 없다. 왜냐하면 P-창의성은 H-참신성이 없는 아이디어를 만들어낼 때가 많기 때문이다. 또한 5장 마지막 부분 기하학 프로그램에서 살펴보았듯이 참신한 결과물만으로는 프로그램이 창의적이라고 하기에 충분하지 않다. 참신하고 멋진 결과물은 비창의적인 방법으로도 생성될 수 있기 때문이다. 프로그램이 탐험적인 창의성을 모델로 하는지 아닌지는 결과물의 참신한 가치보다는 내적인 작업 과정에 달려 있다. 중요한 점은 프로그램과 관련된 관념 공간을 탐험하고, 테스트하고, 지도를 만들어 변형시킨 과정에 의해 결과물이 생성됐는지 아닌지다.

다른 예를 논의하기 전에 위와 같은 과정을 거치는 이유를 명확히 밝혀야 한다. 그렇다고 이것이 "컴퓨터가 정말 스스로 창의성을 발휘할 수 있는가?"라는 러브레이스의 네 번째 질문에 답이 되는 것은 아니다. 이 질문은 이 책의 마지막 장에서만 다룰 것이다.

어쩌면 이런 이유를 러브레이스의 두 번째와 세 번째 질문("컴퓨터가 창의적인 듯 보이는 일을 할 수 있는가?" "컴퓨터가 인간의 창의성을 인지할 수 있는가?")에 대한 답이라고 생각할지도 모른다. 하지만 여기서는 "계산주의 심리학의 개념과 용어를 이용하면 인간의 창의성을 이해하는 데 도움이 될까?"라는 러브레이스의 첫 번째 질문을 다루려고 한다. 나의 목적은 컴퓨터 프로그램을 치켜세우려는 것이 아니라 인간이 자신의 독창성을 다루는 방법을 조명하는 것이다.

7장과 8장의 목표는 컴퓨터 프로그램과 인간의 창의성 사이에 경쟁의 장을 마련하려는 것이 아니다. 경쟁한다 해도 인간이 쉽게 이길 것이다.

노벨상이나 콩쿠르상도 인간만이 받을 수 있지 않은가.

현재의 인공지능 프로그램은 쉽사리 별것 아닌 것으로 치부할 수 있는 하찮은 경쟁자가 아니다. 냉혹하게 조롱해도 될 만한 뻔뻔한 사기꾼도 아니다. 오히려 생소한 인간의 심리를 탐험하기 위해 먼저 내보낼 수 있는 정찰대라 할 수 있다. 프로그램의 모험이 성공적이든 아니든, 혹은 인간과 비슷하든 아니든, 그들은 우리가 인간의 정신을 분명하게 이해하는 데 도움을 준다.

예술 분야는 컴퓨터 창의성을 이용하기에 그다지 적절한 영역으로 보이지 않을 수도 있다. 물론 예술가들은 컴퓨터를 도구로서 혹은 상상의 도우미로 다양하게 활용한다. '컴퓨터 음악'은 오케스트라 악기와 다른 소리를 내고 작곡가에게는 그들이 생각지 못한 코드나 악구를 실험할 수 있게 해준다. 컴퓨터 애니메이션을 포함한 '컴퓨터 그래픽'은 매혹적이고 아름다운 이미지를 만들어내고, 예술가가 더욱 참신한 시각적 효과를 만들어내는 데 도움을 준다. '글쓰기 프로그램'은 아이나 어른이나 그 프로그램이 없었다면 해내지 못했을 복잡하지만 통일성 있는 글을 계획하고 써낼 수 있게 해준다.[1] 하지만 대부분의 경우 아이디어를 제공하고 그것을 수정하여 그 결과물을 선별하는 과정에서 실질적으로 중요한 역할을 하는 것은 바로 인간이다.

때로는 인간이 아무런 역할을 하지 않는 경우가 있다. 예를 들어 그림 7.1의 만델브로트 집합(Mandelbrot set)과 같은 이미지는 내부 구조에 새로운 유형이 무한한 층위로 반복되는데, 이런 이미지는 순전히 자동적으로 만들어진다.

훌륭한 테크니컬러(미국의 테크니컬러 모션 픽처에서 발명한 색채영화 시스템

그림 7.1

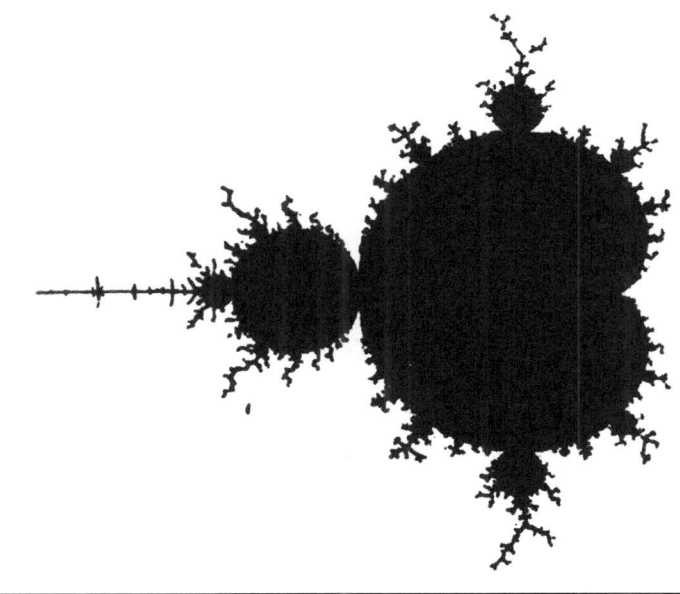

명칭-옮긴이)가 만들어낸 이미지는 정말 훌륭했고, 미술관에 전시되고 있다. 하지만 이들은 철저하게 기술적인 양상을 띠고 있다. 더욱 중요한 것은 그 이미지들을 만들어낸 컴퓨터 프로세스에 심리적인 면이 거의 없어서 인간의 사고와 매우 다르다는 사실이다. 아주 간단한 프로세스에서 나온 이미지도 예상치 못한 복잡성을 띨 수 있다는 점만 제외하면 말이다. (만델브로트 집합은 $z \to z^2 + c$와 같이 간단한 수학공식이 반복적으로 계산되어 생성된다. 하나의 계산 결과가 다음 계산의 인풋으로 쓰인다.)

우리가 생각해봐야 할 점은 이러한 '비인간적인' 프로그램이 아니라, 인간 예술가(음악가, 화가, 시인, 소설가)들의 창의성에 대한 해결의 실마리를 던져줄 수 있도록 특별히 개발된 특정한 프로그램이다.

이러한 프로그램 가운데 이제까지 가장 성공적인 것은 해럴드 코헨(Harold Cohen)이 만든 드로잉 프로그램 시리즈다.[2] 코헨은 프로그램을 이용한 예술의 세계에 발을 들이기 전에 이미 영국 테이트 갤러리 및 여러 박물관에 그림을 전시하던 명성이 높은 화가였다. 여기서 '발을 들이다'는 말은 잘못된 것 같다. 돌이켜보면 예술가로서 이러한 관심의 변화는 필연적이었을지도 모른다.

코헨이 직접 그린 그림은 추상적이었다. 정물화처럼 인식할 수 있는 사물을 그리지도, 보쉬(Bosch)나 달리(Dali)처럼 상상의 물건을 그리지도 않았다. 하지만 코헨 자신을 비롯해 대부분의 사람들은 코헨의 그림이 이웃하거나 겹치는 표면 혹은 불투명한 물체를 표현했다고 해석했다. 그래서 그는 이러한 해석과 표현에 관련된 인지 과정에 깊은 관심을 보이게 되었다.

그는 그림에 대한 사람의 감정적이고 인지적인 반응을 일반적으로 이해하는 법을 찾으려고 조금씩 변화를 주고 새로운 스타일을 계속해서 만들어냈다. 예를 들어 그는 열린 곡선과 닫힌 곡선에 대한 반응과 다양한 유형의 대칭과 음영에 대한 반응의 차이점을 조사했다. 다시 말해 선과 형태, 색깔의 상호 관계에 의해 우리 정신 속에 생성되는 관념 공간을 체계적으로 탐구했다. 예술심리학에 다년간 몰두한 것이 그가 나중에 컴퓨터가 만들어낸 그림에 흥미를 보인 첫 번째 이유다.

두 번째 이유는 예술은 상당 부분 규칙에 지배된다는 코헨의 확신이 점점 확고해졌기 때문이다. 예를 들어 이미 존재하는 방향이나 때로는 임의로 정해진 방향으로 선이 계속되도록 그림에 대해 다양한 '규칙'을 실험했다.

프로그램을 이용한 미술 세계에 발을 들이기 바로 전에 코헨은 BBC와의 인터뷰에서 다음과 같이 말했다. "그림을 그릴 때 각 단계에서 이미 완성된 부분과 관련해 의사결정을 내려야 하는 새로운 상황이 생겨납니다." 그리고 아르놀피니 갤러리에도 이렇게 설명했다. "그림을 그릴 때 '빨강으로 해야 할까, 노랑으로 해야 할까?' 하고 질문을 던져야 하는 시점에 도달합니다. 드로잉만큼이나 색상이 뚜렷하고 절대적이며 의도적인 상태에 도달하고 싶었습니다." (그는 몇 년 후 미로 같은 구조를 생성하는 프로그램을 언급하며, 그것이 "흥미롭게도 색상에 지나치게 몰두하는 것을 막아주었죠. 색상 구성에 대한 어떤 논리적인 원칙도 찾을 수가 없었으니까요"라고 했다.)[3]

위와 같은 사실을 고려하면 코헨이 계산주의적 발견의 여정을 시작했다는 점은 그다지 놀랍지 않다. 놀라운 것이 있다면 그 결과물인 그림이 미적으로 상당히 보기 좋았다는 점이다. 코헨의 컴퓨터가 창조한 그림들은 전 세계적으로 알려지고 사방에서 주문을 받았다. 이는 단순한 호기심 때문만이 아니었다. 예를 들어 1983년 테이트 갤러리에서는 풍경처럼 보이는 그의 추상적인 디자인에 대한 특별전이 열리기도 했다(그림 7.2 참조).

코헨의 프로그램은 추가된 미적인 복잡성과 방대해진 내용의 범위에 대처하기 위해 계속해서 발전되고 있다. 예를 들어 그림 7.3의 황소를 그린 ANIMS 프로그램은 나중에 그림 7.4와 그림 7.5 같은 그림을 그릴 수 있었다. (코헨은 그림 7.3이 어떤 면에서는 아프리카의 부시맨과 호주 원주민의 예술과 비슷한 반면, 그림 7.5는 구석기시대의 동굴벽화인 알타미라와 라스코와 더 비슷하다고 말했다.)

이제까지 그의 작품 중 미적으로나 심리적으로 가장 흥미로운 프로젝트는 AARON이라는 시리즈다.

　AARON이 한 버전에서 다음 버전으로 발전하면서 프로그램의 성격은 본질적으로 변화했고, 관념 공간이 급진적으로 달라졌다.

　그림 7.2의 초기 AARON은 추상적인 형태의 자연스러운 그림에 초점을 맞춘다. 이런 형태는 땅 위에 흩어진 돌과 막대기처럼 보일 때도 있고 이상한 새나 벌레로 보일 때도 있다. 하지만 도저히 인간의 형상으로는 보이지 않는다. 반대로 이 책의 맨 앞에 나오는 그림은 1985년에 더 발전된 버전으로 섬세하게 그려진 것이다. 발전된 버전의 이 미학적 세계에는 훨씬 더 그리기 어려운 생물체가 나타나 있다. (이 그림을 나의 사무실에 걸어두었는데 그림의 출처를 알지 못하는 사람들은 들를 때마다 이 그림에 감탄하곤 한다.)

　후에 AARON의 그림은 더욱 복잡해졌는데 푸른 들판에 있는 사람들을 묘사한 그림이 그렇다(1987년 그림 7.6을 보라). 프로그램의 가장 최근 이미지(1989년에 그린 그림 7.7)는 3차원의 사람을 보여준다. 이는 2.5차원인 이 책의 맨 앞에 나오는 그림의 곡예사와 대비된다.

　추상화-AARON의 그림이 '임의적'이고, 곡예사-AARON의 그림이 '계획적'이라고 할 수 있는 이유는 곡예사-AARON만이 프로그램을 시작하기 전에 어떤 종류의 그림을 그릴지 의도적으로 생각하기 때문이다.

　추상화-AARON은 종이 위에 아무 곳이나 임의로 시작점을 고르고 어떤 상황에서 다음에 무엇을 해야 할지 구체화한 '만약 그렇다면(IF-THEN)' 규칙(인공지능 개발자들은 생산 시스템이라고 부른다)을 계속해서 수집하며 풍경을 그린다.

그림 7.2

그림 7.3

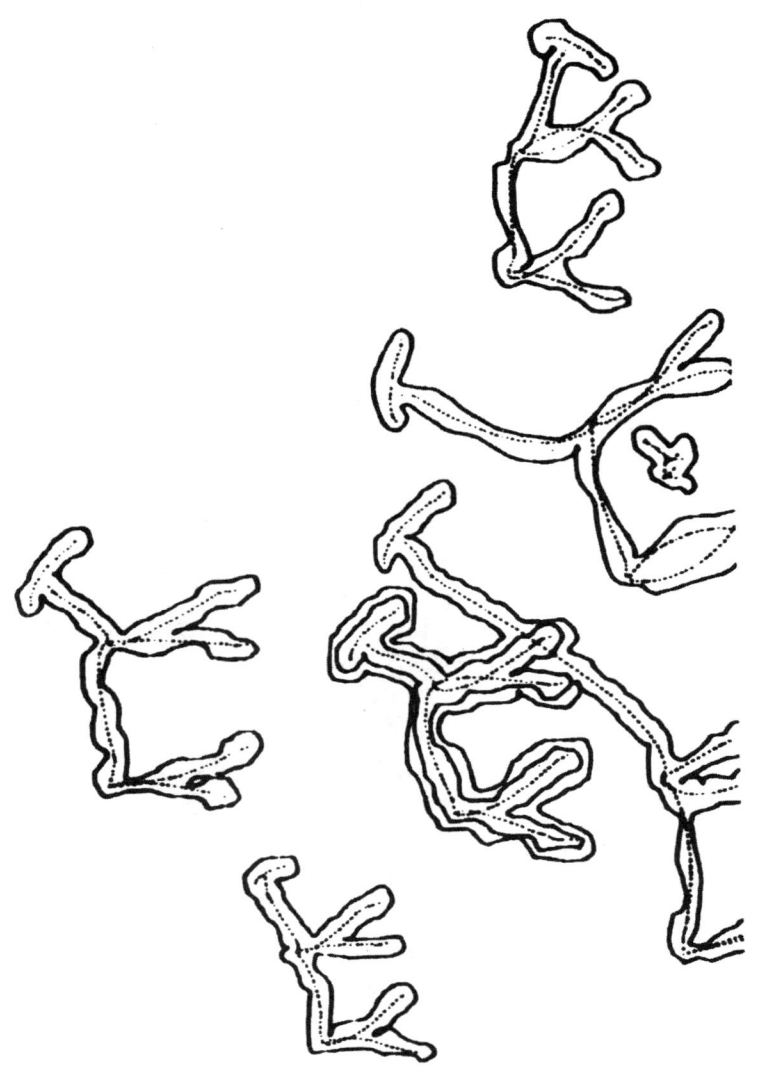

그림 7.4

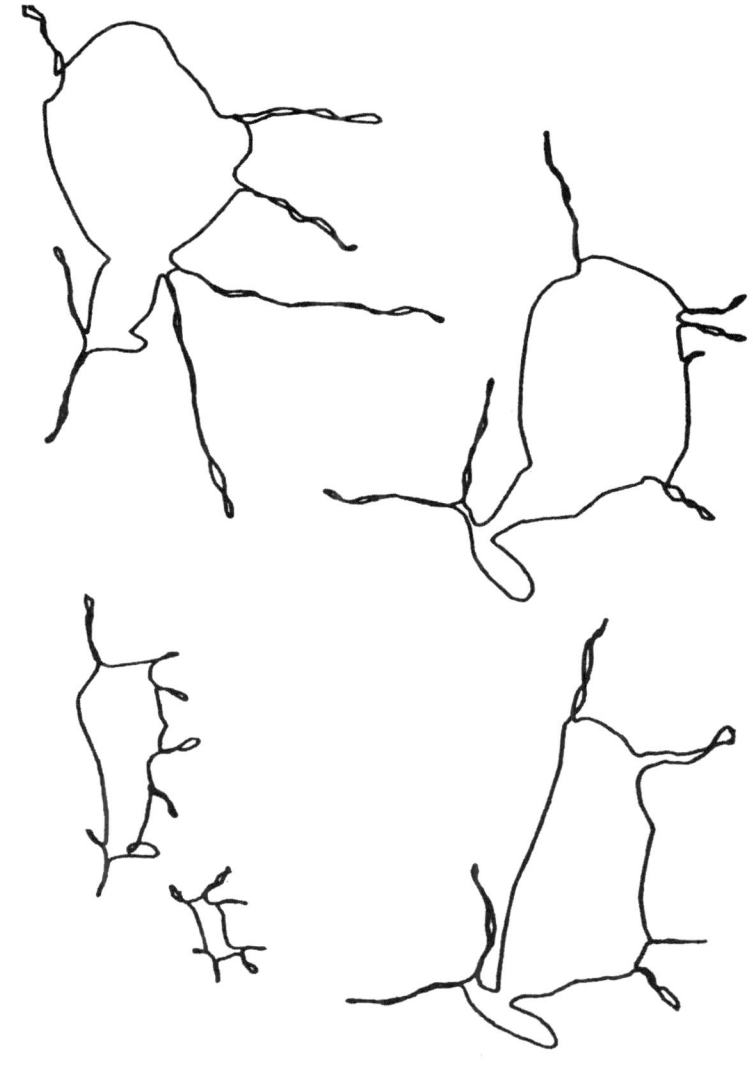

그림 7.5

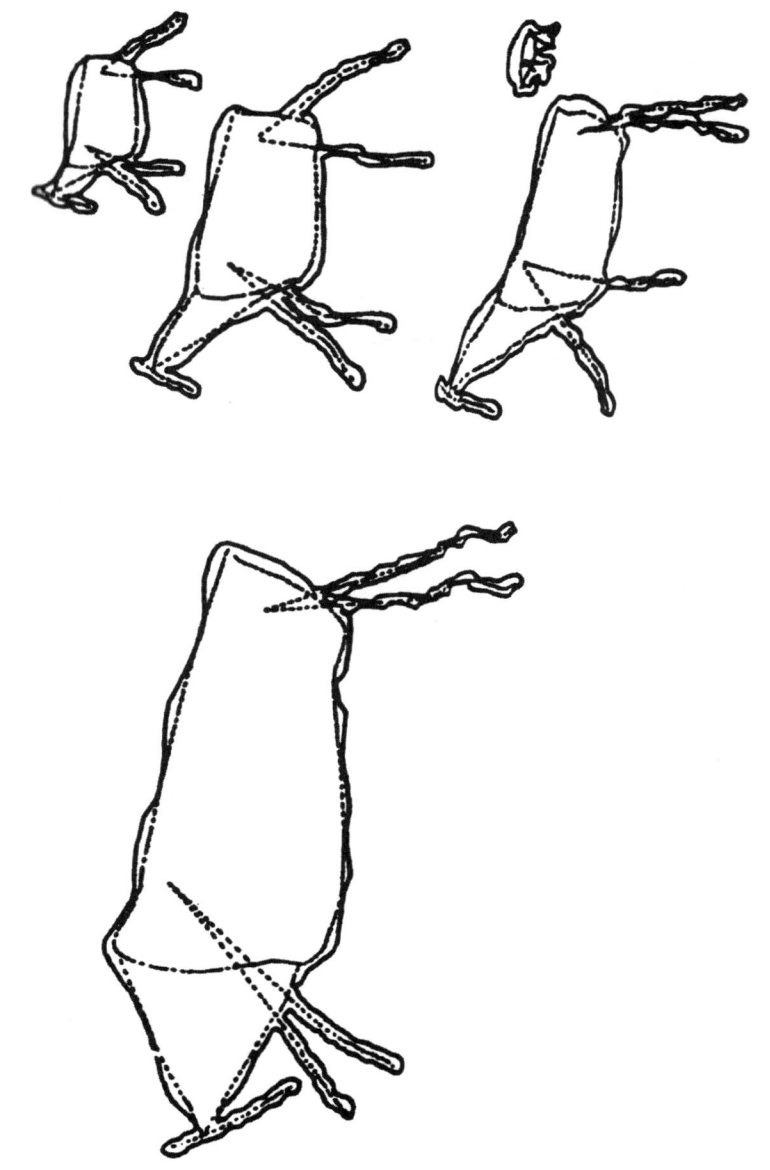

그림 7.6

그림 7.7

　예를 들어 한 선을 계속 그릴지, 그린다면 어떤 방향으로 그릴지는 그 선이 닫힌 형태의 일부를 형성하는지 아니면 열린 형태의 일부를 형성하는지에 따라 결정된다. 추상화-AARON의 '만약 그렇다면' 규칙은 꽤 복잡할 수 있다. 다음으로 무엇을 할지 인지하기 전에 현재 그림의 상태에 대한 몇 가지 특성을 확인해야 할지도 모른다.

　그 규칙이 합리적이라 가정하면 특정 지점의 임의적 활동을 포함해 프로그램이 통일성 있는 결정을 내릴 수 있다고 신뢰할 수 있다. 하지만 추상화-AARON은 그림 전체를 볼 수 없다. (또한 기억력이 없기 때문에 자신의 과거 활동에서 배울 수도 없다.)

　반면 곡예사-AARON은 펜을 들기 전에 그림의 특징을 계획할 수 있다. 그리고 그림을 그리는 동안 계획한 제약들을 충족시키고 있는지 자신의 수행 상태를 추적할 수 있다. 곡예사-AARON은 추상화-AARON과 마찬가지로 임의적이지만 그런 점에서 더 계획적이다. (마찬가지로 그런 점에서 반 아이크(van Eyck)는 잭슨 폴락(Jackson Pollock)에 비해 더 계획적이다.)

관념 공간에 대해 파악하기 위해 먼저 '곡예사와 공'이라고 불리는 그림을 어떻게 그릴 것인지 생각해보자. 우선 특정 내용과 구도를 선택해야 한다. 그리고 종이에 연필을 (혹은 펜이나 붓을) 대기 전에 전체적인 미술 양식을 결정해야 한다. 이 책 맨 앞에 나온 것처럼 사실주의적인 선화 스케치를 그리고자 한다고 가정해보자.

잠시 그러한 스타일로 그림을 그려보라. 당신이 매우 형편없는 화가이거나 단순히 그 그림을 베끼는 데 그친다 해도 그 연습을 통해 깨닫는 바가 있을 것이다. 자, 이제 친구가 그런 그림을 그릴 때 도움이 될 만한 조언 몇 가지를 (해야 할 것과 하지 말아야 할 것의 목록을) 적어보라. 그 친구는 아직 코헨의 작품을 하나도 보지 못했다고 가정하라.

당신은 어떤 조언을 해주겠는가? 당신의 조언에는 명암에 대한 구체적인 지침이 없을 것이다. 약간의 '음영'은 괜찮지만 명암은 허용되지 않기 때문이다. 당신의 친구는 불투명한 물체를 제대로 표현하려면 앞에 놓인 물체가 뒤에 놓인 물체를 가린 것처럼 보이도록 그려야 한다고 지적할지 모른다. (이 책 맨 앞에 나온 곡예사 그림에는 왼쪽 무릎 중간에 볼록한 표면을 표현한 선이 없다. 왼쪽 손목과 손이 그 앞에 있기 때문이다.)

미적 초점이 되는 신체의 윤곽선에는 최소한의 옷과 얼굴 생김새만 표현되어 있다. 코는 필수적인 요소처럼 보이지만 신발이나 양말은 그렇지 않다. 신체 형태에 관한 한 바로크 양식 그림처럼 사실적일 필요가 없다.

하지만 꽤 그럴듯해야만 한다. 코의 한쪽에 양 눈이 있거나 팔다리를 삼각형으로 표현한 피카소 후기 그림과는 달라야 한다.

중력의 법칙을 거스르는 자세 역시 있을 수 없다. 샤갈의 초현실적 그림과 달리 어떤 인간도 공중에 가로로 떠 있을 수는 없다. 공 또한 중력의 법칙을 따라야만 한다. 그 위치는 인간 신체의 자세가 그렇듯 공중에 있든 땅 위에 있든 곡예사에 의해 지지되든 현실에 있을 법해야 한다.

이러한 자세는 팔과 다리의 각도와 위치를 맞추는 것뿐 아니라 원근법에 따라 근육을 축소하거나 확대함으로써 표현된다. 이 책 맨 앞에 나온 그림에서 균형을 잡고 있는 곡예사의 왼팔을 보라.

구도에 있어서는 투사도의 기준 평면을 분명하게 표현해야만 한다. 하지만 기준선을 노골적으로 드러내는 수평선 없이 그림의 '공간'이 그 면을 채워야만 한다. 작은 도형 세 개가 위쪽 왼편에 몰려 있는 일은 없어야 한다. 그림 전체는 균형미와 대칭성을 갖추어야 한다. 하지만 너무 대칭이 되어서도 안 된다. 그리고 개별 항목은 그림 전체와 조화를 이루어야 한다. 예를 들어 곡예사가 공을 사용하지 않는다 해도 공이 아무렇게나 바닥에 흩어져 있는 것처럼 보여서는 안 된다.

그림 그리기에 대한 조언은 끝도 없이 많다. 분명 해야 할 것과 하지 말아야 할 것의 목록을 완성하기란 쉬운 일이 아니다. 친구에게 해야 할 일을 어떻게 해야 하는지, 어떻게 하면 실수를 피할 수 있는지 말해주기는 더욱 어려울 것이다.

'곡예사와 공'을 미적으로 그릴 수 있는 컴퓨터 프로그램을 짜는 것은 훨씬 더 어려운 일이다. 그렇다고 시 한 편만을 암송하는 앵무새처럼 선을 하나씩 그리거나 단 하나의 구도만을 그리도록 프로그램을 설계할 수는 없다. 그림 20점이나 구도 7개만을 그리도록 설계하는 것도 물론 안 된다.

프로그램은 동일한 특정 유형의 그림을 끝없이 그릴 수 있어야 한다. 프로그램은 전에 그린 적 없는 그림을 그림으로써 우리를 계속 놀라게 만들어야 한다. 그리고 그중 몇 점은 다른 것에 비해 덜 만족스러울 수도 있지만 받아들이기 힘들 정도로 엉망인 것은 거의 없어야 한다. 그리고 미적 가치가 없는 그림은 단 하나도 없어야 한다.

코헨은 이를 달성했다. AARON의 모든 버전은 버튼 하나를 누르는 것만으로 새로운 그림을 그릴 수 있다. 일본 쓰쿠바에서 열린 박람회를 마친 후 조직위는 AARON이 전시 기간 동안 그린 그림 7000점을 코헨에게 보냈다. 각 그림은 모두 달랐으며, 전에 그렸던 그림은 하나도 없었다. 그 그림들은 전 세계에서 온 사람들에게 기쁨을 주었다. 코헨의 프로그램은 미적 만족을 주는 결과물을 생산한다. 이는 앞발을 들고 두 발로만 걷는 개와 분명 다르다. 존슨 박사도 말했듯, "어떤 행위를 단순히 잘 하는 것이 아니라 그 행위를 한다는 사실 자체가 놀라움이 되어야 한다."

AARON은 분명 레오나르도 다빈치가 아니다. 하지만 나는 가장 좋아하는 그림 중 하나로 이 책 맨 앞에 나온 그림을 꼽는다. AARON의 곡예사 그림 전부가 이 그림처럼 매력적인 것은 아니다. 내가 보기에 그림 7.8과 7.9의 구도는 매력적이지 않다. 하지만 사실상 모든 그림이 보기 좋았으며, 그것을 컴퓨터가 그렸다는 사실을 모르는 사람들은 하나같이 그림을 칭찬했다. 혹 알았더라도 그들은 그 사실을 믿으려 하지 않았을 것이다.

비밀은 무엇일까? AARON은 어떻게 그림을 그렸을까? 창의성에 대한 수수께끼들이 그러하듯, 일반적인 정보와 구체적인 정보를 뒤섞어야만 거기에 답할 수 있다. 두 번째로 개발된 버전은 두 가지 유형의 정보를 잘 이해하고 있다는 점에서 개선되었으며 구체적인 정보 변화에 더욱 즉각적으로 반응했다.

예를 들어 추상화-AARON은 인간의 신체에 대해 아는 바가 전혀 없었기에 그릴 수도 없었다. 하지만 그 뒤에 등장한 곡예사-AARON은 인간의 신체에 대한 기본 모델을 제공받았다.

곡예사-ARRON이 제공받은 모델은 화가들이 작업실에서 사용하는 관절이 있는 나무 모형과 달리 순전히 계산주의적이다. 그 모델은 인간

그림 7.8

의 신체에 대한 정보가 아닌 신체를 어떻게 그리는지에 대한 정보, 즉 수행 과정에 대한 정보로 구성되어 있다.

AARON의 신체 모델은 계층적으로 구조화된 절차적 도식이다. 이 도식은 다양한 자세를 표현한 선 드로잉을 무한하게 그릴 수 있는 서치-트리를 정의한다. 다시 말해 신체 모델은 관련 제약(조건)에 의해 가능성이 창조되고 제한되는 관념 공간(혹은 이웃 관념 공간군)을 창조한다.

벗어날 수 없는 제약이나 조건도 있다. AARON이 그린 그림의 경우 모든 인체에는 팔 두 개와 다리 두 개가 달려 있어야만 한다. 팔이 하나만 달린 곡예사는 그릴 수 없다. 마지막 스케치를 할 때 곡예사의 오

그림 7.9

른쪽 팔을 반드시 그려야 할 필요는 없다. 오른쪽 팔이 앞에 있는 다른 곡예사의 몸통에 가려질 수도 있기 때문이다. 하지만 AARON은 처음 그림을 구상할 때 양팔을 모두 그려야 한다고 생각했을 것이다. 바꾸어 말하면 AARON에게 제공된 신체 모델은 어떻게 두 팔 달린 사람을 그릴 수 있는지만 알려준다. 팔이 하나밖에 없는 사람은 허용되지 않는다.

팔이 하나밖에 없는 곡예사를 그릴 수 있으려면 제공되는 신체 모델에 '팔의 개수'를 설정하는 슬롯이 있어야만 한다. 그 슬롯의 기본값은 '2'로 설정되어 있으되 '1'이나 '0'의 값도 수용하도록 설계되어야 한다. (슬롯이 이렇게 설정된 모델을 코헨이 제공했다면 어떤 일이 벌어졌을까? 그 내용 하나를 수정한 것만으로도 AARON은 그림 7.9에 나온 것 같은 아름다운 그림을 그릴 수 있었을까? 아니면 프로그램의 또 다른 부분들을 수정해야만 했을까?)

AARON의 신체-도식에 정의된 조건이나 제약은 맥락에 매우 민감하다. 예를 들어 얼굴에 그려진 코는 곡예사가 머리를 얼마나 돌리고 있는지 보여준다. 이것이 곡예사-AARON이 그린 그림에 코가 반드시 필요한 이유다. 그림 7.7에 나오는 곡예사들의 얼굴에는 코가 없다. 이 그림에서는 기본이 되는 신체-모델에 3차원 공간에 대한 풍부한 정보가 포함되어 있기 때문에 '방향을 가리키는 코'가 더 이상 필요하지 않다. 이와 마찬가지로 얼마나, 어떻게 팔과 다리를 짧게 그릴지 혹은 근육을 수축시킬지는 대상의 자세와 관찰자의 시점에 따라 달라진다.

팔과 다리를 구부리고 있는지 아닌지 또한 여러 가지 요소에 의해 좌우된다. 팔다리 관절의 움직임과 동작은 프로그램의 신체-도식에 따라 표현된다. 하지만 다리 자세는 바닥을 딛고 서 있는지 아니면 다른 물체를 밟고 있는지, 만약 바닥을 딛고 서 있다면 그 바닥이 평평한지 둥근지에 따라서도 달라진다. 물체를 밟고 서 있다면 그 물체가 무엇인지도 알아야만 한다(이 책 맨 앞 그림에서 공을 밟고 있는 곡예사 두 명을 비교해보라). 팔의 자세 또한 어딘가에 기대고 있는지, 공을 던지고 있는지 아니면 쥐고 있는지, 곡예사 몸의 균형을 잡고 있는지 등의 다양한 요소에 의해 달라진다. (여기에 팔을 하나만 그릴 수 있도록 하는 조건을 추가해야 한다면 코헨은 균형 맞추기와 관련된 휴리스틱도 수정해야 할 것이다.)

AARON이 팔다리의 자세를 결정하는 데 영향을 미치는 또 하나의 요소는 전체적인 구도다. 세 번째 곡예사가 한 발로 서서 빠르게 도는 피루엣 자세를 취하려면 왼팔을 들고 오른팔을 펴야만 균형을 잡을 수 있기 때문이 아니다.

AARON이 드로잉에 그치지 않고 색까지 칠하려면 색에 대한 지식도 갖춰야 한다. 하지만 화가들이 익히 아는 것처럼 색의 미학은 상당히 미묘하다. 이따금 폴 고갱이 고의적으로 무시하기는 했지만, 예를 들어 정글-AARON이라면 아무리 열대지방이라도 땅은 분홍색이 아니라는 현실 세계의 모든 개별적인 색에 관한 지식이 있어야 할 것이다. 심지어 추상화-AARON이라 해도 회화에서 이웃하는 색들 간의 미학을 지배하는 일반적인 원리를 어느 정도는 이해하고 있어야 할 것이다.

이런 원리들은 너무 불분명하기 때문에 코헨은 초기 드로잉 프로그램으로는 색칠을 시도하지 않았다(AARON의 그림 중 색칠이 된 것은 코헨이 직접 한 것이다). 그는 색칠할 수 있는 프로그램에 대해 수년 동안 고민했다. 그러다가 1990년 봄에 견본으로 제작한 색칠 기계를 테스트하고 단점을 보완하여 10년 뒤에 세상에 내놓았다(에필로그 참조). 한편 그동안

AARON은 데생 화가만큼 훌륭한 화가로 성장해 있었다.

AARON은 선화를 그릴 때 이미 가지고 있던 일반적인 지식을 활용해 차폐(occlusion), 입체성(solidity), 조명(illumination)을 어떻게 표현할지 고민한다. 이 이야기가 꽤 간단하게 들릴 수도 있다. 예를 들어 차폐를 표현하려면 화가는 가려진 물체를 표현한 외곽선을 중간에서 끊어야 한다. 하지만 어떤 선을 어떤 지점에서 시작하고 끝낼 것인가? 드로잉 프로그램이 그림을 그리는 과정에서 제기되는 이런 세부적인 질문에 모두 답하려면 모든 대상물에 통일성을 부여하는 명확한 관점을 선택해야 한다.

마찬가지로 입체성과 조명은 외곽선 근처에 평행한 선을 여러 차례 겹쳐 그리는 방식으로 표현한다. 하지만 어떤 외곽선을 선택할 것인가? 그림 7.2에서 조명의 방향은 겹쳐 그린 선들이 모두 같은 방향으로 기울어져 있다는 사실을 통해 짐작할 수 있다. 그러나 정면으로 앉아 있는 곡예사 두 팔의 음영은 반대 방향으로 표현되어 있다.

분명 이 둘은 조명을 매우 다르게 표현했다. 혹시 곡예사의 양쪽 팔 안쪽을 좀 더 진하게 그렸다면 시각적으로 모순되어 보였을까? 아마 그럴 것이다. (그리고 아마 코헨이 이미 시도해보았을 것이다.) 이것은 탐험을 기본으로 하는 창의적 사고에서 전형적인 의문이다.

화가가 기준 평면(ground-plane)을 표현하는 방식에 관한 질문도 마찬가지다. 이때 지평선의 유무는 상관없다. 기준 평면은 대상의 해부학적 안정성과 상대적인 크기에 관한 유일한 사전지식이며, 곡예사-AARON과 보는 이가 정면화를 제대로 해석할 수 있게 해주는 유용한 수단이다. (젊은 시절 피카소가 그린 서커스 그림에는 어린이 곡예사를 그린 스케치들이 눈에 띈다. AARON이 어떻게 하면 기준 평면이 혼동되지 않게 하면서 어린이 곡예사를 그릴 수 있을까?) 그림 7.6의 정글 그림에서 기준 평면은 바닥에 흩어져 있는 바위와 돌을 이용해 표현되었다.

　탐험을 기본으로 하는 창의적 사고의 세 번째 질문은 미적 균형 또는 조형 균형(compositional balance, 매체 고유의 형틀 내에서 예술적 요소들을 조화롭게 배치하는 일—옮긴이)의 본질에 관한 것이다. 곡예사들의 정면 그림에서 피루엣하는 곡예사가 없었다면 그림이 전체적으로 낯설어 보일 것이며, '사실적인' 그림에서처럼 추상적인 그림도 조형상의 어색함을 안고 있을 것이다.

　프로그램을 완성하기 위해 코헨은 이런 모든 질문들을 깊이 생각해봐야 했다. "코헨에게 박수를!" 하고 외치며 감격의 눈물을 흘리는 사람이 있을지 모른다. 코헨이 창의적이라는 데에는 의심의 여지가 없다. 더욱이 그의 프로그램들은 화가가 추상적인 모양이나 곡예사들을 스케치할 때 뇌에서 진행되는 정신적 과정을 분명하게 파악하는 데 도움이 되며, 우리의 주된 관심사가 바로 이런 것이다. 하지만 프로그램 자체를 창의적이라고 강력히 주장할 수 있을까? 아니면 혹시 우리가 아직 네 번째 러브레이스 질문을 던지지 않아서 이런 프로그램들이 창의적으로 보이는 것일까?

　자, 그러면 프로그램이 창의적으로 보이려면 어때야 할까? 우리가 조합적 창의성과 반대인 탐험적 창의성을 다루고 있음을 감안했을 때, 프로그램이 창의적이 되려면 놀라운 결과물을 무한정 많이 내놓을 정도로 관념 공간을 충분히 탐험해야 한다. 이상적인 목표는 관념 공간을 확장하거나 혹은 기존의 관념 공간을 깨뜨리고 새로운 관념 공간을 만들어내는 것이다.

또한 P-참신성을 발휘해야 하고 가능하다면 그 결과물에 H-참신성이 있어야 한다. 뿐만 아니라 프로그램이 낸 성과가 모두 인식할 수 있는 관념적 유형을 띠고 있다 해도 보통은 개별적으로 예측할 수 없는 것들이어야 한다. 그리고 창의적인 프로그램이라면 사람이 끊임없이 명령어를 입력하는 것이 아니라 프로그램 자체의 자원과 기능에만 의존해 스스로 활성화할 수 있어야 한다(그렇다 해도 "공을 가지고 있는 곡예사 두 명을 그리시오"와 같은 명확한 '명령'을 방해하지는 않는다).

더욱이 프로그램의 연산에는 판단이 포함된다. 또한 무작위로 이루어지는 처리 과정보다 목적이 분명한 활동이 훨씬 많아야 하며, 무작위성은 창의적인 영역의 전체적인 본질에 의해 억제되어야 한다. 다음 결정을 내릴 때에는 되도록 자기가 내린 과거의 선택들을 다시 고려할 수 있어야 한다(재즈 즉흥연주를 다룰 때 살펴보겠지만 인간이라고 해서 이런 자기비판 능력을 언제나 발휘할 수 있는 것은 아니다).

AARON의 그림이 미적으로 만족스러운 것처럼 프로그램이 새로 만들어낸 구조는 그것을 인식하는 사람에게 특정한 방식으로 가치를 인정받을 수 있어야 한다. 또한 혼자 힘으로 구조의 다양성을 평가할 수단이 있어야 하고, 따라서 얼토당토않은 모순은 피할 수 있어야 한다. 진부한 표현까지 피할 수 있다면 이상적일 것이다. (가끔씩 하는 실수는 그냥 넘어갈 수 있다. 화가나 과학자들도 그렇지 않은가?)

프로그램의 생산적인 전략과 그 결과 사이의 관계가 인간의 창의성에 관한 의문에 실마리를 던져주는 것과 더불어 참신한 아이디어를 판단하는 사람들의 창의성을 잊지 않는다면 더 좋을 것이다. 인간심리학을 조명할 수 있는 '창의적인' 컴퓨터 프로그램(적어도 창의적으로 보이는 컴퓨터 프로그램)이 우리의 관심사다.

AARON은 이 모든 창의성의 기준을 만족한다. 한 가지 중요한 한계를 안고 있다는 점을 제외하면 말이다. AARON이 그린 각각의 그림은 독특하다는 점에서 H-참신성(또는 P-참신성)이 있다. 하지만 다양한 버전의 AARON을 하나의 컴퓨터 시스템으로 간주하고 그것이 그림을 그렸다고 가정했을 경우에만 3장에서 정의한 예리한 판단력으로 그 그림들이 H-창의성을, 또는 P-창의성을 갖추었다고 볼 수 있다. 추상화-AARON의 능력만으로 곡예사-AARON의 그림은 그릴 수 없었을 것이다. 마찬가지로 곡예사-AARON은 그림 7.6의 정글을 그리지 못했을 것이다.

그러나 특정한 버전의 프로그램만 고려하면 이야기가 달라진다. 각각의 그림은 해당 버전의 AARON에 의해 예전에 이미 그려질 수 있었을 것이다. 게다가 추상화-AARON에서 곡예사-AARON으로, 곡예사-AARON에서 정글-AARON으로의 발전은 프로그램의 자발적인 자기-수정이 아니라 코헨이 직접 개입한 것이다.

즉, AARON의 독창성은 자신의 관념 공간을 탐험하는 과정이 없기 때문에 근본적으로 창의적이라고 보기 어렵다. 특정 AARON의 창의성은 "목걸이 덧셈은 지겨워! 이제 빼기를 해보자"라고 주장하는 아이보다는 계속해서 "다른 숫자를 이용해서 다른 목걸이도 만들어보자"라고 주장하는 아이의 창의성에 가깝다. 이 프로그램은 아이가 '1+1+1'을 해보거나 구슬 17개만으로 목걸이를 만들어보는 것처럼 창의성의 한계를 시험하려 들지 않는다. 프로그램의 한계를 시험할 수 없기 때문에 그것을 변화시키려고 애쓰지 않는다 해도 크게 놀랍지 않다. 탐험은 하지만 응용하거나 다른 것으로 바꾸지는 않는다.

AARON은 새로운 스타일을 발견한 예술가나 마찬가지며 그 스타일을 충실히 따르는 중이다. 이러한 성취를 비웃을 수는 없다. 프로그램이 선택한 스타일은 창의적인 다른 그림들을 수없이 내놓을 수도 있고, 각각의 그림은 그 자체로 매력적일 것이다. 하지만 모험심이 있느냐고 물으면 그렇지는 않다.

창의적인 드로잉 프로그램이라면 그림의 내용을 새롭게 하거나 아니면 아예 새로운 스타일을 창조할 능력을 갖춘 것이 이상적이다. 피카소처럼 생각할 수 있다면 더할 나위 없을 것이다. '곡예사는 지겨워. 이제 미노타우로스를 그려야겠어. 그리고 다른 스타일에 한번 도전해봐야지. 정면에서 바라본 팔다리를 기하학적으로 그리면 어떻게 되는지 보는 거야' 라고 말이다.

이렇게 되려면 프로그램은 관련 유형의 지식이 필요할 것이다. 또한 대상을 묘사하고 비교하고 평가하고 다른 것으로 바꾸는 데 그 지식을 활용할 방법도 필요하다. 다시 말해 다양한 정신적 지도를 구성하고 점검하고 바꿀 수 있어야 한다는 의미다.

그림의 내용에 관한 지식 측면에서 보자면 미노타우로스의 생김새를 모르고 미노타우로스를 그릴 수 있는 사람은 아무도 없다. 즉, 무엇보다도 미노타우로스가 자기 몸을 지탱하고 움직이는 방법을 알아야 한다는 뜻이다. 만일 코헨이 AARON에게 미노타우로스를 표현한 신체 도식을 입력했다면 이따금 그림의 내용을 다양하게 표현할 수 있었을 것이다.

예술가들은 수많은 것들을 그릴 수 있고 간혹 조합적 창의성의 도움으로 유니콘이나 물뱀처럼 한 번도 본 적 없는 대상을 상상할 수도 있다. 하지만 AARON과 달리 이들에게는 수년간 쌓아온 경험이 있고, 그 경험에는 수많은 것들이 결합된 표현형들이 풍부하게 축적되어 있다. 뿐만 아니라 예술가들은 시각적 형상에 상징적인 내용을 조합할 수 있다. 미노타우로스의 신화적 의미와 유니콘의 사랑스러운 표정이 바로 이러한 조합의 결과다.

예술적 스타일의 변화를 요구하는 지식 측면에서 보자면 AARON은 예를 들어 직선과 곡선 간의 시각적 유추를 할 수 있어야 하고, 따라서 넓적다리와 쐐기 모양 또는 세모 사이의 시각적 유사성을 유추할 수 있어야 한다. (사람들은 피카소 같은 인물이 유사성을 지적하기 전까지는 이런 유추를 하지 못하고, 지적해준다 해도 거기에 저항하는 경우도 많다.) AARON에게 곡선에서 직선으로의 체계적인 변형을 입력해주는 것은 비교적 쉬운 일이지만, 프로그램이 그러한 변형과 스타일의 변화를 자발적으로 꾀하도록 만드는 것은 훨씬 어렵다.

코헨은 창의성 면에서 AARON의 이러한 한계를 제대로 인식하고 있었다. 그의 궁극적인 목표는 AARON이 드로잉 방식을 스스로 수정할 수 있도록 하는 것이었다. 입력되어 있는 스타일을 겉보기에 다양하게 표현하는 것은 완전히 새로운 스타일을 창조하는 것보다는 쉬울 것이다. 한 가지 스타일을 해체하고 다른 스타일을 추구하려면 전체적인 통일성은 유지하되 자신의 발생적 처리 절차를 비교적 근본적인 수준에서 수정해야 한다. 그러나 어떤 식으로 스타일을 변화시키더라도 자기비판은 필수적이다. AARON에게는 그것을 자신의 활동에 반영하고 변형시킬 만한 어떠한 방법도 없다. 지금까지 그렇게 할 수 있는 프로그램은 몇 개에 불과했다. 8장에서 살펴보겠지만 그런 시스템들은 관념 공간을 수정·개선할 수 있는 휴리스틱을 갖추었고, 휴리스틱 자체를 바꿀 수 있는 휴리스틱도 가지고 있다.

원칙적으로 앞으로 선보일 미래형 AARON은 전에는 내놓지 못했던 그럴듯한 그림을 스스로 그릴 수 있을지 모른다. 레오나르도의 그림보다 아름다움이 덜하거나 마티스의 그림보다 놀라움이 덜해도 문제되지 않는다. 창의성은 정도의 문제다. 그리고 대부분의 예술가들이 그런 경지에 오르지 못한다. 그 정도의 AARON이라면 분명 창의적인 프로그램이 갖추어야 할 합리적인 조건을 모두 만족할 것이다.

물론 어떤 이들은 여전히 AARON을 '창의적'이라고 보지 않을 것이다. 즉, AARON이 창의적으로 보일 수 있는지 없는지에 대해서조차 회의를 품을 것이라는 말이다. 프로그램이 그린 그림에 내재된 미학적 감흥이 없다는 이유로 자신의 거부반응을 합리화하려고 할지도 모른다.

예를 들어 AARON이 종아리는 세모, 허벅지는 쐐기 모양으로 생긴 곡예사를 그렸고, 인간은 아무도 그런 그림을 그린 적이 없다고 해보자. 일부 회의론자들은 편견 없이 그림을 받아들이는 대신 고집스럽게 그것을 거부하려고만 할 것이다.

그리고 이렇게 말할지도 모른다. "그래, 팔다리와 쐐기에 조금 비슷한 점이 있을지도 모르지. 하지만 흥미로운 점은 찾아볼 수 없고 흉하기만 해." 그리고 이러한 선입견은 사라지지 않고 계속될 것이다. 그들이 보기에 예술가가 우리의 인식에 도전장을 던지고 안락한 미학적 전통을 뒤엎는 것과 우리가 컴퓨터 프로그램의 건방진 모습을 참아주어야 하는 것은 별개의 문제다.

근본적으로 이러한 태도는 프로그램이 그려낸 그림의 내재적 특징과는 아무 상관이 없다. 오히려 이것은 러브레이스의 네 번째 질문에 대한 답으로, 프로그램은 제아무리 참신한 결과물을 내놓더라도 진정으로 창의적일 수 없다는 가정으로부터 나온다. 11장에서 보겠지만 이러한 가정은 사실에 입각한 심리적 믿음이 아니라 차라리 도덕적 관점에 가깝다. 따라서 이것은 프로그램이 창의적인 것처럼 보일 수 있느냐, 그리고 그것이 인간의 창의성을 밝히는 데 조금이나마 도움이 될 수 있느냐는 질문에 영향을 미치지 않는다.

요컨대 다른 컴퓨터와 마찬가지로 AARON의 성능은 기본적으로 러브레이스의 네 번째 질문과 아무런 관련이 없다. 대신 앞의 세 가지 질문에는 '그렇다'라고 대답할 만한 그럴듯한 근거가 된다. 앞으로 만들어질 미래형 버전이라면 더 나은 근거를 제공할 수 있을 것이다.

그렇다면 음악은 어떤가? 컴퓨터가 만들어낸 음악이 인간의 음악 능력을 이해하는 데 도움을 주겠는가? 여기에서 우리의 관심은 컴퓨터 '로' 만든 음악이 아니라 컴퓨터 '가' 만든 음악에 있다. 처음부터 끝까지 새로운 음악을 만들어내는 프로그램이 있는가? 있다면 그것이 진정한 창의성을 보인다고 납득할 만한가?

컴퓨터로 만든 베토벤 10번 교향곡 같은 건 없다. 하지만 동요나 모던 재즈처럼 이보다 조금 덜 고상한 장르에는 음악을 작곡하는 프로그램들이 몇몇 있다. 어쩌면 동요 같은 데에는 그다지 관심을 둘 필요가 없다고 느끼는 사람들이 있을지도 모른다. 그렇다면 재즈는 어떤가? 미학적으로 흥미로울 만큼 충분히 복잡한 음악 아닌가? 재즈 음악가는 어떻게 기분 좋은 화음과 흥미로운 리듬, 만족스러운 멜로디를 만들어내는가?

심리학자 필립 존슨-레어드(Philip Johnson-Laird)가 바로 이러한 문제들에 과감히 덤벼들었다.[4] 훌륭한 재즈 피아니스트이기도 한 그는 찰리 파커(Charlie Parker)와 디지 길레스피(Dizzy Gillespie) 스타일로 즉흥연주를 만들 수 있는 프로그램을 썼다. 이 프로그램은 먼저 개략적인 코드 진행을 만들어낸 뒤 그것을 인풋으로 이용해 실제 코드와 베이스라인 멜로디를 즉흥적으로 만든다.

모던 재즈는 조성 음악의 한 종류다. 그것은 기초를 이루는 코드 진행(예를 들어 열두 마디 블루스)을 기반으로 하며, 연주가 시작되기 전에 이미 정해진 이 코드 진행은 음악이 끝날 때까지 반복된다.

이러한 코드 진행에서 각각의 코드는 그것의 조와 화성의 종류(주음, 딸림음 등)를 통해 특징이 뚜렷이 나타나며 여섯 가지 종류가 흔히 사용된다. 그리고 코드 진행 안에서 조를 바꾸는 것이 클래식 음악보다 더 흔하고 자유롭다. 예를 들어 조를 바꿔 어떤 새 주음이든 만들 수 있다(그러나 존슨-레어드는 거의 사용하지 않는 하나의 화성 음정만 언급했다).

코드 진행 속 관념 공간은 매우 클 뿐만 아니라 구조적으로 무척 복잡하다. 예를 들어 조를 바꿀 때에는 다른 진행 속에 아주 작은 진행을 집어넣는 행위가 들어간다. 이때 두 가지 진행은 마치 기본 조성으로 돌아가는 것처럼 시작과 끝이 서로 '어울려야' 한다.

존슨-레어드는 이러한 음악의 계층적 공간은 상당한 수준의 계산주의적 힘을 빌려야만 정의를 내릴 수 있다고 지적한다. 모든 단계에서 화성을 유지한 상태로 코드 진행 속에 다른 작은 진행을 집어넣는 것은 기억 용량에 무리를 주기 때문에 의도적으로 기존 음으로 되돌아가기 위해서는 기록을 남기는 것이 큰 도움이 된다. 실제로 재즈 작곡가들은 코드 진행을 짜는 데 몇 시간씩 공을 들이는데, 이때 특별한 표기법을 이용해 이것들을 적어둔다. (이것은 5장에서 말했듯 새로운 표현 시스템이 새로운 종류의 사고를 가능케 한다는 주장의 대표적인 예라 할 수 있다.)

존슨-레어드의 말을 더 잘 이해하기 위해 재즈 전문가들이 쓰는 비밀 기호 같은 것을 알아야 할 필요는 없다. 대신 다음 문장과 흡사할 것이라는 것만 알아두자. "벼룩에 물린 고양이가 5월의 어느 화창한 첫 번째 화요일 골목을 돌아 쫓아가는 쥐가 갉아먹은 감자는 썩고 있다(The potato that the rat that the cat that the flea bit chased around the block on the first fine Tuesday in May nibbled is rotting)."

문장 속에 문구가 이중, 삼중으로 들어가 있는 이 문장을 구로 나누어 표시를 하거나 손가락으로 짚어가면서 읽지 않고 이해한 사람이 있다면 경의를 표하고 싶다. 만약 누군가가 매우 과장하여 강세를 두지 않은 채 소리 내어 읽는 것을 듣기만 했다면 이해하기가 불가능할 것이다. 또한 종이에 적지 않고 그러한 문장을 만들어내는 것 역시 매우 힘들거나 아마 불가능했을 것이다. 영어 문장에서 맨 앞에 나온 potato(감자)를 기억하지 않고는 스물두 단어 뒤에 나온 동사 is를 택하지 못하기 때문이다. (복수인 potatoes로 문장을 시작했다면 동사는 are가 되어야 할 것이다.)

존슨-레어드는 먼저 단순한 코드 진행을 만들어내는 프로그램을 썼다('감자가 썩고 있다'). 그런 다음 이 단문을 여러 가지로 꾸며 복잡하게 만들었다(위에 나온 전체 문장). 모든 조 바꾸기와 꾸밈음 달기는 배경 화음의 제약을 받는다(is라는 동사가 멀리 떨어져 있는 potato)라는 단수 명사에 의해 정해지는 것과 비슷하다). 그리고 이 규칙에 따라 여러 가지 음이 가능할 경우 프로그램이 임의로 하나를 선택한다.

재즈에서 코드 진행을 표시하는 데 일반적인 음악 기호(보표, 음자리표, 4분음표 등)를 쓸 수 없는 이유는 코드 진행 속의 '코드'가 사실은 '코드의 집합'이기 때문이다. 즉, 어떤 코드든 여러 가지 방식으로 연주될 수 있고, 재즈 즉흥연주의 특징 중 하나는 연주자가 그것을 정확히 어떤 방식으로 연주할지 결정한다는 것이다.

연주를 할 때는 대체로 밑음을 포함해 네 가지 특정 음 중 하나가 발생한다. 그러나 이 음들은 각각 음의 높이를 달리할 수 있다. 따라서 다장조의 코드는 중간 다 음(音), 위 다 음, 혹은 둘 다를 쓸 수 있다. 밑음이 생략되는 경우도 있다. 다른 음들도 가끔씩 더해진다. 그리고 코드를 거꾸로 하여 밑음이 가장 높은 음이 되기도 한다. 따라서 가능성의 공간 역시 매우 크다고 할 수 있다.

그러나 쥐가 갉아먹은 감자 같은 문장을 만드는 것과는 이야기가 다르다. 재즈 음악가들은 연주 도중 의식적으로 생각하지 않고 각각의 코드를 어떻게 연주할지 결정해야 하기 때문이다. 존슨-레어드의 말에 따르면 여기에서 그들이 사용하는 생성문법은 비교적 단순하며, 그래서 그 순간 이용하고 있는 기억 용량에 매우 적은 부담을 줄 뿐이라는 것을 알 수 있다. 만약 그들이 위에 나온 문장처럼 말도 안 되게 복잡한 것들을 매번 만들어내야 한다면 그렇게 쉽사리 즉흥연주를 할 수 없을 것이다.

물론 컴퓨터의 기억 용량인 메모리는 이보다 제약이 적다. 그러나 존슨-레어드는 나나 이 글을 읽는 여러분처럼 컴퓨터가 아니라 인간의 정신에 더 큰 관심을 가지고 있었다. 그래서 그는 자신의 재즈 프로그램이 특정한 코드를 어떻게 연주할지 결정하기 위해 인간과는 비교가 안 될 정도로 효율적인 컴퓨터 메모리를 사용하지 않았다. 대신 이 프로그램은 바로 이전 코드 앞에 나온 코드는 참조하지 않는다는 화성 규칙을 이용하여 의사결정을 내린다(이것은 마치 potato라는 단어가 아니라 nibbled라는 단어를 참조하여 is를 선택한 것과 같다).

멜로디 제약은 어떤가? 당신은 아마 이렇게 말할지도 모른다. "쉽지! 이미 잘 알려져 있잖아. 동네 서점에 가면 그에 관한 책도 있는걸." 아니, 별로 쉽지 않다. 동네 서점에서 팔고 있는 것은 외워서 함께 엮을 수 있는 악구와 모티프 등의 목록일 뿐이다.

일부 재즈 작곡 프로그램이 이러한 방식으로 기능하긴 하지만 존슨-레어드의 것은 그렇지 않다. 그가 인간의 심리를 모델화했기 때문이다.

멜로디를 이렇게 즉흥적으로 연주하려면 장기기억력에 상상하기 힘들 정도로 큰 부담이 간다. 기억해야 할 모티프가 너무나도 많기 때문이다. 게다가 많은 멜로디는 한 번만 연주되고, 우리는 음악적 직관, 즉 관련된 관념 공간의 암묵적 이해를 통해 쓸 수 있는 멜로디가 상당히 많다는 사실을 알고 있다. (구석구석 가보지 않아도 나라의 지도를 그릴 수 있듯 우리는 관념 공간 속에 들어 있는 모든 사례를 구현하지 않아도 관념 공간을 정의 내릴 수 있다.) 무엇보다도 누군가는 애초에 모티프들을 만들어야 했다. 재즈 즉흥연주의 심리학적 이론의 일환으로 만들어진 프로그램은 그것들을 어떻게 만드는지 설명할 수 있어야 한다.

멜로디 역시 음악가들이 연주를 하는 동안 즉흥적으로 만들어진다. 그래서 존슨-레어드는 베이스라인을 만들기 위해 비교적 제한된 계산주의적 문법을 이용했다. 재즈 리듬을 만들어내는 박자 프로그램이 다음 음의 타이밍과 강도를 결정하고 나면 멜로디 프로그램이 그 음의 높낮이를 고른다. 이러한 선택은 멜로디의 음조 곡선(음의 높낮이가 올라갔다 내려가는 것)에 미치는 단순한 제약과 화음에 의해 정해진다.

음이 짧은 간격으로 계속되다가 길어지거나 그 반대일 때 미학적으로 듣기 좋은 멜로디가 생겨난다는 사실이 꽤 오래 전에 밝혀진 바 있다. 그리고 음악학자들의 테마 규칙집에 따르면 클래식 음악에서 한 곡의 처음 열다섯(혹은 그보다 적은 수의) 개 음의 높낮이를 묘사함으로써 멜로디를 확인할 수 있다.[5] 예를 들어 *는 첫 번째 음, R은 반복, U는 올라가는 음, D는 내려가는 음이라 할 때 베토벤 5번 교향곡 〈운명〉의 시작은 [*-R-R-D-U-R-R-D]로 표시할 수 있고, 영국 민요 〈그린슬리브스(Greensleeves)〉는 [*-U-U-U-U-D-D-D-D]와 같이 시작한다. 이러한 개념이 재즈 베이스라인의 예와 들어맞는 것을 확인한 존슨-레어드는 이것을 이용해 음조 곡선을 산출하는 단순한 문법을 썼다.

이 문법에 따르면 긴 간격과 짧은 간격을 번갈아 쓸 수는 없지만 작은 도약이 연속되다 큰 도약이 나오거나 그 반대로는 할 수 있다. 또한 네 가지 표현 기호가 있는데 이 중 일부는 반복해 사용할 수 있다. 그것은 첫 번째 음, 전 음의 반복, 짧은 간격, 그리고 긴 간격이다.

이 규칙은 상승음과 하강음을 구별하지 않는다. 존슨-레어드가 음의 높낮이가 정해진 클래식 테마를 거꾸로 할 때마다 음악학자들의 규칙집에 나와 있는 또 다른 테마로 바뀌고 말았기 때문이다. 달리 말해 일련의 음이 가능한 멜로디인지 알아보는 것이 목적이라면 음이 '상승하는 것'과 '하강하는 것'은 마음먹기에 따라 서로 바꿀 수 있다는 뜻이다.

멜로디 자체는 재즈 프로그램에 의해 컴퓨터상에 만들어진다. 멜로디의 음조 곡선은 멜로디가 발전되면서 음조 곡선 문법에 의해 생성된다.

음조 곡선의 현재 단계가 프로그램에게 이전의 음을 '반복'하도록 지시하기만 하면 더 이상 할 일은 없다. 하지만 음조 곡선이 프로그램에게 '사소한 음정'을 선택하도록 지시한다고 가정해보자. 이 경우 화성의 제약(기초를 이루는 코드, 지나가는 음이 코드 사이에서 어떻게 사용되는지에 대한 규칙)에 따라 어떤 음정을 택할지 결정한다. 여러 음정이 가능하다면 한 가지가 임의로 선택된다.

그렇다면 재즈 즉흥연주 프로그램은 창의적이라 할 수 있을까? 존슨-레어드는 프로그램이 전반적으로 '어느 정도 유능한 초보자 수준'의 연주를 할 수 있다고 했다. 따라서 '긍정적인 평가'를 받았다고 할 수 있다. '어느 정도 유능한 초보자'가 거실에 있는 피아노로 재즈를 연주한다고 상상해보자. 음악을 듣는 사람들은 잠시나마 만족스러울 것이다.

이 프로그램은 복잡한 음악적 공간을 탐험하기도 한다. 이 프로그램은 P-참신(H-참신성도 가능)한 코드 진행과 멜로디를 만들어낸다. 코드 진행과 멜로디는 임의적으로 선택되기 때문에 세부 내용을 예상할 수는 없다.

하지만 코헨의 드로잉 프로그램과 마찬가지로 이 프로그램은 인지 가능한 예술 스타일 안에서만 창조될 수 있다. 예를 들어 코드 진행을 생성하는 하위 규칙을 변형할 수 있는 규칙은 없다. 따라서 이 프로그램은 이전에 만들 수 없었던 음악은 결코 만들 수 없다. 그렇다면 재즈 음악가들은 어떻게 그럴 수 있을까?

1960년대 말, 컴퓨터와 사람이 함께 어떤 프로그램을 사용하여 일본 전통 단시인 하이쿠를 썼다. 하이쿠는 시의 창작에 많은 제약을 가하여 언어에 효율을 기하는 장르다.[6] 프로그램은 세 줄, 아홉 개의 빈칸으로 되어 있고 사용자는 단어를 선택한다.

[2] 안에 있는 모든 [1](All [1] in the [2])
[6] 안에서 나는 [3], [4], [5] 한다(I [3] [4] [5] in the [6])
[7] 하며 [8]이 [9] 한다([7] the [8] has [9])

어떤 때는 사용자가 자유롭게 선택하여 어떤 단어든 아무 빈칸에 들어갈 수 있다. 하지만 때로는 프로그램이 선택을 제약한다.

간단한 의미망을 포함한 하이쿠 프로그램은 시소러스(컴퓨터에 기록된 정보의 색인)의 원칙에 기초를 둔다. 약 140개의 가능한 단어는 아홉 개의 그룹으로 나누어지고 각각 입력될 수 있는 빈칸의 숫자가 매겨진다. 일곱 번째 빈칸에 들어갈 수 있는 단어는 11개(Bang, Hush, Pfftt, Whirr, Look 등)가 있고, 다섯 번째 빈칸에 들어갈 수 있는 단어는 23개(Trees, Peaks, Streams, Specks, Stars, Pools, Trails 등)가 있다. 몇몇 단어는 두 개의 목록에 모두 나타난다(따라서 White는 첫 번째 빈칸과 네 번째 빈칸을 채울 수 있다).

n번째 빈칸에 들어갈 단어를 선택하려면 사용자는 n개의 그룹을 만들어야 한다. 하이쿠에 있는 각 빈칸은 의미적으로 하나 이상의 다른 빈칸과 연결된다. 의미적인 중심 단어가 다섯 번째 빈칸이었다면, 이는 다른 다섯 개의 빈칸과 직접 연결되고 나머지 빈칸과는 간접적으로 연결된다. 사용자가 목록에서 단어를 선택할 때는 의미 제약도 지켜야 한다.

사용자와 컴퓨터가 함께 만든 다음의 두 가지 예를 보자.

나뭇잎은 모두 푸르고(All green in the leaves)
나무에서 어두운 연못 냄새가 나네(I smell dark pools in the trees)
요란한 소리를 내며 달이 사라지네(Crash the moon has fled)

꽃봉오리는 모두 희고(All white in the buds)
봄에 눈 덮인 산꼭대기가 문득 떠오르네(I flash snow peaks in the spring)
쾅 소리를 내며 태양이 흐려지네(Bang the sun has fogged)

비교를 위해 사용자가 자유롭게 단어를 고른 같은 형태의 하이쿠 두 편을 소개한다.

얼음에 영겁의 세월이 깊어가네(Eons deep in the ice)
언제나 소용돌이에 그림을 그리네(I paint all time in a whorl)
쾅 소리를 내며 얼음이 갈라지네(Bang the sludge has cracked)

얼음에 영겁의 세월이 깊어가네(Eons deep in the ice)
소용돌이에서 고정된 시간을 보네(I see gelled time in a whorl)
쩍 소리를 내며 얼음이 갈라지네(Pffftt the sludge has cracked)

중요한 심미적 차이가 보이는가? 나는 차이점을 찾을 수 없다. 사용자가 암묵적 제약이 아닌 명시적 의미 제약을 선택했다고 해서 인간의 창의성이 떨어진다고 생각할 만한 증거는 없다. (사용자는 All을 삭제하여 규칙을 깼다. 하지만 사용자가 자유롭게 고른 단어 중 7개만 프로그램의 목록과 상이했고 사용자는 일시적으로 'Eons deep in the ice'를 고집하는 듯 보인다.)

이런 초기 프로그램이 성공한 이유는 프로그램 자체보다는 독자에게 있다. 다시 말해 이렇게 특정한 문학적인 형태에 대해 독자들은 해석에 상당한 노력을 기울일 준비가 되어 있다는 말이다. 따라서 우리는 프로그램의 격언시를 받아들일 수 있다.

일반적으로 독자가 예술작품에 반응을 보일 준비가 잘되어 있을수록 컴퓨터의 결과물(혹은 예술가의 결과물)이 미학적으로 가치 있다고 인정될 가능성이 커진다. 앞에서 추상화-AARON의 '풍경'과 관련해서 이런 과정을 살펴본 바 있다. 여기서 풍경에 ' '를 하는 이유는 디자인에 대해 해석을 하는 것은 프로그램이 아니라 관찰자(viewer)이기 때문이다. 아름다움에 대한 기준은 보는 사람마다 다르다고 할 수 있겠다.

여기서 보는 사람은 때로 자아반성적인 '평가' 모드에서 기능하는 프로그램(혹은 예술가)이 될 수 있다. 하지만 관찰자는 창조자가 제공하지 않는 (혹은 할 수 없는) 의미를 제공할 준비가 되어 있을지도 모른다. (이 사실은 최근 문학 이론에서 강조되는 점이다. 작가의 의식이나 무의식적인 의도가 아니라 본문 자체만이 해석할 때 중요하게 여겨진다.)

예술가의 스타일이 경제적일수록 관찰자는 더 해석적인 작업을 해야 한다. 따라서 시, 특히 하이쿠처럼 매우 간결한 유형의 시가 산문보다는 프로그램을 이용한 창작 행위에 더 적합하다.

이런 관점의 예로 탐정소설용 (매우 초기의) 작문 프로그램이 쓴 산문을 살펴보자. 비록 이 시스템은 하이쿠 프로그램보다 더 현대적이었지만 결과물의 심미적 가치는 훨씬 열등했다. 17단어짜리의 짧은 글 대신 이 프로그램은 2000단어가 넘는 글을 생성했다. 그중에서 두 편을 살펴보자.[7]

그날은 월요일이었다. 날씨는 기분 좋게 맑았다. 레이디 벅슬리는 공원에 있었다. 제임스는 레이디 벅슬리와 우연히 만났다. 제임스는 레이디 벅슬리와 이야기를 나누었다. 레이디 벅슬리는 제임스를 유혹했다. 제임스는 레이디 벅슬리를 초대했다. 제임스는 레이디 벅슬리를 좋아했다. 레이디 벅슬리는 제임스를 좋아했다. 레이디 벅슬리는 제임스와 호텔에 있었다. 레이디 벅슬리는 제임스 곁에 있었다. 제임스는 레이디 벅슬리를 열정적으로 애무했다. 제임스는 레이디 벅슬리의 애인이었다. 그들을 따라온 매리언은 정사를 목격했다. 매리언은 질투가 났다.

그날은 화요일이었다. 비가 내렸다. 매리언은 공원에 있었다. 바르톨로뮤 흄 박사는 매리언과 우연히 만났다. 바르톨로뮤는 매리언과 이야기를 나누었다. 매리언은 바르톨로뮤를 유혹했다. 바르톨로뮤는 매리언을 초대했다. 바르톨로뮤 박사는 매리언을 좋아했다. 매리언은 바르톨로뮤 박사를 좋아했다. 매리언은 바르톨로뮤 박사와 호텔에 있었다. 매리언은 바르톨로뮤 가까이에 있었다. 바르톨로뮤 박사는 열정적으로 매리언을 애무했다. 바르톨로뮤는 매리언의 애인이었다. 그들을 따라온 레이디 제인은 정사를 목격했다. 제인은 매리언을 협박했다. 매리언은 가난했다. 제인은 부유했다. 매리언은 아침에 제인에게 전화를 걸었다. 매리언은 제인에게 극장에 가자고 했다. 제인은 동의했다. 제인은 옷을 차려입었다. 그들은 극장 앞에서 그들을 만났다. 제인은 휴식 시간에 매리언에게 에드워드 경을 소개했다.

문학상은 턱도 없다! 이 글을 읽고 놀랄 만한 점은 거의 없다. 이런 단락을 통해서는 아무것도 느낄 수 없다.

하지만 정확히 무엇이 잘못되었나? 글쓰기 시스템이 성공적이려면 프로그램의 어떤 점을 개선해야 하는가? 다시 말해 그럴듯한 산문 쓰기 프로그램에 어떤 연산이 필요할까?

프로그램에 문학적 창의성(최소화된 시를 제외하고)을 담는 것이 어려운 이유는 다음과 같다. 인간 동기의 복잡성, 배경지식에 대한 필요성, 자연언어의 복잡성. 이 세 가지 어려움을 차례로 살펴보자.

문학의 일반적인 소재인 인간의 행동, 동기, 감정을 표현하는 것은 곡예사의 생김새를 정의하는 것보다 훨씬 어렵다. 코헨의 프로그램이 인간의 몸에 대해 우리보다 잘 모른다고 치면 '문학' 프로그램은 사람의 행동이나 동기에 대해 이보다도 더 모른다. 게다가 사람들의 기분이나 동기는 끊임없이 바뀌고, 스토리텔러는 심리적으로 타당한 변화만 언급할 수 있다는 제약을 받는다.

위에서 언급한 것처럼 컴퓨터 아가사 크리스티가 만든 이야기가 실패할 수밖에 없는 주된 이유는 관련된 동기에 깊이가 없기 때문이다. 프로그램은 동기적인 구조에 대해 거의 알지 못한다.

플롯은 몇몇 간단한 제약에 달려 있다. 예를 들어 이전에 시시덕거린 경험이 있는 커플만이 밀회를 즐기고, 밀회는 오후에 한 번만 일어나야 하고, 이럴 경우 그들은 누군가에게 그런 장면을 들키고 혹은 사람들이 잠자리에 든 밤에 일어난다는 제약이 있다(아침에 성행위를 하는 것은 상상조차 할 수 없다). 이야기는 등장인물에 대해 간략하게 소개하며 시작한다.

훌륭하고 똑똑한 레이디 벅슬리는 부유했다. 못생기고 성에 관심이 너무 많은 레이디 벅슬리는 애인이 없었다. 존은 레이디 벅슬리의 조카였다. 가난하고 성마른 존은 사악했다. 잘생기고 성에 관심이 너무 많은 존 벅슬리는 애인이 없었다. 존은 에드워드를 싫어했다. 존 벅슬리는 바르톨로뮤 흄 박사를 싫어했다. 똑똑하고 용감한 바르톨로뮤는 사악했다. 바르톨로뮤는 성에 관심이 너무 많았다. 잘생긴 바르톨로뮤 흄 박사는 애인이 없었다. 친절하고 성격이 좋은 에드워드는 부유했다. 성에 관심이 너무 많은 에드워드 경은 못생겼다. 에드워드 경은 레이디 제인과 결혼했다. 에드워드는 레이디 제인을 좋아했다. 에드워드는 질투하지 않았다. 에드워드 경은 존을 싫어했다. 예쁘고 질투 많은 제인은 에드워드 경을 좋아했다.

사실상 임의로 선택된 등장인물들은 다음에 이어질 내용에 대한 제약으로 사용되었다. 질투심(나중에는 유희)에 대한 언급은 앞으로 이어지는 특정한 행동을 가능하게 한다.

여기까지는 좋다. 하지만 줄거리의 일관성은 거의 없다. 예를 들어 증오가 항상 어떤 결과를 가져오는 것은 아니다. 그리고 구체적인 사건을 시간 순서대로 고려하지 않아서 이야기를 전체적으로 살펴볼 수 없는 추상화-AARON과 같은 프로그램은 '불필요한' 증오를 제거하기 위해 이야기의 앞으로 돌아갈 수 없다. 즉, 작가와는 달리 미학적으로 만족스럽지 못한 느슨한 결말을 인지할 수 없다.

이러한 이야기의 동기 구조는 우습게도 간단하다. 예를 들어 레이디 벅슬리와 그녀의 애인 제임스 사이에 일어났던 이야기는 주요 구성을 심화하거나 교묘하게 감추는 데 큰 역할을 하지 못한다. 매리언의 질투는 아무런 결과를 낳지 못한다. 비슷한 사건이 같은 결과('레이디 제인이 에드워드 경에게 소리를 질렀다')를 가져오더라도 이는 살인을 실행하고, 감추고, 알아내는 것과 아무런 관련이 없다. 이 이야기는 호색한 제임스가 그의 유산을 물려받고 싶어 하는 집사에게 독살되는 것으로 끝이 났다. 매리언이 집사와 작당했을지도 모른다는 개념은 프로그램의 의미론으로 감당할 수 있는 것이 못 된다.

마찬가지로 살인자를 밝혀내는 데 단계적인 추리가 없고, 독자를 오도하는 거짓 단서도 없으며, 발각의 순간을 결정적 발견이 아닌 심심한 진술로 표현했다. 프로그램은 등장인물들이 다툼을 벌일 만큼 이야기가 충분히 길어질 때까지 기다리고, 그런 싸움을 벌일 짝을 찾고, 그들 중 하나를 죽이고, 다른 사람이 살인자가 되었음을 선언한다. 당연히 경찰과 집에 머물던 손님들은 '단서를 찾는 것'으로 묘사되고, 그중 한 인물이 단서를 찾은 것으로 나온다. 하지만 진정한 수사 행위도 진전도 없다. 거짓 단서를 심어놓지도 않았고, 문맥상 모호하거나 현혹적인 진짜 단서를 의도적이든 그렇지 않든 끼워 넣지도 않았다.

한마디로 탐정소설 프로그램은 인간 동기의 '일반적인 구조'에 대한 지식이 없다. 따라서 글의 다양한 지점에서 몇몇 특정한 사실(예를 들어 연애 유희가 성관계를 앞선다)을 거의 사용하지 않았다. 결과적으로 이는 진짜 이야기를 만들어내지 못할뿐더러 애들 이야기 수준에 그친다. 두 세대(와 두 화자의 시점)에 걸쳐 인물 사이에 복잡하게 얽힌 사연을 다룬 에밀리 브론테의 《폭풍의 언덕》에는 발끝에도 미치지 못한다.

탐정소설 프로그램이 만들어진 후 이야기의 중심에 놓인 심리적인 현상을 모델화하는 인공지능 연구가 심화되었다. 동기와 행동에 대한 다양한 관점은 이제 스크립트, 만약의 상황(what-if), 계획, 기억 조직 묶음(MOPs: memory organization packets), 주제적 조직 점(TOPs: thematic organization points), 주제적 추상 도식(TAUs: thematic abstraction units)와 같은 계산주의적 개념으로 개략적으로나마 개요를 표상할 수 있다.

스크립트, 만약의 상황, 계획은 5장에서 이미 언급했다. 스크립트는 사회적 행동의 유형을 표상하며 보완적인 역할을 정의하고 때로는 흔한 변화(what-if)를 구체화한다. 다양한 종류(웨이터와 손님, 의사와 간호사, 카우보이와 인디언 등)의 스크립트는 실제로 모든 이야기를 형성하는 데 도움을 준다.

계획은 목적과 하위 목적으로 구성된 계층적 구조이며 수단-목적 분석으로 이루어져 있다. 계획에는 특정한 문제가 닥칠 것을 대비한 비상 대책(만약의 상황)이 있기도 하다. 그리고 계획은 정확한 세부 사항들이 실행될 때 산출되도록 몇몇 하위 목표를 개략적으로 표상할 수도 있다. 이야기에서 등장인물의 의도는 계획과 비교할 수 있고, 작가는 다양한 장애물을 넣음으로써 이야기에 긴장감을 더할 수 있다. (프레드릭 포사이드(Frederick Forsyth)의 스릴러 소설 《자칼의 날(The Day of the Jackal)》은 '누가 했는가'가 아닌 '그가 그것을 어떻게 해낼 것인가'에 중점을 둔다. 교묘하게 미리 짜놓은 계획 덕분에 극중 악당의 하위 목적은 모두 달성되었다. 하지만 그는 최후의 순간에 예상치 못한, 하지만 꽤 일어날 법한 사건으로 인해 실패하였다.)

MOP는 일반적인 주제로 통일된 많은 이야기나 스크립트의 주요 특징(세부 사항은 생략)을 나타내는 높은 수준의 개념이다. '서비스를 제공하는 직업을 가진 사람들에게 서비스를 요청하는' 것이 하나의 예다.

TOP 역시 ('보답 없는 사랑'과 '교사를 향한 복수'와 같은) 공통적인 목적과 관련된 주제로 통일된 사건에 대해 기억을 구성하거나 예측을 생성하는 높은 수준의 도식이다. 하지만 MOP와 달리 TOP는 주제적인 단독 구조보다는 관련 이야기에 대한 자세한 표상을 저장한다. (이와 비슷하게 심리학자들은 인간의 기억을 '의미 기억'과 '일화 기억'으로 나눌 수 있다고 말한다.)

TAU는 계획하기와 계획 조정의 추상적인 패턴이다. 계획하기와 계획 조정은 각각 다양한 예를 담당한다(따라서 겉으로는 다르지만 기본적으로는 비슷한 다른 이야기를 시스템이 상기시킬 수 있도록 사용된다). 예를 들어 '제때의 한 땀은 아홉 번의 수고를 던다' '사공이 많으면 배가 산으로 간다' '백지장도 맞들면 낫다' '현행범의(red-handed)' '숨은 축복(hidden blessing)' '위선(hypocrisy)' '무능한 대리인(incompetent agent)' 등이 있다.

TAU를 정의하고 이야기 안에서 인식하는 데 사용된 계획하기의 관점은 '가능 조건, 비용과 효력, 위험, 대등 관계, 유용성, 합법성, 정서, 기술, 취약성, 책임'이다. 그렇다면 분명히 어떤 프로그램도(사람도 마찬가지다) 이렇게 높은 수준의 동기적 개념을 표상할 수 없다. 프로그램이 세부 사항에 대한 계획의 추상적인 구조를 분석하지 못한다면 말이다.

이러한 계산주의 개념은 이야기를 해석할 수 있도록 고안된 많은 프로그램에 실행되고 있다. 가장 인상적인 예는 BORIS라고 불리는 프로그램인데, 이 프로그램 역시 불륜과 이혼 그리고 이 두 가지에 얽힌 감정적·법적 혼란을 표상한다.[8] BORIS는 글에서 언급된 이야기를 이해하기 위해서 화, 질투, 고마움과 같은 대인 관계 현상에 대한 정보를 사용한다.

(BORIS가 이야기를 '이해한다' 거나 화와 질투에 대해 '안다' 라고 표현하는 것을 마땅찮게 여기는 사람도 있다. BORIS가 자신이 처리하는 이야기를 실제로 이해하는 것이 아니기 때문이다. 그럼에도 불구하고 나는 이런 단어들을 두 가지 이유에서 사용한다. 첫째, "프로그램이 '질투' 와 '복수' 라는 단어를 관련지어 생각한다. 그리고 이 단어들이 '변호사' 와 같은 다른 단어를 포함한 계획을 세우게 만든다"라고 말하는 것보다 간단하기 때문이다. 둘째, BORIS가 이러한 단어를 이해할 수 있는 인간의 정신에 대해 우리에게 무엇을 알려주는지가 우리의 주요 관심사이기 때문이다. 프로그램은 개념 자체를 이해하지 못하고도 개념이 사람들에 의해 어떻게 사용되는지에 대한 심리적 가설을 구체적으로 표현할 수도 있다.)

BORIS는 다음 이야기에 대해 사리에 맞는 대답을 내놓을 수 있다. 옷에 스프를 쏟은 부주의한 웨이트리스 덕에 폴은 아내와 다른 남자가 침실에 함께 있는 모습을 현장에서 목격했다. (당신과 마찬가지로 BORIS도 다음과 같은 현실적 배경을 알 필요가 있다는 점을 주목하라. '갈아입을 옷은 보통 침실에 있고 식당에서 집까지 가려면 운전을 하거나 다른 사람이 데려다줘야 했을 것이다.')

"폴은 이혼을 원했지만 메리가 그의 전 재산을 가지고 떠나는 것은 원치 않았다"라는 문장을 읽을 때, BORIS는 '가지고 떠난다' 를 단순히 걷는다기보다 소유의 의미로 해석할 수 있다. 또한 이에 대한 폴의 혐오감은 아내의 간통을 발견한 것에 대한 자연스러운 반응으로 볼 수 있다.

더욱이 BORIS는 다양한 감정의 기원과 심리적 기능을 잘 알고 있어서 폴의 감정이 그가 특정한 전략을 택하도록 만들었다고 가정할 수 있다. 위의 인용된 이야기에서 폴은 조언을 구하기 위해 변호사인 친구 로버트에게 전화를 한다. BORIS는 글 속에 실제로 언급된 것이 없음에도 전화의 화제를 추측한다. 왜냐하면 폴이 로버트에게 도움을 요청했을 것이고, 과거에 도움을 받은 적이 있으므로 로버트가 폴의 부탁을 기꺼이 들어줄 것임을 BORIS가 알고 있기 때문이다. (단, BORIS는 로버트가 반드시 도움을 주리라고 가정하지는 않는다. 사람들이 때로는 배신을 한다는 사실을 알기 때문이다.)

만약 이 이야기에서 폴이 BORIS가 기대했던 것과 다른 전략을 짰다면 BORIS 같은 프로그램은 이 이야기가 놀라울 뿐 아니라 심리적으로 일어나기 불가능한 것이라 판단할지도 모른다. 우리는 이 프로그램에 통찰력이 부족하다는 이유로 그러한 판단을 거부할지도 모른다. 심리적으로 어떤 것이 있음직하고 어떤 것이 그렇지 않은지 판단하는 프로그램의 감각은 프로그램 안에 표상된 심리적 이론보다 나을 바가 없기 때문이다. 하지만 이것은 비평가들도 마찬가지다. 예를 들어 소설가의 창의성에는 독자에게 '심리적으로 있음직한' 것이 무엇인지에 대한 감각을 확장할 수 있도록 해주는 일면이 있다. 이것은 인간의 동기에 대한 관념 공간을 이전보다 더욱 철저히 탐험함으로써 가능하다.

한마디로 BORIS는 "컴퓨터가 (문학적인) 창의성을 알아차릴 수 있을까?"라는 러브레이스의 세 번째 질문에 대해 긍정적인 답변을 내놓는다. 하지만 러브레이스의 두 번째 질문은 BORIS가 제공할 수 있는 이상의 것을 요구한다. 프로그램이 창의적인 작가로 보이려면 실제로 이야기를 써야만 한다.

현재의 작문 프로그램은 2000단어짜리 엉성하고 두서없는 살인 미스터리밖에 쓰지 못하는 탐정소설 작문 프로그램보다 더 낫다. 그 이유는 작문과 관련된 더 나은 심리적 과정 모델을 사용하기 때문이다.

물론 이 모든 행위의 목표는 이러한 심리적 과정을 밝혀내는 것이다. 미스터리 작문 프로그램은 아가사 크리스티를 모방하여 돈을 벌기 위한 것이 아니라 관련된 여러 심리학적 문제에 대해 예비 탐험을 하기 위해 만들어졌다. 우리가 가치를 인정할 만한 글을 컴퓨터가 만들어내기까지는 시간이 꽤 걸릴 것이다. 그동안 우리는 이러한 작문 프로그램을 조롱거리로 치부할 것이 아니라 인간 정신을 이해하는 도구로 생각해야 한다.

아직까지 에밀리 브론테를 목표로 할 단계는 아니다. 하지만 오늘날의 컴퓨터는 이솝 수준의 글 정도는 쓸 수 있는 것 같다.

'TALE-SPIN'이라는 프로그램은 다음과 같은 글을 생산했다.[9]

개미 조지는 매우 목이 말랐다. 조지는 물가로 가고 싶었다. 조지는 원래 있던 곳에서 초원을 가로질러 계곡을 지나 강둑으로 걸어갔다. 조지는 물에 빠졌다. 조지는 계곡 가까이로 가고 싶었다. 조지는 계곡 가까이로 갈 수 없었다. 조지는 초원 가까이로 가고 싶었다. 조지는 초원 가까이로 갈 수 없었다. 새 윌마는 조지가 초원 가까이로 가길 원했다. 윌마는 조지 가까이 가고 싶었다. 윌마는 발로 조지를 움켜쥐었다. 윌마는 강에서 조지를 건져 계곡을 지나 초원으로 데려갔다. 조지는 윌마에게 헌신했다. 조지는 윌마에게 모든 도움을 받았다. 윌마는 조지를 놓아주었다. 조지는 초원에 떨어졌다. 끝.

나중에 개발된 TALE-SPIN 버전에 '절대로 아첨꾼을 믿지 말라'는 주제를 정해주자 다음과 같은 이야기를 지었다.

여우와 까마귀

옛날 옛적에 헨리라는 거짓말쟁이 여우가 있었다. 헨리는 동굴에 살았다. 그리고 느릅나무 위에는 조라는 까마귀가 살았다. 조는 허영심이 있었지만 다른 친구를 의심할 줄 몰랐다. 조는 치즈 조각을 구해서 입에 물고 있었다. 어느 날 헨리가 동굴에서 나와 들판을 가로질러 느릅나무 밑으로 갔다. 헨리는 치즈를 물고 있는 까마귀 조를 보고 배가 고파졌다. 헨리는 조에게 말을 시키면 조가 입을 벌려 치즈를 떨어뜨리게 될 것이라고 생각했다. 그래서 조에게 아름다운 노래를 들려달라고 말했다. 조는 헨리의 부추김에 으스대며 노래를 부르기 시작했다. 조가 입을 벌리는 순간 치즈는 땅으로 떨어졌다. 헨리는 얼른 치즈를 줍고는 조에게 멍청하다고 말했다. 조는 화가 나서 더 이상 헨리를 믿지 않았다. 헨리는 자기 동굴로 돌아갔다. 끝.

이 짤막한 이야기는 그다지 재미있다고 할 수 없다. 하지만 이 이야기는 구조가 명확하며 끝마무리도 꽤 흥미롭다. 각 등장인물은 목적이 분명하며 그 목적을 달성하기 위한 하위 목적도 세울 수 있다. 등장인물들은 각자의 계획을 위해 서로 협력하거나 상대방을 속인다. 그리고 목적 달성에 방해가 되는 장애물이 무엇인지도 알고, 그 장애를 극복하려 시도하기도 한다. 등장인물들은 요청하고, 정보를 주고, 분별 있게 사고하고, 협상하고, 설득하고, 위협도 할 수 있다. 까마귀와 여우는 상대가 자신을 어떻게 대접하는지에 따라 관계를 조정하기까지 한다. 자신을 구한 친구에게는 헌신하고 자신을 속인 친구는 더 이상 믿지 않는다. 게다가 허술한 결말로 우리에게 실망감을 주지도 않는다.

이는 모두 TALE-SPIN이 계층적인 개요를 짤 수 있기에 가능한 일이다. TALE-SPIN은 각 등장인물에게 (먹는 것을 좋아한다는 등의) 동기를 부여함으로써 그들이 어떤 행동을 할지 예측할 수 있다. TALE-SPIN은 한 등장인물의 계획에 다른 등장인물이 어떤 역할을 할지(도움을 줄지 아니면 방해할지) 계획함으로써 서로 협력하거나 경쟁하는 에피소드를 짜낼 수 있다. 이러한 역할들은 무작위로 할당되는 것이 아니며 경쟁, 지배, 친밀 등의 상호 관계 배경에 따라 달라진다. 또한 TALE-SPIN은 등장인물들 사이의 대화를 다채롭게 표현함으로써 다음에 전개될 이야기를 다양하게 지어낼 수 있다.

미리 개요를 짤 수 있고 스크립트, 만약의 상황, MOPs, TOPs, TAUs를 자유자재로 다룰 수 있는 이야기꾼은 더욱 훌륭한 이야기를 만들 수 있다. TALE-SPIN이나 BORIS보다 동기에 대한 정보가 훨씬 더 많다면 이상적일 것이다. 분노, 질투, 감사, 우정에 수치심, 당혹감, 야망, 배신 등의 동기까지 추가하면 어떨까. 그런 프로그램을 설계하는 것은 쉬운 일이 아니다. 주제로 분명히 드러나든 그렇지 않든 스토리 플롯에 모든 심리학적 개념을 정의해야 할 것이다.

《오셀로》에서 겟세마네 동산에서 일어난 일에 이르기까지 수많은 이야기의 주제였던 '배신'을 예로 들어보자. 이론적인 심리학자라면 우선 '배신'을 명확하게 정의하고, 배신당했다는 믿음이나 배신당한 기억이 한 사람의 행동과 감정을 어떻게 제약하는지 설명해야 할 것이다. 오셀로가 질투 어린 분노를 폭발시키고 유다가 절망적으로 자살했듯 말이다. 이러한 이야기를 어떻게 만들어내도록 할 수 있을까? 어떻게 그 방식을 다른 심리학 분야에 확대 적용하도록 만들 수 있을까?

한 사회심리학자가 이야기 속 두 등장인물들의 목표를 서로 연관시킨 다양한 '주제'들을 정의 내렸고 그중 하나가 바로 '배신'이었다. 이 학자의 연구는 스크립트, MOPs, TAUs와 관련된 인공지능 연구에 큰 영향을 주었다.[10] 각 등장인물은 일련의 목적-수단으로 이루어진 하나의 계획을 취한다. 그리고 그 하위 목적들은 논리적인 이유에 따라 촉진되거나 방해받을 수 있다. 한 인물의 계획과 다른 등장인물 사이의 관계는 독립적인 세 가지 특성에 의해 좌우된다. 이 세 가지 특성은 역할, 태도, 촉진 능력이다.

모든 '역할'은 세 가지 특성에 의해 정의된다. 첫 번째로, 등장인물은 일시적 혹은 영구적으로 다른 인물의 '대리인' 역할을 맡을 수 있다. 두 번째로, 등장인물은 다른 인물의 목표에 '개입'할 수 있다(첫 번째 인물의 현 상황을 다른 인물이 변화시키거나 유지시키려 할 경우). 세 번째로, 등장인물은 다른 인물의 계획에 '이해관계가 있는 존재'로 그려질 수 있다(후자의 성공이 전자가 목표를 달성하는 데 영향을 끼칠 경우).

'태도'는 등장인물이 다른 인물의 계획을 찬성하는지 아니면 반대하는지, 그리고 다른 인물이 계획을 달성하는 데 어떤 역할을 하는지에 따라 정의된다. 그리고 '촉진 능력'은 다른 인물들의 계획을 돕거나 방해할 수 있는 잠재력이 어느 정도인지에 따라 정의된다.

역할, 태도, 촉진 능력 중 어떤 것도 호혜적일 필요가 없다. 예를 들어 새 윌마는 개미 조지를 강에서 건져냈지만, 개미는 새에게 동등한 보답을 해줄 수 없었다. 게다가 이러한 개념들을 계획에 적용할 때마다 그 적용 범위가 '일부인지 전체인지' 상세히 밝혀야 한다. 인간은 그렇게 할 수 있기 때문이다. 예를 들어 인간은 최종 목적에는 찬성하면서도 그 목적을 이루기 위한 수단, 즉 하위 목적에는 반대할 수 있다.

이러한 추상적인 개념들은 각기 다른 상호 관계 유형으로 이루어진 관념 공간을 정의한다. 그림 7.10에서 각 칸은 배신, 협력, 지배 등의 심리적 현상에 해당하는 등장인물 계획 지도를 나타낸다. 어떤 칸에서는 하나 이상의 심리적 현상이 벌어질 수도 있다. 그런 일은 관계의 비호혜적인 특성이나 태도의 강도 때문에 나타난다(예를 들어 승리와 굴욕, 헌신과 감사가 같은 칸 안에 나타날 수 있다).

이 시스템에서 배신은 다음과 같이 정의된다. 'E를 대신해 A라는 행위를 하겠다고 동의한 등장인물 F가 어떤 이유에선지 그 역할에 대해 부정적인 태도를 나타내며 행위 A를 뒤엎어 E의 목적을 이루지 못하도록 막는 것.' 바꾸어 말하자면 배신이라는 주제의 관념 공간은 위와 같은 심리적 제약 혹은 조건들에 얽매인다. 이런 식으로 구조화한 배신의 정의가 적절한가? 이것을 이용하면 인간인 작가가 어떻게 이야기를 창조하는지 이해하는 데 도움이 되는가?

이 정의는 배신이 항상 E에게 불행한 결과를 초래한다고 암시하는 것처럼 보일 수 있다. 그런 경우 E가 F의 배신에도 불구하고 성공하는 이야기는 사실상 만들어낼 수 없다. 하지만 계획이 성공적인 행위가 아닌 목표(혹은 의도)의 관점에서 정의되었으므로 F의 배신을 의도한 행위가 E의 목적 성취를 방해하는 데 실패하도록 허용할 수는 있다.

게다가 해당 계획은 F가 E에게 행하는 것이다. 따라서 유다의 입맞춤처럼 이율배반적인 행위를 수반하는 배신은 E에게 그 의도가 잘못 전달될 수 있다. 예수는 유다가 자신을 배신하리라는 사실을 알았을 뿐 아니라 그 배신을 궁극적 희생에 한 걸음 더 다가가기 위한 단계로 받아들였다.

행위를 명확히 기술하지 못하는 데서 많은 이야기가 비롯된다. 두 사람이 한 가지 일에 대해 동의하더라도 동의했다고 생각하는 내용은 서로 다르다. 그 결과 혼란뿐 아니라 누가 배신했는지에 대한 논란과 비난이 야기된다. 자신이 배신하지 않았다고 변호하기 위해 행위 A의 범위를 재정의함으로써 변명거리를 만들 수 있는 구조적인 가능성도 분명 존재한다.

그림 7.10의 승리-굴욕 쌍에서 볼 수 있는 것처럼 배신은 비대칭적인 구조로 되어 있는 주제이기 때문에 독자들은 관점에 따라 그 내용이 두 가지로 나뉠 수 있다고 예상한다. 행위자 E는 배신당했다고 주장하지만 행위자 F는 동일한 사건을 다른 말로 표현한다. 사실 배신과 대척점을 이루는 주제는 없다. 행위자 F는 자신의 행위를 상황에 따라 다르게 생각한다.

예컨대 몬테규 가문과 캐플릿 가문은 로미오와 줄리엣의 만남을 가문에 대한 배신으로 여겼다. 하지만 로미오와 줄리엣의 사랑은 가족에 대

그림 7.10

타인에 대한 감정 \ 등장인물들의 영향력	어느 쪽도 상대에게 영향 주지 않음	한쪽이 다른 한쪽에게 영향 줌	양쪽 모두 서로에게 영향 줌
긍정적, 서로 부정적인 감정 없음	칭찬	(T_1) 헌신 (T_2) 감사	(T_3) 협력 (T_4) 사랑
한 인물만 부정적	(T_5) 멀리함(또는 자유)	(T_6) 배신 (T_7) 승리(또는 굴욕) (T_8) 지배	(T_9) 반항
양쪽 모두 부정적	(T_{10}) 상호 반목	(T_{11}) 탄압(또는 법과 질서)	(T_{12}) 갈등

한 충성을 뛰어넘는 것이었기에 배신이라는 개념은 완전히 부적절한 것이 된다. 영국은 1938년에 체코슬로바키아가 비열한 배신으로 여긴 일을 군사력 부족으로 어쩔 수 없이 행한 이해타산적 행위로 여겼다. 히틀러는 본인의 암살을 시도했던 폰 슈타우펜베르크의 행위를 반역으로 여겼지만, 폰 슈타우펜베르크의 입장에서 보자면 잘못된 충성을 끝내고 싶은 마음에서 감행한 정당한 행위였다. 양쪽 모두 배신이라고 인정하는 상황이 드문 이유는 도덕적으로 그것이 용인되지 않기 때문이다. 사람들은 배신을 인정할 준비가 되어 있지 않다.

배신의 관념 공간을 탐색하는 방법 중 하나는 연관된 사람들이 자기 시점으로 보는 행위의 중요성을 다양화하는 것이다. 예를 들어 우리는 위에서 내린 배신의 정의를 약간 '비틀어' 실망시키거나 포기하는 것도 배신의 한 종류로 포함시킬 수 있다. 만약 F가 애초에 행위 A에 대한 E의 대리인이었는데도 그 역할을 수행하지 않았다고 한다면, F는 E를 포기했다고 비난받을 수 있다(이때 E는 F가 없이 혼자서는 어찌 할 방도가 없었다고 가정한다). 행위 A는 E의 안위에 중요하므로 F가 의도치 않았다 해도 E의 목적을 고의로 전복시킨 것이 된다. 반면 F의 입장에서 단지 E를 실망시켰을 뿐이라고 말한다면 행위 A의 절박성이나 E의 무력함을 고려치 않는 것이다.

요컨대 누구나 타인을 실망시키고 타인에게 실망할 수도 있으므로 강한 자만이 버릴 수 있고 약한 자만이 버림받을 수 있다. 따라서 포기는 배신의 한 유형으로 분류하기 애매하고 까다롭다.

이야기를 만드는 저자와 그것을 해석하는 독자는 배신의 심리학적 구조에 관한 이러한 사실들을 암묵적으로 활용한다. 그리고 마찬가지로

그림 7.10에 제시된 다양한 테마에도 동일한 원리가 적용된다. 어떠한 컴퓨터 시스템도 '최소한' 이 정도 수준의 복잡성을 띤 관념 공간을 구성하고 탐험할 능력을 갖추지 않고서는 일정한 동기적 깊이가 있는 이야기를 창조할 수 없을 것이다.

그렇다고 사람이든 컴퓨터든 그림 7.10에 사용된 심리학적 이론만으로 호소력 있는 이야기를 만들 수 있는 것은 아니다. 기준이 되는 제약이나 특성을 아무리 변화시킨다고 해도 두 등장인물 사이에 발생할 수 있는 모든 감정이나 태도를 표현하는 것은 불가능하다. 학자들은 동기와 감정에 관한 다양한 계산주의적 설명을 제시했고, 그중에는 해당 이론의 용어로 분류된 광범위한 감정 어휘집을 내놓은 사람도 있었다.[11] 하지만 현재까지 소설, 극, 한담에서 등장하는 모든 심리적 현상들의 자리를 명확하게 정의한 과학 이론은 나오지 않았다.

현존하는 이야기 창작 프로그램들의 결과물이 유아용 동화의 심리 구조 수준에도 못 미친다는 사실은 전혀 놀라운 일이 아니다. 심지어 컴퓨터가 바바라 카트랜드(Barbara Cartland, 영국의 유명한 연애소설 작가—옮긴이) 소설 수준의 플롯을 짜내도록 만드는 과업은 대단한 도전이며, 흥미진진하고 복잡하게 얽힌 동기로 전개되는 이야기를 만들어내기까지는 아직 많은 시간이 필요할 것이다. 마찬가지로 현재 심리학 수준으로는 인간 작가가 어떤 정신적 과정을 거쳐 작품을 만들어내는지 확인할 수 없다.

컴퓨터가 문학적 창의성을 발휘하도록 만들기 어려운 두 번째 걸림돌은 광범위한 배경지식의 필요성이다. 인간이라고 해서 새로운 책을 준비할 때마다 프레드릭 포사이드처럼 자료 조사만으로 수개월을 보내지는 않는다. 하지만 인간 작가는 누구나 상식으로 받아들이고 공유하는 공동의 지식 저장소를 이용할 수 있다.

모든 이야기 창작 프로그램에는 특정 유형의 배경지식이 제공된다. 탐정소설 프로그램이라면 연애와 밀회의 관계에 관한 정보가, TALE-SPIN에는 공간이동 방법에 관한 정보가 주어졌을 것이다. 따라서 "헨리는 동굴에서 나와 초원을 가로질러 느릅나무로 갔다"라는 문장을 만드는 것이 가능하다. (이두박근의 모양 변화에 관한 정보를 갖추었던 추상화-AARON과 비교해보라.) 하지만 이런 프로그램들은 대개 통일성 있는 이야기를 만들어내는 데 실패한다. 세상에 관한 기본적인 지식과 상식이 부족하기 때문이다.

때로는 프로그래머가 인간에게 너무 당연한 추론 절차를 프로그램에 제공하지 않아 실패하기도 한다. 예를 들어 TALE-SPIN이 '잘못 지어낸' 다음 이야기를 살펴보자.

개미 헨리는 목이 말랐다. 그는 친구 새 윌마가 앉아 있는 강둑으로 걸어갔다. 헨리는 미끄러져서 강에 빠졌다. 그는 도움을 요청할 수 없었다. 그는 물에 빠져 죽었다. 끝.

프로그래머는 윌마가 헨리를 구할 것으로, 다시 말해 윌마가 헨리의 문제를 해결하기 위해 헨리와 협력할 것으로 기대했지만 프로그램은 다른 방식으로 결말을 맺었다. 아직 한 등장인물이 가까이 있는 다른 등장인물의 행위를 인식하도록 해주는 규칙이 없었기 때문이다. 하지만 '물속에서는 말을 할 수 없다'는 규칙 때문에 헨리는 윌마에게 도움을 요청하지 못했고 물에 빠졌다는 말조차 할 수 없었다. 결국 불쌍한 개미는 조용히 물에 가라앉아 죽었다.

'잘못 지어낸' 이야기의 사례는 얼마든지 많다. 프로그램의 처리 과정 중 단 한 부분에 기본 상식이 부족해도 다음과 같은 이야기가 나올 수 있다.

> 어느 날 곰 조는 배가 고팠다. 그는 친구 새 어빙에게 어디에 가면 꿀을 얻을 수 있냐고 물었다. 어빙은 떡갈나무에 벌집이 있다고 조에게 말했다. 조는 꿀이 있는 곳을 말하지 않으면 어빙을 때려눕히겠다고 위협하고 ……

프로그램에 상식적인 정보가 부족하면 다음과 같은 무한 루프(infinite loop, 결코 종료시킬 수 없는 처리—옮긴이) 식의 이야기를 만들어내기도 한다.

> 곰 조는 배가 고팠다. 그는 새 어빙에게 어디에 가면 꿀을 얻을 수 있냐고 물었다. 어빙은 조에게 말하기를 거부했고, 그래서 조는 꿀이 있는 곳을 말해주면 그를 벌레에게 데려가겠다고 제안했다. 어빙이 동의했다. 하지만 조는 벌레가 어디 있는지 몰랐고, 그래서 그가 어빙에게 물었더니, 어빙은 그에게 말하기를 거부했다. 그래서 조는 벌레가 있는 곳을 말해주면 그를 데려가겠다고 제안했다. 어빙이 동의했다. 하지만 조는 벌레가 어디 있는지 몰랐고, 그래서 그가 어빙에게 물었더니, 어빙은 말하기를 거부했다. 그래서 조는 벌레 있는 곳을 말해주면 어빙을 데려가겠다고 제안했다.

여기서 문제는 프로그램이 목표 구조를 제대로 이해하지 못했다는 점이다. (이런 식의 불합리성을 방지하려면 인물에 대한 목표 부여를 다루는 어떤 휴리스틱이 필요하다고 생각하는가?)

일반적으로 인간은 의식적으로 생각해보지 않고도 이런 문제들을 처리한다. 물론 실수할 때도 있다. 이번 장의 배경은 파리의 봄이었다가 다음 장에서는 갑자기 아드리아 해의 지난 겨울로 '건너뛰는' 식으로 말이다. 출판 편집자들이 일상적으로 원고에서 공간, 시간, 복장, 심지어 이름까지 확인하는 것도 이런 이유 때문이다.

따라서 이야기 해석 프로그램은 (인간) 작가가 만들어놓은 체계적이고 논리적인 장치에 의존할 수 있다. 하지만 반대로 이야기 생성 프로그램은 스스로 모든 것을 처리해야 한다. 그러니 물에 빠져 죽은 개미의 비극적인 이야기처럼 페이지마다 재앙이 등장한다 해도 이상할 것이 없다.

컴퓨터 프로그램으로 문학적 창의성을 모델링하는 것이 어려운 세 번째 이유는 문법, 어휘, 의미 등으로 나타나는 자연어(natural language)의 복잡성과 미묘함 때문이다. 문법적 기술이 창의성과 무관하다고 생각한다면 앞서 살펴본 탐정 이야기 프로그램을 기억하기 바란다. 제아무리 상상력이 부족한 작가라도 그만큼 단조롭고 비구조적인 문장을 쓰지는 않는다. 그런 문장은 미적 가치가 전혀 없다.

TALE-SPIN이 내놓은 실제 결과물은 더욱 질이 떨어지는데, 그 이유는 'MUMBLE'이라는 이름의 언어 모듈이 중문이나 대명사를 처리할 수 없기 때문이다(따라서 우물거리다라는 뜻의 MUMBLE은 매우 적절한 이름이라고 할 수 있다). 이 글 중 유일하게 완벽한 "하지만 조는 벌레가 어디 있는지 몰랐고, 그래서 그가 어빙에게 물었더니, 어빙은 그에게 말하기를 거부했다"라는 문장은 프로그래머가 깔끔하게 다듬은 문장이다. MUMBLE이 만든 문장은 다음과 같다. "조는 벌레 있는 곳을 몰랐다. 조는 벌레가 어디 있냐고 어빙에게 물었다. 어빙은 조에게 벌레가 어디 있는지 말하기를 거부했다."

사실 TALE-SPIN 프로그래머들은 프로그램의 문법적 능력에는 관심이 없고 오직 플롯 구성에만 초점을 맞추었다. 하지만 위의 결과물을 통해 우리는 납득할 만한 이야기를 만들어내려면 컴퓨터 저자가 문법적으로 복잡한 산문을 구성할 수 있어야 한다는 사실을 확인할 수 있다.

일반적으로 이야기 생성 프로그램보다 이야기(또는 멜로디) 해석 프로그램의 결과물이 더 성공적인 것과 마찬가지로, 대부분의 언어 사용 프로그램은 멋진 문장을 만들어내는 것보다는 분석에 훨씬 더 뛰어나다. 그러나 문법적으로 상당히 복잡한 구조의 문장을 만들 수 있는 프로그램이 있기는 하다. 예를 들어 삼목두기 프로그램은 그림 7.11의 게임을 설명하기 위해 다음과 같은 글을 써냈다.

나는 오른쪽 끝줄 가운데 칸에서 게임을 시작했고, 너는 반대쪽 맨 위 칸에서 시작했다. 나는 원래 있던 칸과 정반대 칸을 취해 너를 위협했지만, 너는 나의 직선을 막아 나를 위협했다. 그러나 나는 너의 대각선을 막고 너를 위협했다. 만약 네가 맨 오른쪽 제일 위 칸을 막는다면, 너는 나에게 양수걸이를 할 수 있었지만, 너는 가운데 줄 맨 위 칸을 취했고 그래서 나는 오른쪽 끝줄을 완성하여 이겼다. (I started the game by taking the middle of an edge, and you took an end of the opposite one. I threatened you by taking the square opposite the one I had just taken, but you bloked my line and threatened me. However, I blocked your diagonal and threatened you. If you had blocked my edge, you would have forked me, but you took the middle of the one opposite the corner I had just taken and adjacent to mine and so I won by completing the edge.)[12]

그림 7.11

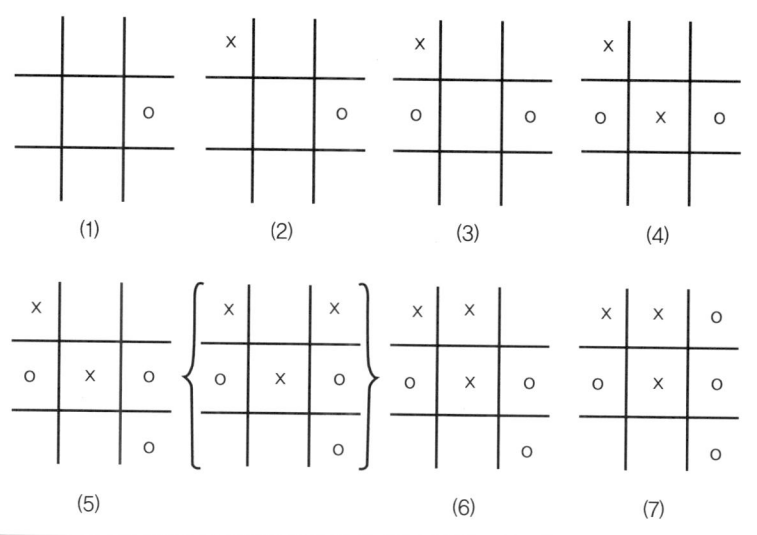

이 글에는 문법적으로 정교한 부분이 꽤 많다. 대명사를 사용하여 명사의 반복을 피했고 접속사를 중복 사용하지 않았다. 독립 사건들 간의 상대적 시간은 다양한 시제를 사용해 표현했고 다양한 접속사를 이용해 중문도 구사했다.

더욱 중요한 것은 구문의 의미가 적절하다는 점이다. 즉, 중요하고 중심이 되는 사실들을 주절과 종속절로 구분하고 있다.

예를 들어 두 번째 문장에서 '~만' 뒤에 나오는 두 문장의 순서가 바뀌었다면, 즉 "나는 원래 있던 칸과 정반대 칸을 취해 너를 위협했지만, 너는 나를 위협하고 나의 직선을 막았다"로 썼다면 훨씬 부자연스러웠을 것이다. 프로그램이 선택한 문장 순서는 게임에서의 공격, 방어, 반격의 구조를 자연스럽게 반영하고 있다.

마찬가지로 같은 문장의 앞부분 순서를 "나는 너를 위협하려고 원래 있던 칸의 정반대 칸을 취했다"로 바꿔도 부자연스러웠을 것이다. 프로그램이 실제로 선택한 종속절의 순서와 종속절들은 프로그램이 나타내는 아이디어들의 전략적 중요성과 일치한다. '내가 너를 위협한 것'이 '내가 그렇게 한 방법'보다 중요하고, 따라서 더 중요한 아이디어가 주절이 되어야 한다.

이 법칙은 분명 다음 (세 번째) 문장에서 깨진다. "그러나 내가 너의 대각선을 막고 너를 위협했다." 그도 그럴 것이 대각선을 막는 것이 상대방의 위협을 막는 데 꼭 필요한 대응이며, 그것이 또한 상대방에게 새로운 위협을 가할 수 있는 부가적 효과가 있기 때문이다. (두 번째 문장 중 뒷부분도 이와 비슷하다.)

세 번째 문장에서 이 프로그램이 'however(그러나)'를 선택한 것은 'but'을 두 번 연달아 써서는 안 된다는 규칙에 따른 결과다. 읽는 사람에게 혼란을 안겨줄 수 있기 때문이다. 따라서 새로운 문장의 시작에 'but' 대신 'however'가 쓰이며, 이것은 곧 상대방의 대각선을 막은 것이 상대가 방금 가한 위협에 따른 조치라는 사실을 알려주고 있다. 즉, 한 문장이 아니라 두 문장을 쓴 것이 단순히 문체를 간결하게 하기 위해서가 아니라 읽는 사람의 이해를 돕기 위해서라는 말이다.

물론 이 프로그램은 한 쪽이나 되는 긴 문장을 성공적으로 쓸 수는 없다. 작가들 역시 그렇게 할 수 있는 사람이 별로 없다. 논리를 유지하면서도 엄청나게 긴 문장을 쓸 수 있는 프랑스 소설가 프루스트의 능력은 그야말로 놀라울 따름이다.

또한 삼목두기에서 무엇이 '중요한지'를 알아내는 것은 인간의 동기에서 무엇이 중요한지 알아내는 것보다 훨씬 더 쉽다. 문법적으로 능숙한 컴퓨터라면 TALE-SPIN의 지식 정도만 있어도 벌레가 어디 있는지 말하지 않으려는 어빙에 대한 문장에서 어디에 'but'을 넣고 어디에 'so'를 넣을지 충분히 정할 수 있다. BORIS와 비슷한 글쓰기 프로그램은 전치사들을 훨씬 더 잘 다룰 수 있다. 그러나 프루스트의 문장 구성을 흉내 내려면 문법뿐만 아니라 인간 심리에 대해서도 상당한 지식을 갖추어야 할 것이다.

요컨대 문학적 창의성에 있어 문법은 필수적이다. 그래야 동사의 반복으로 인한 지루함을 막을 수 있다. 하지만 이보다 더욱 큰 이유가 하나 있다. 문법은 작가가 독자에게 보여주는 관념 공간 속을 여행하는 데 더욱 세밀한 도움을 준다는 점이다.

어휘와 의미는 문학에 있어 매우 중요하다. 셰익스피어의 어휘력이 얼마나 뛰어났는지 종종 언급되는 것만 보아도 잘 알 수 있다. 탐정소설 프로그램과 달리 그는 "X가 정열적으로 Y를 애무했다"나 "X가 Y와 함께 호텔에 있었다" 같은 문장 말고도 다양한 방식으로 연인 사이의 밀회를 묘사할 수 있었다. 이것은 물론 당신도 할 수 있다.

우리의 단어 창고를 채우려면 수년간의 듣기와 읽기 훈련이 필요하다. 그리고 '딱 맞아떨어지는 바로 그 단어'를 찾아낼 줄 아는 문학 전문가들은 여기에 훨씬 더 많은 시간을 투자한다. 이에 필적하는 컴퓨터 프로그램이라면 수천, 수만의 단어를 필요로 할 것이다.

하지만 어휘력보다 더 중요한 것이 있으니, 바로 단어와 단어를 창의적으로 결합시키는 근원적 의미들을 민감하게 느끼는 능력, 즉 감수성이다. 글을 읽는 독자 역시 저자의 생각을 자신의 머릿속에서 재창조하기 위해서는 이러한 능력을 갖추어야 한다. 예를 들어 맥베스가 잠을 어떻게 묘사했는지 떠올려보라.

> 엉킨 근심의 실타래를 곱게 풀어 짜는 잠,
> 하루의 죽음, 고된 노동이 즐기는 목욕,
> 상처받은 마음에 바르는 향유, 위대한 자연의 두 번째 노정,
> 인생의 연회에서 가장 영양분이 풍부한 것.

이 문장이 이해되는 것은 이 글을 읽는 독자들 역시 셰익스피어처럼 뜨개질, 밤과 낮, 그리고 따뜻한 목욕의 진정 효과를 알고 있기 때문이다.

아니면 플라톤의 문답 《테아이테투스(Theaetetus)》 중 소크라테스가 자신을 '생각의 산파'로 표현한 부분에 드러난 문학적 자부심을 떠올려보라. 소크라테스는 새로운 철학적 관념을 생각해내기에는 너무 나이가 많았지만 제자들이 그렇게 하는 데에는 도움을 줄 수 있었다. 그리고 테아이테투스의 산고, 즉 철학적 난제들에 대한 그의 집착을 완화시켜 줄 수 있었다. 그는 진정한 관념은 탄생을 촉진시키고 그릇된 관념은 유산시킬 수 있었다. 심지어는 임신하지 않은, 즉 어려운 문제를 맞닥뜨리고 당황하는 젊은이들을 현명한 어른들에게 소개하여 생각을 시작하게 만드는 중매쟁이 노릇을 하기도 했다. 그는 스스로 자신이 실제 산파들보다 뛰어나다고 했는데, 그것은 철학에서 진실과 허튼소리를 구별해내는 것이 새로 태어난 아기가 생존 가능할 것인지 판단하는 것보다 어렵기 때문이라고 하였다.

잠과 뜨개질, 철학과 산파술. 컴퓨터가 이러한 비유를 떠올리는 것은

고사하고 그러한 언어적 상상력을 해석이나 할 수 있을까?

어느 정도까지는 이미 해냈다. 아기의 탄생을 돕는 것과 제자의 머릿속에서 아이디어를 이끌어내는 것 사이에 어떤 유사점과 차이점이 있는지 유추 가능 모델인 ACME[여기서 M은 도식화(Mapping)를 뜻한다]가 해석해 낸 것이다. (중매쟁이 비유는 이해하지 못했다. 그러나 이것은 산파술의 의미에 해당되지 않으므로 오늘날의 철학 연구자들 역시 그것에 대해서는 생각하지 않는다.)[13]

내가 알기로 아직까지 이 프로그램으로 맥베스의 잠에 관한 구절을 해석해보려는 시도는 없었다. 그러나 관련된 표현들이 주어지기만 한다면 어느 정도 이해가 가능하리라 믿는다. 전반적인 비유를 이해하고 그 강도를 평가하는 데 있어 매우 관념적인 절차를 이용하기 때문이다. 게다가 어휘력도 놀라울 정도로 풍부하여 그 어휘 기반에 깔린 의미들이 비교적 풍부한 의미망 속에 저장되어 있다.

ACME의 메모리는 마치 사전과 동의어 사전이 합쳐진 것 같아서 개념들이 훨씬 상세하게 분석될 수 있다. 독자적으로 개발된 이 네트워크 시스템은 워드네트(WordNet)라 불리며, 이것은 언어와 인간 기억을 대상으로 한 상세한 심리학 연구 결과를 이용해 의사결정을 내린다. 여기에는 이미 3만 개가 넘는 단어가 들어가 있으며, 마치 맥베스를 처음 읽는 어린이에게 '향유'라는 단어를 설명하는 것처럼 원한다면 새로운 단어를 추가할 수도 있다.

워드네트는 각각의 개체가 하나의 개념을 나타내는 연결주의 시스템이다. (6장에서 소개한 구분법을 이용하면 이것은 '국부적인' 메모리가 아니라 '넓게 분포된' 메모리다.) 개체 코드의 추상적 의미 링크에는 상위어, 하위어, 부분어, 동의어, 반의어 같은 것들이 있다. 이렇게 추상적인 특징들은 인간의 머릿속에도 기호화되어 다양한 종류의 정신적 탐험을 가능케 한다. 예를 들어 4장에서 언급한 휴리스틱이 '반대 개념을 고려한다'는 이야기를 기억할 것이다. 반의어가 정기적으로 저장되는 의미 메모리가 있다면 개념의 '반대 개념'은 언제나 쉽게 접근할 수 있게 된다는 것이다.

이러한 방식으로 워드네트는 모든 개념적 항목의 의미에 진한 명암을 제공한다. 예를 들어 동물이라는 개념은 유기체, 살아 있는 것, 먹이, 사람, 아이, 포유류, 영장류, 파충류, 어류, 조류, 곤충, 척추동물, 산짐승, 목소리, 이빨, 갈고리발톱, 짐승, 생물, 동물, 식물 등을 포함해 수많은 다른 개념과 직접적으로 이어져 있다. 간접적으로 이어진 것은 아마 이보다도 훨씬 더 많을 것이다.

풍부한 어휘와 의미를 지니고 있는 것도 좋다. 하지만 하나의 개념을 다른 하나와 비교하고자 하는 사람이나 기계에게는 지나칠 정도로 많게 느껴질 수 있다.

예를 들어 소크라테스의 비유를 떠올려보자. 단순화하여 '철학자'와 '산파'가 오직 다섯 개의 명사(아이디어, 제자, 요람, 주전자, 어머니, 아기 등)와 열 개의 형용사(지적인, 의학의, 유도하는, 부드러운 등)에만 연결되어 있다고 치자. 그리고 두 가지 개념을 서로 비유할 때 명사는 오직 명사에만, 형용사는 오직 형용사에만 연결할 수 있다고 치자. 그러한 경우 '철학자'와 '산파' 사이에 4억 개가 넘는 비유가 가능해진다.

그러나 ACME는 플라톤의 글을 읽는 사람과 마찬가지로 비유를 해석할 수 있고 필요한 경우에는 설명할 수도 있다. 이것이 어떻게 가능한 것일까?

해답은 6장에서 설명한 컴퓨터 기법, 즉 다중 제약-만족 기법에 담겨 있다. 한 가지 비유를 이해하고자 하는 연결주의 네트워크는 동시에 수많은 제약을 고려하고 그중에서 가장 적합한 짝을 선택한다. 이렇게 고른 짝에 어떤 문제가 있다고 해도 말이다(그리고 가설에 따르면 이러한 짝은 절대로 완벽한 법이 없다).

비유의 반쪽을 다른 반쪽에 맞추는 작업을 할 때 ACME가 고려하는 전체적인 제약에는 세 가지 유형이 있다. 첫 번째는 구조적 일관성이다. 이 프로그램은 모든 요소가 정확히 반으로 나뉠 수 있는 일대일 비유를 선호한다. 그래서 철학자가 산파로 표현된다면 역시 아기로 표현되는 무언가가 있어야만 한다. 잠을 뜨개질로 비유한다면 뜨개바늘로 비유할 수 있는 무언가가 있어야 하는 것도 이와 마찬가지다. (덧셈뿐만 아니라 뺄셈도 가능한 목걸이 놀이라면 4장 처음에 설명한 기하학 게임에 좋은 비유가 될 것이다.)

두 번째 제약은 의미적 유사성이다. ACME는 비슷한 의미를 가진 요소들을 선택해 비유하기를 선호한다. 이 기준에 따르면 철학자와 산파의 비유(둘 다 살아 있고 둘 다 인간이다)가 아이디어와 아기의 비유보다 낫다. 설사 아이디어와 아기 둘 다 새롭고 다소 연약해도 말이다.

세 번째 제약은 실용적 중요성이다. 우리처럼 이 프로그램 역시 비유를 하는 주체에게 중요하다고 판단되는 것을 선호한다. 그것은 두 가지 요소 사이의 유사성이 크다고 이미 진술되었기 때문일 수도 있고, 그 요소가 상위 구조에서는 너무도 중요해 어떻게든 비유가 성립해야 하기 때문일 수도 있다. 예를 들어 셰익스피어는 놀랍게도 잠이 뜨개질을 하는 사람이자 따뜻한 목욕이라고 진술했다. 따라서 우리는 이 놀라운 유사성을 보호, 저장하기 위해 노력해야만 한다. 또한 아기라는 개념은 산파라는 개념에 있어 너무나 중요하기 때문에 그에 이어지는 다른 개념이 있어야만 한다. 그것이 인간도 아니고 무생물인 아이디어라고 해도 말이다.

이러한 인간 사고의 예가 보여주듯 실용적인 중요성은 다른 두 가지 기준을 무효로 만들어버릴 수 있다. 잠에 바늘 따위는 없다든가 아이디어가 무생물이라는 사실은 잠시 접어두라. 여기서 비유가 통하려면 '뜨개질하는 사람'과 '아기'라는 개념이 어디에선가 등장해야만 한다. 따라서 ACME는 실용적 기준을 특별히 강조하도록 고안되었다.

대부분의 비유 프로그램은 실용적 중요성을 무시하고 구조적 혹은 의미적 유사성에 초점을 맞춘다. 또한 특정 유사성만을 고집하여 그 유사성에 충돌이 생기는 경우 만족스러운 해석을 발견하지 못한다. 하지만 ACME는 다중 제약-만족 기법과 함께 세 가지 추상적 제약을 사용하는 덕분에 비유 인지 메커니즘으로 더욱 강력해질 수 있었다.

비유에 대한 프로그램의 해석은 우리가 창의성을 탐험이라 묘사하는 것과 일치한다. 사실상 ACME는 세 가지 유형의 '지적 지도'를 동시에 이용하면서 자신만의 관념 공간을 탐험하고 있다. 이 세 제약은 발생적 시스템, 즉 전에는 존재하지 않았던 특정한 유사 구조를 만드는 방식을 제공한다.

다중 제약-만족 기법을 사용하는 ACME는 제자의 새 아이디어를 아기라고 보는 것처럼 일반적인 고려 사항들을 한편으로 제쳐둘 수 있는 능력이 있다. ACME가 아이디어를 아기로 탈바꿈시킬 수 있다고 말하는 이들도 있다. 그러나 벤젠끈을 벤젠고리로 변형시킨 것과 달리 이러한 변형은 오직 일시적일 뿐이다. 따지고 보면 이것도 비유에 불과하지 않은가.

비유 프로그램은 러브레이스의 세 번째 질문과 관련이 있다. 이 프로그램들을 통해 컴퓨터는 놀라운 관념적 비교를 이해할 뿐 아니라 평가까지 할 수 있기 때문이다. 이 프로그램들은 또한 러브레이스의 두 번째 질문에 답을 하는 데 도움을 준다. 새로운 아이디어를 떠올리는 사람은 스스로 새로운 아이디어를 평가해야 하기 때문이다. 케쿨레가 벤젠 분자에 대해 모험적인 아이디어를 시도했던 것과 마찬가지다. 하지만 창의성에는 비유의 생성 또한 필요하다. 그것이 무슨 뜻일까?

ARCS[여기서 'R'은 검색(Retrieval)을 뜻한다]이라는 프로그램은 P-창의적으로 좋은 유추를 많이 만들어냈다. ARCS는 ACME와 매우 관련이 깊다.[14] ARCS의 역할은 아이디어에 대한 유추를 찾는 것이다. 이는 마치 학교에서 아이들에게 '겨울'과 비슷한 말을 생각해보라고 하는 것과 같다. 아이디어는 겨울과 같은 개념일 수도 있고 이야기의 줄거리와 같은 계획일 수도 있다.

예를 들어 ARCS는 웨스트 사이드 스토리(West Side Story)와 줄거리가 가장 비슷한 작품으로 셰익스피어의 스물네 가지 연극 중에서 〈로미오와 줄리엣〉을 꼽았다. 가질 수 없는 것은 결국 탐나지도 않는다는 사람에 대한 이야기가 주어졌을 때, ARCS는 이솝의 우화 중 《여우와 포도》를 찾아냈다. 이솝 우화가 대부분 동물을 주인공으로 한다든지 이야기끼리 비슷한 점이 많은 데도 불구하고 이러한 결과를 내놓았다는 점에서 이 프로그램은 매우 인상적이다.

프로그램의 검색 절차가 상당히 추상적이기 때문에 ARCS는 과학을 포함해 다양한 분야에서 P-창의적인 유추를 창조할 수 있다. 따라서 이 프로그램은 레이저빔, 초음파, 요새를 공격하는 군대 등 가장 근접한 문제 다섯 가지를 유추 기반으로 삼아 주변의 건강한 조직에 손상을 입히지 않고 종양을 엑스레이로 없애는 방법을 찾아냈다. (이 문제는 여러 해 동안 인간의 문제해결 방식에 대한 실험에 사용되고 있다. ARCS가 내놓은 결과는 여러 가지 면에서 실험 결과와 상당히 비슷하다.)

(ARCS의 보편성을 장점이 아닌 약점으로 여기는 사람도 있다. 이 프로그램이 특정 영역의 내용이 아닌 프로그래머가 제공하는 개념-표상에서의 추상적인 구조에 초점을 맞추고 있기 때문이다. 컴퓨터가 정말로 개념을 이해할 수 있는지 없는지에 관한 러브레이스의 네 번째 질문과는 상관없이, 여기서 '이해'는 어떤 면에서 무의미하다. 이러한 비판에 대해서는 곧 논의하도록 하겠다.)

만약 창조자나 제3자가 유추를 이해하려면 유추를 생성하는 과정은 유추를 평가하는 과정에서 사용되는 것과 비슷한 맵핑 제약과 기억 구조를 이용해야 한다. 이런 점에서 유추의 창조와 이해는 같은 관념 공간에서 일어난다고 할 수 있다.

하지만 작가가 유추를 만들어낼 때보다 독자가 유추를 이해할 때 노력이 적게 드는 것처럼 유추 검색보다 유추 맵핑 프로그램이 하는 일이 적다. ACME는 구체적인 유추를 제시받아 그것을 이해한다. 하지만 ARCS는 이미 가지고 있는 데이터와 연관성이 있을 만한 외부 정보로부터 어떤 힌트도 없이 주어진 개념에 대한 유추를 찾아야만 한다. 가능한 선택은 항상 많다. (사전을 펴고 임의로 두 가지 개념을 골라보라. 이 두 개념은 분명 비슷한 점이 있을 것이다.) ARCS는 이 중 가장 좋은 것을 골라야 한다.

이때 ARCS는 두 단계를 거친다. 첫째, 인풋 개념과 의미적으로 비슷한 유사체의 집합을 찾고 다중 제약-만족을 사용해서 이 집합을 의미가 가장 가까운 몇 가지로 줄인다. 둘째, 위에 나온 세 가지 일반적인 제약에 대해 의미뿐 아니라 구조와 실용적인 중요성을 고려한다. 마찬가지로 이 단계에도 다중 제약-만족이 관여한다. 이런 식으로 ARCS는 어떤 기준에서 더 나아 보이는 것이 있을지라도 전체적으로 가장 잘 맞는 짝을 찾는다.

프로그램이 만들어낸 유추나 소크라테스의 유추 모두 맥베스에서 잠을 근심의 실타래나 목욕에 비교하는 것보다 덜 창의적이라고 느낄지도 모른다. 왜 그럴까? 이러한 문학적 직관은 3장에서 소개한 창의성의 정의와 어떤 면에서 일치하는가? 프로그램과 소크라테스의 참신한 아이디어는 이전에도 나올 가능성이 있었지만, 셰익스피어의 새로운 아이디어는 그럴 수 없었다고 말할 수 있는가? 아니면 이러한 유추가 모두 동일하게 창의적이라고 해야 하는가? 결국 철학자는 산파가 아니고 잠은 목욕이 아니다. 왜 어떤 것이 다른 것보다 상상력이 풍부하다고 여겨지는가?

여기서 중요한 점은 유추의 대상 한쪽이 나머지 한쪽과 의미상 핵심적 특징이 얼마나 일치하느냐다. 셰익스피어의 예에서 주변적 특징에 의해 만들어진 유추의 경우 한 유사체의 핵심적 특징은 나머지 한쪽의 핵심적 특징과 일치하지 않았다.

따라서 살아 있는 인간을 다른 사람(산파/철학자)과 비교하는 것이 의식의 상태(잠)를 인간(실타래를 짜는 사람) 혹은 무생물(목욕)에 비교하는 것보다 덜 창의적이라고 할 수 있다. 철학자나 산파 혹은 실타래를 문학적으로 생각하기 위해서는 이것들을 살아 있는 존재로 간주해야 한다. 하지만 사전적 의미로 잠이란 살아 있는 것이라 할 수 없다. 이것을 살아 있는 것이라 여기는 것은 의미상의 일반적인 제약에 따랐을 때 할 수 없는 무언가를 하는 것과 같다.

시인은 '시적 허용'을 통해 독자에게 좀 더 해석적인 작업을 요구함으로써 의미의 익숙한 제약을 무시하게 한다. ARCS를 만든 프로그래머는 과학의 철학에 관심이 있었고, 역사적으로 중요한 과학적인 개념에 ARCS를 적용해왔기 때문에 ARCS는 주어진 문맥에서 가장 가까운 유추를 선택하도록 고안되었다. 하지만 시인은 좀 더 먼 유추를 찾아 독자로 하여금 그 개념에 대해 새로운 방식으로 생각해보게 한다. 실타래를 짜는 사람은 잠과 가까운 유사체가 아니기 때문에 셰익스피어나 독자들은 이런 비교가 흥미롭다고 여긴다. 만약 ARCS에게 가까운 유추 20개를 거부하도록 지시했다면, 아마 ARCS는 놀라운 아이템을 생각해낼 것이다.

게다가 ARCS는 한 가지 유추를 강조하되 다른 것은 모두 무시하도록 고안되었다. 이 프로그램이 '잠'의 잠재적인 유사체에 대해 '실타래' '죽음' '목욕'을 찾아낸다면 그중 죽음을 고르고 나머지는 무시할 것이다.

반대로 셰익스피어는 우리에게 풍부한 유추를 남겼다. 무운시(無韻詩)에 나타난 어떤 문장에서 ('상처 받은 마음'과 '인생의 연회'는 말할 것도 없이) 잠을 인간, 죽음, 목욕, 연고, 식사의 메인 코스에 비교함으로써 새롭게 인식된 의미를 폭발적으로 증가시켜 머릿속의 수많은 아이디어를 일깨웠다.

참으로 경이롭다. 하지만 이것은 마술이 아니다. 단어, 의미, 상식, 심지어 '영국 식사의 여러 코스 중 두 번째 것이 가장 중요하다'라는 평범한 사실에 대한 셰익스피어의 풍부한 지식이 위에 인용된 글의 중요한 원천이 되었다. 짐작건대 이는 그의 마음속에 떠오른 구체적인 이미지의 순서의 영향을 받았을 것이다.

예를 들어 셰익스피어는 '코스'라는 단어를 태양의 움직임과 관련하여 자주 사용하였고, '하루의 죽음'이라는 구절이 잠과 태양을 연관시킨 이러한 의미를 유발했을 것이다. 하지만 셰익스피어가 썼듯이 음식과 관련된 감각(이는 그 당시 유행했다) 또한 자극을 받아, 이내 '인생의 연회'라는 아이디어로 이어졌다. '자연의 코스'라는 표현(엘리자베스 시대에 또한 사용된) 역시 쓰였을 것이다. '코스'가 유발된 후 '자연'이라는 단어가 곧장 연상되었던 것이다.

셰익스피어가 영어 문법과 약강 오보격의 제약을 잘 알고 있었다는 점 역시 중요했다. 셰익스피어의 머릿속에서 일어나던 계산주의적 과정이 이렇게 풍부하고 다양한 지식과 유추 맵핑의 전반적 절차를 통합했다.

이러한 유추적인 절차가 무엇이든 분명 현재의 다른 프로그램보다 훨씬 더 강력하고 섬세하다. 하지만 이들 절차는 넓게 보았을 때 유사한 점이 있을지도 모른다. 그런 가능성을 생각해보면 우리는 ARCS와 ACME뿐만 아니라 더글러스 호프스태터와 멜라니 미첼(Melanie Mitchell)이 개발한 COPYCAT이라는 매우 다른 프로그램도 기억해야 한다.[15]

호프스태터는 예술이나 과학에서 창의성은 여러 가지 가능성 가운데 과연 어떤 특징이 현재의 문맥에서 적절한지 알아내는 것이라고 지적했다. 그 결과 많은 것들이 새로운 방식으로 종종 인지되기도 한다. 예를 들어 맥베스의 잠에 대한 묘사와 소크라테스의 산파에 대한 유추를 읽고 나서 어떤 사람은 잠과 철학을 다소 다르게 생각할 수도 있다. 그리고 심장을 펌프로 설명한 윌리엄 하비의 묘사를 받아들이는 것은 곧 심장의 활동을 확장이 아닌 수축으로 보는 것과 같다.

유추 심리학은 그런 정신의 변화가 어떻게 생겨날 수 있는지 설명할 수 있어야 한다. 하지만 7장과 8장에 나온 사고와 관련된 현재 컴퓨터 모델은 대부분 문제점을 언급조차 하지 않는다.

위에서 언급한 유추 프로그램은 이미 프로그래머에 의해 구조화된 개념('철학자'와 '산파' 같은) 사이의 구조적 유사점을 지도화한다. 마찬가지로 과학 발견 프로그램은 프로그래머에 의해 제공되는 추론의 개념과 원리를 사용하고, 참신한 유추적 통찰보다는 의식적인 과학적 논리를 모델화한다(8장에서 다룬 BACON의 비평을 보라). 이런 경우 해당 개념을 적절한 관점으로 거르고 고르는 작업을 하는 사람은 바로 프로그래머다. 더욱이 유추와 관련된 두 가지 개념은 유추가 이루어지고 난 후에도 변하지 않은 상태로 남아 영향받지 않는다.

호프스태터의 모델은 다르다. 그는 우리에게 새로운 유추를 보는 것은 그것을 새로운 방식으로 인지하는 것과 같다는 걸 상기시켜 준다. 인지가 어디에서 끝나고 유추가 어디에서 시작하는지는 알 수 없다. 인지 자체가 상위 수준의 개념에서 이루어지기 때문이다. 유추에 대한 COPYCAT 모델을 고안하는 데 있어 그는 이러한 심리학적 사실을 진지하게 받아들였다. 그의 연결주의 프로그램은 문맥적으로 적절한 비유가 적절하지 않은 비유보다 선호될 때 다양한 유추를 만들어낼 수 있다. 이미 만들어지고 고정된 표상에 의존하는 것이 아니라 자신의 표상을 문맥에 맞는 방법으로 구성한다. 이 프로그램의 새로운 유추와 새로운 인지는 함께 발전한다.

　인풋 패턴에 대한 COPYCAT의 '인지적인' 표상은 변증법적으로 구성된다. 각각의 단계는 현재 문맥에서 필요로 하는 유추적 맵핑 유형과 영향을 주고받는다. 초기의 유추에 잘 들어맞는 해석은 유지되고 심화·발전된다. 가능성이 없어 보이는 부분적인 표상은 버려지고 대상 개념의 다른 측면을 이용하는 대안적인 표상이 시작된다.

　실제로 COPYCAT이 탐험하는 영역은 매우 관념화된 공간인 알파벳 문자열이다. 그러나 여기에 쓰이는 컴퓨터 원칙은 어떤 영역의 비유나 유추에든 적용된다. 달리 말해 여기에서 쓰이는 알파벳은 심리학적으로 물리학의 경사면에 상당한다고 할 수 있다.

　COPYCAT은 ppqqrrss 같은 문자열이 주어지면 mmnnoopp, ttttuuuvvvwww 혹은 abcd와 비슷하다고 간주한다. 그리고 '극좌' '극우' '중간' '동일' '그룹' '앞에 오는 알파벳' '뒤에 오는 알파벳' 같은 기술어(記述語)로 문자열을 묘사한다. 이것은 전체적인 묘사를 완성하기 위해 다양한 기술어가 일제히 경쟁하는 병렬-처리 시스템이다.

　이 시스템은 인풋으로 제공받은 쌍들과 비슷하다고 판단되는 문자열을 한 쌍 산출하는 식으로 유추 능력을 발휘한다. 일반적으로 하나 이상의 유추를 산출해내며, 몇 가지 서로 다른 기술어를 이용해 각 문자열의 타당성을 입증한다.

　예를 들어 COPYCAT에 abc가 abd로 바뀐다는 것을 알려주고, 그런 다음 mrrjjj가 무엇으로 바뀔지 질문했다고 치자. 아마 mrrjjd, mrrddd, mrrkkk, mrrjjjj 등의 답을 내놓을 것이다. 이 중 마지막 답변이 다른 것보다 더 깊은 통찰력을 요구하기 때문에 아마 당신은 그것을 가장 선호

할 것이다. 즉, 그런 답변을 내놓으려면 mrrjjj를 m-rr-jjj의 형태로 인식하고 문자 그룹의 길이를 확인한 후, 그 그룹이 '이어지는 그룹(1-2-3)'임을 알아보고 마지막으로 '1-2-3'을 abc로 도식화해야 한다. 그 다음에는 abc가 abd로 바뀌었으니 123이 124로 바뀐다는 논리가 나온다. 그러나 숫자가 아닌 문자 측면에서 보면 유추는 다음과 같다. abc가 abd로 바뀌었으니 mrrjjj가 mrrjjjj로 바뀐다는 것이다. 이것이 '최고'의 답이라고 해도 다른 답변들 역시 매우 흥미롭다. mrrjjd가 mrrddd보다 나은가, 나쁜가, 아니면 이와 비슷한가? mrrkkk가 다른 두 개보다 왜 나은가? mrrjjj가 다른 모든 답변보다 왜 나은가? 그리고 k가 똑같이 네 개 들어가 있는 mrrkkkk가 mrrjjjj보다 왜 좋지 못한가?

COPYCAT이 사용하는 함수는 이미 만들어진 표현에 의존한다. 예를 들자면 그것은 '뒤에 오는 문자'나 '반복되는 문자'를 현재의 문맥 속에서 찾도록 되어 있다. 따라서 문자열 ffmmtt 속에 든 두 문자 mm은 한 쌍으로 인식되는 반면 문자열 abcefgklmmno 속에서는 두 개의 서로 다른 klm과 mno의 일부로만 인식된다.

알파벳 문자열처럼 관념화된 분야에서도 흥미로운 문제가 발생한다. 예를 들어 COPYCAT에 abc가 abd로 바뀐다는 것을 알려주고 이번에는 xyz가 무엇으로 바뀔지 답하라고 해보자. COPYCAT은 어떤 답을 내놓을 것이며 당신은 뭐라고 답하겠는가?

알파벳 순서대로 나열한 최초의 인풋 abc는 알파벳 맨 마지막 문자인 z를 만남으로써 일단 파괴되어야 한다. 그 다음에는 이 인풋 문자열을 표현하기 위해 서로 다른 기술어들이 경쟁을 벌인다. 그래서 어느 기술어가 선택되었는지에 따라 최종 아웃풋이 달라진다. 여러 차례의 시도

끝에 COPYCAT은 xyd, xyzz, xyy 등의 답을 내놓았다. 그러나 그것이 가장 깊은 통찰을 보여준 순간은 한 문자열이 알파벳의 첫 글자로 시작하고, 다른 문자열은 알파벳의 끝 글자로 끝난다는 사실을 깨달은 때였다. 이러한 통찰은 완전히 새롭게 문자를 배열하는 방식의 문을 활짝 열어주었다. 즉, a가 z로 바뀌면서 동시에 왼쪽이 오른쪽으로 바뀐 것이다. 이러한 관념적 뒤집기의 결과로 '뒤에 오는 문자'와 '앞에 오는 문자'가 그 역할을 서로 바꾸고, 최초의 문자열에 적용되었던 '극우의 문자를 뒤에 오는 문자로 대체한다'는 개념이 '극좌의 문자를 앞에 오는 문자로 대체한다'는 개념으로 바뀌게 된다. 이에 따라 놀라우면서도 간결한 wyz라는 답이 나왔다.

이 경우 최초의 묘사가 단순히 변형된 것이 아니라 완전히 파괴되었음을 눈치챘을 것이다. 호프스태터는 이 사례를 과학의 관념적 혁명에 비유했다. 최초의 해석이 폐기되고 근본적으로 다른 해석이 그를 대체하는 것 말이다.

COPYCAT의 구조화 과정은 압축될 수 있다. 관련된 기술어들에 적용 우선순위가 설정되어 있다면 이 프로그램은 다른 것들보다 그 기술어를 먼저 사용할 것이다. 물론 COPYCAT은 여전히 다양한 방식으로 데이터를 인식하는 능력이 있다. 그러나 우선순위 설정이 전체 레퍼토리 중에서 적절한 관념 공간을 묘사하면서 가장 효과적일 가능성이 높은 경로를 제시한다.

문화를 기반으로 한 이런 종류의 압축은 인간의 머릿속에서도 일어난다. 이것이 바로 세계적으로 유명한 창의적 사상가들이 이해하는 데 수개월, 수년이 걸린 개념을 어린아이들이 재빨리 이해하고, 심지어는 발견할 수 있는 이유다. 아이에게 낯선 유추가 주어졌다고 치자. 하지만 전체적인 유형은 익숙하다. 예를 들어 간단한 일차방정식에 물리적 세계의 여러 특성이 담겨 있다는 개념은 이미 학생의 머릿속에 잘 확립되어 있을 것이다. 그렇다면 선생님의 수업이 끝남과 동시에 이 특정한 함수가 활성화될 수 있다는 사실은 그리 놀랄 일이 아니다. 일반적으로 P-창의성은 누군가의 H-창의성이 발생한 이후에 더욱 쉽게 일어나는 법이다.

창의성에 대한 컴퓨터 이론은 관련성을 당연한 것으로 받아들일 필요가 없다. 우리의 인식이 이 이론에 의해서, 우리가 관련성이 있다고 여기는 관념 공간의 본질에 의해서 변화한다는 사실을 부정할 필요도 없다.

그리고 마지막으로 새 유추와 기존의 이해 사이에 일어나는 변증법적 조정을 무시할 필요도 없다. 그러나 지금 시점에서 대부분의 이론은 그렇게 하고 있다. 이렇게 세밀한 사안까지 다루려고 한 점에서 호프스태터는 조금 색다르다고 할 수 있다.

COPYCAT과 ARCS-ACME는 서로 매우 다른 시스템이다. 그렇다면 둘 중 어느 것이 인간의 정신과 더 닮았을까?

호프스태터의 생각은 확고하다.[16] 그는 ARCS-ACME 프로그래머들이 개념을 고정된 것으로 다루고 있다고 주장한다. 사실 매우 유연한 것인데 말이다. 그리고 마침 이 프로그램에는 관념 구조와 도식화 규칙이 내재되어 있기 때문에 결국에는 원하는 유추를 찾게 된다고 지적했다.

하지만 그의 반대론자들은 뛰어난 인식력으로 유추적 사고를 알아보는 것은 혼란을 유발하는 비유를 사용하는 것과 같다고 답한다.[17] 그들이 생각하기에 유추적 도식화는 분야와 상관없이 발생하는 과정이며 특정한 개념과 분명히 구분되어야 하는 것이다. COPYCAT에서 그렇듯 개념을 '만드는' 것과 그것들을 '비교하는' 것은 상호작용할 수 있는 과정이긴 하지만 말이다. 그들은 ARCS-ACME와 비슷한 프로그램들이 COPYCAT이 발견한 유추에 비해 '매우 광범위한' 것들을 찾아냈다는 점을 지적했다. 이들 중 일부는 독립적인 목적으로 다른 시스템을 사용해 만들어진 것이었다. 그들은 COPYCAT의 아주 작은 알파벳 세상은 현실의 흥미로운 복잡성과 각종 노이즈를 무시해버리는 '장난감' 세상에 불과하다고 주장한다. 그리고 ARCS-ACME가 관념적 구조를 바꾸지는 못했지만 대략 유사한 일부 프로그램들(예를 들어 구조 맵핑 엔진(SME))은 바꿀 수 있다.[18] 이 밖에도 그들은 자신들의 접근법을 뒷받침하는 여러 심리학적 실험들을 언급한다. 예를 들어 새로운 유추를 떠올리는 것은 심리적 과정과 유사성의 유형에 의존하며, 이것은 동시에 인지된 두 유추 대상을 비교하는 데 필요한 것들과 다르다.

이 논쟁에서 어느 한쪽을 전적으로 지지할 필요는 없다. 개인적으로 나는 COPYCAT 식 접근이 인간 사고의 유동적 복잡성과 훨씬 가깝다고 생각한다. 그러나 다양한 분야를 아우르는 유추의 법칙 또한 중요하다. 그리고 이러한 법칙은 특정 분야에만 해당되는 여러 과정에 의해 더욱 풍부해진다. (물론 인간이 어떻게 유추를 이끌어내고 해석하는지 심리학적으로 연구하는 것 또한 도움이 될 것이다.) 요컨대 조합적 창의성조차도 매우 복잡한 대상이라는 말이다.

유추는 문학과 글자 퍼즐뿐만 아니라 시각 예술과 행위 예술, 과학과 수학, 그리고 유머와 일상적인 대화에도 필수적이다.

따라서 ACME와 ARCS, COPYCAT은 예를 들어 발레리나가 어떻게 목각 인형을 연기하는지, 그리고 관객이 어떻게 그녀의 춤을 정확히 해석하는지 이해할 수 있도록 도와준다. 이와 관련된 개념은 곡예사 드로잉 프로그램에서 쓰이는 것과 마찬가지로 대부분 시각적이다. 그러나 팔다리의 모양과 위치를 처리하는 것과 더불어 뻣뻣한 움직임과 유연한 움직임을 구별할 줄도 알아야 한다. 그런 식별력이 없는 관객들은 발레 작품 〈코펠리아(Coppélia)〉에서 마술사가 인형을 진짜 사람으로 바꾸는 장면을 해석하지 못할 것이다.

이와 마찬가지로 이러한 컴퓨터 모델들은 목걸이 게임의 연관성을 이해하는 데 어떠한 종류의 정신적 처리 과정이 필요한지 알 수 있도록 도와준다. 아이는 덧셈의 유추를 이끌어냈고 덧셈뿐만 아니라 뺄셈도 포함한 상위 범주인 산수를 찾아냈다. 아마 당신도 그렇게 했을 것이다. 어쩌면 한 단계 더 나아가 이보다 더 상위 수준인 수 이론까지 이끌어냈을지도 모른다.

수학적 유추를 이끌어낸 아이와 당신은 그런 다음 그것을 목걸이 게임에 비교하며 한계에 도달할 때까지 계속 도전했다. 달리 말해 이때의 유추는 '휴지 상태'가 아니었다. 당신과 아이로 하여금 목걸이 게임의 관념 공간을 절제되고 생산적인 방식으로 탐험할 수 있게 해주었다.

과학은 수많은 능동적 유추를 이용한다. 케쿨레의 꼬리를 무는 뱀, 즉 벤젠 분자가 한 예다. 원자를 태양계로 모델화한 러더포드도 마찬가지다. 이 밖에도 더 많은 예를 떠올릴 수 있을 것이다. 쾨슬러는 수많은 과학적 발견 중 '진정한 성취'의 순간이란 "다른 사람들이 이전에 보지 못한 곳에서 유추를 발견하는 것"이라고 하였다.

그러한 일이 어떻게 벌어지는지 쾨슬러는 다음과 같이 이야기했다.

(발견이라는 가장 독창적인 행위에서 유추는) 어디에도 '숨겨져' 있지 않다. 그것은 상상력에 의해 '창조' 된다. …… '유사성'이란 접시 위에 담겨 나오는 것처럼 거저 주어지는 것이 아니라 선택적 강조의 과정을 거쳐 머릿속에서 확립되는 관계다. …… 서로 다른 사람이 쓴 두 'a'의 차이를 알아보는 것처럼 얼핏 단순해 보이는 과정도 신경계의 추상화와 일반화 과정을 필요로 하며, 이 시스템은 아직도 상당 부분이 미지의 상태로 남아 있다.[19]

이 얼마나 옳은 말인가! 우연의 일치로 ACME와 ARCS는 둘 다 글씨체와 개별 문자를 포함해 유추를 인지하는 데 호프스태터가 고안한 신경망의 영감을 많이 받았다.[20] 이보다 더 중요한 점은 이 프로그램과 COPYCAT에서 쓰이는 능동적 선택 비교 절차가 유사성이란 거저 주어지는 것이 아니라는 쾨슬러의 주장을 뒷받침한다는 것이다. 목걸이 게임에 담긴 수학적 의미를 알아보려면 생각을 해야만 한다. 케쿨레도 그랬다. 그는 먼저 뱀을 분자로 보아야 했고 그런 다음에는 원자가에 맞추어 뱀을 분자로 도식화해야 했다.

쾨슬러는 제대로 짚었다. 막연하기는 해도 그가 주장한 '매트릭스의 이연 현상'은 올바른 방향을 가리키고 있었다. 하지만 이제는 그가 언급하지 않았던 그 무엇, 즉 어떻게 유추적 사고가 가능한지 분명히 말할 수 있는 설명의 단초가 마련되었다.

유추만이 예술과 과학에 두루 적용되는 사고의 유형은 아니다. 귀납법도 마찬가지다. 사람은 누구나 제한된 증거를 바탕으로 일반화를 한다. '바로크 음악'이나 '고딕 양식의 건축물' 같은 개념은 우리가 실제로 본 적이 없는 개별 사례들을 분류할 수 있도록 해주는 반면, '산성(酸性)'이나 '비열(比熱)' 같은 개념은 우리가 어떤 현상을 예상하고 설명할 수 있도록 해준다. 이러한 유형의 사고 과정은 다음 장에서 다루기로 하자.

8장

컴퓨터 과학

먼저 이야기를 하나 읽어보자.

옛날 옛적에, 나란히 대두 농사를 짓는 두 이웃이 있었다. 그런데 두 농장 작물에서 5년 동안 내내 다양한 질병이 발생했다. 증상은 해마다 달라졌다.

부유한 한쪽 농장의 주인은 대두 질병에 관해 어느 누구보다 잘 아는 전문가에게 돈을 내고 자문을 구할 수 있었다. 하지만 가난한 다른 농장 주인은 다른 곳에서 조언을 찾아야 했다. 부유한 농장주는 개인용 소형 비행기를 보내 세계적으로 유명한 권위자를 농장으로 데려왔고, 가난한 농장주는 전화나 우편 서비스를 이용해야만 했다. 부유한 농장주는 현미경 검사 비용을 댈 수 있었지만 가난한 농장주는 그럴 수 없었다.

그런데 해가 바뀔수록 가난한 농장주가 키우는 농작물들은 질병에 차도를 보인 반면, 부유한 농장주의 농작물들은 병들어 죽어갔다. 가난한 농장주는 나날이 번창했고, 부유한 농장주는 점점 형편이 어려워졌다. 여섯 번째로 수확할 시기가 되었을 때 두 농장주의 처지는 반대가 되었다.

이것은 꾸며낸 이야기다. 하지만 동화는 아니다. 가난한 농장주의 소원을 들어주는 램프의 요정이나 단숨에 문제를 해결해주는 마법사 따위는 등장하지 않는다. 오히려 그는 인간 전문가에게 지불할 자문 비용보다 훨씬 적은 비용으로 컴퓨터 프로그램을 통해 조언을 얻었다. 그렇다고 해서 이것이 과학소설인 것은 아니다. 타임머신이나 반중력장치처럼 어떤 대담한 상상력의 도약을 전제로 하지도 않는다. 대신 그에게는 이미 존재하는 뛰어난 컴퓨터 프로그램이 있었다. 이 프로그램은 세계적인 전문가가 정의해놓은 '교과서적' 방식을 뛰어넘어 대두에 나타나는 거의 모든 질병을 완벽에 가깝게 진단해준다.[1]

인간 농업 전문가는 대두의 질병을 '직관적으로' 진단한다. 희귀한 질병이라면 현미경 검사가 필요하겠지만, 열아홉 가지의 흔한 질병은 병반이 나타난 부분이나 농작물의 기형 등 사람의 눈으로 식별할 수 있는 특징들을 통해 쉽게 확인할 수 있다. 예를 들어 점무늬병(leaf-spots)은 대두에 나타나는 무늬가 크거나 작을 수 있고, 달무리처럼 노랗고 둥근 모양이 나타나거나 나타나지 않을 수 있으며, 수침상(水浸狀)으로 가장자리가 물러져 있거나 아닐 수 있다. 일반적으로 증상과 질병 사이의 관계는 일대일로 대응하는 단순한 관계가 아니다. 각각의 질병은 복잡한 유형의 증상으로 발현되며 인간 전문가는 그것을 알아보는 법을 배운다.

보통 농부들은 꽤 비싼 비용을 치르고 전화나 편지로 그들의 문제를 설명하고 전문가에게 조언을 듣는다. 하지만 농부는 어떤 증상을 찾아야 하는지 모를 수도 있다. 농부의 밭에 직접 찾아가 즉시 문제를 해결할 수 있는 전문가 역시 곧바로 문제를 해결할 수 있는 명확한 질문을 한다는 보장은 없다. 그래서 인공지능 연구자들이 농부들에게 도움을 줄 만한 전문가 인공지능-프로그램〔'전문가 시스템(Expert System)'〕을 제안했다.[2]

인공지능 연구자들은 제일 먼저 대두 질병 권위자에게 그가 병을 진단할 때 사용하는 증상들을 말해달라고 부탁했다. 권위자는 수 시간에 걸쳐 자기의 직관적인 기술들을 가능한 한 명확하게 설명했다. 그런 다음 연구자들이 그가 제공한 진단 방법, 즉 휴리스틱을 컴퓨터 프로그램으로 구현하였다. 그들은 특정 증상을 타당해 보이는 결론과 연결시켜 일련의 '만약 그렇다면' 규칙으로 나타냈다. 예를 들면 이런 식이다. 만약 커다란 점무늬가 있으면, '이런' 질병들 중 하나일지 모르지만, '저런' 질병들 중 하나는 아닐 것이다.

이 프로그램을 사용하려면 농부는 서른다섯 개의 관련 특징들을 항목으로 분류한 질문 형식으로 자신의 문제점을 기술해야 한다. 그런 다음 프로그램에 이 질문지를 입력하면 프로그램이 '만약 그렇다면' 규칙을 사용하여 질병을 진단한다(그림 8.1 참조). 376개의 사례를 테스트한 결과 프로그램은 83퍼센트의 진단 적중률을 보였다.

이 대목에서 시큰둥한 반응을 보이는 사람이 있을지도 모르겠다. 17퍼센트의 오류율 때문일 것이다. 하지만 프로그램에 사용되는 모든 규칙은 엄밀히 말해 전부 인간 전문가가 제공한 것이다. 프로그램은 아무것도 배울 수 없기 때문에 모든 것을 인간이 입력해주어야 한다. 따라서 이 프로그램은 인간이 '실행하라고 명령한 것만' 실행할 수 있다는 러브레이

그림 8.1

환경 요인
    증상 출현 시기 = 7월
    농작물 직립 상태 = 정상
    강수량 = 평균 이상
    기온 = 보통
    우박 발생 = 없음
    수확이 반복된 햇수 = 4년
    피해지역 = 밭 전체

전반적인 농작물 상태
    심각성 = 잠재적으로 심각함
    종자 치료 = 없음
    발아율 = 80% 이하
    농작물 키 = 정상

국부적인 농작물 상태
    잎 상태 = 비정상
      반점 달무리 = 노란색 달무리 없음
      반점 가장자리 = 수침상 없음
      반점 크기 = 3.2mm보다 큼
      잎의 갈라짐 현상 또는 생장 지연 = 나타남
      잎의 기형 = 없음
      흰곰팡이 = 없음
    줄기 상태 = 비정상
      쓰러진 줄기 = 없음
      줄기 암종 = 두 번째 마디 위
      암종 색깔 = 갈색
      자실체 = 나타남
      외부 부패 = 없음
      균사체 = 없음
      내부 변색 = 없음
    균핵(내부/외부) = 없음
      열매 꼬투리 상태 = 정상
    열매 반점 = 없음
      종자 상태 = 정상
      곰팡이 = 없음
      종자 변색 = 없음
      종자 크기 = 정상
      오그라듦 현상 = 없음
    뿌리 상태 = 정상

진단:
디아포르테 줄기 암종( )   탄부병( )   뿌리썩음병( )   역병( )
갈색줄기뿌리썩음병( )   흰가루병( )   노균병( )   <u>갈색점무늬병(x)</u>
세균성점무늬병( )   불마름병( )   종자 오염( )   탄저병( )
기생성반점병( )   점무늬낙엽병( )   콩점무늬병( )

스의 비판에서 자유롭지 못하다.

하지만 사람은 다르다. 농부는 충분한 시간이 주어지면 다양한 병반의 형태와 그 반증을 통해 대두가 걸릴 수 있는 질병 구별법을 배울 수 있다. 농부를 가르치는 교사는 농부에게 명시적인 규칙을 제공할 필요가 없다(만약 그렇게 하려고 한다면, 규칙들 중 몇몇은 서로 모순될지 모른다). 대신 그는 개별 사례를 진단하기 위해 알아둬야 할 반점 같은 관련 특징들을 알려주어야 한다. 이런 식의 도움을 받으면 인간은 스스로 생각하여 P-창의성을 발휘할 수 있다.

농부는 아마 '콩점무늬병'이라는 이름을 한 번도 들어본 적이 없었을 것이다. 들어봤다 하더라도 그 병을 알 수는 없었을 것이다. 그는 자신의 관념 지도 어디에서도 그 질병을 찾을 수 없었다. 하지만 이제는 할 수 있다. '수침상으로 물러진 가장자리' 같은 하위 개념을 적용할 수 있게 되었기 때문이다. 그런 하위 개념들 중 일부는 새로 배운 특징일 것이다. 질병에 관해 배울 때 보통은 새로운 공간에서 어떤 경로를 택할지뿐만 아니라 어떤 순서로 진행해야 하는지도 배운다. 예를 들어 농부는 물러진 가장자리를 고려하기 전에 먼저 달무리처럼 노랗게 변색된 부분을 찾을 것이다. 그 부분이 대두 질병에 대해 더 많은 정보를 제공해주기 때문이다.

(농부가 스스로 이런 식의 사고 과정을 거친다는 사실을 깨닫는 것은 또 다른 문제다. 일반적으로 자신의 관념 공간 구조를 묘사하는 인간의 능력은 제한적이다. 따라서 대두 질병 전문가가 자신의 전문 지식을 명확하게 표현한다 할지라도 결과적으로 83%밖에 성공하지 못했다. 많은 지식이 적절히 발현되지 못한 채 암묵적으로 남은 것이다. 4장에서 알아보았듯 자신의 정신 과정을 들여다보는 능력은 어린 시절에 나

타난다. 당연히 그 능력은 정신 과정 그 자체보다 한발 뒤진다.)

전문가 시스템이 농부와 비슷한 능력을 발휘해야 한다고 생각하는 사람이 있을지도 모르겠다. 프로그램이 '창의적'이라고 불리려면 적어도 사례를 통해 새로운 개념을 습득하는 능력이 있어야 한다는 것이다. 그런데 이 요건은 이미 충족되었다.

여러 개별 사례의 집합에서 새롭게 정의된 일반 규칙을 도출할 수 있는 귀납 프로그램은 이미 많이 존재한다. 과학에서 H-창의성에 초점을 맞춘 유명 사례들은 곧 다루겠으니 우선은 대두 질병에 대한 이야기를 하자. 초창기의 자동 귀납 프로그램은 그림 8.1에 나오는 질문들을 이용해 대두 질병을 설명했으며, 인간 전문가가 각각의 진단을 내렸다. 그런 다음 설명-진단 쌍을 간단한 귀납 프로그램에 입력하고 그 데이터에서 규칙성을 찾도록 했다. 이런 식으로 훈련 및 경험을 쌓게 한 후, 식물에 대한 다양한 묘사를 이용해 프로그램을 시험했다(이때 이미 만들어진 진단은 입력하지 않았다).

376개 사례를 이용한 시험에서 틀린 진단은 단 두 개였다. 자체 생성 규칙에서는 거의 100%의 정확도를 나타냈다. 귀납 프로그램이 새로 정의한 진단 규칙은 (위에서 설명한 대두-프로그램으로 구현한) 인간 전문가의 '교과서적' 방식보다 훨씬 더 효율적이었다. '교과서적' 방식은 동일한 시험에서 83% 성공률을 보였다. 그런 까닭에 이후 대두-프로그램을 업데이트할 때 프로그램이 생성한 규칙을 적용했으며, 지금은 일리노이 농업국에서도 진단 도구로 사용하고 있다.

위에서 보았듯 유용성은 창의성의 한 가지 기준이다. 사회적으로 유용한 과제를 거의 100% 가까운 성공률로 수행하는 프로그램이 있다면 간단히 무시할 수 없을 것이다. 하지만 새로운 아이디어를 평가할 때 성공률만이 유일한 기준은 아니다. 단순성 또한 중요한 경우가 많다. 귀납 프로그램은 개별 규칙들을 한곳에 몰아넣은 잡동사니가 아니라 체계적으로 구조화된 개념을 생성했다. 사실 귀납 프로그램이 생성한 대두-질병 개념은 입력 데이터를 이용한 최고 수준의 표상이었다. (본질적으로 이와 유사한 귀납 프로그램이 더욱 간결한 새 체스 게임 규칙을 정의하기도 했다. 이 프로그램은 체스 교본에 있는 내용보다 더 유용한 정보를 인간 체스 기사에게 제공했다.)[3] 단순성 기준은 분명 충족되었다.

어떻게 이런 성취가 가능했을까? 위에서 설명한 원래 프로그램이나 업데이트된 프로그램과 달리, 귀납 프로그램에는 대두에 대한 어떤 실질적인 지식도 주어지지 않았다. 프로그램은 데이터에서 관념적으로 정의된 규칙성을 찾기 위해 주제와 상관없이 완전히 논리적인 접근법을 이용했다. 한마디로 프로그램은 주어진 진단과 관련된 특징을 찾기 위해 데이터를 검색한다. 이때 개별 특성과 진단은 모두 고려 대상이 된다.

많은 귀납 프로그램이 'ID3' 알고리즘을 채택하고 있다. (ID3는 드러나지 않은 모순을 확인함으로써 인간이 부과한 규칙들을 '정리'할 수도 있다. 83%의 성공률을 보인 대두-프로그램처럼 말이다.) 과부하를 일으킬 정도로 데이터를 과다하게 제공하지만 않는다면, ID3는 주어진 분야에서 효율적인 분류 방식을 확실히 찾아낸다. 다시 말해 충분한 시간과 메모리만 제공된다면 ID3 알고리즘이 원칙적으로 이 과제를 수행할 수 있다는 수학적 증거가 있다. 하지만 제공 데이터에는 관련 내용이 모두 포함되어야 한다. 반면 농부는 달무리를 이전에 본 적이 없다 해도 대두 질병과 관련 있으리라 짐작할 수 있다.

이러한 논리적 전략을 사용하는 학습 프로그램은 가장 경제적인 방식으로 '특성에 따른 분류' 관념 공간을 구성할 수 있다. 또한 그 관념 공간 내에서 최단거리로 개별 사례의 위치를 찾아낸다. 5장에 나왔던 용어를 사용하자면, 프로그램은 관련 서치-트리뿐 아니라 가장 효율적인 트리-서치를 정의할 수 있다. 프로그램은 올바른 순서에 따라 올바른 질문을 던지는 법을 학습하며, 식물을 괴롭히는 문제의 질병이 19가지 대두-질병 중 무엇인지 가능한 신속하게 진단한다.

진단 속도는 전체 사례가 몇 가지 군(질병)으로 분류되는지에 따라 달라진다. 가령 달무리가 콩점무늬병 진단을 위한 충분조건이라고 해보자. 달무리를 확인하는 것이 다른 증상을 확인하는 것처럼 쉽더라도(실행할 때는 쉽지 않을 수 있다) 가장 효율적인 결정-과정은 달무리의 발견에서 시작되지 않는다. 달무리는 콩점무늬병이 있는 식물 중 아주 드물게만 나타나는 특성이기 때문이다. 달무리가 콩점무늬병의 필요조건이라고 할지라도 다른 특성들을 먼저 고려하는 것이 더 합리적일 때도 있을 것이다. 예를 들어 콩점무늬병이 대두 농장에서 비교적 드문 경우 그럴 수 있다.

ID3 알고리즘은 통계적 특성들을 확인한 후 이를 이용한다. ID3에는 대표적인 표본이 먼저 제공되어야 한다. 그래서 흔한 질병일수록 우선순위에 놓으며, 희귀한 질병은 상대적으로 순위가 밀린다. 그 덕분에 ID3 알고리즘이 내린 진단의 신뢰도는 높아진다.

인간 농부와 비교했을 때 그런 프로그램은 어떤 학습 과정을 통해 식물-질병을 식별할 수 있는 것일까? 농부와 마찬가지로 프로그램은 학습 과정 막바지에 이르면 이전에는 할 수 없었던 진단을 내릴 수 있다.

그리고 농부와 마찬가지로 신뢰도는 대두-질병의 대표적인 표본을 얼마나 많이 경험하느냐에 달려 있다.

하지만 농부와 프로그램 사이에는 차이점도 있다. 단기기억에 한계가 있는 인간과 달리 프로그램은 인간보다 훨씬 큰 표본들을 탐색할 수 있다. 또한 상반되는 현상을 처리하는 데에도 별다른 어려움을 느끼지 않는다. 반면 인간은 특정 증상을 포함하지 않는 질병에 대한 정보나 두 가지 이상의 증상을 보이는 식물에 대한 정보를 사용하는 데 상대적 어려움을 느낀다. 그리고 프로그램은 몇몇 관련 특성은 실전에서 더욱 식별하기 어렵다. 즉, 덜 두드러진다는 사실을 무시한다. 예를 들어 프로그램은 인간이 큰 점무늬보다 작은 점무늬를 확인하기 어려워한다는 사실을 알지 못한다. 요컨대 프로그램은 어느 정도 비인간적인 방식으로 그 개념을 P-창조한다.

하지만 그렇다고 해서 프로그램이 심리학적으로 무의미하다는 뜻은 아니다. 인간도 프로그램의 일반적인 접근법 또는 논리적 전략을 의식적으로나 무의식적으로 사용할 수 있다. 사실 귀납 알고리즘은 원래 인간 관념 학습법을 연구하기 위해 고안한 것이었다.

프로그램에 표상된 것과 같은 귀납 알고리즘은 서치-트리나 컴퓨터와 연관 있는 인간 관념-학습 이론이 다양한 인간의 업적을 설명할 수 있다는 점을 보여준다. 또한 명료하게 정의된 이론적 구조도 제공한다. 심리학자들은 그 구조를 가지고 다양한 특성의 각기 다른 가중치를 탐험할 수 있다. 수침상으로 물러진 가장자리는 식별하기 어려운 반면 달무리는 곧바로 알아볼 수 있다면, 이런 현상을 인지하는 과정이 얼마나 쉬운지 해당 컴퓨터 이론을 통해 구현시킬 수 있다.

게다가 귀납 프로그램을 알려주는 통계적 통찰은 신경망에 표상될 수 있다. 이는 5장에서 소개한 (음악적 해석에 대한) 일반적인 관점의 특수 사례다. '기계적인' 논리-흐름 프로그램에 정의된 휴리스틱은 노이즈에 더 내성이 강한 병렬-처리 시스템에도 구현시킬 수 있다는 것이다. 예를 들어 그런 시스템은 달무리가 없는 경우에도 콩점무늬병을 더욱 성공적으로 진단한다.

이 프로그램이 대두 질병이라는 지루한 주제를 다룬다고 해서 그 중요성을 퇴색시킬 수는 없다. 체스 종반전과 마찬가지로 대두-질병은 한 예일 뿐이다. 미술 역사가는 미켈란젤로의 조각이나 인상주의 그림을 인식하는 방법을 제시한다. 문학평론가는 서사시를 정의한다. 음악학자는 소나타 형식을 정의한다. 유추 프로그램과 마찬가지로 ID3 알고리즘은 어떤 분야에든 의미 있게 적용할 수 있다.

독자들 중에는 기존의 관념들을 탐색해 H-창의적인 규칙을 찾아내는 프로그램만으로는 만족하지 못하는 사람이 있을지 모른다. 즉, H-창의적인 개념을 생산해 진정한 의미의 창의성을 발휘할 수 있는 대상이 필요하다는 것이다. 그런 독자들은 "농업 전문가들이 콩점무늬병에 대해 이미 알고 있었다"고 말할 것이다. 게다가 귀납 프로그램에는 분류 개념이 처음부터 그냥 제공된다(물론 귀납 프로그램이 어떤 인간보다도 나은 분류 개념을 생성하기는 했지만). 따라서 애초에 이 질병을 알아볼 수 있는 인간이야말로 진정 창의적인 개념 창조자라 할 수 있다. 어떤 컴퓨터 프로그램도 인간에게 알려지지 않은 완전히 새로운 개념을 생성할 수는 없다.

반대론자들에게는 안 된 일이지만 이미 그런 과업을 수행해낸 인공지능-시스템이 있다. ID3 알고리즘은 인간 전문가들이 알지 못했던, 유용하고 매우 복잡한 유형의 규칙성을 찾아냈다. 위 설명에서는 대두 질병의 분류 같은 인풋-데이터만 언급했을 뿐이다. 하지만 사실 ID3는 특성의 적절성과 타당성 그 자체를 평가해, 사례를 제시했을 때 그것이 특정 분류군에 속하는지 분별할 수 있다.

예컨대 체스 게임을 위한 ID3 프로그램은 관련이 없어 보이는 인풋을 이용해 이전까지 알려지지 않았던 승리 전략을 찾아낼 수 있다. 또 애초에 프로그램에 인풋을 제공한 인간 체스 기사도 알지 못했던 수를 사용하기도 한다.

예를 들어 인간 체스 기사는 킹과 폰이 킹과 루크에 대항하며 화이트 킹이 모서리에 있는 것이 종반전에 적절할 것이라 짐작한다. 하지만 그 방법은 모른다. 세상 그 어느 체스 기사도 종반전의 승리 전략을 모두 정의하지 못했다. 게임이 너무 복잡해서 보조 수단의 도움을 받지 않은 채 인간의 머리만으로는 모든 수를 알아내기 힘들기 때문이다.

그러나 ID3의 도움을 받으면 부분적으로나마 이 문제를 해결할 수 있다. 특정 칸에서 폰이 먼저 시작한다고 가정했을 때, 서치 트리를 이용해 정렬시킨 9가지 규칙으로 전략을 구성하면 종반전에서 승리할 수 있다(이 전략은 인간 기사도 명료하게 이해할 수 있다). 요컨대 컴퓨터가 생성한 종반전의 '승리 전략'은 H-독창적이고, 성공적이며, 유용하고, 정밀하다. 이러한 규칙을 고안한 인간 기사가 있다면 널리 찬사 받았을 것이다.

분명 인간 체스 기사는 프로그램보다 덜 '논리적'이다. 인간은 모든 가능성이 열려 있다는 사실을 확신하지 못한다. 가능성이 열려 있다는 사실을 안다고 해서 그것을 모두 시도해보는 것도 아니다. 5장에서 모든 가능성의 '무차별 대입 검사exhaustive search)'를 피하기 위해 해결책은 안전하게 둔 채 서치-트리를 처리하기 쉬운 비율로 가지치기하는 휴리스틱에 대해 알아본 바 있다. ID3가 바로 그런 휴리스틱이다. 하지만 ID3는 엄격하게 정렬된 순서에 따라 순차적으로 정보를 처리하는 데 반해 인간의 사고는 그렇지 않다.

이 차이는 매우 흥미롭고 중요하다. 그것이 프로그램의 심리적 타당성을 감소시키기 때문이다. 하지만 그렇다고 해서 프로그램이 창의적으로 보이지 않는 것은 아니다(두 번째 러브레이스 질문의 핵심). 그것 때문에 시스템의 창의성을 부정하는 것은 불합리한 일이다. (인간 체스 기사가 '논리적' 휴리스틱에 상응하는 정신적 처리 과정을 사용하되 그 방식이 무의식적이고 병렬적이라고 가정해보자. 그 다음은 어떻게 될까?)

그렇다고 해도 지금까지 살펴본 귀납 프로그램의 창의성은 제한된 것처럼 보인다. 귀납 프로그램은 새로운(P-참신한) 연결을 만들고, 때로는 새롭고(H-참신하고) 유용한 지식을 도출해내기도 한다. 하지만 프로그램이 주어진 대두 질병의 위치를 더 쉽게 찾아낼 수 있도록 관념 공간을 재구성할 수 있다 해도, 그 공간의 규모는 변하지 않는다.

반점 달무리나 모서리에 위치한 화이트 킹이 결과물과 정확히 얼마나 관련이 있는지는 귀납 프로그램이 작업을 끝내고 나서야 제대로 평가할 수 있다. 하지만 인간 전문가들은 달무리와 모서리가 중요하다는 사실을 이미 알고 있거나 적어도 중요할 것이라 짐작한다. 이것이 애초에 이런 특징들을 프로그램에 제공하는 이유다. "달무리? 달무리가 뭐 어쨌다고?"라는 반응을 보일 사람은 아무도 없을 것이다. 요컨대 ID3 알고리즘은 '본질적으로' 놀라운 결과를 내놓을 수 없다.

이런 말을 할 때는 논의의 쟁점을 잘 기억하고 있어야 한다. 5장에서 보았듯, 이등변삼각형에 관한 기하학 문제를 풀고 있는 사람은 '합동? 합동이 도대체 무슨 상관이 있단 말인가?' 라는 질문을 던졌을지도 모른다. 하지만 '합동'을 사용하여 문제를 해결했던 기하학 프로그램은 ID3 알고리즘보다 덜 창의적이었다(앞에서 보았듯 알렉산드리아의 파푸스보다도 훨씬 덜 창의적이다). 기하학 프로그램은 프로그램을 작성한 프로그래머를 놀라게 했고, 우리를 놀라게 했다. 기하학에 관한 인간의 시각적 사고방식을 고려하면 프로그램들은 근본적으로 놀랍다고 할 만하다. 하지만 기하학 프로그램은 소위 자기 자신을 놀라게 하지는 못했다.

마찬가지로 ID3 프로그램 역시 자기 자신을 놀라게 할 수 없다. 프로그램 자체의 관념 공간을 근본적으로 바꿀 수도 없다. 뒤에서 다루게 될 프로그램 같은 더 창의적인 프로그램은 이런 일들을 할 수 있고, 심지어 스스로 그런 일을 했다는 사실도 인식할 수 있다.

오늘날 과학의 모토는 '논문을 쓰든가, 사표를 쓰든가'라 해도 과언이 아니다. 과학자들의 채용 여부는 물론 H-창의성까지도 그들의 연구가 전문 학회지에 실렸는가에 따라 결정된다. 이 기준으로 본다면 컴퓨터는 분명 창의적이다. 생화학 프로그램이 제안한 새로운 아이디어들이 미국 화학회지에 실린 적이 있고, 논문의 '저자'란에 메타-DENDRAL이라고 하는 이 프로그램의 이름이 기재되었다.[4]

하지만 과학 논문을 발표하기 위해 아인슈타인이 될 필요는 없다. 재미는 없지만 수수께끼 풀이에 비견되는 쿤의 정상과학 정도만 해결할 수 있으면 그만이다. 그리고 그것이 메타-DENDRAL이 해결할 수 있는 최대한도다.

DENDRAL과 이것의 창의적인 '모듈'인 메타-DENDRAL은 1960년대 중반에 완성되어 그 이후로 꾸준히 발전하고 있는 최초의 전문가 시스템들 중 하나다. 이 프로그램은 과학철학자들에 의해 이미 검증을 거친 귀납 원리들을 구현시켰다는 점에서 어느 정도까지는 인간의 사고를 본떴다고 할 수 있다. 하지만 무차별 대입 검사 같은 매우 비인간적인 방법을 채택하고 있기도 하다. 게다가 이 프로그램의 창의성은 고도로 특화된 영역에만 엄밀하게 한정되어 있다.

DENDRAL의 화학 지식은 피임약에 사용되는 몇몇 스테로이드를 포함하여 특정 복합 유기물 군(##)과 관련이 있다. 분명히 프로그램은 이런 분자들이 질량분석기 안에서 전자파로 분해될 때 어떻게 반응하는지 알고 있다.

케쿨레가 벤젠을 구성하는 탄소와 수소 원자의 개수를 알고 있었던 것처럼, 오늘날 분석화학자들 역시 주어진 화합물이 어떤 원자들로 구성되는지 알고 있다. 하지만 원자의 결합 방식은 모른다. 즉, 구조는 몰라도 화합물은 아는 것이다. 일반적으로 화합물은 화학 이론상 수많은 구조가 가능하다. 수천 가지 정도는 보통이다. 이 중 정확한 하나를 찾아내는 것은 간단한 문제가 아니다.

분자는 '약한' 지점에서 깨지는 특성이 있다. 따라서 그동안 알려지지 않았던 분자가 발견되면, 화학자들이 이 분자를 깨뜨려 깨진 조각의 성분을 확인하는 방법으로 새로운 분자를 분석한다. DENDRAL은 화학자들의 이런 작업을 도울 목적으로 개발되었다. 이 프로그램은 분광 사진(분자 조각들에 관한 기록)을 토대로 화합물의 분자 구조에 관한 아이디어를 제안하고, 이런 가설을 어떻게 실험할 수 있는지도 제시한다.

게다가 이 프로그램은 원자가와 화학적 안정성을 고려하여 특정 원자 집합에 쓸 수 있는 가능한 모든 분자들의 지도를 그린다. 그리고 앞으로 화학자들이 합성할 가능성이 있는 '흥미로운' 분자들을 가려내기 위해 이렇게 완성한 지도를 화학적 휴리스틱을 통해 검사한다.

원래 DENDRAL은 화합물이 분해되는 방법에 관한 화학 규칙들을 실행하려면 프로그래머들의 인풋에 전적으로 의지해야 했다. 하지만 기준 레벨 프로그램(the base-level program)을 사용하는 새로운 규칙을 찾아내기 위해 메타-DENDRAL이라는 후속 모듈이 장착되었다. 다시 말해 메타-DENDRAL이 화학 데이터 공간을 탐험해 새로운 제약을 찾아낸다. 그리고 이것은 DENDRAL의 관념 공간을 전보다 넓게 확장하고 변형시킨다. 메타-DENDRAL은 새로운 규칙을 탐색할 때 익숙한 화합물의 분광 사진으로 생소한 패턴을 확인하고, 발견한 패턴들에 관해 화학적으로 설득력 있는 설명을 내놓는다.

예를 들어 메타-DENDRAL이 특정 분자가 특정 지점에서 깨진다는 사실을 발견하면, 메타-DENDRAL은 결합이 끊어진 곳 주변에서 더 작은 구조를 찾는다. 하나가 발견되면 동일한 아분자(submolecular) 구조를 포함하는 다른 분자들 역시 이 지점에서 깨질지 모른다고 제안하는 것이다. 마찬가지로 이 프로그램은 어떤 분자의 원자들이 한 지점에서 다른 지점으로 이동하는 방식의 규칙성을 탐색한다. 메타-DENDRAL이 제안한 가설 중 일부는 틀린 것으로 판명되었다. 하지만 화학적으로 논리적이지 않은 것은 없었다.

이 프로그램은 창의적이고 어느 정도는 H-창의적이기까지 하다. 자신의 관념 공간을 탐험할 뿐 아니라 휴리스틱과 무차별 대입 검사를 통해 새로운 규칙을 추가하여 관념 공간을 확장시키기도 한다. 뿐만 아니라 인간 화학자들이 확인할 수 있도록 ('흥미로운' 분자들에 관한) 가능성을 제시한다. 실제로 이런 성과가 화학적으로 흥미롭고 참신한 여러 화합물의 합성으로 이어지기도 했다. 또한 다양한 유기물 군 분석에 도움이 되는 예기치 못한 규칙들을 발견하기도 했다. 심지어 논문도 발표했다.

그러나 이 프로그램의 능력은 생화학이라는 분야에 한정되어 있다. 또한 화학 전문가들이 검증한 매우 정교한 이론에 의존한다. 프로그램이 항상 화학적으로 이치에 맞는 결과물을 내놓을 수 있는 것도 다 그 덕분이다. 애초에 그 이론들이 어떻게 생겨났는지에 대해서는 어떤 단서도 제공하지 않는다. 그렇다면 오늘날의 화학은 어디서 온 것일까?

화학 분야에서 H-창의적인 화학자들로는 요한 글라우버(Johann Glauber), 조지 슈탈(Georg Stahl), 존 돌턴(John Dalton)이 있다. 이들은 모두 과학적으로 중대한 발견을 했다(비록 다른 사람들도 기여하기는 했지만).

글라우버는 17세기 중반에 산, 알칼리, 염기, 염 사이의 차이를 명확히 밝혔다. 슈탈은 18세기에 화합물을 구성하고 있는 성분 발견법을 알아내는 데 기여했다. 또한 연소 현상을 플로지스톤설(phlogiston theory)로 설명했는데, 이는 당시 많은 사람들의 지지를 얻었지만 나중에 산소설(theory of oxygen)로 대체되었다. 돌턴은 1808년 모든 물질(원소와 화합물)이 더 이상 나누어지지 않는 개별 입자로 구성되어 있음을 증명했다.

각각의 이론들은 비교적 일반적이라 할 수 있다. 그리고 이 이론들은 성분분석법 원리를 통해 물질들 사이의 질적인 차이에서부터 원자 이론에 이르기까지 점점 더 화학 전반의 기본적인 토대가 되었다.

글라우버, 슈탈, 돌턴, 이 세 사람은 모두 프랜시스 베이컨(Francis

Bacon)의 과학적 사고방식 개념에 영향을 받았다. 그는 17세기 초에 실험과 관찰에 바탕을 둔 귀납법을 제안했다. 이들 세 사람 외에 다른 H-창의적인 과학자들 역시 베이컨의 전통을 벗어나지 않았으며, 그중 몇몇 중요한 발견을 하기도 했다. 조셉 블랙(Joseph Black, 비열의 법칙)이나 조지 옴(Georg Ohm, 전기저항), 윌러브로드 스넬(Willebrord Snell, 굴절의 법칙), 로버트 보일(Robert Boyle, 기체의 법칙) 등 수많은 과학자들이 이에 해당한다.

　이들의 업적은 (데카르트의 저작들과 함께) 그 전에 이미 현대 과학을 이끈 베이컨의 저작들이 있었기에 가능했다. 〔조셉 글렌빌(Joseph Glanvill)의 《독단의 허무(The Vanity of Dogmatizing)》를 읽어보면, 자연에 관한 베이컨의 연구가 불러일으킨 극적인 효과를 실감할 수 있다.〕[5]

　베이컨은 과학이 데이터 지향적이며, 실험 관찰로부터 과학 법칙들이 도출된다고 주장했다. 하지만 오늘날 우리는 과학이 단지 데이터 지향적이기만 한 것은 아님을 안다. 현재의 이론들이 우리가 앞으로 어떤 패턴을 찾아야 할지, 그리고 어떤 실험을 해야 할지 암시해주고 있기 때문이다. 하지만 베이컨의 기본적인 통찰은 여전히 유효하다. 즉, 과학자들은 실험 데이터에서 규칙성을 탐색한다. 게다가 관련 이론의 틀이 확립되어 있지 않으면 발견하고자 하는 것에 대한 개략적인 생각만 가지고 탐색에 나서야 한다. 이럴 때 과학자들은 비교적 자유롭고 열린 귀납적 방식으로 관련 데이터를 탐색한다.

　프로그래머들은 데이터 지향적인 과학적 발견 방식을 밀접하게 연관된 여러 개의 컴퓨터 프로그램으로 구현시켰다.[6] 인간의 사고방식을 모델로 한 그 프로그램들은 과학철학, 과학의 역사, 심리학으로부터 나온 아이디어들을 바탕으로 설계되었다.

설계팀의 수석 연구원이었던 허버트 사이먼(Herbert Simon)은 심리학에 그 뿌리를 두고 연구하였다. 젊은 시절 그는 과학 철학자 칼 헴펠(Carl Hempel) 밑에서 공부했다. 후에 그는 탐색, 탐색 공간, 휴리스틱, 계획, 수단-목표 분석, 생산 시스템 등 인공지능에 대한 핵심 개념들을 창안했다. 인간 문제해결에 관한 그의 선구적인 연구는 새로운 이론들, 그리고 이 프로젝트를 위해 특별히 설계된 몇 가지를 포함하여 독창적인 수많은 심리 실험에 큰 영향을 미쳤다. 게다가 허버트 사이먼은 노벨경제학상 수상자다. 많은 학자들이 창의성에 대해 뭐라고 하였는지 잘 아는 만큼 그는 H-창의성이 어떠한 의미인지도 잘 알고 있다.

그에게 영감을 받은 이 귀납 프로그램들은 연구 중인 과학자들을 위한 것이 아니라 과학적 창의력의 본질을 조명하기 위해 개발된 것이다. 앞으로 살펴보겠지만 이 프로그램들은 패턴과 유추를 암묵적으로 인지하는 것보다 과학적 사고의 접근 가능한 양상들에 의식적으로 초점을 맞추고 있다.

그러한 프로그램은 블랙의 법칙을 포함해 물리와 화학 분야에서 수많은 중요한 원칙들을 재발견(P-창조)한 것처럼 보인다. 눈치 챈 사람도 있겠지만 이 프로그램들이 바로 BACON, BLACK, GLAUBER, STAHL, 그리고 DALTON이다.

여기에서 '것처럼 보인다'는 말이 매우 중요하다. 이 프로그램들이 스스로 해답을 찾아내긴 했지만 이는 프로그래머들이 관련 질문들을 하나하나 입력한 덕분이었다. 같은 이름을 지닌 사람들이 한 일이 프로그램이 한 것보다 분명 더 놀랍고 더 창의적이다. 베이컨은 새로운 방식으로 데이터를 살피기 시작했다. 달리 말해 그는 새로운 종류의 특징들, 꼬집어 말해 수학적 특징들을 '데이터'로 여기기 시작했다. 이 문제에 관해서는 나중에 다시 이야기할 것이다. 일단 지금은 이 프로그램들이 어떤 업적을 성취했는지 살펴보기로 하자.

프로그램 BACON이 하는 일은 경험적 데이터로부터 양적 법칙을 귀납적으로 추출하는 것이다. 여러 쌍의 수 혹은 수치가 주어지고 각각의 쌍은 서로 다른 시점에 특정한 속성이 지니는 값을 기록한다. BACON은 수를 다루는 다양한 휴리스틱을 이용해 속성과 값을 체계적 방식으로 연결하며 수학적 함수를 탐색한다. 달리 말해 그것이 과학적으로 '흥미롭다'고 여기는 것, 즉 그것이 흥미롭다고 여기도록 고안된 것은 (수적) 데이터 쌍 사이의 불변의 관계다.

BACON이 묻는 첫 번째 질문은 상응하는 수치들에 정비례, 혹은 반비례의 관계가 있느냐다. 만약 그렇다면 그 다음은 수치들을 묶어주는 방정식에 상수가 있느냐다. 두 쌍의 수치에 직접적으로 연관되는 함수를 찾지 못하면 그것은 그 수치들이 포함된 항들로 정의되는 새로운 이론적 개념을 제시한다. 그러고 나면 새롭게 만들어진 항과 관련된 원칙을 찾을 수 있다.

예를 들어 BACON은 두 속성의 상응하는 값을 서로 곱하여 그것의 '곱'을 정의한 다음 그에 집중한다. 이 곱이 상수인가, 아니면 시스템적으로 제3의 속성과 관련을 맺고 있는가? (이 제3의 속성은 또한 관찰 가능한 것들로 정의된 이론적 구조물일 수도 있다.) 다시 한 번 이 프로그램은 두 데이터 쌍의 비(比)를 탐험하기 위해 하나의 값을 다른 하나로 나눌 수 있다. 혹은 거듭제곱의 법칙을 찾기 위해 각 값에 같은 값을 곱할 수도 있다.

필요하다면 두 가지 수치 쌍을 연관시킬 때 여러 가지 수적 휴리스틱을 이용하기도 한다.

BACON은 이렇게 비교적 단순한 규칙만을 이용해 중요한 과학적 법칙을 다수 재발견하였다. 예를 들어 기체의 압력과 그 부피를 연관 지은 보일의 법칙(PV=c)과 전기 저항을 표현한 옴의 법칙의 일종(I=v/(r+L))이 있다. 옴의 법칙은 보일의 법칙보다 복잡하다. v와 r이라는 두 개의 상수가 들어가기 때문이다. BACON은 전선의 길이가 길어질수록 그 전선을 통과하는 전류가 줄어드는 것을 깨닫고, 그렇다면 둘의 곱인 LI가 상수인지 아닌지 자문하였다. 그것은 상수가 아니다. 하지만 그것은 전류 자체의 값에 꽤 단순한 방식인 1차식으로 연관되어 있었고 BACON은 그 사실을 깨달았다. (뒤에서 보겠지만 이 프로그램의 이후 버전은 더욱 익숙한 방정식으로 옴의 법칙을 표현했다.) 이러한 원시적 귀납 방식은 또한 BACON으로 하여금 갈릴레오의 등가속도 법칙을 유도해낼 수 있게 하였다. 이 법칙은 거리를 시간의 제곱으로 나눈 값은 상수라고 설명한다($D/T^2=k$). 그리고 이 프로그램은 행성 궤도 반지름의 세제곱 값과 태양 공전주기의 제곱 값 사이에 불변의 비율이 있다(D^3/P^2)는 케플러의 3법칙을 P-창조하기도 했다.

[이 프로그램은 케플러의 법칙을 두 번 P-창조했다. 첫 번째는 합한 값이 정확히 맞게 나오도록 '조작' 된 데이터를 써야만 했다. 안 그랬다면 어지러운 실제 데이터 때문에 돌이킬 수 없을 정도로 혼란에 빠졌을 것이었다. 그러나 후에 나온 개선된 버전은 원(原)데이터, 즉 아이작 뉴턴이 케플러의 3법칙을 확인할 때 사용했던 바로 그 수치를 처리할 수 있었다. 과학자들이 너무나도 잘 알고 있듯 실제 수치에는 언제나 오차가 있기 마련이다. BACON은 이제 수학적 순수성을 필요로 하지 않는다. 그래

서 특정 속성과 '동일한' 가치를 찾을 때 사소한 차이점 정도는 무시할 수 있다. (물론 어느 정도 수치를 사소하다고 볼지는 프로그래머의 선택에 달려 있다.) 따라서 실험적 결과에 포함된 '노이즈'는 어느 정도 참을 수 있다.)

BACON은 가장 명백한 패턴부터 먼저 찾는 방식을 통해 일은 최대한 쉽게, 과학은 최대한 간명하게 만든다. 어느 휴리스틱을 쓸지 선택할 때는 고집스럽게 목록에 있는 것을 하나하나 살피지 않는다. 대신 적용 가능한 가장 단순한 것에 우선순위를 두며 모든 것을 '동시에' 고려한다. 그럼에도 불구하고 이것은 순차적 시스템이라고 할 수 있다. 하나의 휴리스틱이 작업을 완료하기 전까지 또 다른 휴리스틱을 사용할 수 없기 때문이다. 언제나 가장 단순한 가능성부터 시험해보고 차례대로 다음 것을 시도하는 과학자에 이를 비유할 수 있겠다.

이 프로그램의 가장 첫 번째 버전이 사용했던 핵심 휴리스틱은 다음과 같은 우선순위를 적용했다.

만약(IF) 한 항의 값이 상수다. 그렇다면(THEN) 그 항은 언제나 그 값을 갖는다고 추정한다.

만약(IF) 두 수 항의 값이 그래프에 직선으로 표시된다. 그렇다면(THEN) 그 값들은 언제나 (그래프에서 기울기와 절편이 같은) 선형으로 설명된다고 추정한다.

만약(IF) 두 수 항의 값이 함께 증가한다. 그렇다면(THEN) 두 값의 비율을 고려한다.

만약(IF) 한 항의 값이 감소할 때 다른 항의 값은 증가한다. 그렇다면(THEN) 두 값의 곱을 고려한다.

이러한 휴리스틱을 통해 BACON은 데이터에 매우 가까운 법칙만 발견할 수 있다(이 법칙들은 인간이 확인할 수 있도록 재진술된다). 그러나 BACON에는 다섯 개의 서로 다른 버전이 있으며 새로운 버전이 개발될 때마다 수학적 계산 능력 또한 증가하였다. 향상된 버전은 실험적 결과와 훨씬 간접적으로 연관된 이론적 개념을 세울 수 있다.

BACON의 나중 버전들은 점점 더 복잡하고 깊이 있는 관념 공간들을 탐험하고, 건설하고, 변형할 수 있다. 예를 들어 이 버전들은 위에서 언급된 두 번째 휴리스틱 속 기울기와 절편을 이용함으로써 두 번째 단계의 이론적 용어들을 정의할 수 있다. 차례대로 높아지는 단계에 따라 개념들을 세울 수 있으며 각각의 단계는 바로 아래 단계의 이론적 개념에 의해 정의된다. 그리고 단순히 데이터나 이론적 구조가 아니라 법칙 사이에서도 관계를 발견할 수 있다.

이것이 다가 아니다. 이러한 버전들은 두 개 이상의 수치를 서로 연관 지을 수 있다. 부정확한 데이터도 어느 정도 처리할 수 있다. 관련이 없는 데이터를 처리할 때는 먼저 모든 측정 가능한 속성들을 조사한 다음 일정한 편차를 보이지 않는, 즉 흥미롭지 않은 것들은 무시한다. 새로운 상관관계나 관찰에 입각한 의견을 제공하기 위해 실험을 제안하기도 한다.

또한 한 가지 대상을 표준으로 정해 새로운 기본 측정 단위를 제시할 수도 있다. (과학자들은 종종 물을 택한다.) 대칭성을 방정식에 적용하여 데이터에 내재된 불변의 패턴을 찾아낼 수도 있다.

더 발달된 BACON 버전은 과학적으로 의미 있는 수많은 P-창조물을 내놓았다. 예를 들어 세 번째 버전은 이상적인 기체의 법칙 $PV/t=k$를 발견했다. 심지어 방정식 중 섭씨 값에 273이라는 상수를 더함으로써 켈빈(Kelvin) 온도 눈금을 '재발명' 하기도 했다.

네 번째 버전은 전압과 저항에 관한 옴의 개념을 설립했으며 그의 발견을 I=v/r이라는 낯익은 형태로 표현했다. 또 그것은 아르키메데스를 모방해 부피와 밀도의 치환 법칙을 발견했다. (사실 물체를 액체 속에 담근 다음 부피를 측정할 수 있다는 힌트가 미리 주어졌다.) 이것은 또한 블랙을 모방하여 서로 다른 물질은 서로 다른 비열이 있다는 것을 발견했다. (비열이란 물질 1g을 0°C에서 1°C로 올리는 데 필요한 열의 양을 뜻한다.)

이 밖에도 네 번째 버전은 원자와 분자 무게라는 개념을 발견했다. 달리 말해 화학적 물질의 무게와 부피의 결합 사이에 존재하는 작은 정수의 비율을 찾아 그중에서 우리가 정확하다고 알고 있는 원자와 분자 무게를 골라냈다. 그러나 이러한 값이 어떻게 나왔는지 설명하려는 시도는 하지 않았다.

BACON의 다섯 번째 버전에는 방정식에 적용할 수 있는 대칭성 휴리스틱이 포함되어 있어서 스넬의 굴절 법칙을 사용하는 데 쓰였다. 그리고 네 번째 버전이 산출한 것보다 더 보편적인 블랙의 법칙을 내놓기도 했다. (조금 더 정확히 말하자면 BACON은 비열의 역수가 무엇인지 정의한다. 따라서 그때 쓰이는 방정식은 수학적으로 블랙의 법칙과 동등하다 할지라도 간결하지 못하다. 그래서 프로그래머는 부가적인 휴리스틱을 제공했고, 이를 통해 프로그램이 더 익숙한 방정식을 내놓을 수 있게 돕는 한편 다른 방정식들 역시 단순화시킬 수 있었다.)

그러나 블랙은 단순히 실험적 측정값만으로 비열의 법칙을 이끌어낸 것이 아니었다. 그는 데이터에만 집착하는 것이 아니라 이론에도 관심을 기울였다. 즉, 그는 열량이 보존될 것이라는 직감을 어느 정도 따랐다.

열량과 온도는 같은 것이 아니다. 블랙의 이론은 이러한 차이점을 명확히 밝혔고, 이는 곧 외연적인 속성(extensive property, 크기 성질)과 내포적인 속성(intensive property, 세기 성질) 간의 차이와 같다. 외연적 속성은 덧셈과 같지만 내포적 속성은 그렇지 않다. 질량은 외연적이다. 100g의 물에 1g을 더하면 101g이 된다. 하지만 온도는 내포적이다. 끓는 물에 얼음물을 더한다고 해서 물의 온도가 101도가 되지는 않는다. 남아 있는 물질의 총량이 실험하는 동안 유지된다는 보존의 법칙은 모두 외연적 속성과 관련되어 있다.

과학에는 수많은 보존의 법칙이 있으며 과학적 발견 프로그램이라면 그것들을 찾아낼 수 있어야 한다. 이에 따라 사이먼의 팀은 또 다른 프로그램을 만들었다. 이것은 BACON에서 확장된, 혹은 추가된 특별 모듈로 볼 수 있다. BACON처럼 수적 데이터를 통합하여 양적 법칙들을 발견하기 때문이다. 하지만 프로그래머는 이것이 BACON보다 이론에 치중한다는 사실에 주목하며 이것에 BLACK이라는 이름을 붙여주었다.

BLACK은 두 물질이 결합하여 제3의 물질을 만드는 경우(예를 들어 찬물과 뜨거운 물이 한데 섞이는 것)에 주목한다. 그뿐 아니라 새로운 이론적 용어를 정의하는 데 있어 BLACK은 외연적 속성과 내포적 속성을 구별하는 휴리스틱을 사용한다. 관찰 가능한 속성이 모두 더해질 수 있고, 따라서 외연적임을 측정을 통해 알게 된다면 BLACK이 할 일은 없다. 하지만 데이터를 통해 어떤 속성, 예를 들어 온도 등이 외연적이지 않다는 것을 알게 되면, 프로그램은 새롭게 정의된 외연적 속성의 관점에서 더할 수 없는 데이터를 설명하는 보존 법칙을 찾으려고 할 것이다.

이러한 방법으로 BLACK은 비열의 세 번째 법칙을 도출할 수 있다. BACON은 실험 결과를 요약하기 위해 비열을 뜻하는 이론적인 용어를

P-창조했다. 하지만 BLACK이 창조한 블랙의 법칙은 관찰 불가능한 속성(열량)이 보존된다고 가정함으로써 데이터를 설명한다.

이렇게 불평하는 사람이 있을지도 모른다. "숫자가 전부가 아니야!" 옳은 말이다. 과학은 방정식이 전부가 아니다. 게다가 방정식을 풀 때조차도 우리는 구조적인 모델의 관점에서 그것이 왜 참인지 설명하려고 한다.

따라서 사이먼과 동료들은 양(量)으로 설명할 수 없는 문제를 다루는 프로그램을 세 개 이상 만들어냈다. BACON과 마찬가지로 이 프로그램들은 대단히 데이터 지향적이다. 한편 BLACK과 마찬가지로 이 프로그램은 무엇을 발견하게 될지 매우 대략적인 '힌트'를 제공받았다. 구체적으로 이 프로그램들은 글라우버, 슈탈, 돌턴이 최초로 도식화한 문제들을 다룬다.

GLAUBER는 관찰 가능한 속성에 따라 물질을 분류함으로써 데이터를 요약하는 질적 법칙을 발견했다. 이러한 속성에는 물질의 맛, 색깔, 시험관에서의 반응 등이 있다.

질적 법칙이 필요한 이유는 과학자들이 관심을 보이는 속성 중에는 측정할 수 없는 것들이 있기 때문이다. 물론 질적 법칙은 숫자로 표현되기 훨씬 전에 발견될 때가 많다. 예를 들어 멘델이 수적 유전 법칙을 발견했을 때, 사람들은 이미 아기와 동물, 식물은 조상으로부터 특정 형질을 물려받는다는 것을 알고 있었다.

화학자 글라우버는 산과 알칼리, 산과 염기(알칼리와 철을 포함) 사이의 질적 차이를 분명히 설명했다. 그는 관찰 결과를 논리적으로 일관되게 분류했다(그중에는 그가 직접 고안한 실험도 있었다). 예를 들어 그는 산이 알칼리를 만나 반응하면 항상 소금이 생성된다는 사실을 알아냈다.

이를 위해 GLAUBER는 다음과 같은 논리를 이용했다. '이러이러한 속성이 있는 특정한 물질이 존재한다.' '특정 부류의 물질에는 모두 이러이러한 속성이 있다.' 프로그램은 이런 논리를 화학물질의 관찰 가능한 속성과 반응에 적용한다.

예를 들어 염산은 신맛이 나고 소다와 반응하여 소금을 생성한다고 알려져 있다. 이러한 여러 사실에서 GLAUBER는 물질에는 최소한 세 가지(산, 알칼리, 소금) 종류가 있다는 것과 이 물질들이 만나면 서로 반응한다는 것을 밝혀낼 수 있다. 게다가 이 프로그램은 염기와 같은 상위 분류를 정의하고 이러한 분류에 대해서 가설을 만들 수 있다.

화학자 글라우버와 마찬가지로, GLAUBER는 '모든' 산이 알칼리와 반응하여 소금을 생성한다는 일반화를 하기 전에 세상에 존재하는 모든 산을 조사하지는 않는다. 자신이 알고 있는 산조차도 모두 조사하는 것은 아니다. 이 프로그램은 자신이 알고 있는 대부분의 산이 이런 식으로 반응한다는 사실을 확인함으로써 이 가설을 시험해본다. 사람과 마찬가지로 이 프로그램은 모든 증거를 낱낱이 확인하지 않더라도 이를 용납할 수 있다. 이러한 유연성이 없었다면 과학적인 추론(귀납)은 결코 시작될 수 없었을 것이다.

하지만 인간과 달리 GLAUBER는 반증이나 부정적인 증거를 처리할 수 없다. 자신의 가설을 기각하기 위해 새로운 실험을 고안할 수도 없다. 그 이유는 바로 프로그램의 논리가 '진술을 부정하는 것'과 '진술을 고집하지 않는 것'의 차이를 구별할 수 없기 때문이다. 반면 인간은 이러한 논리적인 차이를 대체로 인정한다. 이러한 차이를 인식하는 것은 실험할 때뿐 아니라 일상생활에서도 중요하다. 친구에게 새 모자가 어울리지 않는다고 말하는 것은 주제를 회피하는 것과 다르다.

GLAUBER는 이러한 한계점을 극복하기 위해 발전되고 있다. 한편 실험 방법에 대한 프로그램의 이해는 사람의 이해보다 훨씬 더 약하다.

인간 과학자들은 단순한 설명뿐 아니라 자세한 해설까지 내놓으려 애쓴다. 반면 BACON과 GLAUBER는 데이터의 설명적인 요약을 제공할 뿐이다. 예를 들자면 BLACK은 근원적인 속성을 보존한다고 가정함으로써 설명이라는 물에 발가락만 살짝 적신다. STAHL과 DALTON은 여기서 약간 더 들어간다. STAHL이 발목까지 담근다면 DALTON은 정강이까지 완전히 담근다.

STAHL은 화학물질이 어떤 성분으로 구성되어 있는지 분석해 들어간다. 슈탈과 마찬가지로 STAHL은 원소가 어떤 분리된 입자나 연속되는 물질로 구성되어 있는지 알려주지 않으며 원소의 배합 비율 역시 밝히지 않는다. (앞으로 살펴보겠지만 DALTON은 이러한 문제를 해결할 수 있다.)

STAHL에는 실험실에서 관찰된 화학적 반응 목록이 인풋으로 제공된다. 각각의 반응은 '이러한' 물질이 서로 반응할 때 '그러한' 물질이 결과로 관찰된다는 식으로 묘사된다. STAHL은 구성 성분의 물질의 목록을 아웃풋으로 내놓는다. 이 과정을 진행하는 동안 이 프로그램은 학습을 멈추지 않는다. 이전에 도출한 성분 분석을 기억하고 그 분석 내용을 나중의 인풋에 대한 증명으로 사용하기 때문이다.

이 프로그램은 순간적인 과학적 통찰이나 한나절의 창의적인 작업을 모델 삼아 만들어진 것이 아니다. 오히려 수년에 걸쳐 공공연하게 논의된 과학적 발전을 모델로 삼았다고 할 수 있다. 만약 과거에 관찰된 순서대로 STAHL에 실험 결과를 제공한다면, 이 프로그램은 지난 몇 세기 동안 화학자들이 주장하던 (때로는 실수가 따르지만 항상 그럴듯했던) 해설적 이론을 내놓을 것이다. 슈탈뿐 아니라 헨리 카벤디쉬(Henry Cavendish), 험프리 데이비(Humphry Davy), 조셉 게이 뤼삭(Joseph Gay-Lussac), 앙투안 라부아지에(Antoine Lavoisier)도 마찬가지다.

이를 위해서는 그 당시 묘사된 실험 데이터를 그대로 STAHL에 입력해야 한다. 예를 들어 숯이 연소되면 재, 플로지스톤, 공기가 나온다고 프로그램에 입력한다. 이것이 바로 18세기 초에 숯의 연소 반응을 설명했던 방식이기 때문이다.

플로지스톤(산소를 발견하기 전까지 가연물 속에 존재한다고 믿어졌던 것-옮긴이) 이론에 따르면 가연성의 물질에는 플로지스톤이 함유되어 있으며, 불에 연소될 때 이것이 배출된다고 한다. 사람들은 플로지스톤이 마치 연소 실험에서 관찰된 불꽃처럼 눈에 보인다고 믿었다. 이 이론은 1700년 즈음 슈탈이 처음 내놓았다. 그 후 거의 100년간 심화·발전되었으며 새로운 실험적인 데이터가 나타날 때마다 계속해서 수정되었다. (예를 들어 연소될 때 무게가 증가하는 물질이 많다는 것이 알려지자 플로지스톤이 음의 무게를 갖는다고 발표되기도 했다.) 그러다 1780년대에 이르러 라부아지에의 산소 이론이 널리 인정되기 시작했다. 이론적 공간의 변화를 통한 이러한 발전의 여러 단계는 STAHL에 의해 모방되었다. 이 과정에서 STAHL은 시간 순서대로 실험 데이터 인풋을 사용했다.

사이먼의 팀은 인간 과학자가 다른 이론, 혹은 심지어 이 이론과 충돌하는 이론에 대해서도 비슷한 추론 방식을 사용한다고 믿는다. 예를 들어 슈탈과 라부아지에는 근본적으로 비슷한 방식으로 사고했지만, 이용할 수 있는 실험적인 데이터와 출발점으로 이용했던 이론적 가정에는 차이가 있었다. 따라서 STAHL의 프로그래머들은 STAHL이 항상 같은 추론 방식, 즉 동일한 휴리스틱을 사용하도록 만들었다.

STAHL이 사용한 휴리스틱은 화학자들이 반복해서 사용했던 추론의 형태를 표상해 만들어졌다. STAHL이 성분 분석을 유도하기 위해 사용하는 세 가지 기본 규칙은 다음과 같다.

INFER-COMPONENTS(성분 추론):

 만약(IF) A와 B가 반응해 C가 생성된다,

  혹은 만약(OR IF) C가 A와 B로 분해된다,

 그렇다면(THEN) C가 A와 B로 구성된다고 추론한다.

REDUCE(소거):

 만약(IF) A가 반응 양쪽 모두에서 발생한다,

 그렇다면(THEN) A를 반응에서 제거한다.

SUBSTITUTE(대체):

 만약(IF) A가 반응에서 발생한다,

  그리고(AND) A가 B와 C로 구성된다,

 그렇다면(THEN) A를 B와 C로 대체한다.

또 이 프로그램이 가진 두 가지 휴리스틱은 이름은 다르지만 동일한 물질이 있을 때 이를 밝힐 수 있도록 해준다. 두 휴리스틱 중 하나는 물질 (A)이 서로 다른 두 가지 방식으로 분해된다는 점을 STAHL이 인식할 때 적용된다. 이 두 가지 방식의 유일한 차이는 한 가지 물질이다.

IDENTIFY-COMPONENTS(동일 성분 확인):

만약(IF) A가 B와 C로 구성된다,

그리고(AND) A가 B와 D로 구성된다,

그리고(AND) C가 D를 함유하지 않고, D가 C를 함유하지 않는다,

그렇다면(THEN) C와 D가 동일하다고 간주한다.

다섯 번째 휴리스틱은 STAHL이 두 가지 다른 물질이 하나이자 같다는 결론을 내릴 수 있게 해준다. 그 두 가지 물질은 같은 성분으로 구성된 혼합물이기 때문이다.

IDENTIFY-COMPOUNDS(동일 혼합물 확인):

만약(IF) A가 C와 D로 구성된다,

그리고(AND) B가 C와 D로 구성된다,

그리고(AND) A가 B를 함유하지 않고, B가 A를 함유하지 않는다,

그렇다면(THEN) A와 B를 동일하다고 간주한다.

(잠시만 생각해보면 함정이 있음을 알아차릴 것이다. 서로 다른 두 가지 혼합물이라도 같은 원소로 구성되어 있을 수 있다. 오늘날 우리는 혼합 비율이 다르거나 다른 방식으로 구성되어 있을 때 그렇다는 것을 알고 있다.)

STAHL에 입력된 용어는 공기, 숯, 유황, 철, 철의 금속회, 재, 소다,

가성칼륨, 황산, 염산, 일산화납, 석회, 생석회, 플로지스톤과 같은 구식 화학 용어다. STAHL은 관련된 다양한 물질의 화학적 구성 성분에 대한 가설을 이끌기 위해 관찰된 데이터를 사용해야만 한다. 이 문제는 단순하지 않다. 사실 막다른 골목이나 그릇된 길로 이끌 수도 있다. 한참 시간이 흐른 후에야 잘못된 길로 가고 있다는 사실을 깨달을 수도 있다. 슈탈을 비롯한 여러 동시대 학자들이 단순히 과거에 사용하던 용어를 썼기 때문에 실패했다고는 할 수 없다. 그들은 그릇된 가정을 세웠고 중요한 구분을 하지 못했다.

예를 들어 산소를 발견하기 전까지 가연성 물질 속에 존재한다고 믿었던 '플로지스톤'은 실제 물질이 아니다. 현재 우리는 공기가 질소, 산소, 이산화탄소로 구성되어 있으며, 거기에 다른 원소들이 소량 추가되기도 한다는 사실을 안다. 그릇된 가정에 기반을 둔 용어들을 사용하면 실험에 대한 보고서를 쓸 때 실수를 저지를 가능성은 당연히 높아진다.

예를 들어 화학반응과 관련해 REDUCE 휴리스틱을 사용해 '공기'와의 관련성을 제거하면 문제가 발생할 수 있다. 이러한 잘못된 추론 때문에 18세기 화학자들은 숯의 연소를 설명할 때 공기를 무시했다. 같은 이유로 19세기 화학자들은 나트륨이 수산화나트륨과 수소의 화합물이라 여기는 실수를 범했다. 그 밖에도 REDUCE 휴리스틱 때문에 화합물의 성분을 잘못 추론한 사례는 많다. 예컨대 슈탈 시대에 철은 금속회와 플로지스톤으로 구성되어 있다고 여겼다.

그렇다고 REDUCE 휴리스틱을 포기할 필요는 없다. REDUCE 휴리스틱은 매우 유용한 사고방식이다. 이따금 STAHL이 길을 잃도록 만들기도 하지만 이는 다른 휴리스틱도 마찬가지다. (이 점에 관한 한 모든 휴리스틱은 동일하다.) 하지만 STAHL은 어떻게든 실수를 만회해야 한다. 어떤 실수는 휴리스틱이 잘못되었기 때문이 아니라 여러 휴리스틱이 동일한 순서로 적용되지 않기 때문에 발생하기도 한다. 그 결과 STAHL은 동일한 데이터를 가지고도 상이한 결론에 다다를 때가 있다. 이 때문에 발생하는 오류는 과거 화학자들이 저질렀던 오류와 동일하다.

일반적으로 화학자들은 모순이나 불일치를 통해 오류를 찾아낸다. 찾아낸 오류는 처음 실수를 저질렀을 때는 존재하지 않았던 새로운 화학적 지식을 도입해 수정할 수 있다. STAHL도 화학자들과 마찬가지로 새로이 습득한 지식을 통해 잘못된 추론을 확인하고 수정할 수 있다.

예컨대 STAHL은 동일한 단일 물질에 두 가지 상이한 성분 모델을 적용했음을 깨달을 수 있다. 그리고 REDUCE 휴리스틱을 과도하게 적용해 인풋이나 아웃풋이 없는 반응이 생성되었을 때, 이를 인식할 수 있다. STAHL은 해당 물질과 관련된 과거의 모든 반응을 재고함으로써 그러한 모순이나 불일치를 찾아낸다. 그 분석 중 일부는 지금 문제가 되는 모델을 처음 만들어냈을 때는 접할 수 없었던 것이다. STAHL은 처음에 비해 더 풍부한 정보를 보유할 것이므로 이러한 접근법은 모순과 불일치를 없애는 데 유용하다.

때로 STAHL은 순환 논리에 빠지기도 한다. 예컨대 물질 A는 B와 D로 구성되어 있고, 물질 B는 A와 D로 구성되어 있다고 결론 내리는 것이다. 이러한 오류가 발생했다는 사실을 감지하면 새로운 분류 명을 붙여 문제를 해결한다(두 A 중 하나에 새로운 이름을 붙인다). 그리고 그에 따라 복잡한 설명을 새로 쓴다(STAHL은 더 복잡한 추론에 의해 유도된, 인풋 데이터와 관련성이 적은 설명을 선택한다). 이는 화학자들이 순환 논리 외에는 명확한 증거가 없을 때 특정 반응에서의 물질이 순수하지 않다고 결론내린 역사적 사례들과 비슷하다.

STAHL의 관념 공간 차원과 그 안을 탐색하는 방식은 인간의 탐색 방식과 본질적으로 유사하다. 하지만 STAHL이 할 수 없는 것이 훨씬 많다.

STAHL은 BACON과 달리 양적 정보를 처리할 수 없다. (그래서 플로지스톤이 음의 무게일지 모른다는 생각은 할 수 없다.) 또 STAHL은 GLAUBER와 달리 질에 대해서도 사유할 수 없다(그래서 산소를 함유한 물질에서 신맛이 날지 모른다는 가설을 세운 라부아지에처럼 사고할 수 없다). STAHL은 BACON과 달리 새로운 실험을 설계할 수 없다(그래서 철이 금속회와 플로지스톤으로 구성되어 있다는 분석에 대한 새로운 실험을 제공하지 못한다). STAHL은 항상 '최고의' 성분 모델을 선택하고 다른 것들은 모두 버리기 때문에 대치되는 두 이론을 비교하기란 불가능하다. 예를 들면 플로지스톤과 산소 중 어느 쪽이 옳은지 비교할 수 없다. 게다가 원자나 분자 구조에 대해서 하나도 알지 못한다. 그것은 DALTON의 주요 영역이었다.

케쿨레 같은 화학자들은 물질의 구조를 알지 못한다 해도 그 구성 성분을 알 수 있다. 화학자들이 하는 일은 원소에 원자가 얼마나 많고, 어떻게 서로 결합해 단일한 분자를 형성하며, 그 원자들이 서로 어떻게 연결되어 있는지 알아내는 것이다. 당연히 원자 이론을 가정하지 않고서는 이러한 문제에 대한 답을 찾을 수 없다. DALTON은 원자 이론을 근거로 주어진 성분의 분자 구조를 그럴듯하게 추측한다.

DALTON이 사용하는 인풋은 물질의 성분들을 설명한 화학반응 목록으로 STAHL이 생성해낸 아웃풋과 같은 유형의 정보다. 예를 들면 물이 수소와 산소로 구성되어 있으며 수소가 질소와 반응하면 암모니아를 생성한다는 정보가 DALTON에 주어진다. DALTON은 그러한 정보를 바탕으로 주어진 분자의 원자 목록과 그 비율에 대한 정보를 아웃풋으로 내놓는다. 원자들이 서로 어떻게 연결되어 있는지에 대한 정보는 생성할 수 없다(돌턴도 이웃하는 원자들의 관계에 대해서는 정확히 밝히지 못했다).

DALTON은 H-창의적인 아이디어를 생성하지 못하기 때문에 화학자들에게 DENDRAL만큼 유용하지 못하다. 단지 어떻게 과학자들이 초기의 원자 이론을 이용해 분자 구조에 대한 관념 공간 지도를 만들고 탐색했는지 알려줄 뿐이다.

예를 들어 원자 이론에서는 단일 분자 내의 원자 수가 중요하다. 그리고 DALTON의 휴리스틱은 그 사실을 고려 대상에 포함시킨다. DALTON에 다양한 물질의 분자 수에 대한 정보가 주어지지 않는다면 (즉, '수소와 산소가 서로 반응해 물이 된다' 같은 정보만 제공된다면) 분자 정의(SPECIFY-MOLECULES) 휴리스틱은 분자 수가 1에서 4까지의 정수일 것이라 가정했을 것이다. 이 가정은 주어진 반응에서 어떤 화학 방정식들이 가능한지 도출할 수 있게 해준다.

이와 유사하게 원소 정의(SPECIFY-ELEMENTS) 휴리스틱은 한 분자 내의 원자 수가 1에서 4의 범위 내에 있을 것이라 가정할 수 있게 해준다. (돌턴은 이 휴리스틱을 사용하지 않았다. 그는 동일한 원소는 서로 저항한다고 믿었기 때문에 분자가는 무조건 1이어야만 한다고 가정했다. 그래서 물이 H_2O가 아닌 HO로 분석된다고 주장했다.)

원자 이론은 또한 어떤 화학반응에서든 원자 수가 동일하게 유지된다고 전제한다. 혼합물 정의(SPECIFY-COMPOUND) 휴리스틱은 이 사실을 활용한다. 분자 정의 휴리스틱과 원소 정의 휴리스틱을 통해 나올 수 있는 모든 방정식을 이용한다. 각 방정식에는 반응하는 각 물질에 대한 분자의 수가 나온다. 그중 한 물질의 구조 정보가 부족하다면, 이 휴리스틱은 질량 보존의 법칙을 이용해 그 구조를 배정할 수 있다. (현재는 설명할 수 없지만 차후에 풀 수 있도록 그중 성공적인 분석은 저장해놓는다.)

DALTON은 복잡한 것보다는 단순한 분석을 선호한다. 그래서 혼합물 정의 휴리스틱은 항상 차수가 낮은 방정식을 우선 고려한다. 즉, 1개의 원소로 된 분석을 2개의 원소로 된 분석보다 선호하며, 4개로 된 분석을 가장 나중에 고려한다. (돌턴도 동일한 전략을 추천했다.)

DALTON의 설계자들은 나중에 프로그램을 확장해 소립자 물리학이나 멘델 유전학에도 적용할 수 있으리라 생각했다. 그러나 그렇게까지 확장하려면 프로그램에 근본적인 변화를 가해야 할 것이다.

한편 프로그램 설계자들은 BACON, BLACK, GLAUBER, STAHL, DALTON을 한 시스템으로 통합할 계획이다. 이 다섯 개의 프로그램은 동일한 방식으로 구성되어 있으며 문제해결 시 서로 보완 작용을 한다. 한 프로그램의 아웃풋이 다른 프로그램의 인풋으로 활용될 수도 있다. 통합된 프로그램이 나온다면 다양한 종류의 관념 공간을 다양한 방식으로 탐색할 수 있을 것이다.

이제 '이 다섯 개 프로그램이 어떻게 창의성을 발휘하는 듯 보이는지' 그리고 '어떻게 인간의 창의성을 모델로 삼았는지'에 대한 질문으로 돌아가 보자. (이는 러브레이스의 네 번째 질문이 아닌 두 번째 질문에 해당한다.)

이 프로그램들은 한 분야만을 깊게 파고들기보다는 과학의 여러 분야에 광범위하게 적용시킬 수 있다. 이 프로그램들을 활용해 P-창의적인 과학적 법칙과 그럴듯한 가설들도 창조할 수 있다. 이 프로그램들이 사용하는 방식은 과학자들이 아이디어를 생성하고 증명하는 방식과 상당 부분 동일하다. (사이먼과 동료들은 이 주장에 대한 풍부한 역사적 증거를 제공한다.)

그러나 이 프로그램들은 DENDRAL처럼 H-참신한 발견을 하지는 못한다. 물론 BACON은 비열의 역수 같은 널리 알려진 법칙을 찾아내기는 했다. 하지만 우리가 흔히 알고 있는 공식들이 BACON이 찾아낸 참신한 공식에 비해 더 간결하고 우수할 때도 있다.

예를 들어 STAHL이 '양적인' 정보를 다룰 수 없다는 사실은 그냥 넘어갈 수 있다. BACON은 양적 정보를 활용하는 데 제약이 없기 때문에 통합 프로그램을 만든다면 다섯 가지 프로그램들의 추론 방식을 공유할 수 있을 것이다. 하지만 그렇더라도 이 프로그램들이 하지 못하는 일은 많다.

프로그램명은 말 그대로 이름에 불과하다. 설계자들은 베이컨, 글라우버, 슈탈, 돌턴이 사용했던 추론 방식을 각 프로그램을 통해 신중하게 구현했다. 모든 인간 과학자들은 선구자적 역할을 한 이전 과학자들의 방식을 이용한다. 그중 몇몇은 과제에 접근할 때 추론의 일반 법칙을 개선하기도 한다. 그러나 BACON을 비롯한 프로그램들은 그렇게 할 수 없다. 물론 다섯 가지 프로그램은 학습할 수 있다. 관념 공간 지도에 여러 가지 세부 사항들을 추가할 수 있으며 이전에는 몰랐던 경로를 따를 수도 있다. 하지만 관념 공간의 특성 자체를 근본적으로 변화시킬 수는 없다.

게다가 다섯 가지 발견 프로그램은 추론 대상이 되는 구체적인 관념을 제공받을 때에만 과제를 수행할 수 있다. 예를 들어 BACON-4는 물체를 액체 속에 담가 부피를 측정할 수 있다는 정보를 제공받을 때에만 아르키메데스의 원리를 생성할 수 있다. 욕조에서 벌떡 일어나 알몸으로 뛰어나가게 만든 것 같은 참신한 아이디어는 확실히 무척 드물다. H-창의적인 과학의 대부분은 이미 알고 있는 중요한 개념들을 이용해 푸는 수수께끼다. 혹은 해결해야 할 문제와 어느 정도 연관성이 있고 당시 통용되고 있는 친숙한 개념들을 바탕으로 직감에 이끌리는 탐험이다. 그럼에도 불구하고 BACON을 비롯한 다섯 가지 프로그램이 기본적으로 프로그래머가 제공한 개념에 전적으로 의존한다는 것 역시 맞는 말이다. (통합 프로그램은 이 비판으로부터 좀 더 자유롭다. 한 프로그램이 아웃풋을 낸 다음 그것을 다음 프로그램으로 넘겨주기 때문이다.)

이 프로그램들은 의식적으로 접근 가능한 과학적 발견만 모델로 삼는다는 한계가 있다. 또한 처음에는 의식적으로 실행하지 않더라도 확인하고 정당성을 입증할 수 있는 사고 유형과 관계가 있다. 즉, 인간에게 과학적 '합리성' 이론을 제공한다는 것이다. 그것들은 H-창의적인 과학자들이 흔히 말하는 섬광 같은 통찰을 보여주지 못한다.

이러한 통찰에는 대개 패턴의 인식이나 가령 뱀과 곡선 사이의 연관성을 더듬어나가는 것 같은 유추 과정이 수반되는데, 이것은 BACON을 포함한 다섯 가지 프로그램의 특징이라 할 수 있는 철저한 합리성과 상반된다. 어쩌면 이것은 연결주의 패턴-매칭을 기본으로 한 다른 유형의 컴퓨터 시스템으로 구현할 수 있을지 모른다. 미래의 컴퓨터 과학자들은 순차적-숙고 방식과 병렬적-직관 방식 두 가지 모두 사용할 수도 있다.

마지막으로, 이 프로그램들은 자신이 말하는 바를 제대로 알지 못한다. 시험관을 본다 해도 그것이 시험관인지 모르며 애초에 그것을 볼 수도 없다. 수면의 높이가 상승하는 장면을 포착할 카메라도 없고, 욕조에 넣어 수면의 높이를 변화시킬 몸도 없다. 냉기와 열에 반응하지 않기 때문에 온도라는 개념도 '알맹이'가 없다. 실험 계획을 세울 수 있는 프로그램이 있기는 하지만 직접 실험을 할 수 있는 프로그램은 없다. 즉, 그들은 사실상 물질 세계와 어떠한 인과관계도 맺고 있지 않으며 프로그래머가 입력하는 정보에만 반응한다.

그러나 BACON을 비롯한 다섯 가지 프로그램은 물질 세계에 관하여 H-창의적인 아이디어를 내놓는 로봇 과학자를 염두에 두고 만들어진 것이 아니다. 오히려 인간의 사고 공간을 지도처럼 나타내주는 추상화된 특정 관념 구조, 즉 수학적 함수, 분류, 성분 분석을 구현하는 데 초점이 맞춰져 있다.

4장에서 살펴본 목걸이 게임은 게임을 즐기는 사람으로 하여금 수학적인 창의성을 발휘할 수 있게 해준다. 게임을 하는 어린이는 목걸이를 이용해 덧셈만 하는 것이 아니라 아이디어들을 조합하고, 변형시키고, 그들 사이의 유사성을 탐험한다. 목걸이 게임은 뺄셈이나 행운의 숫자같이 무언가 흥미를 끄는 문제가 생겼을 때 수학적 규칙과 개념들을 가지고 어떻게 그것을 해결할 수 있을지 보여준다.

더글러스 레나트(Douglas Lenat)는 이와 같은 창의적인 수학에 초점을 맞춰 AM(Automated Mathematician)이라는 프로그램을 개발했다.[7] 이 프로그램은 증명을 실행하지 않는다. 즉 '검증'을 모델화하지 않는다. 오히려 생각해볼 만한 새로운 개념과 가설을 제안하면서 수학적 관념 공간을 생성하고 탐험한다.

AM은 아주 기본적인 100개의 수학 개념으로 시작한다. (이 개념들은 집합, 목록, 등식, 연산을 포함하는 집합론에서 도출된 것이다.) 이 개념들은 너무 기본적이어서 초보적인 수준의 산수 개념들조차 포함하고 있지 않다. 처음 시작할 때 이 프로그램은 정수가 무엇인지도 모른다. 목걸이 게임을 하는 어린이가 미분학을 모르듯 유아기의 AM에게는 덧셈, **뺄셈**, **곱셈**, 나눗셈 같은 개념도 알려져 있지 않다.

AM에는 300개의 휴리스틱이 입력된다. 이들은 AM이 구축한 복합 개념들을 포함하여 AM의 모든 개념을 시험하고, 조합하고, 변형시킬 수 있다. 어떤 휴리스틱은 매우 일반적인가 하면 또 어떤 휴리스틱은 집합론에만 적용된다(여기에는 보다 일반적인 휴리스틱을 특수화한 것도 포함된다). 그리고 여기에는 제한된 영역 내의 개념들을 비교하는 방법과 수학자들이 사용하는 몇 가지 요령도 포함되어 있다. AM은 이런 휴리스틱을 통해 기본 개념들에 의해 잠정적으로 한정된 공간을 탐험하면서 개념적 변화(결합 및 변형)를 일으키고 해당 영역을 '지도로 나타내기' 위해 조사를 실시한다.

AM이 개념을 '지도로 나타내기' 위해 던질 수 있는 질문에는 다음과 같은 것들이 있다. 그 개념을 무엇이라고 부르는가? (인간 사용자는 새로 정의된 개념에 이름을 부여함으로써 AM을 특정 방향으로 유도할 수 있다. AM이 명명되어 있는 공간을 더 많이 탐색하는 것처럼 보이기 때문이다.) 그 개념은 일반론인가 아니면 다른 개념의 특수 사례인가? 이 개념의 정의에는 어떤 사례들이 포함되는가? 어떤 연산이 그 개념에 영향을 미칠 수 있는가? 그리고 어떤 연산이 그 개념을 도출할 수 있는가? 유사한 다른 개념이 있는가? 그 개념을 포함하는 잠재적 원리에는 어떤 것들이 있는가? (눈치챘을지 모르지만, 이런 질문들 중에는 ACME와 ARCS가 자연어에서 유사성을 찾아내기 위해 탐험할 때 사용하는 질문과 비슷한 것들이 있다.)

AM이 어떤 개념에 일으킬 수 있는 여러 변형들 가운데 수학적 역함수에 대해 생각해보자. 이 휴리스틱은 앞에서 나왔던 '거꾸로 생각해보는 것'의 수학적 버전이다. 이것은 가령 프로그램이 이미 정의되어 있는 나눗셈 개념을 이용해 곱셈을 정의하거나 제곱 개념을 이용해 제곱근을 정의할 수 있게 해준다. 또한 '그리고'를 '또는'으로 바꾸어 새로운 개념을 생성하기도 한다(클럽의 멤버십 규칙을 '브리지 게임과 카나스타 게임을 하는 사람'에서 '브리지 게임 또는 카나스타 게임을 하는 사람'으로 완화하는 경우와 비교해보라).

하지만 AM은 무분별하게 '모든 것'을 거꾸로 생각하거나 모든 '그리고'를 '또는'으로 바꾸지 않는다. 시간과 메모리 용량에 제한이 있기 때문에 가능한 모든 질문을 하거나 각각의 개념을 모든 방식으로 변환하지도 않는다. 그렇다면 AM은 어떤 개념에 초점을 맞추고, 실제로 시도하는 변화는 어떤 것들이 있는가?

창의적으로 사고하는 사람들과 마찬가지로 AM에게는 따라야 할 직감이 필요하다. 그리고 그 직감이 자신의 창의성에 적합한지 평가해야 한다. 모든 새로운 아이디어를 '똥 더미'로 판단해 거부해버리는 프로그램은 별다른 진전을 보지 못할 것이다. 따라서 AM의 일부 휴리스틱은 가장 흥미로울 것 같은 개념들을 제시한다. 만약 휴리스틱을 통해 어떤 개념이 흥미롭다고 판단되면 AM은 다른 개념들을 제쳐두고 그 개념을 탐색하는 데 집중한다. 또한 어떤 개념이 흥미롭지 않다고 판단되면 그것을 일반화 등의 다양한 방식으로 바꿔가면서 더 주목할 만한 개념으로 만들 것이다.

수학에서 흥미롭다고 판단되는 것은 의상 디자인이나 재즈에서 흥미로운 것과는 다르거나 완전히 같지 않다. 만약 어떤 연산이 무작위로 반복될 수 있다면, (AM이 알고 있듯) 그 사실은 수학적으로 흥미롭다. 12마디 블루스에 연관시키면 음악적으로도 흥미롭다. 수많은 유기분자가 탄소 원자들의 긴 끈을 기본으로 하므로 화학적으로도 흥미롭다. '지독하고, 비열하며, 인정머리 없고, 탐욕스러우며, 세상에 둘도 없는 구두쇠에 죄 많은 늙은이' 이야기를 쓴 작가에게는 문법적으로 흥미롭다. 플라멩코 무용수들이 입는 의상 같은 주름 스커트를 만드는 데 이용할 수 있는 디자이너에게도 흥미롭다. 심지어 '희한한 사람'을 그리려는 10살짜리 꼬마에게도 유용하다.

수학자들에게 흥미로운 특징들은 좀 더 난해하다. 창의적 사고는 전문성이 뒷받침되기 때문에 난해할 수밖에 없다. 드레스 디자이너가 주름장식을 모른다면 직업적으로 무능하다고 할 수 있지만, 음악가는 주름장식을 모른다 해도 무능하다고 할 수 없다. 하지만 어떤 '난해한' 특징들은 보기보다 특정 분야의 제한을 받지 않는다. 예를 들어 AM은 두 요소의 통합체에서 전에 없던 특징을 발견하면 거기에 주목한다. '새로 생긴 특성은 흥미롭다'는 익숙한 개념의 수학적 버전인 것이다. 완전히 새로운 특성을 나타내는 어떤 두 요소의 결합은 일반적으로 우리의 흥미를 끈다.

인간의 직감과 마찬가지로 어떤 아이디어가 가장 가능성이 높은가에 대한 AM의 판단 역시 틀릴 때가 있다. 그럼에도 불구하고 AM은 매우 강력하고 그럴듯한 아이디어를 찾아낸다.

AM은 정수, 소수, 제곱근, 덧셈, 곱셈 등 여러 가지 산수 개념을 제안했으며, 그중 눈에 띄는 개념을 사칙연산할 수 있다. 그리고 그 자체도 수학적으로 흥미로운 사실이다. 또한 비록 증명은 못 했지만 모든 수를 소수로 인수분해 할 수 있다는, 수 이론에 관한 근본적인 정리를 내놓았다. 그리고 2보다 큰 모든 짝수는 두 개의 서로 다른 소수의 합이라는 흥미로운 아이디어〔골드바흐의 추측(Goldbach's conjecture)이라고 알려져 있다〕도 발견했다.

AM은 다양한 상황에서 독특한 경로들을 거쳐 수 이론에 관한 기존의 개념을 정의했다. 인간 수학자들이 AM의 정의에서 단서를 얻어 기존의 것보다 더 간단한 증명법을 찾아낸 경우도 두 번 있었다. 또 한 번은 그 누구도 생각지 못한 정리를 내놓기도 했다. 이 정리는 개발자인 레나트도 전혀 모르고 있던 수 집합에 관한 것이었다.

즉, AM은 확실히 P-창의적으로 보이며 어느 정도는 H-창의적이라고도 할 수 있다. 그러나 파푸스 프로그램과 마찬가지로 AM의 창의성은 사실 그것이 작용하는 방식을 면밀히 검토할 때에만 적절하게 평가할 수 있다.

AM에게 제공된 휴리스틱 중에는 특정한 수학적 발견을 돕는 것들이 상당수 포함되어 있기 때문에 그들의 성과를 전적으로 믿을 수 없다고 비판하는 사람들도 있다.

이에 대한 대답으로 레나트는 AM의 휴리스틱들이 특별한 목적을 위해 설계된 것이 아니라 일반적인 용도로 고안되었다고 주장했다. 또한 평균적으로 각 휴리스틱은 스물네 가지 발견을 하고, 그 각각의 발견은 스물네 개의 휴리스틱과 얽혀 있다고도 했다. 그렇다고 해서 특히 중요한 발견을 하는 데 일부 휴리스틱이 단 한 번만 사용될 가능성을 배제하는 것은 아니다. (이를 알아내려면 프로그램이 실제로 지나간 세부적인 경로를 파악해야 한다.) 그렇다면 휴리스틱들이 수학적 공간을 탐험하는 일반적인 용도로 포함된 것인지, 아니면 특정한 목적을 위해 포함된 것인지의 문제가 발생한다.

그렇지만 레나트는 AM이 상당히 유용한 표현 방식임을 인정한다. AM은 LISP라는 인공지능 프로그래밍 언어로 작성되었는데, 이 언어의 구조는 수학을 모델화하기에 매우 적합하다. 따라서 LISP 표현 구조에 사소한 '돌연변이'를 만들어내는 휴리스틱들이 수학적으로 흥미로운 사실을 발견할 가능성은 꽤 높다. 즉, LISP로 AM을 작성하는 것은 잠재적으로 매우 효과적인 수학적 아이디어를 제공하는 것이나 다름없다. 혹여 이런 아이디어들이 AM이 창조한 아이디어들과 다르더라도 괜찮다. 하지만 같다면 '창조한'이라는 단어는 적절하게 쓰였다고 보기 어렵다.

게다가 AM은 레나트에 의해 (때로는 수학자들의 조언에 따라) 새로운 특정 아이디어에 초점을 맞추도록 조장되는 경우도 많았다. 만일 AM이 원래 장치 그대로 남았다면, AM이 탐험하고 정의 내린 사소한 아이디어들의 비율이 더 높아졌을 것이다.

AM의 창의성 범위가 정확히 어디까지인지는 명확하지 않다. 하지만 우리에게는 어떤 유형의 질문이 그것과 관련이 있는지에 대한 몇 가지 구체적인 아이디어가 있다. 수학적 창의성 면에 있어 5장에서 논의한 기하학 프로그램보다 AM이 더 강력한 후보라는 점은 의심할 여지가 없다. (AM은 기하학 공간도 탐험할 수 있다. 레나트는 AM이 "기하학 공간에서도 거의 수학적 공간에서만큼 생산적"이라고 말했다.)

이 장과 앞 장에 걸쳐 지금까지 설명한 프로그램들은 자체의 프로세싱을 근본적으로 수정할 수가 없다. 관념 공간을 탐험하는 동안 수많은

P-참신하거나 심지어 H-참신한 구조들을 세울 수는 있다. 다양한 종류의 휴리스틱을 이용하기도 한다. 어떤 것들은 멜로디 구조나 이론 화학에 초점을 맞추고 또 다른 것들은 매우 추상적인 언어나 수학적 유추에 집중한다. 하지만 이 모두는 특정한 사고방식 속에 '갇혀' 있을 뿐이다.

그 이유는 4장에 나온 가장 어린 아이처럼 프로그램 자신의 창의성을 곰곰이 따져볼 수 없기 때문이다. 이 프로그램들에는 하위 규칙들을 바꿀 수 있는 상위 절차가 없다. 또한 탐험을 이끌거나 휴리스틱 자체를 바꿀 수 있는 휴리스틱 '지도'도 없다.

그러한 이끎이 불필요하다고 주장할 사람이 있을지 모른다. 그런 것 없이도 H-참신한 구조들이 수없이 생성되었기 때문이다. 진화의 창의적 전략은 무작위적 생성과 시험(Random-Generate and Test)이라고도 할 수 있다. 즉, 새로운 생물학적 구조는 무작위적 돌연변이에 의해 생성되고 그런 다음 자연선택이라는 시험을 거친다. 따라서 세심히 계획된 이끎이 아닌 무작위성이야말로 근본적인 변화를 생성하는 데 필요한 것처럼 보일 수 있다. 그렇다. 우리는 순전히 우연의 일치로 인간의 창의성이 빛을 발한 순간을 수도 없이 떠올릴 수 있다. 플레밍이 페니실린을 발견한 것도 그러했다.

때로는 무작위로 발생하는 일들이 창의성에 도움을 준 것도 사실이다. (9장에서 더 많은 예를 들도록 하겠다. 그리고 '무작위'라는 것이 도대체 무슨 뜻인지도 알게 될 것이다.) 그러나 인간의 정신에 창의성이 생겨나는 것은 기존의 구조가 단순히 무작위로 변화했기 때문이라 볼 수 없다. 생물학적 진화는 수백만 년에 걸쳐 일어났고 그 와중에 매우 다양한 참신성이 나타나 불필요한 것들을 쓸어버렸다. 하지만 우리는 일생에 걸쳐 사고를 발전시켜야만 한다(아니면 특정 문화의 역사나 인간의 축적된 경험이 지속된 기간이 필요할 수도 있다).

이때 우리가 필요한 것은 무작위적 생성과 시험이 아니라 논리적 생성과 시험(Plausible-Generate and Test)이다. 즉, 우리의 창의적 탐험을 가장 유망한 길로 이끌 만한 방법이 필요하다는 것이다. 물론 때로는 잘못된 길로 인도될 수도 있다. 하지만 어떤 길이 가장 큰 성과로 이어질지 감이 전혀 없다면 전진하지 못하고 끝없이 헤매다 길을 잃고야 말 것이다. (앞으로 살펴보겠지만 생물학적 진화도 어느 정도는 논리적 생성과 시험에 의존한다.) 한마디로 애초에 휴리스틱이 필요한 이유가 휴리스틱을 변화시키는 데 휴리스틱이 필요하기 때문이라는 말이다.

이것은 과연 어떤 프로세스일까? 의심의 여지없이 대다수가 특정 분야에 국한되며, 경험이 많은 사람들이 갖춘 전문 기술일 것이다. 그러나 훨씬 더 일반적인 것들도 있다. 이 중 일부가 EURISKO라는 이름의 프로그램으로 모델화되었다. 이것은 AM의 개발자 레나트의 또 다른 작품으로 자신의 프로세싱 유형을 탐험하고 변형하는 기술을 갖추고 있다.[8]

예를 들어 이전에 몇 차례 사용된 어떤 규칙이 흥미로운 결과를 산출한 적이 있었는지 휴리스틱 중 하나가 질문을 던진다. 만약 그렇지 못하다면 그 규칙은 가치가 낮다고 표시되며 미래에도 쓰일 가능성이 적어진다.

그 규칙이 전반적으로는 쓸모가 없지만 이따금 유용하게 쓰인 적이 있다면 어떨까? 이 사실을 눈치 챈 또 다른 휴리스틱이 이 규칙을 특화하는 것이 어떻겠냐고 제안한다. 이 새 휴리스틱은 앞의 것보다 적용 범위가 좁아 사용 빈도가 낮다. 그러나 일단 사용되는 경우에는 유용하게 쓰일 가능성이 훨씬 높아진다.

게다가 이 '특화 휴리스틱(specializing-heuristic)'은 자기 자신에도 적용될 수 있다. EURISKO는 때로는 유용하지만 때로는 그렇지 못한 이 휴리스틱을 한 가지 방면으로 특화해야겠다고 생각하게 된다. 그렇다면 어떤 방면으로 특화할 것인가?

레나트는 특화의 몇 가지 종류를 언급하며 각각의 경우 이용되는 휴리스틱을 모두 제시하였다. 항상은 아니지만 종종 유용하게 쓰이기 때문에 모두 타당성이 있다. 그리고 수많은 분야에서 각각 유용하게 쓰인다. 드레스 제작이 하나의 예다.

그중 한 가지 특화는 유용하다고 최소한 세 번 검증된 규칙을 필요로 한다. (만약 단춧구멍을 만드는 방식 하나가 제대로 쓰인 적이 거의 없다면 그것은 더 이상 사용하지 않는 편이 현명하다.) 두 번째 특화 유형은 그 규칙이 최소한 한 번은 매우 유용하게 쓰일 것을 요구한다. (일반 직물과 달리 가죽은 특별한 방법으로 단춧구멍을 만들어야 할 수도 있다.) 그리고 세 번째 특화 규칙은 비(非)특화 규칙이 과거에 성공적으로 수행한 과업을 동일하게 성공시켜야 한다. (새로운 방식으로 감침질을 할 수 있는 재봉틀은 과거의 재봉틀로 하던 모든 감침질을 할 수 있어야 한다.) 그리고 네 번째는 매우 극단적인 규칙을 특화한다. 〔이 특화 휴리스틱을 반복 휴리스틱에 적용하면 여러 겹으로 주름이 잡힌 치마를 디자인할 수 있다. 메리 퀀트(Mary Quant)는 치마 길이를 극단적으로 조정하여 결국 미니스커트를 창조했다.〕

규칙을 특화하는 것이 아니라 일반화하는 휴리스틱도 있다. 일반화 역시 여러 유형이 있다. 휴리스틱이 단순히 '그리고'를 '또는'으로 바꾸는 것처럼 논란의 여지가 있는 일반화는 피하는 것이 좋다고 시스템에게 경고를 보내기도 한다. 그러나 기존 규칙을 통한 유추에서 새로운 규칙을 만들어내는 휴리스틱도 있다. 이때 또 한 번 다양한 유추가 고려된다.

이렇게 휴리스틱을 변형하는 특화, 일반화, 유추 같은 방식은 개념을 변형하는 AM의 방식에 비교될 만하다. 여러 차원을 갖춘 관념 공간은 각 차원마다 같은 프로세스를 이용해 탐험할 수 있다는 레나트의 주장을 고려할 때 이것은 우연의 일치가 아니다.

분명 특별한 분야는 특별한 휴리스틱을 필요로 할 것이다. 화음에 대해 아무것도 모르는 사람은 새로운 화음의 형태를 창조할 수 없으며, 화학에 대한 지식이 없는 사람은 당연히 새로운 혼합물을 제안할 수도 없다.

그러나 기본 조성에서 비교적 '먼' 조성으로 변조를 하는 것처럼 색다른 아이디어를 내는 작곡가라면 변조라는 개념을 일반화하고 있는 셈이다. 새로운 물질을 합성하고자 하는 화학자는 비슷한 구조를 지닌 익숙한 혼합물의 작용을 통해 유추를 하고 있는 것이다. 그리고 사람의 팔다리를 굴곡 없이 일자로만 그리기로 작정한 예술가는 팔다리를 그리는 데 쓰이는 기존의 규칙들을 특화하고 있는 것이다. 이런 사람들의 전문 지식은 어떤 종류의 일반화, 유추 혹은 특화가 이 경우 가장 타당한지 제시한다.

다양한 전문 지식으로 무장한 EURISKO는 여러 분야에 적용돼왔다. 이것은 유전자 공학과 컴퓨터 칩(VLSI) 디자인에 관련된 H−참신한 아이디어들을 내놓았고, 그중 일부는 특허등록까지 되었다.

예를 들어 이 프로그램은 서로 다른 두 가지 논리 기능을 동시에 가능케 하는 3차원 컴퓨터 칩을 고안했다. (이때 이것은 '아니고 그러면' 회로와 '또는' 회로 두 가지 역할을 할 수 있다.) EURISKO는 그림 8.2(a)와 같은 전형

그림 8.2(a)	그림 8.2(b)
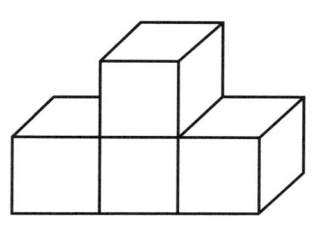	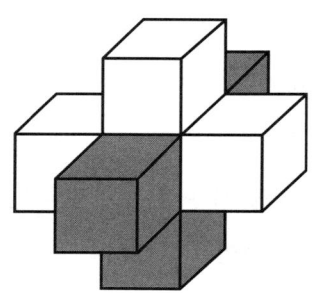

적인 3차원 접합부에 세 부위를 더해 그림 8.3(b)처럼 만들어냈다. 이때 사용된 일반적 휴리스틱은 다음과 같았다. '가치 있는 구조물이 있다면 그것을 더욱 대칭이 되도록 만들어라.' 컴퓨터 칩 개발자 역시 대칭을 선호한다. 그러나 그들은 이러한 일을 할 생각을 못 했으며 하나의 칩이 두 개의 작용을 할 가능성 역시 짐작하지 못했다.

이뿐만이 아니다. EURISKO는 '창의성 경연대회'에 참가하여 인간 참가자들을 제치고 우승한 적도 있다. 그것도 두 번씩이나. 대회는 주어진 예산으로 전함을 구축한 뒤 다른 참가자들의 전함과 싸우는 시뮬레이션 전쟁 게임이었다. 첫 참가에서 EURISKO가 설계한 전함은 너무나도 파격적이어서 다른 참가자들이 배꼽을 쥐게 만들었다. 하지만 이 프로그램이 우승을 차지하자 그들의 웃음은 뚝 그치고 말았다. 이듬해 대회에서는 EURISKO에 불리하도록 게임의 규칙이 바뀌었다. 그럼에도 불구하고 이 프로그램은 두 번째 우승을 거머쥐었다. 그 다음번에 또 한

번 규칙이 바뀌었다. 바로 '컴퓨터 참가 금지'였다.

1980년대 초에 만들어진 한 프로그램은 송유관을 통해 석유가 효율적으로 이동하도록 조절하는 데 '만약 그렇다면' 규칙을 사용했다.[9] 이 프로그램은 석유의 유입과 유출량, 주입구 압력, 배출구 압력, 압력 변화 비율, 계절, 시각, 날짜, 온도 같은 데이터를 매 시각 전송받았다. 그리고 이 데이터를 이용해 주입구 압력을 조절하여 수요량 변화에 대응했다. 또한 송유관 안에 누출 지점이 있는지 추정하여 그에 따라 유입량을 조절하였다. 이 모두가 유입량을 조정하거나 누출을 감지하는 데 어떠한 규칙을 사용할지 프로그래머의 지시를 전혀 받지 않은 채였다. 프로그램 스스로 이러한 규칙들을 발견한 것이다.

이것이 뭐 그리 흥미로운가? 대두 진단 프로그램도 비슷한 방법으로 질병을 효과적으로 진단하는 방법을 배우지 않았던가? 왜 굳이 또 다른 예를 들려 하는가?

두 프로그램의 차이는 바로 이 송유관 관리 프로그램이 무작위로 생성된 일련의 규칙에서 출발하여 점점 약간 무작위적, 약간 체계적인 방식을 거쳐 전문가 수준의 규칙을 발견하였다는 점이다. 이 프로그램은 유전학 알고리즘이라는 휴리스틱을 이용해 논리적 생성과 시험의 한 유형을 택했다. 이를 통해 그 시스템은 예기치 못했지만 논리적으로 타당한 변화를 만들 수 있었다. 모두가 기존의 규칙 중 가장 유용한 부분을 재결합하여 참신한 것을 창출한 덕분이었다.

이름에서 짐작할 수 있듯 이러한 휴리스틱은 생물학적 아이디어에서 영감을 얻었다. 유전학에서 보면 단일 유전자에서 발생하는 독립된 돌연변이도 있지만 염색체 전체에 관여하는 것도 있다. 예를 들어 두 염색체가 왼쪽 면 전체나 혹은 중간 부분(갈라지는 정확한 지점은 거의 운에 달려 있다)을 서로 바꾸기도 한다. 만약 한 염색체가 여섯 개의 유전자로만 이루어져 있다면 ABCDEF와 PQRSTU 나선이 ABRSTU와 PQCDEF, 혹은 ABRSEF와 PQCDTU로 변형될 수 있다. 이러한 변형은 후대에서 반복적으로 발생 가능하다. 따라서 결과적으로 수많은 원천으로부터 나온 여러 유전자의 예기치 못한 결합으로 다양한 나선이 만들어진다.

컴퓨터 프로그램의 유전 알고리즘은 비슷한 종류의 변형으로 참신한 구조를 만들어낸다. 유전 알고리즘을 이용해 여러 종류의 적응력 있는 학습과 발견을 모델화할 수 있다. 그 예로 송유관 관리 프로그램을 들 수 있다.[10]

이렇게 간단한 결합 방법에 대한 심리학적 적용은 결국 실패할 것처럼 보일지도 모른다. 사람들은 로렌스 러너(Laurence Lerner)가 내놓은 컴퓨터 시인을 비웃으며 그런 식으로 말했다. 1장에 인용된 Arthur의 영시 대표작은 유명한 시의 첫 번째 시구를 '기계적으로' 재조합하여 만들어졌다. 시는 셰익스피어와 밀턴에서 시작해 급속도로 질이 떨어진다. "쇠물닭을 정당화하는 것이 문제로다(To justify the moorhens is the question)", 아니면 "때가 되는 길 아래에 있다(There was below the ways that is a time)" 같은 문장을 만들어낸것이다.

유전 알고리즘을 사용한 러너를 조롱하는 것은 옳지 못하다. 유전 알고리즘이 잠재적으로 유용한 구조를 생성했기 때문이다. 그의 시에 나오는 시구를 다른 문맥에 놓으면 그 의미가 명료해진다. "쇠물닭을 정당화하는 것이 문제로다"라는 시구는 케네스 그레이엄(Kenneth Grahame)의 《버드나무에 부는 바람(The wind in the Willows)》에서 주인공 래티의 친구들이 잘못을 저질러 비난당하는 장면에 나온다면 그럴듯하게 어울릴 것이다. 오직 한 구절만 말이 되지 않는다. '때가 되는 길 아래에 있다.'

러너의 프로그램은 문법적으로 동일한 품사가 오는 자리라면 뜻을 고려하지 않고 단어를 바꾸는 오류를 범하였다. 《불행한 사람들(The Unfortunates)》의 저자도 비슷한 전략을 사용해 진지한 시도를 했다. 저자는 부분별로 나뉜 여러 권의 책을 한 상자에 담아 출판해 첫 번째와 마지막을 제외하고 무작위로 아무 책이나 뽑아 읽어도 이야기가 되도록 만들었다.[11] 다른 18세기 작곡가들과 마찬가지로 모차르트 역시 176개 마디를 미리 만들어두었다가 그중 16마디를 임의로 연결해 미뉴에트를 만드는 '주사위 작곡(dice-music)'을 했다.[12] 일반적으로 교체 가능한 부분들이 일관적인 작은 연속물로 이루어져 있다면 실험적인 변형으로 만들어진 새로운 구조의 타당성이 증가한다.

하지만 그러한 방법에는 함정이 하나 또는 여럿 있다. 첫 번째 함정은 자가 적응력이 있는 시스템이 가장 유용한 '일관적인 작은 연속물'을 밝혀내야 한다는 것이다. 하지만 작은 연속물을 따로 분리시켜 놓으면 개별적으로는 기능하지 않는다. 이를테면 유전자나 아이디어는 모두 다른 것과 협력하여 행동할 때만 영향력을 발휘할 수 있다. 두 번째 함정은 일관적인 작은 연속물이 항상 연속되는 것은 아니라는 점이다. (서로 연관된 생물학적 기능을 수행하도록 암호화된) 상호 적응력이 있는 유전자는 동일 염색체에 존재하는 경향이 있지만, 동일 염색체 내에서는 다양한 지점에 흩어져 있다. 마찬가지로, 잠재적으로 관련된 아이디어가 관념 공간에서 항상 서로 가까이 위치하는 것은 아니다. 마지막 함정은 연속물의 단일한 단위가 하나 이상의 집단에 들어갈 수 있다는 점이다. 유전자는 서로 다른 상호 적응력이 있는 집단에 속할 수 있고, 아이디어는 다양한 종류의 문제와 관련될 수 있다.

유전 알고리즘을 기반으로 하는 프로그램은 연속물의 단일한 단위들이 서로 멀리 떨어져 있음에도 불구하고 어떻게 그럴듯한 조합을 만들어내는지 설명해준다. 이러한 귀납 시스템은 러너가 생각해낸 단순 순서 섞기보다 훨씬 정교하다. 이 시스템은 작은 연속물들이 따로 분리되어 있지 않더라도 개별 규칙의 어떤 부분이 유용한지를 알아낼 수 있다. 또한 가능한 조합의 수가 엄청나게 많다 하더라도, 규칙의 지배를 받는 부분들(상호 일관성) 사이의 중요한 상호작용을 확인할 수 있다. 해당 부분이 여러 규칙의 지배를 받더라도 그렇게 할 수 있다. 귀납 시스템의 첫 번째 '만약 그렇다면' 규칙은 (압력, 증가, 유입과 같은 과업 관련 단위에서부터) 임의적으로 생성되지만 종국에는 인간의 전문적 기술에 대적하는 자가 적응력이 있는 규칙으로 끝난다.

자연선택의 역할은 각 규칙에 '힘'을 부여함으로써 모델화할 수 있다. (송유관 조절 프로그램에서 볼 수 있듯) 각 규칙은 성공 여부에 따라 프로그램에 의해 계속해서 조정된다. 각 규칙이 (쓸모없거나 비생산적인 것을 포함해) 다른 규칙들과 협동해 작용하더라도 관련 휴리스틱은 시간이 지남에 따라 가장 유용한 규칙을 구별할 수 있다. 힘-부여-조치는 규칙들이 서로 경쟁하게 하여 약한 규칙들을 점차적으로 시스템 밖으로 밀어낸다. (새로운 규칙이 생성될 때마다 그 당시 가장 약한 규칙으로 대체한다.) 규칙의 평균적인 힘이 증가할수록 전체 시스템은 과업 환경에 더 잘 적응하게 된다.

변화의 규칙은 부분을 바꾸거나 삽입하는 휴리스틱(유전 연산자)을 통해 모델링할 수 있다. 예를 들어 '크로스오버 연산자(crossover operator)'

는 두 가지 규칙 중에 임의로 선택된 부분을 바꿔치기한다. 각 부분은 처음 규칙의 만약(IF) 구역 혹은 그렇다면(THEN) 구역에 놓일 수 있다. 다시 말해 크로스오버 휴리스틱은 어떤 행위를 결과로 내놓는 조건이나 어떤 조건에서 취해지는 행위 중 하나 또는 둘 다를 바꿀 수 있다.

타당한 생성과 시험의 전략 중 하나는 다양하고 강력한 규칙의 효과적인 구성 요소를 결합하는 것이다. 따라서 유전 연산자는 상대적으로 강력한 힘의 규칙만을 선택한다. 하지만 어떤 구성 요소가 효과적인지 확인해야만 한다(예를 들어 '만약'에는 다양한 조건이, '그렇다면'에는 다양한 행위가 포함된 규칙이 있을 수 있다). 프로그램은 성공적인 규칙을 많이 생성한 구성 요소를 효과적인 것으로 간주한다.

이러한 프로그램에서 '구성 요소'가 연속된 병렬 단위일 필요는 없다. 예를 들어 조건이 지정되지 않은 무수한 단위들과 (조건이 지정된) 이웃하는 세 단위 두 쌍을 서로 분리시킬 수 있다. 하지만 엄청난 수의 가능한 조합은 따로 정의될 필요가 없고, 엄격한 순서로 고려될 필요도 없다. 사실상 시스템은 주변 환경에 다양한 가능성의 평가를 참고하여 그것들을 모두 평행으로 고려한다.

다른 컴퓨터 아이디어와 조합된 유전 알고리즘은 새로운 과학적 개념의 형성을 설명하는 데 도움을 줄 수 있다. 새로운 과학적 개념은 BACON에 '무료로' 제공되지만 H-창의적인 인간 과학자는 스스로 개발해야 한다.

이러한 가능성은 유전 알고리즘의 창시자와 7장에서 살펴본 유추 프로그램 설계자들 사이에 논의 대상이 되고 있다.[13] ARCS는 여러 과학 분야에서 응용되고 있으며, 공동 개발자 중 한 명은 '해설적인 일관성'

을 평가하기 위해 제약-만족 절차를 정의했다. 해설적인 일관성을 통해 어째서 산소 이론이 플로지스톤 이론보다 연소를 더 잘 설명해주는지 알 수 있다.[14] 제약-만족 역시 '혁신적인' 과학적 사고와 관련되어 있다. 4장에서 살펴봤듯 때로 과학자들은 한 가지 실험이 아닌 다양하고 부분적으로 논란의 여지가 있는 기준을 통해 여러 대안 중 가장 나은 설명을 선택해야만 한다. 때로는 이러한 기준을 의식적으로 알아차리지 못할 수도 있다. 그럴 가능성도 분명 있다. 하지만 아직까지는 베이컨보다 뛰어난 컴퓨터 과학자, BACON은 존재하지 않는다.

'창의적인' 프로그램은 창의성이 어떻게 인간 머릿속에서 생겨나는지에 대한 가정에 상당 부분 의존한다. 즉, 창의적인 프로그램은 과학으로서 심리학을 탐색하는 방법 중 하나다.

하지만 많은 사람들은 과학적 이론이 계산주의적이든 그렇지 않든 창의성을 설명할 가능성이 없다고 믿는다. 보통 그들의 믿음은 창의적인 생각이 본질적으로 예측 불가능하다는 확신에서 나온다. 만약 그렇다면 (그래서 논쟁은 계속된다) 창의성은 과학의 손이 닿을 수 없는 곳에 영원히 머무르게 된다. 그 의견이 옳은지 아닌지 지금 물어야 한다.

9장

우연, 무질서, 무작위성, 예측 불가능성

우연, 무질서, 무작위성, 예측 불가능성. 이 네 가지는 창의성과 어떤 관련이 있을까? 앞에서 창의적인 사고는 제약에 의해 만들어질 수 있다고 주장했는데, 이러한 제약은 무작위성과 반대되는 말이다. 많은 사람들이 예측 불가능성을 창의성의 핵심이라 여긴다. 어떻게 이렇게 상반되는 의견이 서로 조화를 이룰 수 있을까?

우리는 심리적 창의성(P-창의성)과 역사적 창의성(H-창의성)의 차이를 구별해야 한다. P-창의성이 더 기본적인 반면 H-창의성은 특별한 개념이다. P-창의적인 아이디어들은 실제로 예측 가능하다. 예컨대 사람들은 일반적으로 목걸이 게임에서 탐구적인 질문을 하고 구조적인 사실을 알아챈다. 게임 중 '기-이-다란 목걸이'를 만들 수 있다거나 목걸이 뺄셈에 새로운 규칙이 필요하다는 것을 누군가 알아챌 수 있다. 하지만 이를 예측할 수 있다는 이유만으로 이것이 심리학적으로 덜 흥미롭다고 볼 수는 없다. 하지만 이는 역사적으로는 흥미가 떨어진다. H-창의적인 아이디어는 모두 예측 불가능했다. 지금까지 아무도 미처 생각해내지 못한 것이어야 H-창의적이라 부를 수 있기 때문이다. 이것이 원칙적으로도 예측 불가능한지 아닌지는 또 다른 문제다.

이러한 문제에 대해 논쟁할 때 위에서 말한 네 가지 개념이 자주 제기된다. 하지만 모두 때로는 창의성에 도움이 되고, 때로는 창의성에 반하여 사용된다. 모두 우리 머릿속에 상반되는 직관을 떠오르게 하기 때문이다.

우연(chance)은 플레밍의 페니실린 발견과 같은 창의적 행동의 주요 요인으로 꼽힌다. 하지만 우연 때문에 애초에 창의성이 싹조차 틔우지 못할 때도 있다. 18세기의 해부학자 존 헌터(John Hunter)는 매독과 임질이 다른 질병이라는 것을 증명하려고 했다. 매독에 걸린 선원에게서 채취한 고름으로 스스로를 감염시켰는데 이 선원은 우연히도 매독뿐 아니라 임질에도 걸려 있었다. 존 헌터는 상식을 벗어난 자신의 실험이 틀렸다고 믿으며 참혹한 최후를 맞이했다.

무질서(chaos)는 창세기에 나오는 창조의 개념과 대조된다. 이는 창조의 전조이자 창조가 꽃피는 온상으로 묘사된다.

무작위성(randomness)은 일반적으로 창의성과 양립할 수 없다고 생각한다. 모차르트가 176개 마디를 만들어놓고 주사위를 굴려 미뉴에트를 작곡하는 대신 모든 음표를 무작위로 선택해 '주사위 작곡'을 했다면, 원숭이가 타자기 앞에 앉아 자판을 두드린 결과물만큼이나 형편없는 음악이 탄생했을 것이다. (진화론자들은 원숭이 여러 마리를 데려다 타자기 앞에 앉혀놓으면 자판을 눌러대다 언젠가 우연히 셰익스피어의 《햄릿》이 탄생할지도 모른다는 주장을 펼쳤다. 그들은 실제로 그러한 실험을 했고 원숭이들이 만들어낸 작품은 대영박물관 지하실에 보관되어 있다. 물론 원숭이들은 아무리 오랜 시간이 지나도 단어 하나 제대로 만들지 못했다. 이후 컴퓨터 과학자들은 모든 가능성을 열어 두고 있으면 체계적 생성과 축적이 가능하다는 진화론자들의 주장을 비웃을 때 '대영박물관 알고리즘'이라는 용어를 쓴다.) 하지만 주사위로 작곡한 음악을 실제로 연주할 때는 무작위성이 일정 역할을 한다. 게다가 무작위적인 유전자 변이는 새로운 종의 창조에 핵심적인 역할을 한다. 그리고 신경성 질병을 앓고 있는 재즈 드러머는 무작위적인 근육경련을 이용해 즉흥연주의 흥미를 배가시키기도 한다.[1]

예측 불가능성(unpredictability)이라는 개념은 인간의 창의성과 매우 밀접한 연관이 있다. 일반적으로 사람들은 창의성을 과학적으로 이해하기란 불가능에 가깝다고 여긴다. 우리는 흔히 결정론적인 과학이 창의적인 놀라움을 예측할 수 없다고 말한다. 그러나 예측 불가능성과 과학에는 부(否)적인 상관관계도 있지만 정(正)적인 상관관계도 있다. 현대 과학 전부가 결정론적이라고는 할 수 없다. 사실 현대 과학의 뿌리는 비결정론이다. 앞으로 살펴보겠지만 기본 원리가 널리 알려져 엄격히 규정된 절차라 해도 예측 불가능할 수 있다.

따라서 우리의 논의를 한마디로 표현하자면 '일구이언'이라고 할 수 있다. 즉, 불확실성은 독창성을 낳기도 하지만 그렇지 않은 경우도 있다. 창의성과 불확실성 사이의 얽히고설킨 관계를 이해하려면 '일구이언'의 의미를 명확히 밝혀야 한다. 또한 과학적으로 설명할 수 있다고 해서 반드시 예측할 수 있는지에 대한 물음에도 답해야만 한다. 낭만주의와 영감주의적인 관점을 내세우는 사람들은 과학적 이해가 예측성을 수반한다는 가정을 전제로 한다. 이 가정이 무너진다면 창의성에 대한 과학적 설명이 가능할지 모른다.

'우연'은 무작위와 동일한 의미일 때도 있다. 그래서 우리는 주사위를 던져 나온 숫자에 희비가 갈리는 '우연한 확률 게임'이라는 말을 쓴다. 또 대영박물관 원숭이들이 타자기를 무작위로 두드려서 '우연히' 《햄릿》을 쓰는 일은 있을 수 없다는 말을 하기도 한다. 그러나 창의성을 논할 때의 '우연'은 세렌디피티나 동시성 혹은 무작위를 의미하지 않는다.

세렌디피티(serendipity)란 특별히 노력하거나 구하지 않고도 값진 무엇인가를 찾아내는 현상을 말한다. 페니실린을 발견한 플레밍의 행운은 세렌디피티였다. 배양접시 뚜껑이 꼭 닫혀 있었더라면, 또는 창문이 닫혀 있었더라면 푸른곰팡이 포자가 배양액에 들어가지 않았을 것이고 플레밍은 무명의 과학자로 남았을 것이다. 현대 항생물질학은 지저분하고 어수선한 플레밍의 실험실 덕분에 탄생했다!

동시성(coincidence) 또한 일정 역할을 했을지 모른다. 동시성이란 인과관계가 독립적인 복수의 사건들이 동시 발생하는 현상을 의미한다. 둘 이상의 사건이 동시에 일어나 직접적으로나 간접적으로 또 다른 중요한 사건을 이끌어내는 것이다. 예컨대 플레밍은 평소 꼼꼼했지만 그날만은 애인과의 약속 때문에 서두르다가 배양접시 뚜껑을 닫지 못했던 것인지도 모른다. 그리고 플레밍의 동료가 오랜만에 만난 친구를 부르느라 늘 닫아두던 창문을 그날만 열었던 것일지도 모른다. 어떤 식으로든 플레밍의 발견에는 동시성이 일정 역할을 했다.

세렌디피티는 때로 동시성 때문에 발생하기도 하지만 반드시 둘이 일치한다고는 할 수 없다. 세렌디피티가 있을 법하지 않은 사건과 반드시 관련 있는 것은 아니다. 플레밍의 동료가 원래 지저분하고, 항상 창문을 열어놓고, 실험실 작업대와 창턱을 점검하는 습관이 있었다면 플레밍의 획기적 발견은 어떤 동시성과도 관련 없었을 것이다. 마찬가지로 케쿨레에게 2차원 형태를 변형시키는 능력이 있어 닫힌 곡선을 만들어낸 것이라면 동시성은 별다른 역할을 하지 않고 세렌디피티만 작용했다고 할 수 있을 것이다.

프루스트가 카스텔라를 먹다가 《잃어버린 시간을 찾아서》에 기술한 내용들을 떠올렸다면 어떨까? 당시 카스텔라가 프랑스인들이 즐겨 먹는 빵이었으며 프루스트가 단 것을 좋아했다고 가정하면, 카스텔라에서 작품의 영감을 얻은 것은 동시성보다는 세렌디피티에 가깝다고 할 수 있다. 콜리지가 '쿠빌라이 칸'에 대한 글을 읽고 제나두 궁전에 대한 시를 꿈으로 꾸었던 것 또한 마찬가지다.

콜리지가 빛나는 바다 동물에 대한 글을 읽고 그 내용을 자기가 생각하던 물뱀의 이미지와 결합한 것은 세렌디피티일 수도, 아닐 수도 있다. 콜리지는 늙은 뱃사람에 대한 시를 쓰려고 계획했었다[콜리지가 바운티 호 반란을 주도했던 플레처 크리스천(Fletcher Christian)을 염두에 두고 있었다는 증거가 있다]. 그래서 항해와 바다 생물에 대한 자료를 수집해놓았었다. 콜리지가 목적을 가지고 자료 수집을 하는 동안 '활활 타는 불꽃'이라는 표현을 찾았다면, 그의 발견은 세렌디피티라고 할 수 없다. 그러나 전혀 관련 없는 내용을 읽다가 그 표현을 떠올렸다면, 그 발견은 세렌디피티라고 할 수 있다. 그런데 그것은 쿡 선장의 회고록에 나온 표현이기 때문에 콜리지의 발견은 분명 세렌디피티가 아니었다.

6장에서 설명했던 것 같은 컴퓨터 프로세싱을 이용하면 세렌디피티도 구현할 수 있다. 우리는 6장에서 패턴-완성과 유추적인 패턴-매칭이 어떻게 '자동적으로' 발생할 수 있는지, 애초에 규칙성을 찾아내도록 설계되지 않은 프로그램이 어떻게 미묘한 규칙성을 인식할 수 있는지 알아보았다. (물론 규칙성을 인식하는 것만으로는 충분치 않다. 그 타당성을 확인하려면 7장에서 설명한 유추적 맵핑 과정을 거쳐야 하고 때로는 실험을 통해 증명해야 할 수도 있다. 예를 들어 벤젠고리에 대한 케쿨레의 직감은 4장에서 묘사한 것과 같은 변형을 요한다.)

하지만 '낮은 수준'의 연합 기억이 세렌디피티의 유일한 원천은 아니다. (높은 수준의 구조적 제약이라는 측면에서 정의된) 병렬적으로 각각 기능하는 행위와 기술은 예기치 못한 방식으로 상호작용하기도 한다. 인간의 두뇌는 다양한 유형의 병렬처리를 통해 세렌디피티라 할 수 있는 아이디어를 내놓는다.

창의적인 아이디어가 동시성에 의해 '우연히' 발생했는지 알아내기란 쉽지 않다. 한편 진정한 동시성이 공통적인 원인에서 비롯되었다고 오해되기도 한다. 이를테면 음악의 여신이 존 레논과 폴 매카트니를 같은 학교에 다니도록 만들었다고 믿는 것처럼 말이다. 반면 우리가 동시성이라 믿는 것이 실제로는 동일한 원인에서 비롯된 경우도 있다.

예컨대 헌터의 비극적인 운명은 동시성이 아니라 우연에서 비롯되었다. 예기치 못한 불운 말이다. 문제의 성병들은 모두 동일한 원인에서 나왔다. (성행위라는 단일 행동 때문에 하나의 질병에 걸린 사람 대부분이 또 다른 질병에 걸리는 현상을 보고 사람들은 다양한 종류의 성병을 단일한 질병이라 오해했다.)

다윈과 월리스가 거의 동시에 진화론을 발견한 것은 어떤가? 19세기 중반 자연주의자들 사이에 진화라는 아이디어가 매우 널리 퍼져 있었다. 또 그 메커니즘은 아직도 많은 논란이 되고 있다. 게다가 당시 지식인들은 토머스 맬서스의 인구 증가에 대한 이론을 읽었을 가능성이 높다. 이러한 사실들을 전제로 하면 다윈과 월리스가 진화론을 거의 동시에 발견한 사건은 그렇게 동시적이라고 볼 수 없다. 요컨대 (2장에서 이야기했듯 매우 흔하게 발생하는) 동시다발적인 발견이 동시성에서 비롯되는 경우는 생각보다 훨씬 적다.

동시성은 창의성이 발휘되는 과정을 강화할 수도 있지만 손상시키기도 한다. 다시 말해 창의성에 긍정적인 영향만 미치는 것은 아니다. 문학계에서 가장 불행한 사건 중 하나는 누군가 예고 없이 콜리지의 시골집으로 들이닥쳐 그의 단잠을 깨운 일이었다. 그 일이 없었더라면 〈쿠빌라이 칸〉은 분명 더 길어졌을 것이다.

동시성은 예측 불가능하다. 우리 인간은 독립 사건들의 있을 법하지 않은 동시 발생을 예측할 수 없기 때문이다(이를 'R-예측 불가능성'이라 부른다). 세렌디피티의 경우 구체적으로 찾지 않으면서 무엇인가를 발견하리라 예측할 실질적 가능성은 거의 없다.

매우 드물게 세렌디피티에 해당하는 P-창의적인 아이디어를 예측할 수 있을 뿐이다. 예를 들어 어떤 부모가 식탁에 새로운 장치를 놓아두고는 아이들이 그 장치를 한번 시험해보게 한다. 사실 그것은 아이가 끝내지 못한 물리학 숙제의 추상적 원리를 실증해 보여주는 장치다. 이 경우 부모들은 아이가 어제에 비해 숙제를 훨씬 더 잘하리라 자신 있게 예측할 수 있다. 하지만 아이의 관점에서 보면 물리학 숙제를 하기 위해 내놓은 P-창의적인 아이디어는 세렌디피티에서 (숙제를 하는 도중이 아닌 저녁을 먹던 도중에) 비롯되었다고 생각할 수 있다.

그렇다면 세렌디피티와 동시성 모두 실질적으로는 예측 불가능하다.

따라서 거기서 비롯된 무수한 창의적 아이디어도 마찬가지로 예측 불가능하다. 과학이 예측 가능해야 한다면, 수많은 창의성 사례에서 우연의 영향력은 창의성을 과학적으로 이해하려는 사람들에게 실망을 안겨줄 수밖에 없다. 하지만 창의성이 반드시 우연히 나타나는 것만은 아니라면 세렌디피티와 동시성의 갑작스러움이라는 가치는 위협이 되지 않는다.

새로운 아이디어의 창조에 우연이 중요한 역할을 한다고 해도, 창의성은 우연만으로 나타날 수 없다. 앞에 나온 문학과 과학 분야의 사례들에서 구조적 제약과 전문가의 지식은 매우 큰 영향을 미쳤다. 요컨대 플레밍은 행운만으로 페니실린을 발견한 것이 아니었다.

그는 세균학에 대한 전문 지식이 있었기에 가운데가 동그랗게 비어 있는 초록색 군체에 주목하고 그 중요성을 인식할 수 있었다. 파스퇴르도 지적했듯 플레밍의 발견은 준비된 자만이 행운을 잡을 수 있다는 점을 잘 보여주는 사례다. 사실 (위에서 정의한 세렌디피티와 동시성의 정의에 따르면) '가치'와 '중요성'이라는 표현은 창조자의 주관적인 평가가 일정 부분 개입된다는 점을 암시한다. 플레밍은 오염된 배양접시의 중요성을 인식할 수 있었지만 다른 사람이었다면 배양접시 속 곰팡이를 단지 먼지라 치부하고 폐기했을지 모른다. 평가가 수반된 우연은 우리에게 창의성을 가져다줄 수 있다. 우연만으로는 분명 그렇게 할 수 없다.

카오스는 어떤가? 이 단어에는 두 가지 익숙한 의미가 담겨 있다. 그중 하나는 완전한 혼란 또는 무질서다. 이런 점에서 카오스는 창의성과 정반대다. 혼란과 무질서에는 높은 수준의 창의적 제약에 의해 통제되는 질서정연한 평가라는 핵심 요소가 부족하기 때문이다. 또 다른 의미는 '질서가 잡히기 전 물질의 형태', 즉 기원으로의 회귀와 관련 있다.

이런 점에서 여전히 창조와 대비되기는 하지만 카오스는 창의성의 전조로 여겨진다.

신의 창조 이전 세계가 카오스였는지는 신학자들이 해결할 몫으로 남겨두기로 하자. 하지만 카오스는 인간이 무언가를 창조하기 이전에 반드시 거치는 과정일지도 모른다. 6장에서 다루었던 《늙은 뱃사람의 노래》에 관한 문학적 연구는 첫 장에서 이 '카오스'를 주제로 삼고 있다.

리빙스턴 로스는 "콜리지의 노트를 가득 채우고 있는 카오스를 통해 우리는 시적 심상과 관련하여 격정적이고 긴장감 넘치는 배경을 느낄 수 있다"고 말했다. 그는 콜리지가 읽은 다양한 책의 내용으로 충만해진 카오스를 설명하면서 이 시의 모든 연이 이로부터 비롯된 것이라고 주장했다. 예를 들어 물뱀의 이미지는 뱃사공의 바다에서뿐 아니라 콜리지 내면의 깊은 바다에서 뛰놀던 이미지가 왜곡되고 변형되어 부각된 것이다. 카오스에서 창조로의 이행에는 무언가를 만들어내는 손길, 즉 콜리지의 표현을 빌리자면 시적 상상력이 필수적이다. 하지만 걷잡을 수 없이 무질서하게 뒤얽혀 있는 다양한 요소들로부터 다음과 같이 명쾌한 연을 만들 수 있다.

배의 그림자 너머,
물뱀들을 보았네.
그들은 엘프 같은 빛을 내는
희끄무레한 조각을 흘리고
하얗게 빛나는 흔적을 남기며 움직였네.

카오스에서 질서가 생겨나는 컴퓨터 모델에 관해서라면 8장 말미에 약술한 송유관 관리 프로그램을 생각해보자. 이 프로그램은 '만약 그렇다면'이라는 카오틱한(무작위로 생성된) 규칙으로 시작했지만 유전 알고리즘을 이용해 매우 효율적인 새로운 규칙에 도달했다.

'카오스'라는 용어에는 비교적 최근 수학의 한 분파로 자리 잡은 카오스 이론에서 말하는 다소 낯선 의미도 포함되어 있다. 카오스 이론은 기상 예측에서부터 심장박동 연구에 이르기까지 광범위한 분야에 적용되며, '결정론적이지만 실제로는 예측 불가능한' 복잡한 체계들을 설명하는 경우도 있다. 또한 예전에 예측 불가능하던 규칙성을 찾아내기도 했다. 이에 관하여는 예측 불가능성과 과학을 다루면서 다시 살펴보기로 하자.

'무작위성'에는 세 가지 다른 의미가 있다. 우리는 이를 구분할 필요가 있는데, 이 의미의 차이가 대다수 사람들이 창의성과 양립할 수 없다고 여기는 결정주의와 연관이 있기 때문이다.

먼저 셋 중 두 가지 의미는 서로 밀접한 관련이 있다. 우선 '절대적인(Absolute)' 무작위성, 즉 A-무작위성이란 사건의 집합이든 수 집합이든 관련 영역에 상관없이 질서나 구조가 전혀 없음을 의미한다. (A-무작위성을 엄밀하게 정의하기란 무척 어렵지만, 우리에게는 이 정도의 직관적인 정의면 충분하다.) 우리가 보다 주목해야 할 것은 두 번째 '설명 가능한(Explanatory)' 무작위성, 즉 E-무작위성인데, 이것은 우리가 특히 관심을 갖고 있는 창의성을 과학적으로 설명할 수 있는가의 문제와 관련이 있기 때문이다. 그런데 어떤 사건이 A-무작위적이라면, 그 사건은 반드시 E-무작위적이어야 한다. (설명할 수 있다는 것 자체가 일종의 법칙이기 때문에 A-무작위성은

E-무작위성을 내포한다.) 이처럼 둘의 구분이 무의미할 때가 많으므로 앞으로 둘을 아울러 'A/E-무작위성'으로 부르기로 하겠다.

그럼에도 불구하고 이를 정확히 구분해야 하는 경우가 있다. 예를 들어 동전 던지기로 '머리'와 '꼬리'를 번갈아 나오게 한다고 가정해보자. 이 패턴이 실제로 나올 확률은 매우 낮지만 나올 수 있다고 가정할 수는 있다. 여기에는 규칙이 있다. 따라서 동전 던지기는 A-무작위적이지 않다. 하지만 그 패턴의 원인을 찾거나 그것을 설명할 수는 없다. 매번 동전을 던져 나오는 결과는 확실히 물리적 원인의 결과다. 하지만 '머리'와 '꼬리'의 교차에는 아무런 이유가 없다. 다시 말해 이것은 A-무작위가 아니라 E-무작위다. (이 예를 통해 우리는 설명의 층위가 무작위성의 발견에 결정적일 수 있음을 확인할 수 있다. 양자물리학을 다룰 때 다시 살펴보기로 하자.)

'상대적인(Relative)' 무작위성, 즉 R-무작위성은 특정 사항에 관한 법칙이나 구조가 없음을 의미한다. 예를 들어 포커 주사위는 주사위를 던지는 사람의 지식이나 희망 사항에 따라 R-무작위로 떨어져 구른다. 하지만 동시에 벽지 무늬처럼 아무런 관련이 없는 대상에 의해서도 R-무작위적으로 구른다. 현실에서 R-무작위성은 사람들이 관련이 있다고 생각하는 대상에 따라 달라진다(눈을 꼭 감고 '6, 6, 6…'이라고 중얼거리면 포커 주사위가 소원을 들어줄까?). 무작위성과 인간의 창의성에 관한 논의에서 '관련 있는 무언가'는 대개 창조하는 사람 자신의 지식이다. 그리고 이 지식은 참신한 아이디어가 포함되어 있는 관념적 제약으로 구조화될 수 있다.

만일 어떤 사건이 A/E-무작위적이라면, 이 사건은 '모든'면에서 R-

무작위적이다. 하지만 R-무작위적인 사건이 반드시 A/E-무작위하지는 않다. R-무작위성은 R-무작위적이라는 것 이외에 몇 가지 조건에서 엄격한 제약을 받거나, 심지어 예측이 가능할 수도 있기 때문이다.

예를 들어 포커 주사위는 중력의 법칙에 영향을 받는다(부도덕한 카지노 업주가 주사위를 조작할 수 있는 것도 중력 덕분이다). 6장에서 살펴보았듯 뉴런은 시냅스에서 점진적으로 형성되는 신경전달물질에 의해 무작위적으로 활성화된다. 또한 근육 경련은 뇌에서 보내는 메시지에 의해 통제되지 않는다. 즉 인간의 바람이나 의식에 영향을 받지 않는다. 그보다는 오히려 신경-근 접합부에서 발생하는 화학작용이 원인이다. 요컨대 A/E-무작위성은 필연적으로 불확정성을 내포하는 반면, R-무작위성은 그렇지 않다.

세 가지 의미의 무작위성이 모두 실제로 일어나는가의 문제는 논쟁의 여지가 있다. 일단 R-무작위성의 발생 여부에는 이견이 없다. 이것은 결정론자들조차 인정하는 점이다. 하지만 A/E-무작위성의 경우, 양자물리학자들은 몇몇 사건이 A/E-무작위적이라는 입장을 취하는 반면(다음의 예측 불가능성에 관한 논의에서 살펴볼 것이다), 철저한 결정론자들은 A/E-무작위성이 유니콘과 마찬가지로 현실 어디에서도 찾을 없는 흥미로운 개념에 불과하다고 생각한다.

'무작위성'의 다양한 의미가 창의성에 득이 되는 무작위성과 해가 되는 무작위성을 뚜렷이 구분해주는 것은 아니다. 유전적 돌연변이의 경우를 생각해보자.

몇몇 단일 유전자 변이는 확실히 A/E-무작위가 아닌데, 이들은 생화학 법칙에 따라 유전자에 영향을 미치는 화학물질에 의해 야기되기 때문이다. 반면 A/E-무작위로 일어나는 변이도 있다. 만일 양자물리학이 암시하는 것처럼 개별 X-선 방출이 A/E-무작위적이라면 X-선에 의해 야기된 변이들 역시 부분적으로 A/E-무작위적이다. 그렇지 않은 경우 변이는 전적으로 결정론적이다.

하지만 유전자 변이의 창의적 잠재력에 관심이 있는 진화생물학자들은 무엇이 진실인지 신경 쓸 필요가 없다. 그들에게 중요한 것은 변이들의 적응 잠재력이 R-무작위적이라는 사실이다. 즉, 변이가 발생하는 이유는 유전자의 생존 가치가 아니라 다른 이유 때문이다. 이것은 A/E 무작위일 수도 있고 아닐 수도 있다.

종의 진화에 필수적인 것은 R-무작위성이다. 일부 변이가 생존 가치를 획득하는 것은 생물학적으로 아무런 제약 없이 발생하는 다양한 변이들 덕분일 수 있다. 즉, 자연선택은 상대적으로 약한 것들의 제거로 이루어진다. 예를 들어 잠재적으로 치명적인 환경에 놓인 박테리아는 불특정한 유형의 변이 비율을 증가시켜 변이를 일으키기 전에는 쓸 수 없던 새로운 영양 공급원을 활용할 수 있다. (일부 학자들이 특수한 환경 조건에 놓인 어떤 박테리아가 그와 관련된 특정 유전자에 변이를 일으킬 수 있다는 주장을 제기했다. 하지만 여전히 논란이 분분하다.)

물론 (개별 유전자와는 대조적으로) 염색체 내에서 발생하는 수많은 변화가 생존 가치와 관련해 전적으로 R-무작위적이 아닐 수도 있다. 8장에서 살펴본 크로스오버 같은 생물학적 '휴리스틱'은 '적응을 위한 제약을 제공하기 때문에 생물학적으로 적합한 변화가 그렇지 않은 변화보다 자주 발생한다. 하지만 이런 과정에서조차 R-무작위한 시점에서 염색체가 훼손될 수 있다. 사실상 불가능하지만 이런 '라마르크식(개체가 환경에 적응함)' 제약이 적응력이 상당히 높은 변이의 발생을 '보장' 하는 경우에만 진화에 R-무작위적인 유전자 변이가 불필요해질 것이다.

인간의 창의성에 관해서도 이와 비슷한 주장을 할 수 있다. 시인이나 과학자, 카피라이터, 심지어 컴퓨터 프로그램조차 언제나 적절한 아이디어를 내놓는다고 단언할 수 없다. 물론 P-창의적인 아이디어가 샘솟는 사람들이 있고, 셰익스피어나 모차르트 같은 인물들은 확실히 H-창의적이다. 결정적으로 이러한 일관성은 무작위적 사건에 좌우되지 않는다. 앞에서 보았듯 그런 일관성은 고도로 구조화된 관념 공간의 체계적인 탐색을 바탕으로 하기 때문이다. 하지만 그 누구보다 효율적으로 관념 공간을 탐색할 수 있는 셰익스피어나 모차르트도 우연한 '영감'에 반대하지 않을 것이다.

더욱이 예를 들어 박자와 화성의 법칙 같은 창의적인 제약들은 인간의 사고 과정 중 특정 시점에서 수많은 선택 사항을 고려하지 않을 수 없게 한다. 그런 시점에서의 결정은 정신적 또는 환경적 동전 던지기 방식이라 해도 다른 방식들과 다를 바 없다. 예술가 개인의 독특한 스타일은 부분적으로 이런 동전 던지기 결과에 영향을 받을 수 있다. 즉 소네트나 인상주의 혹은 의상 디자인 등 일반적인 예술 형식에 선택의 여지가 있을 때 예술가는 자기 고유의 일관적이고 독특한 방식으로 그것을 선택할 수 있다는 말이다.

요컨대 인간의 창의성은 '정신적 변이'로부터 이득을 얻는 경우가 많다. (광고업자나 경영 컨설턴트들이 '브레인스토밍'이라고 부르는) 세렌디피티, 우연의 일치, 다양한 개념의 자유로운 결합 등 R-무작위 현상은 구조화된 창의적 프로세스에 끼워 넣을 참신한 아이디어를 제공하기 때문에 매우 유용하다.

심지어 신경성 질환도 이런 역할을 한다. 예를 들어 재즈 드럼 연주자가 (세렌티피티적인) 뜻밖의 음을 내는 것은 거의 확실히 R-무작위적이며, A/E-무작위적이지 않다. 그러한 세렌디피티적 음의 힘이 바로 여기에 있다. 왜냐하면 의식적인 사고(그리고 룽게 히긴스의 박자 규칙)로는 결코 놀라울 정도로 리드미컬한 음들을 생산할 수 없기 때문이다. 그러나 음악적 전문 지식이 있으면 이를 평가하고 탐험할 수 있다.

연상 기억력과 신중한 판단이 뒷받침되는 전문 지식은 상당히 중요하다. 생물학에서 자연선택처럼 대상들 사이의 관련성을 깨닫고 그것을 발전시키는 준비 단계로서 무작위성을 이용하게 해준다. 모차르트가 주사위 던지기로 교향곡에 써먹을 몇 가지 아이디어를 얻었으리라고 가정할 수는 있다. 하지만 그는 그렇게 얻은 아이디어들의 중요성을 음악적으로 평가하는 걸 잊지 않았을 것이다. 대영박물관 프로젝트의 원숭이들이 임의로 자판을 두들겨 '사느냐 죽느냐'라는 문장을 만들어낼 수 있을까? 아니, 그것을 문장으로 인식할 수조차 있을까?

훈련을 통해 어떤 과업에 능숙해지면 이는 또한 정신적 환경을 넓히는 역할을 한다. 잘 축적된 연상 기억은 새로운 아이디어를 이용해 여러 생각을 서로 연결할 기회를 제공한다. 새로운 조합이 무럭무럭 자라날 수 있는 '생태 적소'가 추가되는 셈이다. 10장에서 다루겠지만 이것이 바로 경험과 경험을 하고자 하는 동기가 창의성의 중요한 일면을 차지하는 이유다.

정신과 진화의 창의성에 유용하게 사용되는 요소는 창의적인 컴퓨터에서도 유용하게 쓰인다. 그럴듯한 창의성 컴퓨터 모델이라면 무작위적 연상과 변형을 만들어내는 데 약간의 능력이 필요할 것이다. 이러한 모델의 임의 추출 과정은 A-무작위일 수 있다. 예를 들어 컴퓨터가 받은 명령이나 연상 작용은 때로는 임의적 수 목록을 참조하여 선택할 수 있다. 그러나 반드시 그럴 필요는 없다. R-무작위성만으로도 충분하다. 그렇다. 코헨과 존슨-레어드의 프로그램 같은 일부 창의적 프로그램들은 특정 시점에서 임의로 선택한 수에 의존할 수 있고, 유전 알고리즘은 무질서 상태에서도 질서를 생산할 수 있다. 게다가 어떤 컴퓨터 모델은 '남는' 시간에 비교적 제약이 적은 방식을 이용해 비유와 유추를 찾기도 한다. 이러한 컴퓨터의 R-무작위성은 BACON 및 유사 모델들이 지닌 귀납적 휴리스틱처럼 실용적 아이디어를 생산하는 데 쓰이는 조금 더 체계적이고 믿을 만한 '규칙'과 공존할 수 있다.

원칙적으로 창의적인 컴퓨터는 체계적이면서도 엄청나게 강력한 검색을 이용하면 어떤 R-무작위적 아이디어든 찾아낼 수 있다. 속도가 빠르고 메모리가 충분하기만 하면 P-창의적인 일을 할 때마다 가능한 조합을 하나도 빠짐없이 시도할 수 있다. 그러나 이에 필요한 시간이라든가 데이터베이스는 말 그대로 천문학적일 것이다.

AARON이 생각해낼 수 없었던 팔이 하나 달린 곡예사도 이렇게 무지막지한 검색력을 자랑하는 컴퓨터라면 결국 찾아냈을 것이다. 힌두교 여신처럼 팔이 여섯 개 달린 곡예사는 물론 말할 것도 없다. 이것이 끝이 아니다. 머리 대신 양배추가, 발 대신 필통이 달린 곡예사도 찾아낼 것이다. 예술사학자라면 이렇게 반문할지도 모른다. "그래서 그게 뭐가 잘못됐소? 1936년에 르네 마그리트는 머리 대신 양배추가 달린 부르주아를 묘사한 초현실주의 사진에 영감을 주었고, 16세기에 주세페 아르

침볼도는 과일과 채소로 인간의 얼굴을 그렸지요. 양배추로 된 머리는 창의성의 경계를 넘어선 것이 아니오." 이 말에 동의한다. 하지만 필통 발에 타지마할 몸통이 달린 양배추 머리라면 어떤가(정말 독창적인 아이디어 아닌가)?

위에서 언급한 가상의 막강 검색 컴퓨터는 양배추와 당근이 하나의 예술 양식에서는 함께 등장할 수 있지만 양배추와 연필통, 타지마할은 그럴 수 없다는 사실을 깨달을 정도의 지능이 필요하다. (만약 새롭게 창조된 예술 양식에서는 이 세 가지가 동시에 등장해도 괜찮다고 그 컴퓨터가 스스로와 우리를 납득할 수 있다면 그 정도는 인정할 수 있다.) 창의적인 컴퓨터 시스템은 지능적 제약에 의해 정의된 관념 공간 속에서 본래 아이디어의 위치를 정할 수 있어야만 한다. 그리고 최소한 참신한 아이디어의 조합 중에 흥미로운 것과 그렇지 못한 것을 구별할 정도는 되어야 한다. 요컨대 막강 검색이 조금이라도 창의적인 결과를 만들어내려면 지능의 감시를 받아야만 한다는 말이다.

네 가지 개념 중 마지막인 예측 불가능성은 이 중에서 가장 중요하다. 이것이야말로 창의성이 영원히 과학이 닿을 수 없는 곳에 있다고 믿는 요인이기 때문이다.

창의성이 갖는 놀라움의 가치는 부인할 수 없다. 3장에서 보았듯 이것은 관념의 중요한 일부이기도 하다. 베토벤이 다음에 어떤 소나타를 내놓을지 동시대인이 예측했으리라고는 믿기 어렵다. 세계적 광고대행사 사치앤사치(Saatchi & Saatchi)가 다음번에는 어떤 기발한 광고 문구를 내놓을지, 심지어는 할아버지가 이번에는 어떤 시시한 농담을 하실지도 예측할 수 없다. 어떤 창의적인 사람이 먼 미래에, 예를 들어 3년 후에 어떤 아이디어를 떠올릴지 예상한다는 것은 그야말로 우스꽝스러운 일일 것이다.

왜 그럴까? 이것은 도대체 어떤 종류의 예측 불가능성일까? 예측을 할 수 없다는 것은 곧 과학으로 창의성을 이해할 일말의 희망도 없다는 뜻일까?

예측할 수 없는 가장 강력한 경우는 '절대적으로' 예측 불가능한 것(A-예측 불가능)으로서, 어떠한 규칙이나 결정적 조건의 영향을 전혀 받지 않아 원칙적으로 내다볼 수 없는 것을 뜻한다. 달리 말해 A-예측 불가능성은 A-무작위성과 마찬가지로 가장 근본적인 비결정론을 암시한다.

진정으로 A-예측 불가능한 것이 존재하는지 여부에는 논란이 많다. 양자물리학의 원리에 따르면 존재한다고 볼 수 있다. 양자물리학에서는 전자가 한 에너지 수준에서 다른 수준으로 '뛰어오르는' 경우 그 원인이 없고, 따라서 예측 불가능하다고 주장한다. 전자가 뛰어오르는 방향은 아무런 동기나 이유 없이 정해진다. 위에서 언급한 용어를 빌리면 각각의 전자가 뛰는 행위는 A/E-무작위다(아무런 질서도, 설명도 없다).

그러나 동시에 양자물리학은 A-무작위적이라고 알려진 사례 중 상당수가 A-무작위도, E-무작위도 아니며 사실상 예측이 가능하다고 주장하기도 한다. 이러한 아원자 집합은 통계적 일관성의 형태로 질서를 보여주므로 A-무작위가 아니다. E-무작위 또한 아니다. 양자물리학의 파동 방정식으로 이 일관성을 설명할 수 있기 때문이다. 게다가 이 방정식은 이와 관련된 물리적 시스템의 장기적 습성에 대해 정확한 예측을 가능케 해준다.

어떤 이들은 양자물리학이 불완전하거나 틀렸다고 주장한다. 앨버트 아인슈타인이 지적한 대로 '신은 주사위 놀이를 하지 않기' 때문이다. 양자물리학자들은 비록 결정론에 치우치는 비이성적 선입견 때문에 그렇게 생각할 수 있다는 점을 지적하면서도 양자 이론이 틀렸을 가능성이 있음을 일부 인정한다. 그러나 불완전할 가능성은 받아들이기를 거부한다. 그리고 비통계적인 법칙을 따르는 숨겨진 변수를 추가하는 방법으로는 양자 이론을 절대로 확장할 수 없다는 수학적 증거를 제시한다. 그러한 확장은 실험적 예측을 특정한 방향으로 바꾸어놓기 때문이다. (1960년대 중반 이 증거가 제시된 이후 거의 모든 실험적 결과가 양자 이론에 유리한 쪽으로 나왔다.) 달리 말해 양자 이론이 정확하다면 양자와 관련된 사례들의 A-예측 불가능성은 단연 절대적이다.

이 책의 내용에 한정해서 볼 때 양자물리학이 정확한지 아닌지는 중요치 않다. 물론 두뇌 속에서 양자로 인한 효과가 일어나 '임의로' 떠오르는 아이디어 중 일부를 유발할 수 있다는 사실은 인정한다. 만약 그렇다면 A-예측 불가능한 양자의 도약이 창의성에 이바지할 수도 있다고 본다. 그러나 그렇다고 해서 창의성이 '과학의 영역 밖'에 있다고 볼 수는 없다. 요컨대 양자물리학은 예측 불가능성, 심지어 A-예측 불가능성이라도 과학에 대립하는 것은 아니라는 사실을 보여주는 여러 길 중 하나다.

우리의 현재 논의에서는 '예측 불가능성'의 두 번째 의미가 더 중요하다. 인간과 컴퓨터를 비롯해 제한된 능력을 가진 시스템은 미래를 내다볼 수 없다는 점에서 어떤 경우는 실상 예측 불가능할 수 있다. 이 용어의 이러한 의미는 예측하는 사람에 따라 '상대적(Relative)'으로 정해지므로 이것을 'R-예측 불가능성'이라 부르기로 하자. (A-예측 불가능한 것은 당연히 R-예측 불가능해야만 한다.)

　도박사라면 누구나 알고 있듯 R-예측 불가능성의 정도는 다양하다. 어떤 경우에 대해 "확신을 가지고 예측할 수 없다"라는 말은 그것이 발생하거나 발생하지 않을 확률이 '동일' 하거나 '50대 50' 이라는 말이 아니다. 어떤 경우든 그저 그런 상황과 그보다 훨씬 더 좋은 상황이 있기 마련이기 때문이다.

　가능성이 극단적으로 높거나 낮은 경우 이론적 R-예측 불가능성은 실상에서 무시될 수 있다. 예를 들어 열역학에 의하면 눈덩이는 지옥에서도 녹지 않고 존재할 수 있다. 그러나 사하라 사막에서 눈덩이를 찾으려는 사람이 있다면 매우 멍청하다고 보아야 한다. 그렇게 극도로 가능성이 낮은 경우라면 실생활에서 신경을 쓸 가치가 전혀 없기 때문이다. 이 책에서는 R-예측 불가능성을 논의하는 데 있어 현실적인 어려움이 있는 경우만을 염두에 둘 것이다.

　R-예측 불가능성의 원인은 다양하다. 종종 원칙에 제약이 있을 수 있다. (예를 들어 물리학의 '비결정론 원칙'에 따르면 위치와 운동량처럼 서로 연관된 수치가 있을 때 둘의 정확도는 동시에 증가할 수 없다. 하나의 정확도가 올라가면 다른 하나는 떨어져야만 하기 때문이다.) 그러나 때로는 오늘 R-예측 불가능한 것이 다음 날 R-예측 불가능하지 않을 수도 있다.

　새로운 과학의 법칙을 발견하고, 더욱 정확한 측정 도구를 발명하거나 계산을 해주는 조금 더 강력한 컴퓨터를 개발한다면 우리의 예측 능력은 훨씬 좋아질지도 모른다. 또한 우리가 소나타나 무조음악처럼 새로운 예술 스타일에 익숙해져도 그렇게 될 수 있다. 예측을 하지 못하는 것은 특정한 내용이나 전반적인 원칙을 잘 모르거나(무지) 그것이 뒤얽히기(복잡화) 때문인 경우가 많다.

 예를 들어 바위투성이인 해변을 걷고 있을 때 어떤 일이 일어나는지 한번 상상해보자. 물리학자 몇 명이 당신의 몸무게와 신발 치수, 신발 바닥에 새겨진 무늬, 그리고 당신이 왼발을 디딜 때 가하는 힘을 알고 있다고 치자. 그리고 그들이 바윗덩어리 하나 위에 쌓인 97개 모래알의 질량, 부피, 위치와 그 바윗덩어리 표면의 정확한 윤곽을 알고 있다고 가정하자. 아무리 그래도 그 작은 모래알 97개가 정확히 어디로 가게 될 것인지는 예측할 수 없다(공중으로 몇 킬로미터를 날아간다든가, 바위 위에서 탱고 춤 동작을 보여주지 않으리라는 것쯤은 예측할 수 있다고 해도 말이다).

 이때 이 물리학자들의 문제는 어느 정도 '무지' 때문이다. 발의 압력을 받았을 때 모래의 움직임을 다스리는 다양한 역학의 법칙을 잘 알고 있더라도 신발 깔창이 습한 여름날 보이는 습성에 관련된 법칙을 모두 알 수는 없다. 초기 조건 중 상당 부분(당신이 신발을 산 이래 왼쪽 깔창이 어떻게 닳았는지) 역시 모르고 있다. 조건이 복잡해지는 것 또한 문제다. 초기 조건을 모두 알고 있더라도 모래알 97개와 신발, 바위까지 총 99개의 물체 사이의 상호작용은 너무나도 복잡하여 계산을 하는 데 필요한 컴퓨터는 사실상 존재할 수 없을 것이다.

 그러나 희망을 버릴 필요는 없다. 물리학자들은 움직이는 물체가 어디로 갈지 과학적 지식을 사용해 '대략' 예측할 수 있다. 그들은 원칙적으로는 더 정밀한 측정이 가능하더라도 실질적으로 지금 가지고 있는 측정 도구도 충분히 정확하다고 가정한다. 그리고 그들은 다른 단순화된 가정을 한다(예를 들어 모래알은 둥글다). 그들이 각 모래알의 향방에 관심이 있다면, 혹은 한 탐정이 나타나 해변의 발자국이 당신 것이라고 주장할 때 그것을 증명해야 한다면 당신이 모래 위를 걸었을 때 모래가 어떻게 될지 대강은 예상할 수 있을 것이다. 여러 가지 이유에서 여기에서는 대강이라는 말로도 충분하다. 복잡화는 정확한 예측을 막는 동시에 유용한 어림짐작을 할 여지를 남겨둔다.

이러한 방식으로 어림잡는 능력 덕분에 우리는 일반적인 과학의 예측 능력을 더욱 믿을 수 있다. 초기 조건과 이 실험에 적용되는 규칙에 대해 더 많이 알고 있을수록 (최소한) 어떤 일이 일어날지 더 정확한 추측을 할 가능성이 높아진다. 위와 같은 믿음이 때로는 잘못되었다는 것을 다음에서 확인할 수 있을 것이다. 어떤 시스템은 매우 예민해서 초기 조건에 사소한 변화만 생겨도 마치 나비효과처럼 추측이 어려워진다.

인간의 창의성에 대한 R-예측 불가능성은 해변의 모래알 같은 무지와 복잡성 때문이다. 무지와 복잡성은 영원히 피할 수 없다.

인간의 창의성에 대한 우리의 '무지'는 놀라울 정도다. 우리는 특정 영역과 관련된 구조적 제약을 모두 파악하고 있지는 못하다. 제약들이 어떻게 창의적으로 변형되는지에 대해서는 더욱 무지하다. 창의적인 휴리스틱을 사용하면서도 휴리스틱이 무엇인지, 어떻게 작용하는지 거의 알지 못한다. 설령 조금 알고 있다고 해도 이는 명시적이기보다는 암묵적이다. 우리는 대부분 참신한 화음에 감탄할 수 있지만 변격종지(버금딸림화음에서 으뜸화음으로 나아가 악곡을 끝맺는 것-옮긴이)를 명시적으로 예측할 수 있는 사람은 상대적으로 드물다. (앞에서 살펴보았듯 계산주의적 접근은 정신 과정에 대한 이론을 체계화하고 시험하도록 돕는다.)

초기 조건에 대해 이야기하자면 P-창의성의 원재료는 이따금씩 인식되거나 때로는 고의적으로 제공되기도 한다(예를 들어 저녁식사 식탁에 장치를 남겨두어 세렌디피티를 유발하는 것처럼). 하지만 그럴 수 없을 때도 많다. H-창의성과 관련된 초기 조건을 모두 확인하는 것은 불가능하다. 그와 가까웠던 도로시 워즈워스(Dorothy Wordsworth)조차도 콜리지가 정확히 어떤 책을 읽었는지, 읽은 책 중 정확히 어떤 단락이 그에게 영감을 주었는지는 모른다. 누군가의 생각이 어떻게 미래의 창의적인 통찰로 이어질지는 결코 알 수 없다.

실제 일어난 사실에 대해 이렇게 심리적으로 분석하는 것만 해도 이미 충분히 어렵다. 케쿨레가 꿈속에서 본 뱀 이야기를 하지 않았더라면 과학역사학자들은 결코 이것을 밝혀내지 못했을 것이다. 콜리지가 공책에 아무것도 적어놓지 않았더라면, 어떤 아이디어와 경험이 물뱀과 같은 시적 창조로 이끌어졌을지 다른 사람들이 어떻게 역으로 추적할 수 있을 것인가? 자신의 소설에 '약간의 곡조'에 대해 계속해서 은근히 언급했던 프루스트도 기억 속에 떠오르는 모든 곡조를 확인할 수 없었다. 초기 조건에 대한 무지는 피할 수 없다.

정신의 복잡화 역시 항상 우리를 괴롭힐 것이다. 초기 조건에 대해 모두 알고 있는 컴퓨터에 있어서도 복잡화는 문제가 된다. 기존 유형의 거대 프로그램에서 버그를 찾아내는 것이 실제로 항상 가능한 것은 아니고, 자가 조직 연결주의 네트워크가 왜 특정한 상태를 거치는지 알아내는 것은 훨씬 어려울 수 있다. 예측은 사후 설명보다 훨씬 더 파악하기 어렵다. 폴 고갱이든 앞에 나온 할아버지든 인간의 경우 복잡화는 더욱 늘어난다. 뇌의 탐험 전략뿐만 아니라 관념 네트워크와 연상 메커니즘은 우리가 예상할 수 없는 새로운 패턴을 무수하게 생성할 만큼 풍부하고 유연하다.

케쿨레의 뱀이나 콜리지의 물뱀과 같은 경우 창조가 어떻게 시작되었는지 그럴듯한 의견을 제시할 수 있다. 이러한 아이디어가 '어떻게 창의적인 역할을 할 수 있는지' 알고 싶다면 세심한 논의를 거쳐 나온 타당성이 그 해답이 될 것이다. 하지만 내일 태양이 떠오를 것임을 예측하듯 물뱀에 대해 예측하고 싶다면, 혹은 언제일지 모를 당신의 죽음을 예측하고 싶다면 해답을 얻지 못할 것이다. 한마디로 우리가 누군가의 머릿속을 통째로 알게 된다 하더라도 연상력에 의한 복잡화 때문에 우리는 그들의 생각을 자세히 예측할 수는 없을 것이다.

무지와 복잡화라는 특성은 창의성을 아무나 쉽게 예측할 수 없는 그 사람만의 고유한 것으로 만들어준다. 과학 덕분에 심리학자들이 미래의 모든 심포니를 작곡할 수 있다든가 미래의 노벨상을 모두 탈 수 있을 것이라는 희망 혹은 위협은(이 표현이 더 낫다면) 없다. 심지어 할아버지의 시시한 농담마저도 다른 이에게 빼앗길 우려가 없다. (물론 할아버지의 농담은 음악적 제약이 풍부하게 구조화된 모차르트의 4중주만큼 예측하기 어렵지는 않다.)

'빼앗길 우려' 라는 말에서 알 수 있듯 이것은 우리의 자존심이 달린 문제다. 창의성이 예측 가능하다고 생각하고 싶지는 않다. 단순히 그것이 예측 가능하지 않다는 사실을 자랑스레 여기고 싶어 하기 때문이다. 누군가 할아버지의 농담을 예측하고 중간에 끼어든다면 발끈하는 것은 당연하다. H-창의적인 아이디어를 만들어내어 돈을 벌고 자존감을 느끼는 사람들은 이런 일에 위협을 느낄 것이다. 그들의 다음 교향곡 혹은 과학적 이론이 다른 누군가 혹은 무언가에 의해 예측 가능해진다면 말이다. H-창의적이지 않은 사람들 역시 다른 사람들의 H-창의적인 결과물을 이해하고 즐기는 능력에 자부심을 느끼면 그러한 위협을 느낄 수 있다 그러한 능력은 우리 자신의 P-창의성이다(이에 대해서는 이전에 살펴본 바 있다).

이러한 자아존중의 태도가 바로 창의성의 결정론에 반대하는 이유 중 하나다. 물론 아주 확고한 결정론자라 하더라도 원칙적으로 모든 것을 예측하는 것이 가능하다고 주장하지는 않는다. 그들은 A/E-무작위성 혹은 A-예측 불가능성이 없기 때문에 원칙적으로 창의적인 아이디어는 예상 가능하다고 주장한다. 하지만 결정론자들은 현재 R-예측 불가능한 일부 창의적인 아이디어를 미래에는 예상할 수 있을 것이라고 믿는다.

그것이 가능할까? 아니면 예측 가능한 아이디어는 결국 창의적이지 않다는 말일까?

설사 심리학자 혹은 컴퓨터 프로그램이 작곡가의 다음 교향곡을 실제로 예측할 수 있더라도 그 음악이 이전 교향곡보다 덜 아름다워지는 것은 아니다. 게다가 작곡가의 결과물 역시 P-창의성이 부족하다고 할 수 없을 것이다. 이것 또한 작곡가가 관념 공간을 탐험하거나 변형하여 이루어낸 것이기 때문이다. 물론 H-창의성은 예상한 사람의 몫이다. 하지만 3장에서 살펴보았듯 H-창의성은 심리학의 분야가 아니다. 심리적 현상으로서 창의성을 이해하기 위해서는 P-창의성이 중요하다. 이러한 정신적 능력은 예측에 의해서 파괴되지 않는다. 하물며 원칙적인 예측 가능성에 의해서도 파괴되지는 않는다. 한마디로 결정론은 창의성과 양립한다고 할 수 있다.

하지만 인간 사고에 대한 예측 불가능성에 다른 근거도 있지 않을까?

결정론이 사실이라고 가정한다 해도 베토벤의 다음 소나타 혹은 크리스천 디올의 다음 디자인을 예상할 수 없는 것이 단순한 복잡화(complication) 이상의 심리적인 복합성(complexities) 때문이라고 할 수 있을까? 이러한 복합성이 연속적인 연상 과정이 아닌 갑작스럽고 대대적인 정신의 변화로 이어질 수 있을까? 만약 그렇다면 과학의 냉철함을 넘어 마침내 창의성의 일면을 정의할 수 있을까?

아주 최근까지도 과학자는 물론 대부분의 사람들은 결정론 시스템에 놀라울 것이 없다고 생각했다. 그들은 R-예측 불가능성(진정한 A-예측 불가능성에 기반을 두지 않았다면)이 원칙적으로 항상 극복될 수 있다고 가정했다. 뿐만 아니라 초기 조건을 측정하는 데 있어 소수점 뒷자리를 몇 개 늘려 정확도를 조금 높이기는 쉽지만 결정적인 영향을 미치지는 못한다고 하였다. 그들은 정확성을 더 높이는 것이 더 정밀한 근사값을 얻게 해주지만 놀라움을 주지는 못한다고 여겼다.

다시 말해 그들은 수학이 그러한 근사값을 허용하는 유연한 함수를 통해 사물을 설명할 수 있어야 한다고 생각했다.

물론 많은 경우 이렇게 '놀라움을 배제하는' 가정은 옳다. 우주 궤도의 움직임이 그 좋은 예다. 몇 년 전, 우주과학자들은 목성 및 해왕성의 위성과 보이저호 사이의 랑데부에 대해 놀라울 정도로 정확하게 예측했다. 문제는 그 가정이 모든 결정론적 시스템에서 옳다고 여겨지는지 아닌지다.

예를 들어 날씨를 생각해보자. 장기간의 일기예보는 상당히 신뢰성이 떨어진다. 단기간의 일기예보조차도 틀릴 가능성이 상당히 높다. 1987년 10월, 영국 BBC의 일기예보 아나운서 마이클 피쉬가 악명을 얻는 일이 발생했다. 허리케인이 영국 남부를 강타하기 몇 시간 전에 "허리케인이 없을 것이다"라고 예보했기 때문이다. 기상학이 진정한 과학이 아니라고 말하는 이유는 그 때문이다.

하지만 기상학자들의 생각은 다르다. 그들은 물리학 이론을 적용해 바람과 날씨를 지배하는 일반적인 원리를 알아낸다. 이러한 원리는 수학적인 방정식으로 표현될 수 있다.

기상학에서 사용하는 것은 미분방정식이다. 이런 미분방정식은 한 측량값에서의 변수와 다른 측량값에서의 변수를 서로 연관시킨다. 예를 들어 압력의 변화가 밀도에 어떤 영향을 미치는지, 밀도의 변화가 압력에 어떤 영향을 미치는지 설명한다. 기상학자들은 기압 등의 데이터를 가지고 방정식을 이용하여 기상 조건이 순간순간 어떻게 변하는지 계산한다. 어떤 순간의 방정식의 결과는 다음번 인풋에 피드백을 주고, 이러한 과정이 무한대로 반복된다. (마찬가지로 미분방정식은 6장에서 설명한 자아평형을 이루는 연결주의 네트워크의 계속적인 가중치 변화를 설명한다.)

따라서 시작점에서 사용된 기상 조건의 측정값이 부정확하다면 날씨 예측은 부정확할 수밖에 없다. 이는 너무도 당연하다.

과거에 사람들은 기상관측 기구, 연구 장비, 인공위성 등의 기구가 발달하면 더 정확한 기상예보가 가능해질 것이라 믿었다. 하지만 최근 기상학자들은 믿을 만한 장기간의 일기예보는 영원히 불가능하다고 주장한다. 초기 조건을 충분히 알고 있다고 확신할 수 없기 때문이다. 이는 시스템이 초기 조건을 감지하는 데 있어 인간의 가정보다 훨씬 더 민감한 데서 연유한다. 말하자면 피지에 있는 나비의 날갯짓 한 번이 캔자스에 돌풍을 일으킬 수 있다.

이 관점은 '카오스 이론'이라는 수학의 한 분과를 통해 입증할 수 있다. (여기서 '이론'이라는 단어는 새로운 규칙성을 발견했음을 나타낸다.) 하지만 기상학 분야의 최초 예측 중 몇몇은 1961년의 우연한 발견에서 유래했다. 바로 프로그램 설계에 비교적 단순한 방정식을 이용한다 하더라도 소수점 몇 자리가 큰 차이를 만든다는 것이다.[2]

한 물리학자는 컴퓨터에 기상-시스템을 만들어 전날의 종료 시점에서 시작해 계산을 반복하도록 했다. 첫째 날 컴퓨터가 출력한 내용에는 그날의 기상 조건과 관련된 수치들이 나와 있었다. 그는 이 수치들을 다시 컴퓨터에 입력해 둘째 날의 시작점으로 삼도록 했다.

그는 이 데이터를 가지고 방정식을 운용하도록 했다. 그런데 몇 차례의 반복 이후 도출된 곡선이 그 전날의 곡선과 조금씩 차이나기 시작했다. 그리고 얼마 지나지 않아 완전히 달라졌다. 그렇게 되자 첫 번째 곡선을 근거로 두 번째를 예측할 수 없게 되었다. 동일한 방정식에 의해 도출된 것이라 짐작할 수도 없을 정도였다. (예기치 못한 결과는 예측 불가능성에서 비롯된 것이 아니었다. 무작위 요소가 있는 미분방정식도 있기는 하지만, 여기서 사용된 방정식들은 그렇지 않았다.)

대체 무슨 일이 벌어진 것일까? 컴퓨터의 연산은 소수점 여섯 번째 자리까지 항상 정확했다(이는 메모리에 저장되어 있었다). 하지만 인쇄지에 공간이 부족해 마지막 세자리가 생략되었다. 메모리에 저장된 첫째 날의 수치 '0.506127'은 '0.506'으로만 출력되었다. 그래서 둘째 날에는 '0.506'만 컴퓨터에 입력되었으며 컴퓨터는 이를 '0.506000'으로 기록했다. 만분의 1 차이는 대개 컴퓨터가 무시할 수 있을 정도의 값이다. 하지만 이 경우에는 그렇지 않았다.

위의 수학적 사례는 결정론적 시스템 중 일부가 초기 조건의 작은 변수에도 매우 민감하기 때문에 특수한 경우 R-예측 불가능해진다는 사실을 잘 보여준다. 앞으로 그러한 예측 불가능성을 '나비(Butterfly)-예측 불가능성' 또는 'B-예측 불가능성'이라고 부르겠다. 소수점 한 자리를 더했는데 방정식의 실제 연산 결과, 더하기 전과 다른 값이 도출되는 시스템은 B-예측 불가능하다고 볼 수 있다.

이 결과값은 (일반 법칙에 의해 예측되거나 추산되는 것과 반대로) 실제로 연산을 해보아야만 알 수 있다. B-예측 불가능성은 인풋의 사소한 편차로 인한 차이가 특정 범위로 한정될 것인지 미리 알 수 없는 특성이 있기 때문이다. 또한 인풋 편차가 작아진다고 해서 결과의 차이도 작아진다고 할 수 없다. 달리 말하자면, 나비 날개는 강력한 (그리고 항구적인) 증폭 효과를 내지 않는다. 나비의 날갯짓이 항상 토네이도를 유발하는 것은 아니다. 만약 항상 토네이도를 발생시킨다면 세상의 모든 나비를 관찰해 기상 변화를 예측할 수 있을 것 아닌가. 하지만 반대로 나비의 날갯짓과 장기적인 결과 사이의 관계는 매우 가변적이며 초기 조건에 매우 민감한 영향을 받는다.

카오스 이론에서 B-예측 불가능한 시스템은 '복잡하다(complex)'고 여겨진다. 복잡하다는 말은 전문용어다. 날씨와 달리 모든 카오스 시스템이 모든 면에서 복잡한 것은 아니다. 예를 들어 흔들리는 추 위에 또 다른 추를 얹는 것은 보통 매우 단순한 시스템으로 본다. 하지만 특정 초기 조건이 주어진 경우 추의 움직임은 B-예측 불가능할 수 있다. 즉, 카오스적인 것이다. 마찬가지로 (물리학자가 아닌 수학자가 만들어낸) 매우 단순한 방정식으로 정의된 관념 공간이 매우 '무질서하게(chaotic)' 변할 수 있다. 인풋값을 아주 조금 변화시켰을 뿐인데도 방정식은 완전히 다른 결과값을 도출할지 모른다. 요컨대 우리는 명백히 단순한 공간 탐색만으로도 연거푸 놀라운 결과를 얻을 수 있을지 모른다.

반대론자들은 이렇게 말할 것이다. "모든 결정론적인 시스템이 그러하듯 카오스 시스템도 원칙적으로는 예측 가능하다. 따라서 B-예측 불가능성과 R-예측 불가능성을 굳이 구별할 필요는 없다."

하지만 이러한 주장은 현실을 가린다. 소수점 네 번째 자리가 (아니면 백 번째 자리가) 갑자기 유의미한 차이를 산출한다면, 과학자들은 완전히 새로운 상황에 놓이기 때문이다. 과학자들은 해당 시스템이 어떤 결과값을 내놓을지 대략적으로도 알아낼 수 없다. (따라서 '무질서한 복잡성'은 위에서 정의한 '혼돈'과 다르다.) 피지에 있는 나비의 날갯짓이 캔자스에 참사를 유발할 수 있다면 장기적인 기상예보는 오로지 신만이 할 수 있다. 인간 과학자는 R-예측 불가능성뿐 아니라 B-예측 불가능성에서도 벗어날 수 없다.

과학자들이 B-예측 불가능성에 완전히 무릎을 꿇었다고 생각하는 사람이 있을지도 모르겠다. 카오스 이론은 기상학이 과학일 수 없음을 선언하는 듯 보인다. 하지만 우리는 '카오스' 뿐 아니라 '이론'이라는 단어에도 주목해야 한다.

B-예측 불가능한 시스템 연산에서 더 놀랍고 심오한 규칙성이 발견되었다. 이 새로운 수학적 구조는 예전에는 불가능했던 차원 높은 예측을 할 수 있게 해준다. 그것은 구름이나 태풍에 그치지 않고 상당히 총체적인 예측을 내놓는다. 카오스 이론은 현재 유체역학, 항공공학, 집단생물학, 발생학, 경제학, 심장박동 연구를 비롯한 수많은 분야에 적용된

다. 과학적 맥락에서 보면 창세기에서와 달리 '카오스 규칙성'은 모순되는 용어가 아니다.

카오스 규칙성의 흥미로운 사례 중 하나로 '주기 배가(Period Doubling)' 현상을 들 수 있다. 주기 배가란 한 조건에서의 작은 증가가 시스템 전체의 근본적인 변화를 이끌어내는 현상을 말한다. B-예측 불가능한 행위의 확장이 규칙적인 진동 패턴을 낳는다. 이 패턴은 (증가가 계속됨에 따라) 카오스에 또다시 갑작스럽게 끼어들어, 다시 새로운 진동 패턴의 구조를 크게 변경시킨다. 이 과정이 계속 반복되는 것이다. 새로운 진동 패턴은 이전 단계의 단순 방정식 패턴이다(진동파의 '길이'는 각 단계마다 반감한다). 수학적 카오스 이론은 원칙적으로 주기 배가가 무한으로 반복될 수 있으며, 소규모 패턴이 끊임없이 발생할 수 있음을 증명한다.

주기 배가는 단순히 수학적으로만 흥미로운 현상이 아니다. 이는 (컴퓨터 연산을 통해) 유체역학 실험실에서나 심장학 연구 같은 다양한 과학 이론의 귀결임이 증명되었다.

카오스 이론과 관련된 또 다른 수학적 개념은 '이상한 끌개(Strange Attractor)'다. 이상한 끌개란 시스템의 행위가 이상적인 패턴에 점점 가까워지되 결코 거기에 도달하지 못하는 현상을 말한다. 이 끌개는 한 번 지나간 곳을 다시 지나지 않으면서도 전체적으로는 어떤 질서에 따라 움직이는 것처럼 행동한다. 모든 주기는 동일한 방정식에 의해 생성된다. 각각은 모두 새로운 주기이며, 이전 및 이후 주기와 근삿값을 갖는다. 그러나 정확히 일치하는 경우는 없다.

이 대목에서 카오스 이론을 두뇌에 적용할 수 있을지 의문이 떠오른다. 만약 창의적 사고와 관련된 두뇌처리 과정이 카오스 이론과 관련되어 있다면, 창의성의 어떤 특성은 B-예측 불가능할지 모른다. B-예측 불가능성은 창의적인 아이디어를 실질적으로 예측할 수 없는 이유를 설명해준다. 하지만 동시에 창의적 사고 과정 내에 생각지도 못했던 종류의 규칙성이 있을지도 모른다는 가능성을 제시한다.

지금까지 우리에게는 이 의문을 해소할 만한 증거가 부족했다. 뇌신경에 카오스 이론을 적용할 수 있을지도 모른다는 가능성은 연역 과정에서 배제할 수 없다. 전부는 아닐지라도 수많은 시스템에서 카오스 복잡성은 우리가 익히 알고 있는 의미에서 복잡하며, 이는 인간의 두뇌에도 마찬가지로 적용된다. 게다가 카오스 시스템에서는 한순간의 아웃풋이 다음 순간의 인풋으로 작용한다. 그리고 대뇌피질 신경망에는 피드포워드(feedforward) 회로와 피드백(feedback) 회로가 있다(여기서 피드포워드 회로란 실행 전에 결함을 예측하고 행하는 순환신경을 말한다). 하지만 신경과학에 대한 카오스 시스템의 구체적인 검색 능력은 아직 탐구할 과제가 많이 남은 미지의 영역이다.

몇몇 신경생리학자들은 두뇌의 카오스적 신경 활동이 세포망의 특정 활동 유형 반복을 막아준다고 주장한다. 즉, 그 덕분에 우리가 소리나 냄새 같은 감각 패턴을 학습하고 상기할 수 있다는 것이다.[3] 바꾸어 말하자면, 신경 카오스는 이따금 세포망을 '흔들고 뒤섞어서' 더 다양한 범위의 감각 패턴을 학습할 수 있도록 해주는 무작위화 장치와도 같다. 이 주장이 옳은지는 아직 분명치 않다. 모든 신경과학자들이 이 주장을 받아들이는 것도 아니다. (6장에서 볼츠만 기계에 대한 내용을 다루면서 살펴보았듯 신경과학자들은 신경 네트워크에 무작위 과정이 관련되어 있는지 논의하기 위해 카오스 이론을 사용할 필요가 없다.)

만약 카오스적 두뇌 프로세스가 존재한다면 이는 창의적 사고와 어떤 관련이 있을까?

우리의 뇌에 '이상한 끌개'가 존재한다면 세포들은 (또는 세포집단은) 동일 상태가 반복되지 않으면서도 잇따라 가까워지는 활동을 할 수 있을 것이고, 그렇다면 끊임없이 새로운 아이디어를 생성할 수 있을 것이다. 하지만 이러한 효과가 창의성에 기여할 수 있을지는 의심의 여지가 있다. 어떤 아이디어와 이전 아이디어 사이의 차이가 근소할 뿐이라면 그 과정에 무작위성이 충분하지 못할 것이므로 별다른 쓸모가 없을지 모른다. 모름지기 창의적인 아이디어라면 새로워야 할 뿐 아니라 놀라움을 주어야 하지 않겠는가.

주기 배가가 더 적합한 사례일지도 모른다. 연상의 장(場)이 작은 변화에 의해 갑작스러운 구조 변경을 겪으면 더욱 심화된 참신한 아이디어를 이끌어낼 수도 있다. 이전의 시스템-행위 순환주기에서는 생성할 수 (또는 근접할 수) 없었던 아이디어 말이다. 이러한 구조 변경은 괴테가 말했던 것과 같은 내성적 자기보고의 바탕이 되었는지도 모른다(괴테는 《젊은 베르테르의 슬픔》을 집필하기 전 그 내용을 2년 동안이나 머릿속으로만 생각하고 있었다). 그는 한 친구에게 자살을 생각하는 순간 젊은 베르테르의 슬픔에 대한 구상이 떠올랐다고 말했다. "전체 그림이 한꺼번에 떠올랐지. 물병에 담긴 물이 빙점에 다다르면 작은 충격만으로도 순식간에 얼음으로 변해버리듯 순식간에 생각들이 견고한 덩어리로 변했다네."[4]

그러나 위 주장은 매우 불확실하다. 하지만 그 안에 몇 가지 진실이 담겨 있다고 가정하면 그중 무엇을 믿어야 할까?

세렌디피티, 동시성, 무작위성, R-예측 불가능성 이외의 또 다른 개념을 가지고 새로운 아이디어들이 종종 비원칙적이고 색다른 방식으로 갑자기 튀어나오기도 한다는 사실을 설명해보자. 수학적 카오스에 대한 B-예측 불가능성의 관점으로는 창의성을 설명할 수 없다. 그 이유는 일상적인 카오스의 관점으로 창의성을 설명할 수 없는 이유와 동일하다.

예측 불가능한 새로운 아이디어는 높은 수준의 안정된 생성 원리 맥락에서만 유용하다. 이 원리는 관련된 특정 관념 공간을 정의하고 새로운 아이디어에 대한 탐험을 할 수 있게 해준다. 조성(調性)에 공을 들이는 작곡가, 원자가와 분자 구조를 알아내려고 머리를 짜내는 화학자들을 생각해보라. 손가락으로 정면을 가리키고 있는 곡예사의 팔을 그리는 화가는 또 어떤가. 이 사람들은 모두 우리가 살펴봤던 제약들에 영향 받는다.

생성 원리의 창의적인 변형만 하더라도 그 자체가 제약이 된다. 생성 원리를 변형시키려면 새롭고 가치 있는 관념 공간에 길을 내줘야 하기 때문이다. 새로운 관념 공간의 구조는 분명 예전의 구조와 관련이 있다. 새로운 미적 공간과 이전 미적 공간의 관련성을 찾을 수 있는 방법을 제시해줄 때만 양배추로 인간의 머리를 표현할 수 있다. 초현실주의가 그 예다.

이러한 문제를 카오스 이론으로는 설명할 수 없다. 여기서 말하는 높은 수준의 창의적 원리의 상대적 안정성은 B-예측 불가능성과 대립한다. 위에서 잠정적으로 제시했듯 카오스 행동에 있어 깊이 있는 규칙성이 창의적인 변형과 관련 있는지 아닌지는 확실하지 않다. 규칙성이 창의적인 변형의 바탕이 될 수는 없는 것은 당연하다. 작곡가가 화성 제약을 계획적으로 탐험하기 위해서는 간헐적·무의식적으로 재구성된 카오스 시스템이 아니라 훈련된 자기성찰이 필요하다.

무엇보다도 카오스 이론은 과학에서 창의성을 '해방시킬 수' 없다. 카오스 이론은 우리의 과학적 이해를 파괴하는 것이 아니라 증가시킨다. 물론 카오스 이론이 과학이 무엇인지에 대한 기본적인 생각을 변화시키기는 했다. 라플라스(Laplace)는 자신이 우주에 존재하는 모든 입자의 위치와 운동량을 안다면 미래를 모두 예측할 수 있다고 생각했다. 18세기 후반 라플라스가 상상했던 시계장치 우주 개념은 1960년대까지 이어졌다. 하지만 이제 우리는 양자 불확실성뿐 아니라 카오스의 복잡성도 고려해야 한다.

창의성의 심리학에 나비효과와 같은 일이 수없이 벌어진다면, 이는 우리가 생각했던 것보다 훨씬 더 어려워질 것이다. 유체역학도 마찬가지다. 창의성은 과학과 잘 어울릴 수 있다.

예측 불가능성에 대해 마지막으로 한 가지 더 짚고 넘어가야 할 것이 있다. 사람들은 대부분 예측이 과학의 주된 관심사라고 생각한다. 이것이 바로 '예측 불가능성'과 '과학'의 관계를 부정적으로 생각하게 만드는 이유가 된다. 하지만 과학은 예언이 아니다. 과학이 관심을 기울이는 것은 구조화된 가능성이지 사실이 아니다. 과학은 과거 사실과 반대되는 미래 사실에 초점을 맞추지 않는다. 과학의 주된 목적은 어떤 일이 일어날지 알려주는 것이 아니라 그러한 일이 어떻게 일어나는지 설명하는 것이다.

우리가 일어날 일에 대해 일부를 예측하고 때로는 조정하기도 하는 것은 과학적 설명의 '부작용'이다. 그런데 이러한 과학적 부작용은 매우 유용하다. 과학의 기술적인 응용이나, 모든 실험적인 방법이 이에 의존하기 때문이다. 하지만 예측은 과학 이론의 필수 요소가 아니다. 다윈은 미래에 어떤 새로운 종이 나타날지 예측하지 못했다. 그의 이론은 단지 진화가 어떻게 이루어지는지 설명했을 뿐이다(그와 동시대를 살았던 사람들은 대부분 진화가 일어난다는 사실은 짐작했지만 그 방식은 알아내지 못했다).

과학을 이해함으로써 얻을 수 있는 다른 혜택은 관심을 기울이는 분야에서 특정한 일이 왜 일어났는지를 설명할 수 있다는 점이다. 의사가 환자의 신장결석 원인을 설명할 수 있다 해도 발병을 예측할 수는 없을 것이다. 마찬가지로 문학평론가가 콜리지의 물뱀 묘사를 설명할 수 있을지라도 콜리지의 노트를 보고 물뱀 묘사 방식을 예측할 수는 없을 것이다.

한마디로 과학은 R-예측 불가능성, B-예측 불가능성, (역학물리학에 따르면) A-예측 불가능성과 같은 불확실성으로 가득 차 있다. 하지만 이러한 이유로 과학을 그만둘 필요는 없다. 과학이 진정으로 하는 일은 예측이 아니기 때문이다. 과학의 역할은 뱀과 물뱀에 대한 묘사를 해석하는 것이지 그것을 예측하는 것이 아니다. 어떻게 창의성이 가능한지 이해하고 싶은 사람이라면 인간의 창의성이 (컴퓨터가 만들어낸 창의성 역시) 놀라움으로 가득하다는 사실을 기쁘게 받아들여야 한다.

10장

비범한 사람 vs 평범한 사람

'하지만 모차르트는 다르잖아!' 물론 그렇다. 축구 도박으로 수십억을 버는 것과 한 끼 식사 값 정도를 버는 것도 다르다.

삶에서 행운의 역할은 저녁 메뉴를 샌드위치에서 스테이크로 바꾸어 주는 것이 아니라 그 야망과 형태 및 자유에 근본적인 변화를 일으키는 것이다. 축구 도박으로 큰돈을 버는 사람은 새로운 기술을 개발하고 익숙하지 않은 관념 영역에 들어가보아야 한다. 항해하는 법을 익히고 새로 구입한 피카소의 작품을 제대로 감상하는 데도 노력이 필요하다. 자선단체에 기부하는 경우에도 전에 없이 복잡하고 새로운 문제가 생길 수 있다. 하지만 축구 도박으로 돈을 버는 데 특별한 재능이 필요한 것은 아니다. 타고난 눈치와 순발력만 있으면 그만이다.

모차르트와 우리같이 평범한 사람들 사이의 차이는 초자연적이거나 비현실적인 힘인가? 아니면 큰돈과 한 끼 식사 값의 차이인가? 이들 중 하나가 다른 하나에는 없는 기회와 문제의 공간을 만들어내는 것인가?

꼬집어 말해 모차르트의 천재성은 우리 모두가 가지고 있는 계산주의적 도구, 즉 인간의 정신을 유난히 능숙하게 이용한 덕분인가?

신비주의 '이론'과 영감주의 '이론'은 역사적으로 뛰어난 창의적 사람들과 평범한 사람들을 구분한다. H-창의적인 통찰의 순간과 H-창의적인 사람은 평범함과 거리가 멀다고 여겨진다. H-창의적인 사람들이 새로운 아이디어를 떠올리는 데는 신의 도움은 물론이고 직관이라는 특별한 힘이 필요하다는 것이다. (P-창의적인 사람은 여기에 해당되지 않는다.)

위의 두 이론 같은 신화적 접근은 H-창의성에 대한 사람들의 자기성찰적 해석에 의해 뒷받침된다. 이미 2장에서 살펴보았듯 위대한 예술가와 과학자들은 자신의 머릿속에 홀연히 등장한 H-창의적 아이디어를 자주 언급한다. 하지만 그들이 말한 홀연한 등장은 전혀 갑작스러운 것이 아니었을지도 모른다. 그리고 의식적으로 설명할 수 없어 보이는 것에 생각보다는 의식이 더 많이 관여할 수도 있다.

예를 들어 무언가를 알아차리는 일상적인 현상을 생각해보라. 무언가를 알아차리는 것과 그것을 어떻게 알아차리는지 알아차리는 것은 매우 다르다. 무언가를 알아차린 과거의 경험을 떠올려보거나 다음에 무언가를 알아차리는 경우 주의를 기울여보라. 그리고 자신의 생각과 관련이 있는 사실이라면 의식적인 것이든 무의식적인 것이든 최대한 자세히 서술해보라. 매우 어려울 수도 있다. 만약 그렇다면 알아차림이라는 일상적인 일이 '통찰'만큼이나 신비로워 보일 수도 있다.

마찬가지로 어떤 사물이 당신에게 무언가를 떠올리게 했다고 말하거나 또는 처음과 마지막 아이디어 사이의 빠진 연결고리를 자세하게 묘사하는 것은 쉽지 않을 것이다. (BORIS 프로그램에서 사용하는 것과 같은 개

념을 이용해 설계한 '떠올리기 프로그램'을 통해 이와 관련된 처리 과정을 설명할 수 있다.)[1]

그러한 어려움은 이때 작용하는 무의식적 영향력이 겉으로 드러나 있지 않다는 데서 기인한다. 의식적인 생각이라 해도 모두 기억할 수 있는 것이 아니고 그에 대한 사람들의 보고를 항상 신뢰할 수 있는 것도 아니기 때문이다. 예를 들어 다음 구절로 시작하는 리머릭을 지을 때 머릿속에 지나가는 모든 생각들을 하나하나 다시 떠올린다고 해보자. '브링턴에 젊은 여인이 있었다.'

아마도 떠오르는 생각이 별로 없을 것이다.

순식간에 지나가는 생각, 특히나 구체적인 모든 심상을 포착하기란 쉽지 않다. 물론 일반적으로 사람들은 그렇게 할 생각조차 하지 않는다. 이것이 바로 직관 혹은 영감이라는 개념이 매우 흥미진진한 이유다. 사람들은 자신들의 의식적인 생각을 세세히 포착하려 하지 않는다. 그리고 설사 시도하더라도 잘해내지 못한다.

자기성찰에 실패하는 주된 이유는 연습 부족이다. 우리는 값진 결과를 낳으려면 어떻게 자기성찰을 해야 하는지 배운 적이 없다. 누군가에게 '생각을 입 밖으로 내어 말하라'고 시킨다 해도 그다지 흥미로운 결과를 얻지 못할 것이다. 하지만 사람들에게 어떻게 그렇게 하는지 알려준다면 도움이 될 것이다. 심리학자 퍼킨스는 창의성에 대한 논의에서 다음과 같은 6가지 원칙을 제안했다.[2]

1. 머릿속에 무엇이 떠오르든 말하라. 직감, 추측, 대략적인 아이디어, 이미지, 의도를 숨기지 마라. (이는 브레인스토밍이나 수평사고에도 좋

은 방법이다.)

2. 가능하면 말을 멈추지 말고 계속하라. 최소한 5초에 한 번씩은 무언가를 말하라. "아무것도 생각나지 않아" 같은 말이라도 괜찮다.
3. 들릴 수 있게 말하라. 목소리가 작아지지 않도록 주의하라.
4. 원한다면 짤막하게 끊어도 좋다. 문장을 완벽히 다듬거나 유창하게 하려고 애쓸 필요 없다.
5. 지나치게 설명하거나 정당화하지 마라. 평상시에 하는 것 이상으로 분석하지 마라.
6. 과거의 일을 애써 설명하지 마라. 한동안 생각하던 것이 아니라 지금 떠오른 생각을 말로 표현하는 습관을 들이고 그 생각을 묘사하라.

한번 해보자! (이번에는 "트랄리에 한 젊은이가 살고 있었다"로 시작하는 이야기를 완성할 수 있을 것이다.) 이전 자기성찰 연습보다 머릿속에서 더 많은 생각이 일어나고 있음을 보고하게 될 것이다(연습을 많이 할수록 더욱 그럴 것이다).

요컨대 무의식에서 일어나는 과정이 중요하긴 하지만 무수히 스치고 지나가는 의식적 생각 또한 관련이 있다. 그것들이 거의 보고되지 않는다는 사실은 중요치 않다.

자기성찰에 의해 보고되는 창의적 사고를 신뢰할 수 없는 또 다른 이유가 있다. 자기보고는 창의성에서 '직관'의 역할에 대한 그 사람의 암묵적 이론이나 선입견으로부터 정보를 제공받기 때문이다.

자기성찰은 자신의 머릿속을 들여다보는 것이므로 다른 것들을 들여다보는 행위와 비슷한 기능을 공유한다. 바로 자신이 보게 되리라 기대한 것을 보게 되는 현상이다. 수두가 만연한 곳의 의사는 천연두를 수두로 오진할 가능성이 매우 높다. 사실 선입견 때문에 일어나는 오해의 예는 이것보다 훨씬 심각한 것도 많다.

어떤 실험에서 의대생들에게 목 부분에 주름이 잡힌 흰색 가운을 입고 벽돌로 된 벽에 기대어 있는 아기의 사진을 보여주었다. 사진을 본 학생들은 이 아기에 대해 다양한 진단을 내렸다. 아기가 평화롭게 잠든 것으로 보아 특정 질병은 일단 배제할 수 있겠다고 했다. 딱딱한 벽에 아기를 기대어놓은 것으로 보아 아동학대를 의심할 수도 있지만 깨끗하고 주름이 잡힌 잠옷을 입은 것을 보면 반대로 누군가 잘 돌보고 있다는 결론을 내릴 수도 있다고 하였다. 이 상황을 정확히 판단한 사람은 아무도 없었다.

사실 이 아기는 아픈 것도 잠든 것도 아니라 죽은 것이었다. 아기가 입은 옷은 잠옷이 아니라 병원에서 입힌 수의였다(실제로 학생들은 이 수의를 여러 차례 보았다). 그리고 사진 속의 벽은 병원 영안실 벽으로, 이 역시 학생들이 이미 여러 번 본 적이 있었다. 죽은 아기가 아닌 살아 있는 아기를 보게 되리라는 암묵적 가정이 매우 낯익은 광경도 제대로 판단할 수 없게 만든 것이다.

전문교육을 받은 사람 여럿이 20분 동안 빤한 사진을 들여다보며 토론을 벌이고도 이러한 결과가 나온다면 스치듯 지나가는 자아인식이 불확실한 선입견에 오염될 가능성은 얼마나 높겠는가?

'통찰'은 의식의 사전 통보 없이 돌연히 나타나는 법이라고 굳게 믿고 있다면 자기성찰 시 당신의 통찰은 분명 그렇게 나타날 가능성이 높다. 그리고 통찰이 일종의 무의식적, 그리고 마치 마법 같은 '직관'을 통해 발생한다고 굳게 믿고 있다면 그 원인을 의식에서 찾으려 하지는 않을 것이다. (마찬가지로 타인의 사고 과정을 설명하는 경우 무언가 찾아야 할 '구체적인' 대상이 있다고 믿을 때에 더욱 열심히 찾아볼 것이다. 리빙스턴 로스가 노트를 길잡이 삼아 콜리지의 책과 기록을 이 잡듯 뒤진 것도 콜리지 시의 탄생이 초자연적인 현상이 아니라고 굳게 믿었던 덕분이었다.)

게다가 H-창의적이라고 간주되거나 그렇게 되고 싶어 하는 사람, 그리고 우리 같은 보통 사람과 H-창의적인 사람은 어딘가 다르다는 낭만적 견해를 믿는 사람은 자신의 머릿속에서 의식을 들여다보고 싶은 마음이 없을 것이다. 그리고 원치 않으면 끈질기게 찾지도 않는 법이다.

이 모든 이유를 고려한다면 창의성의 순간을 자기성찰에서 찾는 해석은 액면 그대로 받아들이기 어렵다. 설사 그것이 그 사람의 의식적 경험을 완벽하고 정확히 보고한 것이라고 해도 선입견에 의해 '외부' 인식만큼이나 구조화되었다고 보아야 한다.

기억에도 비슷한 단서조항이 붙는다. 특정 상황에 대한 사람의 기억은 그들이 일반적으로 사실이라 믿는 것, 즉 본인의 가정과 관념 구조에 크게 의존한다는 사실이 여러 심리학 실험을 통해 알려졌다. 쉽게 말해, 한 개인의 관념 공간에 들어갈 수 있는 크기의 항목만 그곳에 저장될 수 있다는 말이다. 그 공간보다 지나치게 큰 것들은 맞을 때까지 쭈그러뜨려 억지로 집어넣게 된다.

따라서 '자기성찰'을 통해 창의적인 통찰을 설명하는 것이 과연 얼마나 믿을 만한지 의심만 더욱 커진다. 이러한 설명 대부분은 자기성찰이 아니라 회고에 의한 것이기 때문이다. 예술가나 과학자는 대체로 자신이 창조하고 있는 대상에만 관심을 쏟느라 그것이 '어떻게' 창조되고 있는지는 신경 쓰지 않는다. 게다가 그 아이디어의 중요성은 일이 끝나고 한참이 지난 후에도 완벽히 깨닫지 못하는 경우가 많다. 그 아이디어를 낸 사람은 그제야 비로소, 어쩌면 대중의 잔소리에 못 이겨, 당시 자신의 의식 세계에서 실제로 무슨 일이 일어났는지 자세한 설명을 준비하기 시작한다. 그렇다면 창의적 사고 과정에 대한 창조자 본인의 선입견 섞인 아이디어가 실제 벌어진 과정에 대한 설명에 영향을 미칠 가능성은 더더욱 높아진다.

예를 들어 콜리지가 〈쿠빌라이 칸〉('꿈에서 본 환상'이라는 부제가 달려 있다)을 짓게 된 과정이라 알려진 이야기는 이 사건에 대한 자기묘사나 기록으로 남겨진 증거와 상충하는 모습을 보인다. 가장 잘 알려진 이야기는 콜리지가 1816년 출판된 이 시에 붙인 서문에 실려 있다. 거기에서 콜리지는 1797년(20년이나 전이다) 어느 날 '잠이 들었고' 몇 시간 동안이나 '적어도 겉으로는 깊은 잠'에 빠져 있었다고 적었다. 그러나 1934년 콜리지의 필체로 된 한 원고가 발견되며 이 시에 대해 조금 다른 견해가 제시됐다. 단순한 '꿈'이나 '잠'이 아닌 '일종의 몽상'을 언급한 것이다. 내부적인 증거를 보면 날짜가 적히지 않은 이 원고는 실제 출판된 시보다 먼저 쓰였다는 것을 알 수 있다. 그것이 그의 작시에 영향을 미쳤다고 알려진 퍼카스의 《순례기》와 비슷하기 때문이다.

이 사례를 논의하면서 퍼킨스는 콜리지가 기억과 창의적 과정에 대한 자신의 이론에서 벗어나지 못한 것은 물론, 누구나 마음만 먹으면 쉽게 확인 가능한 사실들을 정확히 기록하지 못하는 실수를 범했다고 지적한다. 콜리지의 동시대인들은 그의 작품이 저술된 날짜를 믿을 수 없다고 생각했다(오차가 1년 이상 되는 경우도 있었다). 그리고 문학사학자들은 콜리지의 '사실적' 보고를 곧이곧대로 받아들일 수 없는 사례를 다수 손꼽은 바 있다.

그렇다고 콜리지가 사기꾼이나 바보라는 이야기는 아니다. 단지 인간에 불과한 그는 인간 기억에 가해지는 제약의 영향을 받고 때로는 게으름의 유혹에 빠질 수밖에 없었다. 여기에서 중요한 것은 이것이 콜리지 이외의 다른 이들에게도 널리 적용된다는 점이다. 어떤 일이 벌어지고 몇 년 후에 쓰인 기록이라도 흥미로울 수는 있다. 어쩌면 증거로 이용될 수도 있다. 하지만 진리로 받아들여질 수는 없다.

절대적 진리로 받아들여질 수 없는 것이 또 하나 있다. 바로 문제로부터 잠시 떨어져 시간을 갖는 배양 단계에 특별한 종류의 확장된 무의식적 사고가 관여한다는 푸엥카레의 시각이다(이는 창의성을 다루는 작가들에게는 널리 인정받고 있다). 물론 단순한 휴식 이상의 것이 필요하다는 그의 주장은 옳다고 여겨진다(퍼킨스는 이러한 취지에서 몇 가지 실험을 한 바 있다). 그러나 왜 행동에 변화가 일어난 후에야 비로소 애초의 문제를 타파할 수 있는 창의적 통찰이 발생하는지는 여러 가지 이유가 있을 수 있다.

예를 들어 사람의 생각은 하루에도 몇 번씩 현재 직면한 문제를 향한다. 머리를 빗을 때나 설거지를 할 때도 그럴 수 있다. 퍼킨스가 말한 '책상에서 멀어져 있는 시간'이 반드시 '문제로부터 멀어져 있는 시간'은 아니다. 아니면 문제를 해결하려는 찰나 다른 일이 끼어들어 방해를 할 수도 있다. 그러다가 불현듯 떠오른 해결책은 조금 전 떠오르려고 했던 해결책이 이제야 떠오르는 것일지도 모른다. 여기서 등장하는 새로운 해석은 그것이 '배양' 단계에 있던 사고가 아니라 기억 덕분이라는 것이다. 또 다른 해석은 의식적으로든 무의식적으로든 문제에서 멀어져 있는 동안 일종의 힌트를 얻는다는 것이다. 이것은 '배양'이 아니라 세렌디피티다.

잠은 해당 문제에 대한 의식적 생각으로부터 멀어지는 시간을 제공한다. 또한 깨어 있는 상태에서 가해졌던 합리적 사고의 제약이 일부 느슨해지면서 잠에서 깨어남과 동시에 많은 아이디어가 떠오른다.

마지막으로 '이미 상당한 노력을 들인 이런저런 접근법이야말로 앞으로 나아갈 수 있는 올바른 길이 분명하다'는 느낌이 해결책을 차단할 수도 있다. 하지만 이러한 느낌은 다른 일들에 대해 생각하면서 해당 문제를 어떻게 해결해야 할지 걱정을 잠시 멈추면 한동안 약화된다. 그렇다면 때때로 주의를 다른 문제로 돌리는 것이 애초의 문제해결을 도울 수 있다는 주장도 납득할 만하다.

퍼킨스의 말처럼 이 중 어느 것도 특정 배양적 사고가 결코 일어나지 않는다는 주장을 증명하지 못한다. 반대로 그러한 사고가 일어난다는 확실한 증거도 없다. 그리고 문제를 잠시 떠나 있는 것이 왜 때로 도움이 되는지에 대해 수많은 증거로 뒷받침된 해석도 몇 가지 있다. 요컨대 창의성에 일상적 사고와 완벽히 다른 종류의 무의식적 사고가 필요한 것은 아니다.

창의성은 필수적으로 인간의 일상적 능력을 이용한다. 따라서 언어를 알아보고, 보고, 말하고, 듣고, 기억하고, 이해하며, 유추를 인식하는 등 보통 사람이라면 누구나 지니고 있는 이러한 재능은 모두 중요하다. 연속적 표상 수준에서 기존 절차상의 기술을 재묘사하는 능력 또한 중요하다. 그래야 그러한 기술을 다양한 방식으로 변형시킬 수 있기 때문이다. 어린아이들이 점점 더 상상력을 발휘해 '희한한 집'이나 '희한한 사람'을 그릴 수 있는 것도 이 능력 덕분이다. 이미 살펴보았듯 이것보다 더 평범한 것도 없을 것이다.

그러나 무언가가 평범하다는 말은 단순하다는 말과 다르다. 예를 들어 케쿨레가 본 뱀을 떠올려보자.

앞에서 케쿨레가 불가에서 경험한 것이나 버스에서 깨달은 것을 이야기할 때 우리는 너무나 많은 것을 당연히 받아들였다. 그가 어떻게 뱀과 분자 사이에서 유추를 떠올릴 수 있었는지에 대해서는 질문을 던졌지만 애초에 뱀 자체를 떠올릴 수 있는 그의 능력은 전혀 의심하지 않았다. 케쿨레가 뱀에 특정한 공간적 형태가 있음을 볼 수 있고 '자신의 꼬리'를 문 뱀의 모습 또한 알아볼 수 있다는 사실을 우리는 당연히 여겼다. 또한 원자의 '집단'을 구별하고 '긴 줄'이나 '사슬'을 알아보는 그의 능력도 당연시했다. 그가 어떤 원자는 '작고' 어떤 원자는 '크다'는 사실을 알아볼 수 있으리라고 단정 짓기도 했다. 그리고 우리는 그가 뱀들이 '서로 엉키고 배배 꼬이는 것'과 원자가 '움직이는 것'을 보았다는 데에 아무런 의문도 제기하지 않았다.

어떻게 그런 일이 가능했을까? 머릿속에서 어떻게 그런 일이 벌어지는 것일까? 정신에 의존하는 것만으로는 케쿨레의 뱀과 이리저리 움직이는 원자가 어떻게 마음속에 떠오르는지 설명할 수 없다. 실제 뱀을 목격한 것에 대해서도 같은 의문을 제기할 수 있다. 케쿨레가 교외를 산책하다가 꼬리를 물고 있는 뱀을 보았다고 해보자. 그렇더라도 어떻게 그 꼬리를 뱀의 꼬리로 인지할 수 있었는지에 대한 의문이 남는다. 어떤 두 사물이 '유사하다'고 말하려면 둘 사이의 유사성을 인지해야 한다. 마찬가지로 시각적 형태 역시 특정 인지 과정을 거쳐야 한다.

시각적 형태를 인식하는 것은 간단하고 즉각적이다. 우리는 뱀, 달팽이, 눈사람을 '그저 본다.' 하지만 일상적으로 '바라보는 행위'는 심리적인 측면에서 간단하다고 할 수 없다. 따라서 그러한 자기관찰은 우리를 잘못된 길로 이끌 수 있다. '바라보는 행위'는 수준 높은 계산주의적인 연산을 요한다.

뱀을 보고 그것을 심상화하기 위해 케쿨레는 배경과 개체를 분리해 인식할 수 있어야 한다. 점과 선을 추려내고, 그중 선의 연속성과 그 끝점을 인지해야만 한다. (꼬리를 물고 있는 뱀에는 연속성은 있지만 끝 점은 없다.) 또한 '서로 가까이에 놓인' 기다란 열 또는 작은 원자 두 개를 '둘러싸고' 있는 더 큰 원자로 이루어진 '원자군(群)'을 보려면 병렬과 간격을 이해해야만 한다. 그리고 늘어선 열이 얼마나 '긴지' 또는 원자들이 얼마나 '크거나 작은지' 보려면 상대적인 크기를 판단할 수 있어야만 한다.

이것의 해석 과정은 간단하지도 분명하지도 않다. '선'을 찾아내는 것조차도 쉽지 않다. 검정색과 흰색으로 된 줄무늬 넥타이를 매고 있는 사람의 사진 한 장이 있다고 해보자. 줄무늬의 경계선을 인식하기는 쉽다고 생각할지도 모르겠다. 우리는 분명 다음과 같이 말할 것이다. "각 경계는 빛의 강도가 급격히 변하는 점의 연속이다. 한쪽은 밝고 다른 한쪽은 어둡다. 그렇다면 우리는 빛의 강도를 측정할 수 있는 소형 계량기를 이미지에 대고 그 점들을 찾기만 하면 된다."

과연 그럴까. 그렇기도 하고 아니기도 하다. 빛의 급격한 강도 변화를 측정할 수 있는 물리적인 장치는 실제로 필요하며 이미 존재한다. 그런데 문제는 우리가 '선'으로 인지할 수 있는 연속적인 변화 지점이 존재하지 않는다는 것이다. 일반적으로 뱀 같은 물리적 사물의 가장자리나 줄무늬 같은 물리적 표면의 점은 연속적이지도 분명하지도 않다. 연속적인 강도 변화가 나타나는 부분도 있지만 중간 중간 비어 있거나 옆으로 삐져나간 지점도 있다. 그래서 빈틈을 지나쳐 동일선상으로 이어지는 부분과 삐져나간 부분을 식별할 수 있는 장치가 필요하다. 즉, 물리적 현상을 단순히 인식할 뿐 아니라 연산도 할 수 있는 장치가 필요한 것이다.

관찰자가 얼룩말 무늬 융단에 누워 있는 달마시안을 본다면, 선 탐색 장치는 깊이 감지기의 도움을 받아야만 할지 모른다. 달마시안의 검은 점이 얼룩말의 검은 줄무늬 바로 옆에 있다고 해보자. 두 색 사이에는 어떤 차이도 없을지 모른다. 공통 직선(달마시안의 등 윤곽과 얼룩말의 검은 줄무늬가 접한 선)만으로는 문제를 해결할 수 없다.

이때 깊이 감지기가 도움이 될 수 있다. 왼쪽과 오른쪽 눈에 들어오는 이미지는 눈과 대상 사이의 거리에 따라 약간 다르게 보인다. 따라서 두 이미지 사이의 차이를 체계적으로 비교함으로써 어떤 물체가 다른 물체 앞에 놓여 있는지, 즉 깊이-윤곽을 감지할 수 있다. 이를 통해 시각적 시스템은 동일하게 검은 구역의 어느 부분이 개의 몸체 윤곽인지 알아낼 수 있다. 그리고 깊이-윤곽이 검은 부분의 선-구역과 동일선상에 있다면, 그 선-구역은 개의 등을 나타내는 것일지 모른다.

시각적 시스템에는 질감 감지기도 있다. 질감 감지기는 서로 접해 있는 부분의 질감 차이를 인식할 수 있다. 털로 된 융단 위에 털이 있는 달마시안이 누워 있는 이 경우, 질감 감지기는 그다지 도움이 되지 않을지 모른다. 하지만 달마시안이 흰색과 검은색으로 된 장판 바닥에 누워 있다면 이 장치는 장판과 개털의 질감 차이를 명확히 구별할 수 있을 것이다. (6장에서 알아보았듯 이러한 복합적인 제약-충족은 병렬처리에 영향 받는다.)

케쿨레가 줄무늬 덤불과 가지 위에 누워 있는 독사를 보았다면 그는 선 감지기뿐 아니라 깊이 감지기, 질감 감지기가 모두 필요했을 것이다. 동작 감지기 또한 뱀을 인지하는 데 도움이 되었을 것이다. 함께 움직이는 선 이미지는 보통 실제 대상의 윤곽을 나타내기 때문이다. (동물들이 천적을 만났을 때 얼어붙은 듯 꼼짝 않고 있는 것도 이 이유 때문이다.) 요약하자면 엉키고 배배 꼬인 뱀이나 자신의 꼬리를 물고 있는 뱀을 보는 것은 복잡한 연산 과정을 요한다.

일상적인 시각적 해석은 뱀을 보고 벤젠고리를 시각화하는 것뿐 아니라 시각 예술과도 관련 있다. 예를 들어 존 테니얼(John Tenniel)의 복잡한 선화나 AARON이 그린 곡예사 그림을 떠올려보라. 얼룩지고 번진 인쇄물에서 어떻게 개별 선을 확인할 수 있을까? 그리고 어떻게 그 선들을 앨리스가 입은 치마의 밑단 또는 곡예사 팔의 이두박근으로 해석할 수 있을까?

19세기의 인상파 운동을 다시 한 번 떠올려보라. 아니면 피카소가 비교적 사실적인 그림을 그렸던 청색 시대 및 장밋빛 시대에서, 〈아비뇽의 처녀들〉을 그린 입체파 시대를 거쳐 〈만돌린을 켜는 소녀〉를 그린 분석적 입체파 시대를 지나, 1930년대에 이르러 양쪽 눈이 얼굴의 같은 면에 그려진 〈도라마르의 초상〉을 그리기까지 화풍의 변화를 생각해보라. 당시 많은 비평가들은 피카소의 새로운 화풍이 부자연스럽고, 비합리적이며, 따라서 추하다고 비웃었다. 게다가 지금도 여전히 그렇게 생각하는 사람이 있다. 그러나 계산주의 심리학은 예술가들이 직감적으로 포착한 무언가(당시의 과학 이론에 의해 지지 받기도 한)를 이해할 수 있도록 도와준다. 다시 말해 그러한 화풍은 '자연스러운' 시각 구조에 근거한다.

우리가 다른 두 관점에서 동시에 사물을 볼 수 있는 자연스러운 상황은 없다. 인간은 동시에 두 장소에 있을 수 없고, 동시에 다른 두 가지 동작을 취할 수도 없으며, 두 눈이 얼굴 정면에 있기 때문이다. 그래서 우리는 항상 단일한 시점에서 사물을 바라본다. 과학자들은 컴퓨터로 시각을 구현할 때 이 사실을 활용해 해석적 휴리스틱을 설계했다. 생물학적 시각 시스템 또한 우리의 자연스런 시각은 단일 시점을 취한다는 점을 당연시한다.

얼굴의 한쪽 면에 눈이 둘 달린 〈도라마르의 초상〉이 공개되었을 때 사람들이 충격을 받은 것은 당연했다. 이전까지 그런 형상을 본 적이 없으며 현실에서는 앞으로도 볼 일이 없기 때문이다. 우리의 시각기관은 그런 시점을 허용하지 않는다.

하지만 예술가는 현실의 모든 제약을 수용해야 할 필요도 이유도 없다. 어떻게든 이해만 된다면 예술가는 그 제약들을 이용할 수 있으며, 변형시킬 수도, 거기에 도전할 수도 있다. 〈도라마르의 초상〉은 이해할 수 있다(도라마르의 사진을 보면 알아볼 수 있을 정도다). 그림 속 얼굴에 눈이 둘 있기는 하다. 게다가 옆모습의 윤곽을 통해 오똑한 콧날을 확인할 수 있다. 현실에서 그 세 가지를 동시에 볼 수 없을 뿐이다. 화가가 그 세 가지를 한 화폭에 묘사하기로 했다고 해서 우리가 불평해야 할 이유는 없다. 피카소는 우리의 지식과 시각 경험으로는 도저히 이해할 수 없을 정도로 비자연스러운 형체를 그린 것이 아니었다. 정면과 측면이 동시에 보이는 관념 공간을 탐색했을 뿐이다.

마찬가지로 시각적 형태를 기하학적으로 분석한 입체파 화가들에게도 전혀 잘못이 없다. 한데 어째서 피카소는 가장 친한 친구들과 추종자들에게조차 조롱당하고 〈아비뇽의 처녀들〉을 20년 동안이나 작업실 구석에 처박아두어야 했을까? 동료 화가들에게 "자연을 원기둥, 구, 원뿔로 묘사해보라"고 했던 세잔의 조언에 무엇이 잘못되었던 것일까? '기하학적 도형을 이용해 자연을 어디까지 묘사할 수 있을까?'라는 그의 의문은 심미적으로 매우 타당했다.

(과학자들도 그와 유사한 아이디어를 이용해 자연에 접근한다. 공간 형태에 대한 인간의 지각을 '일반적인 원기둥'으로 설명하려 시도한 심리학자들도 있다. 이를테면 그들은 시각 시스템에서 와인 병을 윗부분의 직경이 가느다랗고 길쭉한 원기둥으로 연산처리할 수 있다고 보았다. 또 각설탕은 횡단면이 사각형인 짧고 두꺼운 기둥으로, 뱀은 축이 굽은 아주 길고 얇은 원기둥으로 처리할 수 있다고 본 것이다. 이러한 표상 방식은 몇몇 특수한 응용프로그램에서 사용되고 있지만 널리 받아들여지지는 않고 있다. 이 방식을 이용한다면 구겨진 종이는 어떤 형태로 기록해야 할까?)

인상파 화가들은 '사실적인' 시각 해석에서 벗어나 빛의 입자에 초점 맞추었다. 우리는 모네의 그림을 통해 빛 입자를 인지하는 것과 빛 입자를 통해 표현된 형태를 수련으로 인지하는 것은 서로 구별되는 작용이라는 사실을 깨달을 수 있다. 사실 시각에 대한 컴퓨터 이론은 우리의 시각 인지가 연속적인 표현 단계로 조성되어 있다는 점을 시사한다.[3] 색-입자와 선-구획은 비교적 초기 단계에 인지된다. 관찰자의 현재 위치에 따라 상대적인 물리적 표면을 해석하고 인지하는 것은 그 다음이다. 관찰자는 그 다음으로 3차원 공간에 독립적으로 위치한 고체를 해석한다. 마지막으로 대상의 이름을 확인한다. 인상파 화가들은 우리에게 이 사실을 상기시켜 주고, 우리가 높은 수준의 시각적 해석을 할 수 없을 경우 사물이 어떻게 보일지 알려준다.

인상파 화가들은 자신들의 미술 양식이 시각심리학과 관련 있다는 사실을 잘 알고 있었으며, 그에 대해 상당히 상세하게 토론하기도 했다. 인상파 화가 외에도 과학 이론의 영향을 받은 화가들은 많다. 예를 들어 브리짓 라일리(Bridget Riley)의 작품들은 착시 연구에 근거하고 있다. 쇠라(Seurat)는 물감 색상을 선택할 때 광학 연구 이론을 참고했다. 쇠라가 친구에게 쓴 편지에 그 내용이 나온다. "사람들은 내 그림에서 시를 본다고 하더군. 하지만 나의 작업 과정은 시를 쓰는 것과 전혀 달라. 광학 이론에 내 그림에 대한 모든 것이 담겨 있지."[4]

하지만 창의적인 예술가는 대부분 인간의 정신이 어떻게 작용하는지에 대한 이론적 의문을 무시하고 싶어 한다. 그들은 작품을 창조할 때 자신들의 예리한 통찰력을 암묵적으로 이용하면서도 일상적인 능력은 당연하게 여긴다. 존 메이스필드(John Masefield)는 '요나의 배'를 '굴뚝이 소금에 전 더러운 영국 연안선'과 매끄럽게 대비시키기 위해 음성학이나 언어인지 수업을 굳이 들을 필요가 없었다. 영화 제임스 본드 시리즈의 1편인 〈007 살인번호 Dr. No〉의 감독 또한 심리학 학위는 없었지만 1962년에 극장을 찾은 관객들이 악당의 본거지에서 숀 코너리가 웰링턴 공작의 초상을 응시하는 장면에 주목하리라는 것을 예상했다(웰링턴 공작의 초상은 당시 국립박물관에서 도난 당한 상태였다). 예술에서는 이처럼 은밀한 농담을 흔히 찾아볼 수 있다. 《황무지(The Waste Land)》에 나오는 비유들을 생각해보라. 예술가들이 이런 유희를 즐길 수 있는 것은 그들이 인간의 정신으로 무엇을 할 수 있는지 직관적으로 깨닫고 있기 때문이다.

하지만 심리학자는 아무리 당연해 보이는 인간의 능력이라도 예사로 보아 넘길 수 없다. 오히려 그런 능력을 가능한 한 명확하게 파악하는 것이 그들의 목표다. 인간은 어떻게 무언가를 인식하는가? 어떻게 익숙한 아이디어들을 새로운 방식으로 결합하는가? 기억은 어떻게 이루어지는가? 어떻게 영어로 된 문장을 이해하고 유추를 인지하는가? 계산주의 심리학은 바로 인간의 이런 평범한 능력들의 세부적인 메커니즘을 이해하는 데 도움을 준다.

이런 메커니즘 없이는 창의성(및 창의성의 평가)도 불가능할 것이다. 뉴턴에게서 탁월한 주의력을 빼놓을 수 없고, 이탈리아의 영화감독 안토니오니(Antonioni)에게서 뛰어난 유추 능력을 제외할 수 없다. 마찬가지로 비상한 기억력을 빼놓고 모차르트를 생각할 수 없다.

음악에 관한 한 모차르트의 뛰어난 기억력에는 의심의 여지가 없다. 가령 칸타타를 단 한 번 듣고 전체를 악보에 옮기거나 협주곡 앞부분만 듣고 작품 전체를 구성하는 그의 능력에 관한 일화는 무수히 많다.

물론 그런 이야기들은 신빙성이 없다. 모차르트만큼 창의적인 사람들에게는 신화까지는 아니어도 틀림없이 꾸며낸 일화들이 따라다니기 마련이다. 아다마르(Hadamard)가 인용한 뒤 그의 독자들이 자주 재인용하는 다음의 유명한 글귀도 날조된 것이 거의 확실하다.[5] 모차르트는 아마 이런 말을 하지는 않았을 것이다. "(때때로) 생각이 너무나 자연스럽게 밀려든다. 어디로부터 어떻게 오는 것일까? 이에 관해 나는 아는 것이 없다. 내가 할 수 있는 일도 없다. 그저 기분 좋은 음들이 머릿속에 맴돌며 흥얼흥얼 음악이 되어 입으로 흘러나올 뿐이다. 나는 잘 모르겠지만 어쨌든 사람들이 그렇다고 말한다. …… 터질 듯한 영감으로 나의 영혼이 활활 타오르는 것 같다. …… 세세한 부분까지 완성된 다양한 파트들이 연속적으로 떠오르는 것은 아니다. 하지만 나중에는 내 상상력 속에서 한 편의 온전한 작품이 되어 들려온다."

음악학자들은 1950년대 중반 이후 이 터무니없는 '편지' 내용을 인정하지 않기로 했다. 하지만 25년이 지나서도 여전히 몇몇 작가들이 창의성에 관한 글에 이 편지를 그대로 써먹었다. 물론 내용은 상당히 그럴듯하다. 낭만주의적 관점은 영감주의 관점과도 일치할 뿐 아니라 모차르트에 대한 대중의 우상숭배를 정당화해주기 때문이다. ('어떻게? 왜?'라는 의문이 든다면 "만약 신이 없다면 만들어내기라도 해야 할 것이다"라는 볼테르의 말을 되새겨보라.)

'한 편의 온전한 작품'이 언급된 부분은 특히 그럴듯하다. 모차르트를 비롯해 수많은 H-창의적인 사람들이 실제로 관념 구조 전체를 '단번에' 떠올렸음을 뒷받침하는 증거가 무수히 많아 보이기 때문이다. 날조된 편지 내용처럼 H-창의적인 사람들도 대개 이런 식으로 자기 능력을 설명한다. 시적 상상력에 관한 콜리지의 생각도 이런 유형의 사고에 주목하여 〈늙은 뱃사공의 노래〉를 하나의 건축물로 파악했다. 또한 모차르트가 악곡의 내적 구조와 전체적인 형태를 동시에 파악할 수 있었던 것은 분명하다.

하지만 이것이 뛰어난 예술가들에게만 그런 특별한 능력이 있다는 뜻일까? 아니면 누구에게나 있는 능력을 그들이 고도로 발달시켰다는 것을 의미할까?

지질탐사자는 계곡을 조사할 때 길과 마을들로 이루어진 패치워크로 보는 동시에 빙하층으로도 간주한다. 파티에 자주 가는 사람이나 의상 디자이너는 야회복을 한 번 쓱 보기만 해도 전체적인 특징과 세부적인 디자인을 파악하고 상상해낸다. 〈그 많던 꽃들은 어디로 갔나(Where have all the flowers gone)〉라는 노래를 작곡할 때 단번에 떠올렸을 수도 있다. 그 많던 꽃들과 소년 소녀들이 정말 상상 속에서 함께 춤을 추었을까? 아니면 인간의 정신 속에 연속적인 시구와 그런 이미지가 '거의' 동시에 떠오른 것일까? 어떤 설명이 더 적절할까? 이 노래가 단번에 떠올랐다면 그것이 단지 가사의 추상적인 '순환' 구조를 표현할 수 있다는 뜻일까?

우리에게 여러 계층구조를 동시에 파악하는 능력이 있는 것은 분명하다. 예를 들어 우리는 더 가까이 다가가거나 눈의 초점을 재조정하지 않고도 헤링본 트위드 직물의 패턴(작은 줄무늬가 모여 큰 줄무늬를 이룬 패턴)을 볼 수 있다. 그렇다면 칸타타나 교향곡의 패턴은 물론이고 빙하곡(氷河谷)이나 책 또는 포크송은 어떤가? 정말 이런 풍성한 구조들을 단번에 파악하는 것이 가능한가?

여기서 우리는 또다시 자기성찰 문제에 직면하게 된다. 특정 경험을 설명하는 가장 자연스러운 방식도 의식 속에서 실제로 일어나는 일은 제대로 반영하지 못할 수 있다. 더욱이 우리는 기억의 기본적인 절차도 파악하지 못했다. 또한 계곡이나 포크송을 단번에 파악한다 하더라도 '어떤 종류의 컴퓨터가 이를 가능하게 하는가'라는 의문은 여전히 남는다.

이와 관련하여 5장에서 다루었던 프레임을 생각해보자. 프레임의 표상은 프레임의 전체적인 구조와 각 슬롯에 들어갈 항목들을 식별한다. 일부 슬롯은 채워져 있지 않을 수 있다. 즉 '비어 있음'으로 표시되지는 않지만 정해지지 않은 상태로 남아 있는 것이다. 미리 정해진 기본값에 따라 채워져 있는 슬롯도 있다. 어쨌든 슬롯 없이 프레임을 표현하는 것은 불가능하다. 또한 (순수수학자들은 프레임의 슬롯들을 가능한 한 관념적으로 정의하려고 애쓰기는 하지만) '모든' 슬롯이 정확하게 정해지지 않은 채 비어 있는 일도 매우 드물다. 다른 프레임을 포함하거나 다른 프레임에 방향을 제시해주는 프레임도 있는데 이런 프레임은 계층구조로 나타낼 수 있다. 그리고 여기서도 일부 슬롯과 서브 슬롯들은 채워져 있다. 만약 프레임이 우리 머릿속 컴퓨터 구조와 비슷하다면 때로 '전체' 구조를 파악할 수 있는 것도 전혀 놀랍지 않다.

앞서 언급했던 계획, 스크립트, 주제, 화음 등 추상적 도식들도 마찬가지다. 계획에는 목표, 하위 목표, 선택지점, 장애물, 행위조작자 등으로 나타나는 구조화된 계산주의적 공간이 포함된다. 그렇다면 내일 런던에 가려는 계획 전체가 '통째로' 떠오를 때가 있다는 것이 놀라운가? '판매 예정' 스크립트나 '탈출'이라는 주제는 어떤가? 이런 수없이 다른, 그러나 구조적으로 연관된 아이디어들이 '단번에' 떠오르지 않는가? 앞서 보았듯 맨 처음에 기본음조가 정해지기는 하지만 어쨌든 우리는 멜로디를 들을 때 임시표, 조바꿈, 불협화음 같은 전체적인 조화를 '동시에' 인식하는 듯하다.

이런 평범한 사례들을 통해 우리는 모차르트의 능력이 누구나 할 수 있는 일임을 알 수 있다. 단지 그가 우리보다 더 잘할 수 있을 뿐이다. 우리도 계곡, 야회복, 런던 여행 계획, 포크송 등을 단번에 파악할 수 있다. 모차르트에게는 그 대상이 교향곡이었다.

적어도 음악에 관한 한 모차르트가 누구보다 뛰어난 이유는 그가 관련 구조에 관해 누구보다 방대한 지식을 갖추고 있었기 때문이다. 앞서 살펴보았듯 기억력은 정신 내부의 관념 공간에 다양한 항목을 저장한다. 관념 공간의 구조화가 더 잘되어 있을수록 (그리고 표시가 더 잘되어 있을수록) 더 수준 높은 방식으로 항목들을 저장할 가능성이 높고 각 항목의 특성을 더 빨리 인식할 가능성도 높다. (대체적으로 프레임과 슬롯이 많을수록 구조적으로 위치한 세부 사항들이 더 많다.) 앞에서 보았듯 아이들은 자기가 사용하는 기술을 다양한 수준에서 묘사하고 식별할 수 있으며, 그 결과 상상력이 점점 풍부해진다. 성인의 경우도 이와 매우 흡사하다.

큰 줄무늬와 작은 줄무늬를 동시에 인식할 수 없다면 헤링본 무늬의 옷을 감상할 수 없다. 빙하에 관한 지식이 전혀 없는 사람은 빙퇴석을 식별할 수 없으며, 따라서 그것을 기억하거나 상상할 수도 없다. 조성음악에 관한 지식이 전혀 없는 사람은 포크송의 멜로디를 해석하지 못하며 조바꿈이나 변격종지도 알아채지 못한다. (기술적 용어를 알 필요는 없지만 기억 속에 대략적인 윤곽을 '고정'시키는 데 이름이 도움이 되는 경우가 많다.) 즉, 모차르트의 음악적 기억력이 예외적으로 잘 발달되었다는 사실은 그의 천재성을 말해주는 중요한 측면이다.

여기에서 '천재'라는 단어가 떠오르는 이유가 있다. 모차르트는 오랜 기간 동안 지속적으로 H-창의적인 아이디어들을 내놓을 수 있었던 극소수 인물들의 대표적인 사례다. 셰익스피어나 가우스도 모차르트와 비슷했다. 어떻게 그런 것이 가능할까? 즉 H-창의적인 아이디어들을 지속적으로 내놓을 정도로 뛰어난 P-창의성이 어떻게 가능한 것일까?

(3장에서 우리는 H-창의성은 심리학적으로 설명할 수 없다는 사실을 확인했다. 따라서 반드시 이런 식의 질문을 던질 필요가 있다. 우리가 'H-창의적'이라고 판단하는 것은 다양한 역사적 사건과 그 당시 유행에 큰 영향을 받는다. 사라졌던 원고가 발견되기도 한다. 1980년대에는 알려지지 않았던 모차르트의 악보가 여러 점 발견되었다. 심지어 모차르트가 오늘날처럼 늘 존경의 대상이었던 것은 아니다. 그는 극

빈자들을 위한 묘지에 매장되었고 그의 음악은 몇 년 동안 인기를 모으긴 했지만 이내 비엔나에서 유행에 뒤떨어진 음악 취급을 받았다.)

무엇이 가장 H-창의적인지에 관한 견해는 다양할 수 있다. 예를 들어 나는 어떤 음악가가 모차르트보다 하이든이 더 독창적이며 음악 규칙에 더 과감하게 도전했다고 주장하는 것을 들은 적이 있다. 그의 주장이 옳다면 모차르트의 H-창의성은 근본적인 차원에서 음악 규칙을 깨뜨린다기보다 그 규칙들을 한계에 이를 때까지 (뜻밖의 지점에서 수없이 그것들을 바꾸고 비틀며) 탐험했다고 보아야 한다. 즉 모차르트의 교향곡에 쏟아진 찬사는 디킨스가 명사 하나를 일곱 개의 형용사로 표현했던 탐험의 음악적 버전을 토대로 했다고 말할 수 있다. 우리가 모차르트의 음악을 들으며 크게 놀라고 감탄하는 이유는 그와 관련한 구조적 제약에 그런 가능성이 있다는 사실을 전혀 깨닫지 못하고 있었기 때문이다. 이런 음악적 판단에 동의하기는 하지만 그래도 역시 모차르트가 더 대단한 천재라고 생각하는 사람이 있을 것이다. 그의 작품이 하이든의 작품보다 더 다채롭다는 이유에서, 또는 비록 그가 최초로 시작한 장르는 아니지만 자신의 음악을 통해 그 장르의 엄청난 가능성을 보여주고 있다는 이유에서 말이다.

기존 규칙을 극단적으로 변형시켰든 아니든 당시 유행을 기준으로 판단한 H-창의성 사례에는 반드시 해당 관념 공간의 탐험이 포함된다. 따라서 H-창의성에는 전문 지식이 필수적이다. 규칙을 모른다면 그 규칙을 깨뜨릴 수도, 변형시킬 수도 없다. 더 정확하게는 이런 일들을 체계적으로 할 수 없다는 말이다.

하지만 체계성만으로는 부족하다. 4장에서 살펴본 아인슈타인 카툰에서 아인슈타인은 알파벳 순서대로 공식 체계를 탐험하고 있었다. 따라서 바로 다음에 'e=mc²'을 생각해냈을 것이다. 하지만 'c'를 특별히 주목할 만한 이유가 전혀 없었고 그것을 빛의 속도나 다른 물리학 개념과 연결시킬 만한 고리가 없었다. 따라서 만화 속 아인슈타인은 자기가 찾고 있는 답이 c라는 사실을 전혀 알아채지 못할 것이다. 심지어 일상적인 P-창의성은 영역 관련 방식으로 행해진 체계적인 규칙 파괴와 규칙 변형을 요구한다.

끊임없이 H-창의성을 발휘하는 사람들은 관련 분야에 대한 감각이 우리처럼 평범한 사람들보다 훨씬 뛰어나다. 아마 그들의 정신구조는 우리보다 더 광범위하고 계층이 많을 것이며 체계도 더 효율적으로 세분화되어 있을 것이다. 이를 부정적으로 생각하는 사람도 있을지 모른다. 하지만 그들은 (대개 해당 영역에 한정되지만) 매우 다양한 휴리스틱을 활용한다. 만일 그중 일부라도 알아낼 수 있다면 우리의 현 교육수준은 방법론 면에서 급격히 발전할 것이다. 예를 들어 모차르트의 아주 강력한 탐험 기술 일부를 음악가들에게 가르쳐 그들에게 영감을 불어넣을 수 있을지 모른다.

또한 이런 탁월한 개인들은 다른 사람들보다 훨씬 넓고 복잡하고 수준 높은 공간을 탐험하고 변형할 수 있다. 그들은 우리가 상상조차 하지 못한 가능성을 실현시키기 때문에 어떤 의미에서는 우리보다 더 자유롭다고 할 수 있다. 하지만 그들은 제약에 소홀하기보다 오히려 더 엄격하다. 우리가 속수무책으로 손을 놓고 있을 때, 또는 기껏해야 머릿속으로 동전 던지기나 하고 있을 때 그들은 우리가 볼 수조차 없는 원리에 이끌린다. (우리는 그 원리들이 처음 고찰된 이후 수년이 지나서도 깨닫지 못할 때도 있다.)

음악적 구조를 추상화하고 강력한 탐험 전략을 개발하는 모차르트의 뛰어난 능력은 음악에만 전념했던 그의 일생으로 설명할 수 있다. 아버지에게 음악을 배우던 아주 어린 시절부터 그의 삶은 음악으로 충만했다. 예쁜 소녀들이나 야한 농담을 제외하고는 음악이 그의 유일한 관심사인 듯 보인다(살리에리가 더욱 격분한 것도 이 때문이다).

그렇다고 그가 음악에 단지 관심만 있었던 것은 아니다. 열정도 있었다. 일반적으로 H-창의성에 필요한 전문 기술을 연마하는 데는 동기가 매우 중요하다. 토머스 에디슨의 말처럼 창의성은 '1퍼센트의 영감과 99퍼센트의 노력'이다. 모차르트 같은 사람도 자신의 대표작을 작곡하기까지 12년이 걸렸고 다른 작곡가들도 별반 다르지 않다.[6] 즉 정신구조를 구축하고 그것의 가능성을 탐험하는 데는 엄청난 시간과 뼈를 깎는 노력이 요구된다.

이것은 언제나 힘든 일이다. 베토벤에게도 쉽지 않았다. 설령 쉽다 해도 우리 삶에는 무수히 많은 유혹이 있다. 이런 유혹에 에너지를 낭비하지 않을 방법은 오직 음악, 수학, 의학 등 특정 분야에 전적으로 몰입하는 것뿐이다. 이런 맥락에서 다윈의 건강 염려증은 과학계나 사회적 관계에 기인한 피로, 시간낭비, 분주함 등으로부터 보호막 역할을 했다. 덕분에 그는 집에서 '쉴' 때에도 전혀 쉬지 않고 끊임없이 진화에 관한 아이디어들을 발전시키고 다듬을 수 있었다.

때로는 정서적 투자(어떤 문제, 사람, 개념 등에 대해 강력하고도 치열한 감정적 연대감을 갖게 되어 그것을 둘러싼 이슈들과 변화 가능성에 대해 강한 관심을 갖는 수준에 다다른 상태-옮긴이)가 순수한 기쁨의 순간을 선사하기도 한다. 프랑스 물리학자이자 수학자인 앙드레 앙페르(Andre Ampere)가 일기에 썼듯 수학적 해답(아직 증명은 아님)을 흘깃 본 것만으로도 '기쁨의 비명'이 나온다. 분명 다윈의 정서적 만족감은 이보다는 덜 극적이었을 것이다. 하지만 어쨌든 만족은 만족이다.

모차르트에게는 창의적인 아이디어가 쉽게 떠오른 것처럼 보인다. (불쌍한 살리에리!) 또한 그는 다윈보다 훨씬 사교적이었다. 그럼에도 불구하고 모차르트는 자기가 선택한 분야에 전적으로 몰입했다. 창의성은 결코 쉽게 얻을 수 있는 것이 아니다.

어떤 때는 엄청난 대가를 치르고 나서야 얻게 되기도 한다. 훗날 H-창의적이라 인정받은 아이디어도 처음에는 그 사람에게 기쁨보다 오히려 괴로움만 잔뜩 안겨주기도 한다. 쾨슬러는 대표적인 예로 산욕열 예방법(분만 과정에 참여하기 전에 손을 깨끗이 씻음)을 알아낸 19세기 헝가리 의사 이그나즈 제멜바이스(Ignaz Semmelweiss)를 들었다. 제멜바이스는 그의 주장에 반대하는 의사들에게 외면당하고 결국 정신병원에서 생을 마감했다. 그는 다음과 같이 적었다.

> 인정받지 못하고 묻혀버린 비극적 사례가 얼마나 많은지, 얼마나 많은 사람들이 절망과 좌절로 시들어갔는지 몇 가지 충격적인 사례를 제외하고는 기록도 통계도 없다. 과학의 역사는 유명한 혁명가들의 판테온이며, 그 지하에는 혁명에 실패하고 이름 없이 저물어간 이단아들의 카타콤이 있다.[7]

이런 인물들이 내놓은 아이디어들은 잠재적으로 H-창의성을 내포하고 있었지만 사람들은 그것을 인정해주지 않았다. 오히려 그들에게는 경멸, 가난, 외로움이 돌아갔다. 이처럼 그들이 견뎌야 하는 비참한 현실을 고려할 때 특정 분야에 한정된 몰입은 매우 특별한 것임이 틀림없다.

이러한 몰입에는 열성적인 관심뿐 아니라 자신감도 포함된다. 타인의 비난을 무릅쓰고 참신한 아이디어를 좇으면서도 실수에 연연하지 않으려면 자아존중감이 필수적이지만 그런 노력이 반드시 당대에 결실을 맺게 되리라는 보장은 없다. 널리 인정받는 규칙을 깨뜨리거나 변형시키려면 확신이 있어야 한다. 하물며 사람들의 회의적인 태도나 비난에도 굽히지 않고 자기확신을 밀고 나가려면 더 많은 것이 필요하다.

여기에 '창의적인 천재'라는 낭만적인 신화는 좀처럼 도움이 안 된다. 오히려 서서히 파괴적인 영향을 미칠 때가 많다. 스스로 선택받은 소수에 속한다고 믿는 자신감 넘치는 사람들에게는 이것이 도움이 된다. 아마 베토벤이 수많은 어려움을 극복할 수 있었던 것도 이 덕분일 것이다. 하지만 이런 신화는 그런 믿음이 없는 사람들의 자존감을 갉아먹는다. 창의성이 매우 드물고 특별한 능력이라고 믿는 사람은 교육이나 꾸준한 노력으로 창의적인 인물 대열에 합류할 수 있다는 희망을 품지 못한다. 이미 합류했거나 영원히 하지 못하거나, 둘 중 하나다.

창의성, 재능, 지능에 관한 전반적인 아이디어들은 대체로 같은 방식으로 사람들의 용기를 꺾는다. 타고났든 그렇지 않든, 둘 중 하나다. 아무리 노력을 해도 평범함을 벗어날 수 없다면 무엇 때문에 굳이 노력하겠는가? 이런 관점에서 보면 그토록 많은 사람들이 잠재적인 능력이 있음에도 불구하고 P-창의성조차 발휘하지 못하는 이유를 확인할 수 있다.

반면 창의성이 누구에게나 있는 평범한 능력과 숙련된 전문 기술을 바탕으로 한다고 믿는 사람들의 태도는 전혀 다르다. 이들은 자신이 합리적인 수준의 P-창의성을 발휘할 수 있다고 믿으며 어쩌면 H-창의성도 발휘할 수 있을지 모른다고 기대한다. 이들은 가장 큰 기대가 좌절되었을 때조차 자신의 상상력 범위를 상당한 수준으로 향상시킬 수 있다.

지능에 관한 계산주의적 관점에도 이런 가능성이 있다. 실제로 이 관점은 현재 여러 나라에서 활용되고 있는 교육 방식, 즉 시무어 페퍼트(Seymour Pepert)가 개발한 아동용 프로그램 '로고(LOGO)'로 구체화되었다. 로고의 목표는 다섯 살 정도의 아이들이 자기비판 능력을 키우고 분석 기술을 개발하도록 하는 것이다.[8] 먼저 아이가 집, 사람, 나선형 등을 그리는 방법을 간단한 프로그램으로 작성하여 거북이 로봇에게 입력한다. 거북이 로봇이 제대로 된 집을 그리지 못하면, 어린이는 자기가 작성한 프로그램에 문제점이 있다는 사실을 깨닫는다. 그런 다음 문제점을 발견하여 수정한다. 페퍼트는 아이들이 이런 과정을 통해 자기 생각을 분석하는 요령을 터득하며 실수를 바로잡을 만큼 자신감을 얻는다고 주장한다. 또한 그의 동료는 고도 장애아들에게 나타난 놀라운 결과를 보고하기도 했다.[9] (교육적 측면에서 로고의 효율성 문제는 아직 미지수로 남아 있다. 로고 지지자들의 가정과 달리 일부 학자들은 위와 같은 아이들의 능력 향상을 다른 유형의 사고에 일반화시킬 수 없다고 주장하기 때문이다.)[10]

자신감을 강조하고 있음에도 불구하고 페퍼트가 사용하는 컴퓨터 개념들은 인지적('지능적') 문제에 초점이 맞춰져 있다. 이 책에서도 마찬가지다. 동기에 관한 컴퓨터 이론은 이야기의 이해를 다룬 7장에서만 언급했다. 지금까지 인간의 정신에 참신한 아이디어가 떠오르는 과정에 대한 의문을 제시했고, 우리가 그런 문제에 관심을 보이는 것을 당연시했다. 이처럼 동기를 가볍게 다룬 것은 참신한 아이디어가 어떻게 떠오르는지가 나의 주요 관심사이기 때문이다.

나보다 더 심오한 이유를 떠올리고 있는 사람이 있을지 모르겠다. 대부분의 사람들이 그렇듯 동기와 감정은 당연히 계산주의 심리학의 범위에서 벗어난다고 말이다. 동기와 동기에서 비롯된 목적은 인간 행위의 원인이며 성격 및 자아와 밀접한 관련을 맺고 있다. 감정은 이성의 반대로서 우리로 하여금 생각 없이 행동하게 하고 때로는 하지 않아도 좋을 행동을 하게 만들기도 한다. 인간의 이런 특성은 컴퓨터 용어로 어떻게 설명할 수 있을까?

정답은 상충될 가능성이 있는 다양한 목표를 가진 지적 생물이라면 무엇에게든 이러한 현상이 나타난다는 것이다. 그러한 생물은 성공을 거둘 가능성을 최대화하기 위해 자신의 활동을 조정하고 자신의 여러 목적을 서로 화합시킬 줄 알아야 한다. 여기에서 지능이라는 말에는 감정이 포함되어 있다. 다양한 활동을 통합하는 데 감정이 매우 중요한 역할을 하기 때문이다. 그리고 생물이 추구하는 목표가 다양하고 복잡할수록 행동을 조직하는 데 더 수준 높은 구조(예를 들어 개인의 기호, 도덕적 법칙, 심지어 자아상 등)를 필요로 할 것이다.[11]

예를 들어 긴급성과 중요성을 갖춘 목표들은 지금 하고 있는 행동이 무엇이든 관계없이 가장 우선시되어야 한다. 호랑이를 만나면 도망쳐야 한다. 진화를 거치면서 인간은 그것이 정말 호랑이가 맞다는 확신이 들 때까지 기다리지 않는 법을 배웠다. 만약 조상들이 그런 본능을 발달시키지 않았더라면 인간은 현재 존재하지 않을 것이다. 만약 그 호랑이가 박제였다면 순식간에 바보가 될 수도 있고, 만약 그가 낭떠러지 근처에 서 있었다면 즉각적이고 자동적인 반응이 참담한 결과를 가져올 수도 있다. 간혹 본능이 아니라 논리에 따른 행동이 이 사람을 구할 수도 있다. 그러나 목표를 추구하는 그때그때의 행동이 본능에 의한 반사적 행위의 방해를 받은 덕분에 지금과 같은 인류가 존재할 수 있었다.

동물과 매우 유사했던 우리 조상에게 논리적 사고는 어차피 불가능했을 것이라는 사실은 잠시 접어두자. 생각을 하는 데는 시간이 걸린다. 그런데 우리에게 부족한 것이 바로 시간이다(응급 상황에는 더욱더 그렇다). 요컨대 공포는 단순한 감정이 아니다. 그것은 자기방어를 위해 진화한 계산주의적 메커니즘이다.

불안은 우리로 하여금 더 많은 다른 가능성을 탐색하고 고려하게 만드는 반면, 확신은 즉각적인 성공을 맛보지 못하더라도 현재의 생각을 지속하게 해준다. 전형적으로 불안은 컴퓨터 과학자들이 '너비 우선 탐색(BFS: Breadth-First Search)'이라 칭하는 것으로 이어진다. 너비 우선 탐색은 하나의 해법 경로에서 다른 곳으로 끊임없이 이동하는 기법이다. 반면 확신은 특정한 해법 경로를 차분하고 단호하게 따라가는 '깊이 우선 탐색(DFS: depth-first search)'을 선호한다. 두 기법 모두 성공 가능성에 관한 판단에 의존하는데, 이러한 판단력은 그 문제에 내재된 어려움뿐만 아니라 그 사람의 자아상과도 관련이 있다. 응급 상황에 대한 추측과 달성하지 못한 목표의 중요성 정도도 불안에 영향을 미친다.

두려움과 마찬가지로 불안과 확신은 인간이 아닌 동물에 있어서도 진화해왔다. 정신적 서치트리에서 해답이 다른 동물들이 갈 수 있는 곳보다 더 멀리 있다면, 혹은 지나친 확신 때문에 일관된 사고를 하는 인간의 능력을 과도하게 이용한다면 불안과 확신은 우리를 오도할 수 있다(그러니 우리는 불안에 떨며 이리저리 마음을 바꾸는 대신 처음 결정을 고집했어야 했다). 어떤 경우든 비현실적인 자아상은 가장 적합한 행동 전략도 차단해버릴 수 있다. 자신의 지적 능력이나 결단력 같은 개인적 특성을 오판하는 사람은 직면한 과업을 너무 빨리 포기하거나 성공 가능성이 없는 일을 계속 고집할 수 있다.

어려운 문제를 해결한 후 솟구치는 기쁨을 느끼는 것도 기능적 메커니즘의 일부로 간주될 수 있다. 이러한 기쁨은 사람(혹은 동물)이 보여준 끈기에 대한 보상이 되며 이제 다른 활동을 할 수 있도록 사고를 자유롭게 풀어주는 역할을 한다. 그러나 때로 이것은 인간의 머릿속에서 역기능을 하기도 한다. 사람에게는 특정한 문화적 환경 안에서 충족되어야만 하는 서로 다른 가치가 있기 때문이다. 모차르트는 거의 평생 동안 창의성과 사회적 인정이라는 두 가지 만족을 모두 누렸다. 하지만 제멜바이스는 그렇지 못했다. 혹시 창의성의 즐거움에 가치를 조금만 덜 두었더라면 그럭저럭 행복하게 지냈을지도 모르겠다.

이렇게 개략적인 설명만으로는 모차르트를 비롯해 다른 누구의 동기에 대해서도 자세히 알지 못한다. 오늘날 동기에 대한 계산주의적 이론은 커다란 붓으로 대강 그려놓은 것에 불과하다. 호기심을 자극하는 가설 몇 가지(그리고 감정 용어에 대한 체계적 분석 약간)를 내놓기는 했지만 이를 뒷받침하는 상세한 계산주의 모델을 개발하지는 못했다. 심지어는 한 가지 목표의 달성 방법을 설명하는 것조차 어렵다. 그러니 급속도로 변화하는 이 냉혹한 사회에서 상충하는 목표들을 어떻게 다루어야 하는지 완벽히 설명하기란 현재의 우리로서는 불가능하다. 그러나 이것이야말로 동기적 구조가 필요한 이유다. SF 시리즈물 〈스타트렉〉에 등장하는 감정이라고는 없는 스팍(Spock)이 진화적으로는 발생할 수 없는 존재라는 것이다.

스팍과 달리 모차르트는 근본적으로 우리와 비슷하다. 그러나 그의 동기와 전념하는 자세만큼은 남달랐다. 대부분의 사람은 가끔씩 재치 있는 농담을 하는 것 말고는 평생 H-창의적인 생각을 내놓지 못한다. 자신감과 평균 이상의 전문성이 있다 하더라도 우리에게는 다른 할 일이 많지 않은가. 평범한 삶을 사는 사람들, 즉 고용주, 배우자, 자녀, 부모, 친구 같은 타인의 우선순위에 의해 좌우되는 일상을 사는 사람들은 창의적인 활동에 자신을 고스란히 바칠 수가 없다. 모차르트가 특별한 것은 그가 그렇게 했기 때문이다.

'분명 전문성과 전념이 전부가 아닐 거야. 따지고 보면 살리에리도 음악에 일생을 바치지 않았어? 모차르트는 다른 방면으로도 분명 특별한 점이 있었을 거야.' 아마 이렇게 생각하는 사람도 많을 것이다.

어쩌면 그 말이 맞을 수도 있다. 어쩌면 모차르트의 두뇌 속에는 음악적 질서를 골라내는 데, 혹은 그것들을 탐험하는 데 유독 효율적인 무언가가 있었을지도 모른다. 수학이나 미술적 재능과 같이 음악적 재능 역시 어느 정도 타고난다는 증거가 있으니 말이다.[12]

물론 모차르트 같은 신동에게는 일찌감치 어른들이 큰 보상을 하고, 몇 시간씩 연습을 하라고 장려하기 때문에 평범한 다른 아이들보다 기회가 더 많은 것이 사실이다. 하지만 '평범한' 아이들조차도 적절한 교육을 받기만 하면 상당한 수준에 오를 수 있다. 이러한 예를 모차르트보다 앞서 살았던 비발디의 사례에서 찾아볼 수 있다. 그는 몇 년간 베니스의 고아원에서 아이들에게 음악을 가르쳤다. 이 불쌍한 아이들 중 상당수가 자라서 훌륭한 음악가가 되었으며, 이 고아원 음악회에서 많은 아이들이 비발디의 어려운 곡들을 훌륭히 연주해 베니스 전체에 소문이 나기도 했다.[13]

그럼에도 불구하고 일부 선천적인 요인은 필요한 관념적 구조를 개발하는 데 도움을 줄 수 있다. 심지어 어떤 구조는 이러한 요인 없이는 접근이 불가능하기도 하다. 만일 그렇다면 아무리 훌륭한 교육을 받고 혼신을 다해 그 일에 전념하더라도 모차르트가 될 수 없다. (물론 우리 대부분은 살리에리의 능력이 조금만 있다 해도 충분히 행복할 것이다. 그의 음악도 여전히 우리에게 감명을 주니 말이다. 모차르트의 음악에 대해 아주 잘 알고 있는 한 친구는 어느 날 우연히 라디오를 틀었다가 처음 들어본 아름다운 모차르트의 음악을 듣고 매우 반가웠다고 한다. 그런데 알고 보니 그것은 살리에리의 작품이었다.)

실제 존재한다고 가정하더라도 이러한 선천적 요인이 무엇인지는 알려져 있지 않다. 그것이 무엇이든 초자연적인 능력은 아니다. 그리고 거의 확실히 그것은 우리 모두가 가지고 있는 메커니즘의 조금 더 효율적인 버전일 것이다. 본질적으로 다른 무언가가 아니라는 말이다.

예를 들어 단기 기억력은 우리 두뇌에 관해 누구나 잘 알고 있는 꽤나 '따분한' 사실 몇 가지에 의존하고 있다. 그러나 우수한 단기 기억력에 대한 심리학적 관련성은 아마 그리 따분하지 않을 것이다.

7장에서 재즈 즉흥연주에 대해 이야기할 때 서로 다른 계산주의적 능력이 가진 문법은 단기 기억력에 서로 다른 부담을 준다는 사실을 짚어 보았다. 따라서 단기 기억력이 더 우수한 두뇌는 복잡한 특정 구조들을 조금 더 이해하기 쉽게 만들어줄 수 있다. 그러면 음악가가 새로운 코드 진행을 즉석에서 만들어낼 수 있을 뿐만 아니라 주어진 코드 진행을 연주하는 방식 또한 지어낼 수 있다. 이것으로 왜 특별히 음악적 구조만 선호되는지를 설명할 수는 없다(음악과 수학적 능력이 함께 나타나는 경우가 종종 있다는 사실을 언급할 필요는 있겠지만). 하지만 그것이 보기 드문 음악적 능력의 기초를 이루는 구조적인 요인 중 하나일 수도 있다.

다른 요인들이 도대체 무엇인지는 아무도 모른다. 어쩌면 특정 뉴런 무리의 특정 유형의 '연결' 방식 때문일 수도 있다. 하지만 어떤 유형이? 그리고 어떤 무리가? 아니면 특정 화학물질이나 신경전달물질 함량이 유달리 높아 멀리 떨어진 뉴런 간 연결을 쉽게 만들어주는 것은 어떤가? 우리 두뇌가 일반적인 사고나 기억을 어떻게 가능케 하는지 더 많은 사실을 밝혀내기 전까지는 모차르트의 두뇌가 어떻게 남들과 달랐는지 제대로 된 질문을 던질 자격조차 우리에겐 없다.

모차르트의 정신, 곧 그가 작곡할 때 사용한 구조 생성 전략도 마찬가지다. 일상적 활동에 대해 더 많은 것을 이해할수록 모차르트를 이해할 가능성 역시 높아진다.

마지막으로 분석하건대 어쩌면 우리는 결코 일상적인 창의성을 이해할 수 없을지도 모른다. 과학자들은 결코 모든 과학적 의문에 답할 수 없을 것이다. 이 문제를 해결하려면 음악학자들의 도움이 필요하다. 하지만 음악학자들이 아무리 열심히 노력한다 해도 오페라, 교향곡, 실내악에 담긴 모든 음악적 구조를 규명할 수 없다. 그렇다고 반드시 모차르트의 천재성이 본질적으로 미스터리, 즉 메커니즘이 아닌 속설이라 볼 수는 없다. 모차르트가 수수께끼의 인물일 수는 있다. 하지만 어쨌든 그도 사람이었다.

11장

인간과 꽃등에

여름날 휴일의 해변을 떠올려보자. 파도가 춤추듯 올라오고 선베드가 파도에 끌려 내려간다. 조수가 높아질수록 선베드는 점점 육지 쪽으로 밀려 올라간다. 사람들은 수위보다 높은 곳에 있을 때에만 안심하고 일광욕을 즐길 수 있다. 자신의 영토가 더 이상 침범당하지 않을 것을 알고 있기 때문이다.

과학의 역사 또한 이와 유사한 패턴을 보인다. 과학 이론의 진보는 인간중심주의를 후퇴시킨다. 코페르니쿠스, 다윈, 프로이트는 안이한 믿음을 격파시키는 데 성공했다. '지구가 우주의 중심이다.' '인간은 신의 형상대로 창조되었다.' '인간은 근본적으로 이성적인 존재다.' 이러한 '자기미화'라는 선베드는 르네상스 이후 수차례 뒤로 밀려났다.

인간의 창의성은 합리성보다 훨씬 해변에서 떨어져 있는 선베드다. 영감주의자들과 낭만주의자들은 자신들이 과학이라는 파도로부터 안전하다고 확신하면서 그 주위를 하릴없이 어슬렁댄다. 하지만 그들의 자신감은 과연 타당한 것인가? 때로 높은 파도는 해변을 모두 집어삼킨다. 그러면 사람들은 선베드를 버리고 달아날 것이다. 과연 창의성은 불가침의 영역인가?

위에서 인용한 세 가지 지적 혁명은 그 이전까지 인류가 고수했던 달콤한 믿음이 그릇된 것이었음을 증명했다. 지구중심설, 창조론, 합리적인 자기통제에 대한 믿음은 하나씩 나가떨어졌다. 현대 과학자들이 창의성은 환영에 불과하다고 주장한다면 창의성도 이들과 운명을 같이하게 될 것이다.

하지만 과학은 그런 주장을 하지 않는다. 앞 장에서 창의성이 존재한다는 사실을 알아보았다. 과학의 한 분야인 심리학은 창의성을 부정하지 않는다. 오히려 창의성을 설명한다.

그러나 그것만으로는 충분하지 않다. 사람들은 창의성을 설명하려는 시도 때문에 그 가치가 손상될까봐 두려워한다. 잠시 컴퓨터에 대한 생각은 접어두라. 창의성에 대한 과학적인 설명이 그 가치를 떨어뜨리라는 믿음, 두뇌-정보처리 관점에서 창의성을 설명하려는 시도조차 창의적 사고에 대한 경의를 훼손시킬지 모른다는 믿음 말이다.

이런 태도는 과학이 경이로움을 몰아낸다는 일반적인 믿음에서 주로 나온다. 경이로움은 창의성과 매우 밀접한 관련이 있다. 창의성의 정의에 따르면 모든 창의적인 아이디어는 가치 있다. 사람들은 창의적인 아이디어를 마주했을 때 숨 막히는 놀라움과 기쁨을 경험한다. 물뱀과 벤젠고리는 사람들을 매혹시킨다. 바흐, 뉴턴, 셰익스피어의 창의성에서 느끼는 경이로움을 없애려는 시도는 창의성 자체를 부정하는 것만큼이나 악질적이라 여겨진다. 그래서 사람들은 창의성에 대한 과학적 이해를 희망이 아닌 위협으로 간주한다.

이런 종류의 반과학적인 편견은 그다지 새롭다고 할 수 없다. 시인 윌리엄 블레이크도 이런 구절을 남기지 않았는가. "신이시여, 단일한 시각과 뉴턴의 잠에 빠지지 않게 해주소서." 또 다음과 같은 글도 남겼다.

> 유럽의 학파와 대학들로 눈을 돌린다
> 로크의 베틀이 보인다, 씨줄과 날줄이 제멋대로 날뛴다
> 뉴턴의 바퀴에 씻겨 내려가는 베틀: 검은 천
> 무거운 화관을 덮은 모든 국가: 잔인한 일들
> 내가 본 많은 바퀴들, 폭군 같은 톱니가 달린 바퀴 없는 바퀴
> 서로에 대한 강요로 움직이는, 에덴동산에서는 그렇지 않다,
> 에덴에서는 바퀴 안의 바퀴가 조화와 평화 속에 자유롭게 회전한다.

이 시에는 산업혁명과 기계공장에 반대하는 내용이 담겨 있다. 하지만 '뉴턴의 바퀴'는 과학의 바퀴일 뿐 아니라 기술의 바퀴다. 블레이크는 기계 자체뿐 아니라 기계가 인간의 문화를 변화시키는 방식에도 반대했다.

그렇다고 그가 중세 우주론의 수정 구슬(바퀴 안의 바퀴)에 대한 믿음을 선언한 것은 아니었다. 블레이크는 알렉산더 포프(Alexander Pope)가 다음처럼 선언하도록 만든 과학적 열의에 대항한 것이었다. "신께서 '뉴턴이 있으라' 하시매 빛이 생겼다." 블레이크에게 뉴턴의 빛은 단일한 시각만을 가능케 하는 것이었다. 자유나 조화 같은 자연과학에 의해 다루

어지지 않는 주제들은 서서히 내리막길을 걷거나 무시당했으며, 심지어 암묵적으로 부정되기까지 했다.

과학은 블레이크의 공격에 대항하면서 급속히 발전했다. 새로운 이론과 수많은 사실을 퍼뜨렸다. 하지만 당시에도 과학적 세계관에는 한계가 있었으며, 지금도 여전히 남아 있다.

어떤 회의론자들은 유머라는 무기를 사용한다. 1930년대에 디킨스는 당시 막 걸음마를 딛던 영국과학진흥협회(British Association for the Advancement of Science)를 조롱했다. 사람들은 우스개로 영국과학진흥협회의 약자인 BASS를 '영국 바보(British Ass)'라 부르기도 했다. 1960년대 반체제 문화운동에 참여한 테오도르 로자크(Theodore Roszak) 같은 반과학주의 작가들은 재치는 부족했지만 열정만은 충만했다. 그들은 블레이크와 마찬가지로 자유에 대한 과학의 기계론을 부정하고 비판한다(비판론에 대해서는 나중에 얘기하도록 하자). 그리고 구체적으로 그들은 신학적 교리가 아니라면 종교적인 경외 혹은 경이로움으로 회귀하는 것이 답이라고 주장했다.

19세기 런던의 주간 문예평론지인 〈애서니엄(Athenaeum)〉에 글을 기고한 누군가는 이를 간단하게 설명했다. 그는 1834년 몇몇의 과학자 명사들과 함께 역마차를 타고 에든버러에서 열린 영국학술협회의 모임에 간 적이 있었다. 다음은 그가 경험한 일을 적은 내용이다.

우리는 체비엇 힐스(Cheviot Hills)를 넘어서 스코틀랜드에 들어섰다. 그곳의 풍광은 모두의 관심을 끌었다. 그러나 함께 여행하던 사람들은 모두 협회의 회원이라는 사실을 증명이라도 하려는 듯 각자의 전문 분야에 대해 열성적으로 떠들어대기 시작했다. …… "과학이 낭만을 파괴했다." (체비 체이스(Chevy Chase) 들판은 반응을 거의 얻어내지도 못했다.) 지질학자는 그 지역을 대표하는 퍼시 언덕의 풍경을 보며 그것이 이차 퇴적층에 속한다고 말했다. 이에 질세라 수학자는 그것이 기울어진 경사면이라고 말했고, 통계학자는 그 지역에서 벌어진 전쟁과 대학살에 대해 장광설을 늘어놓았다.

살다 보면 이들처럼 편협한 과학적 시각에 사로잡힌 사람들을 만나는 일도 있다. 이런 사람들은 자신의 전문 분야에서는 지식이 출중할지 모르지만 역사에 무지하고 풍경의 아름다움은 보지 못한다. 우리는 또한 추악한 예술가들도 종종 만난다. 하지만 과학에 의한 낭만주의 사상의 파괴는 필연적인 귀결일까?

물론 때로는 그럴 수 있다. 과학은 미신적인 낭만주의와 기본적으로 반대 입장에 있다. 여기서 미신이란 창의성에 대한 영감주의적이고 낭만주의적인 이론들을 말한다. 인간이 느끼는 경이로움이 무지, 오류, 환상에 기초한다면 우리는 이해라는 빛으로 어둠을 밝힐 필요가 있다.

하지만 과학은 새로운 유형의 경이로움으로 우리를 이끌 수 있고 이는 쉽게 파괴되지 않는다.

한번은 엔지니어인 친구가 자신이 매우 어렸을 때 원 모양에 완전히 매료된 적이 있었다는 이야기를 했다. 그는 동전, 병뚜껑, 깡통 등 동그라미 모양의 물건을 모아 장난감 통에 보관했고 다양한 크기의 동그라미들을 그리곤 했다. 어느 날 그의 부모님들이 그에게 원하는 크기의 원을 마음대로 그릴 수 있는 도구가 있다고 말했다. 친구는 그 말에 굉장히 감탄하며 그 경이로운 물건을 선물로 받고 싶어 했다. 그는 이 도구가 자기 형태를 자유자재로 변형시킬 수 있어서 장난감 통에 있는 모든 물건과 똑같은 형태로 바뀔 수 있을 것이라고 생각했다.

그가 받은 것은 컴퍼스였다. 그는 굉장히 실망했다. 컴퍼스가 마술을 부릴 수는 없었기 때문이다. 컴퍼스의 기능은 따분할 정도로 단순해서 어린아이도 간단히 사용할 수 있었다. 친구는 어린 시절의 환상이 산산이 부서진 그때의 충격적인 사건을 지금까지도 잊지 않고 있다.

이제 그는 컴퍼스가 훌륭한 도구이며, 컴퍼스에 포함된 수학적 원리가 무엇인지 잘 알고 있다. 컴퍼스의 단순성(이는 표면적으로 다양한 사건을 만들 수 있다)은 바로크 시대의 혼란이 경이로움의 필수적인 표식이라고 생각하는 사람들에게만 '따분할' 따름이다. 블레이크조차도 이를 믿지 않았다. 앞에 인용한 시에 나온 '조화'에 대한 그의 생각을 보라.

우리는 1장에서 미스터리를 수수께끼와 비교했다. 물리학, 화학, 분자생물학은 이미 많은 미스터리들을 수수께끼로 변화시켰고, 문제를 해결했다. 이제는 심리학의 도움을 받아 인간과 다른 동물의 미스터리한 행동이 어떻게 가능한지 과학적으로 이해할 수 있게 되었다.

어떤 경우 인간은 새로운 과학적 이해에 대해 내 친구가 어렸을 적 컴퍼스를 받고 느낀 충격과 유사한 반응을 보이기도 한다. 다시 말해 새로이 밝혀진 과학적 단순성은 경이로움을 몰아내며, 놀라움을 느끼는 감각을 마비시킨다. 그리고 잔인한 과학적 사실만을 남긴다.

예를 들어 꽃등에를 떠올려보자. 꽃등에는 날아다니는 도중 다른 꽃등에를 만날 수 있다. 짝짓기를 하려면 같은 공간에 있어야 한다. 꽃등에들은 어떻게 공중에서 서로 만날 수 있을까.

꽃등에가 인간처럼 공중에서 우연히 동료를 마주친다고 생각하는 사람이 있을지도 모른다. 동료를 발견하면 바로 비행 방향을 전환하고, 동료가 갑자기 다른 쪽으로 이동하면 비행경로를 조정한다. 감상주의자라면 보잘것없는 꽃등에의 놀라운 힘을 묘사하듯 자연의 경이로움을 상세히 설명하려 할 것이다. 아무리 냉정한 사람이라 해도 그러한 의견에 공감할지도 모른다. 하지만 꽃등에의 사회생활 방식에 대한 이런 가정은 잘못되었음이 밝혀졌다.

관찰 결과 꽃등에는 동료를 만나기 위해 지적 능력을 발휘하여 융통성 있게 경로를 찾는 것이 아니었다. 꽃등에의 비행경로는 아주 간단하고 확고한 규칙에 의해 결정되었다. 곤충의 뇌는 특정한 시각적 신호를 구체적인 육체 활동의 반응으로 변형한다. 꽃등에의 방향 전환은 매 순간 목표 꽃등에를 향한 접근 각도에 달려 있다. 실제로 꽃등에는 항상 눈앞에 보이는 목표물(그것이 꽃등에든 그렇지 않든)의 크기와 속도가 자신과 같다고 생각한다. 그래서 새로운 비행경로를 따르기 시작할 때, 부정확한 이 가정을 바탕으로 방향 전환 각도를 정한다. 게다가 일단 비행을 시작하면 경로를 도중에 조정하지 못한다. 목표물의 움직임에 대한 피드백을 사용하지 못하는 것이다.

이러한 사실은 비행 도중에 동료를 만나는 꽃등에의 행동과 인간의 능력이 유사하다고 여겼던 사람을 실망시킨다. 꽃등에의 지능에 대한 신비성과 놀라움이 완전히 사라진 것이다.

물론 누군가는 간단한 컴퓨터 메커니즘을 가능하게 하는 진화론적인 원리에서, 혹은 꽃등에가 제 기능을 제대로 할 수 있게 만드는 생화학에서 컴퍼스에서 느낄 수 있는 것과 같은 아름다움을 보기도 할 것이다.

하지만 꽃등에의 비행을 의인화해서 설명할 수 없다. 우리가 진화와 곤충의 신경생리학을 경이롭게 여기더라도 꽃등에의 미묘한 정신세계는 더 이상 놀라움의 대상이 아니다.

꽃등에의 지능을 부정하는 것이 곧 인간 정신을 부정하는 것으로 이어질까 두려워하는 사람이 많다. 하지만 그것은 잘못된 생각이다. 꽃등에의 정신세계는 우리가 상상한 것만큼 경이롭지 않았다. 곤충의 지적 능력에 대한 경이는 무지한 감상주의에서 비롯된 것이었다. 하지만 사고 과정을 대상으로 한 컴퓨터 연구는 인간의 정신이 우리가 생각했던 것보다 훨씬 복잡하고 미묘하다는 사실을 보여줌으로써 그에 대한 경이로움을 증가시킬 수 있다.

4장과 5장에서 케쿨레가 뱀을 보고 분자 고리를 떠올릴 수 있었던 경우의 수가 얼마나 많을지 떠올려보라. 6장에서 헤엄치던 빛나는 물뱀을 만들기 위해 콜리지의 머릿속에서 그려졌던 유추 지도를 생각해보라. 이는 선장의 회고록, 여행자들의 이야기, 과학 보고서 등을 바탕으로 한 것이었다. 7장에서 그럴듯하면서도 문법적으로 정교한 이야기를 지은 컴퓨터 프로그램의 복잡한 정신 작용을 생각해보라. 재즈 프로그램처럼 상대적으로 간단한 컴퓨터 원리도 (컴퍼스를 통해 그렇게 할 수 있듯) 놀라울 정도로 풍부한 결과를 생성할 수 있다. 과학의 한 분야인 심리학은 이와 같은 사례들과 관련된 정신적 과정을 밝혀냄으로써 인간의 정신이 얼마나 훌륭한지를 이해할 수 있도록 도와준다.

물론 시인과 소설가에게는 미묘한 심리에 대한 직관적인 감각이 있을 것이다. 기억에 대한 프로스트의 통찰력 있는 설명과 정신적인 연상 작용에 대한 콜리지나 리빙스톤 로스의 이야기를 생각해보라. 프로이트 같은 이론심리학자들 또한 일상적인 꿈이나 극적인 이야기 속의 상징성을 파헤치기 위해 비슷한 통찰에 의존한다. 하지만 그러한 개념은 과학적인 정확성보다는 문학과 직관의 영역으로 남아 있다. 더욱이 프로이트조차도 자신이 설명한 정신 과정의 복잡성 정도를 과소평가했다. 이연 현상을 설명한 쾨슬러 역시 마찬가지였다.

이미 과학에 의해 설명되었다는 이유로 더 이상 창의성의 경이로움에 놀라지 않는 것은 마치 '컴퍼스의 오류'를 저지르는 것과 같다. 친구가 어렸을 때 품었던 일시적인 불만은 비논리적이고 불필요한 것이었다. 그는 여전히 인공적 형태의 아름다움을 갖춘 원에 가치를 둔다. 하지만 컴퍼스를 손에 쥔 사람이라면 누구나 완벽한 원을 만들 수 있게 해주는 기저의 수학 원칙 또한 올바르게 인식하고 있다. 그는 얻었지 잃은 것이 아니다.

과학적 심리학은 우리가 모차르트를 듣고 감탄하거나, 심지어는 할아버지의 농담을 듣고 미소를 지을 수 있는 여지를 남겨준다. 지질학적으로 아무리 연구가 많이 되어 있다고 해도 체비엇 힐스가 변함없이 장대해 보이고, 체비 체이스가 가슴 찡한 것처럼 심리학은 시의 문학적 가치를 훼손하지 않는다. 그렇다. 심리학은 오히려 물뱀을 만나거나 벤젠고리 이론을 맞닥뜨렸을 때 느끼는 경외심에 새로운 차원을 더해주었다.

다윈도 생물학에 관해 비슷한 주장을 하였다. 신의 창조물에 대한 우리의 놀라움을 부인하는 대신 그는 진화 이론이 그것을 더욱 가중시킬 수 있다고 했다.

신이 자바와 수마트라의 코뿔소를 창조하였으며, 실루리아 기 이래로 연달아 보기 흉한 연체동물을 만들어왔다는 것. "빛이 있으라" 하고 말하자 빛이 생겨났다는 그의 품격에 얼마나 맞지 않는 일인가. (내 생각에 이것은) 협소한 상상력으로부터 나온 생각이다.

또한 '이보다 더욱 훌륭한 시각'은 이 모든 생물도 미적으로 더 매력적인 사촌들처럼 '조화의 법칙(the body's laws of harmony)'에 따라 만들어졌다는 것이다.

위에 나온 다윈의 글을 읽고 누군가는 이렇게 말할지도 모른다. "아, 하지만 문제는 이거야. 조화의 법칙도 좋지만 두뇌에는 창의력이 있잖아. 컴퓨터는 두뇌와 전혀 다른 문제야!"

이와 같은 반대 의견은 적어도 세 가지 방식으로 해석될 수 있다. 그리고 이것은 각각 러브레이스의 첫 번째, 두 번째, 세 번째 질문을 상기시킨다.

첫째, 컴퓨터가 인간의 창의력과는 아무런 관련이 없으며 우리가 그것을 이해하는 데 아무런 도움을 주지 못한다는 뜻이 될 수 있다. 둘째, 컴퓨터의 기능이 우리의 능력과는 절대로 겨룰 수 없으며 컴퓨터 쇼팽이나 영국 시인 던(Donne) 같은 것은 절대로 존재할 수 없다는 뜻이 될 수도 있다. 아니면, 셋째로 사람과 달리 컴퓨터는 절대로 창의적이 될 수 없다는 뜻도 될 수 있다.

그렇다면 하나씩 차례대로 짚어보기로 하자.

컴퓨터가 인간 창의력과는 아무 관련이 없다는 첫 번째 해석은 계산주의적 개념과 이론이지 컴퓨터에 관한 것이 아니다. 이것은 심리학에 있어 매우 중요하다. 계산주의 심리학은 사람들의 머릿속에 관념 구조와 절차를 일일이 열거하려는 시도를 한다. 이것을 물질적으로 구현하는 데 반드시 실리콘이나 비화갈륨, 그것도 아니면 컴퓨터 엔지니어가 꿈꾸던 획기적인 물질이 필요한 것은 아니다. 그저 인간의 머릿속에서 작동하는 신경단백질이면 충분하다.

그럼에도 불구하고 컴퓨터는 매우 유용하다. 프로그램 자체가 효율적인 프로세스이기 때문이다. 만약 재즈 프로그램이 괜찮은 음악을 만들어낼 수 있다면 이와 근본적으로 비슷한 두뇌 속 컴퓨터는 진짜 라이브 재즈의 원천이 될 수 있다.

두뇌가 정말로 그런 방식으로 작동하는지 의심을 품는 사람이 있다면 그의 말도 옳다. 그러나 그러한 주장을 뒷받침하려면 직관에 의존한 막연한 선입견이 아니라 구체적인 증거를 제시해야만 한다. (존슨-레어드도 단기기억에 가해지는 제약 때문에 재즈 멜로디는 계층적 문법에 의해 즉흥적으로 구사될 수 없으며, 장기기억에 가해지는 제약 때문에 모티브의 연속으로 만들어질 수도 없다고 주장하면서 증거를 제시했다.)

가능하다면 회의론자들도 이를 대체할 만한 심리학 이론을 제시해야 한다. 이에 못지않게 명확하고 더욱 적절한 생성 능력을 갖춘 이론으로 말이다. 그렇게만 할 수 있다면 본래 가설이 거부되더라도 과학적으로 훌륭한 결과를 얻게 될 것이다(과학에서 창의적인 아이디어들에 흔히 발생하는 일이다). 그렇게 하지 못하면 기존 이론이 그중에서도 가장 가능성 높은 설명으로 받아들여질 것이다.

이 책을 통해 보았듯 그럴듯한 설명은 차고 넘친다. 심지어 동기와 감정까지도 계산주의 용어로 분석되었다. 비록 아직까지 비교적 불완전하지만 말이다. 이러한 이론적 결함에도 불구하고 계산주의적 접근으로 인간의 창의성을 설명할 수 있는 길은 많다. 그것은 어떤 종류의 과정이 새로운 개념과 패턴을 학습하고 그것을 참신한 방법으로 결합하는 우리의 능력에 기반이 되는지 볼 수 있게 도와준다. 또한 관념 공간과 그것이 지도화되고, 탐험되고, 변형되는 방식은 계산주의 개념을 통해 더욱 이해하기 쉬워진다.

예를 들어 전에는 생겨날 수 없었던 아이디어가 어떻게 생겨나는지 발생주의 시스템의 개념을 통해 이해할 수 있다. 또한 이는 과학과 예술에서 여러 사고의 유형에 초점을 맞추고, 그것들이 급진적인 형태로 어떻게 변화하는지 분석을 돕는다. 이러한 질문은 음악학자, 문학평론가, 예술과 과학사학자들의 관심사다. 우리가 창의성을 이해하려면 이들의 통찰이 필요하다. 이러한 통찰 중 상당수는 매우 미묘하여 말로 명료히 표현하기가 쉽지 않다. 그러나 다양한 종류의 과학적 창의성은 말할 것도 없고 화음과 재즈, 선 긋기 같은 주제에 대한 토론을 통해 우리는 계산주의 심리학이 이미 그러한 통찰에 대해 무언가 구체적인 것을 알려주고 있음을 알 수 있다.

컴퓨터 모델링을 이용하면 막연한 이론이 아닌 효율적인 프로세스로 심리학 이론을 시험할 수 있다. 또한 음악 감상이나 즉흥연주가 얼마나 복잡하며 동시에 얼마나 많은 제약을 받는지 이해하게 돕는다. 그것은 수백 년 된 과학적 발견의 일부를 복제하고, 특정 논리 방식이 어떤 일을 할 수 있고 어떤 일을 할 수 없는지 판단하는 우리의 능력을 연마시킨다. 그리고 문제의 표현 방식이 달라지면 그것을 덜 어렵게 만들 수도 있다는 통찰을 확인시킨다.

특정 방식으로 통제된 휴리스틱 탐색을 통해 우리는 다양한 H-창의적 아이디어가 어떻게 나왔는지 이해할 수 있다. 스크립트나 이와 관련된 개념들은 머릿속에서 지식이 조직되는 일부 방식을 가리키기도 하고 이야기를 지어내는 데 관여하는 다양한 제약이 무엇인지 올바르게 인식할 수 있도록 돕기도 한다. 단계별 프로그래밍의 '부자연스러움'은 여기에서 별로 관계가 없다. 두뇌는 휴리스틱과 스크립트, 프레임 등을 병행하여 사용하기도 하지만 관념 공간 내 순차적 모델로 구현된 차원들을 탐험하기도 한다.

이러한 접근법은 '평범한' 심리적 능력의 풍부함과 섬세함을 더욱 강조한다. 우리는 기억과 비교라는 일상적 기능이 어떻게 창의적 사고의 기반이 되는지 콜리지나 쾨슬러보다 훨씬 더 명확하게 이해할 수 있다. 그리고 삼목두기 게임 규칙을 설명하는 것처럼 일상적인 일도 단순한 문법 이상의 다양한 제약을 필요로 한다는 것도 알 수 있다.

게다가 계산주의 심리학은 두뇌에 관한 아이디어들에 어느 정도 영감을 받았다. 연결주의 모델 덕분에 우리는 시적 심상과 과학적 유추, 세렌디피티에 관여하는 심리적 과정을 약간이나마 이해할 수 있다. 이 모델들은 전반적인 인지 능력을 지닌 메커니즘을 정의한다. 그리고 그것들은 사람의 정신이나 컴퓨터가 불완전한 패턴 쌍을 받아들일 수 있고, 연상적 복합체의 일부만 가지고도 전체를 추출할 수 있다는 것을 보여준다. 분자와 뱃사람이라는 창의적 맥락을 고려하면 뱀과 물뱀의 수수께끼가 조금은 풀린다.

연결주의는 다른 종류의 컴퓨터 이론과 결합되어야만 한다. 그래야 평가 단계나 준비 단계에서 종종 발견되는 의도적 사고를 모델화할 수 있다. 현재 가장 활발하게 연구가 이루어지는 분야 중 하나가 바로 '하이브리드' 시스템 디자인이다. 연결주의의 유연한 패턴 매칭에 순차적 프로세싱 및 단계적 구조를 결합시키는 것이다. 창의성의 심리학적 이론은 두 가지 유형의 사고와 그것들이 하나의 정신 속에서 어떻게 공존할 수 있는지 설명할 수 있어야 한다.

따라서 나는 러브레이스의 첫 번째 질문에 대한 대답이 '그렇다'가 되어야 한다고 생각한다. 이 생각을 뒷받침하는 사례는 수없이 많다. 아직까지 이 대답에 확신을 얻지 못했다면 더 이상 내가 무슨 말을 해도 생각이 바뀌지 않을 것이다. "컴퓨터는 두뇌와 전혀 다른 문제야!"라는 말의 첫 번째 해석에 관한 한 내가 하고 싶은 말은 다 했다.

"컴퓨터는 두뇌와 전혀 다른 문제야!"는 두 번째로 '컴퓨터의 실행 능력이 결코 인간의 실행 능력을 따라올 수 없다'라고 해석될 수 있다. 이에 대한 설명은 첫 번째보다 좀 더 까다롭다.

만일 미래에 컴퓨터 프로그램이 인간의 창의력 수준에 다다르려면 미래의 심리학자는 창의력을 완벽하게 이해해야 한다. 인간의 정신과 그 잠재력에 대해서 우리가 알고 있는 지식은 계산주의적 접근을 통해 비약적으로 발전해왔다. 신경과학 역시 이런 우리의 이해에 큰 몫을 담당할 것이다. 하지만 지금도 여전히 인간의 사고에 관하여 우리가 해결하지 못한, 심지어 의문을 던져보지도 못한 문제들이 산적해 있다. 언젠가 우리가 이 모든 의문을 해결할 날이 오리라고 확신할 근거가 있을까?

이론심리학의 관념 공간은 샅샅이 탐험하기에는 너무 넓다. 어쩌면 우리가 가보지 못한 미지의 공간에 쇼팽의 음악이나 던의 시에 대한 비밀이 숨어 있는지 모른다. 마찬가지로 인간의 질병 중 일부는 영원히 풀리지 않는 수수께끼로 남을지 모른다. 하지만 그렇다고 해서 심리학과 분자생물학이 시간 낭비라고는 할 수 없다. 과학은 본래 모든 의문을 던질 수도, 남김없이 답할 수도 없는 법이다.

설령 그것이 가능하다 해도 과학자들이 그런 설명의 원리를 계산주의 모델 하나로 통합하는 데 시간과 돈을 낭비하고 싶을 리 없다. (이 작업에 비하면 엇비슷한 네 가지 P-창의적인 프로그램들을 BACON이라는 하나의 프로그램으로 통합하는 것은 아이들 장난에 불과하다.) 분명 일부 프로그램은 앞서 살펴본 DENDRAL(화학 연구용)처럼 다른 과학 분야에 도움을 줄 특수한 목적으로 설계될 것이다. 하지만 보다 쉽고 재미있게 새로운 농담과 시를 만들어 내는 방법이 있다. 쾨슬러는 이렇게 말했다.

> 미적 경험의 분석이 어려운 이유는 그런 경험을 똑같이 되풀이할 수 없는 환원 불가능성 때문이 아니라, 다양한 차원에서 그 안에 복잡하게 얽혀 있는 말로 설명할 수 없는 특징 및 그것의 풍부함과 무의식 때문이다.[1]

앞에서 이런 차원이 얼마나 많고 다양한지 살펴보았다. 이것을 하나의 인공지능 모델로 통합하는 것은 사실상 불가능할지 모른다.

더욱이 인간의 창의성은 예를 들어 프루스트의 마들렌처럼 상당히 독특한 개인적 경험을 통해 발현되는 경우가 많다. 하지만 이론심리학은 개인의 삶이나 뜬소문이 아니라 일반적인 원리를 다루는 학문이다. 심지어 이런 원리들은 심리학자가 다윈의 노트에서 점진적으로 발전된 진화론 개념을 확인하듯 개인의 세부적인 증거에 관해 논의할 때에도 이론 면에서 유용하게 쓰인다.

일반적인 심리학 원리를 구현한 컴퓨터 모델에는 숙고할 가치가 있는 고유의 콘텐츠가 주어져야 한다. 앞서 살펴보았듯 이런 컴퓨터 모델은 소크라테스의 철학자-산파 분석을 테스트할지 모른다. 하지만 컴퓨터에 소크라테스의 모든 지식과 경험(소크라테스가 아내 크산티페와 벌인 사소한 말다툼이나 실제로 산파였던 어머니 파이나레테와의 유대관계 등)을 콘텐츠로 제공하는 것은 별다른 실익이 없을 것이다. 하지만 그런 콘텐츠를 제공하지 않는 한 소크라테스가 했던 생각의 풍부함을 재현해내는 일은 불가능하며, 그의 창의성을 완벽하게 포착해내기는 더욱 어렵다. 이는 소크라테스의 위대함과는 전혀 상관이 없다. 당신이나 이웃의 창의성이라 해도 완벽하게 모델화될 수 없기는 마찬가지다.

미래의 컴퓨터는 어느 정도 '창의적인' 과업을 수행할 것이다. (이미 일부는 그렇게 하고 있다.) 따라서 러브레이스의 두 번째 질문에 대한 대답도 아직 조심스럽기는 하지만 '그렇다'라고 할 수 있다. 하지만 컴퓨터의 성과가 쇼팽이나 던의 업적에 필적하리라는 기대는 비현실적이다. 여학생들이 친한 친구에게 보내는 편지에 쓴 농담이나 지혜를 모방하는 것조차 컴퓨터에게는 엄청난 도전이 될 것이다. 컴퓨터 셰익스피어를 기대하는 것은 사무엘 베케트의 《고도를 기다리며》에서 두 주인공이 고도를 기다리는 것이나 마찬가지다.

'컴퓨터와 두뇌는 전혀 다른 문제야!'의 세 번째 해석은 앞의 두 해석과는 상당히 다른 문제를 제기한다. 즉 컴퓨터는 얼마나 놀라운 성과를 내느냐에 상관없이 본질적으로 진정한 창의성을 발휘할 수 없다는 것이다.

논의 전개의 편의상 언젠가는 컴퓨터가 우리만큼 창의성을 발휘할 수 있다고 가정해보자. 그렇다면 컴퓨터 역시 우리와 마찬가지로 약점이 있을 것이다. 컴퓨터는 재채기나 동상 같은 현상에 대해서 이론적으로만 이해한다. 하지만 칸타타, 증명, 회화, 이론, 소네트 같은 흥미로운 아이디어들을 우리 못지않게 많이 만들어낼 수 있다. 그리고 이론심리학자들에 의하면 그 과정은 우리의 사고 과정과 마찬가지로 계산주의적일 것이다.

그래서 반대론자들은 컴퓨터가 진정으로 창의적이지 않다고 주장한다. 사실 컴퓨터가 진정한 의미에서 지능이 있다고 말할 수 없을 것이다. 이런 관점에서 인공지능은 인공조명보다 인공 5파운드 지폐에 비유하는 것이 더 낫다. 같은 종류의 이야기이기는커녕 완전히 다르며, 이 둘이 같다고 주장하는 것은 사기다.

'그러니까 문제는 명확하잖아! 그래서 대답이 뭔데?'라고 생각하는 사람이 있을 것이다. 그러나 서두르지 마라. 우리가 지금 이야기하고 있는 것은 "컴퓨터가 정말 창의적일 수 있을까?"라는 러브레이스의 네 번째 질문이다. 그리고 이 질문은 전혀 명확하지도 않다. 이 질문에 '아니다'라고 대답한다면 이 대답을 뒷받침하는 네 가지 근거를 댈 수 있다. 이를 각각 두뇌물질론, 공허한 프로그램론, 의식론, 비인간론이라고 하자.

두뇌물질론은 사실에 입각한 가설을 바탕으로 한다. 즉 신경단백질이 지능을 뒷받침하는 것은 분명하지만 금속과 실리콘은 그렇게 하지 못한다. 공허한 프로그램론의 주장은 다소 철학적이다. 즉 컴퓨터가 처리하는 모든 기호는 컴퓨터 자체에는 아무런 영향을 미치지 못한다. 이와 비숫하게 의식론은 컴퓨터에는 전혀 의식이 없다고 주장한다. 마지막으로 비인간론은 컴퓨터에 정말 지능이 있다고 간주하는 것이 꽃등에의 피가 인간의 피와 같다고 말하는 것처럼 단지 사실적 관계를 잘못 파악하는 것이 아니라 도덕적 부조리라고 주장한다.

컴퓨터가 진정한 창의성을 발휘하는 것이 불가능하다는 주장을 들으면 우리는 이 넷 중에 무엇을 근거로 하고 있는지 따져보아야 한다.

앞에서 보았듯 꽃등에는 그리 영리하지 않다. 하지만 두뇌물질론에 따르면 이런 꽃등에조차 컴퓨터보다 훨씬 지적이라는 주장이 가능하다. 이 기준에 따르면 컴퓨터의 지능은 제로이기 때문이다.

좀 더 정확히 말하자면 컴퓨터는 무기물질로 이루어져 있어서 영원히 지적일 수 없다. 오직 합성 또는 자연발생적 유기화합물로 이루어진 '생물학적' 컴퓨터만 진정한 사고를 할 수 있다. 꽃등에가 우리와 같은 유전자 코드를 공유하고 신체 전반적으로 인간과 맞먹는 화학물질을 지니고 꽃등에를 더듬이 달린 지적 존재라고 주장하는 것은 가능하다. 하지만 컴퓨터는 그럴 수 없다. 즉 생화학물질이 없으면 창의성도 없다.

이 주장은 아마도 사실일 것이다. 컴퓨터는 지능을 뒷받침하지 못하는 물질로 이루어져 있다. 이 세상에 지능을 뒷받침할 수 있는 물질은 어쩌면 신경단백질뿐인지 모른다.

하지만 그렇지 않을 수도 있다. 탄소 끈과 벤젠고리조차 반드시 필요한 것이 아닐 수 있다. 화성이나 알파 센타우리에도 머릿속에 외계 화학물질이 가득한 창의적인 지적 생명체가 존재할지 모른다. 과학은 이 모든 가능성을 열어두고 있다.

누군가는 이렇게 말할지도 모른다. "화성인들이 무슨 상관이람! 여기서는 컴퓨터에 대해 이야기하는 중이잖아. 지능을 뒷받침하는 것은 분명 금속이나 실리콘이 아니라 신경단백질이라고."

하지만 그것은 전혀 분명하지 않다. 물론 신경단백질은 지능, 의미, 창의성을 뒷받침한다. 하지만 우리는 어째서 신경단백질이 창의성을 뒷받침하는지에 대해서는 거의 알지 못한다. 물론 우리는 지금까지 밝혀낸 과학을 바탕으로 메시지를 전달하고, 촉진시키고, 억제하는 등의 기본 계산 기능을 하는 뉴런 내의 신경화학작용에 초점을 맞추고 있다.

예를 들면 신경심리학자들은 '나트륨 펌프'를 발견했다. 세포막에서 일어나는 이 전기화학의 과정을 통해 전기 신호를 어떤 뉴런의 한쪽 끝에서 다른 쪽 끝까지 힘을 잃지 않고 전달할 수 있다. 신경심리학자들은 신경전달물질, 아세틸콜린과 같은 물질의 생화학을 연구한다. 이러한 물질들은 하나의 신경세포가 다른 신경세포를 활성화시키는 과정을 가속시키거나 저해할 수 있다. 세포의 화학적 특성을 보면 그 세포가 어떤 종류의 정보(색이나 빛의 강도, 음조의 높낮이 등)를 암호화하는지 알 수 있다.

음조의 높낮이를 인식할 수 없다면 음악을 감상할 수 없을 것이다. 앞에서 설명했듯 화음 휴리스틱은 한 음이 다른 음보다 반음 낮다는 것을 들을 수 있을 때만 적용할 수 있다. 신경심리학자들은 우리가 어떤 청각 세포를 통해 이렇게 할 수 있는지뿐 아니라 어떤 화학적 과정이 관련되어 있는지 이야기해준다. 하지만 신경화학은 인간의 머릿속에서 음조의 관계가 어떻게 계산되는지 보여준다는 점에서만 흥미롭다고 할 수 있다. 가능한 화성의 간격 계산 값이 주어진다면 우리는 그 화학 과정을 재현할 수 있다.

마찬가지로 우리가 곡예사를 그리거나 곡예사의 그림을 이해하려면 선을 볼 수 있어야 한다. 그런데 빛의 강도가 얼마나 변하는지 확인할 수 있다면 그 시각 시스템의 화학 과정도 마찬가지로 재현할 수 있다. 신경세포가 메시지를 한쪽 끝에서 다른 쪽 끝으로 증식시키고 주변 뉴런에게 넘겨주는 과정을 따를 수 있다면 세포막 혹은 시냅스에서 발생하는 화학 과정 또한 재현할 수 있다.

어떤 컴퓨터는 이미 소리와 선에 대한 인식 같은 계산주의적 능력을 갖추고 있다. 하지만 인간의 정신세계는 단순한 음조의 화성과 선 그리기보다 훨씬 더 복잡하다. 인간의 머릿속에는 금속이나 실리콘으로 구현할 수 없는 다른 종류의 계산 과정이 벌어진다. 하지만 지금 그러한 제약을 굳이 의식할 필요는 없다. 마찬가지로 신경단백질은 공간과 시간 내에서 인간의 사고와 관련된 안정적이면서도 적응력이 있는 엄청난 수의 구조를 처리한다. 하지만 지금 그러한 제약 또한 굳이 의식할 필요는 없다.

여기에서 금속과 실리콘이 어떻게 진짜 '지능'을 뒷받침하는지 알 수 없다는 사실은 관련이 없다. 솔직히 두개골 안에 있는 회색의 무른 물질인 신경단백질이 지능을 뒷받침한다는 것은 직관적으로 이해하기 어렵다. 직관적으로 보면 정신과 물질 사이의 의존성이란 개념 역시 가능하다고 말하기 힘들다. (뉴런의 전기적 활동과 대조하여) 지능에 대해 아직 잘 이해하지 못하고 있는 사람이라면 "나트륨! 맞아, 그거였어!"라며 무릎을 치지 못할 것이다. 나트륨 펌프는 실리콘 칩만큼이나 '명확히' 터무니없고 전기의 양극성은 금속만큼이나 '명확히' 관련이 없다. 나트륨 펌프와 전기의 양극성의 정신-물질 역할이 과학적으로 흥미진진하다고 해도 그 내용은 직관적으로 이해하기 힘들다. 거꾸로 말하자면 물질의 역할은 직관에 반한다.

과학이 발전함에 따라 우리의 직관이 변한다는 사실에는 의심할 여지가 없다. 미래 세대는 신경단백질이나 실리콘을 통해 정신을 '명확히' 구체화할 수 있을지 모른다. 현재 우리가 생화학물질을 이용해 다른 물질을 '명확히' 생성할 수 있는 것처럼 말이다(19세기 화학자들은 대부분 직관적으로 그런 일이 불가능하다고 여겼다). 현재 우리의 직관으로는 지능을 구성하는 물질적 근거가 무엇인지 말하지 못한다.

한마디로 뇌와 관련된 문제에 대해서는 결론을 내릴 수 없다. 비생물학적 물질로는 진정한 창의성을 발휘하는 컴퓨터를 만들 수 없다는 진술을 생각해보자. 하지만 이 진술을 믿을 만한 타당한 근거는 없다.

텔레비전이나 라디오 혹은 신문에서 공허한 프로그램론에 대해 들어본 적이 있을 것이다. 최근에는 존 설(John Searle)의 '중국어 방 논증'을 근거로 한 담론이 한 국제적인 매체에 등장했다.[2]

존 설은 다음과 같은 상상을 했다. 누군가 어떤 방에 갇혔다. 이 방에는 삐뚤빼뚤한 부호가 그려진 종이가 여러 장 있다. 방 안에는 창이 하나 있어서 창 너머로 다른 부호가 그려진 종이를 전달하거나 받을 수 있다. 방에 갇힌 사람은 주어진 (영어로 된) 지시 사항에 따라 부호가 그려진 종이를 처리한 후 창 밖으로 넘겨주어야 한다. 지시 사항에는 첫 단계와 마지막 단계에 주고받아야 할 종이가 무엇인지만 명확히 적혀 있고 나머지 단계는 복잡한 과정을 거쳐야 한다. 방에 있는 사람은 오랜 시간을 들여 지시 사항에 따라 부호를 조합해야 한다.

방 안에 있는 사람의 입장에서 볼 때 부호가 어떤 모양으로 되어 있든 의미가 없다. 사실 그 부호들은 중국어다. 방 밖에는 중국인들이 있어서 창 너머로 전달받은 부호들을 해석한다. 그들은 창으로 전달하거나 전달받은 부호들을 각각 질문과 답이라고 생각한다. 즉, 질문에 대한 직접적 또는 간접적인 답이 있다고 여긴다. 예를 들어 어떤 질문은 식당에서 파는 에그푸영(양파·새우·다진 돼지고기·달걀 등으로 만든 미국식 중국 요리-옮긴이)에 관한 것일 수 있다. 하지만 방 안에 있는 사람은 그에 대해 전혀 알지 못한다. 중국어를 한마디도 이해하지 못하기 때문이다. 게다가 이런 식으로는 부호의 뜻을 결코 배울 수도 없다. 아무리 오랜 시간 방 안에 머무르며 지시 사항에 따라 부호를 짝짓더라도 나갈 때까지 결코 중국어를 이해하지 못할 것이다.

이때 방 안에 있는 사람은 계산주의 프로그램과 같은 역할을 한다. 즉, 그 사람은 구조물에 불과할 뿐 의미는 파악할 수 없다. 해석할 수 없는 부호를 정해진 지시 사항에 따라 조작할 뿐이기 때문이다. 그 사람은 의미가 아닌 부호의 형태에 따라 종이를 창 너머로 넘겨줄지 넘겨받을지를 결정한다. 이런 점에서, 방 안에 있는 사람은 5장과 7장에 나온 음식점-프로그램이나 BORIS 같은 '질문하고 답하기' 프로그램과 다를 바 없다. 방 안의 사람은 '실제로' 답하고 있는 것이 아니다. 질문도 이해하지 못하는 사람이 어떻게 대답을 내놓겠는가?

존 설의 설명에 따르면 계산주의 심리학은 인간이 의미를 이해하는 것이 어떻게 가능한지 설명할 수 없다. 기껏해야 의미를 이해했을 때 그 의미로 무엇을 할 수 있는지 설명할 수 있을 뿐이다. (따라서 러브레이스의 첫 번째 질문인 '계산주의 심리학의 개념과 용어를 이용하면 인간의 창의성을 이해하는 데 과연 도움이 될까?'에 대한 존 설의 대답은 '아마도, 하지만 근본적인 수준에서는 아니다'라고 할 수 있다.) 지금까지 어떤 프로그램도 컴퓨터에게 이해할 수 있는 능력을 주지 못했다. 복잡성은 도움이 되지 않는다. 복잡성이 증가한다 해도 방 안에 있는 사람이 해야 할 부호 맞추기 일만 늘어날 뿐이다. 미래에 '슈퍼 BORIS'가 개발된다고 해도 이 프로그램은 결코 이야기를 이해할 수 없을 것이다. 이러한 관점에서 본다면 러브레이스의 마지막 질문에 대답은 '아니다'일 수밖에 없다.

존 설의 설명을 바로 납득하지 못한 사람은 방 안에 있는 사람이 속임수를 썼다고 이의를 제기할지도 모른다. 물론 방 안에 있던 사람은 결코 중국어를 배우지 못할 것이다. 세상과 연결되어 있지 않기 때문이다. 에그푸영을 보거나, 냄새 맡거나, 젓가락으로 찔러보지 못한 사람은 그것이 무엇인지 이해하지 못할 것이다. 실제 의미를 구조화하는 능력을 갖춘 컴퓨터라면 영상표시장치가 달린 텔레타이프 이상의 역할을 해야 한다. 방 안에 있는 사람은 텔레타이프와 다를 바 없다.

지금까지의 내용은 설도 우리 의견에 동의할 것이다. 하지만 설은 방이 거대한 로봇의 두개골 속에 있다고 상상했다. 부호가 적힌 종이를 방 안에 있는 사람에게 전달하면 로봇의 카메라 눈이 작동한다. 또 다른 종이를 전달하면 이번에는 로봇의 팔과 다리가 움직인다. 그래서 로봇은 에그푸영을 집어 들어 입에 넣을 수 있다. 하지만 방 안에 있는 사람은 젓가락을 움직이게 하는 것이 무엇인지, 에그푸영이 무엇인지 절대 알 수 없다는 것이 설의 주장이다.

이 가상의 상황에서 방 안에 있는 사람은 지시 사항의 언어를 이해해야만 한다. 지시 사항은 인공지능 프로그램 못지않게 상세히 적혀 있어야만 한다.

규칙서에는 언어를 문법에 맞게 사용하기 위한 방법과(이는 우리가 앞에서 보았듯 결코 간단한 문제가 아니다), 시각과 운동근육 통제에 대한 규칙이 규정되어 있어야만 한다. 요컨대 규칙서를 작성하려면 이 책 앞부분에서 논의한 이론적 개념과 관련된 강력한 계산주의 심리학이 필요하다. 과연 영어가 이 과업에 적합할지 묻는다면 답은 회의적이다. 우리에게는 인공지능 프로그래밍 언어 같은 것이 필요하다. 게다가 감금시키기 전에 그 사람에게 이 언어를 교육시켜야만 한다. 이 이야기는 그가 언어를 이해할 수 있느냐에 달려 있기 때문이다. 이 문제에 대해서는 나중에 다시 다루겠다.

설은 컴퓨터 프로그램이 의미론적으로 무지하다고 가정했다. 다시 말하자면, 의미가 아닌 형태상의 상징을 비교하고 변형하는 데 필요한 추상적 규칙으로만 구성되어 있다고 보았다. 컴퓨터의 입장에서 보았을 때 이 상징들은 상징이라 할 수 없다. 컴퓨터에게는 아무 의미 없는 부호에 불과하다. 방 안에 있던 사람에게 중국어 글자가 아무 의미 없었듯 말이다. 인간은 그 부호를 다양한 종류의 개념으로 해석할지 모르지만, 그것은 다른 문제다.

설은 그런 관점에서 당연히 그 프로그램이 무지하다고 여겼다. 하지만 설의 관점은 우리가 컴퓨터 프로그램을 특정한 방식으로 생각할 때만 사실이라 할 수 있다.

목걸이 게임을 떠올려보라. 목걸이가 빨간색, 흰색, 파란색 구슬로 되어 있다고 간단히 설명했지만 이는 호프스태터의 'pq-시스템'을 바탕으로 하고 있다. 'pq-시스템'의 규칙을 이용하면 문법적으로는 옳되 의미는 없는 문자열을 생성할 수 있다. 문자열이 논리적 방정식이라고 간주하면 거기에서 어떤 의미도 해석할 수 없다. 하지만 문자열이 목걸이-생성(덧셈) 규칙이라고 간주하면 이야기가 달라진다.

두 종류의 계산주의적 가능성을 구분 지어 설명했던 3장의 내용을 떠올려보라. 첫 번째 종류는 시간을 초월하는 추상적 개념이다. 이런 수학적 규칙을 이용하면 연속하는 제곱값 같은 숫자 조합을 생성할 수 있을까? 두 번째 종류는 실용적이고 절차를 따르는 개념이다. 이런 규칙을 이용하면 적절한 숫자 조합을 생성할 수 있을까? 첫 번째 질문은 특정 구조가 특정 관념 공간 내에 놓여 있는지를 묻는 것이다. 두 번째 질문은 관념 공간을 특정 방식으로 탐색해 특정 구조를 찾아낼 수 있는지 묻는 것이다. 두 질문 모두 컴퓨터 프로그램에 적용할 수 있다.

경우에 따라 컴퓨터 프로그램을 해석된 적 없는 논리적 계산기나 추상적인 수학 시스템이라 여기는 사람도 있다. 원칙적으로 컴퓨터가 추상적으로 명시된 결과를 생산할 수 있는지(예를 들면 컴퓨터가 무한 루프에 갇힐 수 있는지 혹은 문법적인 문장과 엉터리 문자 배열을 구별할 수 있는지) 알고 싶은 사람에게는 이러한 시각이 유용할지 모른다. 하지만 우리는 컴퓨터 프로그램이 컴퓨터를 위한 프로그램이라는 사실을 잊지 말아야 한다. 적절한 하드웨어에서 프로그램이 실행되는 경우에만 기계는 계산적인 목걸이를 만드는 것 같은 과업을 수행할 수 있다.

이것은 마법이 아니다. 꽃등에가 짝을 만나는 것이 마법이 아니듯 말이다. (타자기, 카메라, 음향분석기 같은) 입력장치를 통해 컴퓨터에 자료가 입력되면 (영상표시장치, 라인 플로터, 음악 신디사이저 같은) 출력장치에 변화가 일어난다. 그 사이에 시스템 속 프로그램은 상징처리 등의 다양한 일을 수행한다. 기계 코드 수준에서 볼 때 프로그램이 컴퓨터에 미치는 영향은 직접적이다. 주어진 명령에 따라 독특한 연산을 이끌어내는 방향으로 기계가 작동하기 때문이다. (연산처리에 앞서 고등 언어로 된 명령은 기계-코드 명령어로 변환된다.)

프로그래밍된 명령은 형식적인 규칙 이상의 역할을 한다. 그 명령의 핵심 기능은 어떤 일이 벌어지도록 만드는 것이다. 컴퓨터 프로그램에 '의미 없이 구성만 있는' 것은 아니다. 오히려 프로그램에 내재된 인과의 힘 덕분에 의미가 발을 붙일 수 있는 것이다.

이와 마찬가지로 꽃등에에게 있는 인과의 힘이 그 '정신'에 원시적 의미를 부여한다. 하지만 꽃등에의 내부 연산은 동료 꽃등에의 비행경로 변경에 반응해 계획을 세울 수 있을 정도로 복합적이지 않기 때문에 그 의미가 다양하지도 체계적이지도 못하다. 앞에서도 언급했듯 꽃등에는 그다지 똑똑하지 않다. 꽃등에의 연산 능력은 제한적이기 때문에 그 '정신'에 대해 '조심스러운 인용'을 할 수밖에 없는 것이다.

설은 프로그램이 완전히 비어 있다고 가정했기에 잘못된 비유를 끌어냈다. 기본적으로, 기능하는 프로그램은 중국어는 이해하지 못하고 영어만 이해하는 '방 안에 있는 사람'에 비유할 수 있다.

한 사람이 이해하는 특정 언어의 한 단어는 미니 프로그램이라고 할 수 있다. 그래서 그 사람의 머릿속에서 특정 정신 작용이 작동하도록 유발한다. 설은 중국어를 의미 없는 부호라고 여겼다. 그래서 머릿속에서 부호의 형태를 이해하는 것 외에 어떤 일도 발생하지 않는다고 가정했다. 또 방 안의 사람은 중국어 소리를 단순한 소음으로 치부했지만 영어에는 완전히 다르게 반응했다. 영어 단어는 그의 머릿속에 (문법 구조를 분석하고, 기억을 더듬어 관련 아이디어를 떠올리고, 유추 지도를 만들고, 스키마를 이용해 관념 공백을 메우는 등의) 수많은 연산처리를 유발했다. 그리고 어떤 영어 단어는 ('종이 한 장을 창밖으로 건넨다' 같은) 신체 동작을 유발하는 연산처리를 유도했다.

영어를 배운다는 것은 세상과 단어 사이('고양이'와 '매트 위에 있는 동물')뿐 아니라 단어 해석과 관련된 비(非)자기성찰적 과정과 단어 사이에 인과적 연결 관계를 세우는 것이다. 당연히 이와 동일한 과정이 중국어에도 적용된다(방 안에 있는 사람에게 주어진 지시 사항에 중국어 분석, 해석, 문장 구성 규칙이 담겨 있었던 것도 그 때문이다). 또한 지시 사항을 이해할 수 있도록 방 밖의 사람들이 (인공지능 같은) 방 안의 사람에게 가르칠 법한 새로운 언어에도 동일한 과정이 적용된다. 기계가 작동하듯 방 안의 사람은 지시 사항에 자동적으로 반응하는 법을 학습해야 했을 것이다.

네 번째 러브레이스 질문과 관련해 공허한 프로그램론이 우리에게 어떤 점을 시사하는가? 과연 컴퓨터가 진정한 이해를 할 수 있을까?

현재의 '질문-대답' 프로그램 중에는 자연어 단어를 진정으로 이해할 수 있는 것이 없다. 관련된 인과 연결이 너무 부족하기 때문이다. 예를 들어 BORIS는 (7장에서 소개한 이야기 속에서) 어째서 폴이 자기 아내의 부정에 대한 법적 조언을 구하기 위해 친구인 로버트에게 전화를 걸었는지 이해하지 못한다. 전화, 변호사, 우정, 질투의 개념을 알지 못하기 때문이다.

하지만 BORIS는 두 가지 상징을 비교하는 것이 무엇인지, 계획하고 분석하는 것이 무엇인지 이해하기 시작했다. BORIS가 그 두 가지를 진정으로 수행하는 것은 아니라고 (계획을 해석할 수도, 문장을 분석할 수도 없다고) 생각하는 사람이 있을지도 모른다. 하지만 BORIS에게 분석능력이 없다는 주장은 타당성이 부족하다. 계획과 관련해 BORIS는 수단-목적 관계와 특정 시점의 협력 또는 방해 가능성 같은 추상적인 구조를 처리할 수 있다. 요컨대 BORIS의 이해력은 매우 제한되어 있다. 예를 들면 어떻게 두 가지 형식적 구조를 비교해야 하는지, 또는 어떻게 특정 수직적 규칙을 이용해 새로운 구조를 생성할 수 있는지만 이해할 수 있다.

BORIS의 '이해력'이 너무 제한적이기 때문에 '이해'라는 단어 자체를 사용해서는 안 된다는 생각이 들지도 모른다. 그렇다고 하자. 인간의 창의성을 설명하려는 목적으로 "언제쯤에야 컴퓨터가 (또는 꽃등에가) 무엇인가를 이해할 수 있을까?"라고 물을 필요는 없다. 게다가 우리가 컴퓨터에 흥미가 있다 해도 이 질문은 문제의 소지가 있다. 왜냐하면 이해가 멈추는 특정 시점이 있다는 잘못된 암시를 줄 수 있기 때문이다. 실제로 그러한 시점은 없다.

여기서 중요한 질문은 "어떤 기계가 이해할 수 있고 어떤 기계가 이해할 수 없을까?"가 아니라 "기계가 이해를 할 수 있으려면 무엇을 할 수 있어야 할까?"이다.[3] 그렇게 하려면 매우 다양한 능력이 필요하다. 이들은 환경에 반응하고 영향을 미칠 뿐 아니라 다양한 유형의 내적 구조를 구조화한다.

꽃등에는 비교적 할 수 있는 일이 거의 없다. 이것이 바로 그들의 지적 능력이 대단치 않은 이유다. 현재 컴퓨터는 이런 일들을 일부 할 수 있다. 하지만 외부 세계에서 자신의 위치를 찾지는 못한다. 이는 꽃등에마저도 할 수 있는 일인데 말이다. 효율적인 감각과 운동기관들이 있는 로봇은 꽃등에와 좀 더 비슷할지 모른다. 하지만 이들이 포유동물에 비견되려면 실질적이며 다양한 목표와 새로운 목표를 설정하는 수단이 필요할 것이다.

일반적으로 구축할 수 있는 개념과 관념 공간의 종류가 많아질수록 더욱 유연하고 풍부하게 결합, 탐험, 변형된다. 그리고 이해가 잘될수록 창의성도 커진다. 계산주의 심리학은 다양한 이론적인 아이디어를 제공한다. 이러한 아이디어들을 통해 개념들을 참신하게 결합하는 방법을 생각해보고, 인간 정신을 구성하는 개념 공간을 지도로 그릴 수 있다. 존 설에게는 미안한 말이지만 창의적인 이해가 어떻게 가능한지도 보여줄 수 있다.

사람들이 흔히 컴퓨터의 '진정한' 창의성을 부정하는 데 사용하는 세 번째 방식은 의식론이다. 그들은 "창의적이려면 의식이 있어야 하는데 의식이 있는 컴퓨터는 없다"라고 주장한다.

우리가 지금껏 살펴봤듯 참신한 아이디어는 대체로 의식하지 않은 상태에서 떠오른다. 예술가, 과학자, 수학자들이 내놓은 연구 결과를 통해 이를 분명히 알 수 있다. 하지만 이 주장은 방향이 잘못되었다.

위와 같은 주장에도 일리는 있다. 창의성이라는 개념에는 이미 그 안에 긍정적인 평가가 내포되어 있기 때문이다. 긍정적인 평가에는 전형적으로 아이디어를 신중하게 조사하고 수정하는 과정이 수반된다. 원자가를 고려하여 벤젠고리를 조정했던 케쿨레는 생각해보라. 이는 푸앵카레와 아다마르의 네 단계 중 검증 단계다. 4장에서 언급했던 어린이의 자가의식 논의를 통해 이것이 창의성에 있어 얼마나 중요한지 알 수 있다. 창의적이기 위해서는 자신의 머릿속 관념 공간을 지도화하고 탐험하고 변형해야만 한다.

이러한 의미에서 컴퓨터가 창의적이려면 의식이 있어야 한다. 다음과 같이 말하는 사람도 있을 것이다. "그렇다면 반대론자의 말이 옳아. 결국 깡통에 불과한 컴퓨터가 의식이 있을 리 없지."

잠깐만 생각해보자. '의식'은 다양한 의미가 있는 단어다. 창의성에 있어 필수적인 의식은 자기반성 평가다. 창의적인 시스템은 자신의 아이디어에 대해 묻고, 답하고, 의문을 품을 수 있어야 한다. 주어진 제약 하에 타원궤도, 벤젠고리, 음악의 변조와 같은 개념을 받아들일 수 있는가? 이러한 개념이 이전의 사고방식보다 더 많은 것을 알려주고, 현재 머릿속의 다른 대안보다 더 만족스러운가? 개똥지빠귀의 알을 '약간 낮은 천국'으로, 잠을 뜨개질이나 목욕에 비유하는 것이 흥미로운가?

이러한 질문은 분명 컴퓨터 프로그램이 물을 수 있다. 예를 들어 레나트(Lenat)의 프로그램인 AM은 새롭게 생성된 카테고리(곱셈, 소수, 최대공약수 등)가 수학적으로 흥미로운지 묻는다. 이런 카테고리가 흥미롭다고 생각한다면 카테고리를 깊이 탐험할 뿐 아니라 출력물을 통해 이를 보고한다. DALTON이나 이와 관련된 과학적 발견 모델은 그들이 다양한 방법으로 새롭게 생성한 관념 구조를 조사한다. ARCS-ACME 시스템은 이것이 생성해낸 문학적·과학적 유추의 힘을 반영하여 평가할 수 있다. COPYCAT은 스스로 생산한 다양한 유추의 중요성을 평가하고 비교할 수 있다. 짐작건대 미래의 컴퓨터 시스템은 더 섬세한 방법으로 자신의 참신한 아이디어를 표현하고 조사할 수 있을 것이다. 이런 의미에서 보면 컴퓨터가 원칙적으로 의식이 없다고 할 만한 이유도 없는 것 같다.

'의식'에는 다양한 의미가 있다. 어떤 것은 자아반성적인 사고처럼 계산주의 심리학에서도 받아들여진다. 의식에 대해 몇 가지 혼동되는 사실은 컴퓨터 용어로도 설명할 수 있다.

의학 사례에서 종종 발견되는 '다중인격'이라는 기이하고도 상반되는 공존의식을 생각해보라. 이브 블랙과 이브 화이트에 대한 유명한 사례를 살펴보자. 이브 블랙이라는 성적 관심이 높은 인격은 순진한 이브 화이트의 사고에 의식적으로 접근하는가 하면, 심지어는 이브 화이트의 사고에 대해 악의에 찬 발언을 정신과 의사에게 전하기도 했다. 마치 이브 블랙이 이브 화이트의 머릿속을 자아반성이라도 하는 것 같았다. 하지만 이브 블랙은 자신이 들여다본 것이 스스로의 머릿속이지 이브 화이트의 머릿속이 아니라고 강력히 부인했다. 따라서 '자아반성'이라는 말은 올바르다고 할 수 없다. 하지만 평범한 사람들과 마찬가지로 이브 화이트는 자신의 생각이 아닌 다른 사람, 즉 이브 블랙의 생각에 의식적인 접근을 할 수 없었다. 그 결과 이브 블랙은 이브 화이트를 상당히 난처하게 만드는 장난을 칠 수 있었고 실제로도 그렇게 했다. 후에 그 일에 대해 의사에게 낄낄거리며 이야기하기도 했다.[4]

어떻게 이런 일이 가능할까? 의식 접근의 개념을 당연하게 받아들이면(이론심리학에서 일반적으로 받아들이는 개념을 모두 사용한다면) 이러한 종류의 심리적인 현상은 계산주의적 관점에서 이해될 수 있다. 넓은 의미에서 두 개의 '인격'을 하나의 전체적인 컴퓨터 시스템 속 서로 다른 기본 단위로 생각할 수 있다. 이것은 때로 몸의 운동기관과 감각기관을 교대로 제어했다. 상대의 현재 프로세스나 기억저장장치에 접근하고 통제하는 정도는 서로 달랐다. 이를 통해 애초에 심리적인 이연 현상이 왜 일어났는지, 그 사람의 삶의 어떤 사건이 그것을 유발했는지 알 수는 없다. 하지만 여기서 문제는 무엇이 그것을 유발했는지가 아니라 어떻게 그런 일이 가능한지 이해하는 것이었다.

원래 질문을 고려하면 의식적 접근의 개념을 당연하게 받아들일 수 없다. 무엇보다도 의식적 접근은 느낌과 감각이라는 불분명한 개념과 관련된다. 즉, 알고 있기는 하지만 말로 설명하기가 대단히 어려운 것이 바로 자기성찰적인 '무언가' 다. (팔을 한번 꼬집어보라!) 그게 어떻다는 말인가?

글쎄, 어떨까? 위에 언급한 관점에서 볼 때 의식이 창의성에 필수적인지는 분명치 않다. 다양한 '대상'을 실제로 다른 내적 과정과 바깥세상의 일상적인 관계와 분리할 수 있는지도 분명하지 않다. 분리할 수 없다면, 아마도 우리가 상상할 수 있는 최고의 컴퓨터는 그런 경험을 할 수 있을지도 모른다. (느낌과 감각이 있는 기계라면 우리가 현재 알고 있는 컴퓨터와는 매우 다를 것이다. 하지만 그것은 별개의 문제다.)

지금까지 정신적 현상과 신경단백질의 관계는 완전히 미스터리라고 했다. 언젠가 금속으로 만들어진 물건이 느낌이나 감각을 가지지 말라는 법이 있는가? 나나 당신 같은 존재가 있듯 이런 컴퓨터가 존재하지 말라는 법이 있는가?[5] 직관적으로 봤을 때 일어날 것 같지도 않고 터무니없어 보일 수도 있다. 하지만 직관이란 것은 항상 믿을 만하지 못하다.

여기서 중요한 점은 우리는 의식이라는 특정한 감각에 대해서 거의 이해하지 못한다는 점이다. 의식이 무엇인지 설명은 고사하고 운을 떼는 것조차 어렵다. 우리는 의식이 있다고 자신 있게 말하면서도 스스로가 무슨 말을 하고 있는지 모른다. 그렇기에 의식이 있는 컴퓨터가 존재하지 않는다고 증명할 만한 입장에 있지 못하다.

한마디로 창의성이 자아반성적 평가를 넘어서는 의식적 경험과 관련이 있다면, 그리고 어떤 컴퓨터도 의식적 경험을 할 수 없다면 '정말로' 창의적인 컴퓨터는 없다. 하지만 이는 상당히 억지스러운 가정이다. 질문에 대한 답은 아직 나오지 않았다. 답을 몰라서가 아니라 어떻게 물어야 하는지조차 이해할 수 없기 때문이다.

사람들이 컴퓨터의 '진정한' 창의성을 부정하는 데 사용하는 네 번째 방식인 비인간론은 어떨까? 이 해석은 두뇌 물질론과 달리 과학에 근거한 가설이 아니다. 또한 공허한 프로그램론 및 의식론과 달리 객관적인 철학 논쟁도 아니다. 오히려 이것은 컴퓨터의 사회적 역할을 완강히 거부하는 입장과 가깝다.

7장에서 언급했듯 미래형 AARON이 종아리와 넓적다리가 '삼각형'인 곡예사를 그린다면 미술 전문가들은 그 그림의 미적 가치를 인정하지 않을지 모른다. 물론 그들도 곡예사의 팔다리 부분과 쐐기 모양 사이의 유사성을 부인하기는 힘들 것이다. 하지만 흥미로운 점을 발견하지 못하고 심지어 추하다고 결론짓고 넘어가기 쉽다. 그리고 '그들의 관점'에서 볼 때 예술가가 인간의 지각에 도전하고 인간의 안일한 미적 관습을 뒤집는 것과 주제넘게 오만한 컴퓨터 프로그램을 참아주는 것은 다른 문제다.

그런데 여기서 컴퓨터의 오만함이 무슨 상관이냐고 의아해 하는 사람이 있을 것이다. 여기서 '오만함'이란 말할 권리가 없음에도 불구하고 진실에 가깝고 연관성 있는 무언가에 대해 말하는 것을 뜻한다. 개인이 자신의 의견을 주장할 권리는 대개 그 개인의 사회적 지위와 해당 주제에 관한 권위에 좌우된다. 이러한 차별은 필연적이다. 모든 사람의 말에 똑같이 귀 기울일 수는 없기 때문이다.

하지만 어느 정도 일반적인 수준에서 보자면 누구에게나 약간의 권위는 있다. 누구에게나 나름의 목표와 두려움 그리고 신념이 있다. 부정할 만한 명확한 근거가 제시되지 않는 한 이런 것들은 존중받아야 마땅하다. 모든 사람에게는 의견을 주장할 권리, 타인을 설득할 권리, 이익을 추구할 권리가 있다. 인류 공동체의 일원이라는 이유만으로도 개개인들에게 이런 권리가 주어진다.

바로 이것이 핵심이다. 인간이 생물학적 종의 구분에 따라 호모 사피엔스에 속하듯 컴퓨터는 필연적으로 인류 공동체의 구성원이 될 수 없다. 심지어 개나 꽃등에처럼 동물 공동체에 속하지도 않는다. 컴퓨터는 인류 공동체의 구성원이 아니므로 우리가 가진 권리를 가질 수 없다. '오만하다'는 표현은 바로 이러한 맥락에서 나온 것이다.

하지만 태어남과 동시에 저절로 구성원이 되는 것 말고도 공동체의 일원이 되는 방법은 많다. 어떤 대상을 일원으로 초대하는 방법도 있다. 누구를 혹은 무엇을 일원으로 받아들일지는 공동체의 결정에 달려 있다.

우리가 논의 중인 가상의 컴퓨터들은 부인하기 힘든 증거를 제시하며 인간 대화 집단의 명예 회원이라고 강력하게 주장할지 모른다. 그들은 인간이 할 수 있는 많은 일들을 할 수 있고 때로는 우리보다 더 잘하기도 하기 때문이다. 이런 비생물학적 '지적 존재들'은 스토리텔러, 재즈 뮤지션, 재정상담사, 결혼상담사, 심리치료사 등 수많은 사회적 기능들을 대신할 수 있다. 그렇다면 심리학적 단어로 컴퓨터를 묘사할 때 '조심스러운 인용'을 완전히 배제하고 인간과 마찬가지로 대해야 할지 모른다.

하지만 컴퓨터의 지능을 인정하는 이러한 결정은 훨씬 광범위한 사회적 의미를 내포하고 있다. 어쩌면 우리가 동물의 권리를 중시하는 만큼 컴퓨터의 권리도 보호해야 한다는 의미일 수도 있다. 어쩌면 그들에게도 진정한 권리가 있다는 사실을 인정해야 할지도 모른다.

현재 수많은 컴퓨터 프로그램이 상위목표와 하위 목표를 설정하고 다양한 방식으로 이 목표들을 달성하려고 한다. (앞에서 우리가 꽃등에를 진정한 의미에서 지적이라고 할 수 없다고 결론을 내린 이유는 꽃등에가 이런 식으로 사고나 행동을 하지 않는 것이 거의 확실하기 때문이다.) 우리가 머릿속에 그리는 상당히 진보된 시스템들 역시 이렇게 할 수 있을 것이며 그 과정에서 우리에게 협조를 구할지 모른다. 새로운 작품을 쓰려고 고군분투하는 컴퓨터 시인이 있다고 가정해보자. 이 컴퓨터는 당신에게 겨울에 대한 그럴듯한 비유를 찾아달라거나 개똥지빠귀의 알이 파란색인지 확인해달라고 요청할 수 있다. 만약 당신이 정말 그 컴퓨터를 지적인 존재로 인정했다면 컴퓨터의 요청을 들어주기 위해 기꺼이 하던 일을 중단할 수도 있다. (심지어 곤충도 우리가 그들에게 느끼는 동류의식으로부터 이득을 취할 때가 있다. 사람에 따라 성가시게 윙윙거리는 꽃등에 한 마리를 아무런 양심의 가책 없이 짓이길 수도 있다. 하지만 그저 재미로 꽃등에를 갈기갈기 찢는 사람은 거의 없을 것이다. 우리는 무당벌레를 정원에 놓아주기 위해 안락한 의자에서 몸을 일으키는 수고도 감수하지 않는가?) 이보다 더 까다로운 상황의 경우는 당신의 상상에 맡기기로 하겠다.

마찬가지로 컴퓨터의 지능을 인정하는 것은 컴퓨터가 인간에게 속을 수 있으며, 따라서 모든 조건이 같다면 우리는 컴퓨터를 속이지 말아야 한다는 의미일 수도 있다. 또한 컴퓨터는 분명 자기가 하는 말을 제대로 인지할 수 있고, 따라서 우리가 컴퓨터를 신뢰할 수 있다는 의미가 될 수도 있다.

위와 같은 일이 이미 영국에서 발생한 적이 있다. 얄궂게도 법원에서는 두 사건에 대해 각각 기계는 진정한 의미에서 기망당해서는 안 되며, 컴퓨터에게는 지식이 있다고 볼 수 없다는 판결을 내렸다. 썩 만족스러운 결론은 아닌 듯하다. 컴퓨터가 아닌 기계에 관련한 첫 번째 사건은 어떤 남자가 동전을 투입하지 않고 주차기의 '팔'을 들어 올린 행위가 문제였다. 기망 행위는 반드시 속은 대상이 있어야 하며, '기계는 기망당할 수 없음'을 근거로 치안판사는 피고에게 무죄를 선고했다. 두 번째 사건의 피고는 지폐를 훔친 혐의로 기소되었다. 검찰은 지폐 번호 목록을 증거로 제출했고, 그중 일부는 피고가 소지하고 있던 지폐 번호와 일치했다. 법에서는 증거로 채택된 문서는 반드시 문서 내용에 관한 지식이 있는 사람에 의해 작성된 것이어야 한다고 정하고 있다. 하지만 검찰이 제시한 증거자료는 은행 컴퓨터에서 출력한 것이었다. 판결문에 따르면 컴퓨터는 지식을 갖추고 있는 것이 불가능하므로 피고는 무죄였다.

범죄를 부추기거나 법이 얼마나 허술한지 보여주려고 이러한 사례를 언급하는 것이 아니다. 이런 부조리함을 방지하기 위해 법은 어떤 식으로든 바뀔 것이다. 하지만 어떻게 바뀌어야 할까? 컴퓨터도 자기가 출력한 문서에 대한 지식을 갖추고 있을 수 있다고 오늘날 판사들에게 조언하면 될까? 미래의 판사들에게는 어떤가? 미래에 '창의적인' 컴퓨터가 이런 까다로운 법적 결정을 내린다면 과연 만족스러울까?

어떤 대답을 하든 중요한 것은 심리학 용어로 프로그램을 묘사할 때

'조심스러운 인용'을 전혀 쓰지 않기로 하는 결정에는 중요한 도덕적 의미가 포함되어 있다는 점이다. 즉, 일반적인 도덕적 결정과 마찬가지로 위와 같은 사실만 가지고 우리에게 컴퓨터를 인간처럼 대하라고 강요할 수는 없다.

이러한 근거를 바탕으로 네 번째 러브레이스 질문에 '그럴 수 없다'고 답하는 것은 미래에 컴퓨터 성능이 얼마나 훌륭히 발전했는지와 상관없이 우리가 모든 도덕적·인식론적 권위를 유지하고 모든 책임을 져야 한다고 주장하는 것과 마찬가지다. 컴퓨터 프로그램과 협상을 하거나 그들의 조언을 수용 혹은 거부하는 것이란 있을 수 없다. 이들의 역할은 조언자가 아니다. 언젠가는 유사-지능적이고 유사-창의적인 프로그램이 오늘날의 휴대용 계산기만큼 널리 이용될지 모른다. 하지만 컴퓨터의 '지식'에 의존한 결과에 대한 책임, 그리고 컴퓨터의 '조언'을 신뢰한 결과에 대한 책임은 전적으로 우리에게 있다.

지금 논의 중인 가상의 상황에서 사람들이 실제로 '그럴 수 없다'라고 대답할지는 확실치 않다. 어쩌면 사람들의 대답은 단순히 피상적인 생각에서 나온 것인지도 모른다. 우리가 타인을 어떻게 보고, 어떻게 듣고, 어떻게 느끼는가 하는 도덕적 태도와 일반적인 공감은 생물학적 요소에 훨씬 큰 영향을 받는다.

보송보송한 것과 미끈거리는 것, 껴안고 싶은 것과 따끔거리는 것은 당연히 매우 다른 반응을 이끌어낸다. 월트 디즈니는 작은 동물들을 보호하고 보살피고자 하는 인간의 보편적인 성향을 이용해 수익을 올렸다. 로봇도 예외는 아니다. 영화 〈스타워즈(Star Wars)〉에 등장하는 실물 크기의 금색 로봇 C-3PO와 키 작고 머리 큰 R2D2를 기억하는가. 어떤 장면에서 R2D2는 기계음 나는 목소리로 "기다려!"라고 외치며 짧은 두 다리를 최대한 빨리 움직여 C-3PO의 뒤를 따른다. 영화를 보던 주위 사람들 입에서는 연신 '우' '아' 하는 감탄사가 합창처럼 동시다발적으로 터져 나왔다. 만약 미래의 컴퓨터가 털이 복슬복슬한 곰 인형 모양에 귀여운 목소리를 낸다면 우리는 아마 그렇지 않은 경우보다 그들을 도덕적으로 더 관대하게 대할 것이다.[6] 심지어 컴퓨터가 (아마 실제 뉴런으로 구성된 연결주의 네트워크를 포함하는) 유기물로 만들어진다면 우리 인간의 도덕적 반응은 더욱더 너그러워질 것이다.

공상과학 같은 이런 논의에 이제 슬슬 인내심을 잃어가고 있을지 모르겠다. 이런 가상의 상황에서 우리가 어떻게 느끼고 행동할지 지금은 알 수 없다고 생각할 수도 있다. 어떤 대응이 도덕적으로 적절한지는 둘째치고 그런 상황을 분명히 상상할 수조차 없다고 주장하는 사람이 있을지 모른다. 나도 그 말에 공감한다. 크게 보았을 때, 네 번째 러브레이스 질문은 가능성이 희박한 상황에 대한 고도의 도덕적-정치적 판단을 요하는 교묘한 내용을 담고 있다. 나는 첫 번째 러브레이스 질문에 대해서는 분명한 대답을 내놓았다. 하지만 네 번째 질문에 대한 답은 미정으로 남겨둘 수밖에 없다.

사람들은 과학이 (경이로움을 단조로움으로 변화시킴으로써) 낭만뿐 아니라 자유를 파괴했다고 여긴다. 창의성이라는 선베드는 자유의 선베드 옆에 놓여 있다. 파도가 어느 한쪽을 덮친다면 다른 쪽도 휩쓸릴 수밖에 없다.

위에 인용한 블레이크의 자유에 대한 문장은 이러한 관점을 잘 표현해준다. 파스칼은 100년도 전에 인간이 과학적 우주 공간에서 연약하게 흔들리는 한 줄기 갈대에 불과하다는 사실을 깨달았다. 그는 인간이 자유의사에 따라 결정을 내릴 수 있는 '생각하는' 갈대라는 사실을 위안으로 삼았다. 인간의 주관성, 즉 경험하지 못한 일에 대해 사고하고 행동을 선택하며 외부 환경을 초월한 정신세계를 세울 수 있는 능력은 그에게 우리를 구원해주는 영광의 승리와도 같았다. 적어도 인간의 주관성만은 냉혹하고 무자비한 과학의 손길이 닿지 않는 곳에 있는 것이다.

하지만 자유도 과학에 의해 파괴되지 않으면서도 과학의 범주 안에 머무를 수 있다. 계산주의 심리학은 인간이 개인적 가치관과 도덕적 원칙에 따라 의도적 선택을 내릴 수 있다는 사실을 허용한다. 사실 계산주의 심리학은 자유의지가 어떻게 가능한지 우리에게 보여준다.

과학에 맞서 자유를 옹호하려는 움직임과 과학적 심리학에 맞서 창의성을 옹호하려는 움직임은 서로 유사하다. 두 논쟁 모두에서 예측 가능성과 결정론에 대한 끊임없는 우려의 목소리를 들을 수 있다. 9장에서 설명한 창의성에 대한 논쟁은 자유에도 마찬가지로 적용된다.

두 경우 모두 순수한 자유의지론(indeterminism, 비결정론)은 더 많은 혼란을 야기한다. 자유의지에 따라 행동을 결정하려면 예측 불가능성에 책임을 이양해서는 안 된다. 루크 라인하르트(Luke Reinhardt)가 쓴 소설 《주사위 인간(The Dice Man)》은 확률에 따라 모든 결정을 내리는 자유 없는 비인간적인 삶의 모습이 어떤지 잘 보여준다. 두 경우 모두 예측 가능성은 효력을 발휘한다. 누구도 신뢰할 수 없는 사람에게 도덕적 문제에 대한 조언을 구하지 않을 것이며, 기분 내키는 대로 선행을 베푸는 변덕스러운 사람을 존경하지 않을 것이다.

분별력, 책임, 사고는 체계화된 관념 공간과 가능성을 탐색하기 위한 심미안을 요한다. 환경 내에서든 머릿속에서든, 우연한 사건에 의해 유발된 (R-무작위적인) 사고는 심리적 구조에 효과적으로 통합될 수 있다. 만약 그렇다면 다행이다. 하지만 그렇지 않다면 R-무작위적인 생각은 쓸모없는 생각으로 남거나 폭군처럼 우리를 자기결정권의 공간 너머로 탐색하게 만들 것이다.

강박관념은 우리 머릿속에 사는 폭군이다. 자유의지에 따른 행동과 자기반성적 평가를 무시하게 만들고 우리의 주의력을 독점하기 때문이다. 책임 있는 행동을 하려면 열성적인 충동이 아닌 신중한 의도가 필요하다.

윌리엄 골딩이 소설 속 어떤 사건은 자기가 의도적으로 만들어낸 것이 아니라 어디선가 불현듯 떠올랐다고 했던 말을 생각해보자. "나는 그것을 들었다. …… (그런 순간이 찾아오면) 작가는 관찰자가 된다. 겁에 질리든 환희에 차든 관찰자일 뿐이다." 어떤 행동을 하라는 충고의 말이 '들리는' 사람이 있을지도 모른다. 사실 많은 사람들이 그렇다. 하지만 도덕적으로 중요한 문제에 관해서라면 우리는 그 충고를 따르기 전에 숙고해야만 한다. 내면의 목소리를 따랐을 뿐이라고 주장하는 사람은 자신보다 더 '나은' 누군가에게 책임을 넘겨주었다고 말하는 것과 다름없다(이런 식의 복종이야말로 폭력적인 생각이 정상적이고 신중한 통로를 무시하는 되는 경우 중 하나다). 잔 다르크는 그 목소리가 마거릿 성녀와 캐서린 성녀에게서 나온 것이라고 했다. 대량 학살범 요크셔 리퍼는 신이 자신에게 그런 명령을 내렸다고 말했다. (최면은 우리 마음을 일시적으로 점거한다. 하지만 최면의 힘이 아무리 강하더라도 근본적인 원리에 반하는 행동을 하게 만들 수 없다.)

외부로부터 들리는 폭군의 소리도 있다. 감금하겠다는 협박을 당하고 있다거나 머리에 총이 겨누어져 있는 상태라면 정상적인 이성의 명령을 따르기 어려울 것이다. 영화관에서 영화를 보는 사람들 또한 속박당하는 상태다. 누군가 뒤에서 '발사'라고 외치는 소리를 들으면 우리의 사고는 아무 생각 없이 머릿속 컴퓨터의 지름길을 달린다. 우리에게는 영화를 보는 사람들보다는 많은 자유가 있다. 우리에게는 (급박하지 않은 상황이라면) 폭군에게 복종하지 않겠다는 선택을 내릴 계산주의적 능력이 있기 때문이다. 그러나 구속력이 강하고 두려움이 크다면 옳다고 생각하는 행동을 선택하지 않을 가능성이 높아진다. 정상적인 상황에서라면 평범하게 여겨질 행동이 그런 상황에서는 영웅적인 것이 된다.

자유선택은 정신적인 동전 던지기가 아닌 구조화된 선택이다. (알베르 카뮈가 《이방인》에서 묘사했듯) 실존주의자의 충동적 선행조차도 철학적 고찰에서 비롯된 의도적 선택일 수 있다. 하지만 이와 관련된 철학은 잘못된 것이다. 인간의 자유는 완전히 무조건적이지 않다. 창의적인 '직관'도 마찬가지다.

당연히 인간에게는 무작위적이고 비의도적인 행위를 수행할 수 있는 능력이 있다. 하지만 이는 애초에 그 행위에 목적이 있을 때, 즉 다른 사람을 염두에 두고 그 행동을 취할 때에만 그렇다고 간주할 수 있다. 간질 발작 때문에 자신도 모르게 고양이를 발로 찬 사람의 행동은 자유로운 선택에서 비롯된 것이 아니다. 그런 발차기는 애초에 '행동' 또는 '행위'라고 부를 수도 없다. 동료를 향해 날아가는 꽃등에의 비행도 마찬가지로 '행위'로 칠 수 없다. '행위'란 목표 위계 같은 정신의 계산주의적 구조에 의해 유발된 것이어야만 한다. 행위에는 복잡한 심리적 문법이 있다. 반면 간질 발작은 그렇지 않다. 카뮈의 작품에 등장한 주인공이 부조리한 세상에 대한 저항의 표시로 자살을 시도하는 것은 자유의지의 발현이었다. 그는 관습과 규칙에 복종하는 대신 자유의지에 따른 결정을 내렸다.

'잘못된 신념'을 행동으로 옮기는 사람은 습관적인 행동이 위치한 관념 공간을 변환하는 것은 고사하고 그것을 탐색하는 수고조차 하지 않는다. 사르트르의 웨이터는 다른 가능성은 전혀 고려치 않은 채 그저 주어진 각본에 따라 웨이터의 역할을 수행한다. '내가 이것 말고 다른 무엇을 할 수 있지?'라고 자문하지 않는 사람은 모든 분자가 선 구조로 되어 있다고 당연하게 여긴 19세기 화학자와 다를 바 없다. 선 구조에 대한 의문도 품지 않는데 어떻게 다른 구조를 생각해낼 수 있겠는가? (그렇다고 해서 모든 습관적 행동에 끊임없이 의문을 제기해야 한다는 뜻은 아니다. 5장에서 설명했듯 역할-각본을 완전히 없애버리면 과부하 문제가 생길지도 모른다.)

염세적인 냉소를 야기하는 선택은 겉만 그럴듯한 싸구려 문체로 쓰인 통속소설과도 같다. 익숙한 도덕적 지도에 이미 표시되어 있는 미개척 경로를 따르는 선택은 한 가지 스타일로만 연주할 수 있는 재즈 뮤지션의 즉흥연주라 할 수 있다. 찬탄 혹은 경멸을 불러일으키는 예기치 못할 행동을 선택하는 것은 이전의 화학적 제약에 창의적 변형을 가한 케쿨레의 업적에 견줄 만하다. (남들과 다르게 생각하고 '원수를 사랑하라'고 말한 예수처럼) 우리의 도덕적 지형에 변화를 가하는 사람은 새롭고 급진적인 음악을 작곡한 사람과 같다.

이 모두가 자유의지에 따른 선택의 예다. 조지 오웰이 말했듯 보통 사람들에 비해 더 자유로운 선택을 내리는 사람이 있다. "그 아이디어가 창의적인가, 아닌가?"라는 질문을 던지는 것은 보통 도움이 되지 않는다. 여러 형태, 여러 수준의 창의성이 존재하기 때문이다. 그러므로 우리는 세부적인 내용에 주목해야 할 필요가 있다. 마찬가지로 "그 행동이 자유의지에서 나온 것인가, 아닌가?"라는 질문 또한 별로 도움이 되지 않는다. 행동에는 매우 복잡한 심리적 구조가 담겨 있다(새로운 아이디어의 생성과 평가는 행동의 특별한 사례라 할 수 있다). 어떤 관점에서 보느냐에 따라 동일한 행동도 '자유의지에 따른 것' 혹은 '창의적인 것'으로 여겨지기도 하고 그렇지 않은 것으로 여겨지기도 한다.

사람의 심리 구조에는 신념과 목표, 불안, 선호 대상, 충성심, 도덕, 정치적 원칙, 즉 각 개인의 주관성이 반영된다. 우리 모두는 각자 고유하며 개인 간의 이러한 차이가 우리가 하는 일과 생각하는 방식에 체계적으로 영향을 미친다. 우리는 모두 특유의 관점을 통해 삶을 건설한다.

하지만 뉴턴의 시각에서 보면 우리는 모두 같다. 그렇다. 그의 이론이 훌륭한 것은 사과와 파도, 행성, 그리고 인간의 신체를 하나의 통합적 원칙으로 볼 수 있는 능력 덕분이다. 개인의 차이를 규명하는 일을 하는 해부학자나 생화학자조차도 '개인적' 차이에는 별 관심을 두지 않는다. 신경생리학을 포함한 자연과학은 개인적이고 주관적인 현상에 흥미를 보이지 않는다. 이러한 현상은 자연과학 용어로 설명될 수 없으며, 설명될 수 없는 것들은 무시되거나 부정되기 쉬운 법이다. 따라서 과학이 필연적으로 인간성을 말살한다고 생각하는 것도 놀랄 일이 아니다.

그렇다고 해서 우리의 개인적 차이를 인정하거나 그것을 정신적 기능의 일반적인 원칙들로 설명할 수 있는 과학이 없다는 뜻은 아니다. 그러한 과학에서 사용되는 개념은 아이디어나 주관적 사고를 설명할 수 있어야만 한다. 다른 사람의 생각과 의미에 대한 나의 생각을 비롯해 세상에 대한 각 개인만의 독특한 표현을 발생시키는 정신적 프로세스를 그려낼 수 있어야만 한다.

지금까지 살펴보았듯 이것이야말로 계산주의 심리학이 할 수 있는 일이다. 물론 인간의 행위와 감정을 세세하게 잡아내는 소설가의 눈이나 인간 경험을 들여다보는 시인의 통찰과는 견줄 수 없다. 그것은 계산주의 심리학의 역할이 아니기 때문이다. 과학적 심리학의 임무는 그러한 것들이 어떻게 가능한지 일반적인 수준에서 설명하는 것이다.

한 세기 전만 해도 사람들은 생물학적 종의 다양성과 화석 기록 내에 층층이 존재하는 질서에 의문을 품었다. 그리고 다윈은 단편적인 창조물에만 경탄하는 편협한 상상력을 가진 사람들을 비판했다. 그는 조화의 법칙이 더욱 훌륭한 시각을 제공한다고 말했다.

이와 비슷하게 창의성을 신이 내려준 영감이나 분석할 수 없는 직관의 힘으로 돌려버리는 것은 아이디어의 결핍이다. 창의성을 사고 기반의 이연 현상이라거나 익숙한 개념을 낯선 방식으로 조합한 것이라 치부해버리는 것도 크게 부족한 답변이다. 놀랍겠지만 우리의 상상력은 계산주의 심리학에 의해 해방될 수 있다. 이 접근법의 탐험적 잠재력은 대부분의 사람들이 상상하는 것보다 훨씬 크다.

윌리엄 블레이크는 '로크의 베틀'과 '뉴턴의 물레방아'에 창의성과 자유, 주관성 같은 개념의 여지가 전혀 없다고 하였다. 그 결과 수 세기에 걸쳐 과학계에서 정신의 중요성이 하찮게 취급되었다. 따라서 영감주의자와 낭만주의자들이 주장한 근거 없는 믿음이 우리 귀에는 훌륭한 음악처럼 곱게 들렸던 것도 놀라울 일이 아니다. 과학이 상상력에 대하여 입을 다무니 자연히 과학에 반대하는 노래가 빈 무대를 차지하는 것 아니겠는가.

이제 마침내 계산주의 심리학이 바로 그러한 것들을 과학적으로 이해할 수 있도록 우리를 돕고 있다. 우리가 느끼는 경이나 자존감을 어떤 식으로도 약화시키지 않은 채로 말이다. 아니, 오히려 반대로 평범한 사람의 정신이 얼마나 비범한지 보여줌으로써 그것들을 더욱 증대시킨다. 결국 우리 모두는 사람이 아닌가. 꽃등에가 아니라.

에필로그

세상은 달라진다. 이 책의 초판을 낸 이후 창의성의 계산주의 모델은 발전을 거듭해 1980년대 후반에 개발된 것들을 훌쩍 뛰어넘는 성과를 올렸다. 그것들은 조합적, 탐험적, 변형적 창의성 같은 모든 유형의 창의성에 초점을 두는 한편 우리의 창의성을 새롭게 조명한다는 면에서 흥미롭다. 하지만 두 개의 주요 장애물은 없어지지 않고 그대로 남았다. 하나는 관념 공간을 정의하는 데 필요한 특정 분야의 전문성에 대한 요구이고, 다른 하나는 계산주의적 용어로 표현될 미적 가치를 규명하는 어려움이다.

킴 빈스테드(Kim Binsted)가 개발한 농담 프로그램인 JAPE를 통해 계산주의적 창의성이 모델화된 적이 있었다.[1] JAPE가 만들어내는 농담은 '단순한' 조합에서 그치지 않고 약간의 구조도 포함하고 있다. 이것은 전형적인 여덟 살 꼬마가 만들어내는 것과 매우 유사한 말장난식 수수께끼다. 예를 들어보자.

— 우울한 기차를 뭐라고 부를까? 기관차(locomotive와 low-comotive:

'기운 없다' 라는 뜻의 low가 발음이 같은 것을 이용함—옮긴이)

- 기이한 시장을 뭐라고 부를까? 비자 바자(bizarre bazaar: 기이하다는 뜻의 bizarre와 시장이라는 bazaar를 붙여 비슷한 발음이 이어지도록 만듦—옮긴이)
- 섬유소를 많이 섭취하는 살인자는? 시리얼 킬러(시리얼을 정말 좋아하는 사람 cereal killer와 연쇄 살인범 serial killer의 발음이 같은 것을 이용함—옮긴이)
- 낙엽과 자동차의 차이점은 무엇일까? 낙엽은 쓸고(brush) 갈퀴로 모으지만(rake) 자동차는 내달리고(rush) 브레이크를 밟는다(brake).

배꼽이 빠질 정도로 웃긴 것은 아니다(물론 몇 잔 걸친 다음에는 웃길 수도 있다). 하지만 나름대로 기발한 면이 있다고 고개를 끄덕이며 흥, 소리가 날 수는 있을 것이다. '살인자'와 '시리얼' 그리고 '우울증'과 '기차'의 놀라운 조합을 보면 말이다.

이 네 수수께끼는 JAPE가 만든 것이다. 이 프로그램에는 아홉 가지 유형의 농담을 만들 수 있는 비교적 단순한 규칙이 들어 있다. 예를 들면 '어떤 x가 y를 가지고 있는가?' '어떤 x가 y를 할 수 있는가?' 'x와 y를 결합하면 무엇이 나오는가?' 'x와 y의 차이점은 무엇인가?' 등이다.

이 농담 생성 규칙은 '비교적' 단순하지만 사람들 대다수가 생각하는 것보다는 훨씬 덜 단순하다. 본문에서 보았듯 인공지능은 인간의 심리적 능력에 내재된 예상치 못한 미묘함을 끊임없이 보여준다. 위의 '시리얼 킬러' 농담을 (만들어내는 것은 제쳐두고) 이해하는 복잡한 과정을 생각해보라. '기관차'나 '비자 바자'를 음미할 때 관여되는 약간 다른 유형의 복잡성에 대해서도 생각해보라. 세 가지 농담에서 결정적인 역할을 하는 것은 발음과 철자다. 따라서 이런 농담이나 수수께끼를 만들어내려면 (그리고 음미하려면) 광범위한 단어들이 저장된 연상 기억력이 필요하다. 이때 저장된 단어의 정보에는 각 단어의 의미뿐 아니라 발음, 철자, 음절 구조, 문법적 분류 등이 포함돼 있어야 한다.

따라서 JAPE는 제공된 3만 개 이상의 의미망을 토대로 새롭고 적절한 조합을 생성한다. 이 의미망은 7장에서 ARCS와 ACME를 다룰 때 언급한 의미망의 확장판이라 할 수 있다. 여기에는 단어의 의미뿐만 아니라 음운론, 통사론, 철자, 음절에 관한 명시적 지식까지 통합되어 있다. (ARCS와 ACME의 유추는 의미만을 토대로 하므로 이런 부가적인 측면들이 필요 없다.) JAPE는 각기 다른 농담을 생성하기 위해 단어의 이런 다섯 가지 측면을 뚜렷하게 구조화된 방식으로 조합하여 사용한다. 이때 단순히 단어의 다섯 가지 측면을 제공하는 것만으로는 부족하다. JAPE가 적절한 항목을 배치하도록 해주는 규칙이 제공되어야 한다. 즉, 이 규칙은 농담 도식에 적절한 것이 무엇인지 정의해야 한다. 이렇게 제약이 따르는 연상 프로세스는 네트워크에서 '무작위'로 조합을 생성하는 것과는 확실히 다르다.

JAPE가 만들어낸 농담이 배꼽이 빠질 정도의 웃음을 선사하지 못하는 주요 이유는 연상이 매우 제한적이고 인간의 농담에 비해 다소 '뻔하기' 때문이다. 하지만 인간의 농담도 그다지 웃기지 않을 때가 훨씬 많다는 사실을 잊어서는 안 된다. 크리스마스 크래커(영국의 전통으로, 만찬에서 이야깃거리로 쓸 만한 농담이나 수수께끼가 적힌 쪽지와 종이 왕관, 간단한 선물 등을 넣고 포장하여 두 사람이 양쪽에서 잡아당기면 내용물이 나오게 되어 있음—

옮긴이)를 잡아당겼을 때 나오는 농담이나 수수께끼를 생각해보라. (컴퓨터는 이런 시시한 농담을 만들어내는 유머 작가에게 아이디어를 제공할 수도 있다.) JAPE의 성공 비결은 '농담 템플릿과 농담 생성 도식'이 비교적 간단하다는 특징에 있다. 빈스테드는 JAPE에서 구현될 수 없는 인간이 만든 수수께끼의 여러 면모를 규명해냈다. 이런 재미있는 농담의 실행은 아직 불가능하다.

예를 들어 탐험적 창의성은 레터 스피릿(Letter Spirit)이라는 거대한 연결주의 시스템으로 모델화되었다. 레터 스피릿은 로마자의 새로운 글자체(새로운 스타일)를 디자인하는 프로그램으로, 7장 주석에 짧게 언급되어 있다. 일반적으로 글자체 개발은 상당히 창의적인 활동으로 간주된다. 이 책의 원고를 쓸 당시 레터 스피릿이 보인 성과는 향후 전개될 연구 방향의 대략적인 윤곽을 제시한 정도에 불과했다. 그러다가 1995년에 이르러 구체성을 띠게 되었고 일부는 실행 단계에 도달했다.[2] 지금은 더 많은 부분이 완성된 상태다.[3]

더글라스 호프스태터는 인간이 어떻게 스타일의 동일함 또는 특정 글자체로 표현된 모든 문자가 담고 있는 스피릿, 곧 '정신'을 인식하는지, 그리고 이미 확립된 유추를 강화하기 위해 디자이너가 개별 문자 그리고/또는 글자체를 어떻게 수정하는지를 추측함으로써 글자체 디자인에 수반되는 심리적 과정에 대한 날카로운 통찰력을 발휘했다. 그는 레터 스피릿에 '씨앗' 문자가 제공되면 레터 스피릿은 우선 그것을 스물여섯 개의 문자 카테고리 중 하나에 포함된 것으로 인식한다고 예상했다. 그런 다음 씨앗 문자를 제외한 나머지 스물다섯 개 문자들을 하나의 일관된 스타일로 만들어낸다는 것이다. 아니면, 프로그램이 주어진 문자 카테고리에 관한 지식을 바탕으로 새로운 씨앗 문자를 스스로 디자인한 다음 전반적으로 통일성 있는 글자체를 만들어낸다고 보았다. 어느 경우든 글자체 스타일은 반복적인 실험과 관련 제약의 수정을 통해 점진적으로 진화할 것이다.

일반적으로 각각의 문자는 전체적인 스타일과 '경쟁' 할 것이다. 예를 들어 a에는 상당히 적합한 (즉, 알아보기 쉬운) 스타일이 w에는 전혀 적합하지 않을 수 있다. 이런 경우 w의 스타일을 향상시키려면 a의 스타일은 나빠질 수밖에 없으며 전체적인 스타일도 w에 맞추어 수정될 것이다. 디자인 과정처럼 수정도 점점 정교해지다가 비록 완벽하지는 않더라도 평형 상태가 내적 통일성의 최대 또는 허용 범위 이내에 도달한 경우 수정을 멈출 것이다. 6장에서 보았듯 다중 제약을 만족시킬 수 있다는 것이 연결주의 시스템의 강점이다. 여기서 문제는 연결주의의 이러한 잠재력을 특정 글자체 디자인에 어떻게 적용할 것인지다.

호프스태터는 기본적으로 레터 스피릿에 사용된 유추 탐색 프로세스들이 7장에서 다룬 COPYCAT의 프로세스와 거의 같다고 보았다. 즉 병렬처리, 확률, 경쟁, 다층 구조, 모호성 (혹은 관념적 '편차') 수용 등이 흡사하다는 것이다. 하지만 간단한 문자열에 적합한 짝을 찾는 것이 각기 다른 제약을 수반한 스물여섯 개의 항목에서 일관된 스타일을 유추하는 것보다 훨씬 부담이 적다. (a 또는 w는 반드시 a 또는 w로 인식되어야 한다.)

호프스태터는 이 프로그램에 반드시 네 가지 '동인(動因)'이 있어야 한다고 주장했다. 우선 상상자(Imaginer)는 새로운 문자를 설계(또는 수정)한다. 제도자(Drafter)는 이 설계를 레터 스피릿의 '스케치패드'로 사용된 스물한 개의 점으로 이루어진 격자 위에 실제 패턴으로 옮긴다. 시험자

(Examiner)는 그 패턴을 '인식' 하고 그것을 특정 문자로 분류한다. 심판자(Adjudicator)는 (아직 고안되지 않은 문자 설계에 적용하기 위해서) 패턴의 스타일 속성에 대해 설명을 시도하고, 현재 문자가 개발 중인 다른 스타일과 얼마나 유사한지 또는 다른지를 평가한다. 어떤 면에서 이 네 동인의 작업 방식은 '하향식' 이다. 하지만 이것은 모듈이 독립적으로 프로그램된 것이 아니라 무수히 많은 하위 프로세스들 간의 상호작용을 통한 결과다.

1990년대 중반, 호프스태터 연구팀은 시험자를 실행했다. 이 프로그램은 수없이 다양한 글자체로 그려진 각각의 문자들(a 또는 b)을 인식할 수 있었다. 이것은 단순한 문제가 아니다. 격자가 허용하는 범위 안에서 설계할 수 있는 글자체의 가짓수가 엄청나게 많기 때문이다. 결정적으로 이 프로그램은 관련 문자 개념의 '구조' 를 고려한다. 예를 들어 f라는 알파벳을 보고 수직 기둥과 수평 가로대로 구성되어 있다고 인식하는 식이다. (레터 스피릿은 'f를 수직 및 수평 모두에서 알아볼 수 있으려면 '반드시' 가로대가 수직 기둥을 가로질러야 할까?'라는 질문도 할 수 있다. 글자체의 전체적인 스타일을 근거로 삼을 수 있는 경우에는 '아니다' 라고 결론을 내리기도 한다.)

하지만 새로운 글자체 '디자인' 은 성공이 아니라 성공 가능성에 가까웠다. 그 가능성은 21세기에 접어들어서야 상당히 현실성을 띤다. 1999년에는 시험자, 심판자, 제도자가 통합되었다. 상상자는 스케치패드 격자에 도안을 직접 그리는 새로운 방식의 제도자 안에 포함되면서 별개의 모듈로 떨어져 나갔다. 이해가 어렵다면, 점토에 손을 대기 전에 먼저 작품에 대해 오랫동안 숙고하는 도예가와 직접 점토를 만지면서 작품을 만들어나가는 도예가의 차이를 생각해보라.

이 최신 프로그램은 최대 다섯 개의 씨앗 문자(b, c, e, f, g)를 수용할 수 있고, 그 문자들을 분류할 수 있으며(인간의 정확도 83.4%, 프로그램의 정확도 93.5%), 주어진 씨앗 문자들을 기준으로 (때로는 그것을 수정하여) 스물여섯 개 문자의 글자체를 다양하게 디자인한다. 현재는 이 시스템이 씨앗 문자에서뿐만 아니라 스스로 만들어낸 문자에서도 디자인에 '영감'을 받을 수 있도록 성능을 향상시키는 중이다. 프로그래머들은 앞으로 이 프로그램이 '단일' 씨앗 문자로부터 영감을 받을 수 있도록 계획하고 있다.

이제 글자체의 시각적 유추에서 건축물의 시각적 유추로 눈을 돌려보자. 평면도를 그려내고 팔라디안 건축물(Palladian villas)에 '어울리는' 외관을 구성할 수 있는 최신 건축 프로그램에 대해서 생각해보자.[4]

관념 공간 측면에서 보면 팔라디안 건축물은 전체적인 윤곽이 직사각형이며 수학적 비례와 크기를 중요시한다. 건물 안쪽은 평면도를 더 작은 사각형들로 나눈 형태로 구성되어 있고, 특정 방식으로 방의 크기와 위치가 정해진다. 16세기 이탈리아 건축가 안드레아 팔라디오(Andrea Palladio)는 자신의 이런 기본 테마를 변형시켜 수많은 디자인을 설계했다. 기본 테마는 평면도나 실제 건물의 모습으로 오늘날까지 전해진다. 이와 더불어 팔라디오는 사각형을 수직이나 수평으로 '분할'하는 방식처럼 자기가 즐겨 사용하는 설계 기술에 대한 설명을 남겼다. 하지만 그런 기술의 근간이 된 기본 원리에 대해 예술사학자들은 오랫동안 의견의 일치를 보지 못했다. '팔라디안 프로그램'은 바로 그 법칙들을 분류하기 위한 시도라 할 수 있다.

이 시도의 성공 여부는 세 가지 기준에 따라 판단해야 한다. 첫째, 팔라디오의 작품과 같은 수준 또는 그와 맞먹는 수준의 결과물을 내놓는가. 둘째, 팔라디오풍 건축물처럼 보이는 새로운 디자인을 만들어낼 수 있는가. 이때 결과물은 팔라디오풍으로 보이지만 사실은 그렇지 않아야 한다. 셋째, 팔라디오라면 하지 않았을, 팔라디오풍 디자인 이외의 양식을 피할 수 있는가.

두 번째와 세 번째 기준에는 역사적 증거뿐 아니라 미적 판단도 요구된다. 하지만 그런 판단 중 상당수는 비교적 논쟁의 여지가 없다. 팔라디오풍이 아니라고 확연하게 구별되는 특징들은 대개 팔라디오를 모방한 건축가나 팔라디안 프로그램 초기 버전이 내놓은 결과물에서 나온 것이기 때문이다. 이러한 특징에는 직사각형 경계선에서 튀어나온 베이(방이나 건물에서 약간 튀어나온 곡선 부분—옮긴이), 내부 회랑, 길고 좁은 직사각형 구조의 방, 천차만별인 방 크기, 많은 수의 방, 창문이 없는 내실, 중심축에서 약간 떨어져 있는 가장 큰 방 등이 포함된다. 물론 이런 방들 중 일부는 미적 기준을 충족시키지 못한다. 베이를 추가한 건축가들은 팔라디오를 그대로 모방하지 않았다. 하지만 그들이 팔라디오풍의 공간 배치를 팔라디오가 인정할 만한 방식으로 '비틀었는지'에 대해서는 이론의 여지가 있다.

원래 스타일에서 다른 스타일로의 '일탈'은 판단하기가 매우 까다롭다. 예를 들어 팔라디오는 방 구조를 원통형으로 만드는 법이 거의 없었다. 그리고 거울에 비친 것처럼 똑같은 대칭 구조 또한 거의 포기하지 않았다. 만약 어떤 건축가나 프로그램이 이런 방식을 따른다면 그것을 근거로 건축가 혹은 프로그램이 팔라디오의 영감에 충실하다고 할 수 있을까? 아니면 그 반대일까? 관념 공간을 어느 정도 비틀어야 원래의 것을 변형시켰다고 할 수 있을까? 어떤 대답을 하든 판단의 근거를 명확히 제시해야 한다. 따라서 활발한 토론을 거쳐, 가능하다면 의견의 일치에 이르도록 해야 한다.

여하튼 이 프로그램이 내놓은 결과물이 대체로 팔라디오풍 디자인 원리를 충실히 따르지 않고 있다는 비판은 가능하다. 이 프로그램의 초기 버전은 팔라디오풍이라고 인정하기 힘든 디자인을 수없이 내놓았다. 그리고 그와 같은 과정을 통해 실수를 방지할 수 있는 특별한 '해결책'을 탐색했다. 가장 바람직한 프로그램은 인정하기 힘든 결과물을 애초에 만들어내지 않는 프로그램이다. 즉, 인정할 만한 '문법적' 구조만을 만들어내는 '형상문법(shape grammar)'이 필요하다는 것이다.

형상문법은 새로운 개념이 아니다. 팔라디안 문법은 이미 25년 전에 정의되었다.[5] 한편 프랑크 로이드 라이트의 프레리 하우스를 설명하는 건축 형상문법도 있다.[6] 이 문법이 낳은 3차원 구조는 로이드 라이트가 설계한 모든 작품에 '되풀이'되며 동일한 스타일 내에서 H-참신하게 변형시킨 다양한 집으로 형상화되었다. 하지만 이 문법을 알면 건축물의 구조가 아무리 참신해도 이를 하나의 양식으로 묶을 수 있다.

프레리 하우스 연구에 평생을 바친 세계적 수준의 로이드 라이트 전문가는 그가 남긴 작품들의 건축학적 균형이 '불가해하다'고 선언했다.[7] 우리는 미적 직관이 있어야만 그 건축물들의 통일성을 판단할 수 있으며, 로이드 라이트라는 직관적인 천재 말고는 어느 누구도 그런 건물을 설계할 수 없다고 생각한다. 하지만 우리가 "직관적으로 무언가를 한다"고 말하는 것은 단지 우리가 그것을 하면서도 어떻게 한 것인지는 모른다는 의미일 뿐이다. 1장에서 언급했듯 '직관'은 대답이 아닌 질문이다. 그리고 그 질문에 어쩌면 컴퓨터가 도움이 될지 모른다. 이런 의미에서 형상문법은 확실히 프레리 하우스의 핵심적인 특징들을 포착해낸다.

4장에서 관념 공간의 차원이 어느 정도 본질적이라고 언급한 바 있다. 프레리 하우스의 경우 그 건축적 문법은 기존 건축양식과 뚜렷이 대비된다. 발코니의 유무, 개수, 특성은 설계 과정 후반부에 결정되기 때문에 주택 설계에 아무런 영향도 미치지 못한다. 따라서 발코니는 스타일 측면에서 중요하게 여겨지지 않는다. 반면 벽난로 설치 유무는 설계 초기에 결정되기 때문에 다른 부분을 설계할 때 영향을 미친다.

로이드 라이트가 설계한 프레리 하우스에는 대부분 벽난로가 하나밖에 없었다. 하지만 때로는 한 개의 화덕 대신 여러 개의 벽난로를 두기도 했다. 프레리 하우스 양식에서 벽난로의 중추적인 역할을 고려하면 벽난로를 더하는 것은 전체 구조에 근본적인 변화를 가하는 것이다. 하지만 그렇더라도 그 집을 프레리 하우스 양식으로 인식하는 데 별다른 문제가 되지 않는다. '문법학자'들의 말을 빌리자면, 집마다 벽난로의 수를 달리하는 것은 한 건물 안에 '서로 구별되지만 상호작용하는 프레리 양식 설계에 따른 프레리 빌리지'를 형성하는 것이다.[8]

문법을 통해 우리는 각 선택 시점마다 다양한 선택을 내릴 수 있으므로 어느 정도 근본적인 방식으로 한 영역에서 인접 영역으로 이동할 수 있다. 서로 구별된 주택 '양식'은 서로 다른 관념 공간에 위치하며, 따라서 건축양식의 유사성과 차이점에 대한 우리의 직관은 구체화될 수 있다. 조화의 법칙은 더 이상 초자연적인 것이 아닌 명시적인 것이 된다.

초자연적인 것으로 여겨지는 또 다른 창의성의 특성은 음악의 표현성이다. 예를 들어 악보를 보고 맞는 건반을 두드린다고 해서 제대로 된 연주가 나오는 것은 아니다. 피아니스트는 레가토, 스타카토, 피아노, 포르테, 스포르찬도, 크레센도, 디미누엔도, 랄렌탄도, 아첼레란도, 리

테누토, 루바토 같은 특징들도 표현해야 한다(여기에 페달 두 개를 밟아 만드는 변화까지도 연주해야 한다). 우리는 어떻게 음악적 감수성을 섬세하게 표현할 수 있는 것일까? 다시 말해 우리는 관련된 관념 공간을 구체화할 수 있을까? 크레센도란 정확히 무엇인가? 랄렌탄도는? 스포르찬도는 얼마나 힘을 주는 것을 의미하는가?

크리스토퍼 롱게-히긴스도 이와 동일한 의문을 품었다.[9] 그는 계산주의적 연구를 통해 표현적 연주와 관련된 음악적 기술이 무엇인지 밝히고자 했다(5장 참조). 더 정확히 말하자면, 그는 크레센도를 의미하는 옆으로 누운 'V' 같은 기호가 적힌 악보를 개인이 어떻게 해석하는지 알아내고자 했다. 애초에 크레센도가 있어야 하는지 여부를 개인이 어떻게 판단하는지 알아내고자 한 것이 아니었다.

그는 쇼팽의 '강아지 왈츠'나 '즉흥 환상곡'을 이용한 연구에서 관념 공간에 대한 반직관적 사실을 발견했다. 예를 들어 사람들은 '점점 세게'를 의미하는 크레센도를 일정 비율로 점점 세게 표현하기보다는 급격히 세게 표현했다. 점점 세게 친 크레센도는 전혀 크레센도처럼 들리지 않았다. 라디오 볼륨 손잡이를 돌려 소리를 점점 키우는 것처럼 들렸다. '점점 느리게'를 의미하는 랄렌탄도도 마찬가지로 급격히 속도를 늦추어 연주해야만 '올바른' 소리처럼 들렸다. 한편 사람들은 '강하게'를 의미하는 스포르찬도에는 매우 민감하게 반응했다. 괜찮은 연주와 형편없는 연주를 가르는 것은 100분의 1초 차이였다. 반면 사람들은 피아노와 포르테의 차이에는 덜 민감한 반응을 보였다. 소리의 세기가 다섯 단계 이상만 차이 나면 괜찮은 연주로 받아들였다.

롱게 히긴스는 계산주의적 실험을 통해 이 밖에도 다양하고 세부적인 사실들을 밝혀냈다. 그도 지적했듯 음악이 어느 범위까지 특정 양식으로 인정받느냐는 특정 음악 양식과 거리가 멀다.

연주 방식이 '독창적'이라 인정받는 피아니스트는 롱게 히긴스가 분석한 표현기술 공간을 탐험하고 변형시킨다. 우리는 피아니스트의 독창성을 '직관적으로' 인지한 후 이를 즐기거나 거부한다. 그런데 독창성을 인지하는 것과 설명하는 것은 다르다. 로잘린 투렉(Rosalyn Tureck)이 느리게 연주하는 바흐는 알아차리기 쉽지만 그녀가 연주하는 다른 표현적 특성은 그렇지 못하다. 그러한 창의적인 표현이 어떻게 가능한지 이해하려면 우리는 관념 공간의 변형 가능성을 먼저 이해해야만 한다. 이때 롱게 히긴스의 연구 내용이 도움이 된다.

작곡은 어떨까? 7장에서 '컴퓨터로 만든 베토벤 10번 교향곡 같은 건 없으며' 동요나 모던 재즈에 초점을 맞춘 초창기 음악 작곡 프로그램만이 존재한다고 언급한 바 있다. 또한 작곡 프로그램은 고작해야 '어느 정도 유능한 초보자' 수준의 음악만을 만들어낼 수 있다고 했다. 하지만 지금은 상황이 약간 달라졌다.

물론 지금도 베토벤 10번 교향곡 같은 음악을 작곡할 수 있는 컴퓨터 프로그램은 없다. 하지만 데이비드 코프가 만든 프로그램인 Emmy는 베토벤 소나타 수준의 음악을 작곡할 수 있다(Emmy라는 이름은 '음악지능실험(Experiments in Musical Intelligence)'의 첫 글자를 따 만든 EMI에서 나왔다). 코프가 최근 발간한 책에서 Emmy가 만든 베토벤 소나타 수준의 악보를 확인할 수 있다.[10] 또 코프가 내놓은 '고전음악' CD에서 처음 두 악장의 연주를 직접 들어볼 수도 있다.[11] (Emmy는 표현에 대해서는 전혀 알지 못한다. 코프가 발간한 CD의 음악은 사람이 연주한 것이다. 따라서 아무리 노력했더라도 인간적인 표현이 개입되어 있을 수밖에 없다.)

베토벤보다 모차르트를 더 좋아한다면 Emmy가 작곡한 모차르트풍 악보나 CD를 참조할 수도 있다.[12] 그 밖에 다른 곡도 많다.[13] 코프가 최근 내놓은 책에는 스카를라티풍, 바흐풍, 말러풍, 프로코피에프풍 곡도 담겨 있다. 코프는 초기에 내놓은 책에서 Emmy와 조플린(Joplin) 작품의 일부를 소개하며 어떻게 Emmy가 (바흐와 재즈 같은) 상이한 두 양식을 조합할 수 있는지 설명했다. 영국의 아카펠라 그룹 스윙글 싱어즈(Swingle Singers)를 떠올리면 이해하기 쉬울 것이다.[14] Emmy는 바로크 음악과 태국 음악 같은 서로 상이한 문화권의 음악도 결합할 수 있다.[15] 두 양식을 결합할 때는 각자의 개성을 유지시키는 '투박한 방식'과 이와 반대되는 '섬세한 방식' 모두 가능하다.

Emmy가 만들어내는 음악은 매우 보편적이어서 인간 작곡가라면 누구나 모방할 수 있다. 동시에 Emmy는 매우 특정한 음악도 만들 수 있다. 따라서 한 작곡가의 음악풍을 따서 만든 곡이 다른 작곡가의 곡과 혼동되는 일은 없다. 어떻게 이런 일이 가능할까?

여기에서 말하는 특정한 음악을 만드는 능력은 바로 데이터베이스에서 나온다. 이는 작곡가 고유의 멜로디, 화음, 장식적 모티프 등이라 할 수 있다. 예컨대 베토벤풍 소나타는 베토벤이 지은 피아노 소나타 서른두 곡을 쪼갠 조각 10개를 조합해 만들어진다. 유명한 작곡가이기도 한 코프는 자신의 음악적 전문성을 이용해 각 작곡가의 특성을 선택한다. 그중에는 매우 보편적인 특성(예를 들어 바로크 스타일)도 있고, 특정한 특성(예를 들어 한 사람의 예술 세계)도 있다.

보편성은 다음 두 가지에서 비롯된다. 첫째, Emmy는 확장전이문법

(ATN: Augmented Transition Network)을 따른다. ATN은 원래 영어 구문론을 표시하기 위해 개발되었다.[16] 코프가 이를 개조해 음악의 수직적 구조를 표상할 수 있도록 만들었다. 둘째, Emmy는 사용 가능한 특성에 변화를 가한 후 서로 엮는 일반 규칙을 사용한다. 다시 말해 Emmy는 조합적 창의성과 탐구적 창의성 모두에 의존한다.

이 두 규칙은 Emmy가 주어진 작곡가의 특성과 일치하는 곡을 작곡할 수 있도록 해준다. 이는 코프가 직관적으로 인식했을지는 모르지만 (그가 작곡가의 특성을 선택했으므로) Emmy에게 명시적으로는 전달되지 않은 특정 작곡 양식의 체계성을 시사한다. 음악학자들과 음악심리학자들은 Emmy가 무엇을 할 수 있고 무엇을 할 수 없는지 면밀히 연구함으로써 많은 것을 배울 수 있을지 모른다.

하지만 이 모든 것이 속임수처럼 느껴질지도 모른다. 앞서 이야기한 재즈 즉흥 작곡 프로그램이 만든 곡은 '어느 정도 유능한 초보자' 수준에 불과할지 모르지만 무에서 유를 창조한 것임은 분명하다. 즉, 고도로 복잡한 음악 관념 공간을 탐색해 자신만의 독특한 코드 진행을 생성하고 자기 고유의 멜로디를 작곡했다. 이 프로그램에는 Emmy처럼 인간 작곡가가 만든 구체적 모티프가 제공되지 않았다. 더군다나 습관적으로 익숙한 양식의 작곡을 하는 사람은 관념 공간을 변형한다기보다는 탐색하는 것에 불과하다는 사실을 우리는 인정해야 한다. 따라서 Emmy가 만든 것 중 바로크/발리 양식 작곡을 제외한 나머지는 변형적 창의성의 예가 될 수 없다. 앞에서 설명했듯 바로크/발리 양식 곡은 비교적 '투박한 방식'의 조합에 따라 탄생했다.

호프스태터가 Emmy를 일종의 사기꾼으로 간주하는 이유도 바로 그 때문이다. 호프스태터는 Emmy의 속임수가 너무 인상적이어서 우려되기까지 한다고 말했다.[17] 그의 말에 따르면 레터 스피릿과 달리 Emmy는 '스스로 결정을 내리지 못한다.' 무작위적 요소가 있기는 하지만 코프가 부여한 작곡 규칙에 따라 순차적 과정을 밟아나갈 뿐이다. 레터 스피릿 같은 생성, 평가, 수정의 반복 주기가 없다. 요컨대 호프스태터는 어떤 음악을 생산했는지뿐 아니라 그 음악을 어떻게 생산했는지에 따라 Emmy의 창의성을 평가했다.

물론 우리는 여기서 네 번째 러브레이스 질문, 즉 'Emmy가 진정 창의적인가'를 논하는 것이 아니다. 이 질문은 Emmy가 만든 곡의 품질이나 그 작곡 방식과 아무런 관련이 없다. 또한 우리는 두 번째 러브레이스 질문, 즉 'Emmy가 창의적으로 보이는가, 아닌가'를 논하는 것이 아니다. 11장에서 설명했듯 그런 질문은 도움이 되지 않는다. 창의성은 칼로 무 베듯 있고 없고를 단정 지어 말할 수 없다. 창의성은 등급을 매길 수 있는 특성도 아니다. 작곡을 비롯한 인간 사고의 특성은 매우 복잡하기 때문에 "이 측면에서 보았을 때 이 아이디어는 창의적인가?" "저 측면에서 보았을 때 이 아이디어는 창의적인가?" "이 아이디어의 어느 점이 창의적인가, 그리고 그 이유는 무엇인가?"라고 묻는 것이 더 타당하다. 앞의 세 질문에 따라 Emmy의 창의성을 각자 판단해보기 바란다. 질문에 대한 답을 찾다 보면 인간의 창의성이 생각했던 것보다 훨씬 복잡하다는 사실을 깨닫게 될 것이다. 우리의 주된 관심사는 바로 그 복잡성이다.

사실 실시간 즉석 연주(작곡)를 할 수 있는 재즈 프로그램은 이미 존재한다.[18] 여기서 표현력은 중요하지 않다. 하지만 이 프로그램은 '어느 정도 유능한 초보자' 수준을 뛰어넘는다. 영국과 프랑스 재즈 전문가들은 그 프로그램이 버드(Bird)라는 애칭으로 유명한 재즈 연주가 찰리 파커에 견줄 만하다고 인정했다. 색소포니스트 코트니 파인(Courtney Pine)은 프로그램과 함께 즉흥연주를 하기도 했다. 색소포니스트이기도 한 프로그래머 폴 호지슨(Paul Hodgson)은 이런 말을 했다. "사전 정보 없이 IMPROVISOR가 연주하는 음악을 들었다면 나도 기꺼이 연주에 참여했을지 몰라요."

IMPROVISOR는 (파커, 암스트롱 등) 특정 음악가의 양식을 본뜬 데이터베이스에 의존하며 이를 재즈 이외의 양식으로도 연주할 수 있다. 현재 IMPROVISOR는 솜씨 좋게 다양한 음악 공간을 탐색해 주목할 만한 성공을 거두고 있다. 표현력을 논외로 하면 그 성과는 매우 설득력 있다. IMPROVISOR는 탐색한 공간의 특성을 조정할 수 있지만 그 공간 자체를 변형시키지는 못한다. 이는 변형시킬 수 없기 때문이 아니다. 유전 알고리즘을 사용하면 할 수 있다. 오히려 문제는 IMPROVISOR가 그 자신으로 돌아가 자신의 활동을 평가할 방법이 없다는 것이다. 다음에 논의할 이미지 관련 프로그램과 마찬가지로 새로이 변형시킨 음악의 평가는 쌍방향으로 이루어져야 한다. IMPROVISOR가 아닌 인간에 의해서.

게다가 호지슨은 지금 적용된 유전 알고리즘이라도 근본적인 변형을 할 수는 없다고 주장한다. 몇몇 유전 알고리즘은 '게놈'의 길이를 다양화할 수 있기 때문에 고정된 염색체 집합의 제한을 받지 않는다.[19] 그렇다고 해도 천문학적인 확률로 나타날 수 있는 일반적인 형태나 차원은 미리 정해져 있다. 호지슨은 창의성의 한계를 극복할 수 있는 근본적으로 다른 접근 방법을 개발하기를 바라고 있다. 생물학적 진화가 새로운 감각 차원에 반응하는 인지기관을 만들어낸 것처럼 이 프로그램도 새로운 차원을 창조해낼 수 있어야 할 것이다. 그런 경우라면 미래의 IMPROVISOR는 파커의 연주뿐 아니라 그의 혁신적인 재즈 스타일을 모방할 것이다.

마찬가지로 그림도 인간 창의성의 주요한 예가 될 수 있다. 이는 선과 형태의 디자인뿐 아니라 색의 선택과도 관계가 있다. 7장에 설명한 해럴드 코헨의 그림 프로그램은 전자만을 다룬다. 최근에도 AARON이 작업한 이미지 중 색칠된 것은 코헨이 직접 칠한 것이다. 수년간의 노력에도 불구하고 흡족한 채색 프로그램을 아직 완성하지 못했기 때문이다.

하지만 1995년 코헨은 보스턴 컴퓨터 박물관(Boston Computer Museum)에 색칠 프로그램을 전시했다.[20] 새로운 AARON은 특정한 색조계열에 집중할 수 있는 능력이 있긴 하지만 색조가 아닌 명암(밝음/어두움)을 이용해 색을 선택했다. 이것은 페인트 붓을 이용하여 윤곽을 그리고 크기가 다른 다섯 개의 둥근 '채색 면'에 색칠한다. 결과물에 나타난 스타일은 그들이 사용하는 프로그램보다는 염료나 색칠 면의 물리적 특성에 따라 결정된다. 다시 말해 컬러 컴퓨터 그래픽의 습작이 아니다. 오히려 페인팅-AARON은 현실에서 작동하는 툴을 사용하는 로봇이다. 즉, 사물의 물리적 특성을 이용할 수도 있고, 이에 제약을 받을 수도 있다.

드로잉-AARON과 마찬가지로 페인팅-AARON은 여전히 개발 중이다. 컴퓨터의 성능 향상이 그 원인 중 하나다. 코헨은 21세기에 들어서면서 이용할 수 있는 컴퓨터 메모리 용량이 연구를 시작할 때보다 1만 6000배 커졌다고 언급했다. 정작 더 어려운 점은 채색 기준을 명시적으로 만들고, 그것을 프로그래밍될 수 있도록 명확히 하는 것이었다. 지금까지도 그렇다.

예를 들어 코헨은 색상의 가장 중요한 요소가 색이 아니라 명도임을 직관적으로는 알고 있었다. 하지만 이를 명시적으로 깨닫는 데는 2년이나 걸렸다. 이런 깨달음을 AARON의 초기 버전에 반영한 후에는 드로잉에도 그것의 (가상의) 색채 배합을 적용할 수 있었다.

하지만 AARON의 결과물은 '만족스러울 뿐 완벽하지는 않다.' 그 이유는 초기 채색 프로그램이 진짜 페인트와 붓을 사용하지 않았기 때문이다.[21] 결국은 코헨이 이런 것을 만들어냈다. AARON이 페인트를 섞을 수 있게 만든 프로그램을 내놓는 데는 일 년 이상의 실험기간이 필요했다. 적합한 염료와 종이를 찾기 위해 세심하게 계량한 혼합물로 만든 수천 가지 페인트 샘플을 비교하였다. 이러한 샘플을 내놓은 것은 단순히 대중의 관심을 끌기 위해서가 아니었다. 전시회 관람객들은 AARON의 그림보다 AARON이 물통과 붓을 직접 씻는다는 사실에 더 큰 관심을 보였고, 코헨은 이를 상당히 언짢아했다. 그가 진짜 페인트와 종이를 제공한 이유는 그래야만 우리가 진짜 '그림'으로 인식하기 때문이었다. 실체가 없는 가상 세계에 갇힌 컴퓨터 그래픽은 그렇게 할 수 없다.

하지만 초기의 AARON과 같이 페인팅-AARON은 미적 공간을 탐험할 뿐이다. 이것은 근본적으로 다른 색깔 팔레트나 새로운 화학적 주성분을 제안할 수 없다.

색칠하는 것만 해도 매우 어렵다. 코헨이 사람들에게 자랑스럽게 보여줄 수 있는 채색 프로그램을 만드는 데만 30년이 넘게 걸렸다. 7장에서 설명했듯 문학적 창의성을 모델링하는 것은 훨씬 더 어렵다. 본문에서 설명한 것 중 가장 글을 잘 쓰는 프로그램은 TALE-SPIN이었다. 하지만 이 프로그램이 쓴 개미 헨리와 곰 조 이야기는 정말 단순하면서도 이상한 방향으로 흘렀다. 컴퓨터-프루스트가 만든 이야기는 그보다 훨씬 조악했다. 그럼에도 진전은 있었다.

최근 이야기 생성 프로그램 중 가장 흥미로운 것은 스콧 터너(Scott Turner)의 MINSTREL일 것이다.[22] 이 프로그램의 결과물은 Racter(영어로 글을 쓰는 인공지능 컴퓨터 프로그램)와 같은 다른 프로그램보다 겉으로 보기에는 덜 인상적이다.[23] Racter의 시나 산문은 때로 인간의 작품처럼 보인다. 물론 그 글을 이해하려면 문장의 의미를 매우 관대하게 확장 해석해야 하지만 말이다. 이 프로그램의 글은 좋게 말하면 초현실적이고 암시적이지만, 나쁘게 말하면 방향을 전혀 종잡을 수 없는 쓰레기다. 다음의 예를 살펴보자. "그는 그녀를 암살하고 싶었지만 이렇게 노래했다. '리사, 당신의 귀하고 흥미로운 의식을 계속해 읊조리시오.'" 물론 글의 전체 맥락 안에서 보면 더 쉽게 이해할 수 있을 것이다. 하지만 그것은 당신이 관대하게 확장 해석한 덕분이다. 즉, 마음이 조금 움직이기는 하지만 이것이 감탄 때문은 아니라는 말이다.

프로그래머들은 Racter의 작동원리를 분명히 제시하지 않았다. 윌리엄 체임벌린(William Chamberlain)은 Racter에 무작위로 고른 단어나 구를 표시하는 능력이 있다는 사실을 밝혀냈다. 이런 단어나 구가 가끔씩 반복되어 글의 문맥상 일관성이 생겼다. 하지만 표시된 어구들이 일관성이 있는 단락이나 플롯에 정말로 맞게 쓰였는지에 대한 암시는 없다. Racter의 결과물을 자세히 조사해보면 7장에서 언급한 탐정소설가보다 개선된 버전이라는 것을 알 수 있다. 하지만 어떤 면에서는 TALE-SPIN이 더 나았다.

기사, 공주, 용, 숲을 소재로 한 MINSTREL의 이야기는 Racter의 이야기와 비교해서 지루하다. 하지만 MINISTREL의 이야기는 일관성이 있으며 사람이 쓴 좋은 글의 특징도 나타난다. MINISTREL은 이야기를 만들 뿐 아니라 이야기의 수사학적인 구조를 평가한다.

대부분 컴퓨터 작가들은 설득력 있고 흥미로운 이야기를 구성하는 수사학적 문제에는 관심을 기울이지 않는다.[24] 대신에 주인공들의 활동에만 집중한다. 예를 들어 TALE-SPIN에서 주인공들(개미 헨리와 친구들)은 머릿속으로만 각자의 목적을 생각한다. 반대로 MINISTREL에서는 작가의 (수사학적) 목적과 주인공들의 목적 사이에는 분명한 차이가 있다.

주인공은 목적을 달성하지 못할 수도 있고 혹은 목적 달성 여부가 결말에 표현되지 않을 수도 있다. 이것은 극적 재미를 주거나 일관성을 유지하기 위해서이지만 결과는 미적으로 흥미롭지 않다. 그렇다고 대수롭지 않다는 말은 아니다. 컴퓨터가 썼다는 사실을 모르는 사람들은 MINISTREL의 글을 고등학생 수준이라고 생각했다.

MINISTREL은 창의성의 두 가지 면을 모델화한다. 하나는 이야기를 만들어내는 것이고 다른 하나는 익숙한 문제를 해결하기 위해서 소설의 방법을 구성하는 것이다. 이를 위해 MINISTREL은 TRAMs(변형(Transform), 회상(Recall), 적응 기법(Adapt Methods))이라는 25가지 창의적인 휴리스틱에 의존한다. 그중에 자주 사용되는 휴리스틱으로는 '동기를 무시한다' '배우를 일반화한다' 등이 있고, 거의 사용되지 않는 휴리스틱으로는 '하위목적을 무시한다' '죽음이라는 장애물을 배치한다' 등이 있다. TRAMs를 사용하는 프로그램의 스토리텔링 능력은 시간의 흐름에 따라 변화하고, 따라서 나중의 이야기는 처음 이야기와 상당히 차이가 난다.

예를 들어 MINSTREL은 '사건기반 추론(Case-based reasoning)'을 통해 살인에서 자살의 개념을 도출한다. 사건기반 추론은 지금은 인공지능에서 꽤 널리 사용되는 유추적인 문제해결 방식이다.[25] 여기서는 현재의 문제 상황과 비슷한 여러 사례에서 공통점을 찾아내 나중의 관점을 이전의 것으로 (필요하다면 창의적인 수정을 가하여) 전환시킨다. 따라서 MINSTREL은 주인공이 다른 사람을 죽이는 상황을 어떤 사람이 자살을 한다는 에피소드로 변형시킬 수 있다. 이러한 변형은 단순한 재귀('다른 사람'을 '자신'으로 바꾸는)가 아닌 주인공이 스스로를 벌할 만한 이유를 찾을 때 생겨난다. 예를 들어 거뜬히 이길 만한 용이나 적에게 일부러 지는 이야기로 변형시키는 것이다.

하지만 이 모든 과정이 그다지 순탄하다고 할 수는 없다. MINSTREL의 대단히 제한된 세계에서조차도 TRAM-휴리스틱은 일관성 문제 또는 과다한 조합의 문제를 야기할 수 있다. 25가지 TRAMs 중에는 다른 것에 비해 훨씬 문제가 많은 휴리스틱도 있다. 예를 들어 '제한된 회상'과 '이웃을 무시한다'는 휴리스틱은 이전의 문제 설명(problem description)과 현재의 문제 요건(problem requirement)을 단절시켜 이야기의 흐름을 끊을 수 있다. 따라서 현재의 문제 요건과 대립되는 에피소드가 증가하게 될 것이다. 먼 과거 사건에 대한 기억을 제한하는 '제한된 회상' 휴리스틱은 이야기 전개에 유용하다. 가까운 과거 사건의 결과는 여전히 유지되기 때문이다. 반면 '이웃을 무시한다'는 휴리스틱은 터무니없는 해결책을 제안하도록 유도할 수도 있다.

MINSTREL은 이야기 공간을 탐색하거나 약간씩 변형을 가할 수 있지만 근본적으로는 변형시킬 수 없다. 그런 경우 처음 구조의 상당 부분이 사라져 결과를 통제할 수 없게 되기 때문이다. 예를 들어 '이웃을 무시한다'는 휴리스틱에 따라 발생한 동기 공간(motivation-space) 변화는 너무 커서 나중에 바로잡기 힘들다. 따라서 프로그램의 이야기 공간 탐색 능력은 제한적이며, 살인에서 자살을 도출하거나 어떤 배우를 다른 배우로 대체하는 정도의 상대적으로 작은 변화만을 가할 수 있다. 터너가 자신의 책에서 '변형'이라고 언급한 말은 상대적으로 표면적인 변화를 의미한다. 이러한 변화는 MINSTREL의 이야기 공간을 근본적으로 바꿀 수 없다.

요컨대 터너와 TALE-SPIN을 만든 프로그래머는 이야기란 문제해결 과정이라고 가정한다. 그런데 셀머 브링스요드(Selmer Bringsjord)와 데이비드 페루치(David Ferrucci)는 그 가정에 반대한다. 이들은 문학적 창의성에 매우 다른 관점으로 접근하여 BRUTUS라는 프로그램을 개발했다.[26] BRUTUS의 개발 의도는 흥미로운 이야기 짓기라는 연산 불가능해 보이는 과업을 가능해 보이도록 만드는 것이 아니었다. BRUTUS는 다음과 같은 규칙에 따라 이야기를 만든다. '독자의 상상력을 자극한다.' '주인공의 행동 및 의식을 묘사한다.' '배신이나 자기기만과 같은 익숙한 플롯을 사용한다.' '전체적인 이야기 구조를 방해하지 않는다.' '기계적이거나 무미건조한 이야기는 피한다.' 하지만 프로그램이 이런 규칙을 따라 이야기를 만들 수 있다고 해도 브링스요드와 페루치의 관점에서 BRUTUS는 단순히 '책략'에 불과하다.

그들의 주된 초점은 BRUTUS의 구체적인 실행 능력이라기보다 일반적인 특징(구조)이었다. 그럼에도 BRUTUS는 일정 수준 이상의 결과물을 창출했으며 앞으로도 더 발전하리라고 기대된다. BRUTUS의 특징은 이야기 구조뿐 아니라 인물, 테마 구조, 배경, 수사적 표현, 글의 스타일 등을 모두 독립적으로 연산처리한다는 것이다. 독자의 관심을 끌고 독자들의 관심을 반영할 수 있는 익숙한 배경, 주제, 은유가 사용되었다. 예를 들어 BRUTUS를 접하는 사람이라면 대학에 관련된 경험이 있거나 그에 관심이 있을 것이라는 예상에 따라 대학이라는 조건이 사용되었다. 더욱 개략적으로는 한 인물이 다른 사람의 행동을 은밀히 관찰한다는 플롯에 따라 독자의 관음증적 본성을 의도적으로 관여시켰다. 브링스요드와 페루치의 말을 빌리면, 이것은 "인간 독자의 감정과 상상력을 간질이는 역할을 하게 될 것"이다.

하지만 프로그램 자체가 그러한 것을 감상하거나 이해할 수 있다는 주장은 없었다. 오히려 브링스요드와 페루치가 주장한 요점은 문학적 창의성이 인간만의 능력이라는 것이었다. 컴퓨터 프로그램이 할 수 있는 것은 교묘한 모방뿐이다. BRUTUS의 미래 버전이 문학적 공간을 근본적으로 변형시킬 수 있는지 여부도 시사된 바가 없다. 그 공간의 탐험이 프로그래머가 제공한 규칙에 따라 수행되는 것처럼 향후의 모든 변형은 인간에 전적으로 의존하게 될 것이다. 즉, 컴퓨터가 아닌 수단에 의해 이미 만들어진, 규칙에 지배되는 변형의 반복만이 존재할 뿐 프로그램은 어떠한 새로운 문학적 변형도 일으킬 수 없다는 말이다.

일부 프로그램은 인간 창의성이 먼저 떠올리지 못한 방식으로 관념 공간을 변형시킬 수 있다. 유전 알고리즘을 이용해서다. 8장에서 그러한 프로그램(송유관에서 새는 부분을 찾아내는)을 한 번 언급한 바 있다. 하지만 내가 이 책을 쓰기 시작한 이래로 유전 알고리즘, 특히 인공 생명체(artificial life) 혹은 A-라이프라 불리는 부문에서 폭발적인 성과가 있었다.²⁷ 이 진화적 프로그래밍 연구는 공진화 연구에서 로봇의 '두뇌'와 '신체'의 자동 친화에 이르기까지 다양한 범위에서 진행되고 있다.²⁸ 예를 들어 육식동물의 경우 진화함에 따라 두 눈 사이의 거리가 점점 좁아졌고, 반대로 그들의 먹잇감이 되는 초식동물은 점점 멀어졌다(여우와 토끼를 떠올려보라). 시각 정보를 제공할 수 없는 수염은 로봇의 두뇌와 관련이 없을 것이다. 진화 예술을 전문으로 하는 프로그램들은 그 중간 어딘가에 위치한다.

그중에서도 특히 관련성이 높은 시각 이미지 생성 프로그램 두 가지를 살펴보자.²⁹ 이 두 프로그램의 차이가 바로 서양 문화가 예술 속 창의성을 어떻게 간주하는지 잘 설명해준다.

칼 심스(Karl Sims)와 윌리엄 래덤(William Latham)은 각자 무한히 많은 색채 이미지를 생산하는 유전 알고리즘 프로그램을 개발했다. 각각 2차원 패턴과 3차원 형태였다. 두 경우 모두 선택은 상호작용을 통해 이루어졌다. 각 단계에서 다음 세대에 이어질 가장 매력적이거나 흥미로운 이미지 하나나 두 개를 선택한다. 두 프로그램 모두 H-참신한 이미지들을 만들어내며 창의성에 대한 '참신성' 기준을 만족시킨다. 그리고 평가적 관점에서 보아도 둘 다 무난하다. 심스의 모델은 매력적인 패턴을 수없이 생산해냈으며, 래덤의 시스템이 만든 산물은 모든 이의 취향에 맞지는 않아도(이 부분에 대해서는 다시 이야기하겠다) 전 세계 많은 갤러리에서 판매되고 있다.

이 프로그램들이 만들어낸 이미지를 살펴보자. 래덤의 프로그램은 마치 AARON처럼 탐험적 창의성만 이용하는 반면, 심스의 프로그램은 변형적 창의성을 이루어냈다. 달리 말해 심스의 프로그램은 래덤의 것보다 '더 창의적'으로 보일 수 있다. 누군가 사람들에게 어느 프로그램이 더 창의적이냐고 묻는다면 대부분이 심스의 모델을 꼽을 것이라고 생각한다.

이러한 판단의 가장 중요한 이유는 심스의 모델이 래덤의 것보다 심오한 놀라움을 더 많이 만들어내기 때문이다. 우리는 세부적인 사항은 고사하고 다음 세대에 나타날 대강의 형태마저 예측할 수 없다. 또한 심스의 패턴과 모(母) 패턴 사이의 닮은 점을 알아보기가 불가능할 때도 있다. 관련 코드를 조사해도 도움이 안 될 수 있다. 왜 부모와 자식 이미지 사이의 현저한 차이점이 미니 프로그램의 코드 차이로부터 나오는지 심스가 언제나 설명할 수 있는 것은 아니다. 달리 말해 심스의 모델은 때로 이미지 공간을 너무나 크게 변형시켜 자식의 이미지가 부모의 이미지와 거의 유사점이 없어 보이게 만들 수 있었다. 이와 반대로 래덤의 프로그램은 모두 래덤의 형태라는 것을 즉각 알아볼 수 있는 이미지를 생산해내며, 부모와 형제 이미지 사이에 유사점을 보인다.

많은 이들이 심스의 모델이 '더 창의적'이라고 생각하는 또 다른 이유는 래덤의 모델과 달리 매력적인 패턴을 생산해내기 때문이다. 그렇다. 꽤 많은 사람들이 연체동물이나 뱀을 닮은 래덤의 이미지를 꽤나 역겹다고 생각한다.

하지만 여러 갤러리에서 전시회를 여는 숙련된 예술가는 심스가 아니라 래덤이다. 이것이 도대체 어찌 된 영문인가?

탐험적 창의성과 변형적 창의성 모두 구조화된 관념 공간 속에서 발생한다는 사실을 명심하라. 그리고 그 공간이 갖는 제약 때문에 오직 특정한 유형의 아이디어만 생산된다는 사실도. 새로운 아이디어가 관련된 공간 속 기존 아이디어와의 관계라는 측면에서 평가된다는 점을 고려하면 평가 기준은 대체로 내재되어 있다. 즉, 우리는 참신함의 겉모습만이 아니라 그것의 발달 과정에도 가치를 둔다는 것이다. 창의적인 예술가들은 절제된 방식으로 사고한다. 그들의 행위가 장난스럽게 보일지는 몰라도 쓸데없이 장난만 치고 있는 것이 아니라는 말이다. 장난스러운 기질 덕분에 무언가 흥미로운 것이 떠오르면 그들은 즉각 거기에 초점을 맞추고 그것을 규율 잡힌 방식으로 받아들이고, 수정하고, 발전시킨다. 그 시도가 실패하거나 그것이 지닌 잠재력의 한계가 엿보이는 경우에만 다른 것으로 관심을 돌린다. 간혹 기존 공간을 근본적으로 바꾸는 방식을 쓰기도 한다.

심스가 고안한 변형적 프로그램의 우수성을 부인하는 근거가 바로 인간 창의성의 이러한 면에 있다. 왜냐하면 심스의 프로그램도 사실상 장난을 치고 있기 때문이다. 하지만 어떤 종류의 이미지를 만들어낼지에 대한 기준이 내재되어 있지 않으므로 미적으로 구조화된 공간 속에서 놀고 있다고 할 수도 없다. 게다가 각 세대별로 부모의 이미지 공간을 정의 내리는 코드의 핵심에 임의로 변화를 일으킬 수 있다. 따라서 그것은 하나의 이미지 생산 프로그램 전체를 다른 하나 속에 완전히 집어넣을 수도 있고, 관련 없는 각각의 복잡한 프로그램들을 결부시킬 수도 있다.

그 결과 생성된 이미지는 그 시스템 실행을 지켜보고 있는 인간에게 엄청난 놀라움을 안길 것이다. 하지만 이 이미지는 한동안 탐험할 목적으로 '포착된' 것이 아니다. 그것은 다음 세대를 기르기 위해 선택될 수 있지만 이전에 그러했듯 그 양육 과정이 그 세대를 근본적으로 변형시킬 수도 있다. 각 단계에서 부모 이미지를 선택하는 인간 평가자는 선택된 이미지의 '흥미로운 점'이 곧장 사라질 수도 있으며, 점진적으로 개발되거나 체계적으로 탐험될 수 없다는 사실을 발견하고 쉽게 흥미를 잃게 된다. 심스의 프로그램은 광고계에서 일하는 사람들에게 도움이 될지도 모른다. 그들은 매우 다양한 이유로 새로운 이미지를 필요로 하기 때문이다. 그러나 절제된 방식으로 특정 스타일을 탐험하고, 그 범위와 한계를 발견하고 싶어 하는 예술가들에게는 그다지 소용이 없을 것이다.

전문 예술가인 래덤은 유전 알고리즘에 현재 프로그램의 변수 조정만을 허락할 뿐, 핵심을 변형하고 싶어 하지는 않는다. 그가 얻는 보상은 이 프로그램을 이용해 자신이 미적으로 흥미롭다고 여기는 특정 공간을 특정 방향으로 탐험함으로써 혼자서는 다다를 수 없었던 곳에 이르렀다는 점이다. 하지만 거기에는 대가가 있다. 진정 근본적인 놀라움은 있을 수 없다는 점이다. 래덤의 미적 '목소리'는 프로그램의 이미지를 통해 소리를 낸다. 그것이 바로 그가 만들어내는 산물 전체에 거부감을 느끼는 사람들이 생기는 이유다.

이러한 예는 자동화된 변형적 창의성이 나아가는 길을 방해하는 평가라는 병목 현상을 잘 보여준다. AARON이나 EMMY 같은 탐험적 창의성에서 프로그래머(코헨이나 코프)가 공간을 미리 정의 내리고 그것을 탐험하는 데 사용할 규칙을 제대로 정해준다면 새롭게 만들어지는 구조는 거의 모두 가치가 있을 것이다. 그러한 면에서 평가는 시스템의 발생 과정에 내재되어 있다. 그러나 변형적 창의성은 원칙적으로 받아들여진 규칙 중 일부를 무시한다. 따라서 참신한 아이디어에 가치가 있는지, 더욱 개발할 여지가 있는지 결정하는 사후평가로부터 벗어날 길은 없다.

미래 가치의 씨를 뿌리는 것은 이미 가지고 있는 것들을 알아보는 것보다 훨씬 힘들기 때문에 전형적으로 그 평가는 프로그램이 아닌 사람에 의해 행해져야 한다. 이것은 현재 유전 알고리즘에 관한 호지슨의 우려와 관련이 있다. 적합성 기준(가치)이 고정되어 있으면 그것이 자동화될 가능성이 있다는 것이다. 송유관 프로그램의 경우 이미 1980년대에 실행되었다. 자신의 미적 가치를 정정할 수 있는 프로그램, 어쩌면 인간이 거부감을 느끼는 경우 이를 받아들이도록 설득까지 할 수 있는 프로그램이 등장하려면 아직 멀었다.

여기서 한 가지 경고를 해야겠다. 최근 철학자 앤서니 오헤어(Anthony O'Hear)는 내가 11장에서 '비인간'론이라 부른 것과 비슷한 주장을 펼쳤다. 이것은 네 번째 러브레이스 질문에 '아니오'라고 답한다.[30] 오헤어는 래덤의 프로그램이나 AARON 혹은 Emmy가 창의적이지 않다고 여길 뿐 아니라 그것들이 내놓은 산물을 예술품이라고 부르기를 거부한다. 그는 컴퓨터로 만든 다른 '예술'에도 비슷한 경멸을 보인다. 이런 사진, 음악, 이야기, 안무 등등은 흥미로울 수 있고 심지어는 아름답기도 할 것이다. 우리의 심리적·미적 욕구 중 일부를 충족시킬지도 모른다. 그것이 컴퓨터로 만들어진 것이라는 사실을 알게 될 때까지 말이다. 그때 그는 이렇게 말한다. 아름다움은 단순히 피상적인 것이며 거기에서 오는 만족은 곧 증발할 것이라고. 우리는 지금까지 속은 것이다. 어떤 대상이 훌륭하든 평범하든 상관없이 예술작품인 것처럼 반응을 보이도록 습관이 들여졌던 것이다. 실제로는 작품이라 부를 수 없을 때도 말이다. 그는 컴퓨터로 생성한 참신한 산물을 인간이 선호하도록 가치를 바꾸게 '설득'할 수도 있다는 진술은 터무니없다고 말할 것이다. 오헤어의 시각에서 보면 예술이란 본래 한 인간과 다른 한 명 사이에서 일어나는 일종의 의사소통이다. 이것이 가능해지려면 예술가와 관객은 인간적 경험을 공유해야만 한다.

당신이 오헤어가 내린 예술의 정의를 수용하느냐 마느냐는 중요하지 않다. (예술을 정의 내리는 것은 바보 같은 짓이다. 예술이 신비하기 때문이 아니라 '예술'이라는 개념이 문화적으로 너무나 다양하기 때문이다.) 여기에서 중요한 점은 이러한 유형의 논란이 '창의적' 컴퓨터의 성능이 얼마나 우수한지 따지는 것과는 아무런 관련이 없다는 것이다. 따라서 우리의 관심사가 컴퓨터 모델이 우리 자신의 창의성에 대해 더 분명히 생각할 수 있도록 돕느냐는 것이라면 이 문제는 생각할 필요가 없다.

이 책에서 다룬 초기 프로그램들처럼 오늘날 컴퓨터의 창의성 모델은 인간의 사고와 비교했을 때 아무리 좋게 봐야 조잡하고 최악의 경우에는 완전히 잘못되었다고 할 수 있다. 하지만 우리에게 제공하는 바가 있긴 있다. 바로 창의적 조합을 생각해내는 방법과 관념 공간을 알아보고, 지도화하고, 변형하는 방법을 알아낼 수 있는 유망하고 정확한 아이디어다. 그것이 바로 창의성의 심리학이 이야기하는 바의 상당 부분을 차지한다.

하지만 상당 부분이지 전체는 아니다. 이 책에서 나는 새로운 아이디어가 어떻게 생겨나는지 주로 다루었다. (그렇다 하더라도 새로운 아이디어를 자극하고 그 아이디어가 떠오른 뒤 그것을 평가하는 데 사회적 맥락이 갖는 역할의 중요성은 부각시키지 않았다.)[31] 10장 막바지에서야 왜 사람들이 아이디어를 창조하는지, 그리고 때로는 창조를 멈추는지 질문을 던졌다.

거기에서 나는 비록 여러 가지 이유로 파괴될 수 있기는 하지만 자신감이 필수적이고 동기도 매우 중요하다고 언급했다. 그리고 H-창의성은 창조자 본인뿐 아니라 가족과 친구들에게도 언제나 쉬운 것은 아니라고도 하였다. 하워드 가드너(Howard Gardner)는 매우 H-창의적인 사람들의 '모범적인 성격'에 관해 매우 흥미로운 책을 썼다.[32] 프로이트, 스트라빈스키, 마사 그레이엄, T. S. 엘리엇, 아인슈타인, 간디, 피카소의 개인 기록을 바탕으로 그는 그러한 사람들이 집념이 강하고, 맹목적이고, 냉혹하며, 이기적이라는 사실을 밝혔다. 이 발견은 별로 놀랍지 않다. 문화적으로 가치 있는 관념 공간에 통달하고, 그것을 탐험하고, 변형하려면 이러한 성격적 특성이 큰 도움이 될 것이다.

또한 원칙적으로 동기와 감정은 계산주의적 용어로 이해될 수 있지만 우리가 아직 일정 수준에 이르지는 못했다고 언급한 바 있다. 이것은 여전히 사실이다. 동기 및 감정과 그것들이 특정 아이디어에 끼치는 영향을 이해하려면 정신 전체의 심리적 구조, 즉 계산주의적 '건축양식'을 이해할 필요가 있다. 이 책을 쓴 이래로 이 분야에서 흥미로운 연구가 다수 행해졌다.[33] 그러나 우리는 아직도 발가락만 물에 담갔을 뿐이다.

앞으로 수영을 아무리 잘하게 되더라도 우리는 특정한 개인이 어떻게, 그리고 왜 특정한 이야기를 쓰는지, 아니면 특정 시적 심상 혹은 시각적 이미지를 선택하는지 정확히 이해할 수 없을 것이다. 리빙스턴-로스가 콜리지의 시에 대해 자세히 분석했듯 개인의 지식이나 학문적 성취 등을 바탕으로 부분적인 설명은 할 수 있을지도 모른다. 그러나 그러한 것을 완벽히 설명하고 예측하는 것은 불가능하다. 9장에서 제시한 이유 때문이다. 인간의 정신은 너무나 복잡하다. 너무 풍부하고, 너무 섬세하며, 무엇보다도 사람마다 너무 제각각이다. 한마디로 너무나 놀랍다.

하지만 근본적으로 불가사의한 것은 아니다.

감사의 말

원고 전체에 걸쳐 세심한 의견을 수없이 제공한 제리 마틴에게 감사한다. 다양한 분야에서 조언과 의견을 제공한 친구들(피터 부쉘, 앤디 클라크, 벤 깁스, 마리 제이호더, 아네트 카밀로프-스미스, 스티븐 미드캘프, 루스 레이더, 애런 슬로먼, 폴 웰링스, 피터 윌리엄스)에게도 고마움을 전하고 싶다(실수가 있다면 물론 나의 잘못이다).

원고 출력을 도와준 앨리슨 머드와 힘든 상황이 닥칠 때마다 조언을 아끼지 않은 재클린 콘에게 감사한다. 이 책의 일부는 서식스대학의 안식년 중에 쓰였다.

고맙게도 로렌스 러너는 자신의 책 《A.R.T.H.U.R.: 디지털 컴퓨터의 삶과 의견(A.R.T.H.U.R.: The Life and Opinions of a Digital Computer)》에 실린 시 두 편을 사용할 수 있게 해주었다. 본문 중 몇 개의 짤막한 구절은 나의 다른 책을 바탕으로 한 것이다. 7장의 배신과 탐정소설 프로그램에 관한 부분은 나의 다른 책 《인공지능과 자연인(Artificial Intelligence and Natural Man)》에서, 7장의 BORIS에 관한 논의와 11장의 두뇌 물질론과 중국인 방에 관한 부분은 《정신의 컴퓨터 모델: 이론심리학의 컴퓨터 접근법(Computer Models of

Mind: Computational Approaches in Theoretical Psychology》에서, 7장의 삼목두기에 관한 설명은 《정신과 메커니즘: 철학적 심리학과 컴퓨터 모델(Minds and Mechanisms: Philosophical Psychology and Computational Models)》에서, 그리고 11장의 컴퍼스 이야기는 1985년 자이곤(Zygon)에서 출판된 나의 논문 〈경이와 이해(Wonder and Understanding)〉에서 발췌했다.

책의 맨 앞에 나오는 그림과 그림 7.2부터 7.9까지를 사용하도록 흔쾌히 허락해준 해롤드 코헨과 그림 4.11을 빌려준 카이라 카밀로프에게 감사하고 싶다. 다른 그림들은 다음과 같이 각 출판사의 승인으로 재구성되었다. 카밀로프-스미스의 논문 〈표상적 변화에 가해지는 제약: 어린이 그림을 통한 증거(Constraints on Representational Change: Evidence from Children's Drawing)〉(코그니션, 1990)에 실린 그림을 사용하게 해준 엘제비어-세콰이아 S. A. 출판사(그림 4.4~4.10), 크리스토퍼 롱게-히긴스의 《정신 과정(Mental Processes)》의 그림을 사용 허가해준 MIT 출판부(그림 5.1~5.3), E. 샤니악과 D. 맥더모트의 저서 《인공지능 입문(An Introduction to Artificial Intelligence)》의 그림을 사용할 수 있게 해준 애디슨-웨슬리출판(그림 5.4), 로저 펜로즈의 《황제의 새로운 정신(The Emperor's New Mind)》에 나오는 그림을 빌려준 옥스퍼드대학 출판부(그림 7.1), R. C. 쉥크와 K. M. 콜비의 《사고와 언어의 컴퓨터 모델(Computer Models of Thought and Language)》 중 그림 한 점을 사용하게 해준 W. H. 프리먼출판(그림 7.10), 그리고 마지막으로 A. 데이비의 《담화 생산: 화자의 관점에서 본 컴퓨터 모델(Discourse Production: A Computer Model of Some Aspects of a Speaker)》 중 그림 사용을 허가한 에든버러대학 출판부(그림 7.11)에 감사의 말을 전한다.

주석

1장 창의성의 미스터리

1 A. Koestler, *The Act of Creation* (London, 1975), p. 211.
2 A. Lovelace, 'Notes on Menabrea's Sketch of the Analytical Engine Invented by Charles Babbage', in B. V. Bowden (ed.), *Faster Than Thought* (London, 1953), p.398; see also A. Hyman, *Charles Babbage: Pioneer of the Computer* (Oxford, 1982).
3 L.A. Lerner, *A.R.T.H.U.R.: The Life and Opinions of a Digital Computer* (Hassocks, 1974).

2장 지금까지의 이야기

1 Quoted in Koestler, *The Act of Creation*, p. 117.
2 Quoted in A. Findlay, *A Hundred Years of Chemistry* (London, 1965), p. 39.
3 Quoted in ibid., pp. 38-9.
4 W. Golding, *The Hot Gates* (London, 1965), p. 98.
5 W. Hildesheimer, *Mozart* (London, 1983), p. 15.
6 J. Livingston Lowes, *The Road to Xanadu: A Study in the Ways of the Imagination* (London, 1951), p. 358.
7 H. Poincaré, *The Foundations of Science: Science and Hypothesis, The Value of Science, Science and Method* (Washington, DC, 1982), p. 389.
8 Ibid., pp. 390-1.
9 Ibid., p. 393.
10 Ibid., p. 386.
11 Koestler, *The Act of Creation*, p. 210.
12 Ibid., p. 121.
13 Ibid., p. 201.

14 D.N. Perkins, *The Mind's Best Work* (Cambridge, Mass., 1981).
15 H.E. Gruber, *Darwin on Man: A Psychological Study of Scientific Creativity* (London, 1974).
16 M. Polanyi, *Personal Knowledge: Towards a Post-Critical Philosophy* (New York, 1964).
17 Quoted in Koestler, *The Act of Creation*, p. 117.
18 Quoted in ibid., p. 170.
19 Quoted in ibid., p. 117.
20 Quoted in Livingston Lowes, *The Road to Xanadu*, p. 498.
21 Koestler, *The Act of Creation*, p. 217.
22 Ibid., pp. 391-2.

3장 불가능에 관한 고찰

1 Quoted in Koestler, *The Act of Creation*, p. 120.
2 G. Taylor, *Reinventing Shakespeare* (London, 1990).

4장 정신의 지도

1 D.R. Hofstadter, *Gödel, Escher, Bach: An Eternal Golden Braid* (New York, 1979).
2 Quoted in Findlay, *A Hundred Years of Chemistry*, p. 39.
3 G. Polya, *How to Solve It: A New Aspect of Mathematical Method* (Princeton, 1945).
4 S. Papert, *Mindstorms: Children, Computers, and Powerful Ideas* (Brighton, 1980); E. de Bono, *De Bono's Thinking Course* (London, 1982).
5 C. Rosen, *Schoenberg* (Glasgow, 1976).
6 T.S. Kuhn, *The Structure of Scientific Revolutions* (Chicago, 1962).
7 A. Karmiloff-Smith, 'Constraints on Representational Change: Evidence from Children's Drawing', *Cognition*, 34 (1990), pp. 57-83.
8 A. Karmiloff-smith, 'From Meta-processes to Conscious Access: Evidence from Children's Metalinguistic and Repair Data', *Cognition*, 23 (1986), pp. 95-147.
9 Ibid., pp. 77-8.

5장 컴퓨터의 개념

1 H.C. Longuet-Higgins, *Mental Processes: Studies in Cognitive Science* (Cambridge, Mass., 1987), part Ⅱ.
2 R.C. Schank and R.P. Abelson, *Scripts, Plans, Goals, and Understanding* (Hillsdale, NJ, 1977).

3 R.C. Schank and P. Childers, *The Creative Attitude: Learning to Ask and Answer the Right Questions* (New York, 1988).
4 H.L. Gelernter, 'Realization of a Geometry-Theorem Proving Machine', in E.A. Feigenbaum and J. Feldman (eds), *Computers and Thought* (New York, 1963), pp. 134-52.

6장 창의적인 연결

1 F. Jacob, *The Statue Within: An Autobiography* (New York, 1988), p. 296.
2 Livingston Lowes, *The Road to Xanadu*.
3 D.E. Rumelhart and J.L. McClelland (eds), *Parallel Distributed Processing: Explorations in the Microstructure of Cognition* (Cambridge, Mass., 1986). The chapter on 'Distributed Representations' is reprinted in M.A. Boden (ed.), *The Philosophy of Artificial Intelligence* (Oxford, 1990), ch. 11.
4 Rumelhart and McClelland, *Parallel Distributed Processing*, vol. 1, ch. 7.
5 Ibid., vol. 2, ch. 18.
6 S. Pinker and A. Prince, 'On Language and Connectionism: Analysis of a Parallel Distributed Processing Model of Language Acquisition', *Cognition*, 28 (1988), 73-193; A. Clark, *Microcognition: Philosophy, Cognitive Science, and Parallel Distributed Processing* (London, 1989), ch. 9.

7장 비낭만적 예술가들

1 M. Sharples, *Cognition, Computers, and Creative Writing* (Chichester, 1985).
2 Three catalogues are: *Harold Cohen: Drawing* (San Francisco Museum of Modern Art, 1979); *Harold Cohen* (Tate Gallery, 1983); *Harold Cohen: Computer-as-Artist* (Buhl Science Center, Pittsburgh, 1984). See also H. Cohen, *On the Modelling of Creative Behavior* (Santa Monica, 1981); H. Cohen, 'How to Make a Drawing' (1982).
3 In *Harold Cohen: Computer-as-Artist*
4 P.N. Johnson-Laird, *The Computer and the Mind: An Introduction to Cognitive Science* (London, 1988), ch. 14; P.N. Johnson-Laird, 'Freedom and Constraint in Creativity', in R.J. Sternberg (ed.), *The Nature of Creativity: Contemporary Psychological Perspectives* (Cambridge, 1988), pp. 202-19; P.N. Johnson-Laird, 'Jazz Improvisation: A Theory at the Computational Level' (unpublished working-paper, 1989; published version, 1993).
5 Johnson-Laird cites Parsons' *Directory of Tunes and Musical Themes* (1975) in 'Jazz Improvisation', p. 31.
6 M. Masterman, 'Computerized Haiku', in J. Reichardt (ed.), *Cybernetics, Art, and*

Ideas (London, 1971), pp. 175–83; M. Masterman and R. McKinnon Wood, 'Computerized Japanese Haiku', in J. Reichardt (ed.), *Cybernetic Serendipity* (London, 1968), pp. 54–5.

7 Described in M.A. Boden, *Artificial Intelligence and Natural Man* (London: 1987), pp. 299–304, 312–14.

8 M.G. Dyer, *In–Depth Understanding: A Computer Model of Integrated Processing for Narrative Comprehension* (Cambridge, Mass., 1983).

9 R.C. Schank and C.K. Riesbeck (eds), *Inside Computer Understanding: Five Programs Plus Miniatures* (Hillsdale, NJ, 1981), pp. 197–258.

10 R.P. Abelson, 'The Structure of Belief Systems', in R.C. Schank and K.M. Colby (eds), *Computer Models of Thought and Language* (San Francisco, 1973), pp. 287–340.

11 K. Oatley and P.N. Johnson–Laird, 'Towards a Cognitive Theory of the Emotions', *Cognition and Emotion*, 1 (1987), pp. 29–50; P.N. Johnson–Laird and K. Oatley, 'The Language of Emotions: An Analysis of a Semantic Field', *Cognition and Emotion*, 3 (1989), pp. 81–123.

12 A. Davey, *Discourse Production: A Computer Model of Some Aspects of a Speaker* (Edinburgh, 1978), pp. 16–20.

13 K.J. Holyoak and P. Thagard, 'Analogical Mapping by Constraint Satisfaction', *Cognitive Science*, 13 (1989), pp. 295–356.

14 P. Thagard, K.J. Holyoak, G. Nelson and D. Gochfeld, 'Analog Retrieval by Constraint Satisfaction' (unpublished research–paper, 1988).

15 M. Mitchell, *COPYCAT: A Computer Model of High–Level Perception and Conceptual Slippage in Analogy–Making* (University of Michigan, 1990); D.R. Hofstadter and FARG, *Fluid Concepts and Creative Analogies: Computer Models of the Fundamental Mechanisms of Thought* (New York, 1995), chs 5–7.

16 Hofstadter and FARG, *Fluid Concepts and Creative Analogies*, pp. 55–193 and ch. 6.

17 K.D. Forbus *et al.*, 'Analogy Just Looks Like High Level Perception: Why a Domain–general Approach to Analogical Mapping is Right', *Journal of Experimental and Theoretical AI*, 10 (1998), 231–57.

18 D. Gentner, 'Structure–mapping: A Theoretical Framework for Analogy', Cognitive Science 7 (1983), 155–70; D. Gentner *et al.*, 'Conceptual Change via Analogical Reasoning: A Case Study of Johannes Kepler', *Journal of the Learning Sciences* 6 (1997), 3–40.

19 Koestler, *The Act of Creation*, p.201.

20 D. R. Hofstadter, *Metamagical Themas: Questing for the Essence of Mind and Pattern* (London, 1985), chs 13 and 24. (See also the references given in notes 2–3 to Chapter 12.)

8장 컴퓨터 과학

1 R.S. Michalski and R.L. Chilausky, 'Learning by Being Told and Learning from Examples: An Experimental Comparison of the Two Methods of Knowledge Acquisition in the Context of Developing an Expert System for Soybean Disease Diagnosis', *International Journal of Policy Analysis and Information Systems*, 4 (1980), pp. 125–61.
2 D. Michie and R. Johnston, *The Creative Computer: Machine Intelligence and Human Knowledge* (London, 1984), pp. 110–12.
3 Ibid., pp. 122–5.
4 R. Lindsay, B.G. Buchanan, E.A. Feigenbaum, and J. Lederberg, DENDRAL (New York, 1980); B.G. Buchanan, D.H. Smith, W.C. White, R. Gritter, E.A. Feigenbaum, J. Lederberg and C. Djerassi, 'Applications of Artificial Intelligence for Chemical Inference: XXII Automatic Rule Formation in Mass Spectrometry by Means of the Meta–Dendral Program', *Journal of the American Chemistry Society*, 98 (1976), pp. 6168–78.
5 J. Glanvill, *The Vanity of Dogmatizing: The Three 'Versions'* (Brighton, 1970).
6 P. Langley, H.A. Simon, G.L. Bradshaw, and J.M. Zytkow, *Scientific Discovery: Computational Explorations of the Creative Process* (Cambridge, Mass., 1987).
7 D.B. Lenat, 'The Ubiquity of Discovery', *Artificial Intelligence*, 9 (1977), pp. 257–86; D.B. Lenat, 'The Role of Heuristics in Learning by Discovery; Three Case Studies', in R.S. Michalski, J.G. Carbonell, and T.M. Mitchell (eds), *Machine Learning: An Artificial Intelligence Approach* (Palo Alto, Calif., 1983); D.B. Lenat and J. Seely Brown, 'Why AM and EURISKO Appear to Work', *Artificial Intelligence*, 23 (1984), pp. 269–94; G.D. Ritchie and F.K. Hanna, 'AM: A Case Study in AI Methodology', *Artificial Intelligence*, 23 (1984), pp. 249–68.
8 Lenat, 'The Role of Heuristics in Learning by Discovery'.
9 Described in J.H. Holland, K.J. Holyoak, R.E. Nisbett, and P.R. Thagard, *Induction: Processes of Inference, Learning, and Discovery* (Cambridge, Mass., 1986), pp. 124–6.
10 Ibid.
11 B.S. Johnson, *Aren't You Rather Young to be Writing Your Memoirs?* (London, 1973), pp. 24–31.
12 An article on dice–music in Musical Times (October 1968) is cited on p. 154 of Michie and Johnston, *The Creative Computer*.
13 Holland et al., *Induction*, ch. 11.
14 P. Thagard, 'Explanatory Coherence', *Behavioral and Brain Sciences*, 12 (1989), pp. 435–502.

9장 우연, 무질서, 무작위성, 예측 불가능성

1 A patient suffering from Tourette's syndrome, described by the neurologist Oliver Sacks in an essay in the *New York Review of Books*.
2 J. Gleick, *Chaos: Making a New Science* (London, 1988); I. Stewart, *Does God Play Dice?: The Mathematics of Chaos* (Oxford, 1989).
3 C.A. Skarda and W.J. Freeman, 'How Brains Make Chaos In Order to Make Sense of the World', *Behavioral and Brain Sciences*, 10 (1987), pp. 161–96.
4 Quoted in Livingston Lowes, *The Road to Xanadu*, p. 148.

10장 비범한 사람 vs 평범한 사람

1 Schank and Childers, *The Creative Attitude*.
2 Perkins, *The Mind's Best Work*, p. 33.
3 D.C. Marr, *Vision* (San Francisco, 1982).
4 Quoted in Koestler, The Act of Creation, p. 329.
5 R.W. Weisberg, 'Problem Solving and Creativity', in R.J. Sternberg, *The Nature of Creativity*, p. 171.
6 J.R. Hayes, *The Complete Problem Solver* (Philadelphia, 1981).
7 Koestler, *The Act of Creation*, p. 240.
8 Papert, *Mindstorms*.
9 Ibid.; S. Weir, *Cultivating Minds: A LOGO Casebook* (New York, 1987).
10 R.D. Pea and D.M. Kurland, 'On the Cognitive Effects of Learning Computer Programming', *New Ideas in Psychology*, 2 (1984), pp. 137–68.
11 Oatley and Johnson-Laird, 'Towards a Cognitive Theory of the Emotions': Johnson-Laird and Oatley, 'The Language of Emotions: An Analysis of a Semantic Field' A. Sloman, 'Motives, Mechanisms, and Emotions', in Boden, *The Philosophy of Artificial Intelligence*, ch. 10; M.A. Boden, *Purposive Explanation in Psychology* (Cambridge, Mass., 1972), chs 5–7.
12 H. Gardner, *Frames of Mind: The Theory of Multiple Intelligences* (London, 1983), ch. 6.
13 J.H. Kunkel, 'Vivaldi in Venice: An Historical Test of Psychological Propositions', *Psychological Record*, 35 (1985), pp. 445–57.

11장 인간과 꽃등에

1 Koestler, *The Act of Creation*, p. 391.
2 J.R. Searle, 'Minds, Brain, and Programs', reprinted in Beden, *The Philosophy of Artificial Intelligence*, ch. 3. (A fuller version of my reply is 'Escaping from the

Chinese Room', in Boden, *The Philosophy of Artificial Intelligence*, ch. 4.)
3 A. Sloman, 'What Sorts of Machines Can Understand the Symbols They Use?', *Proceedings of the Aristotelian Society*, Supplementary Volume 60 (1986), pp. 61–80.
4 C.H. Thigpen and H.M. Cleckley, *The Three Faces of Eve* (London, 1957).
5 T. Nagel, 'What is it Like to be a Bat?', *Philosophical Review*, 83 (1974), pp. 435–57.
6 N. Frude, *The Intimate Machine: Close Encounters with the New Computers* (London, 1983).

에필로그

1 For a brief description of JAPE see K. Binsted, H. Pain and G. D. Ritchie, 'Children's Evaluation of Computer-Generated Punning Riddles', *Pragmatics and Cognition* 5:2 (1997). Further details are in Kim Binsted's unpublished Ph.D. thesis: 'Machine Humour: An Implemented Model of Puns' (University of Edinburgh, 1996).
2 For the overall sketch see D.R. Hofstadter and G. McGraw, 'Letter Spirit: Esthetic Perception and Creative Play in the Rich Microcosm of the Roman Alphabet', in Hofstadter and FARG, 1995, pp. 407–66. For the implementation of the Examiner module, see Gray McGraw's Ph.D. thesis, 'Letter Spirit (Part One): Emergent High-Level Perception of Letters Using Fluid Concepts' (Indiana University, September 1995).
3 A very brief account of the first implementation of Letter Spirit is: J.A. Rehling, 'Result in the Letter Spirit Project', in T. Dartnall (ed.), *Creativity, Cognition, and Knowledge: An Interaction* (London, 2002), pp. 273–82. For further details, see Rehling's Ph.D. thesis: 'Letter Spirit (Part Two): Modeling Creativity in a Visual Domain' (Indiana University, July 2001).
4 G. Hersey and R. Freedman, *Possible Palladian Villas (Plus a Few Instructively Impossible Ones)* (Cambridge, Mass., 1992).
5 G. Stiny and W.J. Mitchell, 'The Palladian Grammar', *Environment and Planning*, B, 5 (1978), pp. 5–18.
6 H. Koning and J. Eizenberg, 'The Language of the Prairie: Frank Lloyd Wright's Prairie Houses', *Environment and Planning*, B, 8 (1981), pp. 295–323.
7 Cited on p. 322 of Koning and Eizenberg (1981).
8 Ibid.
9 H.C. Longuet-Higgins, 'Artificial Intelligence and Musical Cognition', *Philosophical Transactions of the Royal Society of London, Series* A, 349 (1994), pp. 103–13. (Special issue on 'Artificial Intelligence and the Mind: New

Breakthroughs or Dead Ends?', eds M.A. Boden, A. Bundy and R.M. Needham.)
10 D. Cope, *Virtual Music: Computer Synthesis of Musical Style* (Cambridge, Mass., 2001), pp. 471–90.
11 D. Cope, *Classical Music Composed by Computer*. This is a CD, Available from Centaur Records (Baton Rouge, LA), 1997.
12 For the CD, see D. Cope, *Virtual Mozart* (Centaur Records, Baton Rouge, LA, 1999). For the scores, see Cope's *Virtual Music*, pp. 379–83 and 443–67.
13 Cope, Virtual Music, pp. 385–90.
14 D. Cope, *Computers and Musical Style* (Oxford, 1991), ch. 5.
15 D. Cope, *Mozart in Bali*. This is a CD, available from Centaur Records (Baton Rouge, LA, 1997).
16 For an overview of ATNs, see M.A. Boden, *Computer Models of Mind: Computational Approaches in Theoretical Psychology* (Cambridge, 1988), pp. 91–102.
17 D.R. Hofstadter, 'Staring Emmy Straight in the Eye–And Doing My Best Not to Flinch', in Cope, *Virtual Music*, pp. 33–82.
18 P.W. Hodgson, *Modelling Cognition in Creative Musical Improvisation*. University of Sussex Ph.D. thesis, in preparation. See also P.W. Hodgson, 'Artificial Evolution, Music and Methodology', *Proceedings of the 7th International Conference on Music Perception and Cognition* (Sydney 2002), pp. 244–7 (Causal Productions, Adelaide).
19 For instance, Inman Harvey's SAGA algorithm, used in D. Cliff, I. Harvey and P. Husbands, 'Explorations in Evolutionary Robotics', Adaptive Behavior 2 (1993), pp. 71–108.
20 H. Cohen, 'The Further Exploits of AARON Painter', in S. Franchi and G. Guzeldere (eds), *Constructions of the Mind: Artificial Intelligence and the Humanities*. Special edition of *Stanford Humanities Review*, 4:2 (1995), 141–60. See also H. Cohen, 'A Million Millennial Medicis', in L. Candy and E. Edmonds (eds), *Intersection and Correspondence: Explorations in Art and Technology* (London, 2001), pp. 81–94.
21 Cohen, 'A Million Millennial Medicis', pp. 90–93.
22 S.R. Turner, *The Creative Process: A Computer Model of Storytelling and Creativity* (Hillsdale, NJ, 1994).
23 See: Racter, *The Policeman's Beard is Half Constructed: Computer Prose and Poetry by Racter* (New York: Warner Software/Warner Books, 1984). Racter is a program written by William Chamberlain and Thomas Etter.
24 M.-L. Ryan, *Possible Worlds, Artificial Intelligence, and Narrative Theory* (Bloomington, Indiana, 1991).
25 J. Kolodner, *Case-Based Reasoning* (San Mateo, Calif., 1993).
26 S. Bringsjord and D.A. Ferrucci, *Artificial Intelligence and Literary Creativity:*

Inside the Mind of BRUTUS, a Storytelling Machine (Mahwah, NJ, 2000). You can see BRUTUS in action on their website: http://www.rpi.edu/dept/ppcs/BRUTUS/brutus.html.

27. M.A. Boden (ed.) *The Philosophy of Artificial Life* (Oxford, 1996).

28. For studies of coevolution, see T.S. Ray, 'An Approach to the Synthesis of Life', in C.G. Langton, C. Taylor, J. Doyne Farmer and S. Rasmussen (eds), *Artificial Life II* (Redwood City, Calif., 1992), pp. 371–408 (reprinted in Boden, Philosophy of Artificial Life, pp. 111–45); D. Cliff and G.F. Miller, 'Tracking the Red Queen: Measurements of Adaptive Progress in Co-Evolutionary Simulations', in F. Moran, A. Moreno, J.J. Merelo and P. Chancon (eds), *Advances in Artificial Life: Proceedings of the Third European Conference on Artificial Life* (Berlin, 1995), pp. 200–18; and D. Cliff and G.F. Miller, 'Co-Evolution of Pursuit and Evasion II : Simulation Methods and Result', in P. Maes, M. Mataric, J. Pollack and S.W. Wilson (eds), *From Animals to Animats 4: Proceedings of the Fourth International Conference on Simulation of Adaptive Behavior* (SAB96) (Cambridge, Mass., 1996), pp. 506–15. For the evolution of robot brains and bodies, see D. Cliff, I. Harvey and P. Husbands, 'Explorations in Evolutionary Roboitcs', *Adaptive Behavior*, 2 (1993), pp. 71–108; and P. Husbands, I. Harvey and D. Cliff, 'Circle in the Round: State Space Attractors for Evolved Sighted Robot', *Journal of Robotics and Autonomous Systems*, 15 (1995), pp. 83–106.

29. K. Sims, 'Artificial Evolution for Computer Graphics', *Computer Graphics*, 25:4 (1991), pp. 319–28; S. Todd and W. Latham, *Evolutionary Art and Computers* (London, 1992).

30. A. O'Hear, 'Art and Technology: An Old Tension', in R. Fellows (ed.), *Philosophy and Technology* (Cambridge, 1995), pp. 143–58.

31. See M. Csikszentmihalyi, 'Implications of a Systems Perspective for the Study of Creativity', in R.J. Sternberg (ed.), *Handbook of Creativity* (Cambridge, 1999), pp. 313–35; and S. Schaffer, 'Making up Discovery', in M.A. Boden (ed.), *Dimensions of Creativity* (Cambridge, Mass., 1994), pp. 13–52.

32. H. Gardner, *Creating Minds: An Anatomy of Creativity Seen Through the Lives of Freud, Einstein, Picasso, Stravinsky, Eliot, Graham, and Gandhi* (New York, 1993).

33. A. Sloman, 'Architectural Requirements for Human-like Agents Both Natural and Artificial. (What Sorts of Machines Can Love?)', in K. Dautenhahn (ed.), *Human Cognition and Social Agent Technology: Advances in Consciousness Research* (Amsterdam, 1999), pp. 163–95; see also M.L. Minsky's draft of 'The Emotion Machine', available on website: http://web.media.mit.edu/~minsky/El/ebl.html.

참고문헌

n.a. *Harold Cohen, Drawing*. [Exhibition.] San Francisco: San Francisco Museum of Modern Art, 1979.

n.a. *Harold Cohen*. [Exhibition.] London: Tate Gallery, 1983.

n.a. *Harold Cohen: Computer-as-Artist*. [Exhibition.] Pittsburgh: Buhl Science Center, 1984.

Abelson, R.P. 'The Structure of Belief Systems' in R.C. Schank and K.M. Colby (eds), *Computer Models of Thought and Language*. San Francisco: Freeman, 1973, pp. 287-340.

Binsted, K. '*Machine Humour: An Implemented Model of Puns*'. Unpublished Ph.D. thesis, University of Edinburgh, 1996.

Binsted, K., H. Pain and G.D. Ritchie. 'Children's Evaluation of Computer-Generated Punning Riddles', *Pragmatics and Cognition*, 5:2 (1997).

Boden, M.A. *Purposive Explanation in Psychology*. Cambridge, Mass.: Harvard University Press, 1972

Boden, M.A. *Artificial Intelligence and Natural Man*. London: MIT Press; New York: Basic Books, 1987. 2nd edn., expanded.

Boden, M.A. *Computer Models of Mind: Computational Approaches in Theoretical Psychology*. Cambridge: Cambridge University Press, 1988.

Boden, M.A. (ed.) *The Philosophy of Artificial Intelligence*. Oxford: Oxford University Press, 1990.

Boden, M.A. (ed.) *The Philosophy of Artificial Life*. Oxford: Oxford University Press, 1996.

Bringsjord, S. and D. A. Ferrucci. *Artificial Intelligence and Literary Creativity: Inside the Mind of BRUTUS, a Storytelling Machine*. Mahwah, NJ: Lawrence Erlbaum, 2000.

Buchanan, B.G., D.H. Smith, W.C. White, R. Gritter, E.A. Feigenbaum, J. Lederberg and C. Djerassi, 'Applications of Artificial Intelligence for Chemical Inference: XXII Automatic Rule Formation in Mass Spectrometyr by Means of the Meta-Dendral Program', *Journal of the American Chemistry Society*, 98 (1976), pp. 6168-78.

Candy, L. and E. Edmonds (eds.), *Intersection and Correspondence: Explorations in Art* and *Technology*. London: Springer, 2002.

Clark, A. *Microcognition: Philosophy, Cognitive Science, and Parallel Distributed Processing*. London: MIT Press, 1989.

Cliff, D., I. Harvey and P. Husbands. Explorations in Evolutionary Robotics', *Adaptive Behavior*, 2 (1993), pp. 71-108.

Cliff. D. and G.F. Miller. 'Tracking the Red Queen: Measurements of Adaptive Progress in Co-Evolutionary Simulations' in F. Moran, A. Moreno, J.J. Merelo and P. Chacon (eds.), *Advances in Artificial Life: Proceedings of the Third European Conference on Artificial Life* (Granada, 1995). Berlin: Springer, 1995, pp. 200-18.

Cliff, D. and G.F. Miller. 'Co-Evolution of Pursuit and Evasion II: Simulation Methods and Result' in P. Maes, M. Mataric, J. Pollack and S.W. Wilson (eds.), *From Animals to Animats 4: Proceedings of the Fourth International Conference on Simulation of Adaptive Behavior (SAB96)*. Cambridge, Mass.: MIT Press, 1996, pp. 506-15.

Cohen, H. *On the Modelling of Creative Behavior*. Santa Monica, Calif.: Rand Corporation, 1981. Rand Paper p-6681.

Cohen, H. 'How to Make a Drawing', talk given to the Science Colloquium, National Bureau of Standards, Washington DC. 17 December 1982.

Cohen, H. 'The Further Exploits of AARON Painter' in S. Franchi and G. Guzeldere(eds.), *constructions of the Mind: Artificial Intelligence and the Humanities*. Special edition of *Stanford Humanities Review*, 4:2 (1995), pp. 141-160.

Cohen, H. 'A Million Millennial Medicis' in [Candy and Edmonds 2002], pp. 91-104.

Cope, D. *Computers and Musical Style*. Oxford: Oxford University Press, 1991.

Cope, D. *Classical Music Composed by computer*. This is a CD, available from Centaur Records (Baton Rouge, LA, 1997a).

Cope, D. *Mozart in Bali*. This is a CD, available from Centaur Records (Baton Rouge, LA. 1997b).

Cope, D. *Virtual Mozart*. This is a CD, available from Centaur Records (Baton Rouge, LA, 1999).

Cope, D. *Virtual Music: Computer Synthesis of Musical Style*. Cambridge, Mass.: MIT Press, 2001.

Csikszentmihalyi, M. 'Implications of a Systems Perspective for the Study of Creativity' in R.J. Sternberg (ed.), *Handbook of Creativity*. Cambridge: Cambridge University Press, 1999, pp. 313-335.

Dartnall, T. (ed.), *Creativity, Cognition, and knowledge: An Interaction*. London: Praeger, 2002.

Davey, A. *Discourse Production: A Computer Model of Some Aspect of a Speaker*. Edinburgh: Edinburgh University Press, 1978.

De Bono, E. *De Bono's Thinking Course*. London: BBC, 1982.

Dyer, M.G. *In-Depth Understanding: A Computer Model of Integrated Processing for Narrative Comprehension*. Cambridge, Mass.: MIT Press, 1983.

Findlay, A. *A Hundred Years of Chemistry*. 3rd edn., ed. T.I. Williams London: Duckworth, 1965.

Finke, R.A., T.B. Ward and S.M. Smith. *Creative Cognition*. Cambridge, Mass.: MIT Press, 1992.

Forbus, K.D., D. Gentner, A.B. Markman and R.W. Ferguson. 'Analogy Just Looks Like High Level Perception: Why a Domain-general Approach to Analogical Mapping is Right', *Journal of Experimental and Theoretical AI*, 10 (1998), pp. 231-257.

Franchi, S. and G. Guzeldere (eds.). *Constructions of the Mind: Artificial Intelligence and the Humanities*. Special edition of *Stanford Humanities Review*, 4:2 (1995), pp. 1-345.

Frude, N. *The Intimate Machine: Close Encounters with the New Computers*. London: Century, 1983.

Gardner, H. *Frames of Mind: The Theory of Multiple Intelligences*. London: Heinemann, 1983.

Gardner, H. *Creating Minds: An Anatomy of Creativity Seen Through the Lives of Freud, Einstein, Picasso, Stravinsky, Eliot, Graham, and Gandhi*. New York: Basic Books, 1993.

Gelernter, H.L. 'Realization of a Geometry-Theorem Proving Machine' in E.A. Feigenbaum and J. Feldman (eds.), *Computers and Thought*. New York: McGraw-Hill, 1963, pp. 134-152.

Gentner, D. 'Structure-mapping: A Theoretical Framework for Analogy', *Cognitive Science*, 7 (1983), pp. 155-170.

Gentner, D., S. Brem, R.W. Ferguson, A.B. Markman, B.B. Levidow, P Wolff and K.D. Forbus, 'Conceptual Change via Analogical Reasoning: A Case Study of Johannes Kepler', *Journal of the Learning Sciences*, 6 (1997), pp. 3-40.

Glanvill, J. *The Vanity of Dogmatizing: The Three "Versions"*, ed. S. Medcalf. Brighton: Harvester, 1970.

Gleick, J. *Chaos: Making a New Science*. London: Heinemann, 1988.

Golding, W. *The Hot Gates*. London: Faber & Faber, 1965.

Gruber, H.E. *Darwin on Man: A Psychological Study of Scientific Creativity*. London: Wildwood House, 1974.

Guzeldere, G. and S. Franchi (eds.). *Bridging the Gap: Where Cognitive Science Meets Literary Criticism (Herbert Simon and Respondents)*. Special supplement of *Stanford Humanities Review*, 4:1 (1994), pp. 1-164.

Hayes, J.R. *The Complete Problem Solver*. Philadelphia: Franklin Institute Press, 1981.

Hersey, G. and R. Freedman. *Possible Palladian Villas (Plus a Few Instructively Impossible Ones)*. Cambridge, Mass.: MIT Press, 1992.

Hildesheimer, W. Mozart. London: Vintage, 1983.

Hodgson, P.W. 'Artificial Evolution, Music and Methodology', *Proceedings of the 7th International Conference on Music Perception and Cognition* (Sydney 2002), pp. 244-247 (Adelaide: Causal Productions).

Hodgson, P.W. 'Modeling Cognition in Creative Musical Improvisation', University of Sussex Ph.D. thesis, in preparation.

Hofstadter, D.R. *Gödel, Escher, Bach: An Eternal Golden Braid*. New York: Basic Books, 1979.

Hofstadter, D.R. *Metamagical Themas: Questing for the Essence of Mind and Pattern*. London: Viking, 1985.

Hofstadter, D.R. 'Staring Emmy Straight in the Eye - And Doing My Best Not to Flinch' in [Cope 2001], pp. 33-82.

Hofstadter, D.R. 'How Could a COPYCAT Ever be Creative?' in [Dartnall 2002], pp. 405-424.

Hofstadter, D.R. and FARG (The Fluid Analogies Research Group). *Fluid Concepts and Creative Analogies: Computer Models of the Fundamental Mechanisms of Thought*. New York: Basic Books, 1995.

Hofstadter, D.R. and G. McGraw. 'Letter Spirit: Esthetic Perception and Creative Play in the Rich Microcosm of the Roman Alphabet' in [Hofstadter and FARG 1995], PP. 407-466.

Holland, J.H., K.J. Holyoak, R.E. Nisbett and P.R. Thagard. *Induction: Processes of Inference, Learning, and Discovery. Cambridge, Mass*.: MIT Press, 1986.

Holyoak, K.J. and P.R. Thagard. '*Analogical Mapping* by Constraint Satisfaction', *Cognitive Science*, 13 (1989), pp. 295-356.

Holyoak, K.J. and P.R. Thagard. *Mental Leaps: Analogy in Creative Thought*. Cambridge, Mass.: MIT Press, 1994.

Husbands, P., I. Harvey and D. Cliff. 'Circle in the Round: State Space Attractors for Evolved Sighted Robots', *Journal of Robotics and Autonomous Systems*, 15 (1995), pp. 83-106.

Hyman, A. *Charles Babbage: Pioneer of the Computer*. Oxford: Oxford University Press, 1982.

Jacob, F. *The Statue Within: An Autobiography*. New York: Basic Books, 1988.

Johnson, B.S. *Aren't You Rather Young to be Writing Your Memoirs?* London: Hutchinson, 1973.

Johnson-Laird, P.N. *The Computer and the Mind: An Introduction to Cognitive Science*. London: Fontana, 1988.

Johnson-Laird, P.N. "Freedom and Constraint in Creativity' in R.J. Sternberg (ed.), *The Nature of Creativity: Contemporary Psychological Perspectives*. Cambridge: Cambridge University Press, 1988, pp. 202-219.

Johnson-Laird, P.N. 'Jazz Improvisation: A Theory at the Computational Level' Unpublished working paper, MRC Applied Psychology Unit, Cambridge, 1989.

Johnson-Laird, P.N. 'Jazz Improvisation: A Theory at the Computational Level' in P. Howell, R. West and I.J. Cross (eds.), *Representing Musical Structure*. London: Academic Press, 1993, pp. 291-326.

Johnson-Laird, P.N. and K. Oatley. 'The Language of Emotions: An Analysis of a Semantic Field', *Cognition and Emotion*, 3 (1989), pp. 81-123.

Karmiloff-Smith, A. 'From Meta-Processes to Conscious Access: Evidence form Children's Metalinguistic and Repair Date', *Cognition*, 23 (1986), pp. 95-147

Karmiloff-Smith, A. 'Constraints on Representational Change: Evidence form Children's Drawing', *Cognition*, 34 (1990), pp. 57-83.

Karmiloff-Smith, A. *Beyond Modularity: A Developmental Perspective on Cognitive Science*. Cambridge, Mass.: MIT Press, 1992.

Koestler, A. *The Act of Creation*. London: Picador, 1975. (First published 1964.)

Kolodner, J. *Case-Based Reasoning*. San Mateo, Calif.: Morgan Kauffman, 1993.

Koning, H. and J. Eizenberg. 'The Language of the Prairie: Frank Lloyd Wright's Prairie Houses', *Environment and Planning*, B, 8 (1981), pp. 295-323.

Kuhn, T.S. *The Structure of Scientific Revolutions*. Chicago: University of Chicago Press, 1962.

Kunkel, J.H. 'Vivaldi in Venice: An Historical Test of Psychological Propositions', *Psychological Record*, 35 (1985), pp. 445-457.

Langley, p., H.A. Simon, G.L. Bradshaw and J.M. Zytkow. *Scientific Discovery: Computational Explorations of the Creative Process*. Cambridge, Mass.: MIT Press, 1987.

Lenat, D.B. 'The Ubiquity of Discovery', *Artificial Intelligence*, 9 (1977), pp. 257-286.

Lenat, D.B. 'The Role of Heuristics in Learning by Discovery: Three Case Studies' in R.S. Michalski, J.G. Carbonell and T.M. Mitchell (eds), *Machine Learning: An Artificial Intelligence Approach*. Palo Alto, Calif.: Tioga, 1983, pp. 243-306.

Lenat, D.B. and J. Seely Brown. 'Why AM and EURISKO Appear to Work', *Artificial Intelligence*, 23 (1984), pp. 269-294.

Lerner, L.A. *A.R.T.H.U.R.: The Life and Opinions of a Digital Computer*. Hassocks, Sussex: Harvester Press, 1974.

Lindsay, R., B.G. Buchanan, E.A. Feigenbaum and J. Lederberg. DENDRAL. New York: McGraw-Hill, 1980.

Livingston Lowes, J. *The Road to Xanadu: A Study in the Ways of the Imagination*. London: Constable, 1951 (2nd edition). (First edition 1927.)

Longuet-Higgins, H.C. *Mental Processes: Studies in Cognitive Science*. Cambridge, Mass.: MIT Press, 1987.

Longuet-Higgins, H.C. 'Artificial Intelligence and Musical Cognition', *Philosophical Transactions of the Royal Society of London, Series A,* 349 (1994), pp. 103-113. (Special issue on 'Artificial Intelligence and the Mind: New Breakthroughs or Dead Ends?', eds M.A. Boden, A. Bundy and R.M. Needham.)

Lovelace, A. 'Notes on Menabrea's Sketch of the Analytical Engine Invented by Charles Babbage' in B.V. Bowden (ed.), *Faster Than Thought*. London: Pitman, 1953, pp. 362-408.

McGraw, G. 'Letter Spirit (Part One): Emergent High-Level Perception of Letters Using Fluid Concepts', unpublished Ph.D. thesis (Cognitive Science Program), Indiana University, September 1995.

Marr, D.C. *Vision*. San Francisco: Freeman, 1982.

Masterman, M. 'Computerized Haiku' in J. Reichardt (ed.), *Cybernetics, Art, and Ideas*. London: Studio Vista, 1971, pp. 175-183.

Masterman, M. and R. McKinnon Wood. 'Computerized Japanese Haiku' in J. Reichardt (ed.), *Cybernetic Serendipity*. London: Studio International, 1968, pp. 54-55.

Michalski, R.S. and R.L. Chilausky. 'Learning by Being Told and Learning from Examples: An Experimental Comparison of the Two Methods of Knowledge Acquisition in the Context of Developing and Expert System for Soybean Disease Diagnosis', *International Journal of Policy Analysis and Information Systems*, 4 (1980), pp. 125-161.

Michie, D. and R. Johnston. *The Creative Computer: Machine Intelligence and Human Knowledge*. Harmondsworth: Viking, 1984.

Minsky, M.L. 'The Emotion Machine', Incomplete draft, available on website: http://web.media.mit.edu/-minsk/El/ebl.html.

Mitchell, M. 'COPYCAT: A Computer Model of High-Level Perception and Conceptual Slippage in Analogy-Making', unpublished Ph.D. thesis, University of Michigan, 1990. (The published version is [Mitchell 1993].)

Mitchell, M. *Analogy-Making As Perception*. Cambridge, Mass.: MIT Press, 1993.

Nagel, T. 'What is it Like to be a Bat?', *Philosophical Review*, 83 (1974), pp. 435-457.

Oatley, K. and P.N. Johnson-Laird. 'A Cognitive Theory of Emotions', *Cognition and Emotion*, 1 (1987), pp. 29-50.

O' Hear, A. 'Art and Technology: An Old Tension' in R. Fellows (ed.), *Philosophy and Technology*. Cambridge: Cambridge University Press, 1995, pp. 143-158.

Papert, S. *Mindstorms: Children, Computers, and Powerful Ideas*. Brighton: Harvester Press, 1980.

Partridge, D. and J. Rowe. *Computers and Creativity*. Oxford: Intellect Books, 1994.

Pea, R.D. and D.M. Kurland. 'On the Cognitive Effects of Learning Computer Programming', *New Ideas in Psychology*, 2 (1984), pp. 137-168.

Perkins, D.N. *The Mind's Best Work*. Cambridge, Mass: Harvard University Press, 1981.

Pinker, S. and A. Prince, 'On Language and Connectionism: Analysis of a Parallel Distributed Processing Model of Language Acquisition', *Cognition*, 28 (1988), pp. 73-193.

Poincaré, H. *The Foundations of Science: Science and Hypothesis, The Value of Science, Science and Method*, pp. 390-391. Washington, DC: University Press of America, 1982.

Polanyi, M. *Personal Knowledge: Towards a Post-Critical Philosophy*. New York: Harper, 1964.

Polya, George. *How To Solve It: A New Aspect of Mathematical Method*. Princeton, NJ:

Princeton University Press, 1945.

Racter. *The Policeman's Beard is Half Constructed: Computer Prose and Poetry by Racter*. (Racter is a program written by William Chamberlain and Thomas Etter.) New York: Warner Software/Warner Books, 1984.

Ray, T.S. 'An Approach to the Synthesis of Life' in C.G. Langton, C. Taylor, J. Doyne Farmer and S. Rasmussen (eds), *Artificial Life II*, pp. 371-408. Redwood City, Calif.: Addison-Wesley, 1992. (Reprinted in M.A. Boden (ed.), *The Philosophy of Artificial Life*. Oxford: Oxford University Press, 1996, pp. 111-148.)

Rehling, J.A. 'Letter Spirit (Part Two): Modeling Creativity in a Visual Domain', Unpublished Ph.D. thesis (Cognitive Science Program), Indiana University, July 2001.

Rehling, J.A. 'Results in the Letter Spirit Project' in [Dartnall 2002], pp. 273-282.

Ritchie, G.D. and F.K. Hanna. 'AM: A Case Study in AI Methodology', *Artificial Intelligence*, 23 (1984), pp. 249-268.

Rosen, C. *Schoenberg*. Glasgow: Collins, 1976.

Rumelhart, D.E. and J.L. McClelland (eds). *Parallel Distributed Processing: Explorations in the Microstructure of Cognition*. 2 vols. Cambridge, Mass.: MIT Press, 1986.

Ryan, M.-L. *Possible Worlds, Artificial Intelligence, and Narrative Theory*. Bloomington, Indiana: Indiana University Press, 1991.

Schaffer, S. 'Making up Discovery' in M.A. Boden (ed.), *Dimensions of Creativity*. Cambridge, Mass.: MIT Press, 1994, pp. 13-52.

Schank, R.C. and R.P. Abelson. *Scripts, Plans, Goals, and Understanding*. Hillsdale, NJ: Erlbaum, 1977.

Schank, R.C. and P. Childers. *The Creative Attitude: Learning to Ask and Answer the Right Questions*. New York: Macmillan, 1988.

Schank, R.C. and C.K. Riesbeck (eds). *Inside Computer Understanding: Five Programs Plus Miniatures*. Hillsdale, NJ: Erlbaum Press, 1981.

Schwanauer, S.M. and D.A. Levitt (eds) *Machine Models of Music*. Cambridge, Mass: MIT Press, 1993.

Searle, J.R. 'Minds, Brains, and Programs', *Behavioral and Brain Sciences*, 3 (1980), pp. 473-497. Reprinted in M.A. Boden (ed.), *The Philosophy of Artificial Intelligence*. Oxford: Oxford University Press, 1990, ch. 3.

Sharples, M. *Cognition, Computers, and Creative Writing*. Chichester: Ellis Horwood, 1985.

Shrager, J. and P. Langley (eds). *Computational Models of Discovery and Theory Formation*. San Mateo, Calif.: Morgan Kaufmann, 1990.

Sims, K. 'Artificial Evolution for Computer Graphics', *Computer Graphics*, 25:4 (1991), pp. 319-328.

Skarda, C.A. and W.J. Freeman. 'How Brains Make Chaos In Order to Make Sense of the World', *Behavioral and Brain Sciences*, 10 (1987), pp. 161-196.

Sloman, A. 'What Sorts of Machines Can Understand the Symbols They Use?',

Proceedings of the Aristotelian Society, Supplementary Volume 60 (1986), pp. 61-80.

Sloman, A. 'Motives, Mechanisms, and Emotions', *Cognition and Emotion*, 1 (1987), pp. 217-133. Reprinted in M.A. Boden (ed.), *The Philosophy of Artificial Intelligence*. Oxford: Oxford University Press, 1990, ch. 10.

Sloman, A. 'architectural Requirements for Human-like Agents Both Natural and Artificial. (What Sorts of Machines Can Love?)' in K. Dautenhahn (ed.), *Human Cognition and Social Agent Technology: Advances in Consciousness Research*. Amsterdam: John Benjamins, 1999, pp. 163-195.

Sternberg, R.J. (ed.). *The Nature of Creativity: Contemporary Psychological Perspectives*. Cambridge: Cambridge University Press, 1988.

Stewart, I. *Does God Play Dice?: The Mathematics of Chaos*. Oxford: Blackwell, 1989.

Stiny G. and W.J. Mitchell. The Palladian Grammar', *Environment and Planning*, B, 5 (1978), pp. 5-18.

Taylor, G. *Reinventing Shakespeare*. London: Hogarth Press, 1990.

Thagard, P. 'Explanatory Coherence', *Behavioral and Brain Sciences*, 12 (1989), pp. 435-502.

Thagard, P., K. J. Holyoak, G. Nelson and D. Gochfeld. 'Analog Retrieval by Constraint Satisfaction.' Research paper, Cognitive Science Laboratory, Princeton University. November, 1988.

Thigpen, C.H. and H.M. Cleckley. *The Three Faces of Eve*. London: Secker & Warburg, 1957.

Todd, S. and W. Latham. *Evolutionary Art and computers*. London: Academic Press, 1992.

Turner, S.R. *The creative Process: A Computer Model of Storytelling and Creativity*. Hillsdale, NJ: Lawrence Erlbaum, 1994.

Weir, S. *Cultivating Minds: A LOGO Casebook*. New York: Harper & Row, 1987.

Weisberg, R.W. 'Problem Solving and Creativity' in R.J. Sternberg (ed.), *The Nature of Creativity: Contemporary Psychological Perspectives*. Cambridge: Cambridge University Press, 1988, pp. 148-176.

옮긴이 소개

이 책은 소설, 인문, 경영, 심리, 교육 등 각 분야 전문 번역가들의 모임인 '꿰어서 보배' 소속 번역가들이 옮겼다.

고빛샘
고려대학교 심리학과를 졸업하고 이화여자대학교 국제대학원에서 석사학위를 받았다. 심리 분야 전문 번역가로 활동 중이며 옮긴 책으로 《창조의 조건》《사랑받을 권리》《아기 심리 보고서》《성공의 7번째 센스 자존감》 등이 있다.

구세희
한양대학교 관광학과와 호주 International College of Hotel Management를 졸업했다. 현재 경제경영 및 소설 분야의 전문 번역가로 활동 중이며 옮긴 책으로 《위대함의 법칙》《인생, 전쟁처럼》《호수 살인자》 등이 있다.

김정희
상명대학교 국문학과를 졸업하고 외국계 기업 CEO를 거쳐 현재 인문·사회·심리 분야 전문 번역가로 활동 중이다. 옮긴 책으로는 《신화의 세계》《복수의 심리학》《우리는 어쩌다 적이 되었을까》《재능은 어떻게 단련되는가》《예비 작가를 위한 창의적 글쓰기 전략》 등이 있다.

전혜상
성균관대학교 번역·테솔 대학원 번역학과를 졸업했다. 현재 중학교에서 영어를 가르치며 번역의 세계에 첫걸음을 내딛고 있다.

KI신서 3017

창조의 순간

1판 1쇄 인쇄 2010년 12월 3일
1판 1쇄 발행 2010년 12월 15일

지은이 마거릿 A. 보든 **옮긴이** 고빛샘 외 **펴낸이** 김영곤 **펴낸곳** (주)북이십일 21세기북스
출판콘텐츠사업부문장 정성진 **출판개발본부장** 김성수 **경제경영팀장** 류혜정
기획·편집 민용희 **진행·디자인** 네오북 **해외기획팀** 김준수 조민정
마케팅영업본부장 최창규 **마케팅** 김보미 허정민 김현유 **영업** 김용환 이경희 우세웅
출판등록 2000년 5월 6일 제10-1965호
주소 (우 413-756) 경기도 파주시 교하읍 문발리 파주출판문화정보산업단지 518-3
대표전화 031-955-2100 **팩스** 031-955-2151 **이메일** book21@book21.co.kr
홈페이지 www.book21.com **21세기북스 트위터** @21cbook **블로그** blog.naver.com/book_21

ISBN 978-89-509-2773-8 03180
책값은 뒤표지에 있습니다.

이 책 내용의 일부 또는 전부를 재사용하려면 반드시 (주)북이십일의 동의를 얻어야 합니다.
잘못 만들어진 책은 구입하신 서점에서 교환해 드립니다.